SEU BEBÊ

2ª edição

THATIANE MAHET

SEU BEBÊ

O GUIA COMPLETO PARA OS PAIS IDEAIS

Planeta

Preparação: Ana Clemente
Revisão: Ana Paula Felippe, Carmen T. S. Costa, Eliana Rocha e Queni Winters
Revisão técnica: Daniel Alves Mascarenhas
Organização de conteúdo: Marlene Cohen
Projeto gráfico e diagramação: A2 e Vanessa Lima
Ilustrações de miolo: Compañía
Pesquisa iconográfica: AC Espilotro
Fotos de miolo: Shutterstock
Capa: Ana Letícia Rodrigues | Estúdio Foresti Design
Ilustrações: Eduardo Foresti | Estúdio Foresti Design

Dados Internacionais de Catalogação na Publicação (CIP)
Angélica Ilacqua CRB-8/7057

Mahet, Thatiane

Seu bebê : o guia completo para os pais ideais / Thatiane Mahet. – 2. ed. –
São Paulo : Planeta do Brasil, 2025.
640 p. : il.

Bibliografia
ISBN: 978-85-422-3810-5

1. Gravidez 2. Nascimento 3. Puerpério 4. Lactentes – Cuidado e tratamento 5. Parentalidade 6. Infância 7. Pais e filho I. Título

25-3635 CDD: 618.24

Índices para catálogo sistemático:
1. Crianças – Desenvolvimento

MISTO
Papel | Apoiando o manejo florestal responsável
FSC® C019498

Ao escolher este livro, você está apoiando o manejo responsável das florestas do mundo

2025
Todos os direitos desta edição reservados à
Editora Planeta do Brasil Ltda.
Rua Bela Cintra, 986, 4º andar – Consolação
São Paulo – SP – 01415-002
www.planetadelivros.com.br
faleconosco@editoraplaneta.com.br

Acreditamos nos livros

Este livro foi composto em Minion Pro e Alegreya Sans e impresso pela Geográfica para a Editora Planeta do Brasil em outubro de 2025.

Sumário

Prefácio

Conheci a Dra. Thatiane Mahet quando ela era estudante do terceiro período da Faculdade de Medicina da UFRJ. Ela estava no Programa de Iniciação Científica da UFRJ orientada pelo Professor Carlos Eduarto Schettino de Azevedo e era uma adolescente com cara de adolescente. Muito branquinha, cheia de sardas, bem cheinha e de uma simpatia de comover qualquer profissional que se aproximasse dela. Profetizei que ela seria um dia a diretora do Instituto de Puericultura e Pediatria Martagão Gesteira (IPPMG), tal a energia e evidente capacidade associada ao interesse precocíssimo pela Pediatria. A história de sucesso dela no nosso Instituto passa por toda a graduação e duas pós-graduações concluídas. O evidente interesse por Puericultura deságua caudaloso aqui no seu "Guia do Bebê", mas o interesse por tudo que diz respeito à Pediatria fez amadurecer a profissional para uma atividade pediátrica privada de sucesso.

Quando na primeira metade do século passado começaram a surgir guias de cuidados de bebês para mães e cuidadores, o modelo materno era muito diferente do atual. Ser mãe era sinônimo de "ser do lar". As meninas eram criadas para o casamento, para a maternidade e para seguirem seus maridos. O papel da mulher era considerado socialmente secundário e a grande tarefa era ser o "esteio" da família, passiva, obediente e servil. Nesta concepção, àquela época, um livro dedicado a guiar as mães, em especial as novas mamães, era muito bem-vindo. Elas dispunham da tradição feminina do cuidar, passada de mãe para filhas de geração a geração, e os livros escritos por médicos entravam nas casas como fonte de consulta e instrução, às vezes, a única literatura que vinham a conhecer nas suas vidas.

Na sociedade atual, a mulher tem papel social e econômico destacado. Hoje já existem mais mulheres empregadas do que homens, e houve necessidade de mudança de paradigmas. A gravidez é mais tardia e os filhos têm cuidados compartilhados com o pai e toda a família. Vão para creches e escolas mais cedo e, portanto a prevenção de doenças e de acidentes mudou muito. Mudou também a prevalência de doenças. As infecciosas que dominavam os cuidados da infância foram suplantadas pelas doenças alérgicas e por problemas de comportamento. A obesidade substituiu a desnutrição e hoje é o nosso mal maior.

Ao ler o guia, fui muito bem atendido. É completo, não faltou nada. Desde os cuidados específicos para a mulher que engravidou, toda a parte do desenvolvimento do feto, o nascimento, os cuidados nos primeiros dias e as intercorrências, tudo é muito bem abordado. Daí em diante, a leitura de cada fase da vida da criança é enriquecida com detalhes e instigações como "Você sabia?", o que torna o guia um desses livros que não dá vontade de parar de ler. Ele pode ser lido sequencialmente, mas atende também àquelas perguntas específicas que podem ser facilmente encontradas pelos assuntos. O conteúdo é de grande abrangência e a Thatiane não se furta de rever nem a homeopatia nem a dieta vegetariana. Muito bom!

Por fim, achei o guia tão completo que não teria dificuldades para recomendá-lo a estudantes no internato e a residentes de Pediatria. Substituiu, com leveza e precisão, escritos para a graduação em Pediatria.

Aproveitem, e boa leitura.

Professor Hélio Fernandes da Rocha, MD, Msc.

Apresentação

"Oi, doutora Thati, tudo bem? Desculpe ligar a esta hora, mas tô achando o Dudu muito gelado e suando muito..."

Do outro lado da linha, como se estivesse em seu consultório, e não deitada na cama às duas da manhã, a resposta foi tranquila:

"Não se preocupe, é efeito do antitérmico, cubra ele e podem dormir tranquilos."

Quer remédio melhor para uma mãe do que uma pediatra segura e que tenha paciência e didática para lidar com perguntas relativamente óbvias, mas que para uma mãe com o filho febril viram um pesadelo no meio da noite?

É dessa forma que a doutora Thatiane Mahet trata seus pacientes e os pais deles. Nas páginas deste livro, ela coloca todo o seu conhecimento de uma forma que pais, futuros papais e até mesmo profissionais da saúde possam ter acesso a todo o tipo de informação para ajudar na qualidade de vida dos pequenos e na segurança de seus tutores.

Para os pais de primeira viagem, *Seu bebê: o guia completo para os pais ideais* tem que estar na cabeceira desde a descoberta da gravidez. Você sabe, por exemplo, quantos exames são feitos num pré-natal? Que a história de que grávida pode comer tudo é um erro? Aqui, a rotina da gravidez é acompanhada passo a passo. No capítulo sobre o parto, você fica sabendo tudo o que acontece com a mãe e com o bebê. E já vou te avisar: quando eles nascem, os questionamentos só aumentam. De quanto em quanto tempo posso dar o peito? Quanto tempo ele pode dormir seguidamente? Ou por que ele não dorme?

O livro é organizado com tópicos que facilitam a pesquisa justamente para quem tem a rotina puxada com um bebê em casa. A exemplo do que já faz em seu consultório, a doutora Thatiane não se preocupa apenas com a saúde da criança; a mãe também se sente assistida. As mudanças do corpo em razão dos hormônios, o cansaço, uma possível depressão pós-parto. Ela também explora um assunto importante: o papel dos novos papais.

A cada capítulo um novo mundo, acompanhando o crescimento dos pequenos.

Como as dúvidas sempre vão existir, é fundamental ter onde checar com segurança. *Seu bebê: o guia completo para os pais ideais* tem que fazer parte do enxoval da mãe porque nenhuma dúvida fica sem resposta.

Isabele Benito, jornalista, comanda o SBT Rio *e é mãe do Eduardo desde 2012*

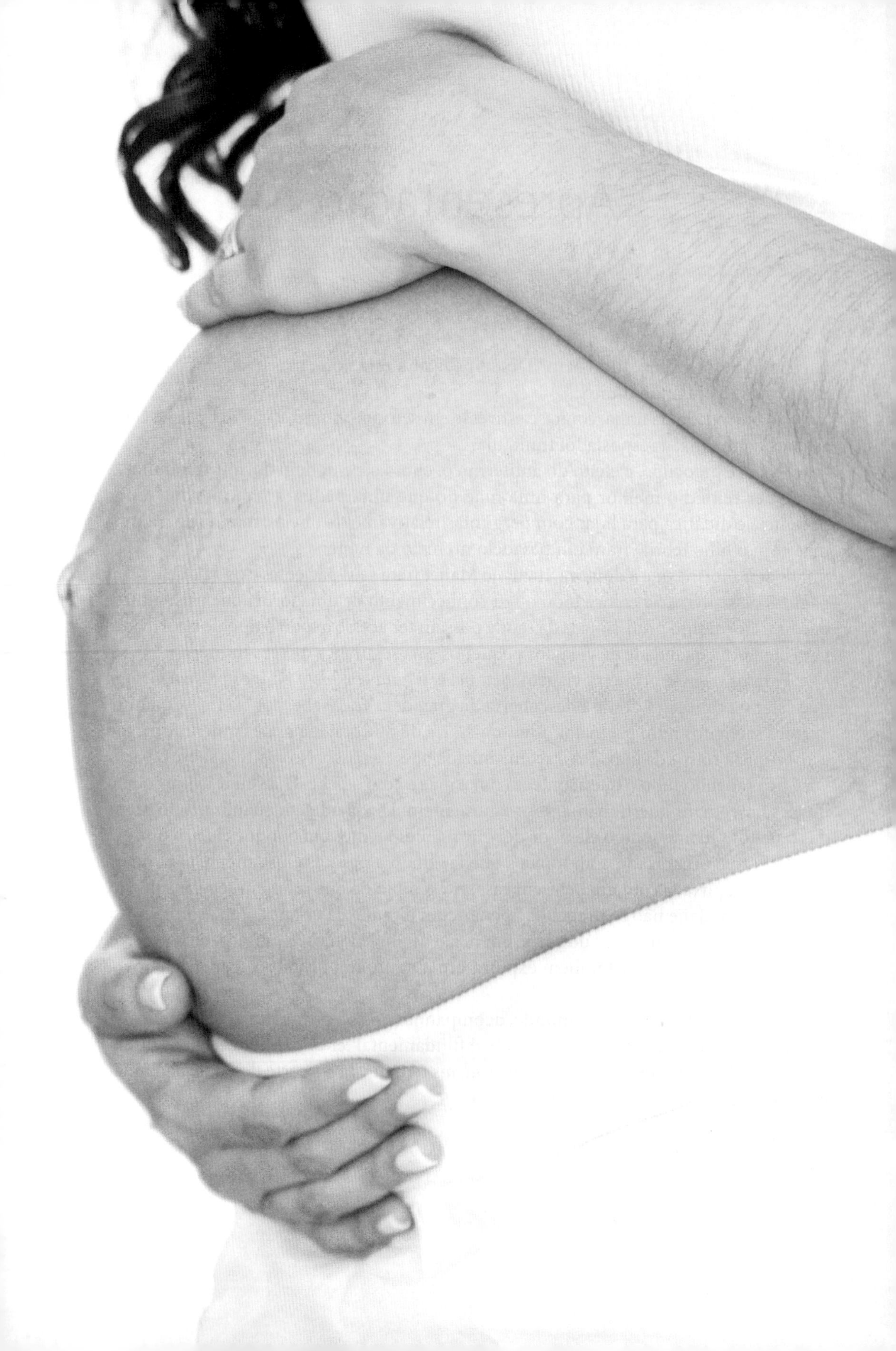

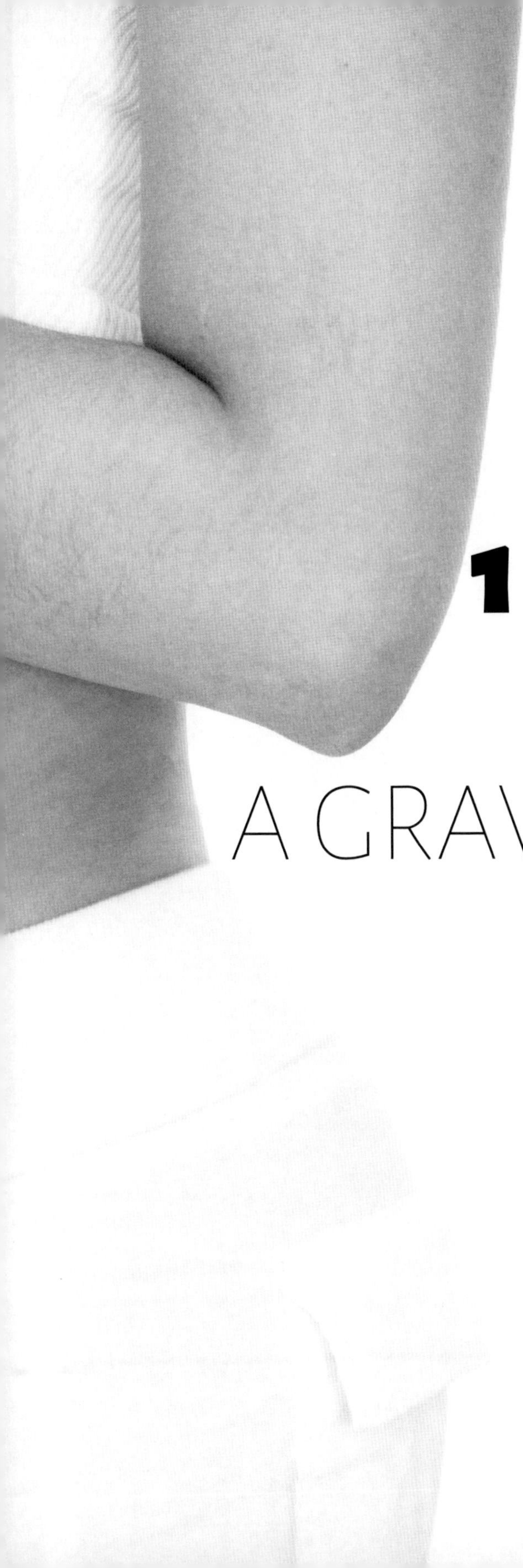

1

A GRAVIDEZ

Capítulo 1

A descoberta da gravidez

Um dia, dois dias, três dias – uma semana. Toda mulher com vida sexual ativa e atraso na menstruação imagina o que isso significa: família crescendo, a cegonha está a caminho.

A ausência de menstruação é o principal fator que denuncia e determina a gravidez. Ela é interrompida quinze dias após a fecundação, quando o corpo da mulher começa a se preparar para gerar um bebê. Aos poucos, outros sintomas passam a ser notados: cansaço, dor nas mamas, maior necessidade de urinar e, claro, ocasionais enjoos e vômitos matinais.

Quando o atraso menstrual se prolonga, é possível confirmar a suspeita de gravidez recorrendo a um dos dois métodos existentes no mercado – o exame de sangue e o teste de urina. O primeiro é feito em laboratório; o segundo é um produto descartável, vendido em farmácias, sem receita médica. Quando a menstruação não ocorre há mais de doze semanas, o diagnóstico de gravidez prescinde de exames e pode ser feito por um médico especialista por meio de simples avaliação clínica.

O exame de sangue pode ser realizado já a partir do primeiro dia de falha da menstruação. Ele mede um hormônio chamado beta-hCG (gonadotrofina coriônica humana),também chamado de hormônio da gravidez, que começa a ser produzido quando ocorre a fecundação. A evidência do hormônio no sangue significa que uma gravidez está em curso. Este é o método mais sensível e confiável de confirmação precoce do diagnóstico de gravidez. O beta-hCG pode ser detectado no sangue da mulher grávida entre oito e onze dias depois da concepção. Os níveis plasmáticos aumentam rapidamente até atingir seu pico entre sessenta e noventa dias de gravidez.

A maioria dos testes tem sensibilidade para detectar a gravidez entre 25 e 30 mUI/ml. Resultados acima de 25 mUI/ml são considerados positivos.

O exame de urina pode ser realizado em casa, por intermédio de um método de medição descartável, sensível ao mesmo hormônio, mas é preciso esperar um pouco mais para obter resultados seguros, já que a concentração de beta-hCG é menos importante na urina. Por isso, os testes caseiros levam muitas vezes a resultados negativos mesmo quando a mulher está grávida.

Seja como for, a diferença de tempo necessário para acusar com segurança um resultado positivo não passa de uma ou duas semanas, entre um método e outro. E, quando a mulher descobre que está grávida, um mundo totalmente novo se descortina. Ao longo de nove meses, entre dúvidas clássicas – serei capaz de amamentar? O que preciso fazer para ter um filho saudável? – e reações físicas e emocionais esperadas, seu corpo se transforma enquanto tece uma nova vida e seu coração se modela para a maternidade.

Importância do pré-natal

Você vai ser mãe? Lição número um: o crescimento do bebê começa no instante da concepção. Assim, há que se tomar certos cuidados tão logo a gravidez é confirmada – e o primeiro deles é escolher um obstetra ou um posto de saúde para dar início ao pré-natal.

Um pré-natal bem-feito com todas as recomendações adequadas pode influenciar a vida toda do seu bebê. Os estudos atuais demostram que alterações gestacionais podem melhorar ou até mesmo atrapalhar a vida do bebê, fazendo alterações até mesmo na sua genética. Esse período é chamado dos 1000 dias do bebê e abrange a gestação e os dois primeiros anos da criança.

Sabe-se também que, quanto maior o número de consultas (nunca inferior a seis visitas médicas), mais precoce o início do acompanhamento da gestante e melhor a assistência, mais satisfatório será o desfecho da gestação.

Durante o acompanhamento pré-natal serão sanadas todas as dúvidas da gestante, tanto no que diz respeito ao período de gestação quanto depois do nascimento do bebê – como deve ser a alimentação durante a gravidez, os primeiros cuidados com o recém-nascido, a amamentação e o planejamento familiar.

Se o casal já estiver planejando ter um filho, a visita médica pode ser antecipada: é a chamada *consulta pré-concepcional*, anterior à gestação, na qual são solicitados exames específicos e prescritas algumas medicações – em especial, o ácido fólico.

É cada vez mais frequente a participação do pai no pré-natal. Sua presença deve ser estimulada durante as consultas médicas e as atividades de grupo para preparar o casal para o parto e fazer um bom planejamento familiar. A gestação, o parto, o nascimento e o puerpério – nome dado à fase pós-parto – são fases que mobilizam sentimentos profundos, são momentos de crise construtiva que estimulam a formação de vínculos e provocam profundas transformações pessoais.

O calendário de atendimento durante o pré-natal deve ser programado em função dos períodos de gestação que

VOCÊ SABIA?

Para que a criança tenha um bom desenvolvimento, é recomendável a ingestão de ácido fólico 3 meses antes de engravidar.

representam maior risco materno e perinatal. Em gestantes de baixo risco, que não apresentam nenhuma alteração grave, deverá ser realizado:

Até a 28ª semana ➤ mensalmente
Da 28ª até a 36ª semana ➤ quinzenalmente
Da 36ª até a 41ª semana ➤ semanalmente

A maior frequência de visitas ao final da gestação visa à avaliação do risco de ocorrências clínico-obstétricas mais comuns nesse trimestre, como o trabalho de parto prematuro, a pré-eclâmpsia e a eclâmpsia, a amniorrexe prematura (perda de líquido amniótico antes da hora) e o óbito fetal. Não existe "alta" do pré-natal antes do parto.

Mudanças durante a gestação

São nove meses de profundas transformações e grandes emoções. Enquanto o bebê vai ganhando forma, importantes modificações ocorrem no corpo da mãe. Diferentes hormônios – como progesterona

ISSO É NORMAL

Sintomas sugestivos de gravidez

Existem alguns desconfortos típicos da gravidez que podem servir de alerta. Eles são provocados pelas profundas alterações hormonais no corpo e se traduzem por:

- Sono, falta de disposição e cansaço físico;
- Mamas mais sensíveis e doloridas (a ação dos hormônios beta-hCG e progesterona estimula o aumento das glândulas mamárias);
- Variações de humor (sensibilidade e vontade de chorar);
- Necessidade frequente de urinar;
- Prisão de ventre;
- Náuseas pela manhã.

e estrogênio – são produzidos com o objetivo de manter a gestação e preparar para a amamentação. Esses hormônios interferem tanto física quanto psicologicamente, tornando a mãe mais sensível e amável para estreitar o vínculo com o bebê.

O primeiro hormônio cuja taxa aumenta, ainda no primeiro trimestre de gestação, é a gonadotrofina coriônica humana (hCG). Ela tem como função proteger o corpo lúteo (célula existente no ovário depois da ovulação), responsável pela produção de progesterona e estrógeno. É a hCG que causa aquele mal-estar tão conhecido no início da gravidez: enjoos e vômitos matinais. Quanto maior a incidência na corrente sanguínea, maiores são os riscos desse tipo de desarranjo pela manhã. Outra função do hormônio é reduzir os anticorpos maternos para evitar que o organismo rejeite o bebê. A boa notícia em relação à hCG é que a partir da 12ª semana a futura mamãe já pode dizer adeus aos incômodos matutinos.

A progesterona é o hormônio que protege a gestação e a mantém em curso no primeiro trimestre. Nos três meses iniciais, é produzida no ovário pelo corpo lúteo. Do quarto mês em diante, é produzida pela placenta. Com uma taxa maior desse hormônio, há um aumento no fluxo sanguíneo para o útero, criando um ambiente favorável ao embrião. Quanto maior a concentração de progesterona, menor a chance de aborto e de parto prematuro. Além disso, a progesterona provoca mudanças no cérebro e no organismo feminino. Aquela clássica fadiga que aparece já nas primeiras semanas, as alterações de humor, a constipação intestinal são causadas por ela. Mas como a natureza é muito sábia, ao longo da gestação, o cérebro vai adquirir tolerância aos altos níveis de progesterona, permitindo-lhe maior controle da situação.

O estrogênio, outro hormônio cuja ação é estratégica durante a gravidez, tem uma atuação importante no sistema circulatório. Promove tanto a dilatação dos vasos, para que o sangue possa circular em maior quantidade por veias e artérias, como das glândulas mamárias, para facilitar a amamentação no futuro. Após a formação da placenta, no final do primeiro trimestre, o nível de estrogênio atinge índices até trinta vezes superiores às taxas normais. Essa dilatação também ocorre nos vasos da placenta, levando mais nutrientes e oxigênio ao bebê. Ele também é responsável pela formação do cérebro da criança, estimulando o crescimento e o desenvolvimento dos neurônios.

Mudança de papéis

Deu positivo! Raras vezes uma mulher sente emoção mais genuína e profunda do que ao descobrir que está grávida. O diagnóstico traz, de fato, inúmeras alegrias, mas também suscita dúvidas e angústias quanto à evolução da gestação, ao momento do nascimento e à criação do bebê. É por isso que, durante os meses a seguir, a gestante deve se sentir amparada pelo companheiro, pela equipe de saúde e pela família. Quanto mais protegida se sentir, maiores serão as chances de a gravidez evoluir tranquilamente e de ocorrer um parto normal.

“

Quanto maior a concentração de progesterona, menor a chance de aborto e de parto prematuro

”

É igualmente importante que você tenha consciência das mudanças que vão acontecer em seu corpo e em sua vida profissional e pessoal, em especial durante o primeiro ano de vida do bebê, para que possa pensar a respeito e se preparar.

Nesse período, diante da perspectiva de mudança do seu papel familiar e social, você terá de planejar adaptações, reorganizar sua vida diária e lidar com emoções novas, pois, além de mulher e filha, passará a se perceber e a ser vista como mãe. A mudança de papéis também será observada em seu companheiro, já que a paternidade é considerada uma transição no desenvolvimento emocional do homem.

No mesmo instante em que a notícia é confirmada, no início da gravidez, você passa a enxergar o mundo com outros olhos e se perceber de modo diferente. À medida que as semanas vão passando, você pode sentir sono durante a tarde, coisa que até então nunca lhe havia ocorrido, ou um desejo persistente de comer determinado alimento. Talvez tenha vontade inesperada de chorar, enquanto uma ponta de interesse por roupas de recém-nascidos começa a se delinear. Prepare-se: nessa fase, a perspectiva de ter um bebê vai preencher totalmente seus pensamentos.

O grande marco do estreitamento da relação entre mãe e filho se dará, porém, mais para frente, quando surgirem os primeiros movimentos fetais. Na fantasia da mãe, o bebê começa a adquirir características peculiares e se comunicar com ela por intermédio desses movimentos. O futuro papai pode manifestar o desejo de sentir a movimentação de braços e perninhas, e esse interesse em se comunicar com o filho pela barriga da gestante deve ser muito bem acolhido por ela. Quando isso ocorre, é sinal de que a criança está sendo incluída na dinâmica do relacionamento familiar.

Estudos mostram que pais que se comunicam por meio de palavras, música ou carícias e massagens têm maior vínculo afetivo por ocasião do nascimento do bebê. Estudos ultrassonográficos comprovam que a audição já está desenvolvida no início da gestação e que ele pode responder com movimentos distintos à voz dos pais e de familiares, o que confirma que a vinculação tem início nos primeiros meses de vida.

Com a proximidade do parto e da mudança da rotina após a chegada do bebê, a angústia e a ansiedade se intensificam. É no terceiro trimestre que você talvez vá manifestar mais medo de sentir dor ou de que alguma coisa dê errado. As queixas físicas também costumam se acirrar nesse período. É importante que a relação entre o médico e a paciente dê abertura para explicações sobre a evolução da gestação e do parto: as contrações, a dilatação, a perda do tampão mucoso, o rompimento da bolsa são possibilidades agora concretas, e saber lidar com cada uma delas pode aliviar a preocupação da futura mamãe.

Alterações emocionais

Durante algumas semanas, no início da gestação, você pode sentir um peso no baixo ventre – sensação de que a menstruação está para vir. Mas ela não vem. Apesar do resultado positivo que o teste de gravidez acusou, nada comprova ainda que você vai *se manter* grávida. E aí começam as dúvidas, as preocupações, a ansiedade. Sim ou não? Se ficar atenta, talvez se sinta um pouco mais cansada, ou irritada, que de costume. Mais alguns dias e determinados cheiros se tornam incômodos, principalmente pela manhã; as dores nas costas se acentuam e a emoção brota à flor da pele. Sem dúvida, os três primeiros meses mobilizam muitas emoções! Por sorte, o próximo trimestre será de calmaria – a melhor etapa da gravidez –, e ela só desaparecerá para dar lugar ao último período, que exige mais paciência da futura mamãe.

A maioria dos estudos converge para a ideia de que no ciclo vital da mulher a gravidez é um período de transição, à semelhança da adolescência e do climatério, e uma fase de grande transformação psíquica. Até porque ocorrem importantes mudanças metabólicas, e a mulher sente, temporariamente, grande instabilidade emocional.

O fato de ter um filho acarreta consequências bastante significativas, que podem gerar sentimentos de ambivalência entre ser ou não ser mãe. A preocupação com o futuro pessoal e o do filho está fadada a gerar, em algum momento, apreensão, raiva e medo, atenuando a sensação de plena gratificação que costuma acompanhar a gravidez.

Um dos medos comuns à maioria das gestantes está associado à aparência física: será que meus seios vão cair? Será que vou engordar demasiadamente? Será que ainda serei atraente? Além do temor de nunca mais voltar a ter o corpo de antigamente.

Essas dúvidas e mudanças físicas abalam a autoestima da maioria das mulheres e as tornam muito vulneráveis.

Uma gravidez também mexe com os alicerces do casamento. Tanto pode fortalecer a união do casal como despertar ciúmes ou sensação de abandono de parte a parte, provocando até mesmo rupturas no relacionamento. É bom lembrar que, com o nascimento do bebê, pai e mãe têm oportunidade de aprofundar seu compromisso afetivo e aprender a viver em família, dosando a individualidade.

Mudanças no estilo de vida e na aparência

Os sintomas da gravidez são muito pessoais e o início de uma gestação difere de mulher para mulher. Você talvez seja daquelas que percebem de imediato maior volume abdominal – e consequente mudança na frequência de micção –, ou simplesmente não tem nenhum sinal. Se o seu ciclo menstrual for irregular, é possível que se passem semanas, ou até meses, antes de você perceber que está grávida.

Quando o embrião se implanta mais profundamente no revestimento do útero, entre o oitavo e o décimo dia após a ovulação, há uma pequena hemorragia às vezes. Isso pode induzir a mulher a erro, levando-a a pensar que se trata de uma ligeira menstruação e que, portanto, não está grávida.

Seja como for, com o tempo, as mudanças anatômicas se impõem e você passará a *ser* grávida. Aqui, algumas alterações perceptíveis.

- ***Mamas*** – logo no início da gestação, elas aumentam de volume. Os mamilos ficam mais sensíveis e as aréolas se dilatam – a cor delas se torna mais acentuada. Há, ainda, o surgimento de pequeninos pontinhos em torno das aréolas, os chamados tubérculos de Montgomery, que nada mais são que glândulas sebáceas. E como você está mais propensa a engordar, é possível que surjam estrias nas mamas. Mas não se preocupe: não fará mal algum se você usar um creme para estrias na região, desde que não o aplique nas aréolas.

- ***Pelos e unhas*** – tendem a crescer muito e rapidamente durante a gravidez. As unhas poderão ficar quebradiças: tanto na gestação como durante a amamentação. Algumas mulheres chegam a desenvolver hipertricose – tufos de pelos que crescem em lugares onde antes não cresciam, como no queixo. Você também notará que os cabelos estão mais tonificados, diferentemente do período de amamentação, quando é comum ocorrer queda.

- ***Rosto*** – manchas pardas nas maçãs do rosto? É um fenômeno comum, ao qual se dá o nome de *cloasma gravídico*. Essa hiperpigmentação costuma melhorar com o fim da gestação e pode se estender às mamas e a todo o abdômen. Esse é um processo muitas vezes reversível: basta procurar um dermatologista para se submeter a um tratamento estético. E para não acentuar as manchas, não se esqueça de usar filtro solar.

- ***Abdômen*** – ainda que a barriga não cresça muito, você perceberá a pigmentação da linha alva do abdômen inferior – a chamada *linea nigra*, que vai do umbigo até o púbis. Caso o bebê seja muito grande, poderão surgir estrias. Elas começam com uma coloração avermelhada e aos poucos ficam brancas. Podem persistir mesmo depois da gestação. Convém hidratar bastante a pele para evitar o problema.

- ***Genitália*** – um dos primeiros sinais de gravidez é a mudança na cor e no tamanho da vulva. Aumenta de volume, fica mais delgada e adquire uma coloração violácea.

- ***Sentidos*** – olfato e paladar são os dois sentidos mais afetados pela gravidez. Engravidar é, antes de tudo, despertar olfativamente para o mundo. Já nas primeiras semanas, sua capacidade de detectar odores está mais apurada: alguns cheiros que não se destacavam – café, frituras, tinta fresca – se tornam bastante presentes ou mesmo intoleráveis, principalmente pela manhã. É possível também que o seu paladar sofra alterações no início da gestação. Você poderá sentir um estranho gosto metálico na boca, ter desejos imperiosos de comer determinados alimentos e ser incapaz de tolerar outros – caprichos da gravidez que a ciência ainda não conseguiu desvendar.

- ***Intuição*** – estudiosos da psicanálise, como o pediatra inglês D.W. Winnicott, apontam uma interação muito grande entre mãe e bebê ao longo de toda a gestação. Conversar com ele, fazê-lo ouvir música e massageá-lo depois de uma sessão de pontapés particularmente agitada são recursos comuns para atingir o relaxamento. A intuição feminina se torna mais potente quando a criança nasce e a mãe é capaz de diferenciar, inconscientemente, o choro da cólica do da fome.

Mal-estar comum

Você não está doente. Os sintomas são apenas manifestações de alterações fisiológicas da gravidez. Eles podem regredir e até mesmo desaparecer graças a uma boa orientação alimentar, postural e psicológica, *sem* o uso de medicamentos – regra, aliás, que deve ser observada à risca durante os nove meses. Outra coisa: esses sintomas da gravidez não causam, na maioria das vezes, nenhum problema para você ou para o seu bebê.

- ***Náuseas, vômitos e tonturas*** – clássicos e desagradáveis, são os principais sinais no início da gestação, a ponto de muitas vezes anunciá-la. Em geral, desaparecem no final do primeiro trimestre, mas em alguns casos se estendem até o parto. Não raro, as tonturas antes da quarta semana podem acompanhar você até o fim da gravidez. Se náuseas e vômitos forem intensos a ponto de impedi-la de se alimentar, tente seguir estas recomendações:

1. Faça seis refeições leves por dia em vez de três;

2. Evite frituras, gorduras e alimentos com cheiros fortes;
3. Não beba líquidos durante as refeições, deixe-os para os intervalos entre ela;
4. Coma algum alimento sólido, como uma bolacha de água e sal, antes de se levantar pela manhã;
5. Adie a escovação dos dentes, faça isso quando já tiver levantado há algum tempo e estiver bem-disposta.

Se ainda assim não melhorar, peça ao médico que lhe prescreva algum remédio. Mas nem todos os antieméticos – grupo de medicamentos para tratar esse tipo de sintoma – estão liberados para gestantes.

1. Comer pequenas quantidades de alimento e com maior frequência;
2. Dormir com a cabeça mais alta que o restante do corpo;
3. Evitar frituras, café, chá preto, mate, doces, álcool, fumo e alimentos gordurosos, picantes ou que irritam o trato digestivo;
4. Fazer intervalo de uma ou duas horas depois das refeições antes de se deitar.

Se o mal-estar continuar ou se agravar, e a critério médico, você poderá fazer uso de antiácidos, particularmente a partir do terceiro trimestre.

VOCÊ SABIA?

A ***hiperêmese gravídica*** é uma intensificação dos episódios de vômitos e náuseas durante a gravidez. Eles se tornam repetitivos a ponto de impedir o ganho de peso da gestante e minar a qualidade de vida. Em alguns casos, uma simples medicação não resolve: é preciso recorrer à internação hospitalar para controlar o sintoma.

- ***Azia*** – muito comum, a azia (ou *pirose*) ocorre predominantemente no segundo e no terceiro trimestres da gravidez. Diz o dito popular que se a mãe tem azia, o bebê vai nascer cabeludo, mas isso não tem fundamentação científica comprovada. Para diminuir os sintomas, tente:

- ***Salivação excessiva*** – este é um problema que aflige um grande número de gestantes. Uma das consequências da chamada *sialorreia* é a maior incidência de cáries. Para diminuir a produção de saliva, você deve fragmentar suas refeições e aumentar a ingestão de líquidos

TOME NOTA

Como dar fim à azia?

O que evitar para não ter ou diminuir a queimação no estômago?
Procure não ingerir alimentos que possam estimular a produção de suco gástrico: temperos fortes, açúcar e doces, pratos assados, gordurosos ou fritos, café, chá preto, frutas cítricas, bebidas gasosas.

Quais alimentos ajudam a resolver o problema?
Um purê de batata, uma sopa de aveia em flocos ou de cevada, alcachofra, cenoura e também alimentos ricos em magnésio – verduras, arroz integral, nozes, avelãs, amêndoas, gérmen de trigo, grãos integrais – ou ligeiramente amargos, como *radicchio* e couve, podem ser úteis.

entre elas. Lembre-se: este sintoma é passageiro e geralmente regride com o avanço da gestação.

- ***Fraquezas e desmaios*** – regra número um para quem está esperando bebê: não fazer jejum prolongado ou ficar em ambientes com pouca ventilação, que provocam transpiração excessiva. Grandes intervalos entre as refeições são totalmente contraindicados para gestantes. Você também deve usar roupas leves, ainda que tenha de colocar um agasalho por cima, em dias de maior frio. Se você sentir que está a ponto de perder os sentidos chame por ajuda, sente-se com a cabeça abaixada ou deite-se de lado com ambos os braços para frente e os joelhos e quadris fletidos. Respire profunda e pausadamente até melhorar.

- ***Dor abdominal e cólicas*** – particularmente frequentes no início da gestação, causam muita angústia, pois estão associadas à eventualidade de um aborto. Mas a implantação do embrião no útero pode gerar uma cólica semelhante à menstrual. Por mais comuns que sejam, quando persistirem, as dores na região do abdômen e as cólicas devem ser prontamente comunicadas ao médico para checar se estão ocorrendo contrações uterinas prematuras.

- ***Gases e constipação intestinal*** – flatulências são comuns na gestação e ocorrem porque o útero em crescimento está comprimindo o intestino. Além disso, os movimentos intestinais diminuem durante a gravidez, gerando formação de gases e prisão de ventre, outro desconforto bem conhecido das futuras mamães. Para aliviar a constipação intestinal e a flatulência, você pode lançar mão destas medidas:

1. Escolha alimentos ricos em fibras: frutas como ameixa, laranja ou mamão, cereais integrais e verduras preferencialmente cruas;
2. Aumente a ingestão de água e evite alimentos de alta fermentação, como feijão, repolho, batata, milho, ovo e frituras;
3. Faça caminhadas ou atividades físicas como Pilates.

Evite usar laxantes. Além de provocarem a deficiência de vitaminas, eles não vão resolver o problema. É recomendável mudar a dieta alimentar.

- ***Hemorroidas*** – outra queixa comum das gestantes são as hemorroidas, uma tumefação da região anal. Geralmente decorrentes da constipação intestinal, provocam dor e até sangramento ao evacuar. Se você sofrer desse problema, tente fazer compressas mornas na região e troque o papel higiênico por água e sabão. Só use anti-inflamatórios sob orientação médica.

- ***Corrimento vaginal*** – o aumento do fluxo vaginal é comum na gestação, tornando-se um muco mais espesso. Se você perceber alterações nesse muco, relate o fato ao médico para que ele avalie a possibilidade de alguma infecção. A candidíase (monilíase) é uma infecção recorrente em função da queda de imunidade. Além de causar aumento de muco, ela provoca coceira na região genital. O tratamento é à base de pomadas antifúngicas.

- ***Queixas urinárias*** – você logo vai perceber que o número de vezes que sente vontade de urinar aumenta. Nada mais normal entre grávidas, principalmente no início da gestação, quando ocorrem profundas alterações hormonais, e no fim dela, quando o útero atinge seu volume máximo e provoca forte compressão da bexiga. Tenha ciência de que, ao longo do pré-natal, será preciso fazer exames de urina periódicos para descartar a existência de infecção urinária.

- ***Falta de ar, dificuldade para respirar*** – esses sintomas são frequentes em decorrência do aumento do útero e da pressão do bebê sobre o diafragma. A ansiedade da futura mamãe também pode agravar o quadro, geralmente a partir da segunda metade da gravidez. Procure repousar deitando de lado, preferencialmente para o lado esquerdo, com os braços para frente e os joelhos e quadris fletidos. Se o mal-estar for constante, consulte o médico.

- ***Mastalgia e descarga papilar*** – o aumento das mamas e a hipersensibilidade provocada pelos hormônios da gestação podem torná-las mais sensíveis. Use um sutiã com boa sustentação e observe-as atentamente. O colostro, líquido de coloração branco-amarelada que representa a fase inicial de produção de leite, pode começar a ser eliminado antes do início do trabalho de parto, mas não deve ser estimulado porque pode induzir ao nascimento prematuro do bebê.

- ***Dores nas costas*** – com o aumento do volume do abdômen, o ponto de equilíbrio da gestante muda. Ela passa a querer compensar o peso mudando a postura – o que pode acarretar dores lombares. Use sapatos baixos e confortáveis, faça exercícios físicos ou Pilates sob orientação de uma fisioterapeuta obstétrica e procure não recorrer a remédios.

- ***Cefaleia*** – a dor de cabeça tensional é muito comum na gestação, principalmente no início. Em contrapartida, quem sofre de enxaqueca pode perceber melhora durante a gravidez. É muito importante medir a pressão arterial enquanto você estiver com dor de cabeça, para afastar a possibilidade de *pré-eclâmpsia* e *eclâmpsia*,[1] principalmente se estiver associada a outros sintomas.

- ***Sangramento nas gengivas*** – use uma escova de dentes macia e faça uma boa higiene depois das grandes refeições. Se o problema persistir, procure um dentista.

- ***Varizes*** – costumam aparecer por causa do aumento de peso, da insuficiência venosa e da compressão das veias. Procure:
  1. Não permanecer muito tempo em pé ou sentada ou passar longos períodos inativa;
  2. Repousar pelo menos vinte minutos, várias vezes ao dia, com as pernas elevadas;
  3. Não usar roupas muito justas e, se possível, vestir meia calça elástica para gestante. As meias de média compressão, com tamanho sugerido a partir da aferição da circunferência da panturrilha, também podem ajudar.

- ***Câimbra*** – essa sensação, bem como a de queimação nas pernas, ocorre porque, além do aumento do peso corporal, o transporte de sangue dos pés e das pernas para o restante do corpo e o coração é insuficiente. Aumente o consumo de alimentos ricos em potássio: banana, iogurte, abacate, uva-passa e batata.

- ***Inchaço*** – o edema atinge principalmente os membros inferiores (pés e pernas) e pode manifestar-se desde o início da gestação, embora seja mais notado a partir

1 Veja significado nas páginas 67-68.

TOME NOTA

Quando as varizes aparecem

Qual atitude devo tomar para resolver o problema?
Use uma parede vertical como encosto para colocar os pés para cima e permaneça alguns minutos nessa posição. Faça isso várias vezes ao dia. Em seguida, esfregue as pernas com óleo para varizes ou extrato de castanha-da-índia, de baixo para cima. Você também pode colocar as pernas debaixo da água fria para diminuir o inchaço e a sensação de dor.

Qual é o melhor método de prevenção?
Qualquer tipo de atividade física estimula a circulação: caminhar, nadar, andar de bicicleta ou dançar são alternativas que podem dar bons resultados. Procure dormir à noite com as pernas levemente erguidas, aposente os saltos altos durante a gravidez e caminhe descalça sempre que possível. Outro lembrete: não sente com as pernas cruzadas e não tome banhos de sol muito prolongados.

do segundo trimestre. Causado por maior pressão abdominal sobre as veias da perna, pode refletir um aumento da pressão arterial e o início de pré-eclâmpsia. Por isso, fique atenta: se o inchaço não ceder depois de um período em repouso e pés elevados, consulte o médico.

- ***Insônia e hipersonia*** – mulheres grávidas podem ter o sono alterado, para mais ou para menos, em função das mudanças hormonais que sofrem e do estresse do período. Normalmente, observa-se um aumento do sono no início da gestação e períodos de insônia no final dela. Exercícios físicos são recomendados para melhorar o quadro.

Vida profissional

A maioria das gestantes é, hoje, responsável pela renda familiar parcial ou integral, e por isso não pode perder ou abrir mão do trabalho. A lei brasileira garante a manutenção do emprego para qualquer gestante, assim como a licença médica, se ela for necessária.

A futura mãe deve conversar com o empregador quando sentir alguma ameaça à gravidez. Ele poderá diminuir o tempo que você terá de ficar em pé, por exemplo, e lhe oferecer um período de descanso maior, se você é daquelas que trabalham mais de sete horas nessas condições, porque há maior probabilidade de abortamento espontâneo.

Você também pode necessitar de períodos de afastamento para repousar, ao

O sexo do bebê

Menino ou menina? Esta é a primeira grande pergunta que se faz uma vez que a gravidez está confirmada. Junto com ela, porém, pode haver alguma insegurança quanto à investigação sobre o gênero do bebê: o método de identificação pode fazer mal ao feto? É seguro procurar saber qual é o sexo da criança? Existe alguma chance de erro?

Raros são os casais que atravessam toda a gravidez sem procurar saber qual é o sexo do filho. Por uma questão de economia, nos dias de hoje, o enxoval e o quarto do bebê só começam a ser pensados uma vez que esta questão está resolvida. Muitos já escolheram o nome da criança antes mesmo do parto.

Para descobrir o sexo do bebê, a medicina tem à disposição dois métodos: o exame de sangue e a ultrassonografia.

O teste de sexagem fetal consiste na análise do DNA do feto presente no sangue da mãe. Durante a gestação, ocorre a passagem de uma pequena quantidade de células fetais para o sangue materno, por meio da placenta. O exame dessas células permite revelar o sexo do bebê por intermédio de um procedimento não invasivo e sem riscos, graças à coleta de uma amostra de sangue da mãe. No laboratório, essa amostra permite identificar partes do cromossomo Y, que determina o sexo masculino. Esse teste pode ser realizado a partir da oitava semana de gestação, mas oferece um resultado mais seguro a partir da décima semana, quando o índice de acerto é de 99% para o sexo feminino e acima de 99% para o masculino. O exame pode ser realizado em grandes hospitais ou laboratórios e o resultado sai em aproximadamente cinco dias úteis. Entretanto, ele não é feito na rede pública de saúde nem tem cobertura dos planos de saúde.

O sexo do bebê também pode ser conhecido durante a realização de um ultrassom, ao longo do pré-natal. Esse exame é normalmente feito para avaliar a vitalidade do feto e eventuais anormalidades durante seu desenvolvimento. Os órgãos sexuais do bebê já podem ser vistos na ultrassonografia a partir de décima sexta semana, embora alguns ultrassonografistas mais experientes possam identificar o sexo do bebê com treze a quinze semanas. A chance de erro é de aproximadamente 15%. Após a décima sexta semana, cai para 1%. Na ultrassonografia, acertar o sexo do bebê depende da acuidade do médico e da posição do feto.

longo da gestação. Não hesite em explicar a seus superiores o que está acontecendo e trate de comprovar sua situação com atestados médicos assinados pelo especialista que a está acompanhando.

Sexo

Atividade sexual e gestação são, desde sempre, uma mistura explosiva, que suscita dúvidas, medos, mitos, tabus religiosos e polêmicas socioculturais. O único fato comprovado é que as mudanças físicas e emocionais na mulher tornam a prática sexual diferente. Além disso, muitas grávidas passam a se sentir menos sensuais e desejadas durante a gestação.

Algumas pesquisas mostram que há, de fato, uma frequência sexual menor durante o primeiro trimestre, por conta dos sintomas iniciais da gravidez: náusea, vômito, fadiga, inchaço, sonolência e sensibilidade. Já no segundo trimestre, esse desconforto diminui e a gestante passa a se sentir mais segura em relação ao seu corpo, o que pode resultar numa atividade sexual mais frequente. No último trimestre, o inchaço, a sonolência e a sensibilidade recrudescem. E, agora, a mulher está mais pesada, seus movimentos são mais limitados, o que acaba dificultando a relação sexual, que passa a ser mais cansativa e desconfortável.

Cientificamente, não está comprovado que o sexo tenha efeitos adversos sobre a gravidez. A atividade sexual durante o terceiro trimestre também não está associada ao aumento da mortalidade perinatal, comparando-se mulheres sem atividade sexual com aquelas com mais de quatro relações por mês. Uma vida sexual ativa durante a gestação tampouco resulta em aumento da prematuridade. Portanto, aos olhos da ciência, não há por que contraindicar a atividade sexual em nenhuma fase da gestação. Haverá restrições, sim, apenas a critério médico, em função de patologias como placenta prévia (quadro em que a placenta acaba implantada, de forma errada, na entrada do útero, gerando a possibilidade de aborto ou parto prematuro quando a grávida fizer esforços), alto risco de prematuridade e síndromes hemorrágicas (doenças que causam sangramento durante a gestação).

Viagens

Você pode viajar de avião com segurança até a trigésima segunda semana antes do parto. Grávidas com risco de prematuridade, perda sanguínea ou doenças crônicas devem evitar viagens aéreas após vinte e oito semanas de gestação. Se você pretende se deslocar, faça-o de preferência no segundo trimestre de gravidez, quando o risco de abortamento é menor.

Lembre-se de que ficar sentada durante muito tempo numa poltrona de avião pode provocar edema e câimbras nas pernas e, em alguns casos mais graves, trombose (formação de placas nos vasos que impede o sangue de circular, causa dores intensas e inchaço e ainda impõe a necessidade de avaliação imediata de um médico). Para evitar o problema, use meias de compressão elástica e dê uma pequena caminhada, de hora em hora. Outra medida importante: use roupas leves, que não vão apertá-la na altura do abdômen nem lhe comprimir as pernas.

Direção de automóvel

Ao viajar de carro, certifique-se de que está usando o cinto de segurança corretamente. Ele deve ter três pontos e ser usado *acima* e *abaixo* do abdômen, e não sobre ele. A região do útero deve, portanto, estar totalmente incluída no cinto, como aparece na figura ao lado.

A Associação Brasileira de Medicina de Tráfego não recomenda que grávidas dirijam veículos se:

- estiverem com mais de trinta e seis semanas de gravidez;

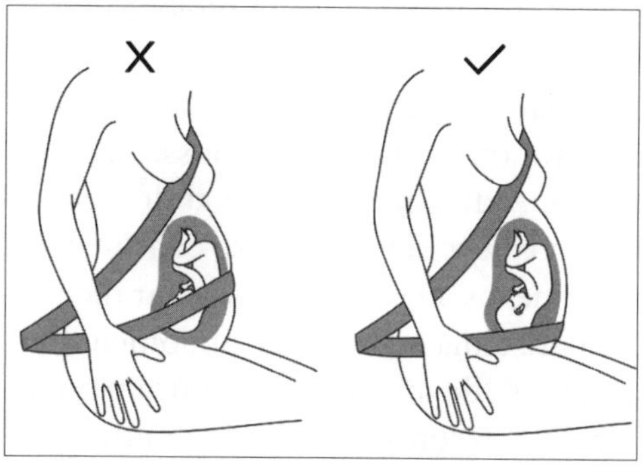

TOME NOTA

O risco de uma queda

Sofri uma queda. E agora?

Estando mais pesada, os riscos de tropeçar e cair são grandes. Se sofrer um acidente e cair sobre a barriga, vá imediatamente ao hospital. Ali, você será monitorada para avaliar a ocorrência de um descolamento prematuro da placenta. Saiba que se pertencer ao grupo sanguíneo Rh negativo, o médico vai lhe aplicar imunoglobulina anti-D.

Quais sintomas apontam que a situação é grave?

É importante estar atenta ao surgimento de alguns indicativos de emergência, tais como:

- Hemorragia vaginal;
- Diminuição dos movimentos do bebê;
- Fortes dores no abdômen;
- Dores de cabeça e/ou olhos cintilantes;
- Febre ligeira contínua ou subitamente alta;
- Vômitos e tontura;
- Perda de líquido amniótico (gotejamento vaginal).

- tiverem edema acentuado nos pés;
- sentirem náuseas, câimbras, tonturas ou vômitos;
- tiverem ameaça de abortamento;
- sofrerem hemorragias;
- estiverem em jejum prolongado.

Para dirigir, você deve afastar o banco para trás o mais longe possível da direção. A distância entre o abdômen e o volante deve ser de quinze centímetros, pelo menos. O volante deve estar inclinado para cima ou longe do abdômen. Certifique-se de que se sente segura para dirigir. Caso contrário, escolha outro meio de transporte. Se não for dirigir, ocupe o assento ao lado do motorista, caso o veículo não esteja equipado com cintos de três pontos nos assentos traseiros.

Esportes

Atividades aeróbicas regulares parecem melhorar a capacidade física e a boa imagem corporal durante a gravidez. A ciência já comprovou que elas diminuem os sintomas negativos da gestação, melhoram o emocional e reduzem os riscos de doenças gestacionais, como o diabetes. Entretanto, existem contraindicações e a possibilidade de parto prematuro, abortamento e placenta prévia. Por isso, antes de se exercitar é recomendável que você seja avaliada por um especialista.

As atividades físicas recreativas são, em sua grande parte, seguras durante esse período. No entanto, os esportes de contato ou de alto impacto podem colocá-la em risco de queda ou de trauma abdominal e por isso é melhor evitá-los.

Pratique exercícios leves ou moderados durante trinta minutos, diariamente. Se possível, peça orientação a respeito dos movimentos corretos e de sua intensidade a um profissional de educação física. Se você não praticava nenhuma atividade antes de engravidar, não use pesos. Hidroginástica e Pilates estão entre os mais indicados.

Medicina alternativa

A chamada medicina alternativa pode representar recursos terapêuticos adicionais, quando associada ao tratamento tradicional durante a gestação e os cuidados ao recém-nascido. Algumas práticas

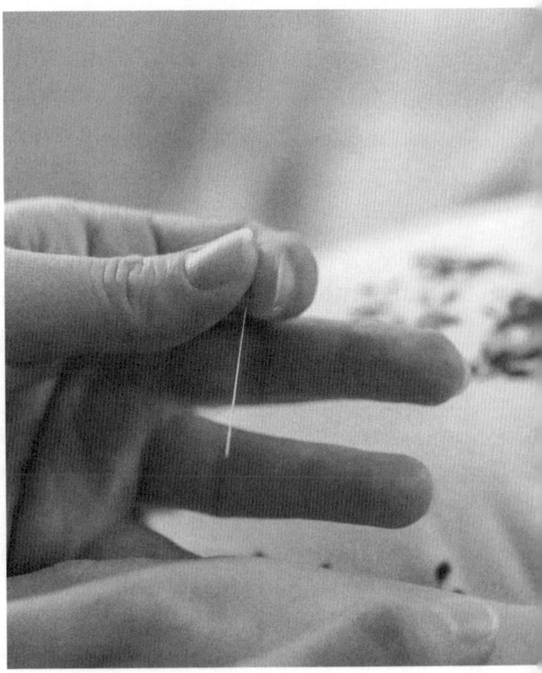

ISSO É NORMAL

Uma mulher grávida não pode tomar qualquer tipo de medicamento. Até mesmo os que parecem mais inofensivos precisam de aval do médico. Esse princípio se impõe porque alguns fármacos podem afetar gravemente a vida do bebê. Sua composição química tende a agir diretamente sobre o feto, causando-lhe danos, desenvolvimento anormal e até mesmo morte. Os princípios ativos de algumas medicações podem alterar a função da placenta, promovendo a constrição dos vasos sanguíneos e, consequentemente, a redução da troca de oxigênio e nutrientes entre o feto e a mãe. A ingestão indiscriminada de remédios pode ainda causar contração intensa dos músculos uterinos, reduzindo o suprimento de sangue ao feto e induzindo a um trabalho de parto prematuro.

médicas estão incluídas no Sistema Único de Saúde (SUS) e disponíveis para as gestantes. Importante ressaltar, porém, que não podem ser a única alternativa de abordagem médica.

Homeopatia

Ela pode ser útil durante os nove meses de gravidez, no acompanhamento do trabalho de parto e no puerpério, oferecendo um suporte terapêutico para a prevenção, adesão ao parto natural e tratamento de agravos físicos e emocionais. Também pode ter papel estratégico no acompanhamento aos recém-nascidos, reduzindo a prescrição de medicamentos desnecessários, promovendo o uso racional e induzindo à adoção de hábitos naturais e saudáveis, especialmente o aleitamento materno.

Acupuntura

Esta modalidade da medicina chinesa pode ser usada no acompanhamento de mulheres grávidas, na condução do trabalho de parto e no puerpério. As agulhas podem diminuir a sensação de dor da gestante e contribuir para o equilíbrio emocional.

Shantala

Se o bebê tiver fortes cólicas abdominais ou não dormir bem, não hesite em lançar mão desta prática milenar de origem indiana. Ela reúne um conjunto de massagens que ajudam a relaxar e fortalecer o vínculo entre mãe e filho.

Um nome para o bebê

A escolha do nome da criança é um dos momentos mais lúdicos e criativos para os pais. Assim que o sexo lhes é revelado, nada mais divertido do que imaginar como será chamar o bebê pelo nome e, quem sabe, pelo apelido.

Antes de decidir, porém, os pais devem ter em mente que a criança carregará essa escolha para sempre e, se eles errarem, ela poderá sofrer consequências desagradáveis, em especial na escola.

O nome da criança depende da origem dos pais. Estrangeiros tendem a optar por nomes regionais. Assim, esse repertório deve ser bem ajustado ao alfabeto do país onde a criança vai viver, para não lhe causar problemas futuros.

O desejo de homenagear um ídolo, um ente querido da família ou um antepassado também pode nortear a escolha. Mas procure evitar modismos, para que o nome de seu filho não fique datado. Uma dica é escolher um nome que você ou seu companheiro gostaria de ter. Na dúvida, recorra a um dos inúmeros livros destinados a ajudar os pais nessa busca.

Prepare a casa

Bebê a caminho! É hora de pensar na segurança da casa e adaptar os espaços ao desenvolvimento do recém-nascido.

Essa tarefa toma boa parte dos nove meses de gestação, uma vez que há inúmeros detalhes a levar em conta. Dos protetores de tomadas aos brinquedos do bebê, do tipo de revestimento no chão às redes de proteção nas janelas, nada deve escapar aos olhos atentos dos pais. Estatísticas nada confortáveis mostram que os acidentes domésticos são as maiores causas de morte de crianças até 2 anos.

Medidas gerais

Eis uma lista das providências que você deverá adotar em casa antes da chegada do bebê:

- Escadas com corrimão, acarpetadas ou com material antiderrapante e protegidas por portões nas duas extremidades;
- Objetos com menos de dois centímetros de diâmetro devem ser colocados onde a criança não possa alcançá-los. O mesmo deve ser feito em relação aos sacos plásticos e materiais que possam causar sufocação;
- Todos os produtos tóxicos (medicamentos, produtos de limpeza, tintas, detergentes) devem ser guardados em seus recipientes originais, em armários altos e trancados a chave;
- Se o bebê estiver em um cercado, a malha da tela deve ser bem apertada, com buracos menores de dois centímetros;
- Nenhuma janela deve ter vidros quebrados ou rachados;
- As janelas devem ser equipadas com grades ou redes de proteção, assim como varandas e quaisquer outras áreas de acesso com altura superior a um metro;
- Os pisos devem estar lisos, sem áreas defeituosas, tacos quebrados, soltos ou empenados. O chão não deve ser escorregadio quando estiver molhado;
- Tapetes precisam ser evitados. Além de propiciar tropeços, acumulam ácaros que causam alergia aos bebês;
- Fios elétricos não devem estar expostos nem descascados;
- As tomadas elétricas devem ser protegidas de modo a impedir que a criança enfie os dedos e leve choque;

- Nenhum móvel (mesa, cadeira, sofá, banco) deve ficar embaixo de uma janela, de maneira a impedir o acesso da criança a ela;
- Nada de guardar arma de fogo em casa. Se isso for impossível, cuide para que fique fora da visão e em local ignorado pela criança;
- A casa deve ter um extintor de incêndio pronto para uso e em local acessível;
- Se houver um terraço, deve estar sempre trancado, permanecendo aberto apenas quando um adulto estiver por perto;
- Se houver uma piscina, deve ter uma grade que impeça o acesso da criança a ela;
- Se a caixa d' água estiver no quintal, deve permanecer sempre fechada.

Cozinha

É o lugar mais perigoso da casa para bebês. Grades de plástico, à venda em lojas de produtos infantis, podem ser instaladas na porta da cozinha, para impedir a passagem da criança. Além dessa barreira física, convém adaptar a cozinha da seguinte forma:

- O fogão deve estar numa posição estável, firmemente apoiado, e sem fios expostos;
- Eventuais panelas sobre o fogão devem permanecer com seus cabos virados para a parte interna a fim de diminuir o risco da criança puxá-la sobre si;
- O forno de micro-ondas deve ter desligamento automático quando a porta for aberta;
- Os fios dos equipamentos de cozinha, geladeira e freezer devem ser compridos apenas para alcançar a tomada;
- Os talheres, copos e pratos devem ser guardados em armários altos e fechados;
- A cadeira alta do bebê deve estar firme e ter cinto de segurança e tiras entre as pernas. Melhor ainda se ficar longe do fogão;
- Todos os utensílios elétricos devem ser desligados da tomada quando não estiverem em uso.

Banheiro

Este é o segundo aposento mais perigoso da casa para bebês. O ideal é que tenha uma grade instalada na porta para impedir que entrem. Podem ocorrer quedas e afogamentos – tanto no chuveiro quanto no vaso sanitário. As dicas a seguir são importantes:

- O piso do box deve ser de material antiderrapante;
- Todos os utensílios elétricos, como secador de cabelos, devem estar desligados da tomada;
- A água do banho nunca deve ser superior a 50° C;
- O piso do banheiro não deve ser escorregadio quando estiver molhado;
- A tampa do vaso sanitário deve ficar fechada o tempo todo;
- Banheiras nunca devem permanecer cheias de água;
- Produtos como álcool, água oxigenada ou medicamentos devem ser guardados em lugar de difícil acesso à criança.

Quarto do bebê

Detalhes como iluminação, temperatura, segurança, manutenção e conforto devem ser meticulosamente avaliados pelos pais, de maneira a oferecer ao bebê um ambiente sadio e tranquilo, onde possa se desenvolver sem percalços. Estes são apenas alguns dos pontos mais importantes:

- Materiais para a troca de fralda devem estar sempre muito perto do trocador para evitar quedas;
- Tapete antiderrapante debaixo do trocador e da banheira é útil para a sua segurança e a do bebê;
- Protetores, travesseiros, almofadas, enfeites ou qualquer objeto que possa servir de apoio no berço devem ser retirados para que o bebê não consiga pular a grade tão logo comece a ficar em pé. Evite sobrepor bichinhos de pelúcia num canto da cama: podem ser bonitos, mas só acumulam poeira e podem levar à sufocação;
- Móbiles e demais penduricalhos devem estar firmemente amarrados acima do berço e precisam ser retirados quando a criança conseguir ficar em pé;
- Colchão deve estar encaixado perfeitamente no berço e não deixar nenhum espaço livre em que a criança possa prender a cabeça, os braços ou as pernas;
- Parafusos e encaixes do berço devem ser verificados periodicamente para você ter certeza de que estão em ordem. Atente para a altura da grade e, se necessário, desça ou suba um nível;
- Caixas de brinquedos devem ter tampas;
- Brinquedos precisam ser correspondentes à faixa etária da criança.

Sala

Apesar de ser um ambiente adulto, não poupe esforços para evitar acidentes nas salas de estar e de jantar.

- Móveis não devem ter arestas pontiagudas ou capas de proteção de plástico;
- Bebidas alcoólicas, copos e garrafas devem ser guardados em armários altos e trancados;
- Bibelôs feitos em material cortante devem estar fora do alcance da criança;
- Objetos que quebram facilmente, como porcelana, vidro e cerâmica, não combinam com crianças pequenas em casa.

Animais de estimação

Se você investir na adaptação de seu animal de estimação, ele acolherá a chegada do bebê com carinho, curiosidade e amizade. Assim como um irmão mais velho, cães e gatos devem participar do desenvolvimento da gestação e descobrir aos poucos que não estão correndo perigo de ser “descartados”. A Sociedade Brasileira de Pediatria estimula o convívio entre crianças e animais de estimação e considera benéfica essa relação para o desenvolvimento delas.

Prepare psicologicamente o bichinho assim que souber que está grávida. Permita que ele aproxime o focinho e dê lambidas em sua barriga: é a forma que tem de entender o que está acontecendo e de interagir. Quando fizer isso, acolha-o com palavras gentis e carícias, para que não se sinta rejeitado.

Toda alteração na rotina pode gerar estresse e ansiedade em animais de estimação, e eles podem responder com crises de depressão, irritação, alteração do comportamento e até mesmo agressividade. Adaptá-los é a melhor solução para a segurança do bebê, do animal e da família.

As mudanças devem iniciar antes de a criança nascer e ser feitas paulatinamente. Uma coisa de cada vez. Por exemplo, se a família decidiu que o bichinho não vai mais dormir na cama do casal, é melhor fazer isso durante a gravidez, e não após o nascimento da criança.

Animais mais arredios a mudanças precisam de adestramento profissional. Neste caso, você tem de consultar um veterinário. Aproveite para avaliar a saúde do animal, vermifugá-lo e colocar as vacinas em dia.

Enxoval do bebê

Escolher roupa de bebê é uma das atividades mais gratificantes durante a gravidez. Não há uma mãe que não se alegre com a perspectiva! Vá devagar. Lembre-se de que os recém-nascidos crescem rápido e acabam perdendo as roupinhas logo. Divida o guarda-roupa de seu filho em três fases: recém-nascido, 3 meses e 6 meses.

Prefira roupas de algodão, poliéster ou lã. Evite o uso de Lycra ou de qualquer outro material sintético, que possa causar incômodo ao bebê.

Lave o enxoval com produtos adequados: amaciante para bebê e sabão de coco. A maioria das roupas infantis não pode ser lavada diretamente na máquina.

Ao nascer, o bebê deverá ter um enxoval com uma quantidade mínima:

- 5 *bodies* de mangas curtas;
- 5 *bodies* de mangas longas;
- 8 calças com ou sem pé;
- 5 macacões de manga comprida;
- 2 casaquinhos;
- 5 pares de meias;
- 2 mantas quentes;
- 2 mantas leves.

Se o nascimento acontecer no outono ou no inverno, acrescente:

- 2 *bodies* de manga comprida;
- 5 macacões de manga comprida;
- 2 gorros;
- 2 pares de luvinhas;
- 3 roupinhas para passeio.

Se o bebê vier ao mundo nas estações quentes, acrescente:

- 2 *bodies* regata;
- 5 macacões de manga curta;
- 1 boné;
- 3 roupinhas para passeio.

O quarto do bebê

A Sociedade Brasileira de Pediatria recomenda que o bebê fique no quarto dos pais por quatro meses, para facilitar a rotina de amamentação, as trocas de fralda noturnas e eventuais primeiros cuidados em casos de mal-estar ou doença – em particular, a síndrome da morte súbita do recém-nascido.[2]

Piso

Cuide para que o chão do quarto onde o bebê vai ficar seja liso, de preferência antiderrapante ou emborrachado, e de fácil limpeza. Evite tapetes ou carpetes, que são verdadeiros ninhos de ácaros e podem provocar acidentes quando a criança começar a engatinhar.

Parede

Ela deve ser lisa. Nada de adornos que acumulam poeira e podem provocar lesões na pele do bebê. Se for usar papel de parede, atente para que seja lavável. Se tiver prateleiras na parede, cuidado com as quinas.

Janelas

Janelas devem ter grades ou redes de proteção. Isso é imperativo numa casa com crianças. Abra as janelas uma vez por dia, para arejar o ambiente e deixar o sol entrar. Se tiver cortinas, prefira os materiais de fácil lavagem.

Ar-condicionado

Não há restrições para o uso do equipamento. No entanto, você deve dar atenção especial à limpeza do filtro. A temperatura ideal é entre 23º C e 24º C, agradável para o bebê. É mito achar que o ar-condicionado pode causar friagem no bebê. Como o ar-condicionado pode ocasionar ressecamento do ambiente e gerar eventuais problemas respiratórios, é indicado colocar, como medida caseira, uma bacia de água no quarto para melhorar a qualidade do ar. Umidificadores de ar não são necessários nesses casos.

Ventilador

O ventilador apresenta algumas desvantagens em relação ao ar-condicionado. Acumula muito mais poeira e deve ser lavado regularmente. Além disso, a movimentação de ar faz com que os ácaros que estavam no chão circulem de novo pelo aposento. Para resolver o problema, passe um pano úmido no quarto antes de fazê-lo funcionar.

Limpeza

O quarto onde o bebê vai passar seus primeiros meses de vida deve ser regularmente limpo. Não use vassoura, mas um pano úmido com álcool. Evite produtos com cheiro forte e elevada concentração de cloro. Cortinas, móveis e eventuais adornos devem também ser limpos periodicamente com álcool.

2 Veja mais na página 239.

Móveis e equipamentos

Cada casal faz a escolha da decoração do quarto do bebê como lhe convém. No entanto, é preciso equipá-lo com:

- Um berço;
- Um trocador e uma cômoda;
- Um armário;
- Uma cadeira de amamentação.

O aspecto mais importante, em relação ao berço, é a sua segurança. Ele deve conter o selo de avaliação do Inmetro (normas técnicas da ABNT - NBR 15860 - e do Inmetro - NBR 15860-1 e 15860-2), status conferido pelos órgãos competentes após teste que exclui riscos para a criança. Você também deve montá-lo de acordo com as instruções do manual, uma vez que qualquer erro pode acarretar perigo para a segurança do bebê. Na dúvida, recorra a um marceneiro ou a um funcionário da empresa onde foi comprado.

Para não ter nenhuma dor de cabeça em relação ao sono de seu filho, recomenda-se seguir as orientações da Sociedade Brasileira de Pediatria:

- Coloque o bebê para dormir de barriga para cima;
- Assegure-se de que a cabeça dele esteja descoberta o tempo todo, isto é, a uma boa distância de lençóis e cobertores;
- Não deixe nenhum objeto solto no berço - nem travesseiro, nem almofada, nem protetor de colchão, nem brinquedo de pelúcia nem qualquer outro adorno. Eles causam risco de sufocação, asfixia e estrangulamento;
- Saiba que é perigoso cobrir o bebê. Se for necessário usar uma coberta, cubra-o até o peito e prenda-a firmemente nas laterais do berço. Pijamas inteiros com pezinhos ou saquinhos de dormir e meias são alternativas mais seguras;
- Compre um colchão firme e de tamanho adequado, de maneira a encaixar perfeitamente nos quatro lados do berço;
- Não coloque o berço perto ou embaixo da janela, mesmo que ela tenha grade;
- Não deixe a babá eletrônica ou qualquer equipamento com fio dentro do berço ou próximo do bebê;
- É mais indicado um berço fixo, sem rodas, mas se você preferir um com rodas, procure manter as travas acionadas todo o tempo;
- Aposte em um estrado que seja uma placa de madeira e de altura regulável. A posição mais baixa é a mais segura e deve ser adotada assim que o bebê conseguir sentar sozinho;
- É importante que o colchão seja de espuma, e não plastificado. A densidade recomendada para crianças pequenas é a D18. Ele deve ser plano, duro e não deformável. Vire o colchão pelo menos uma vez por mês e substitua-o se apresentar alguma deformação;
- Mantenha sempre as grades em volta do berço elevadas. Evite comprar um modelo que tenha grades móveis. Grades e travas devem ser arredondadas, e o espaço ideal entre elas é de quatro a seis centímetros. Quanto à altura das laterais do berço (medida desde a parte de cima do colchão),

deve ser de pelo menos de sessenta centímetros;

- Prenda o móbile para distrair o bebê firmemente ao berço, numa altura tal que ele não possa alcançá-lo, principalmente quando começar a se movimentar com mais constância.

O trocador de fraldas deve ser instalado sobre uma base firme. Se tiver rodas, devem estar sempre travadas. Coloque-o em um lugar onde tudo possa ficar à mão – lenços umedecidos, cremes, algodão, fraldas limpas e próximo a uma torneira. Um dos acidentes mais comuns com recém-nascidos acontece quando a mãe vai buscar alguma coisa que está faltando para a higiene do bebê e o deixa sozinho. Não se esqueça de colocar por perto uma lixeira com pedal.

Você terá de providenciar um armário para o bebê. Tome cuidado para que as portas tenham chaves, para impedir que a criança pequena prenda os dedos quando começar a brincar com tudo à volta. O guarda-roupa deve ser arrumado de maneira prática e estar sempre fechado, para evitar o acúmulo de ácaros. Não deixe remédios à mão da criança. Guarde os brinquedos nas prateleiras de baixo do armário.

A cadeira de amamentação é opcional, mas pode render conforto durante a amamentação, ajudando a mãe a manter-se bem sentada enquanto alimenta o bebê.

Os kits de berço – como almofadas e protetores laterais – precisam ser retirados enquanto a criança estiver dormindo, pois produzem risco potencial de sufocamento.

Forre o berço apenas com um lençol com elástico que se ajuste perfeitamente ao colchão. Se quiser cobrir o bebê, cuide para que o cobertor não vá além do ombro.

A roupa de cama do bebê deve ser inteiramente de algodão. Lave-a com amaciante próprio, separadamente da roupa do restante da família, seque-a ao sol e troque-a pelo menos uma vez por semana. Para tanto, calcule no mínimo dois ou três jogos de lençol no enxoval.

Os móbiles que enfeitam a caminha do bebê estimulam o desenvolvimento visual e auditivo. Prefira os de pano ou de plástico, para poder lavá-los frequentemente.

Mosquiteiros devem ser usados em lugares onde há muitos insetos. E precisam ser lavados periodicamente, para evitar o acúmulo de ácaros.

As toalhas podem ser felpudas ou de fralda – convém ter os dois tipos e em bom número. Mais delicadas e absorventes, as de fralda devem ser usadas nos recém-nascidos. Com o tempo, as toalhas felpudas passam a ser mais práticas para o dia a dia. Lave-as com o mesmo amaciante que a roupa de cama.

Ao montar a caixa de remédios, inclua um antitérmico e um analgésico (para febre e dor), um antiemético (para vômitos), um remédio para as cólicas do bebê e vitaminas, se necessário. Não esqueça o mais importante: o termômetro. Toda casa onde há crianças deve ter pelo menos um. Ele pode ser do modelo tradicional, eletrônico, de ouvido ou de testa. Os dois últimos são mais práticos para crianças menores, pois fazem a aferição em poucos segundos. Os demais necessitam de três minutos para dar o resultado.

A caixa de remédios deve ter chave ou tranca, para dificultar o acesso da criança. E lembre-se: o uso de medicamentos requer orientação médica. Todos os remédios têm efeitos colaterais e só devem ser ministrados depois de avaliar riscos e benefícios. Verifique a validade dos medicamentos antes de usá-los.

Os carrinhos para bebê, hoje, estão cada vez mais seguros e leves, e alguns possuem balanço, música e outros adereços.

Atualmente, o carrinho de passeio é um item essencial do enxoval. Além de sua função original, pode ser usado em casa para que a criança durma perto dos pais. É aconselhável pesquisar, antes da compra, a relação custo-benefício, pois há uma grande variedade de modelos e preços.

Um bom carrinho deve ter o selo do Inmetro (www.inmetro.gov.br), que comprova sua segurança. Além disso, é recomendável:

- Manusear o carrinho antes de comprá-lo. Observe o peso, a maneira como é fechado, o tamanho em relação aos cômodos da casa e ao porta-malas do carro;
- Verificar se os freios funcionam bem: o carrinho não pode se mexer uma vez acionados os freios;
- Atentar para os cintos. Dê preferência aos de cinco pontas, principalmente para recém-nascidos, porque eles ajudam a firmar os ombros e os quadris;
- Observar a mobilidade do assento. Ele deve ter no mínimo três inclinações que oferecem maior conforto ao bebê em diferentes fases da vida;
- Verificar se todas as peças do carrinho são lisas e não têm nenhuma borda áspera, rebarbas nos cantos ou pontas que possam machucar a criança.

O bebê-conforto é cada vez mais usado no dia a dia. Geralmente, é encaixado no carrinho de passeio ou no banco do automóvel. Como tem um suporte, a criança é transportada em segurança. Assim como o carrinho do bebê, deve conter o selo de segurança do Inmetro. Leia atentamente o manual de instruções para aprender a usar o equipamento. E leve em conta as seguintes dicas:

- Verifique se o bebê-conforto é compatível com o carro de passeio;
- Fique atenta ao peso do suporte e troque-o conforme a criança vai crescendo;
- Leia o manual de instruções para adaptá-lo no automóvel de maneira correta, garantindo a segurança do bebê.
- Evite deixar que o bebê durma no bebê-conforto por não oferecer a melhor posição para esse fim.

A cadeira de alimentação é indispensável para acostumar, desde cedo, a criança a cumprir horários e a ter modos à mesa. Esse tipo de acessório oferece segurança na hora das refeições. Ao lado dos modelos tradicionais, nos quais a cadeirinha e a bandeja são erguidas por um suporte alto, há aquelas que se acoplam à mesa e também os *boosters* – assentos que se prendem com cintos às cadeiras. Seja qual for o modelo que escolher, não deixe de:

- Conferir o selo do Inmetro para confirmar a vistoria do produto;
- Observar o peso que a cadeira suporta;
- Verificar se ela tem cinto de segurança e retentor entre as pernas;
- Checar se o produto tem trava de

segurança, que não permite que a cadeira se feche e machuque o bebê;
- Prestar atenção se a peça é de fácil limpeza e se suas partes se destacam para facilitar o trabalho;
- Avaliar se todas as partes são lisas e não contêm nenhuma borda áspera, cantos ou pontas que machuquem o bebê.

Brinquedos

Os brinquedos devem ser apropriados à idade, ao interesse e ao nível de habilidade da criança. Um brinquedo que serve para uma criança com mais de 8 anos pode ser perigoso para uma de 3. Crianças de até 3 anos têm tendência a colocar pequenas peças na boca e são mais propensas a engolir ou sofrer engasgos e sufocação. Por isso, os brinquedos não devem ser pequenos e não podem ter partes destacáveis. Na dúvida, a recomendação é guiar-se pela faixa etária indicada pelo fabricante. A Sociedade Brasileira de Pediatria recomenda:

- Materiais utilizados na fabricação dos brinquedos devem ser resistentes, não tóxicos e não inflamáveis;
- Brinquedos que produzem ruídos acima de 100 decibéis podem prejudicar a audição da criança;
- Brinquedos com correntes, tiras e cordas com mais de quinze centímetros devem ser evitados devido ao risco de estrangulamento de crianças pequenas;
- Brinquedos com vidro são proibidos para crianças de até 5 anos;

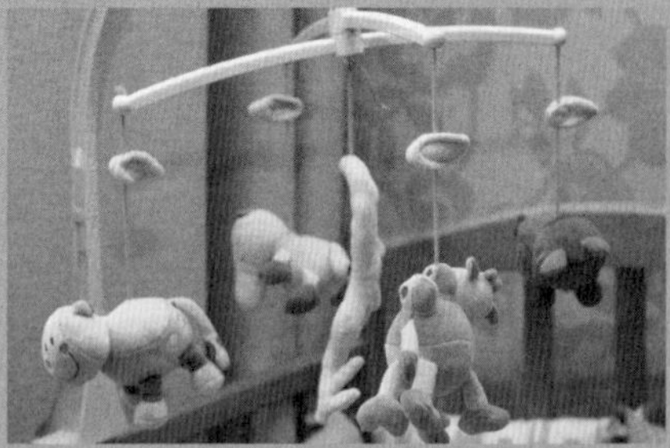

VÁRIOS TIPOS

Tapete de atividades | Tapete forrado de móbiles, com espelhos e músicas em que se coloca o bebê, enquanto ele recebe estímulos visuais, auditivos e táteis;

Cadeiras vibratórias | Vibram, tocam músicas e têm móbiles. Funcionam à semelhança do tapete, mas servem para acalmar o bebê graças aos movimentos vibratórios;

Móbiles | Podem ser colocados em todos os lugares onde o bebê permanecer por mais tempo, como no carrinho de passeio, no berço e no bebê-conforto. Estimulam a visão, a audição e a acuidade tátil;

Chocalhos | Quanto mais coloridos, melhor. Devem ser leves e macios. Todos os bebês colocam esses brinquedos na boca: por isso, precisam ser constantemente limpos.

O uso de andadores

O andador não é recomendado pelos pediatras. Os pais adeptos desse equipamento alegam alguns motivos para colocar o bebê no andador. Dizem que ele dá mais segurança às crianças (evita quedas), mais independência (por possibilitar maior mobilidade), promove o desenvolvimento (auxilia no treinamento da marcha) e o exercício físico, deixa os bebês mais faceiros. E ainda, com o andador, os pais têm mais controle sobre a criança. Mas isso tudo não é verdadeiro.

A ideia de que o andador é seguro contraria a realidade. Várias pesquisas mostram que pelo menos uma criança em cada três que utilizam o andador sofre algum tipo de acidente.

O equipamento pode provocar algum atraso no desenvolvimento psicomotor. Bebês que utilizam andadores levam mais tempo para ficar em pé e caminhar sem apoio, tornando-se dependentes do acessório. Eles também engatinham menos e têm escores inferiores nos testes de desenvolvimento.

Hoje em dia, alguns países já proíbem a comercialização de andadores. É o caso do Canadá. No Brasil, ele não é recomendado pela classe médica, embora não exista uma lei que impeça sua comercialização.

- Brinquedos elétricos podem causar queimaduras. Brinquedos ligados em tomadas, com elementos de aquecimentos, pilhas e baterias, não são aconselhados para crianças com menos de 8 anos. Baterias e pilhas contêm conteúdo corrosivo e podem causar sérios danos ao tubo digestivo, quando ingeridas, ou sufocação, quando aspirados;
- Etiquetas e rótulos podem conter marcas falsificadas por contrabandistas. Cuidado!
- Crianças devem aprender a guardar os brinquedos logo após terminar a brincadeira, para prevenir quedas ou acidentes. Brinquedos para crianças maiores podem ser perigosos para as menores e devem ser guardados separadamente.

Pesquisas científicas recentes mostram que, quanto mais estímulos o bebê receber, mais precoce será o seu desenvolvimento. É comum ouvir dos mais velhos que os bebês de hoje aprendem com mais rapidez.

Sucção

Especialmente em seu primeiro ano de vida, o recém-nascido tem necessidade fisiológica de sucção. Além da amamentação, que garante a sua sobrevivência, a sucção promove a liberação de endorfina, um hormônio que modula a dor, o humor e a ansiedade, provocando sensação de prazer e bem-estar. Assim, o bebê se sente feliz em sugar e, por isso, está sempre levando à boca as mãos e o que mais encontrar.

A amamentação é suficiente para satisfazer o desejo básico de sucção, desde que o bebê esteja mamando exclusivamente no peito e que a mãe lhe ofereça o leite sempre que quiser.

O uso da chupeta não é contraindicado na pediatria, apesar de não ser estimulado. Se for preciso recorrer a ela, é melhor escolher o modelo ortodôntico.

Assim como a chupeta, a mamadeira pode ser um acessório a mão. Seu uso deve ser, no entanto, limitado, já que o bico pode acarretar dificuldades para mamar no seio da mãe. Recomendam-se produtos ortodônticos.

Higiene

A higiene é muito importante no trato do bebê. Para que cresça e se desenvolva bem, o recém-nascido vai precisar de um arsenal de artigos. Convém listar todos os acessórios, para não se esquecer de nenhum deles:

- 12 paninhos de boca;
- creme para prevenção de assaduras;
- creme para tratamento de assaduras;
- cotonetes próprios para bebê;
- 1 tesourinha de unhas com pontas arredondadas;
- 1 frasco de álcool 70%;
- 2 pacotes de algodão quadradinho ou redondo;
- 1 garrafa térmica para água aquecida;
- 1 potinho de acrílico ou plástico para colocar a água;
- lenços umedecidos;
- 1 sabonete neutro líquido;
- 1 xampu neutro;
- fraldas descartáveis (bebês usam em torno de 7 fraldas por dia);
- 1 banheira com suporte e tampa.

No que diz respeito à vigilância e segurança do bebê, o principal dispositivo em uso atualmente é a babá eletrônica. Existem vários modelos que acoplam tecnologia de áudio e imagem. Estes dispositivos podem ser bastante úteis quando a criança passar a dormir no seu próprio quarto.

VOCÊ SABIA?

Não se deve nunca usar cotonetes para limpar o interior do ouvido do bebê, apenas a parte externa, mesmo que observe sujeira.

Os 1100 dias do bebê

Vocês já ouviram falar esse termo? Por incrível que pareça ele é muito importante para o seu bebê. São os 1100 dias que podem moldar toda a vida do seu bebê. Esses 1100 dias correspondem a 90 dias pré-concepção, 280 dias da gestação, 365 do primeiro ano de vida e 365 do segundo ano.

Não é à toa que este livro fala da gestação até o segundo ano do bebê. Esse período é considerado uma janela de oportunidades para beneficiar a saúde do bebê não só nesta geração, mas provavelmente nas próximas gerações também.

Os novos estudos mostram, que durante esse período, os genes do bebê estão sendo modulados, formados e ligados, e ter um ambiente "metabólico" favorável faz com que esses genes sejam "melhores" do que quando os bebês são expostos a falhas nutricionais, estresses químicos e alterações metabólicas durante esse período.

O que pode acontecer com o bebê dentro da barriga tecnicamente falando são modificações epigenéticas e mudanças na expressão de vários genes: mudamos o DNA do bebê, alteramos a proliferação das células no momento que ele está se desenvolvendo e alteramos o crescimento dele e por último, alteramos as configurações neurológicas e endocrinológicas – isso não só enquanto ele está na barriga, e sim para o resto de sua vida, o que chamamos de longo prazo. As consequências a curto prazo podem ser desnutrição, desenvolvimento neurológico prejudicado, obesidade e doenças cardiovasculares e metabólicas.

Para isso, tanto a mãe quanto o pai devem começar o pré-natal o mais precocemente possível (de preferência quando se pensar na possibilidade de engravidar), alimentar-se saudavelmente durante toda a gestação e amamentação, realizar todos os exames solicitados, ingerir as vitaminas recomendadas, evitar situações estressantes e não fumar ou ingerir bebidas alcoólicas.

Capítulo 2

O pré-natal

Deu positivo: hora de pensar no pré-natal e escolher o médico que vai acompanhar a gravidez. O ideal é estabelecer ao longo dos meses um vínculo de confiança com o ginecologista, de modo a afastar dúvidas e temores e conseguir chegar ao parto com tranquilidade.

Graças a esse vínculo, será mais fácil manter a estabilidade emocional durante o parto e sofrer menos estresse diante da longa expectativa em torno do nascimento do bebê. A familiaridade entre médico e gestante também é útil na hora do parto, levando em conta que ele já saberá como você costuma reagir e quando se sente fragilizada.

Durante cerca de quarenta semanas, ele vai monitorar sua saúde e a do bebê, contornar eventuais situações de risco e esclarecer suas perguntas sobre os primeiros dias de vida do recém-nascido. Ele também vai dar dicas de como cuidar dos seios e ensinar sobre as vantagens do aleitamento materno. Assuntos como higiene do bebê, primeiras vacinas e medidas de segurança em casa serão igualmente abordados.

Durante as consultas, serão tratados seu histórico de doenças, medicamentos em uso e suas expectativas em relação ao parto. O pré-natal é tão importante para a gestante de alto risco quanto para aquela que não apresenta problema algum e, portanto, essas consultas devem começar ainda no primeiro trimestre de gestação.

A maior frequência de visitas ao médico no final da gravidez visa à avaliação do risco de quadros clínico-obstétricos mais comuns: o trabalho de parto prematuro, a pré-eclâmpsia e a eclâmpsia, a amniorrexe prematura (perda de líquido antes da hora) e a morte do bebê.

Pré-natal na rede pública

Norma do Ministério da Saúde que regulamenta o pré-natal na rede pública define como sendo direito da grávida:

1 – Iniciar o pré-natal na Atenção Primária à Saúde até a 12ª semana de gestação (captação precoce);

2 – Desfrutar os recursos humanos, físicos, materiais e técnicos necessários à atenção pré-natal;

3 – Ter assegurada a solicitação, realização e avaliação do resultado dos exames preconizados no atendimento pré-natal;

4 – Ser ouvida, bem como seus (suas) acompanhantes, considerando aspectos intelectuais, emocionais, sociais e culturais, e não somente ter um cuidado biológico nas rodas de gestantes;

5 – Ter transporte público gratuito para o atendimento pré-natal, quando necessário;

6 – Estender o pré-natal ao seu (sua) parceiro(a), mediante realização de consultas, exames e acesso a informações, antes, durante e depois da gestação: pré-natal do(a) parceiro(a);

7 – Ter acesso à unidade de referência especializada, caso seja necessário;

8 – Ser estimulada e informada sobre os benefícios do parto fisiológico, incluindo a elaboração do plano de parto;

9 – Conhecer e visitar previamente o serviço de saúde no qual irá dar à luz (vinculação);

10 – Conhecer e exercer os direitos garantidos por lei no período gravídico-puerperal (gravidez e primeiros meses da criança).

A primeira consulta

Em seu primeiro contato com o obstetra, você vai receber todo o apoio necessário para o início da sua gestação e se familiarizar com os futuros passos do acompanhamento pré-natal. Junto com o médico, vai traçar um histórico pessoal e familiar sobre gêmeos. Você também será questionada sobre pressão alta, diabetes, infecção urinária e anormalidades genéticas. Além disso, o médico vai avaliar

ISSO É NORMAL

É um mito acreditar que o formato da barriga da mãe dá indicações acerca do sexo do bebê. Algumas crenças dão conta de que uma barriga pontuda e alta sugere que se trata de um menino, ao passo que se o abdômen estiver mais arredondado ou esparramado será uma menina. Essas convicções datam de uma época em que não existiam exames capazes de permitir visualizar os órgãos do feto. Hoje, sabemos que o sexo do bebê é determinado geneticamente e não altera o formato da barriga da mãe. O que pode ocasionalmente torná-la pontiaguda ou arredondada são o posicionamento do bebê – se estiver sentado ou virado para baixo – e o tônus muscular da barriga da mãe.

suas gestações anteriores: o tipo de parto que fez, as complicações que ocorreram, a eventualidade de abortos. Informações acerca da ocorrência de doenças preexistentes, tratamentos cirúrgicos, tabagismo, álcool, uso de drogas e medicamentos, e as vacinas que tomou também serão pedidas.

Ao examiná-la, o obstetra vai registrar o seu peso habitual e o atual, sua altura e o índice de massa corporal (IMC, a relação entre peso e altura). Também aferirá sua pressão arterial e fará o exame das mamas. A partir da 10ª a 12ª semana de gestação, ele auscultará os batimentos cardíacos do bebê com o Sonar Doppler - aparelho que, ao ser colocado sobre a barriga, permite identificar se os batimentos estão em ordem. Da 20ª semana em diante, a palpação abdominal incluirá a delimitação do fundo uterino. Este cuidado consiste em observar se o útero está crescendo na velocidade certa.

Na primeira visita ao obstetra, você também receberá orientações alimentares e será informada sobre os seus direitos como gestante. Por fim, sairá do consultório com uma receita de suplementação de ácido fólico, vitamina que ajuda a formar o sistema nervoso do bebê.[1]

As próximas consultas

Os obstetras dividem os nove meses de gravidez em três trimestres. O primeiro corresponde aos três primeiros meses (1ª à 14ª semana), o segundo vai do 4º ao 6º mês de gestação (15ª à 28ª semana) e o terceiro compreende o 7º mês em diante (29ª à 42ª semana).

Meses	Semanas
1º mês	2-6
2º mês	7-10
3º mês	11-14
4º mês	15-18
5º mês	19-23
6º mês	24-28
7º mês	29-33
8º mês	34-37
9º mês	38-42

1 Leia a este respeito na página 60.

Ao final do primeiro trimestre, todos os sistemas do novo organismo já estão formados: o digestório, o respiratório e os demais. No segundo trimestre, o feto cresce em tamanho suficiente para permitir visualizar detalhes anatômicos numa ultrassonografia. No início do terceiro trimestre, ele já pode sobreviver, caso nasça prematuramente.

Para calcular a sua idade gestacional, o médico deve saber quando você menstruou pela última vez. Esta data, também chamada DUM, corresponde ao primeiro dia de sangramento do seu último ciclo menstrual. Se você não tiver certeza do dia, o médico usará como base o ultrassom que fará o quanto antes, e de preferência antes da 12ª semana, quando é fácil descobrir a idade gestacional.

A partir dessa data, conta-se o tempo de gestação em semanas, dias e meses. A tabela a seguir mostra a correlação entre os meses e as semanas, assunto que gera sempre muitas dúvidas entre as gestantes.

O cálculo da idade gestacional é importante para que o obstetra possa solicitar exames e acompanhar a viabilidade da gestação. Exemplo: considerando que a ultrassonografia morfológica deve ser realizada entre a 20ª e a 24ª semana, se a mãe estiver em trabalho de parto prematuro após a 24ª semana, precisará tomar uma medicação para acelerar a formação do pulmão do bebê.

Sem dúvidas

Quais os exames exigidos no pré-natal e por que são realizados? Como será a alimentação durante a gestação e a amamentação? Quais medicações usar durante a gravidez e quais são os efeitos no bebê? Como agir em caso de emergência? O que colocar na mala do bebê ao partir para a maternidade?

Essas dúvidas não devem persistir durante o pré-natal e nenhuma grávida pode chegar à maternidade sem saber respondê-las. Além do acompanhamento médico, a internet é de grande auxílio para pais mais ansiosos.

Sanar dúvidas é importante, porque uma mãe segura e confiante atravessa a gestação mais tranquilamente e chega ao trabalho de parto de maneira mais confortável.

VOCÊ SABIA?

O *Índice de Massa Corporal* é um padrão internacional adotado pela Organização Mundial da Saúde (OMS) para medir o grau de obesidade de um indivíduo. O IMC é obtido ao dividir o peso (em quilogramas) pela altura (em metros) ao quadrado. Para obter o resultado, aplica-se a seguinte equação: IMC = P (kg): A (m) x A (m).

Crescimento fetal

A palpação obstétrica e a medição da altura uterina têm por objetivo identificar o crescimento fetal, observando os desvios da normalidade a partir da relação entre a altura uterina e a idade gestacional. Elas permitem, também, identificar qual a posição do feto na fase final da gestação: se está com a cabeça para baixo, sentado ou transverso.

O útero cresce de acordo com o tempo de gravidez. Um profissional experiente consegue delimitar bem o final do útero com a simples palpação da barriga da gestante, aferindo a medida com uma simples fita métrica. Existem tabelas que ajudam a saber se os valores encontrados são normais, ou estão acima ou abaixo do esperado.

A causa mais comum de alterações na medição do útero tem a ver com o erro de cálculo da idade gestacional – você pode ter se enganado quanto à data da última menstruação. Outros problemas que podem gerar alterações são fundo uterino maior que o esperado em decorrência de diabetes gestacional, aumento do líquido amniótico (polidramnia), gestação gemelar ou doenças uterinas, como miomas. Se os valores estão abaixo da média, o médico deve descartar síndromes genéticas no feto, pouca quantidade de líquido (oligodramnia) e crescimento inapropriado do bebê.

Se você estiver com uma medição alterada, seu médico poderá descobrir a causa aferindo, no prazo de algumas semanas, o crescimento do bebê e a quantidade de líquido existente no útero por meio de um ultrassom.

A palpação obstétrica permite identificar a situação e a maneira como o feto se apresenta percorrendo o dorso e a cabeça. A identificação é fácil a partir do terceiro trimestre e adquire importância para a realização do parto normal.

Exames de sangue

Hemograma

Este exame deve ser realizado para avaliar se há um quadro de anemia, muito comum durante a gestação, e se o sistema imunológico e as plaquetas estão dentro da normalidade. Ele será repetido a cada três meses, para descartar a necessidade de medicação em caso de anemia.

Tipagem sanguínea

O exame será pedido para definir o seu tipo sanguíneo em relação ao sistema ABO (grupos A, B, AB ou O) e o sistema Rh (positivo ou negativo). Se você pertencer ao grupo sanguíneo negativo, será necessário que o pai se submeta ao teste e que outros exames sejam realizados no final da gestação para evitar uma incompatibilidade entre o seu sangue e o do bebê.[2]

Glicemia de jejum

O teste vai monitorar, ao longo de toda a gestação, a ocorrência de diabetes gestacional. Para este exame, você terá de ficar em jejum pelo menos oito horas e só depois colher o sangue. Níveis alterados, ou seja, superiores a 92 mg/dl exigirão outros exames, além de uma dieta elaborada por um nutricionista.

2 Leia mais a respeito no Capítulo 6.

ISSO É NORMAL

Vai longe o tempo em que se pensava que uma grávida tinha de comer por dois. Ela deve aumentar a ingestão de calorias em torno de 300 por dia, e nada mais. Em relação ao cardápio, tanto melhor se o fizer consumindo legumes, verduras e alimentos saudáveis, e não frituras, gorduras e doces.

VDRL

É importante descartar a possibilidade de você ter sífilis. Isto porque a doença passa pela barreira placentária e gera doenças no bebê. Em caso positivo, um tratamento à base de três doses de penicilina no pai e na mãe pode prevenir consequências no feto. O exame será repetido nos meses seguintes, no segundo e terceiro trimestres, e um mês antes de completar quarenta semanas.

Toxoplasmose

O médico vai solicitar um exame IgG e IgM para toxoplasmose, a fim de avaliar se você tem ou não a doença. Assim como a sífilis, esse parasita causa doenças no recém-nascido e o quadro deve ser tratado durante a gestação. Quando uma mãe apresenta IgG positivo e IgM negativo, isso significa que ela já teve a doença e desenvolveu imunidade. Neste caso, não é preciso repetir o teste. Mas se os resultados forem IgG e IgM positivos, você pode estar com a doença, ainda que não tenha sintomas. O médico avaliará, então, a necessidade de fazer o tratamento. Quando o exame é IgG e IgM negativos, a mãe nunca teve a doença, mas precisa evitar situações de risco, como o contato com a urina e as fezes de gatos, o consumo de verduras mal lavadas e alimentos crus (comida japonesa, por exemplo). Nesses casos, o exame deverá ser repetido no segundo e no terceiro trimestres de gestação.

HBsAg

O exame permite avaliar se você tem hepatite B. A doença só passa para o recém-nascido no momento do parto. Para evitar que isso ocorra, logo depois do nascimento, será ministrada ao bebê uma dose de imunoglobulina para hepatite B. Se o exame for negativo, deverá ser repetido no segundo e terceiro trimestres de gestação.

Anti-HBs

Permite saber se a gestante tomou a vacina contra a hepatite B. Embora não seja costumeiramente solicitado na rede pública de saúde, o ideal é que seja realizado pelo menos uma vez durante a gestação. Quem não foi vacinada deve tomar as três doses. Quem só tomou uma dose ou duas, precisa tomar as restantes.

HIV

Investigar se a gestante é soropositiva para o HIV é obrigatório no Brasil. Se o exame não foi pedido durante o pré-natal, deverá ser realizado na maternidade, por ocasião do parto. Esta é uma avaliação indispensável, já que o HIV pode desencadear a aids, doença infecciosa que é transmitida ao bebê durante o parto e a amamentação, e suas doenças oportunistas. Sendo o resultado positivo, um infectologista terá de acompanhar a gestação.

Hepatite C

Este exame apontará se a gestante teve hepatite C em algum momento da vida, já que a doença é crônica e pode não provocar sintomas. Diferentemente da hepatite B, esta não é tratada com vacina, mas o risco de transmissão ao bebê é menor (1 a 2%). Não existe medicação ou exame que avalie se o bebê tem propensão à hepatite C. Não há contraindicação para amamentar.

Citomegalovírus

No primeiro trimestre da gestação, você deve fazer o exame de sorologia IgM e IgG para citomegalovírus, um vírus da família do herpes. O IgM pesquisa os anticorpos ativos contra a doença, isto é, se você é IgM positiva, se tem a infecção ativa. O IgM fica positivo a partir do sétimo dia da doença e permanece assim por até quatro meses. O IgG indica que o organismo já tem memória para a doença, isto é, se você já a contraiu em algum momento.

Se os exames IgM e IgG derem negativo, você precisará repeti-los no prazo de quinze dias para confirmá-los. Se derem positivo, você tem a infecção ativa e deve fazer um acompanhamento pré-natal com ultrassonografia morfológica. Resultados de IgM e IgG negativos indicam que você está suscetível à doença e deve repetir o exame a cada trimestre. No caso de IgM negativo e IgG positivo, nem você nem seu bebê correm risco algum.

Rubéola

Desde 2015, a doença é considerada erradicada tanto no Brasil como na América Latina. Mas é importante fazer o exame para checar se você tomou a vacina. Em caso negativo, você está suscetível à doença e deve repetir o teste a cada trimestre. A vacina da rubéola não pode ser administrada durante a gestação.

NIPT

O NIPT (sigla em inglês para teste pré-natal não invasivo), é um exame simples que avalia o risco de doenças cromossômicas e detecta o sexo do bebê. Ele é feito através de uma simples coleta de sangue materno e pode ser feito com 9 semanas de gravidez. Esse exame é capaz de detectar mais de 99% dos casos de síndrome de Down. Além da síndrome de Down, ele detecta trissomia do cromossomo 18 (síndrome de Edwards), trissomia do cromossomo 13 (síndrome de Patau) e alterações dos cromossomos sexuais: monossomia do X (síndrome de Turner), XXY (síndrome de Klinefelter), XXX e XYY.

O exame de NIPT é recomendado para mulheres grávidas acima dos 35 anos; gestantes com histórico de gravidez com fetos portadores de uma síndrome; gestações em que o pai ou a mãe sejam portadores de uma síndrome. Seu custo ainda é alto, o que impossibilita realizá-lo de rotina em todas as mulheres. Ele não é coberto pela maioria dos planos de saúde e não está disponível na rede pública.

TOTG

O teste de tolerância oral à glicose (TOTG) deve ser realizado entre a 24ª e a 28ª semana de gestação para aferir o risco de diabetes gestacional. De acordo com o American College of Obstetrics and Gynecology (ACOG), toda gestante deve se submeter a ele, ainda que a taxa de glicemia em jejum esteja adequada. No Brasil, no entanto, o protocolo da gestação de baixo risco não inclui este exame, limitando-o às gestantes com fatores de risco tais como diabetes gestacional anterior, obesidade, alterações de crescimento fetal ou no líquido amniótico, ganho ponderal excessivo e glicemia de jejum.

Se você vai passar por este exame, saiba que a coleta de sangue deve ser feita em jejum de oito horas. No laboratório, será oferecido um líquido com 75 g de glicose para, em seguida, a curva glicêmica ser acompanhada uma hora e duas horas depois. Os valores normais são 85 mg/dl em jejum, 180 mg/dl depois de uma hora e 155 mg/dl depois de duas horas. Valores acima desses parâmetros caracterizam um quadro de hiperglicemia materna ou diabetes gestacional e, portanto, será preciso passar por um médico e uma nutricionista.

Coombs indireto

Uma gestante com fator Rh negativo e parceiro com Rh positivo e/ou desconhecido pedem o teste de Coombs indireto ainda no primeiro trimestre de gravidez. Ele é feito por meio da coleta sanguínea para investigar o grau de sensibilização entre o sangue da mãe e o da criança. Quando positivo, pode representar uma chance maior de doença hemolítica perinatal.[3] Se o resultado for negativo, deverá ser repetido em torno da 30ª semana. Quando o Coombs indireto for positivo, você passa a ser considerada paciente de alto risco e deve se submeter à avaliação por uma ultrassonografia morfológica.

Exame de urina

EAS e urocultura

Descartar infecções urinárias é uma medida importante durante a gestação, já que a grávida tem maior propensão a elas e nem sempre apresenta sintomas. O médico vai pedir exames de urina ao longo dos nove meses. Uma infecção urinária não debelada pode ter graves consequências sobre o desfecho da gestação: trabalho de parto prematuro e infecção no bebê. Diante de qualquer sinal de infecção, você deve receber tratamento e, em seguida, repetir o exame para avaliar se houve melhora.

3 Leia mais a respeito em Incompatibilidade de Rh, nas páginas 619-620.

Citologia cervicovaginal

A citologia cervicovaginal, mais conhecida como Papanicolau, deve ser realizada durante a gestação, preferencialmente no primeiro ou no segundo trimestre. A maior frequência de infecção por papilomavírus humano (HPV) em gestantes, se comparadas com não gestantes, sugere que a gravidez é um fator de risco para infecção pelo HPV. A infecção por HPV não tem consequências sobre a gestação, mas a futura mãe deve fazer exames periódicos depois do parto, já que o vírus é porta de entrada para o câncer de colo de útero.

Pesquisa de estreptococo do grupo B

Toda grávida deve fazer coleta e cultura vaginal-retal entre a 35ª e a 37ª semana de gestação, para descartar a colonização do estreptococo do grupo B ou *Streptococcus agalactiae*. Esta bactéria é o principal agente causador de sepse precoce, uma infecção grave em recém-nascidos. A infecção ocorre no momento do parto, pela vagina da mãe. Se ela for tratada com antibióticos na hora do nascimento do bebê, pode evitar a transmissão da bactéria para ele.

Durante o exame, coleta-se material da vagina e do esfíncter anal. A secreção é, em seguida, investigada para a identificação da bactéria. Se você apresentar o problema, o médico vai ministrar penicilina cristalina ou ampicilina assim que iniciar o trabalho de parto e, depois, a cada quatro horas. As mães que se submetem a uma cesariana não precisam ser medicadas se a bolsa amniótica não se romper, ainda que o exame tenha dado positivo.

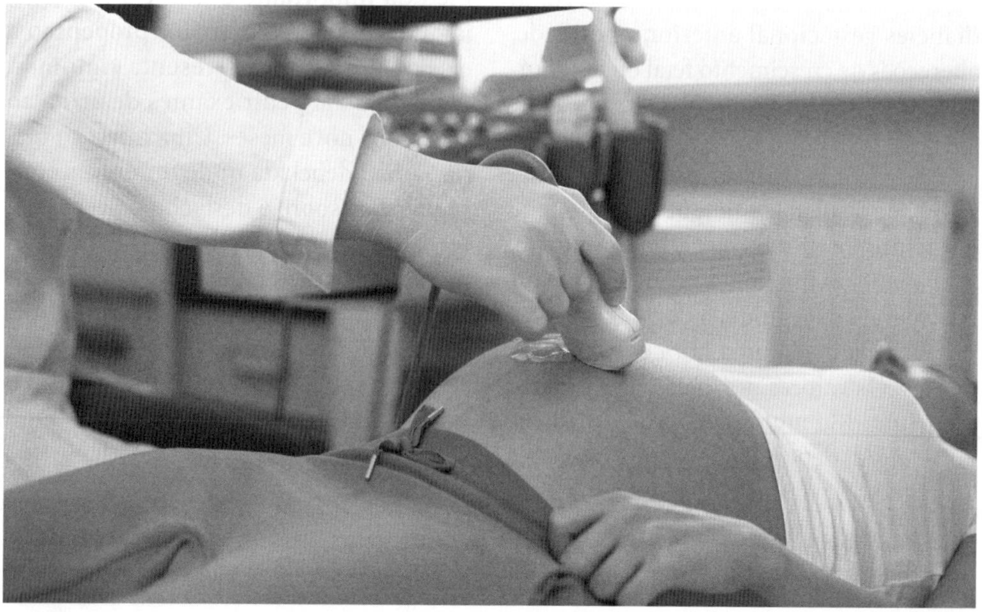

Ultrassonografia obstétrica

O ultrassom é o método de investigação complementar mais utilizado pelo obstetra, pois não é invasivo e não causa efeitos colaterais na mãe ou no bebê. O uso da ultrassonografia permite determinar o número de embriões e a existência de gêmeos, bem como estimar o tempo de gestação, diagnosticar anomalias congênitas, avaliar o posicionamento, a estrutura e a função da placenta, investigar episódios de sangramento durante a gestação e acompanhar o crescimento do bebê.

Ultrassonografia para cálculo gestacional

As ultrassonografias do primeiro trimestre devem ser realizadas, preferencialmente, por via transvaginal. Logo que a gestante descobre que está grávida, deve se submeter à sua primeira ultrassonografia para avaliar o tempo gestacional. Nesta fase, o embrião deve ter por volta de 5 mm. Entre a 5ª e a 7ª semana de gestação, o coração começa a bater, e com aproximadamente 7 semanas, ele já faz alguns movimentos espontâneos.

Ultrassonografia para avaliação das anomalias fetais

Este é o primeiro ultrassom da gravidez: ele serve para avaliar anormalidades no bebê que está se formando. O diagnóstico do primeiro trimestre pode ser realizado rotineiramente ou em função de sua idade ou de um problema familiar, para verificar uma perturbação cromossômica. A ultrassonografia deve ser realizada entre a 11ª e a 13ª semana, por via transvaginal. Durante o exame, o médico vai analisar aspectos do desenvolvimento da criança e descartar malformações orgânicas a partir de três parâmetros: a translucência nucal do feto (também chamada prega da nuca ou NT [Nuchal Translucency]), o osso nasal e o ducto venoso.

VOCÊ SABIA?

Apesar da tecnologia de ponta, se o bebê estiver numa posição desfavorável à avaliação do médico, o exame de ultrassom será inconclusivo. E ainda que a ultrassonografia não aponte anormalidades congênitas, isso não é garantia de que a criança nasça saudável. Para excluir a possibilidade de perturbações cromossômicas de fato, é preciso recorrer a uma análise de cromossomos das células do feto. Há dois exames possíveis: biópsia de vilo corial e punção do líquido amniótico (amniocentese ou cordocentese).

VOCÊ SABIA?

Se você tiver um pré-natal de baixo risco, vai realizar, pelo menos, três ultrassonografias: uma entre a 11ª e a 13ª semana para definir a idade gestacional e a translucência nucal; a segunda, a morfológica, entre a 20ª e a 24ª semana de gestação; e a última, no final da gestação.

A translucência é o acúmulo de líquido na região da nuca. O excesso pode ser o primeiro sinal de anormalidade genética, principalmente da síndrome de Down (trissomia do cromossomo 21). A medicina considera normal uma medida abaixo de 2,5-3,0 mm, de acordo com a idade gestacional e a idade da mãe. Níveis acima desses valores não constituem diagnóstico de alterações cromossômicas, mas indicam que novos exames como a amniocentese diagnóstica[4] precisam ser feitos para descartar um quadro de síndrome genética.

Paralelamente, pode ser analisado o sangue da mãe. Neste caso, a coleta de material e a medição da translucência nucal devem ocorrer no mesmo dia. Calcula-se o risco pessoal a partir dos seguintes fatores:

- Idade;
- Tempo de gestação;
- Gestações anteriores com perturbações cromossômicas;
- Espessura da nuca do feto (medida da translucência);
- Concentração da proteína PAPP-A e do hormônio de gravidez beta-hCG livre no sangue materno;
- Representatividade do osso nasal da criança;
- Fluxos de sangue no coração e nos grandes vasos sanguíneos do feto;
- Origem étnica e ocorrência de tratamento médico para engravidar.

O osso nasal é outro marcador de anormalidade cromossômica, em especial a síndrome de Down. Os portadores da anomalia têm hipoplasia, isto é, ausência ou diminuição do osso nasal. No exame ultrassonográfico realizado entre a 11ª e a 14ª semanas de gestação, o osso nasal não é visualizado em cerca de 60% a 70% dos fetos com trissomia do cromossomo 21 e em menos de 1% nos fetos normais.

O ducto venoso é uma comunicação normal entre as veias da mãe e as do feto. O fluxo de sangue está alterado em pacientes que apresentam alguma cardiopatia, muito comum em doenças genéticas. Assim como os outros parâmetros, valores normais não excluem o diagnóstico de alterações cromossômicas, e anormalidades no fluxo venal não indicam alguma doença e, sim, a necessidade de fazer novos exames.

A avaliação do osso nasal e dos fluxos de sangue em complementação ao exame de translucência nucal confere ao diagnóstico do primeiro trimestre uma precisão de acerto de mais de 90%.

4 Leia mais a respeito na página 57.

Ultrassonografia morfológica

De todas, é a mais importante e a que não pode deixar de ser feita. No serviço público, na maioria dos casos, é a única a ser realizada. O médico vai pedir esse exame entre a 20ª e a 24ª semana, quando a maioria dos órgãos do bebê já está formada, mas os ossos ainda não estão consolidados. Durante o ultrassom, serão examinados a coluna vertebral, as mãos, os pés, o cérebro, as estruturas da face, o tórax, o estômago, os rins, o intestino, a bexiga, o cordão umbilical, a integridade da parede abdominal e a genitália. Serão avaliadas também a localização da placenta e a quantidade de líquido amniótico. Quanto ao sexo do bebê, poderá ser identificado a partir da 16ª semana. Alterações nesta ultrassonografia são importantes para detectar malformações fetais e para fazer intervenções ou investigações suplementares em caso de infecção.

Dopplerfluxometria

Este é um ultrassom que mede o fluxo de sangue em artérias importantes e permite avaliar o bem-estar entre a mãe e o bebê. Alterações neste exame apontam um risco de hipertensão arterial – o que pode levar à pré-eclâmpsia.[5] Ele deverá ser realizado entre a 20ª e a 26ª semana de gestação e, se indicar alterações, precisará ser repetido periodicamente.

Ecocardiograma fetal

Realizado por um cardiologista pediátrico, visualiza detalhadamente o coração do bebê. Permite detectar malformação cardíaca e programar uma cirurgia, se necessário, na hora do nascimento. Identifica aproximadamente 50% a 60% das cardiopatias existentes e mais de 80% dos casos graves, que implicam risco de vida para o bebê ao nascer. Ele pode ser realizado pelo abdômen da mãe a partir da 18ª semana, mas é mais eficaz quando a mãe já está na 28ª semana de gestação.

Ultrassonografia 3D

Fotos do bebê em três dimensões, com riqueza de detalhes; na 4D, a possibilidade de acompanhar seus movimentos – estas são as maravilhas da tecnologia de ponta.

5 Veja mais nas páginas 67-68.

VOCÊ SABIA?

Existe um exame que permite verificar, no final da gravidez, se está havendo atividade de contração e, em caso positivo, de que forma o bebê reage a ela. Ele tem o nome de CTG (cardiotocografia) e é realizado graças a dois dispositivos colocados sobre a barriga da mãe com um cinto, que recebem e retransmitem sinais – os transdutores. Dessa forma, mede-se a frequência cardíaca e a das contrações durante 20 a 30 minutos.

Exames obrigatórios

O Ministério da Saúde estipula que a gestante passe, ao menos, por seis consultas e idealmente por dez (uma consulta mensal até o 7º mês; uma consulta quinzenal até o 9º mês; e, dali por diante, consultas semanais) no pré-natal.

Os exames de sangue e de urina devem ser realizados três vezes durante a gestação, um em cada trimestre. Qualquer alteração nas coletas deve ser comunicada imediatamente ao médico. Outros exames, como a citologia vaginal e a pesquisa de estreptococo do grupo B, serão feitos durante a consulta com o obstetra.

A ultrassonografia morfológica é obrigatória e permite avaliar se o feto tem alguma malformação.

Não disponível na rede pública de saúde brasileira, atende a curiosidade de a mãe ver o rostinho do filho. A melhor fase para realizar este tipo de exame é entre a 26ª e a 30ª semana de gestação.

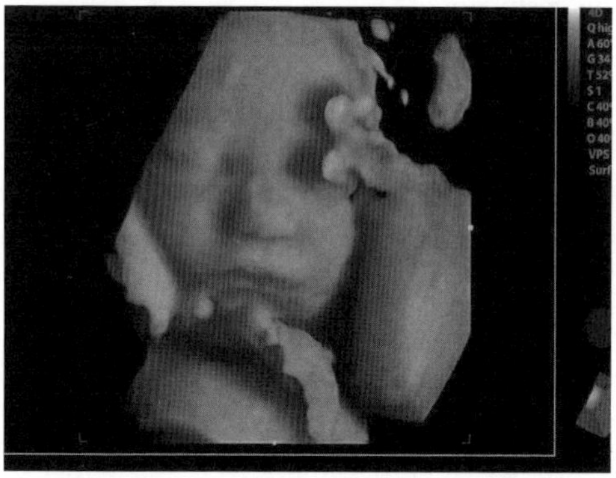

Ultrassonografia de último trimestre

A partir da 34ª semana devem ser avaliados o crescimento do feto, seu peso, movimento respiratório e movimentação, assim como o volume de líquido amniótico na bolsa. Se houver qualquer alteração, pode ser necessário repetir o exame.

Avaliação da vitalidade fetal

Mede o grau de bem-estar do feto graças a um doppler das artérias que o nutrem, para além de estabelecer seu perfil biofísico. Durante o exame, o médico se ocupa de registrar vários aspectos: o crescimento do feto, o grau de maturação da placenta e a quantidade de líquido amniótico existente. Fatores como os movimentos respiratórios e corporais do bebê, seu tônus (capacidade de se movimentar com força e vitalidade) e a ocorrência de contrações involuntárias também são investigados nesta ultrassonografia. Ao fim dela, é gerada uma nota de 0 a 10. Notas entre 8 e 10 indicam que o feto está tendo um crescimento normal. Notas inferiores a 7 exigem que seja traçada uma nova conduta médica, que vai desde a interrupção imediata da gravidez à repetição do exame.

Exames invasivos

Amniocentese diagnóstica

O médico pode optar por este procedimento – que é uma punção e, por ser invasivo, oferece risco de causar um abortamento – para excluir diversas alterações cromossômicas e defeitos genéticos por meio do exame de células do líquido amniótico, do tecido da placenta ou do sangue do feto. Um dos distúrbios genéticos passíveis de detecção é a síndrome de Down. A malformação aberta da coluna como a espinha bífida, determinada pela presença de albumina (alfa-fetoproteína, AFP) e enzima (acetilcolinesterase, ACHE) no líquido amniótico, é outro problema que pode ser apontado pela amniocentese.

O exame pode ser realizado entre a 15ª e a 18ª semana de gestação e consiste na retirada de uma amostra do líquido amniótico que envolve o bebê por meio da introdução de uma agulha fina, com diâmetro externo de 0,7 mm, na parede abdominal com auxílio da ultrassonografia. Coletam-se de 10 a 15 ml de líquido amniótico para a cultura das células fetais e em aproximadamente dez dias sai o resultado.

A amniocentese não é indicada para qualquer gestante, apenas para aquelas que apresentam maiores riscos de gerar crianças com doenças genéticas:

- Idade materna avançada (38 anos ou mais);
- Parto anterior com doença genética;
- Problemas genéticos familiares (pais principalmente);
- Histórico de doenças genéticas ou erros de metabolismo.

Cordocentese

O exame deve ser realizado quando existir alto risco de doença genética que necessita de confirmação diagnóstica, tal como idade avançada da mãe (acima dos 35 anos), anormalidade fetal na gravidez (translucência nucal aumentada), alteração genética no casal sabida previamente, prole com doença genética e histórico de abortamento.

Diferentemente do exame anterior, consiste na retirada de 2 a 5 ml de sangue do cordão umbilical com auxílio de ultrassom, o que o torna mais invasivo ainda e, consequentemente, com maior risco de abortamento (1 a 2%) e efeitos colaterais, como sangramento, dor no baixo ventre, febre e contrações. O médico também deve pedir à gestante exames complementares: grupo sanguíneo, VDRL (para detectar a presença de sífilis) e HIV. Caso algum deles aponte alterações, pode haver contraindicação para a cordocentese.

Biópsia de vilo corial

Este é outro exame delicado que oferece risco de abortamento na ordem de 1%. Deve ser realizado entre a 11ª e a 13ª semana de gestação e consiste na biópsia da placenta com auxílio de ultrassom, via transabdominal. Mães com idade avançada e prole com doença genética têm indicação precisa para a realização do exame.

Aborto

A fase mais crítica ocorre no primeiro trimestre (nas treze primeiras semanas) quando o desenvolvimento embrionário e o início do fetal estão acontecendo. O

TOME NOTA

Como é feita a biópsia de vilo corial

Qual o procedimento?
Com o auxílio de uma ultrassonografia, uma agulha fina, com diâmetro menor que 1 mm, é introduzida na placenta sob controle visual constante. A agulha permite puncionar algumas células de tecido. A coleta de material dura de um a dois minutos, na maioria das vezes. Durante a intervenção, a maioria das mulheres sente puxões desagradáveis na barriga. A partir das células coletadas são feitas culturas para serem avaliadas microscopicamente. O resultado sai, em média, dez dias depois.

Que riscos traz o exame?
Como todas as punções, o risco é causar um abortamento. A frequência de abortos naturais é aumentada em, aproximadamente, cinco episódios por mil intervenções. Na fase inicial da gravidez, abortos naturais são mais frequentes do que nas semanas posteriores.

Como se dá a recuperação da mãe?
Após o procedimento, não havendo complicações, a gestante deve guardar repouso relativo por 48 horas e se abster de sexo por sete dias.

aborto espontâneo é mais comum durante a terceira semana após a fecundação. Aproximadamente 15% das gestações terminam em aborto espontâneo. As principais causas se devem a uma falha de implantação do embrião e defeitos genéticos do feto.

Medicamentos permitidos

Algumas medicações são recomendadas e usadas rotineiramente na gestação. O objetivo é prevenir problemas característicos do período. Portanto, na sua farmácia, é provável que o médico não deixe faltar:

Ferro sérico

A gestação está associada a ajustes fisiológicos e anatômicos que provocam mudanças no organismo materno, incluindo a formação dos componentes do sangue. O suprimento de ferro é importante sob vários aspectos: para o desenvolvimento do bebê, da placenta e do cordão umbilical, para suprir as perdas sanguíneas no parto e no pós-parto, e para que você produza maior quantidade de sangue e não tenha anemia.

O aborto espontâneo é mais comum durante a terceira semana após a fecundação

A suplementação de ferro (60 mg de ferro elementar) deverá ser realizada assim que você descobrir a gravidez e se estenderá até o fim da gestação a fim de evitar anemia. Ela é especialmente recomendada a partir do segundo trimestre de gestação.

Ácido fólico

Tem papel fundamental no desenvolvimento do feto. O fechamento do tubo neural, início do aperfeiçoamento do sistema nervoso central do bebê, ocorre nas primeiras cinco semanas após a concepção. Quando a formação desse tubo não se completa, têm origem doenças que causam morte ou graves sequelas nos recém-nascidos. Entre as mais frequentes citam-se a anencefalia (ausência de massa encefálica)[6] e a espinha bífida.[7] Há evidências que comprovam uma diminuição da ordem de 75% a 91% do número de casos de malformação do tubo neural graças à prévia suplementação com ácido fólico entre um e três meses antes da concepção e até o final do primeiro trimestre de gestação.

Cálcio e vitamina D

Não há consenso ainda na literatura médica em relação à reposição de cálcio e de vitamina D. Sabe-se, no entanto, que há necessidade de aumentar a ingestão de cálcio na dieta, já que a gravidez e a lactação são períodos de alta demanda do mineral para suprir o desenvolvimento do esqueleto do bebê e produzir leite materno. Em mães adolescentes que não atingiram o pico de massa óssea, essa demanda é ainda maior, para garantir o desenvolvimento adequado de massa óssea.

A reposição de cálcio e de vitamina D deve ser ponderada pelo obstetra. Quando a suplementação é feita, sobretudo no último trimestre de gestação ou a partir da 20ª semana, ocorre aparentemente uma concentração de cálcio maior nos ossos da gestante. Mas, por mais que

6 Não formação do cérebro.

7 Alteração na coluna medular.

VOCÊ SABIA?

Existem algumas maneiras de determinar a paternidade de um bebê: o exame de DNA não invasivo, feito por meio da coleta de sangue da mãe, e que permite investigar as células do feto, é um deles. Outros métodos de coleta – como a amniocentese, a biópsia de vilo corial ou a cordocentese, a partir do líquido amniótico ou do tecido placentário – oferecem riscos à mãe e à criança por serem invasivos. O primeiro exame deve ser feito apenas em mulheres com um único feto, sem riscos para o bebê. Além das características genéticas do pai, que podem ser identificadas por fios de cabelo, sangue, saliva ou sêmen, este exame também pode detectar várias doenças genéticas, como a síndrome de Down. A amostra é colhida no Brasil, mas analisada nos Estados Unidos, e tem um alto custo.

a absorção do minério seja estratégica, doses exageradas podem acabar danificando o organismo. Prisão de ventre, risco aumentado de formação de pedras nos rins e inibição da capacidade de absorver ferro e zinco dos alimentos são alguns dos desdobramentos.

Há sempre um reforço de cálcio nos multivitamínicos que os obstetras costumam receitar para as gestantes. O melhor, no entanto, ainda é aderir a uma dieta rica em alimentos que contêm elevadas concentrações de cálcio.[8]

Ômega 3

Os famosos ômegas 3, que ganharam tanta fama nos últimos anos, são tipos de gorduras presentes no nosso organismo que têm papel importantíssimo no desenvolvimento visual e cerebral do bebê. Porém não é tão simples como se imaginava. Os ômega 3 na verdade são chamados de ácidos graxos poli-insaturados de cadeia longa (LCPUFA, *long chain polyunh saturated fatty acids*), são metabolizados e quebrados formando vários outros subtipos que são os que serão utilizados pelo nosso corpo, como o ácido eicosapentaenoico (EPA) e o ácido docosa-hexaenoico (DHA); esse último tem maior relevância durante o ciclo gravídico-puerperal.

Os LCPUFA são essenciais para o desenvolvimento do cérebro e da retina em recém-nascidos. Também estão envolvidos na neurogênese, neurotransmissão e proteção contra agentes oxidantes.

O EPA e o DHA são ácidos graxos essenciais, ou seja, não são produzidos pelo organismo humano. Suas fontes naturais incluem algas e peixes como salmão, arenque, atum, sardinha, pescada branca, cavala, cação, entre outros. Crescentes evidências apontam múltiplos benefícios, para o feto, da ingestão de DHA pela mulher durante a gestação, como formação de todas as membranas celulares do sistema nervoso central; aumento de peso e comprimento do RN; aumento da idade gestacional ao nascimento; melhora da acuidade visual; coordenação mão-olho; atenção do bebê e processamento das informações cerebrais do bebê.

Ainda há controvérsias na literatura sobre se o DHA deve ser obtido através da dieta ou da suplementação, pensando no Brasil como um país em que a ingesta de peixe é baixa. Em seu último consenso, a Associação Brasileira de Nutrologia (ABRAN) recomenda a suplementação de DHA para todas as gestantes, baseada nas dificuldades já apresentadas em nosso país. Em sua última publicação, a Federação Brasileira das Associações de Ginecologia e Obstetrícia (Febrasgo) também recomenda a suplementação para gestantes brasileiras com baixa ingestão de DHA, principalmente no terceiro trimestre.

Para mães que não podem realizar a suplementação com vitaminas, recomenda-se consumir pelo menos 2 a 3 porções por semana de pescados ricos em ômega 3 como a sardinha. Acredita-se que 300 g de sardinha consumidos semanalmente garantiriam a quantidade necessária para o desenvolvimento cerebral do bebê.

8 Leia mais a respeito no Capítulo 4.

Vacinação na gestação

Toda mulher em idade fértil que planeja engravidar deve estar com as vacinas em dia. Algumas delas, contra a rubéola, a caxumba, a catapora (varicela), a hepatite B e a hepatite A, são fundamentais, já que durante a gestação diversas vacinas são contraindicadas.

Quando nos tornamos adultos, acabamos nos esquecendo de que ainda devemos tomar vacina – e as grávidas, mais que qualquer outro grupo, têm obrigação de se imunizar contra algumas doenças.

VACINAS RECOMENDADAS

VACINA CONTRA GRIPE – *A gripe é transmitida pelas secreções respiratórias, principalmente no outono e no inverno. As gestantes infectadas pelo vírus têm maior risco de complicações e hospitalizações – e, portanto, indução ao parto prematuro. A aplicação da vacina é capaz de proteger o recém-nascido pela transferência passiva de anticorpos durante a gestação e por meio da lactação, especialmente no primeiro semestre de vida, quando ele ainda não pode ser imunizado. Assim, uma mãe imunizada não adoece e protege indiretamente o filho.*

A vacina licenciada no Brasil é inativada, ou seja, não produz efeitos colaterais e pode ser tomada durante a gestação. O Ministério da Saúde disponibiliza a vacina para gestantes e mães de bebês com 45 dias a contar da data do parto, crianças entre seis meses e cinco anos, idosos, populações indígenas, profissionais de saúde e portadores de doenças crônicas, como diabetes. Entretanto, você pode vacinar avós, irmãos, babás e pessoas que têm contato próximo com seu bebê numa clínica particular, de maneira a ampliar o raio de imunização.

VACINA CONTRA TÉTANO E DIFTERIA (DT OU DTPA) – *A vacina dTpa, que evita o tétano neonatal (raríssimo, hoje, no Brasil em razão da vacinação em massa), é obrigatória durante a gravidez. Esta vacina é encontrada nos postos de saúde de todo o Brasil. É recomendada em todas as gestações, mesmo que a mãe esteja vacinada há pouco tempo, pois além de proteger a gestante e evitar que ela transmita a* Bordetella pertussis *ao recém-nascido, permite a transferência de anticorpos ao feto, protegendo-o nos primeiros meses de vida até que possa ser imunizado. Se tiver feito as três doses na infância, terá de tomar apenas uma dose de reforço após a 20ª semana de gestação. Se não lembrar se tem imunidade para tétano, o ideal é fazer as três doses.*

Vacinação na gestação (continuação)

Histórico vacinal	Conduta na gravidez	Conduta após a gravidez
Previamente vacinada com pelo menos três doses de vacina que contenha o toxoide tetânico, tendo recebido a última dose há menos de cinco anos.	Nada ou dTpa.	Fazer dTpa no puerpério, se não tiver sido vacinada durante a gestação.
Previamente vacinada com pelo menos três doses de vacina que contenha o toxoide tetânico, tendo recebido a última dose há mais de cinco anos.	Uma dose de dT ou dTpa.	Fazer dTpa no puerpério, se não tiver sido vacinada durante a gestação.
Gestantes que receberam vacinação incompleta contra tétano, tendo recebido apenas uma dose na vida.	Aplicar uma dose de dT e uma dose de dTpa ou dT com intervalo de dois meses.	Fazer dTpa no puerpério, se não tiver sido vacinada durante a gestação.
Gestantes que receberam vacinação incompleta contra tétano, tendo recebido apenas duas doses na vida.	Uma dose de dT ou dTpa.	Fazer dTpa no puerpério, se não tiver sido vacinada durante a gestação.
Gestantes com vacinação desconhecida.	Aplicar uma dose de dT e uma dose de dTpa ou dT com intervalo de dois meses.	Fazer dTpa no puerpério, se não tiver sido vacinada durante a gestação ou dT seis meses após a última dose recebida na gravidez.

Se você não foi imunizada ou não tem como saber se foi nos últimos anos, deverá tomar duas vacinas obrigatórias, ambas disponíveis nos postos de saúde: a dTPa e a hepatite B. A primeira evita o tétano neonatal e é indicada se não foi feita nos últimos cinco anos. A dTpa (tríplice bacteriana acelular do tipo adulto), mais completa, dá proteção contra o tétano neonatal e previne a coqueluche – uma doença respiratória. Se você não tomou a vacina contra a hepatite B, tome, para evitar o contágio de seu bebê.

Vacinação na gestação (continuação)

HEPATITE B – Se você está grávida, deve se submeter à investigação sorológica pré-natal, e, se for suscetível à doença, precisa tomar a vacina em qualquer etapa da gestação. O vírus contido na vacina é inativo e seguro. Idealmente, toda mulher em idade fértil deveria estar imunizada contra a hepatite B antes de engravidar. Se não houver histórico e impossibilidade de realização de exame, deve-se fazer o esquema completo com 3 doses – 0, 1 e 6 meses.

VACINA CONTRA COVID – Com a pandemia se fez necessário a adição da vacina no calendário da gestante. Ela é fortemente recomendada por todas as sociedades internacionais de pesquisa e aqui no Brasil, é recomendada tanto pela Sociedade Brasileira de Imunização (SBim) como pela Sociedade Brasileira de Ginecologia e Obstetrícia. As marcas liberadas atualmente para vacinação em gestantes são a Comirnaty da Pfizer e Coronavac-Sinovac.

VACINAS RECOMENDADAS EM SITUAÇÕES ESPECIAIS

HEPATITE A – A vacina contra a hepatite A é inativada e teoricamente segura durante a gestação, porém o uso deve ser limitado aos casos de risco aumentado: pós-exposição domiciliar ou a alimentos contaminados, ou, ainda, se você for viajar para regiões de alta incidência da doença. A imunização pode ser feita antes de engravidar. Durante a gestação é realizada em duas doses, uma em qualquer momento da gestação e outra 6 meses posterior.

RAIVA – Esta é uma doença grave, com alta letalidade. A profilaxia pós-exposição em gestantes deve ser indicada de maneira rotineira, já que o risco da doença suplanta o risco de eventual adversidade. Caso você suspeite de ter contraído raiva, deve se dirigir a um centro de referência, onde será avaliado o risco e o benefício de vaciná-la.

FEBRE AMARELA – Não tome a vacina a menos que vá para uma área de risco, onde há incidência da doença. Converse com seu obstetra sobre os riscos e os benefícios da vacinação e, se for tomá-la, faça-o após o sexto mês de gestação ou antes de engravidar. Dose única. Não há consenso sobre a duração da proteção conferida pela vacina. De acordo com o risco epidemiológico, uma segunda dose pode ser considerada pela possibilidade de falha vacinal. É contraindicada em nutrizes até que o bebê complete 6 meses; se a vacinação não puder ser evitada, suspender o aleitamento materno por dez dias.

Vacinação na gestação (continuação)

PNEUMOCÓCICA – Esta vacina também é inativada; portanto, os riscos de ocasionar algum dano à gestação são quase nulos. Deve ser administrada em gestantes que não foram previamente vacinadas: portadoras de doenças metabólicas, cardíacas, renais, pulmonares, pacientes privadas de baço ou que tenham doenças que comprometem o sistema imunológico, apenas.

MENINGOCÓCICAS CONJUGADAS ACWY/C - As vacinas meningocócicas conjugadas são inativadas, portanto sem risco teórico para a gestante e o feto. Na indisponibilidade da vacina meningocócica conjugada ACWY, substituir pela vacina meningocócica C conjugada. Uma dose. Assim como a pneumocócica, não é indicada para todas as gestantes; apenas para as gestantes de risco.

MENINGOCÓCICA B - A vacina meningocócica B também é inativada, portanto sem risco teórico para a gestante e o feto. Assim como a meningocócica e pneumocócica, não deve ser aplicada rotineiramente, apenas nas gestantes de risco. Duas doses com intervalo de um a dois meses.

VACINAS CONTRAINDICADAS

Vacinas que contêm componentes vivos, vírus ou bactérias, devem ser evitadas durante a gestação, pelo risco teórico de infecção do feto e eventual interferência na sua formação e no seu desenvolvimento. Precisam de indicação do obstetra. São exemplos de vacinas contraindicadas as do sarampo, caxumba, rubéola, varicela, tuberculose e pólio oral, HPV e dengue.

Mulheres inadvertidamente vacinadas com doses vivas não demonstraram até hoje elevação da incidência de malformações ou risco aumentado de complicações obstétricas ou neonatais. Mas todo cuidado é pouco.

Tratar os dentes na gestação

Assim como o corpo, os dentes também passam por mudanças em decorrência das alterações hormonais provocadas pela gravidez. Durante nove meses, você poderá se confrontar com uma salivação excessiva, acidez bucal, crescimento da placa bacteriana, cáries e gengivites.

Estar grávida não a impede de fazer um tratamento odontológico – uma boca bem cuidada diminui o risco de doenças. Algumas delas, provocadas por agentes bacterianos, podem causar miocardite, que afeta o músculo do coração, por exemplo.

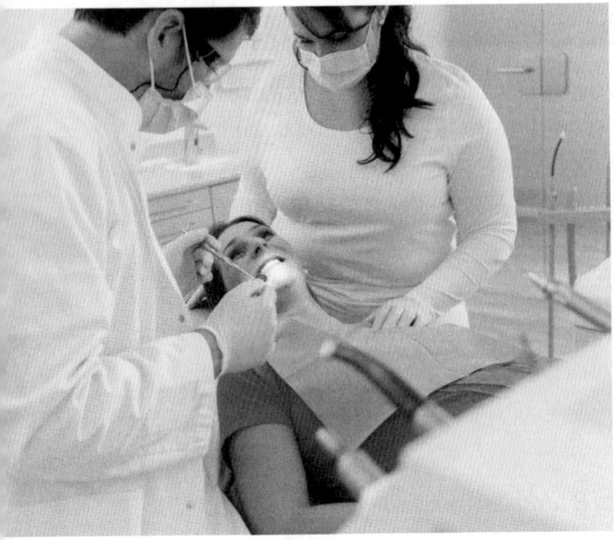

Os problemas bucais mais comuns durante a gestação são a cárie, a erosão do esmalte, a mobilidade, a gengivite e a periodontite. Por isso, se você vai ter bebê, não descuide da higiene bucal e garanta acesso à água fluoretada.

O ideal é passar por um exame com o odontologista antes de engravidar. No início da gestação, especialmente, as radiografias estão proibidas. Convém reforçar a rotina de escovação e o uso do fio dental, bem como evitar açúcar em excesso durante todo o período da gravidez.

- ***Cáries dentárias*** – Ocorrem mais frequentemente em função do aumento da acidez na cavidade bucal e da frequência da ingestão de alimentos, porque o estômago acaba sofrendo uma diminuição de sua capacidade fisiológica. Você deve escovar os dentes, no mínimo, duas vezes ao dia com um creme dental fluoretado. Procure também limitar a ingestão de alimentos açucarados.
- ***Erosão do esmalte dentário*** – Quem tem hiperêmese gravídica (frequentes episódios de vômito) está mais propensa a esse problema, já que a cavidade bucal fica mais exposta ao ácido gástrico, que pode desgastar o esmalte dentário. Se vomitar, enxágue em seguida a boca com uma colher de chá de bicarbonato de sódio em um copo de água, para neutralizar o ácido. Outra medida importante: não escove os dentes imediatamente depois de vomitar e use uma escova de dentes com cerdas macias para evitar maior risco de dano ao esmalte.
- ***Mobilidade dentária*** – Pode ocorrer na gravidez mesmo na ausência de doença periodontal devido ao aumento dos níveis de estrogênio e progesterona, que afetam o periodonto – tecido que dá sustentação aos dentes.
- ***Gengivite*** – É a mais comum das doenças bucais durante a gravidez. Aproximadamente metade das mulheres com gengivite preexistente sofre agravamento significativo da doença bucal ao engravidar. Medidas de higiene bucal, incluindo boa escovação e uso do fio dental, são recomendadas. Se você já tem gengivite severa, vai precisar de uma limpeza profissional, à base de enxaguatórios bucais, como a clorexidina.

Pressão alta

Ela se caracteriza por uma pressão sistólica superior a 140 mmHg e/ou uma pressão diastólica acima de 90 mmHg, registradas em duas ocasiões, com pelo menos quatro horas de intervalo, antes da 20ª semana de gestação e após doze semanas de puerpério. Quando esses números aparecem antes da 20ª semana, considera-se que a futura mãe sofre de hipertensão arterial crônica; quando surgem depois do quinto mês de gestação, caracteriza-se um quadro de hipertensão arterial gestacional.

Os fatores de risco para que haja aumento da pressão são:

- idade inferior a 18 anos ou superior a 35 anos;
- obesidade;
- hipertensão em gestação anterior.

A pressão arterial após a 20ª semana pode ser classificada de acordo com a gravidade dos sintomas em 1) uma simples DHEG; 2) um caso de pré-eclâmpsia leve; 3) um quadro de pré-eclâmpsia grave; e 4) uma eclâmpsia.

A doença, muitas vezes silenciosa, é uma das principais causas de mortalidade tanto da gestante quanto do bebê no Brasil, e por isso deve ser criteriosamente acompanhada.

Algumas medicações podem ser usadas para controlar a pressão. A metildopa é a mais utilizada. Outras drogas, como a hidralazina – empregada na crise hipertensiva porque diminui a pressão mais rapidamente –, e diuréticos, como a hidroclorotiazida, dão bons resultados. Além disso, é possível prescrever o ácido acetilsalicílico profilaticamente para algumas mulheres entre a 12ª e a 36ª semana de gestação, a fim de diminuir o risco da doença.

Aqui, os distúrbios caracterizados por aumento da pressão arterial:

- ***Doença hipertensiva específica da gravidez (DHEG)*** – Há um aumento da pressão, após 20 semanas de gravidez, que regride entre seis e doze semanas depois do parto, sem causar nenhum outro sintoma que não um número maior de proteínas na urina.
  Durante a dopplerfluxometria (exame de ultrassonografia), realizada entre a 20ª e a 26ª semana de gestação, serão examinadas as artérias uterinas para avaliar o fluxo de sangue que passa por elas. Qualquer alteração desse fluxo potencializa os riscos de hipertensão.
  Se você tem pressão alta, seu pré-natal é considerado de alto risco e, então, você deve fazer uma dopplerfluxometria e exames de urina periódicos para avaliar se há proteína na urina.

- ***Pré-eclâmpsia leve*** – Esta é uma doença específica da gestação e consiste numa complicação da fase anterior. Detecta-se uma pressão arterial maior que 140 x 90 mmHg em duas ocasiões, no espaço de quatro horas, associada à existência de proteína no exame de urina maior que 300 mg em 24 horas. Esse quadro aumenta em cinco vezes as complicações durante o parto, principalmente para a mãe.
  O risco de desenvolver pré-eclâmpsia é maior em caso de:
  1. Hipertensão arterial crônica;
  2. História de doença hipertensiva durante gestação anterior;

3. Diabetes tipo 1 ou tipo 2;
4. Doença renal crônica;
5. Doenças autoimunes: lúpus eritematoso sistêmico ou síndrome do anticorpo antifosfolipídeo (SAF);
6. Primeira gestação;
7. Idade materna maior ou igual a 40 anos;
8. Intervalo entre as gestações superior a 10 anos;
9. IMC maior ou igual a 35 na primeira consulta;
10. História familiar de pré-eclâmpsia e gestação múltipla.

Se você tiver um diagnóstico de pré-eclâmpsia, saiba que deve se submeter à avaliação semanal para checar a vitalidade do bebê. Exames laboratoriais periódicos também serão pedidos para o acompanhamento do quadro. Procure permanecer em repouso a maior parte do tempo.

- ***Pré-eclâmpsia grave*** – É um dos problemas mais sérios que podem ocorrer na gestação. Requer internação e, muitas vezes, interrupção da gravidez. É um quadro que se caracteriza por pressão maior que 160 x 110 mmHg em duas ocasiões, no espaço de quatro horas, proteína na urina maior que 5 g em 24 horas e diminuição do volume de urina (menor que 500 ml em 24 horas). Pode gerar dor abdominal, principalmente na altura do estômago, alterações visuais, sonolência excessiva e queda de plaquetas.

A mortalidade da mãe e do bebê é elevada se não for instituído um tratamento imediato que controle a pressão.

- ***Pré-eclâmpsia superajuntada*** – Acomete pacientes que já têm pressão alta antes da gestação e têm um quadro de piora ao engravidar, com aumento repentino dos níveis e alterações nos exames de urina.

- ***Eclâmpsia*** – Condição rara e muito grave, pode provocar convulsões, perda de consciência, agitação e dores musculares ou de cabeça durante a gravidez. Ocorre em uma em cada duas a três mil gestações e pode atingir qualquer gestante, mesmo aquelas que não têm histórico de convulsão.

Gestante com esses sintomas precisa ser internada em unidade de cuidados intensivos, onde passará por oxigenoterapia[9] e receberá medicação contra convulsão e pressão alta. A gravidez deve ser interrompida, independentemente do tempo de gestação, assim que o quadro se normalizar.

Diabetes gestacional

O *diabetes mellitus* gestacional (DMG) é uma alteração no metabolismo dos carboidratos e açúcares, que resulta em excesso de glicose na corrente sanguínea. É como se o seu organismo não tivesse condições de me-

9 A paciente passa a receber oxigênio.

tabolizar todos os alimentos que você consome. A doença é diagnosticada pela primeira vez ou tem início durante a gestação e pode persistir após o parto. É o problema metabólico mais comum na gravidez e aparece em até 13% das gestações. Vários estudos mostram um risco aumentado de morbimortalidade (complicações e morte) tanto para a mãe como para o feto. Por isso, você não pode deixar de se submeter a exames de glicemia no primeiro trimestre de gravidez e com 24 semanas de gestação. O exame é simples, e o diagnóstico, obtido a partir de uma coleta de sangue em jejum. O problema pode alterar a rotina do pré-natal e fazer toda a diferença em seu acompanhamento médico. Caso o resultado se apresente alterado, o obstetra provavelmente lhe indicará um teste de tolerância oral à glicose.

É o problema metabólico mais comum na gravidez, e aparece em até 13% das gestações. Vários estudos mostram um risco aumentado de morbimortalidade (complicações e morte) tanto para a mãe como para o feto. Por isso, você não pode deixar de se submeter a exames de glicemia no primeiro trimestre de gravidez e com 24 semanas de gestação. O exame é simples, e o diagnóstico, obtido a partir de uma coleta de sangue em jejum. Valores superiores a 92mg/dl em qualquer momento da gestação fazem o diagnóstico de diabetes gestacional. O problema pode alterar a rotina do pré-natal e fazer toda a diferença em seu acompanhamento médico. Caso o resultado se apresente alterado, o obstetra provavelmente indicará um teste de tolerância oral à glicose.

A Academia Americana de Obstetrícia orienta que o teste de tolerância oral seja realizado em todas as gestantes com 24 a 28 semanas de gestação. Entretanto, a Organização Mundial da Saúde e o próprio Ministério da Saúde no Brasil invocam que o exame seja prescrito caso haja alteração na glicemia de jejum (resultado acima de 91) ou em pacientes com fatores de risco.

São considerados fatores de risco:

1. História familiar de diabetes, principalmente em parentes de primeiro grau;
2. Índice de Massa Corporal (IMC) pré-gestacional > 30 ou ganho ponderal excessivo durante a gravidez;
3. Idade superior a 35 anos;
4. História de feto com peso superior a 4 kg;
5. História de intolerância à glicose;
6. História de perda fetal inexplicada ou malformação fetal;

VOCÊ SABIA?

Mede-se a existência de proteína na urina da seguinte forma: ao acordar pela manhã, você deve esvaziar a bexiga e desprezar a primeira urina. No restante do dia, vai guardar todas as urinas, inclusive as da madrugada, se houver. No dia seguinte, tem de colher a primeira urina, na mesma hora em que esvaziou a bexiga na véspera. Em seguida, o material coletado deve ser encaminhado para avaliação no laboratório.

7. Peso de nascimento da mãe superior a 4 kg ou inferior a 2,7 kg;
8. Glicosúria na primeira visita pré-natal;
9. Síndrome dos ovários policísticos;
10. Uso regular de glicocorticoides;
11. Hipertensão essencial ou relacionada à gravidez.

O TOTG (Teste Oral de Tolerância à Glicose, realizado entre a 24ª e a 28ª semana de gestação) é considerado alterado se a glicemia de jejum for ≥ 92 mg/dl, mas < 126 mg/dl; ou a glicemia com 1 hora for ≥ 180mg/dl; ou, ainda, se a glicemia com 2 horas for ≥ 153 mg/dl. Quando diagnosticado, o diabetes gestacional deve ser imediatamente tratado. Na maioria das vezes, o controle glicêmico é obtido apenas com uma dieta orientada por nutricionista e exercícios físicos. Em casos mais graves, porém, quando não se consegue conter o aumento da glicemia no sangue com medidas preventivas, o uso de insulina pode ser necessário.

Estas são algumas das complicações que a DMG pode provocar no bebê: :

- ***Macrossomia*** (crescimento excessivo): o bebê apresenta um peso excessivo, superior a 3,8 kg; este quadro aumenta o risco de a gestante precisar fazer uma cesariana. Também pode levar a desfechos neonatais adversos, nos quais ocorrem distocia de ombro (dificuldade da saída dos ombros no caso de parto normal), lesão de plexo braquial (lesão dos nervos que levam movimento ao braço) ou fratura de clavícula;
- ***Pré-eclâmpsia:*** gestantes com DMG têm mais riscos de desenvolver pré-eclâmpsia, possivelmente devido à resistência a insulina;
- ***Polidramnia*** (aumento do líquido amniótico): mais comum em pacientes portadoras de DMG. Não parece estar associada à maior morbidade e mortalidade perinatal;
- ***Óbito fetal intrauterino:*** bebês de mães com DMG estão mais sujeitos a este evento. O risco maior está relacionado a um pior controle glicêmico;
- ***Morbidade neonatal:*** provocada por hipoglicemia (queda do nível de glicose no sangue), hipocalcemia (baixa de cálcio), policitemia (aumento do volume de sangue) e síndrome de angústia respiratória (falta de ar importante), bem como alterações cardiológicas fetais.

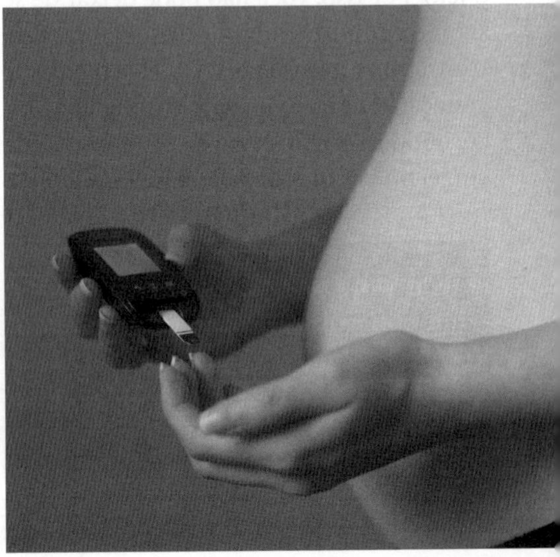

O acompanhamento pré-natal da grávida com *diabetes mellitus*, gestacional ou prévio, inclui esclarecer sobre os problemas maternos e fetais associados a essa doença, fazer ultrassonografia para avaliação do crescimento e do bem-estar do feto, decidir como será o parto – se normal ou cesárea – e não descartar os riscos que ambos, mãe e feto, correm. Quando chegar a hora, monitorar a mãe e o feto durante todo o trabalho.

As consultas pré-natais podem ser a cada quinze dias, dependendo do controle glicêmico. A manutenção da glicemia em níveis adequados é condição importante para a frequência e a gravidade das complicações, principalmente no feto.

A via de parto e a indicação de sua antecipação deverão ser definidas pelo obstetra, levando em consideração o controle glicêmico, as alterações nos ultrassons, a vitalidade fetal e o uso de insulina.

Infecção urinária

É a enfermidade clínica mais frequente na gestação e acomete de 17% a 20% das futuras mães. Está associada a várias complicações, como rotura prematura de membranas (a bolsa de líquidos se rompe antes do tempo normal), aborto, trabalho de parto prematuro, infecção do líquido amniótico, baixo peso do bebê ao nascer, infecção neonatal, além de ser uma das principais causas de septicemia na gravidez.

Durante a gestação, as modificações no organismo mediadas pela ação hormonal favorecem a infecção do trato urinário: a estase urinária (maior acúmulo de urina na bexiga que não consegue se esvaziar totalmente) provoca aumento da produção de urina retida no corpo e favorece o crescimento bacteriano e as infecções. Os micro-organismos envolvidos são os da flora perineal normal, ou seja, os que estão presentes nas regiões do períneo e anal, principalmente a *Escherichia coli*, que responde por 80% a 90% dos casos. Outros micróbios gram-negativos (como a *Klebsiella*, o *Enterobacter* e o *Proteus*) causam a maioria das demais infecções, além do enterococo e do estreptococo do grupo B.

Você pode contrair uma infecção urinária e não ter sintoma algum – quadro que leva o nome de bacteriúria assintomática. Por isso, é importante fazer exame de urina pelo menos duas vezes durante a gestação. Há casos em que a contaminação gera sintomas simples – como os da cistite. Mas ela também pode evoluir para uma infecção renal, provocando uma pielonefrite.

O exame de urina de quem sofre de bacteriúria assintomática dá positivo – urocultura com mais de 100 mil colônias. Se não for tratada corretamente, com antibióticos, pode ocasionar uma infecção mais grave, com consequências tanto para a mãe como para o bebê. Depois de tratada, a gestante deve repetir o exame de urina para confirmar a ausência de micro-organismos.

A cistite aguda se diferencia da bacteriúria assintomática pela presença de sintomas como dor ao urinar, aumento da frequência de idas ao banheiro, principalmente no período noturno, dor abdominal no baixo ventre e urgência miccional. Normalmente, ela não provoca febre. O exame

ISSO É NORMAL

Passar vontade na gravidez não faz mal ao bebê – é mito. Como paladar e olfato sofrem alterações e despertam sua atenção, surge o desejo incontrolável de consumir determinado alimento. Não se sinta culpada se não encontrá-lo.

de urina é obrigatório se existir qualquer um desses sintomas, seja qual for o tempo de gestação. O tratamento deve ser iniciado imediatamente, mesmo sem a identificação do micro-organismo. Uma vez isolado o micróbio no exame de urina, é possível fazer uma readaptação do antibiótico, se necessário.

A pielonefrite aguda durante a gravidez é uma doença que pode gerar infecção sistêmica e trabalho de parto prematuro. Atinge 2% das grávidas, e até 23% dessas futuras mães têm recorrência numa mesma gravidez. O diagnóstico é feito pela investigação da presença de bactérias na urina (bacteriúria) acompanhada de sintomas como febre, aumento dos batimentos cardíacos, calafrios, náuseas, vômitos e dor lombar. Toda gestante com febre deve passar por avaliação para excluir a possibilidade de infecção urinária, em função da possibilidade de provocar parto prematuro. Ela deve ser hospitalizada imediatamente, e o tratamento iniciado o quanto antes. Como existe a possibilidade de a pielonefrite ser recorrente, a gestante deverá repetir o exame de urina mensalmente após o tratamento.

Anemia

Durante a gestação, valores de hemoglobina (Hb) inferiores a 11 g/dl caracterizam um quadro de anemia. A avaliação deve ser feita no início do pré-natal e com aproximadamente 28 semanas. A anemia durante a gestação pode estar associada a baixo peso do bebê ao nascer, mortalidade perinatal e trabalho de parto prematuro. Diante desses riscos, estudos apontam para os benefícios da reposição de ferro em todas as gestantes, independentemente do resultado do exame. Caso a coleta de sangue sugira anemia, você deverá aumentar a ingestão de ferro e repetir o exame periodicamente.

Hipertireoidismo

A investigação do funcionamento da tireoide não é feita habitualmente no pré-natal, mas é válida diante de alguns sintomas, ou quando a futura mãe tiver história prévia ou familiar de alterações na glândula, ou ainda idade acima de 30 anos. A função da tireoide pode estar diminuída (hipotireoidismo) ou aumentada (hipertireoidismo). Neste caso, os níveis de T4 livre estão aumentados, e os níveis de TSH (hormônio produzido pela hipófise e que controla a produção da tireoide), diminuídos.

São sinais de aumento na produção de hormônios da tireoide: cansaço excessivo, sudorese, intolerância ao calor, diarreia ou aumento na frequência de evacuações, perda de peso, tremores de mãos e pés, nervosismo, irritabilidade, insônia, aumento do volume do pescoço. Você deve estar atenta a esses sintomas e, caso algum deles se apresente, procure o médico para fazer exames.

O tratamento se dá com drogas antitireoidianas como o propiltiouracil. Como a droga atravessa a placenta e chega ao bebê, a dose deve ser a menor possível para melhorar os sintomas. A vitalidade fetal deverá ser avaliada quinzenalmente durante o tratamento.

O hipertireoidismo fetal é caracterizado pelo aumento do tamanho do pescoço (bócio fetal) e da frequência cardíaca. Ao nascer, a criança pode apresentar hipotireoidismo transitório e deve ser acompanhada em seus primeiros meses de vida.

Hipotireoidismo

Caracteriza-se por aumento do TSH e redução do T4 livre. Os sinais característicos são aumento do volume da língua, dores musculares, pele seca e fria, cansaço e fadiga, queda de cabelo, intolerância ao frio, constipação intestinal, ganho ponderal excessivo, diminuição do batimento cardíaco (bradicardia).

O tratamento é feito à base de levotiroxina sintética (T4) administrada em jejum, com uma dose única, no mínimo quarenta minutos antes da primeira refeição. Essa droga não interfere no feto. Tratar o hipotireoidismo durante a gestação faz toda a diferença para afastar o risco de aborto e de desenvolvimento insuficiente do bebê.

Fumar na gestação

Fortemente desaconselhado, o hábito de fumar durante a gravidez tem implicações que vão além dos danos à saúde da mãe – pode-se quase afirmar que o feto passa a ser fumante ativo. Estudos comprovam que, além de induzir o parto prematuro, o tabagismo leva à síndrome da morte súbita[10] do bebê, depois de causar importantes alterações em seu desenvolvimento neurológico.

Embora seja indicado que a mãe abandone o cigarro antes mesmo de engravidar, a interrupção em qualquer momento da gravidez, ou mesmo no pós-natal, tem significativo impacto na saúde da família.

10 Leia a respeito na página 239.

VOCÊ SABIA?

O fumo na gravidez é responsável por 20% dos casos de feto com baixo peso ao nascer, 8% dos partos prematuros e 5% de todas as mortes perinatais.

Sabe-se que a nicotina e o monóxido de carbono existentes no cigarro influenciam toda a dinâmica dos vasos sanguíneos da gestante. A nicotina provoca uma retração desses vasos e, consequentemente, da placenta, diminuindo o aporte de nutrientes e oxigênio ao bebê. Os danos podem ser irreversíveis, induzindo ao aborto (insuficiência uteroplacentária).

Outras consequências para a mãe e o feto são:

- Ruptura prematura de membranas (perda de líquido quando a bolsa estoura);
- Placenta prévia (implantação errada da placenta);
- Abortamento espontâneo;
- Parto prematuro;
- Baixo peso do bebê;
- Deficiência no desenvolvimento dos pulmões do feto;
- Alterações no desenvolvimento psicológico e motor do bebê (neurotoxicidade).

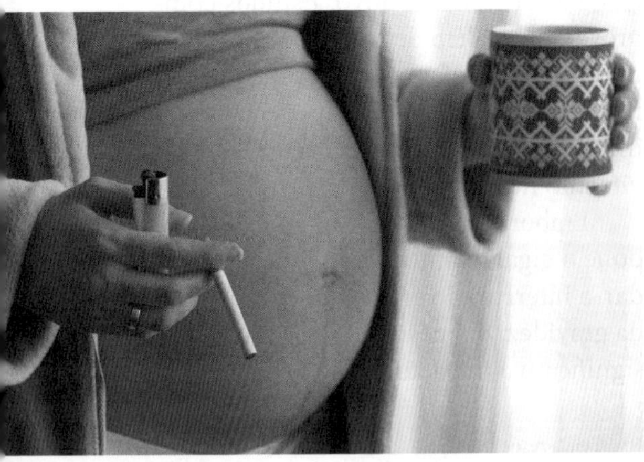

Vários estudos mostram o déficit de peso dos fetos expostos ao tabaco, sendo, em média, de 111 g quando a mãe fuma de um a cinco cigarros por dia; de 175 g, se ela fumar entre seis e dez cigarros; e de 236 g, mais de dez cigarros por dia. O tabagismo durante a gestação condena a criança a desenvolver problemas respiratórios e neurológicos ao longo da vida.

Álcool e drogas, melhor viver sem

É muito importante que a futura mãe tenha consciência de que sua qualidade de vida durante a gestação está diretamente relacionada à de seu filho. Álcool, fumo, drogas e outros vícios implicam problemas na formação do bebê, na manutenção da gravidez e na vida do recém-nascido. Converse com seu médico, ou com um psicólogo, caso faça uso de alguma dessas substâncias, para tentarem, juntos, uma correção de rumo.

Bebida alcoólica

Nos primeiros três meses de gestação, o consumo de bebida alcoólica está associado ao risco de malformações fetais; no decorrer dela, pode ocorrer a chamada síndrome fetal pelo álcool: o recém-nascido apresenta sinais de irritação, tem tremores, mama e dorme pouco.

Cannabis sativa (maconha)

Estudos indicam que a maconha não tem ação teratogênica – isto é, não causa malformações no bebê. Parece também não afetá-lo significativamente no decorrer da gestação. Mas o consumo interfere no peso e no tamanho ao nascer. Há, ainda, relatos de impulsividade, hiperatividade e distúrbios de conduta entre bebês que foram expostos à droga durante a gestação.

Cocaína

Ela age no sistema nervoso central da mãe e do feto, inibindo a recaptação dos neurotransmissores (noradrenalina, dopamina e serotonina) nos terminais pré-sinápticos. A acentuada ativação do sistema nervoso da mãe e do bebê pelo uso da cocaína resulta em vasoconstrição (diminuição dos vasos) generalizada, taquicardia, hipertensão, cefaleia, arritmia, infarto, descolamento de placenta, trabalho de parto prematuro, abortamento e redução do fluxo de nutrientes para o bebê, com repercussões no crescimento e na oxigenação do feto, possibilitando hemorragias intracranianas e insuficiência placentária comparável à provocada pelo tabagismo.

Crack

Os recém-nascidos de mães que fizeram uso de *crack* durante a gravidez podem apresentar dependência e síndrome de abstinência. Devido às suas características químicas, o *crack* atravessa a placenta com facilidade, acarretando o risco de toxicidade ao feto. Os problemas de natureza neonatal mais imediatos são: sofrimento fetal, prematuridade, baixo peso, diminuição do comprimento e do tamanho da cabeça, malformação neurológica, falta de oxigênio, vômitos e convulsões, para além de uma eventual parada cardiorrespiratória.

O uso do *crack* é extremamente nocivo à placenta. Reduz seu fluxo, pode torná-la envelhecida e ocasionar infarto placentário, bem como gerar dificuldade de aderência da placenta ao útero, devido à hemorragia.

Toxoplasmose congênita

Esta é uma doença provocada pelo protozoário *Toxoplasma gondii*. A transmissão ocorre quando a mulher adquire a infecção durante a gestação. O parasita atinge o bebê por via placentária, desencadeando manifestações clínicas mais ou menos graves, dependendo do período gestacional em que a mulher se encontra, e pode até provocar sua morte. A infecção fetal pode ser atenuada ou prevenida quando houver tratamento materno após um diagnóstico precoce durante a gravidez.

Quando a infecção materna ocorre antes da 15ª semana, a taxa de transmissão para o bebê é inferior a 5%, mas, em geral, a doença tem graves consequências no recém-nascido. Se a infecção acontece no final da gravidez, é mais provável que o feto também seja infectado (em até 80% dos casos), mas o recém-nascido é assintomático ou apresenta sintomas menos graves.

Exército em ação

O sistema imunológico é essencialmente formado por dois tipos de anticorpos – proteínas que combatem a infecção –, cada qual com uma função definida em relação à barreira imunológica. São os soldados de um exército que tem como missão defender o organismo contra a invasão de estranhos: vírus, bactérias e fungos.

O **IgM** *constitui a artilharia pesada. Responde pelo primeiro combate ao inimigo. Apesar de ser a primeira frente de reação do sistema imunológico, é um tipo de anticorpo muito volátil e permanece por pouco tempo no corpo humano depois que se acoplou ao invasor. Seu tempo de sobrevida depois do combate é de 4-10 dias até quatro meses. Por ser pesado, ele não atravessa a placenta, não passa para o bebê e, consequentemente, não debela a infecção.*

O **IgG** *é um anticorpo mais leve e o único a atravessar a barreira placentária. Ele é responsável pela formação de um exército mais forte e específico para aquele determinado tipo de inimigo. Após o combate, esses soldados zelam para que nunca mais o inimigo consiga atuar, transformando-se em memória. Assim, além de enfrentar o inimigo, o IgG impede que você contraia a doença novamente. Ele demora mais tempo para se tornar efetivo no sangue – de 15 a 30 dias – e, na maioria das vezes, permanece para sempre.*

Esta é a maneira como se investiga uma doença:

IgM e IgG negativos ➤ ausência de infecção, suscetibilidade do organismo;
IgM positivo e IgG negativo ➤ infecção aguda;
IgM e IgG positivos ➤ infecção recente ou subaguda;
IgM negativo e IgG positivo ➤ organismo imune a uma doença que já foi contraída anteriormente.

Para a maioria das doenças, existe um meio de checar a existência de IgG e IgM por meio de exames de laboratório. Quando uma mulher engravida, a ocorrência de algumas moléstias deve ser avaliada, preferencialmente no primeiro trimestre. Se estiver imune, não será necessário repetir o exame; caso ela seja suscetível, o teste deverá ser refeito no segundo e terceiro trimestres. As doenças que precisam ser aferidas são: toxoplasmose, rubéola e citomegalovirose.

O principal exame de triagem realizado durante a gravidez é a sorologia materna. É constituído de duas variantes – o IgG e IgM. Esse exame de sangue deve ser prescrito já no primeiro trimestre da gestação e repetido no segundo e terceiro trimestres, caso a mãe nunca tenha tido toxoplasmose.

O tratamento da gestante inclui o uso de espiramicina, pirimetamina, sulfadiazina e ácido folínico e visa, principalmente, evitar a infecção do feto e/ou iniciar seu tratamento ainda no útero. A espiramicina previne a passagem transplacentária do toxoplasma para o feto, enquanto os outros medicamentos atravessam a barreira placentária tratando diretamente o feto intrauterinamente. Todas as gestantes com infecção aguda (IgM positivo e IgG positivo) devem fazer o tratamento com espiramicina. Se houver confirmação que o bebê está infectado, o tratamento deve incluir também a sulfadiazina, a pirimetamina e o ácido folínico.

TOME NOTA

O que dizem os exames

Se a grávida tiver IgG positivo e IgM negativo
Já teve a doença e desenvolveu memória imunológica para ela. Não precisa mais repetir o exame nem adotar medidas preventivas.

Se tiver IgG positivo e IgM positivo
Hospeda a doença na forma ativa e a contraiu num período de quatro meses. Deve procurar o obstetra para fazer novos exames e detectar se a infecção é recente e ocorreu durante a gestação. Exames de sangue, teste de avidez de IgG e eventualmente uma amniocentese (retirada de um pouco de líquido do útero para avaliação) fazem parte do tratamento.

Se tiver IgG negativo e IgM positivo
Deve repetir o exame em quinze dias e procurar o quanto antes o ginecologista. Se nesse prazo o IgG der positivo, você contraiu a doença durante a gravidez e precisa iniciar o tratamento. Se o exame continuar negativo, refaça-o mês a mês.

Se tiver IgG negativo e IgM negativo
Não há infecção, mas suscetibilidade a ela. É aconselhável repetir os exames no primeiro, segundo e terceiro trimestres. Procure não consumir ou mexer em carne crua e vegetais crus; evite também manter contato com terra potencialmente contaminada com dejetos de animais (cuidado especial com os gatos) e tomar água tratada.

A toxoplasmose pode passar despercebida no momento do nascimento do bebê, mas os sintomas fatalmente se manifestarão meses ou anos mais tarde. A forma subclínica (assintomática) ocorre de 70% a 90% dos casos. Se essas crianças não forem diagnosticadas e tratadas precocemente, mais de oito em cada dez poderão desenvolver infecções oculares ao longo da infância e adolescência e 40% apresentarão sequelas neurológicas.

As principais características clínicas da toxoplasmose congênita são:

1. Alterações neurológicas;
2. Alterações oftalmológicas;
3. Prematuridade;
4. Retardo do crescimento intrauterino;
5. Anemia;
6. Aumento do número de plaquetas;
7. Aumento do volume abdominal;
8. Aumento dos gânglios;
9. Icterícia;
10. Surdez neurossensorial.

Para o diagnóstico do recém-nascido, são critérios de confirmação de toxoplasmose congênita:

1. Presença de IgM positivo após o 5° dia de vida;
2. IgG positivo nos primeiros seis meses de vida;
3. IgG específico persistentemente positivo após o 12° mês de vida;
4. Alterações sugestivas de infecção congênita associadas à presença de IgM e/ou IgG específico aumentado e PCR para *Toxoplasma gondii* positivo em sangue periférico – que confirmam a identificação do parasita no sangue do bebê.

Como rotina de acompanhamento dos bebês de mães com toxoplasmose devem ser realizados os seguintes exames: hemograma com plaquetas, radiografia de crânio, ultrassom transfontanela e/ou tomografia computadorizada do crânio (TCC), exame oftalmológico, líquido da espinha e audiometria para avaliar perda auditiva. Esse tratamento deve ser iniciado o quanto antes e se estender até um ano de idade, mesmo nos casos de infecção subclínica.

Rubéola congênita

Infecção aparentemente em declínio no Brasil, já que o calendário vacinal inclui a tríplice viral e o Ministério da Saúde tem promovido campanhas de vacinação para mulheres em idade fértil. É transmitida por meio de secreções respiratórias (tosse, saliva e espirro) de alguém que está contaminado. A transmissão começa uma semana antes do aparecimento das lesões de pele e termina uma semana depois.

A infecção pelo vírus da rubéola pode provocar malformações fetais, dependendo da fase gestacional em que ocorreu: quanto mais precoce a contaminação da mãe, maior a probabilidade de alterações fetais. Problemas congênitos podem aparecer em 90% dos recém-nascidos infectados nas primeiras onze semanas de gestação. Já entre a 13ª e a 16ª semana gestacional, o risco de infecção é menor, sendo o aparelho auditivo o mais afetado. Quando o contágio é adquirido após o quarto mês de gestação, não costuma haver malformação fetal nem persistência do vírus.

O diagnóstico da mãe é feito por meio de sorologia, com presença de IgM ou IgG elevados.

Mais de metade dos recém-nascidos infectados é assintomática. As principais manifestações clínicas incluem deficiência auditiva neurossensorial bilateral, diminuição do crescimento intrauterino, problemas cardíacos, oculares (catarata bilateral, glaucoma, microftalmia), microcefalia (diminuição do crescimento cerebral), meningoencefalite e lesões ósseas.

O diagnóstico do recém-nascido é sugerido pelas manifestações clínicas da rubéola congênita. O diagnóstico laboratorial da doença é feito por meio de sorologia, semelhante ao da mãe. O bebê é considerado soropositivo se houver presença de IgM positivo no sangue. Se ele tiver IgM negativo e IgG positivo, o acompanhamento deverá ser mantido, com testes para avaliar a persistência ou os valores ascendentes de IgG, que também sugere o diagnóstico da doença.

Além do exame de sangue, a síndrome de rubéola congênita pode ser confirmada pelo isolamento do vírus em secreções nasofaríngeas, da conjuntiva, da urina, das fezes ou do líquor, sendo mais utilizado o swab de nasofaringe. O bebê pode eliminar o vírus durante vários meses no primeiro ano de vida.

Todo recém-nascido com suspeita de rubéola congênita deve passar por avaliação audiométrica e oftalmológica, hemograma, radiografia de ossos longos, ecocardiografia e ultrassonografia transfontanela. Não existe tratamento medicamentoso para o vírus da rubéola congênita, porém algumas malformações são passíveis de correção cirúrgica, a exemplo das cardiopatias congênitas e da catarata.

Citomegalovirose congênita

A infecção congênita pelo CMV (citomegalovírus) ocorre, principalmente, quando a grávida entra em contato com o vírus pela primeira vez durante a gestação (primoinfecção). A contaminação é mais agressiva quando a transmissão ocorre na fase inicial da gestação, embora seja mais provável no último trimestre. A taxa de transmissão mãe-feto durante a primoinfecção acontece em cerca de 30% dos casos.

No Brasil, a taxa de incidência registrada é de 0,5 a 6,8%. Entre os recém-nascidos afetados, somente 10% vêm ao mundo com infecção sintomática. Destes, 90% apresentam sequelas e, aproximadamente, 10% acabam morrendo.

No primeiro trimestre da gestação, é preciso submeter-se à sorologia IgM e IgG para citomegalovirose. Este exame é realizado por meio da coleta de sangue materno.

A transmissão da citomegalovirose se dá essencialmente pelas secreções respiratórias (tosse, espirro, fala, saliva e secreção brônquica e da faringe). Pode ocorrer, também, por via sexual, mãe-bebê e por objetos contaminados com saliva (xícaras e talheres, por exemplo). Assim, diferente da toxoplasmose, não há como evitar o contágio nem existe tratamento específico para gestantes.

A doença pode apresentar petéquias e púrpuras (lesões avermelhadas e arroxeadas), aumento das plaquetas do sangue, anemia, hepatoesplenomegalia (aumento abdominal), icterícia, elevação das enzimas hepáticas no sangue, prematuridade, diminuição do crescimento intrauterino, alterações neurológicas, lesões oftalmológicas e perda auditiva neurossensorial. Na forma assintomática, o bebê não tem nenhuma anormalidade ao nascer, mas pode desenvolver alterações com o tempo, como perda auditiva, retardo mental e microcefalia (diminuição do crescimento do sistema nervoso central).

O melhor exame para o diagnóstico de CMV no bebê é a detecção do vírus na urina, na saliva, no sangue ou na secreção respiratória. Em geral, a pesquisa para citomegalovírus é realizada na urina ou no sangue, por ser de fácil coleta e oferecer melhor sensibilidade. Ela deve ser feita nas duas primeiras semanas de vida do bebê, para garantir que o isolamento do vírus esteja relacionado à infecção congênita, e não à infecção adquirida no período pós-natal.

O tratamento é realizado com ganciclovir durante seis semanas e visa à estabilização e à melhora do comprometimento auditivo e das alterações neurológicas. O tratamento com a droga é indicado nos casos graves. Na maioria das vezes, o medicamento não é prescrito a crianças assintomáticas ou formas congênitas leves, em função de seus efeitos colaterais, como confusão mental.

Sífilis congênita

É uma doença sexualmente transmissível que pode contaminar o bebê. Com elevada taxa de transmissão, resulta da contaminação pelo *Treponema pallidum*, passado da gestante infectada não tratada, ou inadequadamente tratada, para o filho, por via placentária. A transmissão pode ocorrer em qualquer fase da gravidez.

Mais de 50% das crianças infectadas não têm sintomas ao nascer. Os sintomas

TOME NOTA

O que dizem os exames

Se tiver IgM positivo e IgG negativo, repetir o exame para confirmá-lo em quinze dias.

Se tiver IgM positivo e IgG positivo, você tem a infecção ativa.

Se tiver IgM negativo e IgG positivo, *você* desenvolveu memória imunológica para a doença: fique despreocupada.

Se tiver IgM negativo e IgG negativo, você é suscetível à doença. Repita o exame duas vezes durante a gestação.

começam a aparecer nos primeiros três meses de vida. Por isso, é muito importante fazer a triagem sorológica da mãe na maternidade. Não há transmissão pelo leite materno.

Existe um exame bem simples, de baixo custo e rápida realização, por meio de coleta de sangue, chamado VDRL. Ele deve ser prescrito a todas as gestantes durante o primeiro, segundo e terceiro trimestres. Se a mãe não fizer o pré-natal ou não tiver se submetido ao exame até o final do terceiro trimestre, deve fazê-lo no momento do parto. A partir do primeiro VDRL positivo, o exame deve ser realizado mensalmente durante toda a gestação.

Algumas mulheres cujo resultado do exame é positivo podem não ter a doença: são as chamadas falso-positivas. O diagnóstico ocorre se ela for portadora de doenças autoimunes (lúpus), malária, mononucleose, brucelose, hanseníase, hepatites, HIV, leptospirose ou se for viciada em drogas. Em caso de dúvida, é preciso recorrer a um exame mais específico, o FTA-ABS, também feito por coleta de sangue.

O tratamento imediato é indicado à gestante e ao seu parceiro sexual. Ele fica obrigado a levar ao obstetra comprovante que tomou a medicação, no momento do parto. Caso contrário, considera-se que a mãe ainda oferece risco de infecção ao bebê.

O tratamento consiste em três séries de penicilina G benzatina, com intervalo de uma semana entre cada série. Considera-se que o tratamento da gestante está concluído pelo menos trinta dias antes do parto.

Ao nascer, o bebê também passa por cuidados se:

- a mãe não fez uso de penicilina;
- a mãe não tomou todas as doses da medicação ou se o tratamento ocorreu trinta dias antes do parto;
- não existe documentação que comprove o tratamento da mãe;
- não houve queda do VDRL após tratamento adequado;
- o parceiro da mãe não foi tratado, ou foi tratado inadequadamente, ou não se tem informação disponível sobre o seu tratamento;
- a sorologia materna deu positivo no momento do parto ou trinta dias antes dele, e negativo anteriormente ou se não houve pré-natal.

Para efeito de classificação, a sífilis congênita apresenta dois estágios: um, precoce, diagnosticado até os 2 anos de vida, e outro, tardio, depois desse período.

Até o segundo ano de vida, mais da metade das crianças portadoras da doença é assintomática ou apresenta sinais discretos ou pouco específicos. As principais características da síndrome são:

1. Prematuridade;
2. Baixo peso ao nascimento;
3. Aumento abdominal por inchaço do fígado;
4. Múltiplas lesões bolhosas cercadas com halo avermelhado;
5. Lesões cutâneas como máculas, pápulas, vesículas e crostas no dorso, nas nádegas e na região das coxas;
6. Icterícia neonatal (pele amarelada);
7. Coriza sifilítica (geralmente na segunda ou terceira semana de vida);

8. Alterações ósseas visualizadas apenas pelo raio X;
9. Meningite;
10. Alterações visuais.

A síndrome da sífilis congênita tardia surge depois do segundo ano de vida do bebê e se manifesta por alterações ósseas, surdez neurológica, dificuldade no aprendizado e retardo mental.

O diagnóstico deverá ser realizado por intermédio da coleta de VDRL sanguíneo, hemograma completo, radiografia de ossos longos e coleta do líquor para pesquisa de VDRL.

O tratamento do recém-nascido depende daquele que tiver sido realizado pela mãe e de seu quadro e condições clínicas. Pode-se prescrever penicilina cristalina endovenosa por dez dias, com internação do bebê, ou penicilina benzatina em dose única. O bebê deverá ser avaliado em consultas mensais até o sexto mês de vida e, em seguida, bimensalmente até completar um ano.

Entre seus exames devem constar:

- ***VDRL*** com trinta dias de vida, três meses, seis meses, um ano, dezoito meses; a interrupção pode acontecer depois de dois exames consecutivos de VDRL negativos;
- ***TPHA ou FTA-ABS*** para sífilis após os dezoito meses para confirmação do caso; acompanhamento oftalmológico e neurológico e audiometria semestral por dois anos;
- ***LCR*** – líquido da espinha – alterado, é preciso fazer uma reavaliação do líquor a cada seis meses, até que se normalize.

Se a criança for tratada inadequadamente na dose e/ou tempo do tratamento preconizado, precisará ser reavaliada durante a consulta e reiniciar o tratamento, obedecendo ao esquema anteriormente descrito.

Hepatite B

Infecção viral aguda do fígado, representa um grave problema de saúde pública no Brasil e no mundo. Sua transmissão pode ser por via sexual ou transfusão de sangue, por compartilhamento de agulhas, seringas ou outros equipamentos contendo sangue contaminado, procedimentos médicos e odontológicos sem esterilização adequada, durante a realização de tatuagens e piercings, no parto.

O rastreamento da hepatite B deve ser prescrito a todas as mulheres grávidas, a fim de oferecer vacinação às que são suscetíveis, e intervenções no pós-parto às que estão infectadas. Para tanto, o antígeno de superfície da hepatite B (HBsAg) deve ser solicitado na primeira consulta do pré-natal e ser repetido no terceiro trimestre.

Se o HBsAg for reagente, a mãe deverá ser encaminhada ao atendimento de alto risco. Além da vacina contra a hepatite B no nascimento, o bebê precisará receber imunoglobulina específica nas primeiras 24 horas, de modo a impedir a contaminação. Gestantes HBsAg não reagentes e com idade abaixo de 20 anos também devem ser vacinadas.

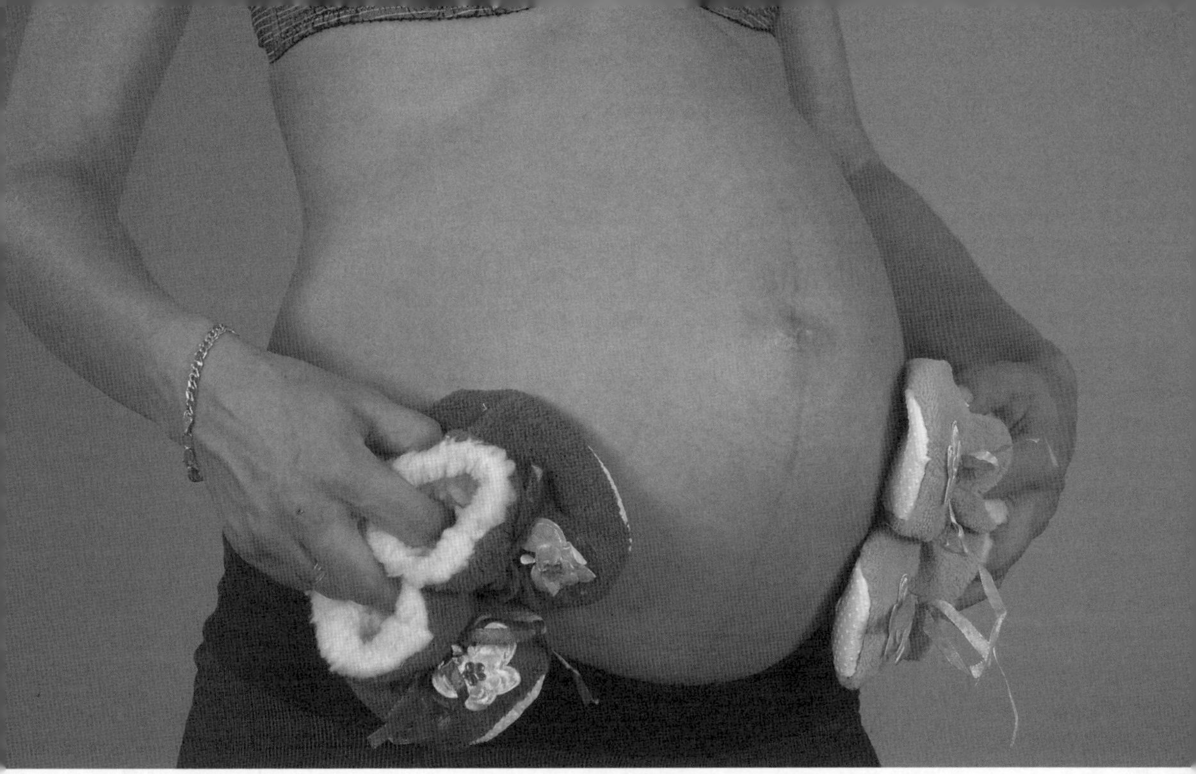

Gêmeos

Um, não! Dois

Durante a ultrassonografia, uma surpresa: são gêmeos! Além das inúmeras dúvidas que a novidade suscita, multiplique as preocupações por dois, pois esta é uma gravidez de alto risco de prematuridade e alterações maternas que devem ser acompanhadas mais de perto pelo obstetra. Os fatores de risco são:

1. A história familiar (a materna é mais importante que a paterna);
2. A idade avançada da mãe;
3. A alta paridade (elevado número de filhos);
4. A história pessoal de gemelidade;
5. A indução da ovulação e técnicas de reprodução assistida.

Gêmeos são divididos em monozigóticos e dizigóticos. Estes últimos, também chamados fraternos, se desenvolvem a partir de dois embriões – você terá dois óvulos diferentes. Esses dois irmãos se desenvolvem juntos, mas cada qual tem o seu saco embrionário e sua placenta. Eles podem ser de sexos diferentes e de aparência distinta, pois têm genes próprios. Os riscos da gestação são menores do que no caso dos monozigóticos, uma vez que cada um tem seu espaço.

Os monozigóticos resultam de um único óvulo fecundado que se dividiu – se formam a partir dos mesmos genes. São idênticos e têm o mesmo sexo. Sendo assim, podem estar em um mesmo saco gestacional e ser nutridos por uma só placenta, o que gera maior risco de parto prematuro e intercorrência gestacional. Eles também podem estar em sacos diferentes e ter uma mesma placenta ou, ao contrário, apresentar duas placentas e dois sacos gestacionais.

Complicações para a gestante gemelar

Grávidas de mais de um bebê estão sujeitas a complicações ao longo da gestação. Estes são alguns dos quadros mais recorrentes:

- ***Hiperêmese gravídica*** ➤ A ocorrência de náuseas e vômitos ocasionais até a 14ª semana de gravidez é chamada êmese gravídica e pode ser considerada normal. Sua forma mais grave, a hiperêmese, ocorre em 0,3% a 2% das gestações, com vômitos persistentes que obrigam ao jejum forçado e levam à perda de peso. A maior parte das pacientes apresenta melhora a partir da segunda metade da gravidez, mas em alguns casos o quadro clínico pode persistir até o parto. Nas gestações múltiplas, o risco de hiperêmese e manutenção dos desarranjos após catorze semanas de gestação é maior. Quando a medicação antiemética domiciliar não for suficiente, pode ser necessário recorrer à internação.

- ***Risco aumentado de abortamento*** ➤ A perda única – em que um dos fetos não se desenvolve (*vanishing*) – é duas vezes mais arriscada em caso de gravidez múltipla. Essas perdas acontecem geralmente nos três primeiros meses.

- ***Anomalias congênitas*** ➤ São muito mais frequentemente reportadas quando há gêmeos, em especial se forem monozigóticos. Se você estiver desenvolvendo uma gestação múltipla, deve ter acompanhamento médico contínuo.

- ***Queixas exacerbadas*** ➤ Dores lombares, dispneia, dificuldades para andar, edema, varizes: todos os sintomas da gestação tornam-se incisivos mais precocemente e com maior intensidade em função do aumento do volume do útero e de alterações hormonais mais intensas na futura mãe de gêmeos.

- ***Anemia*** ➤ Se a gestação é múltipla, você corre risco maior de desenvolver anemia, já que terá de gerar maior disponibilidade de sangue. Mais do que nunca, então, deve receber suplementação de ferro.

- ***Parto prematuro*** ➤ Aproximadamente 40% a 50% dos partos gemelares ocorrem antes de 37 semanas. A alta incidência de prematuridade é responsável pelo grande número de morte entre gêmeos. Atualmente, para evitar óbitos, indica-se a cesariana prematura em alguns casos com intercorrências gestacionais ou para monocoriônicos (fetos que dividem a mesma placenta e o mesmo saco gestacional).

- ***Baixo peso ao nascer*** ➤ A incidência de baixo peso entre gêmeos é da ordem de 50% a 60%, cinco a sete vezes maior que a incidência de baixo peso em gestações únicas. Gêmeos apresentam curvas de crescimento normal para estatura e perímetro cefálico, sempre oscilando em torno do limite normal mais baixo para fetos de gestação única. No entanto, o peso começa a se desviar da curva normal para fetos únicos a partir do terceiro trimestre. O peso dos monocoriônicos é consideravelmente menor que o peso dos dicoriônicos (fetos que apresentam sua placenta e seu saco gestacional separados).

- ***Pré-eclâmpsia e eclâmpsia* ➤** Quadro em que há alteração da pressão arterial durante a gestação é duas vezes mais comum em gestações gemelares, assim como sua evolução para casos mais graves como a pré-eclâmpsia e a eclâmpsia.[11]

- ***Maior incidência de cesárea eletiva ou de emergência* ➤** Não há indicação de cesariana só porque são gêmeos, mas existe uma grande quantidade de partos de gêmeos com indicação de cesariana.

- ***Hemorragia pós-parto* ➤** Como o útero dilata mais do que numa gravidez única, ocorre mais sangramento no pós-parto. Este é um risco concreto.

- ***Mortalidade materna* ➤** Os riscos de isso ocorrer são duas vezes maiores que nas gestações únicas. A gestação múltipla ameaça a vida da mãe em função de vários fatores, como aumento da pressão arterial e intensidade do sangramento.

11 Leia a respeito no Capítulo 5.

Complicações no recém-nascido

- ***Anomalias fetais* ➤** Muitos estudos têm demonstrado maior prevalência de anormalidades ao nascimento quando se trata de gêmeos. Estas são mais frequentes entre pares de gêmeos monozigóticos. Gêmeos dizigóticos têm as mesmas taxas de malformações congênitas das descritas para as gestações únicas. As malformações mais frequentes dizem respeito ao sistema nervoso central, ao sistema cardiovascular e ao trato gastrintestinal.
  Os defeitos do sistema nervoso central podem levar a convulsões logo após o nascimento, além de quadros de microcefalia – cérebro menor que o normal – e consequente retardo mental e paralisia cerebral. Os defeitos do sistema digestivo incluem a atresia do intestino (falha no crescimento do intestino). Outras malformações: espinha bífida, rim em ferradura e defeitos das extremidades (mãos e pés).
  Alguns defeitos, como a assimetria facial, o torcicolo congênito e o pé torto congênito, são ocasionados pela falta de espaço intrauterino, uma vez que, após a 34ª semana de gestação, os gêmeos passam a "disputar" o meio.

- ***Prematuridade* ➤** Os gêmeos nascem com menos semanas de gestação que os recém-nascidos de parto único. A média de idade gestacional de gêmeos é em torno de 36 semanas, enquanto na gravidez única são 39 semanas – uma diferença de três semanas. As causas da prematuridade são o alto peso gestacional, as comorbidades (como diabetes e pressão alta) e a bolsa rompida prematuramente. Recém-nascidos prematuros têm propensão a doenças pulmonares, oculares (retinopatia da prematuridade, ou seja, alterações no crescimento da retina), infecções sanguíneas e enterocolite necrotizante, uma infecção intestinal grave. A alta incidência de prematuridade e o baixo peso ao nascer entre gêmeos aumentam o risco para que ocorram essas complicações.

- ***Baixo crescimento fetal*** ➤ Pode ocorrer, principalmente, no final da gravidez em função da falta de espaço físico, da insuficiência placentária e/ou de problemas na placenta. Considera-se *crescimento discordante* o quadro em que o peso estimado de cada bebê apresenta 20% ou mais de diferença, ou quando a diferença entre as circunferências abdominais é maior que 20 mm após a 24ª semana. Algumas vezes, o baixo peso de um dos gêmeos indica a interrupção da gravidez entre 34 e 39 semanas.

- ***Amniorrexe prematura no pré-termo*** ➤ Grávidas de gêmeos têm mais riscos de uma ruptura da bolsa do que as que carregam um só bebê. Quando a bolsa se rompe antes das 32 semanas, o médico se vê às voltas com uma das grandes complicações da gestação múltipla, pois o recém-nascido tem mais chances de sobreviver se permanecer pelo menos oito meses na barriga da mãe.

- ***Morte fetal precoce*** ➤ Isso pode acontecer a ambos os fetos ou a apenas um, tanto no início como no final da gestação. O fato pode ser constatado durante uma ultrassonografia. O médico informa se a gestação deve ser mantida, caso não haja risco para o feto remanescente. Mesmo assim, a gravidez continua sendo de alto risco e a vitalidade do bebê sobrevivente deverá ser monitorada periodicamente, em especial no final da gestação.
A mortalidade perinatal em gêmeos é quatro vezes maior que na gestação única. A de gêmeos monocoriônicos é de duas a três vezes maior que em dicoriônicos. As gestações gemelares devem ser avaliadas sempre no final da gestação: a intervenção médica é indicada diante de qualquer sinal de sofrimento fetal, após 34 semanas de gestação, para evitar a morte do feto.

- ***Síndrome de transfusão gêmelo/gemelar (STGG)*** ➤ Os gêmeos monocoriônicos dividem a mesma placenta e fazem troca sanguínea entre eles. Por uma anormalidade, um dos fetos se torna receptor de sangue, e o outro, doador. Isso significa que um pode ganhar peso acima do padrão e o outro passar a não crescer. A diferença entre eles pode ser de 8 cm, sendo o receptor o maior dos fetos.

O diagnóstico é feito por intermédio da ultrassonografia e pode ser constatado entre a 15ª e a 26ª semana de gestação. Se não for tratada, a síndrome pode levar à morte de ambos os bebês. O tratamento mais efetivo consiste em fazer a coagulação a laser dos vasos da placenta, para interromper a troca de sangue entre os fetos. Essa técnica é denominada fetoscopia e é feita com o auxílio do ultrassom. A síndrome é comum em gestação de monocoriônicos e a taxa de ocorrência chega a 20%.

- ***Irmãos siameses*** ➤ O fenômeno acontece quando gêmeos monozigóticos se dividem tardiamente e de maneira incompleta. Os siameses podem ser unidos pelo tórax (40% dos casos), pelo abdômen (34%), pelas nádegas (18%), pelo ísquio (6%) ou pela cabeça (2%). Alguns fatores podem estar envolvidos na formação de siameses: patologias da tireoide e tratamentos para a infertilidade. Aproximadamente 70% dos casos pertencem ao sexo feminino. A maioria desses bebês nasce prematura. O prognóstico de evolução depende de quais estruturas eles têm em comum.

O pré-natal das futuras mães de gêmeos

O pré-natal tem como objetivo o diagnóstico precoce de anomalias e intervenções que podem reduzir os riscos enunciados acima.

Antes de 14 semanas

As consultas são realizadas mensalmente. Você deve passar por uma ultrassonografia para datar a gravidez, confirmar a implantação da placenta, diagnosticar a gestação de gêmeos e determinar se é dicoriônica ou monocoriônica. Nas gestações monocoriônicas, ou quando ocorre alguma alteração ultrassonográfica que aponte risco para o bebê ou para a mãe, as consultas passam a ser quinzenais. O pré-natal se baseia nos mesmos exames pedidos em gestações únicas.

Entre 22 e 26 semanas

É recomendado um ultrassom para avaliação detalhada da anatomia dos fetos, se possível associado a uma ecocardiografia de cada um deles. A identificação de alguma anomalia fetal precoce permitirá maior vigilância, bem como a definição da época e do tipo de parto a fazer.

Entre 26 e 32 semanas

Ao lado da prematuridade extrema, a anormalidade do crescimento fetal é um dos aspectos que preocupam os médicos, pois contribui substancialmente para problemas na gestação. As consultas deverão ser quinzenais, e em face de qualquer anormalidade nos exames será solicitado um ultrassom para a avaliação dos fetos.

Após 32 semanas

O retorno para a consulta é semanal. A vigilância em relação ao desenvolvimento do feto é realizada por meio de exames seriados, a cada duas semanas, para avaliar o peso estimado, o volume de líquido amniótico e a cardiotocografia (vitalidade fetal). Anormalidades do crescimento e eventuais alterações do volume de líquido amniótico ou do fluxo fetoplacentário, quando identificadas, ditam a frequência dos exames.

Determinação do momento do parto

A data do parto numa gestação gemelar não complicada é incerta. Não existe um protocolo para interromper a gravidez. O que se sabe é que existe maior mortalidade fetal nas gestações gemelares entre 36 a 37 semanas, quando eles atingem peso aproximado de 2,5 a 2,8 kg. Depois de 38 semanas, a taxa de morte começa a aumentar. Alguns estudiosos orientam que se faça o parto cesáreo por volta das 37 semanas de gestação gemelar dicoriônica e entre 34 e 36 semanas na monocoriônica.

Leite demais

Cuidar de um recém-nascido consome tempo e pode ser estafante. Satisfazer os desejos e as necessidades de dois bebês juntos pode ultrapassar o limite da recém-mamãe. O desafio de amamentar dois ao mesmo tempo é desgastante e algumas vezes inviável, lançando a mãe num círculo vicioso de insegurança e incapacidade física que só faz comprometer mais ainda a produção de leite materno. Foi cientificamente demonstrado que a mãe de gêmeos produz quase duas vezes mais leite que aquela que está amamentando uma só criança, sendo esta informação de grande valor para amparar emocionalmente a gestante durante o pré-natal.

Aborto

Representa a interrupção da gravidez antes do início do período perinatal, que a Organização Mundial da Saúde estipula a partir de 22 semanas completas (154 dias) de gestação, quando o peso do bebê ao nascer é normalmente de 500 g. Classifica-se o aborto como precoce quando ocorre antes de 13 semanas de gravidez e tardio quando se der entre 13 e 22 semanas.

Cerca de 70% dos abortamentos acontecem em menos de oito semanas e se resolvem espontaneamente. As principais causas nessa idade gestacional são a malformação do feto e a implementação errada da placenta e/ou do feto. Após oito semanas, outros fatores podem provocar aborto – incapacidade istmo-cervical, infecções urinárias, uso de medicações, álcool ou tabagismo, hipertensão arterial e diabetes gestacional.

Toda gestante que já teve duas perdas, independentemente de sua idade gestacional, deve ser avaliada por um obstetra antes de engravidar para investigar as causas do aborto.

VOCÊ SABIA?

Na alta hospitalar, o médico deve fornecer à paciente licença médica para repouso domiciliar pelo período de catorze dias a contar da data do abortamento, em formulário próprio ou no receituário da instituição para a qual trabalha.

Consulta pré-natal pediátrica

A inserção do pediatra no pré-natal é de suma importância no terceiro trimestre do pré-natal. Ela representa uma oportunidade de antecipação de riscos e um dos pilares da tríade para redução da morbimortalidade neonatal, juntamente com a assistência ao recém-nascido em sala de parto e a consulta pós-natal dentro da primeira semana de vida. Apesar de sua importância, muitas mães só vão se dar conta depois do nascimento, quando se sentem perdidas após levar seu bebê para casa e não se encontrarem amparadas por um pediatra que lhes dará suporte nesse primeiro momento de vida tão precioso.

Esta consulta reduz os medos, as apreensões e a ansiedade da família em relação à chegada do filho, por antecipar informações e estratégias para enfrentar e resolver situações do cotidiano dos bebês. Pode ter certeza de que, se você já tiver o vínculo com o pediatra que acompanhará o seu bebê, tudo fluirá de forma mais leve e saudável para toda a nova família.

Esta consulta estabelece um canal de comunicação entre o obstetra, a família e o pediatra, o que pode proporcionar a redução do número de cesarianas, pela discussão sobre as vias de parto e seu impacto no recém-nascido, o estímulo à amamentação e tantos outros pontos que podem ser esclarecidos.

Deve-se reservar uma hora para a consulta, podendo ser necessário um tempo maior, de acordo com as demandas de cada família. O ambiente da consulta deve ser confortável para a gestante e o pediatra deverá utilizar linguagem clara e acessível para a melhor compreensão da família. É importante que a mãe leve à consulta a documentação da gestação, como o cartão de pré-natal, o cartão de vacinação da gestante, os resultados dos exames complementares realizados (laboratoriais e de imagem) e prescrições de fármacos em uso.

Durante a consulta, a gestante deverá falar sobre a gestação – intercorrências, doenças na gestação, uso de medicações e as vitaminas, conversar sobre vias de parto (normais e cesariana, bem como suas vantagens e desvantagens), nascimento e acompanhamento da saúde da criança.

Os pais devem questionar como é o nascimento, quais os procedimentos que serão necessários e quais intercorrências podem acontecer, além de tirar todas as dúvidas a respeito dos primeiros dias do bebê.

Levem todas as suas dúvidas!

Capítulo 3

As fases do bebê

Primeiro, é uma silenciosa divisão de células. Em seguida, num ultrassom, pode-se ver o saco gestacional, tão grande quanto uma cabeça de alfinete. Com os dias, a rápida multiplicação e a diferenciação celular vão dar origem aos tecidos que formarão o corpo do embrião e a placenta que o alimentará durante a gravidez. Ao cabo de cinco ou seis semanas, a contar da última menstruação, o coração do bebê começa a bater. Impossível ouvi-lo nesse "corpo" com aproximadamente 5 mm de comprimento, o tamanho de um grão de arroz. Mas para seu filho não há mais dúvida: a luta pela vida já começou, e ele fará de tudo para se transformar num ser humano.

Vejamos, semana a semana, como funciona essa incrível máquina da vida:

- ***1ª semana*** – O desenvolvimento do feto acontece logo depois da fecundação. Você ainda não sabe que

BÊ-Á-BÁ DO BEBÊ

Como tudo acontece

Uma gravidez está intimamente relacionada com o ciclo menstrual da mulher. Num período de 28 dias, o óvulo maduro é libertado catorze dias antes da próxima menstruação. Nesse momento, o corpo da futura mãe começa a se preparar para receber um óvulo fecundado e tecer uma nova vida. Se não houver fecundação, esse óvulo será expelido na próxima menstruação.
Assim, o corpo feminino inicia um novo ciclo menstrual a cada 28 dias, em média, e, simultaneamente, reinicia um novo ciclo de ovulação, criando as condições necessárias para que ocorra a fecundação. A ovulação consiste numa série de transformações hormonais e físicas que preparam o corpo para a gestação, a saber:

- Reconstrução da membrana mucosa do útero;
- Amadurecimento do folículo (minúsculo saco de células imaturas que contém um óvulo imaturo no interior);
- Produção de hormônios que estimulam o desprendimento do óvulo (que contém o patrimônio genético da mãe) e seu amadurecimento;
- Libertação do óvulo maduro pelo folículo (ovulação);
- Formação do corpo lúteo, responsável pela produção de progesterona e estrogênio;
- Fluidificação do muco cervical, segregado pelo colo do útero. Geralmente espesso e viscoso, ele se torna mais aquoso (semelhante à clara do ovo) para facilitar a penetração dos espermatozoides e ajudar para que avancem para dentro do útero. Depois da ovulação, ele readquire suas caraterísticas normais, adversas ao deslocamento dos espermatozoides.

está grávida, pois não teve tempo de constatar o atraso menstrual, mas a multiplicação celular já começou em seu corpo, e o feto iniciou sua fantástica migração do ovário para o útero pelas trompas. Nesta fase, ainda que faça um ultrassom ou um teste de gravidez, você não terá como saber que está esperando um bebê.

- *2ª semana* – Nesta fase, o feto se implanta totalmente no útero e, com isso, tem início a produção de gonadotrofina coriônica humana (hCG), importante hormônio a ser produzido ao longo da gestação e responsável por vários sintomas do período, notadamente os enjoos do primeiro trimestre. A presença de hCG é prenúncio de gravidez – detectada no exame de urina ou de sangue. Assim, no final da segunda semana, ela já oferece resultado seguro. Nesse momento, o ultrassom transvaginal permite identificar o saco gestacional, embora não ofereça visualização do embrião.

- ***3ª semana*** – Este período coincide com a interrupção da menstruação e o surgimento dos primeiros sintomas da gestação: náuseas e vômitos. Um pequeno sangramento vaginal pode ocorrer, assemelhando-se à menstruação. Ele se deve à implantação do feto no endométrio e pode gerar erros no cálculo da idade gestacional. É também durante a terceira semana que se formam dois órgãos importantes do feto: o sistema nervoso central e o coração. O primeiro tem início com a constituição do tubo neural. Até o final da quarta semana, ele estará totalmente formado. O coração e os vasos que levarão oxigênio e nutrientes ao bebê começam a ser formados neste momento.

- ***4ª semana*** – Mudanças importantes na forma do corpo: inicialmente, o embrião é quase reto; aos poucos, vai ganhando uma forma levemente encurvada. No ultrassom será possível observar a lenta formação dos membros superiores (braços). Nesta fase, o embrião tem aproximadamente 2,5 a 5 mm.

- ***5ª semana*** – Alterações sutis na forma do corpo são observadas, em comparação com as da semana anterior. Mesmo assim, a cabeça cresce visivelmente mais que os demais órgãos. Esse aumento é causado pelo rápido desenvolvimento do encéfalo e da face. Enquanto isso, o coração está se dividindo em câmaras e logo assumirá um ritmo mais regular. Órgãos essenciais, como rins e fígado, começam a crescer. Agora, o embrião já tem em torno de 4 a 7 mm.

- ***6ª semana*** – As partes que compõem os membros superiores começam a se diferenciar: cotovelos, mãos, dedos. O desenvolvimento dos membros inferiores começará em quatro dias. Os ouvidos e os olhos estão mais delineados. A cabeça continuará maior que o tronco. O feto passa a esboçar movimentos espontaneamente, mas ainda não são percebidos pela mãe. Nesta fase, se você fizer uma ultrassonografia, ouvirá o coração de seu filho bater à incrível velocidade de 150 batimentos/minuto. Seu bebê tem agora perto de 7 a 14 mm.

- ***7ª semana*** – As maiores transformações ocorrem nos membros superiores, com a formação dos ossos e em especial dos dedos. O embrião continua crescendo: já tem de 11 a 22 mm. O coração começa a bater agora mais distintamente, apesar de você ainda não sentir nada.

A incrível máquina da vida

A ovulação é uma perfeita sincronia de órgãos e hormônios. Uma máquina que se prepara mensalmente para o ato da fecundação e, em seguida, para a maturação da vida.

Cada ovário agrupa centenas de milhares de folículos, espécie de sacos microscópicos que contêm óvulos imaturos em seu interior. Todas as mulheres nascem com milhares deles. Nos sete primeiros dias do ciclo menstrual, alguns folículos começam a crescer e a amadurecer. Na segunda semana do ciclo menstrual, eles passam a degenerar, à exceção de um. Esse folículo remanescente continuará crescendo e nutrindo o óvulo em desenvolvimento em seu interior.

Por volta do 12º dia do ciclo menstrual, ele lança uma grande quantidade de estrogênio na corrente sanguínea, de maneira a estimular tanto a reconstituição do endométrio (revestimento do útero) – que vai engrossar sob a ação desse hormônio, preparando-se para alojar um eventual óvulo fertilizado – quanto a produção do hormônio luteinizante, capaz de induzir a libertação do óvulo maduro depois de romper o folículo.

Perto do 14º dia do ciclo menstrual, durante a ovulação, o folículo aumenta de tamanho, se abre e liberta o óvulo amadurecido para a cavidade pélvica. A trompa de Falópio correspondente o recolhe, e o óvulo inicia, então, sua descida até o útero.

Enquanto desce, o óvulo se prepara para a chegada de um espermatozoide que o fecunde, e as trompas de Falópio contraem levemente. Esse movimento ajuda o óvulo a descer até o útero e os espermatozoides a subirem em direção ao óvulo. Durante 12 a 24 horas, o óvulo maduro viverá à espera de ser fecundado por um espermatozoide. Caso isso não aconteça, morrerá e será descartado junto com o revestimento da parede uterina na próxima menstruação.

Durante a vida fértil, o corpo feminino repetirá esse processo todos os meses.

- ***8ª semana*** – No final deste período, o embrião apresentará características humanas, embora sua cabeça seja desproporcionalmente grande (representa quase metade dele). Ele já tem de 18 a 31 mm, e se notam também os primeiros movimentos voluntários dos membros superiores. Apesar de existirem diferenças entre os sexos quanto à aparência externa da genitália, elas não são suficientemente distintas para uma identificação precisa. Se você estiver muito curiosa e tiver certeza de seu tempo de gestação, já poderá fazer o exame de sangue.

- ***9ª - 12ª semana*** - O desenvolvimento do corpo se acelera nesta fase. Com nove semanas, seu bebê pesa menos de 10 g. Todas as partes do corpo estão presentes - braços, pernas, olhos e demais órgãos, inclusive os genitais -, embora não estejam totalmente formadas. Na 11ª semana, o intestino está pronto e o sistema urinário funciona. Com 12 semanas, formam-se o esqueleto e os ossos da cabeça. Ao cabo da 12ª semana, os braços já têm seu tamanho definitivo, apesar de os membros inferiores ainda serem curtos e pouco desenvolvidos. A essa altura, seu filho já esboça movimentos ao ouvir vozes conhecidas ou quando você toca a sua barriga. Outro reflexo presente desde já, e muito importante para quando nascer, é o de chupar o dedo.

- ***13ª - 16ª semana*** - O desenvolvimento do bebê se concentra em sua capacidade de se movimentar. Ele consegue mexer tanto braços quanto o restante do corpo, embora você ainda não seja capaz de perceber. O sexo já pode ser identificado na ultrassonografia, principalmente na 16ª semana. As pernas já cresceram bastante, tornando o bebê mais proporcional. A partir de agora, seu filho é chamado de feto e pode ter em torno de 5 a 9 cm.

- ***17ª - 20ª semana*** - O crescimento do feto perde velocidade. Seus órgãos começam a ser mais estruturados e aperfeiçoados, principalmente as genitálias e a pele. Surgem os primeiros pelos no corpo - sobrancelhas e couro cabeludo. Nesta fase, o desenvolvimento sensorial do bebê está mais apurado, áreas especializadas do cérebro para

VOCÊ SABIA?

A cada ciclo menstrual, após a ovulação, você tem entre 12 e 24 horas para engravidar. Já os espermatozoides podem sobreviver até 48 horas no interior da vagina. O encontro do óvulo maduro com o espermatozoide origina a fecundação. Um dia depois da fertilização do óvulo, seu núcleo funde-se com o espermatozoide para dar origem ao zigoto, nome que se dá ao ovo fertilizado. O zigoto começa dividindo-se em duas células menores, depois em quatro, oito, e assim por diante. Na fecundação, algumas características físicas do bebê são imediatamente definidas: o sexo e a cor dos olhos e do cabelo.

odor, paladar, audição, visão e tato passam a ser aprimoradas. O feto tem em torno de 15 cm e a mãe já começa a sentir seus movimentos, principalmente na 20ª semana.

- ***21ª - 25ª semana*** – Período muito importante: o bebê vai ganhar peso e altura, e seus órgãos vão acabar de se desenvolver, à exceção dos pulmões. A partir da 24ª semana, ele passa a ser viável, embora seu nascimento seja uma ocorrência gravíssima, que pode propiciar alterações no desenvolvimento cerebral. Nesta fase, ocorre maior transmissão de vitaminas e ferro. Assim, crianças prematuras deverão receber reposição de vitaminas. A partir de agora, cada semana é importante para a maturação dos pulmões e ganho de peso, anticorpos e vitaminas.

- ***26ª - 29ª semana*** – Assim como no período anterior, o ganho de peso e o desenvolvimento dos pulmões são as etapas mais importantes. Nesta fase, o bebê já tem cerca de 1.500 g. E o sistema nervoso central já amadureceu a ponto de controlar a respiração e a temperatura do corpo.

- ***30ª - 34ª semana*** – O bebê ganha muito peso. Também cria um suplemento de vitaminas para o evento do nascimento. Ele vai crescer, em média, 2 cm e ficar com 2.500 g. Sua pele também se modifica – é acrescida de novas camadas de gordura – e seus olhos começam a abrir e fechar.

- ***35ª semana até o nascimento*** – O crescimento se torna mais lento à medida que o nascimento se aproxima: o bebê ganha por volta de 14 g ao dia. Em princípio, deve nascer com 2.800 g a 3.400 g. O sistema nervoso está suficientemente maduro para realizar todas as funções que o mantêm vivo. Seus pulmões estão maduros e prontos para o parto.

VOCÊ SABIA?

O bebê recebe oxigênio e todos os nutrientes de que precisa através do cordão umbilical. Esta é a ligação entre a mãe e a criança. Pelo cordão passam duas artérias e uma veia. Pelas artérias, o bebê receberá os nutrientes, bem como as vitaminas e os anticorpos necessários para seu desenvolvimento. Pela placenta chegará o oxigênio. A veia que atravessa o cordão umbilical tem como função carregar as toxinas do bebê para que a mãe as elimine. Algumas gestantes podem ter uma só artéria umbilical. Neste caso, é preciso investigar eventuais malformações renais no bebê.

BÊ-Á-BÁ DO BEBÊ

Palavras novas para você

Desde o primeiro instante em que é concebido, o bebê mobiliza órgãos e estruturas cujos nomes e funções podem ser estranhos. Vamos conhecê-los?

- A placenta – é o principal suporte de vida do bebê. Tem como papel protegê-lo e nutri-lo, assim como assegurar as funções de respiração, excreção e produção de hormônios. É através da placenta que o bebê respira, recebe nutrientes, elimina os subprodutos que não vai mais utilizar e recebe os anticorpos do organismo da mãe. Mas é através da placenta que ele também pode receber substâncias tóxicas do tabaco e de medicamentos dos quais ela faça uso, e até mesmo doenças como a sífilis, a rubéola e a toxoplasmose.
  A placenta começa produzindo o hormônio da gravidez (a gonadotrofina coriônica humana - hCG) para inibir nova ovulação e garantir a manutenção da gestação, e entra em funcionamento a partir da terceira semana de gestação. Dessa fase em diante, cresce e se torna mais funcional à medida que a gravidez evolui. Alterações na placenta podem gerar inúmeros problemas para o bebê, tais como baixo peso e indução ao aborto.

- A cavidade amniótica – a bolsa das águas, como é popularmente chamada, é o lar do bebê, local onde ele vai crescer e se desenvolver nos próximos meses. O líquido amniótico tem papel estratégico para o desenvolvimento do feto: envolve-o durante toda a gestação, amortecendo impactos na barriga da mãe e possibilitando seus movimentos; controla a temperatura em volta do bebê; diminui o risco de infecção e estimula o desenvolvimento de seu sistema pulmonar.
  O volume de líquido amniótico normalmente aumenta devagar, atingindo aproximadamente 30 ml na 10ª semana de gestação; 350 ml na 20ª; e de 700 a 1.000 ml na 37ª. O bebê engole e absorve o líquido amniótico pelo sistema respiratório e digestivo – por isso, ao nascer, alguns estão com o nariz entupido e espirram bastante.
  Exames do líquido amniótico permitem uma avaliação genética do bebê. Alterações no volume podem apontar problemas com a criança. Quando houver pouco líquido, é preciso investigar uma possível rotura da bolsa, problemas renais no bebê ou malformações da placenta, por exemplo. Esse

quadro pode induzir ao parto prematuro, à interrupção precoce da gestação ou a um desenvolvimento pulmonar insatisfatório. Excesso de líquido amniótico denuncia possíveis alterações no sistema nervoso ou digestório do bebê e diabetes gestacional.

- O saco vitelino – esta vesícula é responsável pela produção dos glóbulos vermelhos e pelo aporte de nutrientes ao bebê no começo da gestação, até que a placenta esteja suficientemente madura para cumprir sua função.
- As glândulas da cérvix – segregam o tampão mucoso, substância produzida pelo corpo da mãe para bloquear o colo do útero e proteger o óvulo.

O peso do bebê

Uma das coisas que mais angustiam os pais é o peso do bebê. Durante a ultrassonografia, o radiologista faz uma média do peso e da altura estimada, mas você deve sempre levar em consideração que, como qualquer exame, há uma margem de erro que varia em torno de 250 g, tanto para mais como para menos.

A tabela a seguir mostra o peso e a altura padrão para cada idade gestacional. Bebês muito pequenos ou muito grandes podem apresentar problemas, como insuficiência da placenta ou diabetes gestacional, e devem ser avaliados por um obstetra.

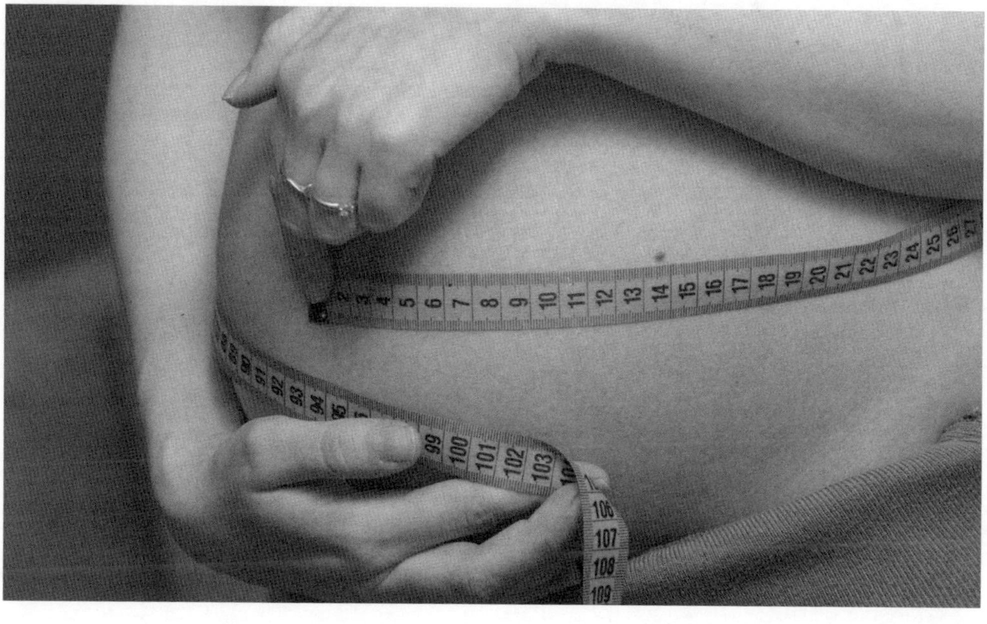

Idade gestacional (semanas)	Peso mínimo (g)	Peso médio (g)	Peso máximo (g)	Altura mínima (cm)	Altura máxima (cm)	Altura média (cm)
20	275	368,5	772	-	-	-
21	314	425	790	-	-	-
22	376	505	826	-	-	-
23	440	578	882	-	-	-
24	500	684,5	977	-	-	-
25	558	774,5	1.138	-	-	-
26	625	917,5	1.362	-	-	-
27	702	1.043,5	1.635	-	-	-
28	798	1.170	1.977	-	-	-
29	925	1.190,5	2.361	35,2	38,9	43,3
30	1.085	1.388,0	2.150	36,5	40,2	44,7
31	1.278	1.638	2.986	38	41,5	46
32	1.495	1.898	3.200	39,5	43,5	47,5
33	1.725	2.163	3.370	41	44,6	48,4
34	1.950	2.388	3.502	41,2	45,8	50,2
35	2.159	2.682	3.598	42,5	46,7	51,2
36	2.354	2.882	3.668	43,2	47,5	51,7
37	2.186	2.995	3.606	43,8	48	52
38	2.714	3.100	3.867	45	48,6	52
39	2.852	3.200	3.960	45,7	49,3	52,3
40	2.929	3.298	4.060	46	49,7	52,7
41	2.948	3.367	4.094	46	50	53,3
42	2.935	3.433	4.098	46,3	50,2	53,6
43	2.907	3.433	4.096	46,5	50	53,6
44	2.885	3.425	4.096	46 ,2	50,4	53,7

VOCÊ SABIA?

O bebê faz xixi durante sua permanência na barriga da mãe. Essa urina é uma das substâncias que formarão o líquido amniótico. O bebê engole e urina o mesmo líquido. Por isso, alterações no líquido amniótico podem indicar problemas renais e intestinais. Mas o bebê não evacua dentro da barriga da mãe. Se houver eliminação de fezes – também denominadas mecônio – o bebê estará em sofrimento, e o parto deverá ser imediatamente providenciado.

Missão quase impossível

A cada vez que ejacula, o homem liberta 300 a 400 milhões de espermatozoides programados para procurar o óvulo e fertilizá-lo. Mas essa não é uma tarefa fácil, uma vez que a vagina é um meio hostil, em função das substâncias ácidas que segrega para se proteger de bactérias.

A acidez destrói a maioria dos espermatozoides que entram na cavidade vaginal. Apenas os mais fortes seguem adiante, através do colo do útero e até as trompas de Falópio – o canal que liga cada um dos ovários à cavidade uterina.

Durante o percurso, alguns espermatozoides ficam presos nas pregas do útero ou penetram na trompa errada, onde não existe nenhum óvulo para fecundar.

No entanto, o corpo feminino foi programado para criar a vida e dispõe de mecanismos para ajudar o espermatozoide a ir ao encontro do óvulo. À medida que ele avança pelas trompas, elas se contraem delicadamente para "empurrá-lo" na direção do óvulo. Apenas algumas centenas conseguem chegar até ele e só os mais resistentes vencem todos os obstáculos que encontram pelo caminho. Esse é um processo de seleção natural que destrói os espermatozoides mais fracos.

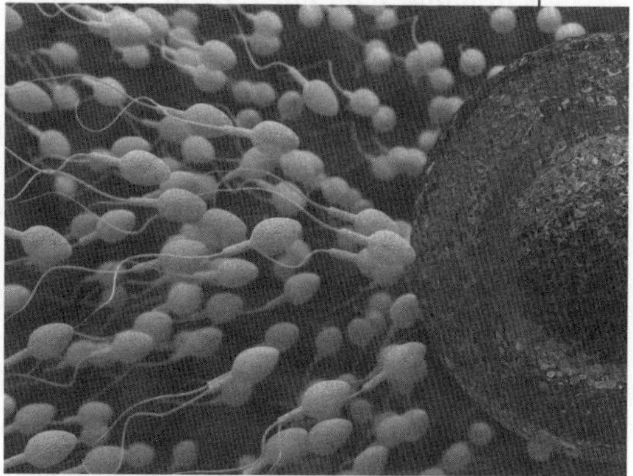

Entre os poucos que conseguem alcançar as trompas e forçar a entrada no óvulo, apenas um (o mais forte e apto) o fertiliza. No momento em que penetra a membrana que o protege, a passagem se fecha para os demais espermatozoides. O óvulo fertilizado tem, agora, a informação genética necessária para gerar uma vida nova.

Um dia após a fertilização, os núcleos do óvulo e do espermatozoide se fundem. Pai e mãe contribuem com 23 pares de cromossomos, cujo núcleo contém o DNA de cada um. Os cromossomos se juntam, dando origem a uma célula única, o zigoto. Com isso se inicia a divisão celular.

Logo após a concepção, o corpo da mulher dá início a uma série de mudanças que o preparam para acolher e nutrir o bebê em formação.

VOCÊ SABIA?

Os pulmões do bebê serão os últimos a se formar, por volta da 24ª semana. Durante a gravidez, eles não funcionam – o feto não respira. Todo o oxigênio é fornecido pelo corpo da mãe. Os pulmões só entrarão em funcionamento quando o bebê nascer; antes disso estarão cheios de líquido. Algumas medicações, como corticoides, podem apressar a maturação dos pulmões quando o bebê nasce prematuramente.

Alterações da gravidez

Várias modificações ocorrem durante a gravidez para que o bebê tenha um desenvolvimento exponencial. Além do ganho de peso (em média, 12,5 kg), vários órgãos sofrem mudanças que desencadeiam sintomas como aumento da frequência urinária, constipação intestinal e azia.

A ação dos hormônios da gravidez está na base das alterações físicas e psicológicas que a futura mãe percebe ao longo dos nove meses de gestação. Estrogênio, progesterona, beta-hCG, prolactina, aldosterona e ocitocina formam o coquetel que desencadeia todas as mudanças.

- ***Gonadotrofina coriônica humana (hCG)*** ➤ hormônio usado nos testes para confirmar a gravidez, sua taxa aumenta no primeiro trimestre da gestação. Tem como função manter o corpo lúteo (célula existente no ovário após a ovulação), que produz progesterona e estrógeno. Um dos efeitos desagradáveis provocados pela hCG é o enjoo matinal. Quanto maior sua presença no sangue, mais intensos serão os sintomas. Ela também é responsável pela diminuição dos anticorpos no organismo materno para evitar a rejeição do bebê. A boa notícia é que a partir da 12ª semana esse sintoma é amenizado.

- ***Progesterona*** ➤ responde pela manutenção da gestação no primeiro trimestre, quando é produzida pelos ovários. Por volta da 8ª semana, sua produção se dá na placenta e vai aumentando progressivamente até atingir o pico uma semana antes do parto. Com o aumento desse hormônio há, consequentemente, maior fluxo de sangue para o útero, o que cria um ambiente favorável para o embrião. Quanto maior a concentração de progesterona, menor a chance de aborto e parto prematuro. A progesterona também provoca mudanças no cérebro e no corpo da mulher: fadiga, alterações de humor, ocasional esquecimento e constipação intestinal. Ao longo da gestação, o cérebro adquire tolerância aos altos níveis do hormônio.

TOME NOTA

Vida útil

O que é o período fértil?

É o intervalo de dias em que você tem mais probabilidade de engravidar. Para se situar no ciclo menstrual, você deve levar em conta dois aspectos: 1) depois que o óvulo maduro foi libertado dos ovários (ovulação), sua vida útil é de 12 a 24 horas. Este é o prazo que ele terá para ser fecundado por um espermatozoide. Se isso não acontecer, degenera e será expelido pelo organismo na próxima menstruação, junto com o revestimento da parede uterina. 2) os espermatozoides mais resistentes podem sobreviver até cinco dias dentro do corpo da mulher, mas as primeiras 48 horas após a ejaculação constituem o período de maior atividade. Em termos práticos, isto significa que o seu período fértil é de cinco dias. Assim, mesmo que você ovule até cinco dias após uma relação sexual, tem chance de engravidar se ainda restar algum espermatozoide ativo.

Como calculo os dias mais férteis para engravidar?

Existem teoricamente três alternativas que darão resultados mais ou menos confiáveis. Os testes de gravidez, disponíveis em farmácias, são incontestáveis desde que se observe um prazo mínimo para que a presença dos hormônios da gravidez seja detectável na urina. Outro método consiste em medir a temperatura basal do corpo. Depois da ovulação, ela sobe de 0,4 a 1° C. Para utilizar esta tabela corretamente, é preciso medir a temperatura corporal basal todas as manhãs antes de sair da cama. O chamado "método do calendário" é outra alternativa para reconhecer os dias mais férteis do ciclo, mas ele é pouco seguro.

- ***Estrogênio*** ➤ sua produção aumenta drasticamente durante a gestação, atingindo taxas até trinta vezes maiores. O estrogênio tem inúmeras funções durante a gestação, sendo uma das principais preparar as glândulas mamárias para a amamentação. Ele também age nos vasos sanguíneos da mulher e da placenta, dilatando-os e levando, assim, mais oxigênio e nutrientes ao feto.

- ***Aldosterona*** ➤ é responsável pela retenção de líquidos e sua taxa é aumentada durante a gestação. Na gravidez, o volume de sangue no corpo da mulher aumenta 50%, com o objetivo de transportar melhor os nutrientes. O principal efeito colateral da aldosterona é o edema nos pés.

- ***Ocitocina*** ➤ hormônio que potencializa as contrações uterinas, tornando-as fortes e coordenadas até que o parto se complete, provoca uma sensação de prazer no momento em que a criança nasce e durante a amamentação. Também promove a contração do útero para expulsar a criança e desencadeia a ejeção do leite.

O sistema circulatório

Já por volta da 10ª semana de gestação, você sentirá o coração bater mais rapidamente. Na 20ª semana, ele trabalhará duas vezes mais, em média. O volume de sangue em circulação em seu corpo também aumenta e faz com que mais sangue chegue ao feto para que ele possa se desenvolver melhor. O coração sofre mudanças de posição e de tamanho, dilatando-se cerca de 10%, para suprir esse volume de sangue e o crescimento do abdômen.

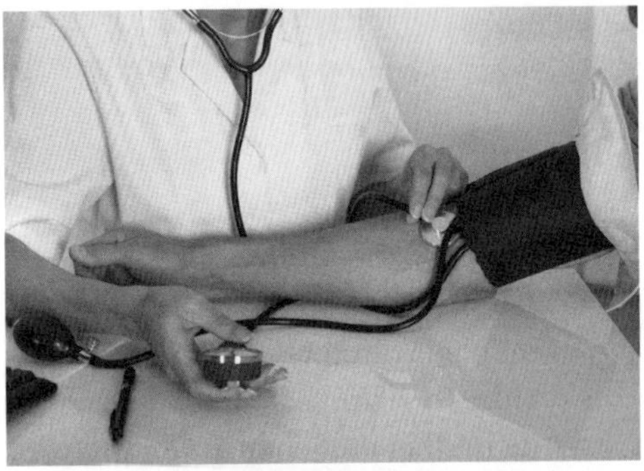

A pressão sanguínea cai discretamente durante a gravidez – em torno de 5 a 10 mmHg entre a 12ª semana e a 26ª semana de gestação – e pode subir no final dela, se você desenvolver a doença hipertensiva específica da gravidez.

Com o aumento do útero e do volume do abdômen, a veia que irriga os membros inferiores sofre compressão, o que diminui o retorno do sangue para o coração e pode provocar inchaço em pernas e pés, principalmente nos últimos meses. Para melhorar o mal-estar, use meias de compressão e não fique em pé ou sentada por muito tempo. Levante-se e faça uma pequena caminhada, ou, se preferir, mantenha os pés para cima.

O sistema urinário

Durante a gravidez, os hormônios da mãe e da placenta atuam sobre os rins, aumentando-os em 1 cm em tamanho e peso. Além disso, há uma dilatação acentuada dos calículos (canais onde a urina é formada) localizados nos rins, o que faz com que a urina permaneça mais tempo no órgão. Esses mecanismos tornam a mulher grávida mais propensa a infecções urinárias – daí a importância do exame de urina na gestação.

O crescimento do útero provoca uma compressão da bexiga, deslocando-a pa-

VOCÊ SABIA?

A probabilidade de você engravidar é 30% maior se mantiver relações sexuais 48 horas antes da ovulação.

ra cima e achatando-a, e com isso há um aumento do resíduo urinário no órgão. A pressão que o útero exerce sobre a bexiga aumenta a frequência de micções, tão característica na gestação. Essas alterações podem persistir até três meses após o parto.

O sistema digestivo

As alterações hormonais provocam uma diminuição da mobilidade do estômago e do esôfago, e fazem com que o alimento permaneça mais tempo parado nesses órgãos. Resultado: maior suscetibilidade ao refluxo, às náuseas e à azia.

As náuseas são comuns no primeiro trimestre, assim como a pirose (ânsia) e as regurgitações, que acometem metade das gestantes nos últimos três meses de gestação. Depois do parto, elas desaparecem espontaneamente. Às vezes, vômitos e náuseas são tão frequentes que exigem tratamento.

A azia é devida à compressão do estômago pelo útero, o que diminui seu volume e gera uma sensação de saciedade com pouca comida. Uma alternativa para melhorar os sintomas é se alimentar a cada três horas.

Além de serem deslocados por conta do aumento do útero, os intestinos delgado e grosso perdem mobilidade e tônus, e isso pode levar à constipação e, consequentemente, à hemorroida. Caso seu intestino fique mais preguiçoso, coma mais fibras e tome mais água. Se os sintomas persistirem, não deixe de conversar com o médico.

É frequente ocorrer aumento da salivação durante a gestação. Isso se deve à dificuldade de deglutir. Além disso, o aumento da produção hormonal, em especial de estrogênio, pode torná-la mais suscetível às cáries e causar vermelhidão e sangramento nas gengivas. Algumas mulheres em início de gestação relatam ter muito enjoo ao escovar os dentes, principalmente pela manhã, e vômitos provocados pela pasta de dente. Se você tiver um desses sintomas, procure seu dentista.

O aparelho respiratório

Para aumentar a oferta de oxigênio ao bebê, seu sistema respiratório se modifica e até mesmo os ossos mudam de conformação. São alterações provocadas pela progesterona. Mulheres grávidas têm hiperventilação, ou seja, passam a respirar um pouco mais rápida e profundamente, pois estão respirando por dois. Com o avanço da gravidez, ocorre uma compressão dos músculos respiratórios por causa do aumento do abdômen, o que pode gerar falta de ar. Mães de gêmeos ou de bebês grandes, ou ainda mulheres de corpo pequeno, sofrem

VOCÊ SABIA?

Na cultura popular, a azia está relacionada à quantidade de cabelo que o bebê vai ter ao nascer. Mas isso não tem qualquer fundamento científico.

mais com o problema. Quando tiver essa sensação, pare tudo, procure se acalmar, respire vagorosamente e, em seguida, volte às suas atividades.

A pele

A grande maioria das gestantes apresenta algum grau de escurecimento da pele. Ele pode se dar tanto no rosto como na aréola, no mamilo, no períneo, na vulva e no umbigo. A coloração mais parda é decorrente da ação do estrogênio.

O escurecimento da pele se transforma em problema quando ataca o rosto, fenômeno que ganha o nome de cloasma gravídico. São manchas amarronzadas que surgem nas maçãs do rosto, principalmente. Aparecem nas gestantes com predisposição genética – suas mães e tias também tiveram – e nas afrodescendentes. Como medida preventiva, você deve usar protetor solar com fator 30 ou superior toda vez que for se expor ao sol. Se mesmo assim as manchas incomodarem, lembre-se de que elas somem no fim da gestação. Mas se demorarem a desaparecer, procure um dermatologista após os meses de amamentação. Ele indicará um peeling superficial e cremes despigmentantes.

A linha nigra aparece aos poucos, por volta da 14ª à 16ª semana. No início, não passa de uma sombra que vai escurecendo até se tornar uma linha divisória na barriga da grávida. Em algumas gestantes é mais suave. Pode surgir apenas na parte abaixo do umbigo ou, então, por toda a extensão do abdômen até a pelve. Assim como o cloasma gravídico, ela some com o fim da gestação, em até doze semanas após o parto.

O aumento de pelos, especialmente na face e na barriga, pode ser notado principalmente no primeiro trimestre. Já durante a amamentação tende a acontecer queda de cabelo – e ele só voltará a crescer normalmente um ano e meio depois do nascimento do bebê.

Na imensa maioria das gestantes surgem estrias, geralmente na segunda metade da gravidez. Muitas vezes, vêm para ficar. Elas são consequência do estiramento e da distensão da pele, em função do aumento de peso e do crescimento abdominal e mamário, e também resultado da ação hormonal.

A coloração da pele da grávida e fatores genéticos também influenciam a formação de estrias. De início são avermelhadas e depois vão clareando e ganhando o aspecto de uma cicatriz. Apesar de muito comuns, podem ser evitadas ou amenizadas. Para tanto, é preciso tomar algumas precauções:

1. Alimente-se de maneira saudável: quanto menos engordar, menor a chance de estiramento do abdômen;
2. Hidrate muito bem a pele. Hidratada, ela tem maior concentração de colágeno e elastina e suporta melhor a pressão do aumento abdominal. Produtos com ureia 3%, colágeno, elastina, vitamina E e óleos vegetais são recomendados antes, durante e depois da gestação. Informe-se com o seu médico. Mas atenção: use produtos hidratantes nos seios e não nas aréolas. Isso pode dificultar a amamentação;

TOME NOTA

De zigoto a bebê

Por que tantos nomes?

O *zigoto (ou ovo)* é a célula única que resulta da fusão do óvulo e do espermatozoide, 24 horas após a fecundação, e contém os 23 pares de cromossomos com a informação genética dos pais. Ele vai se dividir e subdividir, transformando-se num conjunto de células com distintas funções – o ***blastócito*** –, que dará origem à placenta, às membranas que envolvem o bebê dentro do útero e ao próprio embrião.

Enquanto a divisão celular avança, o ***óvulo*** vai descendo em direção ao útero, onde vai se implantar. Essa migração dura aproximadamente sete dias e, durante esse processo, a trompa de Falópio se encarrega de nutri-lo.

São necessários apenas seis dias para que a célula inicial se divida em cerca de duzentas células. Ao mesmo tempo, o embrião sai de sua cápsula protetora, se abre e se expande, fixando-se nas paredes do colo do útero, num processo denominado ***nidação***.

Ao cabo da terceira semana, tem início uma nova fase para o embrião. As células da cabeça e da cauda se fundem para dar lugar à formação do cérebro. Com o tempo, a cauda acabará desaparecendo.

Dá-se o nome de ***embrião*** à primeira fase do desenvolvimento humano, que vai da criação do zigoto até o final da oitava semana após a fecundação. O embrião que se forma a partir da primeira célula está longe de se assemelhar a um bebê, mas ele já carrega todas as células que lhe darão origem. Embriões precoces, obtidos por fertilização *in vitro*, podem se desenvolver fora do útero durante alguns dias.

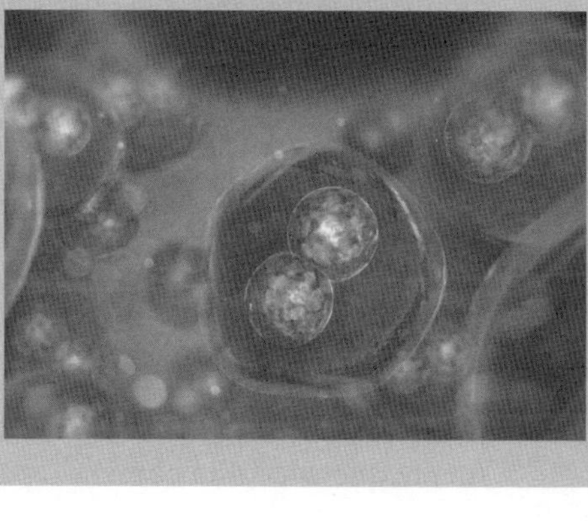

Embrião de duas células, mitose sob microscópio

3. Use sutiãs que suportem o novo peso da mama. Eles devem ser alguns números maiores do que os anteriores e com alças mais largas. Você deve vesti-los a maior parte do tempo, durante toda a gestação e no período de amamentação;
4. Faça exercícios físicos na gravidez. Eles ajudam a trabalhar os músculos abdominais e dificultam o surgimento de estrias.

A coluna e os ossos

A coluna vertebral sofre com os hormônios. Como as mamas e a barriga se tornam mais pesadas, os ossos – e o próprio centro de equilíbrio do corpo – se modificam. A lordose é um problema típico da gravidez e se acentua aos poucos. A passada também sofre alterações: a grávida tende a afastar mais as pernas para andar a fim de obter maior equilíbrio e sensação de estabilidade.

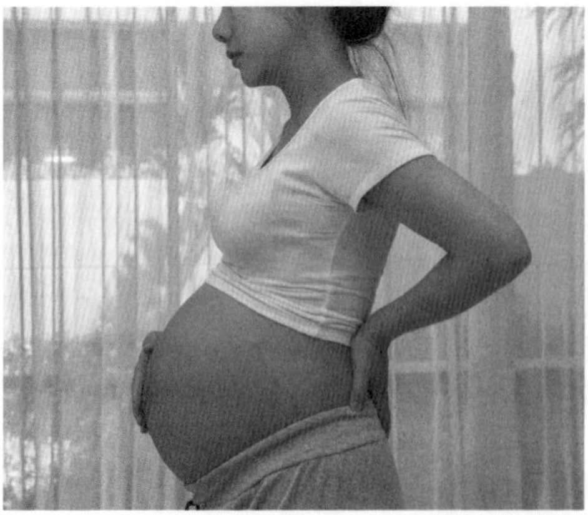

Medidas para uma gestação saudável

Com os avanços da medicina, um bebê de 500 g, por exemplo, pode sobreviver, apesar da gravidade da situação e das sequelas que venha a apresentar. Problemas como esse na gravidez – um parto prematuro – às vezes são inevitáveis por causa de múltiplos fatores, mas medidas preventivas ajudam a melhorar o quadro.

- ***Planejamento*** – Faça direitinho o pré-natal, saiba todos os detalhes de como se dá o trabalho de parto, quais urgências pode ter de enfrentar. Pense com carinho no enxoval e nos primeiros dias de vida do bebê. Saber o que vai ou pode acontecer dá mais segurança.

- ***Acolhimento*** – Sinta-se acolhida no ambiente pessoal e profissional. Converse com seu chefe sobre o período de licença-maternidade e a volta ao trabalho após o nascimento do bebê. Tudo o que pode causar ansiedade deve ser afastado. Em casa, a família deve amparar e auxiliar a gestante em todos os desafios que terá pela frente. Gravidez não é doença, mas desperta ansiedade e estresse, problemas que podem prejudicar o bom desenvolvimento do bebê e ainda afetar a produção de leite.

- ***Alimentação*** – Siga uma dieta saudável: isso é primordial. Tenha em mente que você está comendo para alimentar você e o bebê, mas não em quantidade e, sim, em qualidade. O excesso de comida pode levar à obesidade, ao diabetes, ao aumento da pressão e, consequentemente, a um desenvolvimento pouco saudável do bebê.

- *Exercícios físicos* – Gravidez não é sinônimo de sedentarismo. Você não precisa ficar de repouso durante os nove meses – a não ser que tenha algum problema que exija isso. Se tudo estiver correndo bem, você precisa trabalhar, manter a mente ativa, realizar as atividades corriqueiras e exercitar o corpo.

- *Acompanhamento pré-natal* – Você deve ir a todas as consultas e fazer todos os exames que forem solicitados pelo médico. Qualquer dúvida deve ser sanada. Precisa saber, também, onde é o serviço de emergência mais próximo e ter o número de serviços de ambulância para levá-la para a maternidade, em caso de necessidade. Alguns estados contam com um serviço emergencial para gestantes, com ambulância e enfermeiros obstétricos que farão toda a diferença aos primeiros sinais de trabalho de parto.

- *Produtos para a beleza* – Sentir-se bonita é muito importante durante a gestação. Mas alguns produtos de beleza – como as tinturas e os tonalizantes para o cabelo – precisarão ser evitados. Você pode usar qualquer tipo de xampu ou condicionador – o antiqueda, por exemplo, pode fortalecer os fios e prepará-los para a fase de amamentação, quando costumam cair mais frequentemente. Você pode fazer as unhas, desde que tenha muito cuidado com a esterilização do material, como alicates, que podem transmitir a hepatite.

- *Exercícios físicos* – Os benefícios da atividade física já foram demonstrados inúmeras vezes: melhoram a autoestima, a imagem corporal e a postura, freiam o ganho de peso, diminuem os ricos de diabetes e a pressão alta. Você pode iniciar os exercícios após a 12ª semana de gestação, caso não haja nenhuma contraindicação, uma vez que o perigo maior de abortamento já passou. Se você já praticava exercícios antes de engravidar, pode continuar, desde que diminua a intensidade do treino no primeiro trimestre. Saiba quais são os cuidados essenciais.
  - Abandone o exercício se sentir alguma dor, incômodo ou indisposição;
  - Não se exercite se estiver com diarreia, náusea ou vômito: pode acabar se desidratando;
  - Evite uma alimentação pesada antes de treinar. Mas não deixe de comer para não ter hipoglicemia;
  - Se sentir alguma alteração durante os exercícios – como aumento excessivo dos batimentos cardíacos ou falta

de ar –, pare imediatamente, repouse por dez minutos e não se esqueça de reportar o problema a seu médico;

- Faça-se acompanhar de um profissional capacitado que lhe dê orientações.
- Trate de fazer seu treino sempre no mesmo horário. Rotina é bom para a gestante. Mas, ao sinal de contração ou perda de líquido, pare imediatamente. E peça auxílio a um serviço de emergência.

Contraindicações

Algumas patologias se sobrepõem à prática de exercícios físicos, momentaneamente ou durante toda a gestação. Somente o médico pode autorizá-los. Assim, caso você tenha um dos quadros descritos abaixo, não faça nenhuma atividade aeróbica sem permissão do obstetra:

- doenças do coração;
- infecção (urinária) aguda;
- histórico de abortos espontâneos;
- risco de parto prematuro;
- gravidez múltipla;
- sangramento vaginal;
- pressão alta grave;
- tromboflebite ou embolia pulmonar;
- doença falciforme e anemia;
- hipo ou hipertiroidismo;
- alterações no crescimento do bebê.

TOME NOTA

Movimente-se

Que tipo de exercício posso fazer?
A intensidade do treino deve ser definida por um profissional com experiência no acompanhamento de gestantes. Normalmente, indicam-se exercícios de baixa ou moderada intensidade. Caminhadas leves, bicicleta, natação e hidroginástica, pilates e ioga são as que mais benefícios podem trazer. Atividades extenuantes, como vôlei, basquete, esqui aquático, hipismo e mergulho, devem ser evitadas durante a gestação, a não ser que você seja uma atleta e esteja muito bem condicionada.

Quais são os benefícios da atividade física?
Atua de maneira positiva tanto na hora do parto como no desenvolvimento do feto. Quem faz exercícios evita o excesso de peso, diminui o risco de diabetes, melhora a postura, previne a dor, estimula a oxigenação do feto e se condiciona para um parto mais fácil e uma recuperação mais rápida.

Pilates

Criado pelo alemão Joseph Hubertus Pilates (1883-1967), é um sistema alternativo de movimentos que reorganiza seu centro de força (abdômen, quadril e lombar). O método explora a concentração e a fluidez de movimentos, melhorando a postura e minimizando as compensações típicas do período gestacional. Também previne e ameniza as dores na coluna, alonga e relaxa os músculos, fortalece a autoestima e a musculatura perineal, preparando o corpo para o parto e o pós-parto. Outros pontos positivos: estimula a circulação, desenvolve a consciência corporal, melhora a respiração e aumenta a sensação de bem-estar. Recomendam-se pelo menos duas sessões semanais, individuais ou em grupo, com duração de sessenta minutos.

Atenção às atividades rotineiras

Em pé, cuidado para não permanecer nesta posição por longos períodos. Isso pode lhe causar dores e inchaço nas pernas, além de provocar varizes e fadiga muscular. Estudos mostram que as gestantes que se mantêm diariamente em pé sem descansar, por mais de seis horas, podem dar à luz bebês com baixo peso.

Para prevenir complicações, faça exercícios que favoreçam o retorno do sangue e melhoram a circulação. Durante o expediente, mude de posição frequentemente, fazendo pequenas caminhadas, sentando de vez em quando e, se possível, levante os pés por alguns minutos, a cada quatro horas.

Sentada por horas a fio, lembre-se de dar uma voltinha de vez em quando, para não ter dores musculares e inchaço nos pés.

A cadeira deve ter encosto e assento estofados, regulagem de altura, além de braços de apoio. Ao sentar, a postura não deve ser relaxada. Veja como é o modo correto:

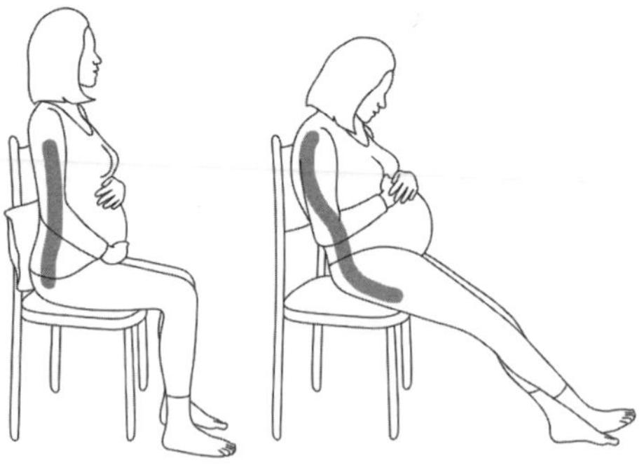

certo errado

Deitada, procure ficar de lado, sobre o braço esquerdo, para facilitar a circulação do sangue. Use um travesseiro entre a cabeça e o ombro e outro embaixo da perna que está por cima, dobrando-a preferencialmente para frente. Esta posição é a mais confortável para uma gestante.

Ao levantar da cama, lembre-se de virar de lado, apoiar o peso do tronco sobre o cotovelo e só depois colocar as pernas no chão. Para deitar, faça o inverso. Isso impede sobrecarregar o abdômen e a coluna.

Atividades domésticas

Arrumar a casa, lavar a louça – não é proibido, mas você deve ter cuidado com a postura e o tempo gasto na execução dessas tarefas. Procure alternar a posição de tempos em tempos e descanse nos intervalos entre uma coisa e outra.

No supermercado, evite carregar peso: distribua suas compras em sacolas, com pesos mais ou menos equivalentes nos dois braços. Mantenha os braços ao longo do corpo – não sobre a barriga, para não forçar o abdômen e a coluna.

Se tiver de pegar peso no chão, traga o objeto para junto do corpo. Evite curvar a coluna ao apanhar algo. É recomendável agachar, abrindo as pernas para que a barriga se encaixe entre elas. Para se reerguer, faça o mesmo.

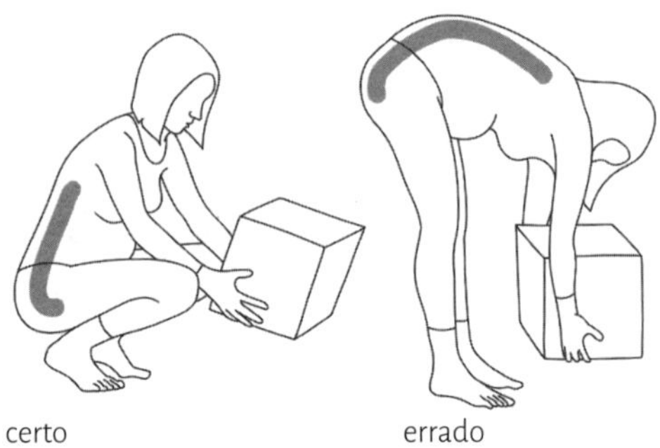

certo errado

Na hora de calçar sapatos e meias, sente-se e cruze uma perna sobre a outra. Grávidas são mais suscetíveis a quedas e entorses nos tornozelos, em função da frouxidão ligamentar mediada pela ação dos hormônios, que, associada à mudança corporal, gera instabilidade, levando a desequilíbrios. Portanto, cuide para que seus sapatos ofereçam firmeza e conforto.

“Toda mãe pode amamentar, se quiser. Dar o peito é um ato de amor”

Operação amamentar

Com três ou quatro semanas de gestação, você poderá sentir uma sensibilidade ou um formigamento anormal nas mamas. Talvez perceba, ainda, que elas começaram a crescer – resultado do aumento das taxas de estrogênio e progesterona. Esse aumento das mamas continuará ao longo da gestação e resultará em um peso total de quase 1 kg!

Com oito semanas de gravidez, as glândulas sebáceas na área pigmentada em volta dos mamilos vão se dilatar e ficarão mais ativas, surgindo espécies de nódulos: são os tubérculos de Montgomery. O sebo secretado ajudará o mamilo a se tornar mais macio e flexível, facilitando o trabalho de amamentação.

Com doze semanas de gestação, os mamilos e a área em volta deles (a aréola primária e secundária) estarão mais pigmentados e assim ficarão por mais um ano depois do parto. Acredita-se que essa pigmentação decorra da produção de melanina, hormônio que dá coloração à pele. Antes mesmo da 12ª semana, um pouco de fluido aquoso pode ser expelido dos mamilos e, por volta da 16ª semana, é possível que saia um pouco de colostro.

A amamentação é um dos maiores desafios da mãe. Ela depende de fatores emocionais e psicológicos e das características da mama. Vários hormônios agem na produção de leite, e ela é influenciada pela sucção do bebê e a relação de prazer de mãe e filho.

Toda mãe pode amamentar, se quiser. Dar o peito é um ato de amor. O leite materno aparece por volta do terceiro ou quarto dia depois do parto. O ideal é que você se prepare para amamentar antes até do nascimento do bebê. Um curso pré-natal ou uma consulta com o pediatra pode ajudá-la a se sentir menos insegura. Há também vídeos explicativos que esclarecem todo o processo. Quanto mais você souber como funciona o aleitamento, e tiver consciência dos benefícios do leite materno, maiores serão as chances de ser bem-sucedida.

Mulheres que têm prótese de silicone não têm o que temer em relação à produção de leite. Mas se você fez redução mamária, em especial há menos de dez anos, saiba que sofreu importante manipulação dos ductos mamários – o que faz com que eles possam ter sido destruídos. Isso pode gerar baixa produção de leite, embora não seja impeditivo para amamentar.

Alguns artigos podem ajudá-la a se sentir mais confortável na hora de dar o peito. Convém adquiri-los quando estiver fazendo o enxoval do bebê. Outros são totalmente dispensáveis ou desnecessários. Vejamos:

- **Poltrona de amamentação** – Não é essencial, mas algumas mulheres se sentem mais tranquilas tendo um cantinho para amamentar. A poltrona deve ser confortável e ter algum acessório para que você possa colocar os pés. Você precisa ter em mente que o recém-nascido mama o tempo todo; por isso, vai passar um bom tempo sentada nessa cadeira.
- **Almofada de amamentação** – É uma peça comum do enxoval. Ajuda bastante as mães de primeira

viagem em relação ao posicionamento do bebê. Não é indispensável, mas útil. Se você não encontrar nenhuma que lhe agrade, use travesseiros.

- **Bomba de sucção de leite** – Há modelos elétricos e manuais. Podem ser muito práticas, principalmente se você tiver de voltar ao trabalho logo e quiser continuar amamentando seu filho com leite materno exclusivamente. Não é preciso comprar uma, você pode alugar pelo tempo necessário por meio de um site especializado.
- **Sutiã de amamentação** – Deve ser usado desde a gestação, para suportar o peso cada vez maior das mamas. Tem alças mais largas e evita o aparecimento de estrias, além de oferecer maior conforto.
- **Pomada contra rachaduras nos mamilos** – Pomadas com lanolina foram amplamente usadas nos últimos 10 anos com o objetivo de hidratar o bico dos seios para diminuir o risco de rachaduras; porém, novos estudos mostram que seus benefícios são limitados e podem atrapalhar a pega do bebê na próxima mamada. Atualmente existem novos métodos, como a laserterapia aplicada para cicatrização e melhora da dor durante a amamentação. Lembre-se de que o melhor produto para aliviar rachadura é seu próprio leite.
- **Absorvente para seios** – Colocado dentro do sutiã, ajuda a manter as roupas secas e sem manchas entre as mamadas, uma vez que o leite poderá vazar. Existem modelos descartáveis e laváveis, mas estes são desaconselhados. Em contato com os seios, podem agravar as rachaduras, grudar na pele e mantê-la úmida. Recorra aos absorventes quando for a um passeio, mas lembre-se de trocá-los com frequência. Atualmente existem rolinhos que você pode comprar ou fazer com fraldas de panos que são ótimas opções e não abafam a pele.
- **Concha para seios** – Também usada por dentro do sutiã, ajuda a formar o bico e a manter os mamilos arejados, se estiverem rachados. Há modelos que recolhem o leite que vaza de um seio enquanto o bebê mama no outro. Existem indicações precisas para seu uso, como os mamilos planos e invertidos, que oferecem mais dificuldade para a sucção do bebê. Não deve ser usada de rotina; inclusive, raramente é necessária.
- **Bico de silicone** – Pode ser usado quando há problemas para amamentar. Tem indicação médica em caso de rachaduras e fissuras intensas, na impossibilidade de a mãe amamentar por conta da dor local. Quando o bebê mama no bico de silicone, é como se estivesse mamando na mamadeira, portanto a sucção é diferente à do seio materno. Com isso, seu filho precisa fazer mais esforço para mamar – é preferível, então, recorrer a esse produto pelo menor tempo possível.

Peito ou mamadeira

Por muito tempo, entre 1960 e 1980, o uso de fórmulas infantis foi incentivado. Os comerciais exibiam aquele bebê gordinho e esperto, tomando mamadeira no colo da mãe. Quantas pessoas não foram seduzidas por aquelas imagens? É comum ouvirmos mulheres mais velhas dizerem que, se acreditava, a mamadeira era melhor para a criança. Mas estudos comprovaram o quanto o leite materno pode ser benéfico e a propaganda precisou se adaptar. Já reparou que não existem mais anúncios de leite e de mamadeira? São proibidos por lei.

O leite materno é o alimento ideal para o bebê. Ele supre todas as necessidades nutricionais até os 6 meses e protege o bebê da desnutrição, transmitindo-lhe anticorpos e vitaminas. O leite é considerado a primeira vacina do bebê.

Talvez você não perceba, mas seu filho busca seus olhos e seu rosto enquanto mama. Este pequeno gesto revela sua vitalidade, sensibilidade, concentração e busca por carinho.

Além desses aspectos psicológicos, mamar no peito funciona como ginástica facial. Os músculos da criança vão sendo preparados para etapas mais difíceis, como a mastigação.

Quando o bebê toma leite na mamadeira, o bico faz uma pressão na parte posterior da boca, o que provoca uma formação dentária diferente. Outro problema da sucção na mamadeira é que o bebê faz menos esforço, e não desenvolve os músculos da face de maneira correta, o que pode ter consequências na fala. Além disso, a mamadeira aumenta os riscos de desenvolver cáries e sapinho.

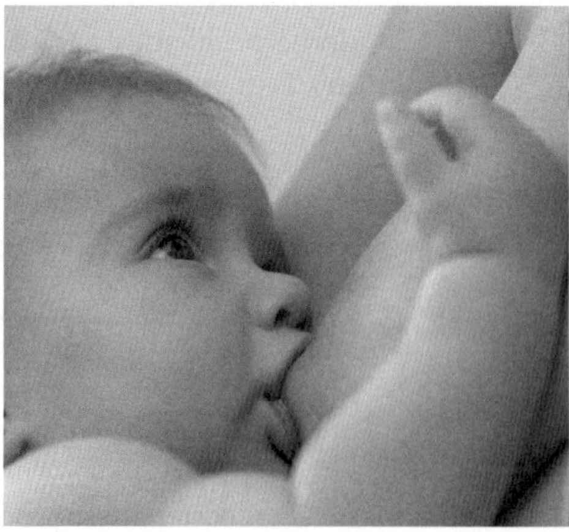

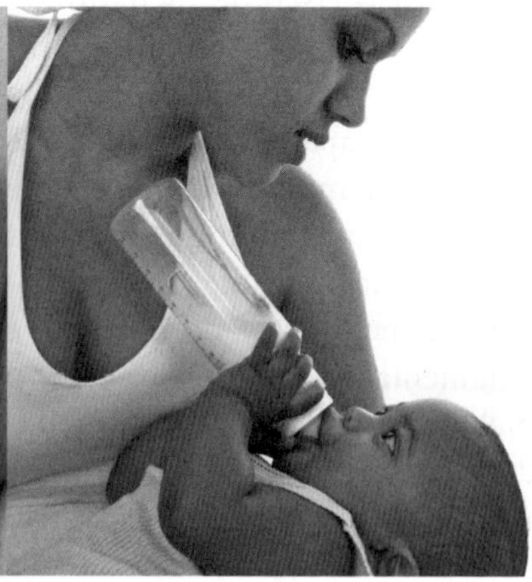

Como preparar os seios

Por volta da 20ª semana de gestação, as primeiras mudanças por conta do início da produção de leite já podem ser observadas, mas raramente a grávida tem olhos para isso. Durante o parto, com a retirada da placenta e as contrações uterinas, o hormônio que estimula a descida do leite - a prolactina - passa a ser liberado de forma intensa. Quanto mais o bebê sugar, mais hormônio será produzido e maior será a produção de leite.

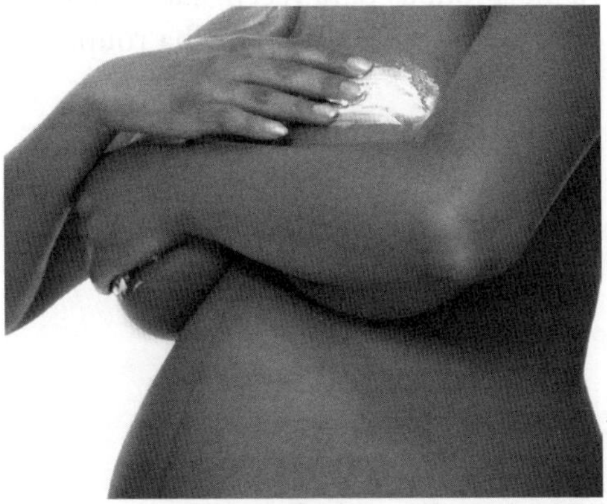

É comum ouvir que mães que passaram por uma cesariana agendada, sem sofrer contrações uterinas, têm maiores problemas em relação à produção de leite. Verdade. Isso acontece porque o estímulo provocado pela prolactina é iniciado durante o trabalho de parto e, nos casos de cesariana, ele só se concretizará após a retirada da placenta e os primeiros movimentos de sucção do bebê. Embora possa demorar um pouco mais para descer, ainda assim o leite descerá.

Hoje, pouquíssimas medidas se revelam úteis para ajudar na amamentação. São elas:

1. Usar sutiã adequado para dar sustentação às mamas durante a gestação e a amamentação;
2. Tomar banhos de sol nas mamas por quinze minutos (até as 10 h ou após as 16 h);
3. Lavar os seios (área dos mamilos e aréola) com água apenas, sem sabonete, para não retirar a proteção natural da área, pode ajudar. Não use nenhuma pomada ou creme na região do mamilo;
4. Não espremer os seios durante a gestação para retirar o colostro. Isso pode induzir o trabalho de parto prematuro;
5. Usar conchas ou sutiãs com um orifício central para alongar os mamilos não tem eficácia. Na maioria dos casos, os mamilos curtos melhoram com o curso da gravidez, sem nenhum tratamento. Se você tiver mamilos planos ou invertidos, a intervenção logo após o nascimento do bebê é mais efetiva do que no pré-natal.

Quando não se deve amamentar o bebê

Existem poucas contraindicações. A mais severa é o vírus da imunodeficiência humana (HIV). Mães soropositivas têm um pré-natal diferenciado e não devem amamentar, já que o vírus é transmitido pelo leite materno. Outra contraindicação é a mãe ser portadora dos vírus HTLV1 ou 2, raros, que provocam um tipo de leucemia. Se seu filho tiver uma doença metabólica, como a fenilcetonúria e a galactosemia (doenças diagnosticadas pelo teste do pezinho), também não deve ser amamentado.

Outras doenças, como a hepatite B, a catapora e o herpes, exigem restrições relativas. No primeiro caso, a amamentação pode ser retomada após a vacinação e aplicação de imunoglobulina. No segundo, dois dias após a eclosão das lesões. O herpes será impeditivo apenas se houver lesões nos mamilos. Infecções nos seios, rachaduras e mastites não impedem a amamentação.

O que levar para o hospital

Está chegando o grande dia. Sua mala está pronta há alguns dias e na certa contém muito mais roupa do que realmente vai precisar. O tempo de internação é curto. Se tudo correr bem, você terá alta 36 a 48 horas após o parto.

A mala do bebê

Ele tem uma pele bem fina e sente muito mais frio do que você imagina. Então, escolha roupas e agasalhos que permitam que fique quentinho. Lembre-se de que as maternidades têm ar-condicionado. Atente para o tamanho do bebê na última ultrassonografia. Se ele for pequeno, separe mais roupas para recém-nascido. Caso tenha cerca de 3,8 kg, escolha roupas de tamanho P.

Eis o checklist:

6 macacões;

6 *bodies* ou camisas tipo pagão;

6 calças;

2 mantas de algodão;

VOCÊ SABIA?

Estudos realizados na Universidade de Copenhagen, na Dinamarca, dão conta de que a carência de vitamina C durante a gravidez pode afetar seriamente o cérebro do feto, e de modo definitivo. Com alto poder antioxidante, a vitamina C faz parte do grupo de treze vitaminas essenciais para o bom funcionamento do organismo. Sua função primordial é proteger a pele e a gengiva. Durante a gravidez, é indicada por estimular a absorção de ferro e promover a síntese de hormônios. Quando ausente ou deficiente no organismo materno, o risco de infecções, ruptura prematura da membrana na gravidez, parto prematuro e eclâmpsia é maior. Crianças cujas mães têm carência de vitamina C têm capacidade de memorizar diminuída e problemas de aprendizagem. Recomenda-se a absorção de 85 mg/dia de vitamina C, valor facilmente atingido com uma dieta que inclui vegetais, legumes e frutas frescas. Mas atenção: o consumo desse tipo de alimentos deve ser diário, já que o ser humano não tem capacidade de armazenar vitamina C no organismo.

2 casaquinhos;
6 paninhos de boca;
6 pares de meias;
2 pares de luvas;
2 gorros;
pomada antiassadura;
produtos de higiene e fraldas são fornecidos em geral pela maternidade. Informe-se antes;
bebê-conforto para transportar o bebê no carro com segurança (mesmo que você vá de táxi).

A mala da mamãe

Ao preparar o que vai levar para a maternidade, pense em conforto. Tudo deve ser prático. Lembre-se de que, apesar de receber visitas, o principal é que você esteja bem. Afinal, você está se reabilitando e, se passou por uma cesariana, acaba de enfrentar uma cirurgia. Além disso, vai amamentar e pode sentir dor no pós-parto. Há ainda a questão do sangramento que advém logo após o nascimento do bebê, e que se estenderá por quinze a vinte dias. Por isso, cuide-se e poupe-se.

Veja o que levar:

3 camisolas ou pijamas com abertura na frente para facilitar a amamentação;
6 calcinhas grandes e confortáveis;
3 robes para receber visitas;
2 sutiãs de amamentação com boa sustentação de alça;
chinelos ou sandálias de dedo;
2 roupas confortáveis para a saída da maternidade;
absorvente íntimo;
produtos de higiene pessoal.

Capítulo 4

Alimentação, gravidez e amamentação

"Se você está grávida, é natural que coma por dois para manter o bebê sempre bem alimentado. Depois, na amamentação, vai perder peso."

Vai longe o tempo em que a vovó fazia esse tipo de recomendação. Ganhar peso excessivo na gestação não é nada bom nem sinal de saúde – para a mãe ou para a criança.

Ao contrário: estudos comprovam que a alimentação da mãe durante a gestação pode influenciar de modo indelével os genes do bebê, imprimindo-lhe uma predisposição maior à obesidade na vida adulta. Atento à importância do tema, o Ministério da Saúde lançou uma cartilha com dez passos destinada às futuras mamães que se preocupam com o que comem.

Todos nós crescemos ouvindo que "somos o que comemos", mas a ciência da nutrição e epigenética atual propõe que somos também o que nossa mãe – e talvez até a nossa avó – comeu.

Portanto, a saúde humana é condicionada, a longo prazo, não só pela nossa alimentação atual, mas pela forma como nossas mães se alimentaram durante a gravidez e até mesmo a alimentação da geração anterior pode ter afetado nossos genes, para o benefício ou dano de nossa saúde.

Estudos da teoria da origem fetal das doenças do adulto sugerem que a deficiência nutricional durante a gestação e infância precoce promoveria uma adaptação metabólica e/ou estrutural permanente no indivíduo, aumentando o risco de desenvolvimento de doença coronária e outras associadas, como a hipertensão arterial, o *diabetes mellitus* e o acidente vascular cerebral (AVC) na vida adulta. Isso se chama programação fetal. Essa programação gera diversas alterações no DNA.

É cada vez mais evidente que a saúde do ser humano está diretamente relacionada à nutrição que, por sua vez, é influenciada pela alimentação da mulher durante o período de 1.100 dias que se inicia na pré-concepção, passando pela gestação até a amamentação. Essa herança epigenética não só favorece a saúde como reduz o risco de o indivíduo desenvolver algumas doenças crônicas na vida adulta.

Ao lado da alimentação, o monitoramento do peso é outra orientação que se dá às gestantes. Durante o pré-natal, o médico vai pedir para que você suba na balança, para aferir o quanto engordou ou deixou de engordar. Mas não se limite a essas visitas. Mantenha o olho atento à silhueta e, se necessário, peça aconselhamento a um profissional especializado, como um nutricionista.

Ganho de peso

Se você procurar na internet, achará referências a um número recorrente em se tratando de gravidez: 12,5 kg. Esse é o ganho de peso total que pode ser permitido, durante os nove meses de gestação. Existem explicações para esse número?

Claro. Ele não é aleatório. Já sabemos que muitas mudanças acontecem no corpo da grávida, e essas transformações interferem no resultado da balança. Assim, ao seu peso, não se acrescenta somente o do bebê em desenvolvimento. Há outros "produtos da gravidez" que se somam:

Feto	2,7–3,6 kg
Líquido amniótico (envolvendo o bebê)	0,9–1,4 kg
Placenta	0,9–1,4 kg
Aumento do sangue materno	1,6–1,8 kg
Aumento dos líquidos (edema)	0,9–1,4 kg
Crescimento do útero	1,4–1,8 kg
Aumento do volume das mamas	0,7–0,9 kg
Aumento da gordura materna	3,6–4,5 kg

Total: 12,5 kg. Observe que quase metade desse valor pode realmente ser atribuído ao bebê, mas o restante se deve às modificações por que passa o corpo feminino. Com isso, é certo que você sairá da maternidade com mais ou menos 5 kg a menos. E os 7,5 kg restantes? Serão eliminados, paulatinamente, com a diminuição dos hormônios e as calorias gastas durante a amamentação.

Parece simples, não é mesmo? Mas não é bem assim.

Cada mulher tem um corpo antes de engravidar: umas são muito magras, outras estão no peso ideal e há quem esteja acima do peso. Para cada quadro existe um ganho de peso ideal durante a gestação. As mulheres magrinhas podem, e devem, engordar mais e as que estão com sobrepeso, menos.

Essa equação é obtida através do Índice de Massa Corporal (IMC), medida adotada internacionalmente pela Organização Mundial da Saúde (OMS) para calcular o grau de obesidade.

O IMC é obtido quando se divide o peso (em quilogramas) pela altura (em metros) ao quadrado, ou seja, multiplicando a altura por ela mesma:

IMC = P (kg) : A (m) x A (m)

Essa equação permite comparar valores antes, durante e depois da gravidez, e avaliar com que rapidez você está ganhando (ou perdendo) peso.

Com a tabela a seguir você estima o peso médio que pode ganhar ao longo dos nove meses de gestação. Lembre-se de que, no início da gravidez, o peso não deve subir muito, pois no final seu bebê estará maior e, por causa disso, você vai ficar mais pesada.

- IMC inicial menor de 18,5 ➤ **BAIXO PESO** ➤ ganho de peso ideal: 13 kg a 18 kg
- IMC inicial de 18,5 a 25 ➤ **PESO ADEQUADO** ➤ ganho de peso ideal: 11,5 kg a 16 kg
- IMC inicial de 25 a 29,9 ➤ **SOBREPESO** ➤ ganho de peso ideal: 7 kg a 11,5 kg
- IMC inicial acima de 30 ➤ **OBESIDADE** ➤ ganho de peso ideal: 5 kg a 9 kg

A cada consulta, o médico vai aferir seu ganho ponderal. Na oportunidade, convém calcular seu IMC e checar se ele aumentou ou se está na faixa desejada.

É importante ter em mente que o ganho de peso excessivo da mãe multiplica os riscos de diabetes gestacional, pressão sanguínea alta, estrias e sobrepeso do bebê. Além disso, você enfrentará maiores dificuldades para voltar ao peso normal depois do parto.

Na gravidez de gêmeos, prevê-se um ganho de peso um pouco maior, como mostra a tabela a seguir:

- IMC inicial menor de 18,5 ➤ **BAIXO PESO** ➤ ganho de peso ideal: 17 kg a 26,5 kg
- IMC inicial de 18,5 a 25 ➤ **PESO ADEQUADO** ➤ ganho de peso ideal: 16,8 kg a 24,5 kg
- IMC inicial de 25 a 29,9 ➤ **SOBREPESO** ➤ ganho de peso ideal: 14,1 kg a 22,7 kg
- IMC inicial acima de 30 ➤ **OBESIDADE** ➤ ganho de peso ideal: 11,4 kg a 19,1 kg

Semana gestacional	Baixo peso IMC ≤	Peso adequado IMC entre		Sobrepeso IMC entre		Obesidade IMC ≥
6	19,9	20,0	24,9	25,0	30,0	30,1
8	20,1	20,2	25,0	25,1	30,1	30,2
10	20,2	20,3	25,2	25,3	30,2	30,3
11	20,3	20,4	25,3	25,4	30,3	30,4
12	20,4	20,5	25,4	25,5	30,3	30,4
13	20,6	20,7	25,6	25,7	30,4	30,5
14	20,7	20,8	25,7	25,8	30,5	30,6
15	20,8	20,9	25,8	25,9	30,6	30,7
16	21,0	21,1	25,9	26,0	30,7	30,8
17	21,1	21,2	26,0	26,1	30,8	30,9
18	21,2	21,3	26,1	26,2	30,9	31,0
19	21,4	21,5	26,2	26,3	30,9	31,0
20	21,5	21,6	26,3	26,4	31,0	31,1
21	21,7	21,8	26,4	26,5	31,1	31,2
22	21,8	21,9	26,6	26,7	31,2	31,3
23	22,0	22,1	26,8	26,9	31,3	31,4
24	22,2	22,3	26,9	27,0	31,5	31,6
25	22,4	22,	27,0	27,1	31,6	31,7
26	22,5	22,7	27,2	27,3	31,7	31,8
27	22,7	22,8	27,3	27,4	31,8	31,9
28	22,9	23,0	27,5	27,6	31,9	32,0
29	23,1	23,2	27,6	27,7	32,0	32,1
30	23,3	23,4	27,8	27,9	32,1	32,2
31	23,4	23,5	27,9	28,0	32,2	32,3
32	23,6	23,7	28,0	28,1	32,3	32,4
33	23,8	23,9	28,1	28,2	32,4	32,5
34	23,9	24,0	28,3	28,4	32,5	32,6
35	24,1	24,2	28,4	28,5	32,6	32,7
36	24,2	24,3	28,5	28,6	32,7	32,8
37	24,4	24,5	28,7	28,8	32,8	32,9
38	24,5	24,6	28,8	28,9	32,9	33,0
39	24,7	24,8	28,9	29,0	33,0	33,1
40	24,9	25,0	29,1	29,2	33,1	33,2
41	25,0	25,1	29,2	29,3	33,2	33,3
42	25,0	25,1	29,2	29,3	33,2	33,3

Fonte: Atalah *et al.* Revista Médica de Chile. 1997.

Os dez passos da alimentação

A alimentação saudável da gestante pode ser definida em dez pontos. Para tanto, o Ministério da Saúde preparou uma cartilha, que reproduzimos no quadro a seguir. Se você quer se preparar para ter um bebê saudável, é recomendável que siga as orientações apresentadas.

- ***Passo 1:*** *Faça pelo menos três refeições (café da manhã, almoço e jantar) e dois lanches saudáveis por dia* – Evite "beliscar" entre as refeições. Isso vai ajudar a controlar o peso, além de diminuir episódios de náusea, vômito, fraqueza ou desmaio. Mantendo-se bem alimentada, você não sentirá muita fome na próxima refeição – e evitará excessos.

  São esses excessos que podem causar desconforto abdominal, principalmente nos últimos meses de gestação, quando o útero está maior e comprime o estômago. Aprecie a refeição, coma devagar, mastigue bem, e deixe o estresse de lado enquanto se alimenta. Evite consumir líquidos durante as refeições. Isso reduz a sensação de azia ou queimação, tão comum no fim da gravidez por causa do esvaziamento mais lento do estômago.

  Após a refeição, dê preferência às frutas com alto teor de líquidos, como laranja, tangerina, abacaxi, melancia. Evite deitar logo depois de comer, porque pode provocar azia.

  Entre as refeições, beba água. Ela é importante para o organismo, pois melhora o funcionamento do intestino e hidrata o corpo. Bebidas açucaradas, como refrigerantes e sucos industrializados, ou com cafeína (café, chá preto e chá mate), não substituem a água. Além disso, dificultam o aproveitamento de alguns nutrientes e engordam.

- ***Passo 2:*** *Inclua diariamente nas refeições seis porções do grupo de cereais* – Os cereais em sua forma mais natural (integral) oferecem maior quantidade de fibras. Eles regularizam o funcionamento do intestino, diferentemente dos cereais não integrais. São alimentos integrais: pão integral, aveia e linhaça. Distribua as seis porções desses alimentos nas grandes refeições, principalmente no almoço e no jantar.

  Outros cereais são o arroz, o milho, os pães e os alimentos à base de farinha de trigo e milho, além dos tubérculos, como batatas, e raízes, como a mandioca. Abaixo, alguns exemplos de porções de alimentos do grupo dos cereais, dos tubérculos e das raízes:

CEREAIS ➤ uma porção equivale a:
Arroz branco cozido - 4 colheres (sopa)
Batata cozida - 1 unidade e meia
Biscoito tipo *cream cracker* - 5 unidades
Bolo de milho - 1 fatia
Cereais matinais - 1 xícara (chá)
Farinha de mandioca - 2 colheres (sopa)
Inhame cozido/amassado - 3 ½ colheres (sopa)
Macarrão cozido - 3 ½ colheres (sopa)
Mandioca/macaxeira/aipim cozido - 4 colheres (sopa)
Milho-verde - 1 espiga grande
Pão de fôrma tradicional - 2 fatias
Pão francês - 1 unidade
Purê de batata - 3 colheres (sopa)

- ***Passo 3:** Consumir diariamente pelo menos três porções de legumes e verduras* – Ótima fonte de vitaminas, minerais e fibras, o que, no caso das gestantes, é essencial para a formação saudável do feto.

Tenha sempre muito cuidado com a higienização desses alimentos, principalmente se forem consumidos crus. Lave-os bem com cloro, deixando-os de molho por dez minutos, mais ou menos. Em seguida, lave novamente em água corrente. Se você não tem imunidade para a toxoplasmose, é preferível que os coma cozidos.

Dê preferência a frutas e verduras cruas: elas têm mais fibras e ajudam a melhorar a prisão de ventre, tão comum na gestação. Os sucos também são bem-vindos, desde que sejam da própria fruta *in natura*. A polpa congelada perde alguns nutrientes, mas ainda é uma opção melhor do que os sucos artificiais, em pó ou em caixinha, e os industrializados, ricos em açúcar, como os néctares de fruta. Gestantes com diabetes gestacional ou com excesso de peso não devem consumir sucos industrializados.

VERDURAS/LEGUMES ➤ uma porção equivale a:
Abóbora cozida - 1 ½ colher (sopa)
Alface - 15 folhas
Berinjela cozida - 2 colheres (sopa)
Beterraba crua ralada - 2 colheres (sopa)
Brócolis cozido - 4 ½ colheres (sopa)
Cenoura crua (picada) - 1 colher de servir
Chuchu cozido - 2 ½ colheres (sopa)
Espinafre cozido - 2 ½ colheres (sopa)
Jiló cozido - 1 ½ colher (sopa)
Pepino picado - 4 colheres (sopa)
Quiabo picado - 2 colheres (sopa)
Repolho branco cru (picado) - 6 colheres (sopa)
Rúcula - 15 folhas
Tomate comum - 4 fatias

FRUTAS ➤ uma porção equivale a:
Abacaxi - 1 fatia
Ameixa-preta seca - 3 unidades
Banana-prata - 1 unidade
Caqui - 1 unidade

Goiaba - ½ unidade
Laranja-pera - 1 unidade
Maçã - 1 unidade
Mamão papaia - ½ unidade
Melancia - 2 fatias
Salada de frutas (banana, maçã, laranja, mamão) - ½ xícara (chá)
Suco de laranja (puro) - ½ copo (pequeno)

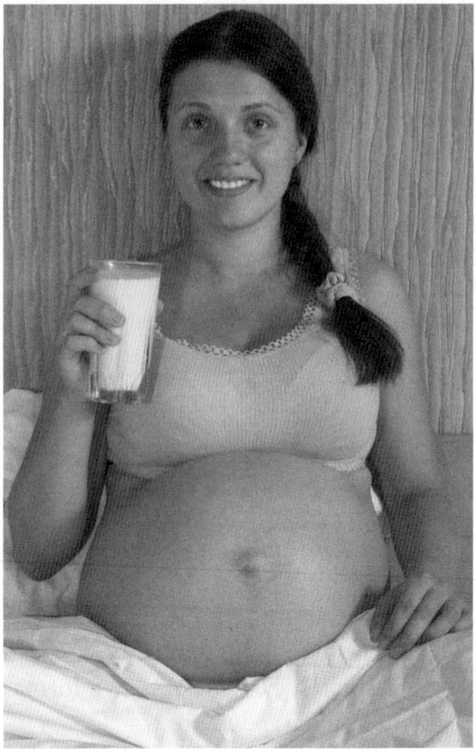

- ***Passo 4:*** *Coma feijão com arroz todos os dias* – Você deve comer esse tradicional prato da culinária brasileira ao menos cinco vezes na semana. Ele é uma combinação completa de proteínas e excelente para a saúde. Entretanto, o feijão deverá ser cozido sem embutidos e carnes gordas, porque representaria um aporte muito grande de gordura e sal, o que pode deixá-la mais inchada. Se preferir, troque o feijão por soja, grão-de-bico ou lentilha.

FEIJÕES ➤ uma porção equivale a:
Feijão cozido (50% de caldo) - 1 concha
Lentilha cozida - 2 colheres (sopa)
Soja cozida - 1 colher (servir)

- ***Passo 5:*** *Consuma diariamente três porções de leite e derivados e uma porção de carnes, aves, peixes ou ovos* – Leite e derivados são as principais fontes de cálcio na alimentação. Se você está grávida e não toma leite, deve fazer reposição de cálcio. A falta desse mineral durante a gestação e a amamentação provoca a produção de hormônios que retiram o cálcio do osso materno, gerando osteoporose mais tarde.

Carnes, aves, peixes e ovos também são grandes fontes de ferro e vitaminas. Dê preferência às carnes brancas e vermelhas magras. Coma peixe ou frutos do mar pelo menos uma vez por semana.

“

Carnes, aves, peixes e ovos também são grandes fontes de ferro e vitaminas

”

LEITES/QUEIJOS/IOGURTES ➤ uma porção equivale a:

Iogurte desnatado de frutas - 1 pote
Iogurte integral natural - 1 copo (pequeno)
Leite tipo C - 1 copo (pequeno)
Queijo tipo minas frescal - 1 fatia grande
Queijo tipo muçarela - 3 fatias

CARNES/PEIXES/OVOS ➤ uma porção equivale a:

Bife grelhado - 1 unidade
Carne assada - 1 fatia pequena
Filé de frango grelhado - 1 unidade
Omelete simples - 1 unidade
Peixe-espada cozido - 1 porção

- ***Passo 6:*** *Diminua o consumo de gorduras* – Elas são atualmente as grandes vilãs da população com sobrepeso. As gorduras não são contraindicadas, mas não devem ser consumidas em excesso. O ideal é utilizar azeite em lugar de óleo ou margarina. As frituras devem ser evitadas. Em seu lugar, dê preferência aos assados, grelhados ou cozidos, principalmente se você estiver acima do peso. Os alimentos embutidos que contêm gordura em excesso e os alimentos pré-prontos devem ser evitados a todo custo.

ÓLEOS/GORDURAS ➤ uma porção equivale a:

Óleo vegetal - 1 colher (sopa)
Azeite de oliva - 1 colher (sopa)
Manteiga - ½ colher (sopa)
Margarina vegetal - ½ colher (sopa)

- ***Passo 7:*** *Evite refrigerantes e sucos industrializados, biscoitos recheados e outras guloseimas no dia a dia* – O consumo em excesso aumenta o risco de complicações na gestação: sobrepeso e obesidade, diabetes gestacional e pressão alta, que prejudicam o adequado crescimento do feto. Frutas e sucos naturais são as melhores opções de sobremesa.

AÇÚCARES/DOCES ➤ uma porção equivale a:

Açúcar cristal - 1 colher (sopa)
Geleia de frutas - 1 colher (sopa)

- ***Passo 8:*** *Diminua a quantidade de sal na comida e retire o saleiro da mesa* – Não coma frequentemente alimentos industrializados com muito sal, como hambúrguer, charque, salsicha, linguiça, presunto, salgadinhos, conservas de vegetais, sopas, molhos e temperos prontos. A quantidade de sal por dia deve ser de, no máximo, uma colher (chá) rasa (5g), distribuída em todas as refeições. O consumo excessivo de sódio aumenta o risco de pressão alta, doenças do coração e rins, além de causar ou agravar o inchaço na gravidez. Para diminuir a ingestão de sal, abuse de temperos naturais como alho, cebola, tomate, suco de limão, alho-poró.

- ***Passo 9:*** *Para evitar a anemia, consuma diariamente alimentos fontes de ferro* – A anemia é uma doença comum na gestação, e o ferro é muito importante para o crescimento fetal, assim como o ácido

Dez passos para uma alimentação saudável para gestantes

1. Faça pelo menos três refeições (café da manhã, almoço e jantar) e dois lanches saudáveis por dia, evitando ficar mais de três horas sem comer. Entre as refeições, beba água: pelo menos 2 litros (6 a 8 copos) por dia.

2. Inclua diariamente nas refeições seis porções do grupo de cereais (arroz, milho, pães e alimentos feitos com farinha de trigo e milho), tubérculos, como batatas, e raízes, como mandioca/macaxeira/aipim. Dê preferência aos alimentos em sua forma mais natural, pois além de serem fontes de carboidratos, são boas fontes de fibras, vitaminas e minerais.

3. Procure consumir diariamente pelo menos três porções de legumes e verduras nas refeições e três porções ou mais de frutas nas sobremesas e lanches.

4. Coma feijão com arroz todos os dias ou, pelo menos, cinco vezes na semana. Esse prato brasileiro é uma combinação completa de proteínas e excelente para a saúde.

5. Consuma diariamente três porções de leite e derivados e uma porção de carne, ave, peixe ou ovos. Retire a gordura aparente das carnes e a pele das aves antes da preparação, tornando esses alimentos mais saudáveis.

6. Diminua o consumo de gorduras. Consuma, no máximo, uma porção diária de óleos vegetais, azeite, manteiga ou margarina. Fique atenta aos rótulos dos alimentos e prefira aqueles livres de gorduras trans.

7. Evite refrigerantes e sucos industrializados, biscoitos recheados e outras guloseimas em seu dia a dia.

8. Diminua a quantidade de sal na comida e retire o saleiro da mesa. Evite consumir alimentos industrializados com muito sal (sódio) como hambúrguer, charque, salsicha, linguiça, presunto, salgadinhos, conservas de vegetais, sopas prontas, molhos e temperos prontos.

9. Para evitar a anemia, consuma diariamente alimentos ricos em ferro, como carnes, vísceras, feijão, lentilha, grão-de-bico, soja, folhas verde-escuras, grãos integrais, castanhas. Consuma junto desses alimentos os que são fonte de vitamina C: acerola, laranja, caju, limão. Procure orientação de um profissional de saúde para complementar a ingestão de ferro.

10. Mantenha o ganho de peso gestacional dentro de limites saudáveis. Pratique, seguindo orientação de um profissional de saúde, alguma atividade física e evite bebidas alcoólicas e fumo.

fólico. Além da reposição de ferro por intermédio de medicamento – recomendada e aconselhada a todas as gestantes –, é preciso aderir a uma dieta rica em carnes, vísceras, feijão, lentilha, grão-de-bico, soja, folhas verde-escuras, grãos integrais e castanhas.

- ***Passo 10:*** *Mantenha o ganho de peso gestacional dentro de limites saudáveis* – Pratique atividade física e evite bebidas alcoólicas e fumo. Acompanhe o peso mês a mês e observe a evolução. Ganhar muito peso não é sinal de saúde. Lembre-se de que o excesso é fator de risco para diabetes gestacional, aumento da pressão arterial e outros problemas circulatórios. Além disso, está relacionado ao nascimento prematuro, a defeitos no sistema nervoso da criança e à maior possibilidade de uma cesariana.

  Se você tem sobrepeso ou é obesa, deverá ser acompanhada preferencialmente por um nutricionista. Exames periódicos para avaliar a glicemia e a pressão arterial têm de fazer parte de sua rotina no pré-natal.

  E não se esqueça: uma alimentação saudável e atividade física são aliadas fundamentais no controle do peso, na redução do risco de doenças e na melhoria da qualidade de vida.

Não esqueça o cálcio.

O ideal é que você consuma em torno de um grama de cálcio por dia. Para ter uma ideia do que isso representa, veja a lista com sugestões a seguir. Procure consumir quatro porções de produtos ricos em cálcio por dia.

Mesmo depois que o bebê nascer e que você já tiver parado de amamentar, continue dando valor ao cálcio em sua alimentação, porque ele ajuda a fortalecer os ossos e a prevenir perda óssea (osteoporose) mais para frente. Se você não segue uma dieta rica em cálcio, não hesite em pedir ao médico ou à nutricionista para fazer uma reposição com remédios.

Alimentos ricos em cálcio:

1 potinho de iogurte natural (220 g) - 275 mg
1 xícara de ricota - 509 mg
1 xícara de sorvete de chocolate - 144 mg
1 xícara de leite semidesnatado - 293 mg
2 fatias de muçarela - 143 mg
2 fatias de provolone - 214 mg
1 fatia de queijo minas - 137 mg
1 xícara de espinafre cozido - 245 mg
1 colher (sopa) de gergelim - 88 mg
12 amêndoas torradas inteiras - 37 mg

Alimentos proibidos ou a evitar

Durante os seus meses de gestação e pelo tempo que for amamentar, você deverá ter muita atenção ao que come. Algumas coisas são simplesmente contraindicadas. Outras, convém não abusar. Vamos entender por quê?

- ***Peixes crus e comida japonesa*** – Alimentos crus podem ser fonte do parasita *Toxoplasma gondii*, que transmite a toxoplasmose congênita.[1] Se você nunca teve contato com esse micro-organismo – facilmente detectado em um simples exame de sangue –, a cozinha japonesa deve ser consumida apenas em lugares de confiança enquanto estiver grávida. Depois, durante a amamentação, você poderá voltar a ela.

- ***Verduras e alimentos crus fora de casa*** – Assim como os peixes crus, alimentos não cozidos, em especial as verduras, podem ser portadores de toxoplasma. Para consumi-los *in natura*, você deve limpá-los com máximo cuidado, deixando-os de molho em cloro por cerca de dez minutos. Depois, é só lavar em água corrente. Nos restaurantes, abstenha-se de consumi-los, já que você não sabe se foram devidamente higienizados.

- ***Cafeína*** – Ela é permitida durante a gestação, embora estudos atuais mostrem que atravessa a membrana placentária e pode ser encontrada em pequena quantidade no leite materno. Há pesquisas que apontam a relação entre cafeína e casos de aborto, baixo peso ao nascer e prematuridade. Os estudos em curso tentam estabelecer um patamar seguro de consumo de cafeína durante a gestação. A princípio, a concentração durante a amamentação e a gravidez seria de 150 mg-300 mg, em média – o que representa algo como três xícaras de café fraco ou duas latas de refrigerante. Não é só o café que contém cafeína: bebidas à base de cola, guaraná, chocolates, mates e alguns chás também contêm cafeína.

- ***Bebida alcoólica*** – O consumo excessivo, regular ou mesmo episódico de álcool na gravidez tem sido associado a eventos como parto prematuro, sofrimento fetal (principalmente quando a mãe bebe muito no final da gestação), baixo crescimento fetal, alterações na formação da face, danos ao sistema nervoso, eventual retardo mental e problemas cognitivos e/ou comportamentais e cardíacos. Ele é expressamente proibido durante a gestação.

1 Saiba mais sobre toxoplasmose congênita na página 75.

VOCÊ SABIA?

Tomar leite em seguida a uma refeição salgada (como almoço ou jantar) faz cair a absorção de ferro contido nos alimentos. Portanto, leite e seus derivados, ou mesmo sobremesas à base de leite, não devem ser consumidos pelo menos trinta minutos após as grandes refeições.

Adoçantes: sim ou não?

A preferência pelo sabor doce é uma característica inerente a todo ser humano e uma peculiaridade muito comum da gravidez. E então vem a dúvida: será que posso (ou devo) consumir produtos light e diet? E adoçantes?

Por muito tempo, esse tipo de produto foi proibido ou desaconselhado. Mas como existem vários tipos no mercado – sacarina, ciclamato, aspartame, sucralose e outros –, pode-se escolher entre os melhores. Vamos ver por quê.

- ***Sacarina*** – Foi o primeiro adoçante artificial colocado no mercado. Apesar de ser amplamente estudado, o uso na gravidez ainda causa controvérsias. Já está comprovado que a sacarina passa para o sangue do bebê pela placenta, sendo detectada no cordão do bebê no nascimento. No entanto, ainda não foi demonstrado que possa causar algum mal à criança ou induzir ao parto prematuro. A grande dúvida está no fato de ele ter propriedades carcinogênicas. A sacarina é excretada no leite materno. Por isso, o ideal é não usar durante a gravidez e a amamentação.

- ***Ciclamato*** – Assim como a sacarina, ele cruza a placenta, e um quarto do que você consome chega ao bebê. Suspeita-se de que o ciclamato possa causar efeitos deletérios no sistema imunológico da criança e gerar problemas comportamentais. Não deve ser consumido durante a amamentação e a gravidez.

- ***Aspartame*** – A ingestão de produtos que contenham aspartame durante a gestação e a amamentação é considerada segura. Não causam efeitos tóxicos para o bebê, ainda que sua presença possa ser rastreada no leite materno.

- ***Sucralose*** – Assim como o aspartame, não ficou demonstrado que o consumo, mesmo em altas doses, possa causar danos ao bebê, tanto em sua formação como em seu sistema neurológico. Não existem pesquisas acerca do uso durante a amamentação, mas o fato de ser liberado durante a gravidez representa um aval confiável.

- ***Estévia*** – Produto contraindicado durante a gravidez nos Estados Unidos, é liberado no Brasil porque não

TOME NOTA

Mistura explosiva

O que é a síndrome alcoólica fetal?

É um padrão de anomalias fetais que está associado ao alcoolismo materno e se caracteriza por um atraso do crescimento antes e depois do parto, malformações craniofaciais, microcefalia, problemas comportamentais e atraso mental. Esses efeitos prejudiciais ocorrem especialmente no primeiro trimestre de gestação, momento em que se dá a divisão das células do sistema nervoso (neuroblastos), embora o desenvolvimento cerebral continue comprometido mesmo depois desse período. Entre as anomalias mais comuns provocadas pelo consumo de álcool citam-se:

- Lesões cardíacas congênitas;
- Deformações do esqueleto;
- Nariz com osso curto, nariz estreito;
- Encurtamento das fissuras palpebrais;
- Aumento da incidência de fenda labial ou palatina.

há provas suficientes de que possa ter efeitos adversos.

Cabe a você avaliar os riscos e os benefícios do uso de adoçantes. Caso precise fazer uso do produto (para controlar o peso ou em caso de diabetes), prefira aqueles que são comprovadamente inócuos: aspartame, sucralose, acessulfame-K e estévia. Ainda assim, consuma-os com moderação.

A alimentação da gestante obesa

Se você está acima do peso, tente perder alguns quilos antes de engravidar, já que o sobrepeso pode prejudicar a gestação e o desenvolvimento de seu filho. Procure um nutricionista e estabeleça uma dieta que lhe permitirá ganhar o mínimo de peso possível ao longo dos nove meses.

Mães acima do peso têm três vezes mais riscos de desenvolver diabetes gestacional. Assim, se você for obesa, é recomendável checar a taxa de açúcar em jejum já no primeiro trimestre. Outro problema das gestantes obesas é o aumento da pressão arterial.

A obesidade na gravidez também aumenta o risco de pré-eclâmpsia. Outro problema: o trabalho de parto, em vez de ser normal, pode evoluir para uma cesariana e acarretar maiores complicações no pós-natal, como infecção na ferida operatória. A macrossomia fetal (excesso de peso no recém-nascido) é a complicação mais frequente da obesidade na gravidez, e o bebê pode sofrer uma hipoglicemia logo após o nascimento.

Comer e amamentar

O leite materno é, indiscutivelmente, a melhor e mais adequada fonte de nutrientes para o bebê. Além disso, a amamentação no seio é um momento em que a criança se sente protegida e amada, o que fortalece o seu desenvolvimento emocional ao longo do primeiro ano de vida.

Cada mãe produz um leite específico para seu bebê, com concentrações adequadas de carboidratos, proteínas, vitaminas, fibras e anticorpos. É um leite forte e próprio para ele. Nem mesmo o leite produzido por uma mesma mãe é igual ao longo do dia ou nos dias seguintes. A cada mamada, a taxa de determinado tipo de micronutriente varia.

Disso se depreende uma pergunta importante: a minha alimentação influencia as características do leite que produzo? Sim.

Você precisa manter uma alimentação saudável durante a amamentação. Até porque você queima cerca de 500 calorias a cada mamada. Amamentar, então, pode ser comparado a um exercício físico exaustivo com duração média de uma hora. Sabendo disso, você não deve abrir mão de uma dieta de 2.300 kcal/dia.

Leites e seus derivados devem ser consumidos para melhor aporte de cálcio. A ingestão de água e líquidos deve ser aumentada, chegando a quase dois litros por dia, principalmente em dias de muito calor.

Não existe comprovação científica de que determinados alimentos estimulam a produção de leite. São crendices populares dizer que comer canjica ou tomar cerveja preta ajudam a produzir mais leite. A cerveja preta, aliás, não deve ser consumida, pois álcool e amamentação não combinam.

Cólicas do bebê

Muito já se falou sobre alimentação materna e cólicas. É comum ouvir de avós e pessoas mais velhas que as grávidas devem evitar determinados alimentos porque provocam flatulência. O que se sabe é que gases não passam de mãe para filho pelo leite.

As cólicas são próprias do recém-nascido e têm a ver com a natureza de cada bebê, e não com a alimentação materna. Dito isto, nenhuma mãe deve passar por restrições alimentares. Por outros motivos, vale a pena evitar refrigerantes, chocolate, frituras e amendoim em excesso. Mas se notar que a ingestão de algum alimento não agradou seu filho, evite-o por alguns dias e observe.

Álcool altera o leite

Sabe-se que o etanol, substância que existe em todas as bebidas alcoólicas, é transmitido à criança pelo leite materno. A quantidade que passa de mãe para filho e o tempo necessário para que a substância seja eliminada do organismo do bebê dependem de cada um.

Do lado da mãe, uma das consequências da ingestão de álcool é a redução da produção e ejeção de leite. Uma lata de cerveja ou uma taça de vinho pode reduzir em até 23% a produção de leite. Outro problema decorrente da ingestão de álcool é a alteração do sabor do leite - o que pode levar o bebê a parar de mamar.

Do lado do recém-nascido, é possível haver alterações no padrão de sono - e também irritabilidade, comprometimento do desenvolvimento e, em casos de alcoolismo efetivo, problemas de aprendizado.

A orientação a quem ingeriu bebida alcoólica e quer amamentar é esperar algumas horas antes de dar o seio ao bebê.

Fumar e amamentar

Assim como a bebida alcoólica, o tabagismo deve ser evitado durante a gestação. Apesar de a quantidade de nicotina excretada no leite humano ser pequena, ela está associada à redução da produção de leite e ao desmame precoce - porque altera o sabor do leite.

No entanto, se você não consegue largar o cigarro, isso não é motivo para deixar de amamentar. É melhor dar o peito sendo fumante do que não dar de jeito nenhum. Com o tempo, observou-se entre mães tabagistas que aquelas que ofereciam o seio tinham filhos com menos doenças respiratórias e alterações de comportamento do que aquelas que não amamentavam.

Complicações das drogas

É imperativo não usar drogas - cocaína, crack, maconha, ecstasy - enquanto amamentar. Elas podem causar graves problemas ao recém-nascido, uma vez que as substâncias contidas nessas drogas passam pelo leite materno, produzindo alterações no sistema nervoso e gerando irritabilidade, excitação e sono excessivo.

Para a mãe viciada, o risco de complicações médicas e obstétricas durante a gravidez é potencial. O consumo de drogas e os efeitos da privação na gravidez aumentam o risco de:

- Nascimento prematuro;
- Bebês com peso abaixo da média;
- Aborto espontâneo;
- Sofrimento fetal;
- Morte intrauterina.

Após o nascimento, alguns bebês chegam a sofrer crise de abstinência, geralmente nas primeiras 24 horas. Tremores, aumento do tônus muscular, taquipneia ou convulsões podem acontecer. Além disso,

VOCÊ SABIA?

Tudo o que uma mãe come pode alterar o leite materno. Sabe-se, por exemplo, que o molho de soja, a cebola, o alho, a couve e o brócolis dão um sabor característico ao leite. Mas isso não é ruim. A diversidade de sabores vai gerar uma riqueza de paladar ao bebê.

o recém-nascido corre o risco de morrer por desidratação e colapso circulatório.

Gestante precisa suplementar alguma vitamina?

Será que todas as grávidas precisam de vitaminas extras? Claro que não se deve ter uma prescrição geral e sim individualizar caso a caso, analisando principalmente o estilo de vida e incentivar a melhora de hábitos: dietas saudáveis, prática de exercícios, quantidade adequada de horas de sono, controle de estresse, abandono do uso de álcool e cigarro e resiliência emocional

- ***Ácido fólico*** ➤ O ácido fólico (ou vitamina B9) é a forma sintética e mais estável do folato que é uma vitamina hidrossolúvel. As hortaliças verde-escuras são suas melhores fontes alimentares, mas também está presente em alimentos como feijão, ervilha, amendoim, morango, entre outros. A suplementação de ácido fólico para prevenção primária de doenças do tubo renal nos períodos da pré-concepção e gestação deve seguir a recomendação do Colégio Americano de Obstetras e Ginecologistas (ACOG, The American College of Obstetricians and Gynecologists).
  - mulheres que planejam engravidar ou estão no período fértil com possibilidade de engravidar: 400 µg por dia;
  - mulheres com risco alto para conceber filhos com DTN: 4.000 µg por dia.

  Em ambos os casos, a suplementação deve começar pelo menos 30 dias antes da concepção e continuar nas primeiras 12 semanas de gestação.

Grupo	Faixa etária	EAR (µg/dia)	RNI (µg/dia)
Adolescentes	10 a 18 anos	300	-
Adultas	>19 anos	320	400
Gestantes	independe	520	600
Lactantes	independe	450	500

EAR: *estimated average requirement* (necessidade média estimada).
RNI: *recommended nutrient intake* (ingestão nutricional recomendada)

- ***Vitamina B12*** ➤ A alimentação do Brasil garante normalmente a ingestão diária de vitamina B12. Porém, com as crescentes mudanças de hábitos alimentares, com aumento de mulheres vegetarianas e veganas, o déficit de vitamina B12 pode ser importante. Nessas gestantes, a reposição de vitamina B12 poderá ser necessária de acordo com exames complementares.

EAR e RNI de vitamina B12 para gestantes, lactantes e não grávidas

Grupo	EAR (µg/dia)	RNI (µg/dia)
Adolescentes e adultas não grávidas	2,0	2,4
Gestantes	2,2	2,6
Lactantes	2,4	2,4

- ***Vitamina D*** ➤ A vitamina D tem papel essencial no metabolismo ósseo e do cálcio. Entretanto, têm sido ob-

VOCÊ SABIA?

Gestantes que passaram por uma cirurgia bariátrica precisam de um aporte de vitaminas e de ferro para evitar carências. Em contrapartida, elas têm menor risco de desenvolver problemas típicos de grávidas obesas ou com sobrepeso: diabetes, pressão alta e macrossomia fetal. O ideal é que, antes de engravidar, observem um intervalo de doze a dezoito meses depois da cirurgia para evitar carências nutricionais graves.

servados efeitos em outros processos extraesqueléticos. As necessidades de vitamina D durante a gestação são aumentadas, pois o fornecimento deste micronutriente ao feto é totalmente dependente da mãe. Evidências sugerem que níveis baixos de vitamina D se associam a maior risco de abortamento de repetição, pré-eclâmpsia, *diabetes mellitus* gestacional (DMG), recém-nascido com baixo peso ao nascer ou pequeno para a idade gestacional (PIG), além de depressão antenatal e pós-parto. As gestantes são consideradas população de risco, devendo ser acompanhadas para manutenção dos níveis séricos entre 30 e 60 ng/ml. Em níveis menores que esses valores, a suplementação oral é recomendada.

- ***Ferro*** ➤ O ferro é um micronutriente vital em diversos processos biológicos. A quantidade total desse nutriente no organismo é estabelecida por ingestão, perda e armazenamento. Em determinados períodos, como o ciclo gravídico-puerperal, é necessário um incremento de sua oferta, devido às suas

PARA LEMBRAR	
Benefícios da vitamina D	Atua no metabolismo ósseo e do cálcio e em outros processos extraesqueléticos
Riscos da deficiência/insuficiência de vitamina D	**Para a gestante:** abortamento de repetição, pré-eclâmpsia, DMG, depressão antenatal e pós-natal **Para o recém-nascido:** PIG e baixo peso ao nascer
Fontes naturais de vitamina D	**Produção endógena:** no tecido cutâneo a partir do 7-dehidrocolesterol (7-DHC) por ação da radiação UVB **Produção exógena:** alimentos com concentrações significativas dessa vitamina, como o óleo de fígado de bacalhau, e os peixes gordurosos, como salmão selvagem, arenque e cavala
Quando a suplementação é recomendada	Para populações consideradas de risco, como as gestantes e lactantes, visando à manutenção dos valores de referência de vitamina D definidos pela SBPC/ML e SBEM
Suplementação recomendada	1.000 UI por dia de vitamina D para manutenção dos níveis de 30 a 60 ng/ml, porém não há consenso sobre esta recomendação até o momento

características peculiares. Existem diversas recomendações em diferentes sociedades sobre qual a melhor forma de suplementação, tipos de ferro e dosagens utilizadas.

PARA LEMBRAR	
Benefícios do ferro	Vital em diversos processos biológicos, sendo o principal a síntese do grupamento proteico heme, responsável por mediar a ligação reversível de oxigênio à hemoglobina
Riscos da deficiência de ferro	Anemia por deficiência de ferro
Fontes naturais de ferro	**Ferro heme:** carnes **Ferro não heme:** alimentos de origem animal e vegetal, grãos fortificados
Quando a suplementação é recomendada	Nos períodos pré-concepcional e gestacional
Suplementação recomendada	30 mg por dia ou 120 mg por semana de ferro elementar

- ***DHA (Ômega 3)*** ➤ Crescentes evidências apontam múltiplos benefícios, para o feto, da ingestão de DHA pela mulher durante a gestação: formação de todas as membranas celulares do sistema nervoso central; aumento de peso e comprimento do RN; diminuição do risco de parto prematuro; melhora da acuidade visual; coordenação mão-olho; atenção; resolução de problemas; processamento de informações.
A quantidade de DHA presente em cada espécie de peixe pode variar bastante. Em cada porção de 100 g de pescados são encontradas as seguintes quantidades de DHA: 0,12 g no filé de pescada; 0,45 g na pescada branca; 0,36 g na sardinha frita; 0,46 g na sardinha enlatada em óleo; 0,05 g na corvina assada; 0,05 g no cação assado.
Por exemplo, o consumo de 300 g de sardinha por semana durante a gestação seria suficiente para manter os níveis aceitáveis de DHA para esse período.
A recomendação é consumir pelo menos 2 a 3 porções por semana de pescados ricos em ômega 3. No Brasil, onde sabidamente existe uma ingestão inadequada desse nutriente, e nos casos em que haja dificuldade em se avaliar precisamente o consumo de lipídeos essenciais, como o DHA, a equipe assistente e o médico poderão prescrever a suplementação.

Capítulo 5

O parto

É chegado o grande dia: você está completando nove meses de gestação e, além de seu sono ser intermitente e seu fôlego, curto, uma série de perguntas não a deixa sossegada. Será que o bebê será saudável? Tudo vai transcorrer como planejado? Vou sair logo da maternidade com meu bebê no colo? Calma. Nessa hora, a melhor voz é a da ciência. E o melhor conselheiro, o conhecimento.

O momento do parto é de ansiedade, sempre. Enquanto você não vir o rostinho do bebê e checar se está tudo certo com ele, não há como sossegar. Uma coisa é certa: agora começa uma nova fase.

O primeiro sinal de que está chegando a hora são as contrações. Elas começam devagar, quando você tem em torno de trinta semanas de gestação. Às vezes, são quase imperceptíveis porque são descoordenadas, pouco doloridas e acontecem esporadicamente. São constatadas geralmente pelo médico durante a consulta ou pelo exame que avalia a contração uterina: a cardiotocografia. Essas contrações começam a amolecer o colo uterino – a primeira porção do útero, por onde passará o bebê.

A evolução das contrações pode ser bastante irregular. Em algumas grávidas, é a intensidade que vai aumentando e, posteriormente, a frequência. Em outras, é o contrário. Um sinal de que você está realmente entrando em trabalho de parto são as contrações superiores a uma a cada dez minutos e com duração de trinta segundos a um minuto. Neste caso, além da dor, você vai notar que a barriga ficou muito endurecida.

Existem outros indicativos de que o trabalho de parto está tendo início. O primeiro é a perda do tampão mucoso – a secreção que se acumula na entrada do colo uterino. Quando ela se solta, significa que o colo uterino está amolecido e vai começar a se dilatar. A perda do tampão mucoso pode acontecer simultaneamente a um pequeno sangramento, que em geral desespera a gestante. Mas entre a perda do tampão mucoso e o nascimento do bebê podem se passar algumas horas ou até mesmo alguns dias ou semanas. É muito comum confundir a perda do tampão mucoso com o rompimento da bolsa, porém o tampão possui um aspecto mais espesso e em pequena quantidade.

O parto normal e os outros

O parto normal ou vaginal é cada vez mais incentivado no mundo. O Brasil é o país com maior índice de parto operatório ou cesariana. Isso se deve principalmente a fatores de ordem cultural tanto por parte das pacientes quanto dos médicos.

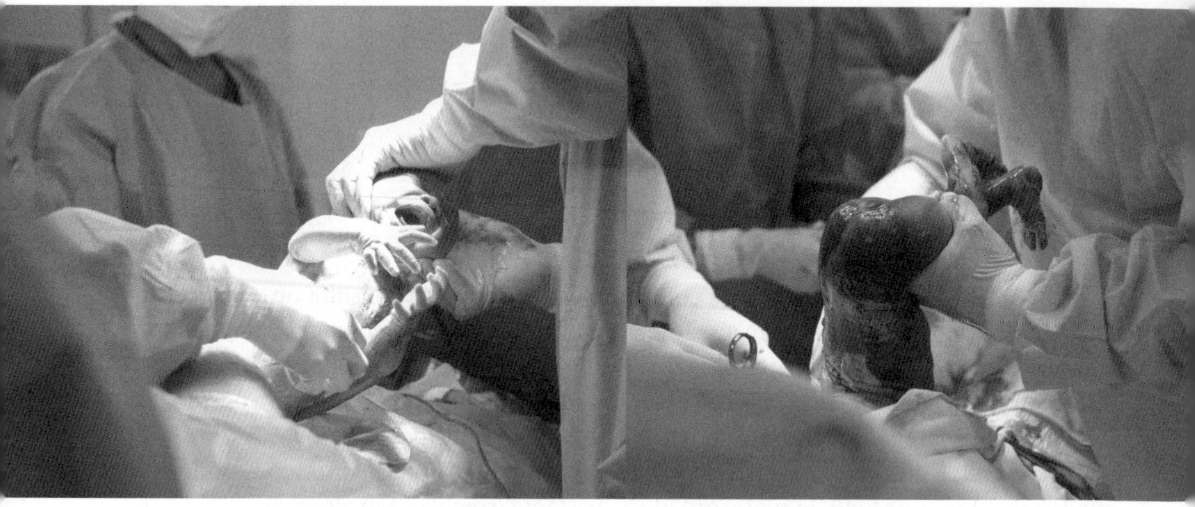

Outro evento importante é a perda de líquido, descrito pela conhecida expressão "a bolsa estourou". Algumas mulheres acham que o bebê vai descer junto com aquela enxurrada de água. Não é bem assim, mas apresse-se: está na hora de ir ao hospital porque seu filho vai nascer nas próximas horas e você deverá ser avaliada pelo médico.

A recomendação que se dá às gestantes a partir da 32ª semana é separar os documentos e os exames pelos quais tenha passado durante a gravidez, deixar a sua mala e a do bebê prontas e ter à mão o telefone da ambulância ou o de seu obstetra.

A cesariana tem inúmeras desvantagens em relação ao parto normal, entre as quais a exigência de um período de recuperação mais longo da mãe, riscos de complicações no pós-parto e em gravidez futura, possibilidade de infecção e complicações na anestesia. Além disso, a cesariana deixa cicatrizes mais visíveis e maiores. O bebê nascido de cesárea corre mais risco de desenvolver problemas respiratórios, uma vez que, sem o trabalho de parto, os mecanismos de reabsorção dos fluidos do pulmão com a compressão do tórax pelos ossos da mãe não ocorrem.

O parto vaginal

Enquanto o bebê se desenvolve na barriga da mãe, ele está numa bolsa cheia de líquido (a mesma que "estoura") e ligada a ela pelo cordão umbilical e pela placenta. O que o impede de nascer antes da hora é o colo uterino, que permanece fechado. Para o bebê nascer, precisa passar pela dilatação do colo uterino e pela bacia (ossos do quadril) da mãe.

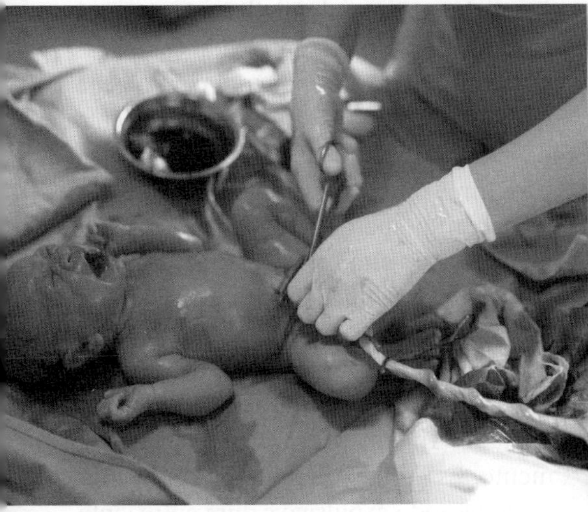

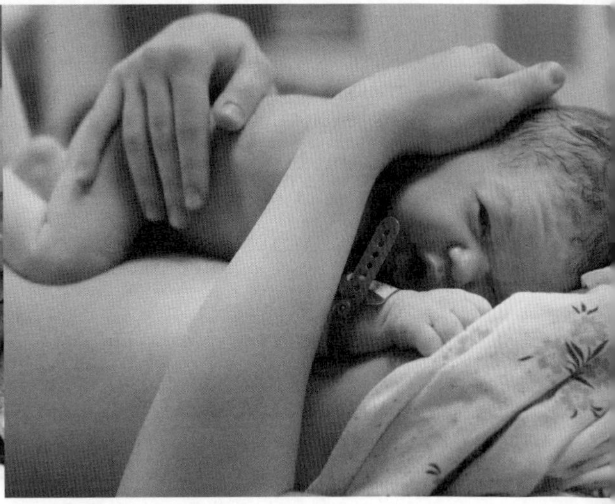

O trabalho de parto é a sequência de contrações uterinas que resulta na dilatação do colo do útero e provoca a expulsão do bebê e da placenta. Quando essas "primeiras dores" acontecem, são marcadas tanto pela ansiedade por causar dor intensa como pelo medo do desconhecido.

A dilatação do colo começa progressivamente e termina quando está totalmente aberto – representa uma dilatação de zero a 10 cm, abertura máxima e correta para que o bebê possa sair do útero sem muito incômodo. Durante essa fase, contrações uterinas dolorosas e regulares ocorrem em intervalos menores que dez minutos. Elas podem durar doze horas, no nascimento do primeiro filho, e sete horas, em mulheres que já tiveram bebê anteriormente. O processo de dilatação do colo do útero é acompanhado pelo profissional de saúde por meio do toque vaginal.

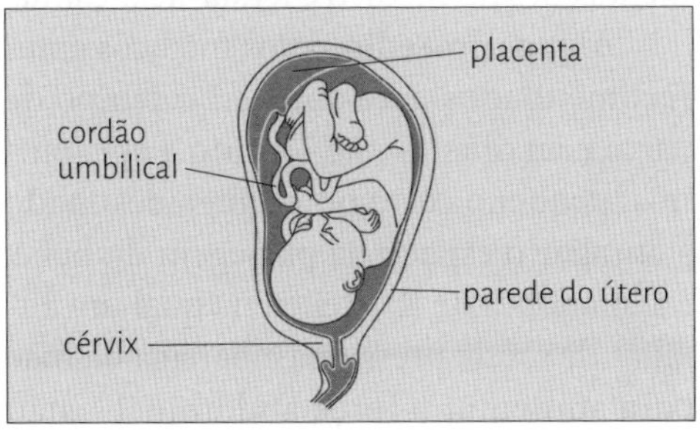

Durante o trabalho de parto, você deve consumir alimentos leves, de preferência líquidos. Também pode se movimentar, caminhar e tomar banho. Tudo isso tende a diminuir a sensação de dor e melhorar a ansiedade. Ao longo do processo de dilatação do colo do útero, serão feitos o toque vaginal

BÊ-Á-BÁ DO BEBÊ

As posições do feto

No final da gestação, o bebê vai adotar uma das três posições possíveis no útero: cefálica (a), pélvica (b) ou córmica (c). Caberá ao médico e ao ultrassonografista informar a você a posição que ele assumiu. A mais comum é a chamada cefálica, que corresponde a 96,5% das gestações. É a maneira tradicional e mais fácil de levar a cabo um parto natural. Neste caso, o bebê se encaixa perfeitamente na bacia da mãe, de maneira a colocar para fora primeiro a cabeça. Porém, alguns bebês podem adquirir posições diferentes, como a chamada pélvica (em 3% dos casos), em que virá ao mundo sentado, com braços e pernas cruzados. A posição córmica (0,5%), em que nasce de lado e o ombro aponta primeiro, é a menos comum. A posição pélvica não impede o parto normal, mas dificulta e às vezes o inviabiliza. Já a córmica é uma indicação formal de cesariana.

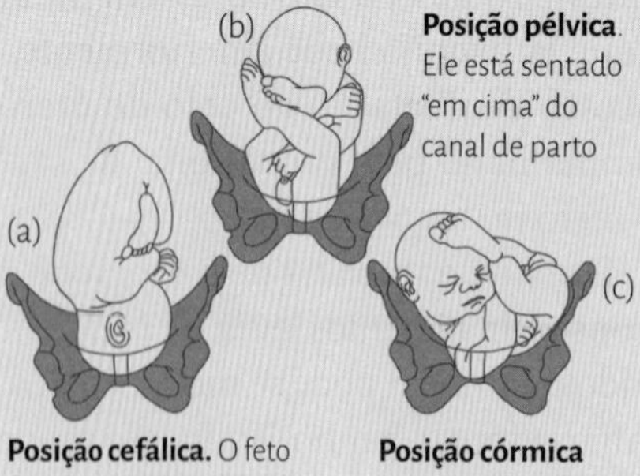

Posição pélvica. Ele está sentado "em cima" do canal de parto

Posição cefálica. O feto fica com a cabeça para baixo em direção ao canal de parto

Posição córmica (ou transversa). Ele está "atravessado" no útero

para acompanhar a progressão do trabalho de parto e a ausculta dos batimentos cardíacos do bebê. O médico vai avaliar a qualidade das suas contrações: se estão rítmicas, curtas ou progressivas. Todas essas informações são anotadas em um gráfico que os médicos chamam de partograma. É a partir dele que se tomam decisões acerca das próximas horas e se conduz o trabalho de parto.

De acordo com a Associação Médica Brasileira, o parto domiciliar não é aconselhável, porque pode apresentar complicações tanto para a mãe quanto para o bebê que não poderão ser sanadas em ambiente não hospitalar, resultando em risco de vida para um e outro. Os hospitais são lugares mais bem preparados e cada vez mais as maternidades estão criando formas de tornar o espaço acolhedor, mais familiar para as gestantes e seus acompanhantes.

O período de expulsão do bebê começa quando o colo do útero está totalmente dilatado (10 cm) e termina com o nascimento. Esse hiato de tempo é conhecido como período expulsivo e dura entre vinte e cinquenta minutos. Depois que o bebê nasceu, a placenta é expulsa pelo organismo da mãe, quinze minutos depois do parto, aproximadamente. Nesse momento, você vai precisar de muita concentração. É hora de fazer a força necessária, seguir as recomendações do médico e tentar ficar calma.

Alguns procedimentos médicos antes recomendados para abreviar o tempo de parto e auxiliar a mãe – como a episiotomia, pequeno corte no períneo destinado a ampliar o espaço da passagem do bebê, e a manobra de Kristeller, na qual um auxiliar de saúde pressiona a barriga da mãe para aumentar a força abdominal – não

VOCÊ SABIA?

A gestante tem o direito de escolher como quer dar à luz – parto normal ou cesariana. Mas a indicação do parto cirúrgico é médica – trata-se de um processo que deve ser realizado em função do quadro e das circunstâncias, que podem se sobrepor à vontade da mãe.

são mais realizados e são considerados violência obstétrica.

Atualmente existem duas formas de abreviar o parto: o fórceps de alívio é um instrumento que o médico adapta à cabeça da criança para ajudá-la a nascer - é o chamado "nascer a ferro" na linguagem popular; e kiwi, que nada mais é do que uma ventosa que gruda na cabeça do bebê com o vácuo para acelerar o período expulsivo.

Depois de nascer, caso esteja tudo bem com o bebê, ele ainda poderá ficar ligado ao cordão umbilical por cerca de três minutos, tempo necessário para prevenir a anemia - caso o cordão seja cortado abruptamente, pode haver uma deficiência de ferro nos primeiros dois anos de vida - e permitir o contato com a mãe. Você poderá, então, dar de mamar no seio. Depois desse tempo, o cordão será clampeado e o bebê será entregue ao pediatra de plantão para que possa ser examinado.

Importante lembrar que, após o nascimento do bebê e o clampeamento do cordão, você sentirá novamente uma leve contração. Ela elimina o resto da placenta e o saco gestacional onde o bebê se encontrava. Esse processo é quase indolor. Geralmente, o desprendimento da placenta tem duração de, no máximo, trinta minutos.

O parto normal sem dor

O parto normal é conhecido por provocar dores abdominais intensas e muitas vezes intoleráveis para algumas mulheres. No entanto, você pode lançar mão do parto com analgesia, submetendo-se a uma anestesia para diminuir ou até mesmo eliminar as dores. Assim, o parto transcorre de maneira natural, com o menor nível de estresse. A analgesia é realizada pelo anestesista.

Existem duas anestesias possíveis no parto normal: a raquidiana e a peridural. A escolha vai depender de seu histórico, da

VOCÊ SABIA?

Antigamente, antes do parto, era feita uma lavagem intestinal, procedimento cujo nome medicinal é *enema*. Consiste em introduzir jatos de água concentrada no reto da grávida, a fim de eliminar as fezes e proporcionar um parto limpo, sem evacuações. Entretanto, descobriu-se que essa medida era totalmente desnecessária, uma vez que não há contato direto entre as fezes da mãe e o bebê.

ISSO É NORMAL

Diz a sabedoria popular que os partos normais acontecem predominantemente na lua cheia. Estudos sugerem haver, nessa fase lunar, um aumento da pressão atmosférica que causaria uma pressão sobre o líquido amniótico, desencadeando o trabalho de parto. Nada foi comprovado pela ciência.

evolução do parto e do momento de sua realização. A decisão é tomada pelo anestesista na hora do parto.

A peridural é aplicada nas costas da gestante. Depois de uma anestesia local na espinha, é colocado um cateter através do qual é injetada a medicação anestésica. Ao tomar a medicação, você não vai mais sentir dor intensa, mas ainda terá algum incômodo. Também vai sentir que estão mexendo em sua barriga. A parte motora permanecerá intacta, de modo que você ainda conseguirá fazer força. A anestesia pode atrapalhar um pouco o início da expulsão do bebê, pois você tende a diminuir a força, por não estar sentindo dor. O ideal é que você se mantenha focada em todo o trabalho de parto e siga as orientações do obstetra. Se o trabalho de parto ainda estiver em estágio inicial, pode ser necessário tomar mais anestésico.

A anestesia raquidiana só será usada durante o parto normal se o trabalho já estiver em curso. Ela é aplicada da mesma forma que a peridural, na região das costas. Embora seja injetada uma quantidade menor de analgésico, você perderá os movimentos das pernas. Mas manterá a capacidade de fazer força, e sua percepção da dor será menor.

Em alguns casos, pode ser necessário iniciar o trabalho de parto com a peridural e, mais adiante, introduzir uma raquidiana. Você deve conversar com o obstetra sobre as opções existentes e se assegurar da presença de um anestesista ao seu lado.

A cesariana

Este é um procedimento cirúrgico. A futura mãe deve ter consciência de que vai se submeter a uma cirurgia, durante a qual sofrerá um corte para permitir o acesso ao útero e, posteriormente, terá uma cicatriz permanente. Como qualquer procedimento cirúrgico, existem riscos de complicações, principalmente para gestantes que já têm doença preexistente.

Antes de ser levada ao centro cirúrgico onde será realizada a cesariana, você terá de assinar um termo de consentimento, no qual será informada de todos os riscos inerentes ao evento cirúrgico. No Brasil, a lei garante em âmbito nacional que o pai da criança ou o acompanhante possa presenciar a realização do parto.

A cesárea tem início com a anestesia. Em geral, opta-se pela raquidiana. A grávida fica deitada de lado ou sentada e o anestesista injeta a substância na coluna, através de uma agulha fina. A sensação é de pressão, não de dor. Ao ser injetado o líquido, você sente um formigamento nas pernas e, em minutos, perde a sensibilidade e a capacidade motora dos membros inferiores.

VOCÊ SABIA?

Mais um benefício do parto normal é a formação da microbiota intestinal

Hoje se fala muito nas bactérias que habitam o intestino das crianças e dos adultos. Alguns estudos mais recentes mostram que as bactérias que se acumulam nos primeiros anos de vida, serão permanentes na vida adulta. Elas interferem em várias doenças no futuro, como obesidade, diabetes e hipertensão. A curto prazo, elas interferem nas cólicas do bebê e na imunidade das crianças.

Os recém-nascidos por via vaginal apresentam nos primeiros dias de vida maior concentração de *Bacteroides*, *Bifidobacterium* e *Lactobacillus* e, com o passar das semanas, mostram maior variabilidade microbiótica. Os recém-nascidos por cesárea apresentam microbioma semelhante ao da pele materna e do ambiente hospitalar e menor diversidade, sendo, principalmente, constituído de *Staphylococcus*, *Streptococcus* e *Clostridium* spp.

A microbiota vaginal materna dispõe de uma maior variedade de microrganismos colonizadores que são responsáveis por auxiliar na capacitação e melhor adequação do sistema de defesa do RN. Desta forma, evidencia-se que o parto vaginal é a via ideal e que a cesariana deve ser realizada apenas quando existem indicações reais.

Uma vez feita a anestesia, começa a cirurgia. Você não sentirá dor alguma, mas uma sensação de pressão na barriga. Assim, serão realizados o corte da pele e a abertura do abdômen até permitir o acesso ao útero e a retirada do bebê. Depois que o bebê vem à luz, o cordão é clampeado (fechado) pelo obstetra e a criança é entregue ao pediatra, para que dê início aos primeiros atendimentos. O obstetra retira a placenta, inicia o fechamento do útero e costura a pele com pontos.

Você vai ficar com uma sonda para eliminar a urina e em repouso pelo menos por seis horas, e sem se alimentar por duas horas, no mínimo. Os alimentos das primeiras horas deverão ser leves.

Indicações para a cesariana

Os benefícios da cesárea planejada incluem: conveniência por ter dia e horário marcados, trauma menor no assoalho pélvico, ausência de dor no momento do parto. As potenciais desvantagens são: complicações – como hemorragia, infecção, choque pela anestesia –, mortalidade materna, problemas em futuras gestações (como ruptura da cicatriz uterina).

São indicações de parto operatório:

- ***Desproporção céfalo-pélvica*** – o bebê é desproporcional em relação à bacia da mãe. O quadro pode ser caracterizado quando os bebês são muito grandes (acima de 4 quilos) ou a bacia materna é demasiadamente pequena. Esse fenômeno é constatado pelo obstetra durante o trabalho de parto – o colo do útero não dilata totalmente.

- ***Cesariana prévia*** – cirurgia realizada há menos de dois anos. Ocorre quando a cicatriz de corte anterior do útero sofre ruptura, uma complicação grave.
- ***Posição fetal transversa*** – o bebê está em posição que inviabiliza o parto normal.
- ***Herpes genital ativo*** – pode ser transmitido para o bebê, gerando uma infecção grave.
- ***Prolapso de cordão umbilical*** – o cordão, que liga a placenta ao bebê e que o nutre, se desloca e fica à frente de sua cabeça, impedindo que receba oxigênio. A cirurgia é de emergência e qualquer segundo pode custar a vida da criança. Quem faz o diagnóstico é o obstetra pelo toque vaginal.
- ***Placenta prévia total*** – situação em que a placenta se aloja antes do bebê. Existe o risco de sangramento na gravidez e exige repouso durante os nove meses. O trabalho de parto não pode ocorrer porque, se a placenta sair antes do bebê, ele ficará sem nutrientes e oxigênio.
- ***Descolamento de placenta*** – quadro em que a mãe sofre sangramento importante porque a placenta se descolou antes de ela entrar em trabalho de parto. O nascimento do bebê deve ser realizado imediatamente, sob risco de morte.

Algumas indicações são relativas e dependem do obstetra e da gestante – um trabalho de parto que não está evoluindo bem ou um bebê que entrou em sofrimento fetal durante esse período são situações que exigem intervenção cirúrgica. Da mesma forma, pode-se pensar em cesárea quando o bebê está sentado (apresentação pélvica), principalmente num primeiro parto; em caso de gravidez gemelar, cesariana anterior ou decisão materna.

VOCÊ SABIA?

Se você não entrar em trabalho de parto, ele poderá ser induzido. Isso é feito por meio de medicação local, na área do colo uterino, intravenosa, ou, ainda, ambas as técnicas. A indução é indicada em gestações pós-termo (com mais de 41 semanas), se houver ruptura da bolsa sem trabalho de parto ou por indicação médica (em caso de crescimento uterino reduzido, por exemplo).

Plano de parto

O Plano de Parto é um documento com validade legal, recomendado e reconhecido pelo Ministério da Saúde e pela Organização Mundial da Saúde. O documento é elaborado pela mulher e nele devem constar os desejos e os cuidados que ela quer receber, para si e para o seu filho, no momento do parto e no pós-parto imediato.

Esta carta tem como objetivo personalizar um momento que é muito especial para os pais do bebê e mantê-los mais informados acerca dos procedimentos de rotina que são realizados durante o trabalho de parto. Atender às preferências da mãe em relação a todo o processo de parto, incluindo a execução de alguns procedimentos médicos, desde que sejam baseadas em informações cientificamente comprovadas e atualizadas.

A melhor maneira de apresentar um plano de parto é em forma de carta, que é muito mais pessoal do que um modelo retirado da internet e dará à parteira uma ideia da personalidade da mãe.

Claro que, para realizar o plano de parto, é importante que a gestante disponha de toda a informação necessária e, para isso, pode frequentar aulas de preparação para o parto, conversar com o obstetra e ler alguns livros sobre o assunto.

Segue um exemplo de como fazer um plano de parto: pense nas suas vontades e seus desejos, deixe-os claros para toda a equipe que faz o acompanhamento e, se for realizado pelo Sistema Único de Saúde, leve-o com você.

Trabalho de parto:

1. ***presença de seu acompanhante e doula*** ➤ *é lei brasileira que a gestante tem direito a escolher seu acompanhante, seja do sexo feminino ou masculino (pode ser companheiro ou companheira, mãe, tia ou qualquer pessoa que transmita segurança e paz para a gestante), assim como uma doula se for de desejo da gestante.*
2. ***sem tricotomia (raspagem dos pelos pubianos) e enema (lavagem intestinal)*** ➤ *a tricotomia não tem mais indicação clínica no parto vaginal e só deve ser realizada se for desejo da gestante. Já o enema é contraindicado pelo risco de translocação bacteriana.*
3. ***sem perfusão contínua de soro e ou ocitocina*** ➤ *muitas vezes, intervenções como colocar a gestante no soro e adicionar ocitocinas são necessárias. Mas esses procedimentos devem ser discutidos com a gestante e realizados apenas com indicações precisas e não de rotina em todos os partos.*

Plano de parto (continuação)

4. ***liberdade para beber água e sucos enquanto seja tolerado*** ➤ *não existe indicação de dieta para a gestante que está em parto normal. Indica-se que ela se mantenha hidratada durante todo o período.*
5. ***liberdade para caminhar e escolher a posição em que quero ficar*** ➤ *nenhuma gestante precisa ficar deitada. Ela pode escolher sua posição tanto durante o trabalho de parto quanto durante o período expulsivo.*
6. ***liberdade para o uso ilimitado da banheira e/ou chuveiro*** ➤ *sabe-se que a água quente é um excelente anestésico. Assim, a gestante pode necessitar e solicitar a qualquer momento o uso desse artifício.*
7. ***monitoramento fetal: apenas se for essencial, e não contínuo*** ➤ *todo bebê deve ser monitorado. Existem regras de tempo que todo profissional que está fazendo a assistência a gestante deve conhecer. Monitoramentos contínuos não são recomendados por aumentar os índices de cesariana e intervenções desnecessárias.*
8. ***analgesia*** ➤ *peço que não sejam oferecidos anestésicos ou analgésicos. Eu pedirei quando achar necessário.*
9. ***sem rompimento artificial de bolsa*** ➤ *antigamente, era rotina romper a bolsa da gestante com objetivo de acelerar o trabalho de parto. Atualmente isso não é indicado, por aumentar o risco de infecção e não trazer benefício nenhum para gestante ou bebê.*

Parto:

1. *prefiro ficar de cócoras ou semissentada (costas apoiadas).*
2. *prefiro fazer força só durante as contrações, quando eu sentir vontade, em vez de ser guiada. Gostaria de um ambiente especialmente calmo nesta hora.*
3. *não vou tolerar que minha barriga seja empurrada para baixo.*
4. *episiotomia: só se for realmente necessário. Não gostaria que fosse uma intervenção de rotina.*
5. *gostaria que as luzes fossem apagadas (penumbra) e o ar condicionado desligado na hora do nascimento. Gostaria que meu bebê nascesse em ambiente calmo e silencioso.*
6. *gostaria de ter meu bebê colocado imediatamente no meu colo após o parto com liberdade para amamentar.*
7. *gostaria que o acompanhante cortasse o cordão após ter parado de pulsar.*

Plano de parto (continuação)

Como evitar uma cesariana

Após o parto:

1. *aguardar a expulsão espontânea da placenta, sem manobras, tração ou massagens. Se possível ter auxílio da amamentação.*
2. *ter o bebê comigo o tempo todo enquanto eu estiver na sala de parto, mesmo para exames e avaliação.*
3. *liberação para o apartamento o quanto antes com o bebê junto comigo. Quero estar ao seu lado nas primeiras horas de vida.*
4. *alta hospitalar o quanto antes.*

Cuidados com o bebê:

1. *administração de nitrato de prata ou antibióticos oftálmicos apenas se necessário e somente após o contato comigo nas primeiras horas de vida.*
2. *administração de vitamina K oral (nos comprometemos em dar continuidade nas doses).*
3. *quero fazer a amamentação sob livre demanda.*
4. *em hipótese alguma, oferecer água glicosada, bicos ou qualquer outra coisa ao bebê.*
5. *alojamento conjunto o tempo todo.*
6. *gostaria de dar o banho no meu bebê e fazer as trocas (ou eu ou meu acompanhante).*

Caso a cesárea seja necessária:

1. *exijo o início do trabalho de parto antes de se resolver pela cesárea.*
2. *quero a presença da doula e de marido na sala de parto.*
3. *anestesia: peridural, sem sedação em momento algum.*
4. *na hora do nascimento gostaria que o campo fosse abaixado para que eu possa vê-lo nascer.*
5. *gostaria que luzes e ruídos fossem reduzidos e o ar condicionado desligado.*
6. *após o nascimento, gostaria que colocassem o bebê sobre meu peito e que minhas mãos estejam livres para segurá-lo.*
7. *gostaria de permanecer com o bebê no contato pele a pele enquanto estiver na sala de cirurgia sendo suturada.*
8. *também gostaria de amamentar o bebê e ter alojamento conjunto o quanto antes.*

Agradeço muito a equipe envolvida e a ajuda para tornar esse momento especial e tão importante para nós um momento também feliz e tranquilo como deve ser.

Muito obrigada,
Adicionar as assinaturas de todos os envolvidos como mãe, acompanhante, obstetra, enfermeiros obstetras, doulas e pediatras.

A hora do nascimento

No momento de nascer, o corpo do bebê passa por vários processos. O mais importante diz respeito à circulação do sangue e ao funcionamento do coração e dos pulmões. Isso acontece poucos segundos após o nascimento. A criança nasce roxa, e vai ficando mais corada com o passar dos minutos – geralmente apenas suas extremidades (mãos e pés) ainda têm uma coloração lilás (com cianose).

O bebê costuma chorar ao nascer, mas alguns demoram segundos para fazer isso. Se não chorar de imediato, será estimulado a fazê-lo. Chorar é importante para que possa absorver os líquidos que estão no pulmão. Afinal, eles estão cheios de água e não funcionam na barriga da mãe. Portanto, o bebê aprende a respirar no momento em que nasce e chora.

A temperatura ambiente é muito importante nos primeiros dias de vida do bebê, e em especial nos minutos iniciais: como a pele dele é muito fina, perde muito calor e sente muito frio. Logo que nasce, deve ser mantido contra o corpo da mãe, que vai aquecê-lo, ou ser colocado num berço aquecido para que possa, então, receber os primeiros cuidados.

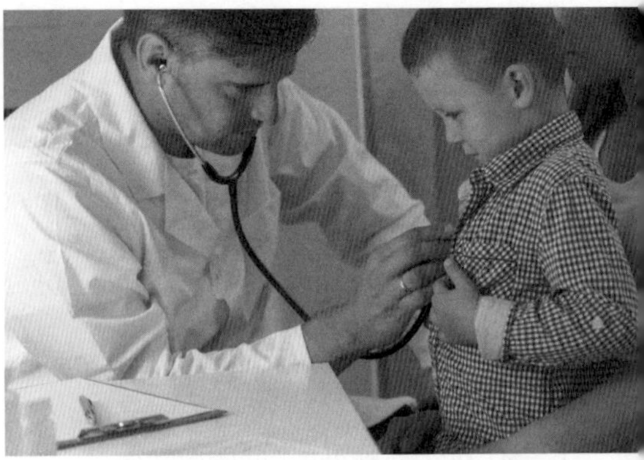

A importância do pediatra

A presença do pediatra é essencial no momento do nascimento. É ele quem vai pegar o bebê assim que vier à luz e providenciar os primeiros exames. Será responsável também por cuidar da criança nos primeiros dias de vida enquanto estiver na maternidade.

Logo após o nascimento, o bebê deve respirar de maneira regular, suficiente para manter a frequência cardíaca acima de 100 bpm. Ela é avaliada por meio da ausculta com estetoscópio ou, eventualmente, verificada pela palpação do pulso na base do cordão umbilical. Recém-nascidos com respiração regular e frequência cardíaca maior do que 100 bpm podem demorar al-

VOCÊ SABIA?

Se você não entrar em trabalho de parto, ele poderá ser induzido. Isso é feito por meio de medicação local, na área do colo uterino, intravenosa, ou, ainda, ambas as técnicas. A indução é indicada em gestações pós-termo (com mais de 41 semanas), se houver ruptura da bolsa sem trabalho de parto ou por indicação médica (em caso de crescimento uterino reduzido, por exemplo).

TOME NOTA

Violência obstétrica

A violência obstétrica é um tipo de violência contra a mulher, praticada pelos profissionais da saúde, que se caracteriza pelo desrespeito, abusos e maus-tratos durante a gestação e/ou no momento do parto, seja de forma psicológica ou física. Atualmente é uma prática extremamente combatida, porém infelizmente presente em grande parte do Brasil. Causa a perda da autonomia e capacidade das mulheres de decidir livremente sobre seus corpos e sexualidade, impactando negativamente na qualidade de vida das mulheres. É o tratamento desumanizado conferido às mulheres no parto.

Toda mulher tem o direito de ser protagonista na hora do parto e ter autonomia total sobre seu próprio corpo, tendo suas vontades e necessidades respeitadas.

Fique atenta às práticas que são condenáveis:

1. Maus-tratos;
2. Xingamentos;
3. Mandar ficar quieta, não se mexer, não expressar dor, não gritar;
4. Recusa de admissão em hospital ou maternidade (fere a Lei 11.634/07);
5. Proibição da entrada de acompanhante (fere a Lei 11.108/2005);
6. Recusa em esclarecer dúvidas da paciente;
7. Uso de soro com ocitocina para acelerar trabalho de parto por conveniência médica, quando o trabalho de parto está evoluindo adequadamente (ocasiona processo doloroso de contrações não fisiológicas);
8. Toques sucessivos e por várias pessoas;
9. Deixar a mulher nua e sem comunicação;
10. Raspar os pelos pubianos;
11. Lavagens intestinais;
12. Impedir a mulher de se alimentar ou ingerir líquido;
13. Amarrar as pernas e braços da mulher;
14. Afastar mãe e filho após nascimento só por conveniência da instituição de saúde;
15. Impedir ou dificultar o aleitamento materno na primeira hora;
16. Realizar episotomia rotineira (quando no parto vaginal é realizado o "pique", corte da musculatura perineal da vagina até o ânus ou em direção à perna, com o objetivo de aumentar a área de acesso do obstetra ao canal vaginal de parto) porque a prática é recomendável entre 10% e 25% dos casos;

TOME NOTA (continuação)

17. Manobra de Kristeller (o profissional se coloca sobre a mulher e pressiona sua barriga, empurrando o bebê pelo canal vaginal para sua saída mais rápida);
18. Ruptura artificial da bolsa como procedimento de rotina;
19. Realização de cesarianas desnecessárias, sem o consentimento da mulher ou apenas por conveniência do médico.

guns minutos para ficar rosados: é normal. Aquele bebê de novela que nasce rosadinho é uma raridade.

Se o recém-nascido for de termo (idade gestacional 37-41 semanas), estiver respirando ou chorando, tiver boa movimentação dos membros (tônus muscular preservado) e boa vitalidade, não precisará de nenhuma manobra de reanimação e poderá ficar no colo da mãe nas primeiras horas de vida.

Após o clampeamento do cordão, ele será recepcionado em campos aquecidos e colocado sob calor em uma "caminha" específica preparada para ele, chamada de UCR. Dependendo da quantidade de secreção na boca e no nariz, vai usar uma sonda para sugá-la.

O recém-nascido será coberto com panos aquecidos e deixado no colo da mãe, para ser amamentado e permanecer no contato pele a pele com a mãe. Segundo a Organização Mundial da Saúde, o aleitamento materno deve ser iniciado na primeira hora de vida do bebê, porque há melhor interação mãe-filho e menor risco de hemorragia materna.

O contato pele a pele e a amamentação na primeira hora de vida são de extrema importância para o bebê. A separação mãe-bebê após o nascimento é comum, porém cada dia deve ser mais evitada. Nos cuidados hospitalares padrão, os recém-nascidos são mantidos embrulhados ou vestidos com roupas, colocados em berços abertos ou sob aquecedores radiantes.

O contato pele a pele envolve colocar o bebê seco e nu, deitado de bruços no peito nu da mãe, geralmente coberto com um cobertor quente. Esse período imediatamente após o nascimento pode representar um "período sensível" para a futura programação fisiológica e comportamental.

Uma das principais revistas médicas, "Cochrane", em 2016 fez um compilado de artigos de revisão sobre o tema, onde foram analisados 46 estudos com 3.850 mulheres e seus bebês, em 21 países. Para as mulheres, a "hora de ouro" – 1 hora após o parto em contato direto com o bebê sem que ele seja retirado da mãe para qualquer procedimento médico – contribuiu principalmente com o aumento da taxa de amamentação. As mães são mais propensas a amamentar exclusivamente desde a alta hospitalar até um mês após o nascimento, e de seis semanas a seis meses após nascimento. Os bebês, por sua vez, apresentaram menores riscos de problemas respiratórios e cardiovasculares nos primeiros momentos de vida. Mesmo em bebês que nasceram de parto cesáreo, o contato pele a pele foi responsável pela maior probabilidade de amamentar por um a quatro meses após o nascimento, e de amamentar com sucesso.

E o bebê não nasceu bem

Um em cada dez recém-nascidos necessita de algum tipo de auxílio para dar início e/ou manter movimentos respiratórios efetivos. Um em cada cem requer medidas mais invasivas, como intubação (colocação de um tubo para auxiliar a respiração) ou massagem cardíaca.

Quando o bebê não está respirando ou se mostra hipotônico (mole) ao nascer, seja ele prematuro ou a termo (tempo certo de gestação), é preciso clampear o cordão umbilical imediatamente. Todos os bebês com menos de 37 semanas de gestação, bem como aqueles de qualquer idade gestacional sem vitalidade adequada ao nascer, precisam ser conduzidos à mesa de reanimação para os seguintes passos:

1. provimento de calor;
2. posicionamento da cabeça em leve extensão, ou seja, esticar a cabeça do bebê para trás para que a respiração fique mais fácil e a boca livre;
3. aspiração das vias aéreas (se necessário);
4. secagem do bebê.

Esses passos devem ser executados em, no máximo, trinta segundos. Uma vez cumpridas essas etapas iniciais de reanimação, serão avaliadas a respiração e a frequên-

VOCÊ SABIA?

O que é cortar o cordão umbilical? Muitas vezes me perguntam por que temos que cortar o cordão e qual a importância dele. O cordão umbilical é o contato entre a mãe e o bebê. Por ele passam o sangue e oxigênio da mãe para o bebê; é ele que garante a vida do bebê dentro da barriga. Quando o bebê nasce, essa ligação será quebrada; porém, se nós cortássemos o cordão sem colocar o "clamp", ou seja, se fechássemos o cordão antes de cortá-lo, o bebê sangraria e perderia todo o seu sangue, daí a importância do clampeamento do cordão. Algum tempo atrás, um dos primeiros passos mais rápidos a serem realizados era o clampeamento imediato do cordão umbilical. Acreditávamos que com isso diminuiríamos a incidência de icterícia e também a interação entre o sangue materno e o infantil. Porém, os estudos atuais mostram exatamente o contrário: quando demoramos alguns minutos para realizar o procedimento, damos mais tempo para o organismo do bebê se acostumar e aprender a respirar, além de ajudar na prevenção de anemias nos primeiros anos de vida. Assim, mesmo que realizada a cesariana, aguardar alguns minutos para clampear é recomendado, e os pais devem saber dessa vantagem.

cia cardíaca do bebê. Se houver vitalidade adequada, respiração rítmica e regular e batimentos cardíacos acima de 100 bpm, o recém-nascido receberá os cuidados de rotina na sala de parto e poderá retornar ao colo materno. Se, depois desses passos iniciais, ele não apresentar melhora, será providenciada a ventilação com pressão positiva (VPP), com auxílio de uma máscara e de um aparelho que infla os pulmões, ajudando o bebê a respirar. Essa iniciativa deve ser cumprida no primeiro minuto de vida (*the golden minute*). A ventilação pulmonar é o procedimento mais simples, importante e efetivo na reanimação do recém-nascido em sala de parto.

Após a VPP, a maioria dos bebês volta a respirar e começa a chorar espontaneamente. Quando isso não ocorre, novos cuidados precisam ser tomados, tais como a intubação e/ou a massagem cardíaca. A partir desse momento, o bebê precisará de cuidados intensivos e de uma UTI neonatal.

O sofrimento fetal

O bebê pode sofrer durante a gestação e, principalmente, no momento do parto. Na gravidez, existem alguns sinais de sofrimento que são observados por ultrassom. O principal deles é quando a criança deixa de crescer. Entre as causas para o sofrimento fetal estão a implantação errada da placenta, uma falha de nutrição, o tabagismo da mãe, o uso de drogas ou medicações e a pressão alta. Nesses casos, os bebês devem ser avaliados periodicamente e, às vezes, ter seu nascimento antecipado.

Alguns sinais ganham importância no momento do parto e indicam que há problemas. A mãe em trabalho de parto deve ser avaliada através da cardiotocografia, para controle das contrações uterinas, dos movimentos fetais e dos batimentos cardíacos do bebê. Alterações nesse exame são indicativos de problemas pela frente. Outro sinal de que o bebê está sofrendo é quando ele elimina mecônio (as primeiras fezes evacuadas pela criança, com coloração escura) dentro da barriga da mãe. Quando o bebê sofre, ele costuma precisar de manobras de apoio, como a ventilação positiva.

Síndrome da aspiração de mecônio

De acordo com as Diretrizes de 2016 do Programa de Reanimação Neonatal da Sociedade Brasileira de Pediatria, o recém-nascido com líquido amniótico meconial que seja nascido no tempo, ou seja, entre 37-41 semanas, que esteja respirando ou chorando, com tônus muscular em flexão e com boa vitalidade, deve continuar em contato pele a pele junto da mãe. Até pouco tempo atrás, os bebês com líquido amniótico meconial eram levados pelo pediatra assim que nascessem para avaliação e conduta conforme o quadro do bebê, variando desde aspiração das vias aéreas para tirar o excesso de mecônio, ventilação com bolsa e máscara até intubação, quando necessário. Hoje em dia, essas manobras são reservadas para os bebês que sejam prematuros ou pós-termo (quando nascem depois de 41 semanas) ou quando não apresentam boa vitalidade, choro/respiração espontâneas ou tônus muscular inadequado.

O primeiro exame

Na primeira avaliação do recém-nascido, o pediatra busca descartar sinais de anormalidade. Alguns detalhes são bastante significativos e poderão nortear o acompanhamento médico de seu filho.

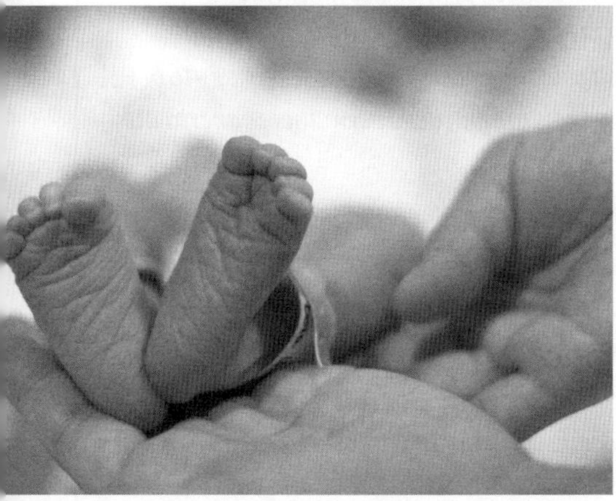

- ***Peso*** – É o primeiro indicador que serve para observar o nível de nutrição do bebê. É importante também para classificar o recém-nascido: 1) pequeno para a idade gestacional (PIG), 2) adequado para a idade gestacional (AIG) e 3) grande para a idade gestacional (GIG). O médico usará como referência uma tabela que relaciona o tempo de gestação ao peso. Bebês pequenos e grandes demais merecerão um acompanhamento mais apurado, principalmente pelo risco de sofrerem crises de hipoglicemia (queda da taxa de açúcares no sangue).
- ***Altura*** – Aferida logo após o nascimento, oscila entre 46 e 52 cm. A altura deverá ser checada mensalmente até os 6 meses. A partir daí, será revista a cada três meses, até que se completem dois anos; e, por fim, duas vezes por ano até a puberdade.

- ***Perímetro cefálico*** – É a medição da cabeça do bebê com uma fita métrica. À disposição dos médicos há um gráfico que permite avaliar se a cabeça da criança está dentro de parâmetros medianos. Quando ela é grande ou pequena demais, é preciso descartar a existência de algum problema associado à formação do sistema nervoso central. Caso o perímetro cefálico esteja fora do normal, o bebê deverá ser acompanhado ao longo de seus primeiros dois anos. Um crescimento excessivo ou diminuído deve ser sempre visto com cautela. Trata-se, a rigor, de uma avaliação indireta do desenvolvimento cerebral.

- ***Capurro*** – É uma avaliação dos sinais de maturidade do bebê. Durante esse exame, o médico observa as curvaturas da orelha, o formato do mamilo, o tamanho da glândula mamária, a pele e as linhas do pé. A partir daí, o pediatra consegue definir o tempo de gestação a partir do recém-nascido, e não da mãe. Normalmente, quando a idade gestacional materna é confiável, a diferença não passa de uma semana para mais ou para menos.

- ***Frequência cardíaca*** – Ela tem de ser rítmica e o número de batimentos cardíacos deve variar entre 120 e 160 bpm. Valores inferiores ou superiores exigem que o bebê passe

Retrato de um recém-nascido

Quando nasce, o bebê é examinado minuciosamente. Todos os seus sinais vitais são cuidadosamente checados e as partes do corpo, avaliadas. Da cabeça aos pés, não há órgão ou função que não passe por avaliação dos médicos.

Cabeça *– Ao observar os ossos do crânio, o pediatra checa primeiro uma cavidade chamada fontanela (moleira). O bebê pode nascer com uma moleira anterior e uma posterior (esta pode ou não estar presente). Essa cavidade posterior deve se fechar até o bebê completar 2 meses. A anterior, geralmente mais ampla, deve permanecer aberta até o nono mês de vida.*

As fontanelas são necessárias para a passagem da cabeça do bebê no momento do parto e, mais tarde, para o crescimento do cérebro.

Os ossos da cabeça do bebê podem sofrer com o trabalho de parto, havendo uma sobreposição deles. A esse processo dá-se o nome de sutura cavalgada. Mas não se desespere: os ossos voltam ao normal em poucos dias.

Pode ainda haver hematomas na cabeça, provocados pela passagem pelo canal de parto. Eles serão absorvidos com o tempo, embora muitas vezes assustem mães desavisadas.

Face *– Ao nascer, o rosto do bebê está um pouco inchado. Mesmo assim, é possível reconhecer os traços dos pais nele. Contudo, o mais importante na hora do primeiro contato é checar se existe algum problema nos olhos, nas orelhas e no nariz. Exemplos: olhos pequenos, pregas no canto dos olhos, orelhas mais baixas que de costume.*

A boca também deve ter a atenção dos médicos, para descartar a presença de lábio leporino (corte no lábio) ou fenda palatina (ausência de fechamento do céu da boca). Essas anomalias são diagnosticadas em ultrassonografias, feitas durante a gestação, mas pequenas alterações podem passar despercebidas.

Pescoço *– A principal avaliação está relacionada à clavícula. Esse pequeno osso que fica na parte superior do tórax, na ligação do pescoço, pode sofrer fraturas durante o parto. A palpação feita pelo pediatra descarta, portanto, eventual quebra. Quando o médico suspeita de fratura, solicita uma radiografia. Caso haja lesão, não se recorre a tratamento algum: o próprio corpo cuida de corrigir o problema.*

Tórax *– É onde se encontram os órgãos vitais que garantem a sobrevivência do bebê. É também a região que mais sofre no nascimento. Além da natural compressão ao*

Retrato de um recém-nascido (continuação)

longo de todo o canal de parto, tanto o coração como os pulmões passam por inúmeras modificações. É preciso registrar a quantidade de batimentos cardíacos e de movimentos respiratórios: devem ser maiores que 100 (entre 120-160) e menores que 60, respectivamente. Alguns bebês nascem com os movimentos respiratórios mais acelerados, que vão diminuindo nas primeiras duas horas de vida.

Abdômen *– Local onde se concentra a maioria dos órgãos – intestino, fígado, baço e rins. Será avaliado mediante palpação. Assim, o pediatra poderá perceber se algum órgão está aumentado, por exemplo. O médico vai checar se no coto umbilical existem duas artérias e uma veia. A coluna vertebral do bebê também passa por avaliação.*

Órgãos genitais *– As ultrassonografias e os exames de sangue apontam o sexo antes de a criança nascer, mas certeza absoluta só se tem depois do parto. A genitália feminina, mais simples, pode estar inchada logo no nascimento. A masculina deve ser avaliada com mais atenção, principalmente os testículos, que devem estar dentro da bolsa escrotal. É normal o bebê ter fimose ao nascer – a chamada fimose fisiológica.*

Membros *– Eles têm boa movimentação? Estão completos? Isso é o que o pediatra vai observar, principalmente. Dedos extranumerários são comuns em mãos de crianças com história familiar. Outro exame é o teste de Ortolani (incluído na caderneta de vacinação): o pediatra segura as duas pernas da criança e faz um movimento de rotação para avaliar a articulação do quadril. Se ela for positiva, indica luxação congênita do quadril, e a criança passará por exames para confirmação e acompanhamento do quadro.*

Pele *– Ao nascer, a criança tem uma coloração arroxeada, chamada cianose. Com o tempo, ela vai se esvaindo até a pele ficar rosada. Mãos e pés podem permanecer mais azulados, principalmente se o ambiente estiver frio. Por ser muito fina, a pele do bebê sofrerá grandes mudanças nos primeiros dias de vida.*

por novos exames. Numa avaliação mais detalhada, ele será monitorado para ter a frequência acompanhada ao longo do tempo. Poderá ser necessário fazer exames, como eletrocardiograma, raio-X de tórax e/ou ecocardiograma fetal para excluir deformidade cardíaca.

- ***Frequência respiratória*** – É a quantidade de vezes que a criança respira por minuto. Esse número deve ser de 30 a 60 vezes. Movimentos maiores que 60 são aceitáveis e comuns em prematuros e crianças que nasceram de parto operatório sem que a mãe entrasse em trabalho de parto. Duas horas depois, porém, a frequência se normaliza. Alterações persistentes podem ser identificativas de problemas respiratórios.

O teste de Apgar

Cabe preferencialmente ao pediatra garantir os primeiros cuidados ao bebê. Ele será responsável por lhe atribuir uma primeira nota, quando completar o primeiro minuto de vida, e em seguida, aos cinco minutos. Essa nota é denominada Apgar e varia de 0 a 10. Notas menores que 7 indicam que alguma coisa não está bem. Para dar a nota, o avaliador observa a frequência cardíaca, a respiração, os movimentos do bebê, suas reações e a cor da pele. A tabela abaixo reproduz a pontuação que pode ser atribuída a seu filho.

A tabela abaixo reproduz a pontuação que pode ser atribuída a seu filho nesses cinco minutos após o nascimento.

Notas inferiores a 7 mostram que o recém-nascido não nasceu bem e indicam que faltou oxigênio. Também refletem que o bebê pode precisar de tratamento especial; se não houver melhora até o 10º minuto, ele será transferido para a UTI neonatal. Notas superiores a 7 indicam que o bebê teve um parto bem-sucedido e, na maioria das vezes, pode ir para o quarto da mãe.

Os reflexos do recém-nascido

Os reflexos são reações involuntárias em resposta a um estímulo externo e consistem nas primeiras formas de movimento humano. Apontam a maturidade do sistema nervoso do bebê. Nos primeiros meses de vida, a presença, a intensidade e o eventual desaparecimento desses reflexos indicam que existe alguma anormalidade no desenvolvimento fetal. Alguns desses reflexos, como o de sucção, preensão palmar e plantar – quando um adulto coloca um dedo na palma da mão ou na planta do pé do bebê e ele aperta imediatamente e com força – e o da marcha, serão substituídos por atividades voluntárias com o tempo; outros, como o de Moro, simplesmente desaparecerão.

Pontos	0	1	2
Frequência cardíaca	Ausente	<100/minuto	>100/minuto
Respiração	Ausente	Fraca, irregular	Forte e regular
Tônus muscular (movimentos do bebê)	Flácido	Flexão de pernas e braços	Movimentos ativos
Irritabilidade reflexa (reações do bebê)	Ausente	Algum movimento	Espirros/Choro forte
Cor	Cianótico/Pálido (arroxeado)	Cianose de extremidade (mãos e pés roxos)	Rosado

Reflexo de Moro

É o mais presente no recém-nascido. É uma resposta instintiva, sempre que ele se sentir desequilibrado e em perigo. Um barulho alto ou um movimento brusco faz o bebê esticar os braços e as pernas, estender o pescoço e chorar. Em seguida, ele junta os braços, como em um abraço, e flexiona as pernas. É observável até o segundo ou terceiro mês. Está associado à capacidade de alerta e permite observar a tonicidade muscular e assimetria da resposta. Desaparece totalmente em torno dos 4-6 meses.

Reflexo de busca

No momento da amamentação, o bico do seio toca a boca do bebê. Ele vira a cabeça em direção ao seio para poder sugar. Esse reflexo vai diminuindo a partir do quarto mês, quando a criança começa a levar a própria mão à boca.

Reflexo de sucção

Desenvolvido no útero após a 35ª semana de gestação, está presente no nascimento e começa a se tornar voluntário por volta dos 4 meses. É uma continuidade do reflexo de busca. Depois que a mãe introduziu o bico do seio na boca do bebê, há um desencadeamento dos movimentos rítmicos de sucção. Todo bebê que nasce no tempo certo tem esse reflexo, e sua ausência indica prematuridade ou grave defeito em seu desenvolvimento.

Reflexo de preensão palmar

Qualquer bebê conta com um forte reflexo de preensão. O recém-nascido fecha as mãos e os dedos quando sente algum toque. O reflexo é tão forte que seu filho, muitas vezes, é capaz de puxar cabelos ou arrancar um par de óculos. Essa resposta envolve uma sequência bem determinada dos dedos. Inicia-se com o dedo médio, seguido do anelar, do mínimo, do indicador e finalmente do polegar. Geralmente desaparece aos 6 meses.

Reflexo de preensão plantar

É semelhante ao da mão. Ao pressionar o pé da criança, ela fecha os dedos. Demora um pouquinho mais para desaparecer, podendo permanecer até nove meses, até o bebê começar a engatinhar.

Reflexo da marcha

Quando a criança é sustentada em pé e mantém contato com uma superfície plana pode esboçar movimentos alternados dos membros inferiores, semelhantes a uma caminhada. O reflexo é visível a partir da segunda semana de vida e normalmente desaparece no segundo mês, mas pode continuar a se manifestar, se houver estimulação.

Reflexo de propulsão ou reptação

Consiste no deslocamento para frente, quando o bebê é colocado de bruços e tem apoio no dorso dos pés. Ou seja, o recém-nascido tem o reflexo de rastejar quando estimulado. Desaparece em três meses.

Reflexo tônico cervical assimétrico

Com o bebê deitado, a mãe gira a cabeça do bebê para a direita ou para a esquerda e ele tende a estender o braço do mesmo lado que a cabeça e a dobrar o outro braço. Também chamado de reflexo do esgrimista, costuma desaparecer durante o terceiro mês. Às vezes, o bebê adota essa posição espontaneamente.

As primeiras medicações

Existe uma medicação que será dada de rotina para todos os bebês: a vitamina K. Outras - como o colírio de nitrato de prata - dependem do tipo de parto por que passou e de a mãe apresentar alguma doença - por exemplo, se a mãe tiver hepatite B, a criança deve receber imunoglobulina.

- ***Vitamina K*** - É administrada na perna do bebê, logo após seu nascimento, para prevenir a chamada doença hemorrágica do recém-nascido, de extrema gravidade. A administração de vitamina K é recomendada pela Organização Mundial da Saúde e realizada em todos os países ao redor do mundo. Quando não injetada, a doença hemorrágica pode levar ao sangramento intestinal (fezes com sangue) e até morte do bebê. No Brasil só temos a forma injetável (algumas pessoas acham que é vacina mas não é); em alguns países, já é encontrada na forma oral em gotas.

- ***Nitrato de prata*** - A profilaxia da oftalmia neonatal gonocócica, instituída em 1881 por Carls Sigmung Franz Credé, é considerada uma das medidas preventivas mais importantes instituídas no século 19. Esse autor observou ocorrência elevada de conjuntivite neonatal transmitida da mãe para o neonato pelo contato da criança com secreções vaginais durante o trabalho de parto e parto, especialmente a contaminação pela *N. gonorrhoeae*. Recém-nascidos filhos de mães com infecção gonocócica não tratada apresentam risco de 30% a 50% maior de desenvolver conjuntivite gonocócica, com complicações, incluindo perfuração ocular, cicatrizes e cegueira. O nitrato de prata destrói a bactéria que pode provocar a doença. Às crianças que nasceram de parto normal ou ficaram muito tempo com a bolsa rompida serão administradas duas gotas, imediatamente após o nascimento, em cada olho. O efeito colateral mais indesejável é a conjuntivite química, que ocorre nas primeiras horas e até dois dias após a instilação. Essa conjuntivite é autolimitada, provoca ligeira secreção de catarro e vermelhidão, com duração de 24 a 36 horas na maioria dos casos. No Brasil, a profilaxia com o nitrato de prata (método de Credé) foi regulamentada em 1977, pelo Decreto-Lei 9.713, e posteriormente complementada pelo Decreto-Lei 19.941/1982, que normatizou a operacionalização do método. Desde 2017 o Ministério da Saúde autoriza o uso da pomada de eritromicina a 0,5% e, como alternativa, tetraciclina a 1% para realização da profilaxia da oftalmia neonatal. A utilização de nitrato de prata a 1% deve ser reservada apenas em caso de não se dispor de eritromicina ou tetraciclina.

Os testes

A triagem neonatal é constituída de métodos de detecção precoce de doenças nos recém-nascidos.

- *Teste do olhinho* – É a verificação da coloração naturalmente vermelha do fundo do olho do recém-nascido. É um teste rápido, que deve ser realizado pelo pediatra na própria maternidade. Basta que ele use o aparelho oftálmico, encontrado em qualquer maternidade da rede pública ou privada. Em caso de dúvida, é necessário que seja refeito por um especialista. Sua função é detectar doenças oculares, como a catarata congênita, o glaucoma congênito e o retinoblastoma (tipo de tumor ocular). Esse exame não descarta eventual deficiência visual que pode acometer a criança. Pode ser repetido até 3 meses de idade por um oftalmologista, de preferência.

- *Teste da orelhinha* – Tecnicamente chamado de teste de emissão otoacústica, tem por objetivo detectar deficiência auditiva no recém-nascido. É feito com equipamento especial que emite sons e verifica a resposta ao estímulo. É um teste indolor que, às vezes, precisa ser repetido ou complementado. O teste pode ser feito logo no primeiro dia de vida e até o primeiro mês. Quando alterado, deve ser repetido dentro de um mês, porque o excesso de secreção no ouvido pode ser a causa do problema. Se o resultado se mantiver alterado, um otorrinolaringologista deverá ser consultado para uma investigação mais aprofundada. Os resultados do teste e do reteste, bem como a necessidade de diagnóstico, de monitoramento e de acompanhamento, devem ser registrados na Caderneta de Saúde da Criança e em seu prontuário (resumo de alta).

- *Teste do coraçãozinho* – É uma nova proposta de triagem neonatal da Sociedade Brasileira de Pediatria para detectar o quanto antes cardiopatias congênitas. Por meio de um oxímetro de pulso, e de maneira indolor, é avaliada a concentração de oxigênio no sangue. A aferição é feita no braço direito e numa das pernas. Deve ser realizado ainda na maternidade, entre as primeiras 24 a 48 horas. Um resultado normal consiste numa saturação periférica maior ou igual a 95% em ambas as medidas (braço e perna) e uma diferença menor que 3% entre as duas medidas. Alterações podem sugerir doenças cardíacas, e um ecocardiograma deverá ser realizado dentro de 24 horas. Esse exame não exclui a ausculta do coração pelo pediatra.

- *Teste da linguinha* – A avaliação do frênulo lingual faz parte do exame físico do recém-nascido e deve ser realizada por profissionais da equipe de saúde que atendam o binômio mãe e recém-nascido na maternidade (entre 24h-48h de vida do recém-nascido), devidamente capacitados para essa avaliação. Nos casos duvidosos, preconiza-se que esse exame seja novamente realizado na consulta da primeira semana de vida do bebê na Unidade de Saúde, associado a uma avaliação minuciosa da dinâmica da amamentação. A avaliação do frênulo da língua em bebês é um protocolo obrigatório segundo a Lei n. 13.002/2014. A Coordenação de Saúde da Criança e Aleitamento Materno recomenda a utilização do Protocolo Bristol (Bristol Tongue Assessment Tool). A avaliação não dói e permite detectar se há alguma alteração na membrana da língua capaz de interferir diretamente na qualidade da amamentação do bebê e no desenvolvimento da fala, mastigação, deglutição e higiene oral. O objetivo do exame é identificar precocemente a anquiloglossia em recém-nascidos, uma anomalia congênita que se caracteriza por um frênulo lingual anormalmente curto e espesso ou delgado, que pode restringir em diferentes graus os movimentos da língua. A anquiloglossia tem sido apontada como um dos fatores que podem interferir negativamente na amamentação; assim, é recomendada a avaliação da mamada junto com a observação do frênulo, tendo em vista que uma anomalia na língua pode levar o recém-nascido a ter dificuldades na pega, causando fissuras mamárias e ocasionando também dificuldades de ganho de peso, fatores que contribuem para o desmame precoce. Por isso, enquanto o bebê está mamando é importante verificar a anatomia e a força de sucção.

- ***Teste do pezinho*** – É feito a partir de coleta de sangue, por meio de uma pequeníssima picada no calcanhar da criança. Esse teste não deve ser realizado no momento do nascimento, mas sim após 48h do nascimento, entre o 3º e 5º dia do nascimento e deve ser coletado ainda na maternidade. O teste básico é oferecido pelo SUS e inclui pesquisa para anemia falciforme, hipotireoidismo congênito, fenilcetonúria, fibrose cística, hiperplasia adrenal congênita e deficiência de biotinidase.

- ***Anemia falciforme*** – Doença prevalente em nosso meio, principalmente em pessoas de origem afro-brasileira. Caracteriza-se por uma anemia

VOCÊ SABIA?

Além do teste do pezinho básico oferecido pelo SUS, que permite a pesquisa de seis doenças, existem outros dois tipos. Um é o teste do pezinho MAIS, que pesquisa outras quatro doenças (deficiência de G6PD, galactosemia, leucinose e toxoplasmose congênita) além das já avaliadas pelo teste básico, e o outro é o teste do pezinho SUPER, que faz o diagnóstico de 48 doenças.

genética, na qual as células sanguíneas têm formato diferente do normal, o que causa inúmeras alterações no corpo, como dores ósseas intensas e propensão a algumas infecções graves. Os sintomas iniciam-se aos 6 meses e a detecção precoce da doença permite profilaxias que poderão garantir qualidade de vida ao bebê.

- ***Hipotireoidismo congênito*** – Doença rara que afeta apenas um em cada quatro mil recém-nascidos. Caracteriza-se por uma deficiência de hormônios tireoidianos, responsáveis pelo crescimento dos neurônios até os 2 anos. Se não tratada até os 3 meses, a doença leva ao retardo mental.

- ***Fenilcetonúria*** – Doença genética rara que afeta uma em cada dez mil nascidos. É causada por uma enzima defeituosa que atua no desenvolvimento do bebê. Sem ela, o corpo acumula uma substância tóxica no sistema nervoso chamada fenilalanina. Em excesso, causa atraso no desenvolvimento motor e convulsão, por exemplo. Graças ao diagnóstico precoce, esses problemas podem ser evitados.

- ***Fibrose cística*** – Desordem genética (autossômica recessiva) caracterizada por infecções crônicas das vias aéreas, que levam ao desenvolvimento de bronquiectasias, insuficiência pancreática exócrina e disfunções intestinais, anormalidades das glândulas sudoríparas e disfunção genitourinária. A incidência estimada é de 1:3.000 nascidos vivos entre caucasianos, caindo para 1:17.000 entre afro-americanos e para 1:90.000 entre asiáticos. Apresenta morbidade muito elevada, com apenas 34% dos pacientes chegando à idade adulta e menos de 10% ultrapassando os 30 anos de idade – a sobrevida média é de 28 anos.

- ***Deficiência de biotinidase*** – Distúrbio herdado de modo autossômico recessivo, causado por mutações no gene que codifica a enzima que libera dos alimentos e de proteínas orgânicas a biotina (ou vitamina H). Os sintomas podem aparecer de 1 semana a 2 anos, com média em geral ao redor dos 5 meses. A principal complicação da deficiência de biotinidase não tratada é o retardo mental. Estes pacientes também podem apresentar uma função imunológica anormal, que leva a infecções de repetição. Também já foram descritos pacientes com perda da visão, e outros que evoluíram para paraparesia espástica.

- ***Hiperplasia adrenal congênita*** – Causa a diminuição da produção de um hormônio essencial à vida, o cortisol ou cortisona, naturalmente produzido pelas glândulas adrenais. Os recém-nascidos com esta doença apresentam uma grave desidratação nas primeiras semanas de vida e, sem o tratamento específico, a maioria deles evolui para choque e óbito. Para os que sobrevivem à crise, é frequente a ocorrência de déficits intelectuais, alterações neurológicas e, em casos extremos, até paralisia cerebral. Junto com a falta da produção de cortisona, existe um desequilíbrio na produção de testosterona, o que resulta em malformações da genitália externa em recém-nascidos do sexo feminino. Esta malformação, que é passível de cirurgia corretiva e de vida normal, pode causar erros de identificação de sexo civil ao nascimento, cujo trauma psicológico para as pacientes e familiares é imensurável. Vale a pena ressaltar que as medicações utilizadas possuem baixo custo e também que muitos dos estados brasileiros possuem centros de referência em tratamento para a hiperplasia adrenal congênita.

- ***Deficiência de G6PD*** – Erro inato do metabolismo que interfere nos processos de manutenção da estabilidade dos eritrócitos (distúrbio genético de herança ligada ao cromossomo X). A deficiência desta enzima favorece a ruptura da membrana dos glóbulos vermelhos (hemácias ou eritrócitos), levando à anemia hemolítica. Os pacientes com deficiência de G-6-PD podem apresentar sintomas a partir dos primeiros dias de vida ou mais tardiamente, desde que sejam expostos a alguns tipos de alimentos ou medicamentos. Muitos pacientes podem permanecer assintomáticos por muitos anos. O diagnóstico precoce (através de triagem neonatal) e o tratamento adequado podem evitar o aparecimento de sequelas ou o risco de óbito. Da mesma forma, após realizado o diagnóstico, pode-se evitar o uso das drogas previamente conhecidas como hemolíticas.

- ***Galactosemia*** – Deficiência, na maioria dos casos, da enzima galactose-1-fosfato uridiltransferase, ocasionando um acúmulo de galactose e de galactose-1-fosfato no sangue e nos tecidos. Na forma clássica, causada pela deficiência de GALT, observam-se galactosemia e galactosúria e sintomas clínicos marcados por alterações digestivas (diarreia e/ou vômitos), hepáticas (icterícia) e oculares (catarata), acompanhadas de complicações neurológicas, renais, hematológicas e hormonais. O único tratamento proposto para a deficiência de uridiltransferase é a eliminação da galactose da dieta, fornecida principalmente pelo leite e seus derivados. Em substituição ao leite, pode-se usar produtos à base de soja.

- ***Deficiência da desidrogenase das acil-CoA dos ácidos graxos de cadeia média (MCAD)*** – Erro inato do metabolismo (distúrbio genético, autossômico recessivo) que interfere na utilização dos ácidos graxos como fonte de energia para o organismo. É uma doença genética potencialmente fatal que pode provocar o quadro da síndrome da morte súbita na infância. A primeira crise metabólica ocorre em geral entre o quarto e o décimo quinto mês de vida, sendo letal em 40% das crianças que manifestam os sintomas antes dos 2 anos de vida. A criança com deficiência da MCAD tem história de um episódio infeccioso seguido de vômito, diarreia e diminuição da ingesta oral. O curso clínico é sempre o mesmo, com distúrbio da consciência, letargia e coma.

- ***Tandem*** – A espectometria de massa em *tandem* é uma extensa pesquisa para erros inatos do metabolismo associados a distúrbios dos ácidos orgânicos e aminoácidos. Devido à sua versatilidade, rapidez e capacidade de analisar vários compostos importantes em um único equipamento, a espectrometria de massa em *tandem* é um dos mais importantes avanços na ciência analítica. Deve ser solicitada principalmente em famílias com perdas de bebês ou doenças metabólicas.

- ***Imunodeficiência combinada grave (SCID)*** – A imunodeficiência combinada grave (*Severe Combined Immunodeficiency* – SCID – pronúncia: SKID) é considerada o mais grave grupo de desordens de imunodeficiências primárias e é reconhecida como uma emergência pediátrica potencialmente fatal. A SCID pode ser causada pela ausência ou mau funcionamento dos linfócitos T, pela ausência ou mau funcionamento do timo, ou por defeito nas células da medula óssea, a partir das quais se desenvolvem os linfócitos B e T maduros. A ausência combinada de linfócitos T e da função dos linfócitos B na SCID deixa o lactente completamente vulnerável a infecções que ameaçam a vida. Lactentes com SCID não conseguem desenvolver seu sistema de defesa e podem enfrentar um número excessivo de infecções e complicações delas decorrentes, como pneumonia, meningite ou infecções da corrente sanguínea, dentro dos primeiros meses de vida. Mesmo as infecções e viroses normais na infância podem ser fatais para um bebê com SCID. Exatamente porque um bebê com SCID é tão vulnerável a infecções, o diagnóstico precoce é fundamental. Se um bebê com SCID recebe um transplante de medula óssea até os primeiros 3 meses e meio de vida, a taxa de sobrevivência pode ser tão alta quanto 94%. No entanto, a taxa de sobrevivência diminui para menos de 70% para os lactentes que são transplantados após essa idade, devido às infecções graves desenvolvidas pelos bebês com SCID antes do transplante. Um resultado positivo para SCID não significa que o bebê tem a doença. Significa que mais testes devem ser feitos para confirmar ou descartar a SCID.

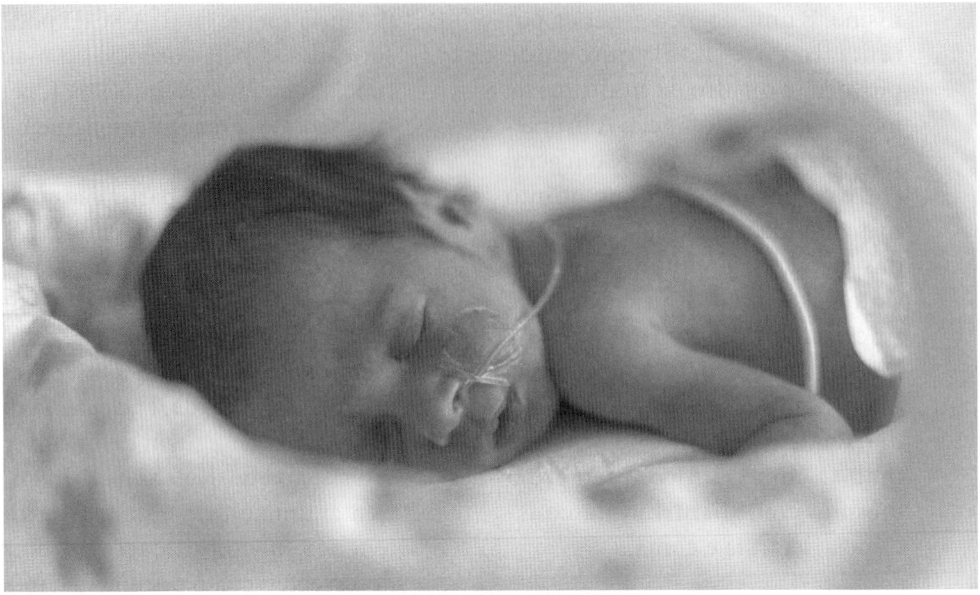

O bebê prematuro

Aproximadamente 15 milhões de crianças prematuras nascem por ano, no mundo inteiro. Dessas, 84% têm entre 32 e 36 semanas; 10% entre 28 semanas e 32 semanas, e 5%, menos de 28 semanas. Nos últimos dez anos, houve grande aumento de bebês prematuros, principalmente por causa do aumento de gestações múltiplas. Estudos mostram que crianças prematuras e com baixo peso ao nascer correm maior risco de desenvolver complicações relacionadas ao comportamento e ao desenvolvimento e este pode persistir até a fase adulta.

O bebê prematuro é classificado em:

- Nascimento prematuro tardio: IG (idade gestacional) entre 34 e 37 semanas;
- Nascimento prematuro moderado: IG entre 31 e 33 semanas;
- Nascimento prematuro grave: IG entre 28 e 30 semanas;
- Nascimento prematuro extremo: IG inferior a 28 semanas.

VOCÊ SABIA?

Uma crendice popular diz que é melhor o bebê prematuro nascer depois de sete meses de gestação do que de oito meses. Isso é bobagem. Quanto mais tempo ele permanecer na barriga da mãe, maior será sua maturidade pulmonar e ganho de peso. Menor será também o risco de contrair doenças.

Essa classificação é importante para o médico que vai acompanhar o crescimento da criança, pois indica os medicamentos e cuidados que deverão ser tomados para aumentar a chance de vida do prematuro.

Para receber alta, o bebê prematuro deve respirar sozinho (sem aparelhos), ganhar peso, crescer e conseguir mamar adequadamente. Por isso, dependendo do tempo de gestação, ele poderá ficar mais ou menos tempo internado.

Recomenda-se aos pais que permaneçam o maior tempo possível no hospital, acompanhando os cuidados da equipe médica e conhecendo o bebê prematuro. Um bom vínculo é fundamental para melhorar o desenvolvimento neurológico da criança. A mãe deve procurar o banco de leite do hospital e durante a permanência do filho na UTI pode fornecer leite, ainda que por meio de sonda. É mais saudável para a criança, além de ser um estímulo para a amamentação efetiva após a alta.

Alterações respiratórias

As doenças respiratórias são a principal causa de internação em UTI no período neonatal, porque o pulmão é o último órgão a se formar e ainda não tem seu funcionamento adequado quando o bebê nasce. A respiração efetiva ocorrerá no primeiro minuto de nascimento, mas depende de como ocorreu o desenvolvimento dos músculos respiratórios, dos alvéolos (responsáveis pela absorção do oxigênio) e da produção de surfactante, produto que vai abrir os pulmões e ajudar a respirar. Essas etapas são iniciadas com 24 semanas de gestação e só terminam nos primeiros minutos de vida.

Estas são algumas das doenças respiratórias que mais acometem os recém-nascidos:

Taquipneia transitória do recém-nascido – É a doença respiratória mais comum entre os bebês nascidos a termo ou perto disso. Também chamada "síndrome de

VOCÊ SABIA?

Existe uma doença chamada bronquiolite, causada pelo vírus sincicial respiratório, que pode acometer qualquer criança até os 2 anos. No entanto, ela é muito mais frequente em crianças prematuras ou portadoras de doenças pulmonares ou do coração. Esta doença, que em outros bebês eventualmente acarreta dificuldade respiratória, pode levar o bebê prematuro à morte. Para a sua prevenção, o Ministério da Saúde disponibiliza uma vacina chamada *Palivizumabe*, de grande eficiência contra o vírus. Infelizmente, seu custo é alto (e nem todos os bebês podem, portanto, ser vacinados. Ela é usada preferencialmente em crianças com menos de 1 ano que nasceram com idade gestacional menor ou igual a 28 semanas e crianças menos de 2 anos portadoras de doença pulmonar crônica ou cardíaca congênita com repercussão hemodinâmica demonstrada.

angústia respiratória" ou "pulmão úmido", tem boa evolução clínica e se resolve de três a cinco dias. Antes do nascimento, o pulmão do bebê contém cerca de 20 ml/kg de líquido, que preenche as vias aéreas e os sacos alveolares. A taquipneia ocorre mais frequentemente em mães diabéticas ou submetidas à cesariana sem que tenham entrado em trabalho de parto, uma vez que a compressão do peito do bebê e, consequentemente, dos pulmões, durante a passagem pelo canal de parto, ajudam a eliminar esse líquido.

O bebê acometido pela doença tem uma frequência de movimentos respiratórios maior e pode ter de fazer esforços para inalar o ar (batimento de asas de nariz, movimentos rápidos da respiração e aparecimento das costelas quando respira). Casos de taquipneia devem ser abordados de acordo com o ritmo de frequência respiratória, indo de uma simples observação à necessidade de ministrar oxigênio à criança. Na maioria das vezes, ela se adapta à situação em poucas horas sem intervenção médica, porém essa adaptação pode demorar para acontecer até por 72 horas. O oxigênio acelera a resolução do quadro.

Alguns exames, como a radiografia do tórax e de sangue, podem ser necessários para excluir outras causas. A doença é autolimitada e a resolução dos casos se dá, na maioria das vezes, espontaneamente. Com a melhora do quadro, os pais não precisam adotar cuidado algum.

Doença da membrana hialina – Caracteriza-se pela acentuada dificuldade respiratória, levando o bebê à extrema falta de oxigênio. Ele já nasce com um grau de sofrimento respiratório, que aumenta progressivamente. A causa é a deficiência de uma substância no pulmão, denominada surfactante. Sem ela, o recém-nascido tem de fazer um esforço muito maior para respirar. A continuidade desse esforço pode levá-lo ao esgotamento. Os prematuros, os nascidos de cesárea e os filhos de mãe diabética têm mais predisposição ao quadro. Quanto maior a prematuridade, maior a chance de surgir o problema: cerca de 80% dos prematuros com menos de 28 semanas de gestação apresentam a doença. Embora existam casos com recuperação espontânea, essas crianças devem ser transferidas para incubadoras especiais e unidades de cuidados intensivos neonatais, onde receberão serviços de neonatologia. Essa não é, porém, uma doença necessariamente fatal.

Existe uma opção de tratamento muito eficaz: o uso do surfactante medicamentoso (sintético ou extraído de animais), que pode ser introduzido nos pulmões do recém-nascido por meio de um tubo que atravessa a traqueia. A radiografia do tórax é necessária para comprovar o diagnóstico e excluir a presença de infecção. Às vezes, é necessário colocar os bebês doentes em respiradores artificiais, e, embora se recuperem, alguns deles ficam sujeitos a problemas respiratórios, devendo ser acompanhados pelo pediatra para excluir sequelas. É uma doença grave que necessita de tratamentos efetivos e, muitas vezes, internação mais prolongada, principalmente por causa da prematuridade.

Pneumonia – Um bebê pode nascer com pneumonia ou adquiri-la depois do parto. Pode ser infectado por via placentária, pelo líquido amniótico ou por contaminação hospitalar. Alguns fatores tendem a causar o problema: doenças pulmonares

“As doenças respiratórias são a principal causa de internação em UTI no período neonatal, porque o pulmão é o último órgão a se formar”

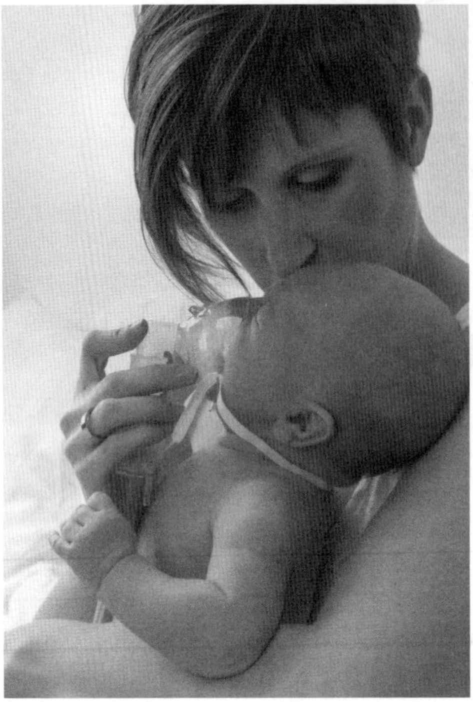

de causa genética e infecções maternas – infecção urinária principalmente ou febre na internação, bolsa rompida há muito tempo e infecção por estreptococos do grupo B.

O quadro é grave, porque o bebê é pequeno, e pode evoluir rapidamente para uma infecção generalizada. O tratamento com antibióticos deve ser iniciado imediatamente, mesmo sem confirmação. Costumam ser administrados dois antibióticos (ampicilina e gentamicina). Em seguida, sangue é colhido para descobrir que bactéria está provocando a infecção. O tempo de antibiótico dependerá da melhora do bebê.

Hipertensão pulmonar – A hipertensão pulmonar persistente (HPP) é uma causa importante de falência respiratória em bebês que nasceram a termo ou próximo disso e pode ocorrer como condição primária de má adaptação à vida extrauterina ou em consequência de alguma patologia (doença de membrana hialina, aspiração de mecônio e pneumonia). Não se sabe ao certo por que ela acontece, embora se saiba que é decorrente de uma alteração nas pequenas veias e artérias pulmonares, o que acarreta mudanças nas trocas de oxigênio tanto dos pulmões quanto do coração.

O quadro provoca grave desconforto respiratório e cianose (coloração arroxeada da pele). O bebê se mostra lábil ao manuseio, agitado, e necessita de oxigênio. O diagnóstico definitivo é feito pelo ecocardiograma. A radiografia do tórax é realizada para buscar outras causas.

O tratamento inicial consiste em fornecer oxigênio, seja por um simples cateter nasal ou por um respirador (em casos mais graves), e controlar a causa da hipertensão – a pneumonia ou a doença da membrana hialina – com antibióticos ou surfactantes, respectivamente. O controle da hipertensão poderá ser feito à base de dobutamina ou, em casos mais graves, com óxido nítrico, para manter a pressão arterial satisfatória.

Apneia da prematuridade – É a ausência de fluxo de ar respiratório, definida como a cessação do fluxo de gás respiratório por mais de 20 segundos ou por pausas respiratórias mais breves acompanhadas por palidez, cianose, bradicardia – diminuição da frequência cardíaca – ou hipotonia (com a perda do tônus muscular, o bebê fica sem forças). Mas lembre-se de que é normal haver ciclos respiratórios regulares com duração de 10 a 18 segundos interrompidos por pausas que duram 5 a 10 segundos.

Existem fatores de risco para o desenvolvimento da apneia, como temperaturas baixas ou altas, infecção, doenças do sistema nervoso central, distúrbios metabólicos, refluxo gastroesofágico, doença cardíaca, anemia acentuada e doenças pulmonares. Elas podem ocorrer durante a internação na UTI neonatal ou com o bebê já em casa.

Se acontecer ainda na maternidade, o bebê será monitorado e algumas medicações serão dadas na tentativa de diminuir a apneia. Se ocorrer em casa, você deve procurar imediatamente uma emergência para internação e investigação do problema. Tratar infecção, convulsão, anemia, distúrbios metabólicos e refluxo gastroesofágico pode ser fundamental para a cessação dos episódios de apneia.

Pneumotórax – Aproximadamente 1% dos recém-nascidos tem pneumotórax após o nascimento, mas apenas 0,05% apresentam sintomas. A incidência é maior em bebês com doenças pulmonares e síndrome da aspiração meconial ou que foram submetidos a ressuscitação vigorosa ou, ainda, que receberam suporte de ventilação (máscara de oxigênio).

O problema se deve ao rompimento de alvéolos (estruturas pulmonares) durante o trabalho de parto. O que acontece com o bebê é que, após o nascimento, ele faz um esforço respiratório moderado em apenas um lado do tórax. O diagnóstico é feito por meio de radiografia. O tratamento depende da gravidade do caso: pode ser necessária desde a simples observação da criança até a drenagem dos pulmões com um cateter para retirar o ar do tórax.

A UTI neonatal

A Unidade de Terapia Intensiva Neonatal representa um ambiente estressante tanto para os pais das crianças quanto para a equipe de saúde. São admitidas numa UTI neonatal crianças entre 0 e 2 meses, nascidas a partir da 23ª semana de gestação.

Depois de se certificar de que o recém-nascido tem doença de alto risco, os pais vivenciam um luto por causa da falta de saúde. Isso provoca sentimentos de raiva, culpa, desesperança, impotência, isolamento, ansiedade, irritabilidade, dificuldade de concentração, negação e distúrbios do sono e do apetite.

O maior fator de estresse é a ameaça de morte do bebê. Os pais enfrentam um sentimento de fracasso por dar vida a uma criança incapaz de sobreviver sem os cuidados oferecidos por profissionais de saúde.

As UTIs neonatais buscam oferecer um ambiente mais acolhedor à família e fortalecer o vínculo entre ela e o bebê. Medidas como pegar a criança no colo e amamentá-la fortalecem os vínculos e preparam uma relação para a vida. Às vezes, os pais precisam de auxílio psicológico ou psiquiátrico para atravessar com um mínimo de serenidade um período que pode ser longo.

Deformações congênitas

Durante o ato sexual, quando ocorre a fecundação – união da célula feminina (óvulo) com a masculina (espermatozoide) –, forma-se uma célula única, o ovo (ou zigoto). Ele adere à parede interna do útero e começa a passar por uma série de modificações até se transformar em um feto. Inicialmente, o ovo se compõe de duas porções distintas, o citoplasma e o núcleo. Alterações no núcleo formam os cromossomos, cujo número total é o resultado da soma dos do pai e da mãe: 46. Cada cromossomo apresenta aspecto quantitativo e qualitativo que o individualiza e torna possível identificá-lo.

Os cromossomos contêm numerosas unidades, denominadas genes. Calcula-se que existam 1.600 genes em cada cromossomo. As alterações genéticas desordenadas que têm origem nessas combinações podem ser localizadas de modo isolado nos genes, acarretando genopatias, ou dizem respeito ao cromossomo por inteiro, gerando cromossomopatias.

Podem ocorrer erros tanto no que diz respeito à forma, ao número ou à posição dos cromossomos e dos genes como em sua conformação. As doenças de conformação, as chamadas malformações, dão lugar a imperfeições em rosto, nariz, boca, olhos, crânio, braços, pernas e dedos. Nesse grupo também estão incluídos a espinha bífida (alteração na coluna), a osteogênese imperfeita (deficiência na formação do osso), o lábio leporino. Os problemas na forma, no número ou na posição podem produzir síndromes mais graves, como a de Down (alteração no cromossomo 21), de Edwards (trissomia do cromossomo 18, que pode acarretar defeitos congênitos nos órgãos), de Patau (alteração do cromossomo 13, que provoca deficiência mental).

Quando há suspeita de uma dessas doenças, uma possibilidade é fazer amniocentese, para ajudar na preparação psicológica da família e na adaptação do meio para receber o bebê que necessitará de cuidados especiais.

Agentes agressores

Quando um agente agressor penetra no corpo, o sistema imunológico utiliza seus recursos de defesa para combatê-lo. A função das vacinas é exatamente essa: ensinar ao sistema imunológico como reconhecer esses agentes e, assim, estimular a produção de anticorpos para combatê-los, sem permitir que a doença se desenvolva. Para isso, as vacinas são preparadas

VOCÊ SABIA?

Proibido em algumas civilizações por suspeita de provocar doenças, o casamento entre primos-irmãos de fato influencia a genética do bebê. Alguns genes recessivos estão presentes em integrantes de uma mesma família e, quando há casamento entre eles, a doença é potencialmente multiplicada por dois. No entanto, se não houver genes anormais entre os pais, não há perigo para os filhos. Por isso, quando parentes muito próximos se casam, é importante consultar um geneticista antes de engravidar e fazer exames durante a gestação para um diagnóstico precoce.

O calendário de vacinas

A vacinação é uma etapa importante no desenvolvimento do bebê e algumas delas, dadas na infância, o protegerão para sempre. É o caso da vacina contra hepatite B. Outras deverão ser tomadas periodicamente para mantê-lo protegido, a exemplo da tríplice bacteriana, que deve ser administrada de dez em dez anos. É comum a mãe dar atenção à vacinação do filho nos primeiros anos e esquecer-se de imunizá-lo à medida que cresce. Atenção a isso.

***HEPATITE B**: É a primeira vacina que a criança vai tomar. Será dada ainda na maternidade, de preferência nas primeiras 24 horas. Serão dadas mais duas doses de reforço, com 2 meses e 6 meses. Essas três doses conferem proteção para a vida toda. Os efeitos colaterais são raros, porém pode haver dor local, febre, endurecimento local e fadiga. A única contraindicação é a ocorrência de reação anafilática após a aplicação da dose anterior.*

***BCG:** Será dada uma injeção subcutânea no posto de saúde, logo na primeira semana de vida (4-10 dias de vida). Protege contra os casos graves de tuberculose, como a meningite tuberculosa, mas não dá imunidade contra a tuberculose pulmonar. As formas graves só ocorrem nesta primeira fase da vida – por isso, não será repetida quando a criança fizer 10 anos, como antigamente. A BCG causa uma pequena cicatriz. Quando os pais optarem por fazer o SCID no teste do pezinho, a BCG deverá ser adiada para após o resultado normal. É feita sempre no braço direito e vai formar uma pequena bolha de pus, vermelhidão, crosta e, por último, a cicatriz. Se aos 6 meses a criança não tiver a cicatriz, antigamente seria revacinado. Atualmente não é recomendada essa nova dose.*

a partir de componentes do próprio agente agressor ou de um agente que se assemelhe a ele. Os micro-organismos utilizados estão na forma atenuada (enfraquecida) ou inativada (morta).

Vacina atenuada – É produzida com bactérias ou vírus vivos, mas cultivados em condições adversas, de forma que perderam a capacidade de provocar a doença. As vacinas contra sarampo, caxumba, rubéola, varicela, febre amarela, rotavírus e poliomielite (oral) são atenuadas virais. Já a BCG e a vacina oral contra a febre tifoide são atenuadas bacterianas. Essas vacinas têm algumas contraindicações: na gravidez ou quando o sistema imunológico estiver debilitado.

Vacina inativada – É composta de vírus ou bactérias que foram mortos por processos químicos ou algum tratamento prévio. Exemplos das inativadas virais são as vacinas contra poliomielite (parenteral), hepatite A e B, raiva, *influenza* e HPV. Entre as inativadas bacterianas citam-se a DTP (contra difteria, tétano e coqueluche) e contra a febre tifoide. Tais vacinas causam poucos efeitos colaterais e geralmente não têm contraindicação.

A vacinação da família

Todos devem se preocupar com seu calendário de vacinação. As mães têm sua carteira avaliada durante a gestação e devem estar em dia com as vacinas, tanto quanto o pai, os avós e os irmãos do bebê.

Duas vacinas devem ser tomadas por todos que terão contato direto com o recém-nascido, incluindo babás e outros empregados da casa. São elas:

***1 – DTP Acelular** – Previne contra tétano, difteria e coqueluche. O importante para o bebê é, principalmente, a coqueluche, que é transmitida pelo ar. A vacina é fornecida às gestantes nos postos de saúde ou no pós-parto, mas os outros integrantes da família não têm direito a ela; devem recorrer a clínicas particulares. Se ela foi administrada há menos de dez anos, não precisa ser tomada novamente.*

***2 – Gripe (influenza)** – Previne contra a gripe e deve ser tomada anualmente, entre os meses de abril e maio, e antes do inverno. Nos postos de saúde, está disponível para todas as crianças entre 6 meses e 2 anos, às gestantes, 45 dias após o parto, a idosos e portadores de doenças crônicas. Disponível em clínicas particulares de vacinação.*

Vacina conjugada – Algumas vacinas são produzidas utilizando-se componentes específicos do agente patogênico, capazes de produzir uma resposta imunológica. Exemplo de vacina resultante desse processo é a pneumocócica infantil, contra pneumonia, meningite, sinusite.

Uma pequena farmácia

Conforme o desenvolvimento do bebê, a farmácia em casa pode conter xaropes, antitérmicos e antiespasmódicos. Mas nenhum remédio deve ser administrado ao bebê sem indicação médica. Toda droga tem efeitos colaterais e pode causar desde reações leves até problemas mais graves. Alguns cuidados devem ser tomados:

- Verifique a validade do medicamento. Não use se estiver vencido;
- Os antibióticos em xarope devem ser conservados em lugar fresco e bem fechados. Os antibióticos em pó, após adição de água, só poderão ser usados durante quinze dias;
- As soluções em gotas nasais, uma vez abertas, só devem ser usadas durante três meses;
- Ampolas: atente para o prazo de validade;
- Pomadas contendo antibióticos ou sulfas e remédios em pó não devem ser conservados por mais de três meses;
- Xaropes contendo substâncias como as sulfamidas não devem ser conservados por mais de três meses.

TOME NOTA

Icterícia, mal comum

Meu filho nasceu com uma cor amarelada. Isso é grave?
Este é um dos sinais clínicos mais comuns em recém-nascidos. Pode ser observado em cerca de 60% dos bebês que nascem a termo e 80% dos pré-termo.

Nos recém-nascidos, a icterícia fisiológica é causada pelo acúmulo de bilirrubina na esclera (parte branca dos olhos) e na pele. A bilirrubina é um dos componentes da degradação do sangue, produzida normalmente e eliminada pelo fígado na urina. No bebê, os mecanismos de eliminação ainda estão começando a se desenvolver e isso leva a um acúmulo da substância no organismo e consequente amarelamento da pele.

Cabe ao pediatra avaliar a icterícia de acordo com sua progressão pelo corpo – ela se inicia no rosto e termina nos pés. Quando se restringe ao rosto e pescoço, está baixa, não havendo motivo de preocupação. Quando atinge o peito e a barriga, o alerta é maior, e o médico pode orientar desde banhos de sol como tratamento, até coletas de sangue para avaliar os níveis de bilirrubina no sangue.

Para acompanhar o nível de icterícia no sangue, existe um gráfico que leva em conta os valores sanguíneos, o grupo sanguíneo da mãe e o do bebê, o fato de a criança ser prematura ou não e o tempo de vida do bebê. Quando os valores estão acima do esperado, a criança é colocada em fototerapia – sob raios solares artificiais potentes, que diminuem rapidamente os valores da bilirrubina.

O grande perigo é que os casos de bilirrubina muito elevada gerem uma doença chamada Kernicterus, quando a substância se aloja no cérebro, causando convulsões e alterações do comportamento.

Determinados fatores podem aumentar a icterícia patológica. Entre eles, a incompatibilidade do grupo sanguíneo da mãe (A, B ou O) e do fator Rh (positivo e negativo). Infecções e problemas biliares ou de fígado também podem desencadear icterícia. O tratamento é igualmente à base de fototerapia e, se necessário, transfusão de sangue.

TOME NOTA

Os primeiros documentos

Quais documentos o bebê levará da maternidade?

Ele ganhará dois documentos importantes, que deverá guardar por toda a vida:

Declaração de Nascido Vivo (DNV);

Carteira de Vacina.

O que é a Declaração de Nascido Vivo?

É uma declaração fornecida pela maternidade em três vias: uma fica com a mãe, outra com o cartório e uma na maternidade. É numerada e, diante de qualquer erro, suspensa. É a prova definitiva de que determinada pessoa é filho da mãe mencionada no documento. Tem informações importantes tanto a respeito do bebê – data de nascimento, tipo de parto, peso, Apgar – como sobre a mãe, seu endereço e grau de escolaridade. É fornecida aos responsáveis no momento da alta, e é com ela que os pais retiram o primeiro documento da criança, a certidão de nascimento.

Em que consiste a Caderneta de Vacinação?

Também considerada um documento, é importante para o resto da vida da criança. Além da informação das vacinas, traz o horário de nascimento, o peso, a altura e os resultados do teste do olhinho, do pezinho e da orelhinha.

O bebê também terá uma Certidão de Nascimento?

O documento deverá ser tirado o quanto antes, gratuitamente, em qualquer cartório nacional, seja pelo pai ou pela mãe. O prazo é de quinze dias, mas pode ser prorrogado até 45 dias, se couber à mãe registrar a criança, ou até três meses, se a região de nascimento se localizar a 30 km de um cartório. Os pais deverão levar seus documentos e, se forem casados, a certidão de casamento e a Declaração de Nascido Vivo.

Como administrar medicações?

A medicação do bebê pode ser dada de duas formas: numa seringa ou numa mamadeira, ou, se forem poucas gotas, elas poderão ser pingadas diretamente na boca dele. A forma de administrar qualquer medicação é, em geral, orientada por ocasião da prescrição da droga. Algumas medicações vêm com a seringa em ml para facilitar a administração. Outras vêm com a medida do peso da criança.

Outra forma de administrar remédios é recorrer a sucos ou leite. Antes, porém, será necessário perguntar ao médico se não há contraindicação para a mistura.

CALENDÁRIO DE VACINAS DO PRIMEIRO ANO

Calendário de Vacinação da SBP 2021

RECOMENDAÇÃO DA SOCIEDADE BRASILEIRA DE PEDIATRIA

	IDADE												
	Ao nascer	2 meses	3 meses	4 meses	5 meses	6 meses	7 meses	12 meses	15 meses	18 meses	4 anos	11 anos	14 anos
BCG ID	●												
Hepatite B	●	●		●		●							
DTP/DTPa		●		●		●			●		●		
dT/dTpa													●
Hib		●		●		●			●				
VIP/VOP		●		●		●			●		●		
Pneumocócica conjugada		●		●		●		●					
Meningocócica C e A,C,W,Y conjugadas			●		●			●			●	●	
Meningocócica B recombinante			●		●		●	●					
Rotavírus		●		●		●							
Influenza						●	●						
SCR/Varicela/SCRV								●	●				
Hepatite A								●		●			
Febre amarela	A partir dos 9 meses de idade e reforço aos 4 anos												
HPV	Crianças a partir dos 9 anos de idade												
Dengue	Crianças e adolescentes a partir dos 9 anos de idade com infecção prévia comprovada												

Capítulo 6

Os primeiros dias após o parto

[Mãe]

O puerpério tem início depois do nascimento do bebê e da saída da placenta e termina, em média, 45 dias após o parto. Assim como na gravidez, diversas modificações anatômicas e fisiológicas vão ocorrer no organismo materno durante esse período, em especial no que diz respeito ao aparelho reprodutor. Essas alterações ainda serão influenciadas pela ação dos hormônios da gravidez, e também pelos que são produzidos durante a amamentação.

O útero terá de voltar ao volume normal nos próximos dias, e esse é o aspecto mais importante do pós-parto. Problemas na contração do útero podem acarretar sangramentos intensos (hemorragias) e até matar. Para que o útero volte ao seu tamanho, a ocitocina – um hormônio produzido pelo hipotálamo – liberada durante o trabalho de parto e a amamentação são essenciais.

Você permanecerá internada na maternidade por um período de 24 a 48 horas depois do parto para avaliação quanto à contração uterina, função intestinal, produção de leite, ocorrência de infecção na ferida operatória ou na região do períneo. Depois disso, em partos normais, você deverá ser reavaliada até 42 dias após o parto.

Fique atenta para o aparecimento de febre, sangramento vaginal exagerado, dor ou infecção nos pontos da cesárea ou da episiotomia (pequeno corte na região da vagina), tonturas frequentes, mamas empedradas e doloridas. Em quaisquer dessas situações, procure imediatamente um serviço de saúde.

Cuidado com os pontos

Logo após o parto normal, assim que se recuperar da anestesia, você já pode tomar um banho. A higiene do corpo é importante para evitar infecções e promover o bem-estar físico. Lave a vulva e o períneo com água e sabonete após cada micção e evacuação, e faça sempre movimento de limpeza na direção do ânus. Evitar usar papel higiênico por um tempo. Não há necessidade de produtos antissépticos e pomadas cicatrizantes. Compressas de gelo na região do períneo podem diminuir o edema e o desconforto.

Depois da cesárea, você deve permanecer deitada para se recuperar. Como não pode levantar para urinar, ficará com uma sonda. Quando ela for retirada, você poderá tomar banho e fazer a higiene da cicatriz com água e sabonete.

Os pontos do parto normal serão, em parte, absorvidos pelo organismo. Já os da cesárea serão retirados por volta do 7º ao 14º dia depois do parto.

São indicativos de que algo não vai bem o aparecimento de febre e a formação de pus nos pontos. Nesse caso, você deve procurar imediatamente assistência médica para fazer um tratamento com antibióticos. A incidência de infecção na episiotomia é geralmente baixa. Se você sentir dor nos pontos, peça ao médico uma medicação para aliviar o incômodo.

Cólicas abdominais

Dor abdominal em forma de cólica exacerbada durante as mamadas, e de maior intensidade durante a primeira semana, é muito comum. Isso acontece porque o útero está se contraindo em função da ação da ocitocina produzida para amamentar.

VOCÊ SABIA?

Não existe nenhuma medicação de rotina durante o puerpério, principalmente se o parto tiver sido normal. Na cesárea, o uso de ocitocina administrada na veia reduz a chance de hemorragia e reverte uma possível dificuldade de contração do útero. Você poderá continuar o uso do ferro de maneira profilática, por um período de três meses após o parto, principalmente se teve anemia durante a gestação.

Se você passou por uma cesárea, podem ocorrer dores abdominais por conta da manipulação das vísceras abdominais. Além disso, é possível que seu intestino demore para funcionar por conta da anestesia e do tempo que permaneceu sem evacuar. Uma terapia à base de laxantes suaves, voltar a caminhar e manter uma alimentação saudável devem ajudar.

A formação de gases pode ser incômoda tanto para as mães que fizeram parto normal quanto cesariana. Eles se devem a uma função intestinal mais lenta. Para resolver o problema, você deve evitar falar em demasia enquanto não estiver caminhando e voltar a andar o quanto antes.

Dor no peito

Não é um sintoma comum após o parto. Você pode sentir o coração mais acelerado no pós-parto, por conta do sangramento ocorrido. Também é possível que tenha uma leve tontura ao se levantar pela primeira vez. Por isso, deverá estar amparada por um familiar ou enfermeira inicialmente. Se persistir, a dor no peito deve ser avaliada para descartar a ocorrência de embolia pulmonar (coágulo de sangue preso no pulmão), grave, mas rara. Não deixe de comunicar o fato ao médico.

Hemorragia

O sangramento vaginal após o parto faz parte do processo de regeneração do útero. A amamentação contribui para que esse processo ocorra rapidamente, pois provoca contrações que facilitam a volta do órgão ao tamanho normal. Ele ocorre tanto na cesariana quanto no parto normal e durará cerca de vinte dias, diminuindo aos poucos. Fique atenta ao volume de sangue que está perdendo. Se ele for excessivo, se não diminuir e se tiver secreções com cheiro forte, procure imediatamente seu médico.

Outro sinal de sangramento excessivo são tonturas e sensação de desmaio constantes. São normais quando você for levantar logo nas primeiras vezes, mas depois devem sumir. Se acontecerem com frequência, podem ser indicativas de anemia.

Tromboflebite

Até quarenta dias após o nascimento do bebê, seu sistema imunológico ainda não estará restabelecido. Alguns hormônios da gestação continuarão atuando em seu corpo, e substâncias como o fibrinogênio, bem como fatores que auxiliam na coagulação do sangue, ainda estarão alterados. Isso se deve à necessidade de diminuir o sangramento do útero.

Mas essas alterações podem deixar você mais predisposta à formação de trombos – pequenos acúmulos de células que entopem os vasos e chegam a causar doenças graves, como a tromboflebite, complicação decorrente do puerpério. Quando surgem nas pernas, os trombos provocam apenas um pequeno inchaço; mas se chegarem aos pulmões ou ao cérebro, o quadro tende a se agravar.

Para evitar o problema, convém andar o quanto antes. A qualquer sinal de inchaço nas pernas, sensação de dor ou de queimação, procure imediatamente o médico.

De olho no períneo

Durante o parto normal, a passagem do bebê pelo períneo pode provocar lesões. Talvez até seja necessário fazer uma episiotomia. Essas incisões não costumam necessitar de pontos, mas você poderá sentir desde uma leve ardência ao urinar até uma dor constante. Medicamentos para aliviar a dor e compressas geladas no local ajudam a aliviar o incômodo. Não use papel higiênico nos primeiros dias depois do pós-parto – lave-se com sabonete.

Se a dor for constante e houver formação de material purulento ou sangue, o médico deverá ser consultado para verificar o surgimento de um hematoma localizado, o que exigirá uma drenagem cirúrgica, ou uma infecção, que vai requerer uso de antibiótico.

Dificuldade para urinar

Apesar de rara, você poderá sentir uma pequena dificuldade para urinar, principalmente se o parto foi cesárea. Isso acontece por causa do uso de uma sonda durante a cirurgia, o que faz com que a bexiga não precise contrair para eliminar a urina, provocando uma estase (acúmulo de urina na bexiga). A dificuldade não deve se estender por mais de três dias, caso contrário precisará ser investigada para afastar a hipótese de infecção urinária.

Evacuação e hemorroida

Mais comum que a dificuldade de urinar é a de evacuar. A prisão de ventre tende a ocorrer tenha você passado por um parto normal ou não. Explica-se: a gestante tem um trânsito intestinal mais lento durante os nove meses de gravidez e ele se mantém nos primeiros dias do pós-parto.

As dores abdominais e na vagina podem criar um reflexo de proteção, dificultando a evacuação nos primeiros dias. Se você estiver com prisão de ventre depois de alguns dias, peça ao seu médico para que lhe prescreva um laxante. Quanto mais adiar o problema, mais dificuldades terá e maiores serão os riscos de aparecerem hemorroidas.

Tão comuns durante a gestação, as hemorroidas também podem se manifestar no puerpério, por causa justamente da dificuldade para evacuar. É possível que essas veias tenham dilatado no momento do parto normal, quando você fez força durante o trabalho de parto. Para eliminar parte do incômodo, use pomadas analgésicas e faça banhos de assento com água morna. Com o tempo, elas tendem a desaparecer.

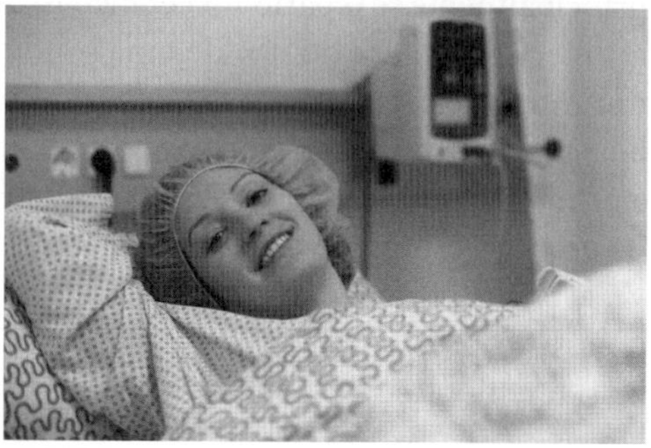

Convalescença

Uma das maiores vantagens do parto normal é o pós-operatório. Como não é uma cirurgia, sua recuperação é mais rápida. Logo após o parto, você já poderá se levantar e andar pelo quarto. Também estará autorizada a amamentar logo nas primeiras horas.

A cesárea impõe um pós-operatório mais demorado. Depois que o nenê nascer, você ainda permanecerá em torno de seis horas sem se alimentar e doze horas com a sonda urinária. Só depois que ela for retirada é que você poderá se levantar. Feito isso, muito cuidado ao voltar a andar, para não sofrer desmaio ou queda de pressão.

As atividades físicas só serão liberadas em um ou dois meses, e a atividade sexual, depois de trinta dias.

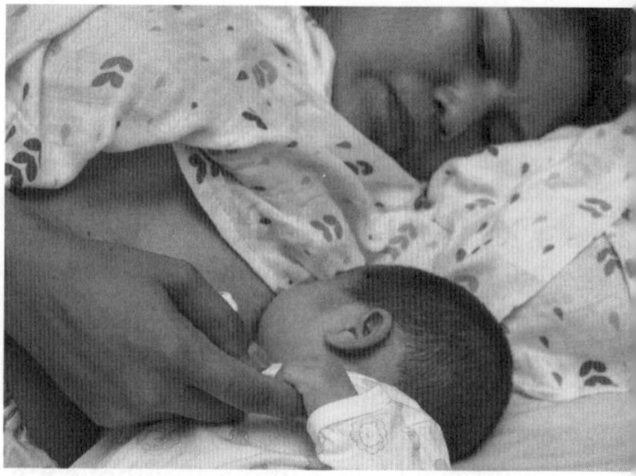

Cheia de leite

Amamentar é muito mais que nutrir a criança. É um processo que envolve interação profunda entre mãe e filho, supõe amparo e suporte psicológico. Durante os nove meses de gestação, as mamas são, aos poucos, preparadas para a amamentação sob a ação de diferentes hormônios. Os mais importantes são o estrogênio, responsável pela ramificação dos ductos lactíferos, e o progestogênio, pela formação dos lóbulos. Com o nascimento da criança e a expulsão da placenta, há uma queda acentuada nos níveis sanguíneos de progestogênio, com consequente liberação de prolactina pelo sistema nervoso central, o que resulta na produção e secreção de leite. Durante a sucção do bebê, há também a liberação de ocitocina, hormônio produzido pelo sistema nervoso central que faz as células mioepiteliais se contraírem e enviarem o leite pelos ductos até o mamilo.

A produção do leite logo após o nascimento do bebê é essencialmente controlada por hormônios. A descida do leite costuma ocorrer até o terceiro ou quarto dia depois do parto, ainda que a criança não sugue o seio. Depois da descida do leite, inicia-se a galactopoiese. Essa fase, que se mantém por toda a lactação, depende principalmente da sucção do bebê e do esvaziamento da mama. Se, por qualquer motivo, esse esvaziamento for prejudicado, pode haver uma diminuição na produção do leite por inibição mecânica e química. Isso quer dizer que, quanto mais o bebê suga o seio, mais a mãe produz leite.

Grande parte do leite de uma mamada é produzida enquanto a criança mama, sob o estímulo da prolactina. A ocitocina, também liberada pelo estímulo provocado pela sucção, é disponibilizada em resposta a estímulos condicionados, tais como visão, cheiro e choro da criança, e a fatores de ordem emocional, como motivação, autoconfiança e tranquilidade. A dor, o desconforto, o estresse, a ansiedade, o medo e a falta de autoconfiança podem inibir a liberação de ocitocina e prejudicar a saída do leite pela mama.

Nos primeiros dias depois do parto, a secreção de leite é pequena, menor que 100 ml/dia. Parece pouco, mas o estômago da criança também é pequeno. Tem capacidade para 10 ml por mamada no primeiro dia, e vai aumentando progressivamente. Esse primeiro leite, de aspecto tão ralinho, tem pouca gordura, mas é rico em anticorpos e vitaminas, necessários nos primeiros dias do bebê.

No terceiro e quarto dias depois do nascimento do bebê, acontece o reflexo da apojadura – a real descida do leite. É quando a mãe sente, de fato, a mama cheia e quente. É provável que você sinta que sua temperatura corporal está mais alta, talvez tenha até um pico febril. De uma hora para outra, você passará a produzir 600 a 800 ml de leite por dia. O volume varia, dependendo do quanto e da frequência com que a criança mama.

O primeiro leite

O colostro é o primeiro leite que você produzirá. Ele é ralo, amarelado e tem aspecto cremoso. É rico em proteínas, vitaminas, sais minerais e anticorpos, mas sua concentração de gordura é bem pequena. Existem bons motivos para que o colostro tenha essas características. Quando vem ao mundo, o bebê não tem nenhuma defesa (anticorpos) e precisa fazer uma reserva de vitaminas para iniciar seu crescimento. O colostro é considerado a primeira vacina do bebê – ele formará a primeira memória imunológica de seu filho. Daí a grande importância de oferecer leite materno nos três primeiros dias de vida do bebê.

O colostro também estimula a multiplicação de *Lactobacillus bifidus*, que favorece o crescimento da flora intestinal, facilita a expulsão do mecônio – primeira evacuação do bebê – e ainda promove a limpeza do tubo digestivo, ajudando a prevenir e a diminuir a icterícia.

A concentração de gorduras é menor no colostro do que no leite maduro, o que produz menor sensação de saciedade e faz com que o bebê mame num intervalo menor de tempo – e não de três em três horas. Esse leite com menos gordura é melhor para o estômago pequeno e também para facilitar a digestão.

O colostro começa a aparecer com vinte semanas de gestação e tem duração de dois a sete dias após o nascimento do bebê. É aquela pequena secreção que sai do seio durante a gestação, principalmente após o banho.

Uma vez secretado, é hora de você produzir o leite de transição durante uma ou duas semanas. Seu aspecto é aguado – mulheres menos informadas são levadas a acreditar que esse leite não é suficientemente bom para a criança e, por isso, deixam de amamentar.

O leite de transição passará por modificações de forma gradual até se tornar o que chamamos de leite maduro. Conforme a evolução do bebê, ele vai se adaptar às suas necessidades nutricionais e digestivas, diminuindo a concentração de anticorpos, substituindo vitaminas e aumentando a gordura. Na fase de produção do leite de transição, popularmente conhecida como apojadura, o volume aumentará à medida que o bebê sugar.

Ao cabo de praticamente uma semana, a criança será alimentada com o leite maduro. Ele contém todos os nutrientes necessários para seu crescimento e desenvolvimento perfeitos, na quantidade adequada de nutrientes metabolizados e facilmente digeríveis. Esse leite tem uma cor mais esbranquiçada e aspecto mais consistente. Sua produção também aumentará ao longo da lactação em função das necessidades da criança.

A produção do leite não é a mesma ao longo da mamada, do dia e de um dia para o outro. Depende da alimentação materna, da idade do bebê, da temperatura do dia e da quantidade de líquidos que ela ingeriu. Em geral, no início da mamada, o leite é mais acinzentado e aguado, rico em proteínas, lactose, vitaminas, minerais e água. Já no final da mamada, ele se mostra mais branco e contém mais gordura. É esse elevado teor de gordura no final da mamada (o chamado leite posterior) que induz a sensação de saciedade. Por isso, é importante que o bebê esvazie o seio a cada mamada para aproveitar as duas partes do leite. Como nos primeiros dias de vida ele não tem essa capacidade, é importante que na mamada seguinte seja oferecida a mesma mama que o bebê estava mamando anteriormente, até que a mãe tenha a sensação de esvaziamento completo.

VOCÊ SABIA?

Existem medicações que podem ativar a produção de leite materno quando o estímulo do bebê não está sendo suficiente. A aplicação de ocitocina nasal é a mais utilizada. Ela é administrada dez minutos antes da amamentação, em cada mamada, e fornece o hormônio produzido pela sucção do bebê. Outra medicação que aumenta a produção de leite é a metoclopramida. Converse com o pediatra se achar que seu leite não é suficiente, mas lembre-se de que o melhor remédio para produzir leite é manter a calma e deixar o bebê fazer a parte dele, sugando.

“O leite materno contém todos os nutrientes necessários para o crescimento e desenvolvimento perfeitos”

Ingurgitamento mamário

Ele é comum entre o 3º e o 5º dia após o parto. As mamas ingurgitadas são doloridas, cheias (com pele brilhante) e, às vezes, avermelhadas. Nessas situações, é possível haver febre. O ingurgitamento é transitório e desaparece entre 24 e 48 horas após o reflexo da apojadura e do início do leite maduro. Deve-se a dois fatores essenciais: aumento dos vasos da mama para nutrir as glândulas mamárias, que estão funcionando a pleno vapor, e retenção do leite nos alvéolos mamários, por conta do aumento de produção de leite.

Ele é um sinal positivo de que o leite está descendo, mas pode ser patológico, quando é excessivo e não desaparece com o tempo. Nota-se, neste caso, que a mama fica excessivamente distendida, o que causa grande desconforto, febre e mal-estar. Os mamilos ficam achatados, dificultando a pega do bebê, e o leite muitas vezes não flui com facilidade. É o que popularmente se conhece por "leite empedrado", circunstância em que amamentar se torna um fardo.

O ingurgitamento patológico ocorre com mais frequência entre mães de primeira viagem. Também contribuem para isso o leite em abundância, o início tardio da amamentação, mamadas infrequentes, restrição da duração, frequência das mamadas e sucção ineficaz do bebê.

A melhor forma de evitar o empedramento do leite é a mamada por livre demanda (na hora em que o bebê quiser, sem horário predefinido), bem como a restrição máxima ao uso de leites artificiais. Outras medidas podem ser tomadas para evitar a progressão de um ingurgitamento patológico. São elas:

- Ordenha manual da aréola, se ela estiver tensa antes da mamada, para que fique macia, facilitando, assim, a pega adequada do bebê;
- Massagens delicadas nas mamas, com movimentos circulares, particularmente nas regiões mais afetadas pelo ingurgitamento. Elas fluidificam o leite acumulado, facilitando sua retirada, e são importantes estímulos para a produção de mais leite para o bebê;
- Uso de medicação analgésica oral pode amenizar a dor e melhorar a inflamação, fazendo com que amamentar seja mais fácil;
- Suporte para as mamas, com o uso ininterrupto de sutiã com alças largas e firmes para aliviar a dor;
- Compressas frias (ou com gelo envolto em tecido), em intervalos regulares, logo após ou entre as mamadas, por vinte minutos. Atenção: não faça compressas mornas ou quentes porque elas aumentarão o ingurgitamento;

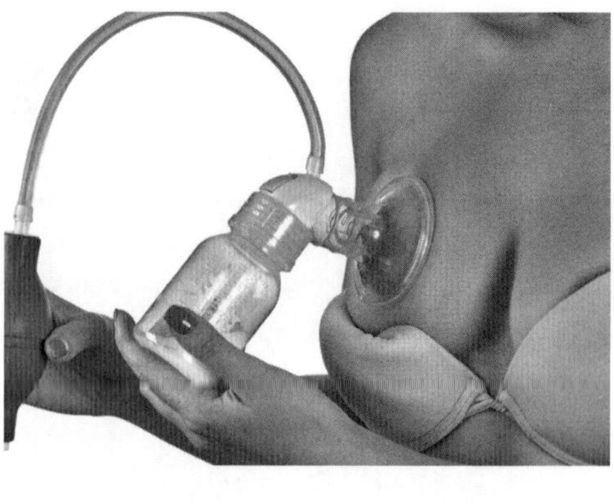

- Ausência de sucção do bebê implica que você deve manusear as mamas ou usar uma bomba de sucção para retirar o excesso de leite. O esvaziamento é essencial para dar alívio e prevenir a ocorrência de mastite (infecção da mama).

Complicações durante a amamentação

Dificuldades são comuns durante a amamentação e se devem principalmente à maneira como o bebê suga o seio. Acontecem logo nos primeiros dias de vida da criança e, se não forem corrigidas, podem ocasionar problemas mais graves, como a interrupção do aleitamento.

Pega incorreta

A pega incorreta da área mamilo-areolar faz com que o bebê não consiga sugar leite suficiente e, por conseguinte, se torne agitado e chore. Se sugar só o mamilo, acabará provocando fissuras e dor, o que vai deixar a mãe tensa, ansiosa e sem confiança.

É nesse momento que a maioria das mães acaba se convencendo de que seu leite não é nutritivo o bastante e decide recorrer ao leite industrializado. Essa é a principal causa de desmame antes do primeiro mês de vida do bebê. Mas a agitação da criança somada à ansiedade da mãe formam um círculo vicioso, gerando efetivamente menor produção de leite. É preciso, então, corrigir a pega da criança.

Dor nos mamilos

Saiba que é comum você sentir uma dor discreta ou mesmo moderada nos mamilos no começo das mamadas. Isso se deve à forte sucção exercida pelo bebê na aréola. A dor diminui com o decorrer da mamada e perde força com a amamentação, em cerca de uma semana.

Mamilos muito doloridos e machucados exigem cuidados. Para diminuir o incômodo, é importante observar o posicionamento e a pega do bebê. Outras dicas podem auxiliá-la:

- Cuide para que os mamilos estejam sempre secos. Exponha-os ao ar livre ou à luz do sol e troque frequentemente o forro utilizado quando houver vazamento de leite;
- Não use produtos que tiram a proteção natural do mamilo: sabonete, álcool ou qualquer produto secante;
- Amamente por livre demanda: a criança que é colocada no peito assim que dá os primeiros sinais de que quer mamar, suga com menos ansiedade;
- Evite ficar com as mamas cheias demais. Isso leva o bebê a fazer mais força para sugar. Se a mama estiver com bastante leite, retire um pouco antes de colocar a criança no peito: ela terá uma pega mais fácil e adequada;
- Coloque o dedo indicador ou mínimo no canto do lábio do bebê para interromper a mamada, quando for preciso. Assim, a sucção será interrompida antes de a criança ser tirada do seio.

Se com todas essas medidas a amamentação ainda for dolorosa, você deve procurar o médico ou um banco de leite para avaliar a maneira como está alimentando seu filho.

Fissuras

As rachaduras são a complicação mais comum durante a amamentação e se devem à pega e ao posicionamento inadequado do bebê. Elas podem ser frequentes nos primeiros dias. O costume de manter as mamas secas e de não usar sabonete, creme ou pomada ajuda a preveni-las.

Reza a sabedoria popular que se deve secar os mamilos com banho de luz, de sol ou secador de cabelo. Isso não é cientificamente comprovado, uma vez que a cicatrização é mais eficiente quando as camadas internas da epiderme estão úmidas. Por isso, recomenda-se molhar as lesões, de modo a formar uma camada protetora que evite a desidratação da porção mais profunda da pele. Para tanto, use o próprio leite sobre as fissuras e, eventualmente, algum creme que lhe recomende o médico. Outras práticas populares sugerem aliviar a dor das fissuras com aplicações de chá ou casca de banana ou de mamão, por exemplo. Esses hábitos devem ser descartados sob risco de causar reação alérgica e contaminação da pele. Atualmente, a técnica mais avançada para as fissuras mamilares é a laserterapia, que pode ser feita a qualquer momento e favorece a cicatrização das lesões. Ela pode ser feita particularmente através de consultoras de amamentação ou até mesmo nas próprias maternidades.

Mastite

É um processo infeccioso na mama que ocorre a partir da segunda semana após o parto, em consequência do ingurgitamento mamário não revertido a tempo. Às vezes, requer a internação da mãe para administração de antibiótico na veia.

Em geral, a infecção se instala unilateralmente e se deve ao acúmulo de leite na mama (empedramento). Esse leite em excesso estimula o crescimento de bactérias que causam o problema. Os sintomas muitas vezes se confundem com o ingurgitamento mamário em si – dor, vermelhidão, inchaço e calor –, mas, quando há infecção, o mal-estar é maior, há febre acima de 38° C e calafrios.

Qualquer fator que favoreça a estagnação do leite materno predispõe ao aparecimento de mastite, mesmo havendo mamadas regulares. Entre eles, citam-se: redução súbita do número de mamadas ou desmame, longo período de sono do bebê à noite, uso de chupeta ou mamadeira, não esvaziamento completo das mamas, criança com sucção fraca ou freio de língua curto e produção excessiva de leite.

Você deve continuar dando o seio, mesmo que esteja machucado. Da mesma forma, a pega e a posição do bebê devem ser corrigidas quando necessário. O sabor do leite materno costuma mudar na presença de mastite: torna-se mais salgado em função do aumento do nível de sódio e da diminuição de lactose. Essa alteração pode ocasionar rejeição por parte da criança. Por isso, o tratamento da mastite deve ser instituído o quanto antes. Vale lembrar que, sem cuidados adequados, a mastite pode evoluir para um abscesso mamário.

Abscesso mamário

Surge quando uma mastite não foi devidamente tratada. Por isso, recomenda-se esvaziar os seios sempre que possível. Todo esforço deve ser feito para conter um abscesso mamário, uma vez que ele pode comprometer futuras lactações em cerca de 10% dos casos. O mesmo vale para o aparecimento de mastite. O abscesso mamário exige intervenção rápida, internação da mãe, drenagem cirúrgica da mama, antibióticos por via venosa e suspensão do aleitamento pela mama afetada.

Candidíase

A infecção por *Candida* sp (candidíase ou monilíase) – o famoso "sapinho" – é bastante comum tanto na mama quanto no bebê. Ela pode atingir só a pele do mamilo e da aréola ou comprometer os ductos lactíferos. Na maioria das vezes é a criança quem transmite o fungo, mesmo quando a doença não é visível. A infecção por *Candida* sp costuma se manifestar por coceira, sensação de queimadura e dor em agulhadas nos mamilos, que persiste após as mamadas. A pele dos mamilos e da aréola pode ficar avermelhada, brilhante ou apenas irritada ou sofrer fina descamação; raramente se observam placas esbranquiçadas. Na criança, a doença se apresenta na forma de crostas brancas orais, que devem ser distinguidas das de leite. Para evitar a cândida, é preciso manter os mamilos secos e arejados e expô-los à luz por alguns minutos ao dia.

Caso a doença apareça, é preciso tratar mãe e filho ao mesmo tempo, mesmo que a criança não apresente sinais evidentes de candidíase. O tratamento inicial é feito localmente, com nistatina tópica por duas semanas. Você deverá aplicar o creme após cada mamada (não precisa removê-lo antes da próxima mamada). Chupetas e bicos de mamadeira são fontes importantes de reinfecção. Por isso, você deve fervê-los por vinte minutos pelo menos uma vez ao dia.

Em baixa como mulher

O interesse sexual pode diminuir no período pós-parto. Isso se deve às numerosas alterações hormonais que vão favorecer a produção e a ejeção de leite e

VOCÊ SABIA?

Crostas brancas na língua ou na gengiva são, em geral, resquícios de leite não absorvido. Remova-as gentilmente com uma gaze embebida em água, mas, antes, procure se certificar de que o bebê não pegou "sapinho". Existem no mercado luvas para facilitar a higiene oral do bebê. Converse com o pediatra sobre a possibilidade de utilizá-las.

também a diminuição da libido. Observa-se frequentemente uma atrofia vaginal nesse período, que pode causar desconforto e até sangramento durante a penetração, caso não se utilizem lubrificantes.

As maiores mudanças ocorrem, no entanto, na cabeça da mulher. Você vai se desfazer lentamente de seu corpo de grávida e, se amamentar por vários meses, vai perceber que as mamas perdem a sensação de prazer. O próprio cheiro do leite terá como função refrear o desejo sexual. A necessidade de cuidar do bebê e a privação do sono também influenciam negativamente para ter sexo gostoso. Cerca de 80% das mulheres no puerpério retomam a atividade sexual em até seis semanas e reconquistam gradativamente a libido e o ritmo anterior.

Outros filhos

Se você já tem outros filhos, talvez precise se confrontar com situações de ciúme, traição e medo do abandono, que se traduzem por meio de agressividade, isolamento, tristeza e manha. Não existe idade para ter ciúmes: bebês menores de dois anos também sentem a mudança e podem expressar o incômodo por sinais quase imperceptíveis, como chorar mais ou fazer cenas de birra. Crianças maiores podem ter problemas na escola.

O filho mais velho exigirá atenção da mãe, e ela deve se organizar desde antes da gestação para estar disponível para seu primogênito. Converse sempre francamente com seus filhos para evitar problemas. O importante é que as crianças mais velhas se sintam igualmente amadas e amparadas. Você pode, por exemplo, solicitar ajuda de seu filho mais velho no dia a dia, transferindo a responsabilidade para ele de arrumar a caminha do bebê ou simplesmente escolher a roupinha que vai usar.

Procure auxílio de um psicólogo ou peça orientação a um profissional de saúde, se a tensão emocional aumentar.

VOCÊ SABIA?

A pílula (anticoncepcional hormonal oral combinado) e o injetável mensal não devem ser usados por lactantes, pois interferem na qualidade e na quantidade do leite materno e têm efeitos deletérios, podendo fazer mal à saúde do bebê.

Menstruar novamente

Após o parto, seja ele normal ou cesariana, você terá um sangramento semelhante a uma menstruação. O seu organismo estará expulsando o sangue e os epitélios acumulados no útero durante os nove meses. Esse sangramento dura em torno de vinte dias, tem intensidade moderada e é mais volumoso nos primeiros dias de pós-parto. Se for excessivo, você deve procurar imediatamente o atendimento médico para descartar problemas durante o parto.

Quando esse sangramento desaparecer ao cabo de três semanas, você ficará sem menstruar enquanto estiver amamentando exclusivamente no seio, por livre demanda, ou seja, durante cerca de seis meses. Nesse período, não vai ovular e, consequentemente, não engravidará.

A volta da menstruação marca o retorno da ovulação. Aos poucos, os ciclos voltarão a ser regulares como anteriormente, e você deverá escolher um método contraceptivo para não engravidar.

O que usar durante a amamentação

Durante os primeiros seis meses do pós-parto, a amamentação exclusiva, por livre demanda, sem menstruação, está associada à diminuição da fertilidade. Porém, esse efeito anticoncepcional deixa de ser eficiente quando você volta a menstruar ou quando seu leite deixa de ser o único alimento do bebê – o que acontecer primeiro. O efeito inibidor da fertilidade

VOCÊ SABIA?

Resguardo é o nome que se dá ao período em que a mulher não deve fazer sexo após o parto. Essa fase dura de vinte a trinta dias no parto normal e de quatro a seis semanas na cesariana. Qualquer atividade sexual antes deste período pode gerar infecção e lesões, e até sensação dolorida.

que o aleitamento exclusivo com amenorreia tem, denominado LAM (método de amenorreia lactacional), pode ser utilizado como um modo comportamental para não engravidar.

Quando o efeito inibidor da fertilidade produzido pelo LAM deixa de ser eficiente (complementação alimentar do bebê ou volta da menstruação), ou se você preferir utilizar outro método associado ao LAM, é preciso optar por alternativas que não interfiram na amamentação.

Essa escolha deve ser discutida com o médico, de modo a avaliar a melhor opção para o momento.

Método LAM

O aleitamento materno exclusivo nos primeiros meses de pós-parto garante o espaçamento entre duas gravidezes. Mas é fundamental obedecer a três regras básicas: que o bebê tenha até 6 meses, o aleitamento seja exclusivo (ou quase) e você não tenha voltado a menstruar. Seguindo essas três premissas, as chances de não engravidar são de 98%. Você pode associar o LAM a outros métodos, se não pretende de forma alguma ter outro filho no momento. Vale lembrar que se as três premissas não forem atendidas, o risco de não engravidar cai para 28%.

Camisinha masculina

O uso é recomendado independentemente do método de contracepção que se escolha, pois além de evitar futuras gestações, previne doenças sexualmente transmissíveis (as DSTs e o HIV). A camisinha pode ser de látex ou de plástico, com lubrificante espermicida ou não. O índice de falha é de 3 a 7%. Pode ser usado durante a amamentação e está disponível em todos os postos de saúde gratuitamente.

Camisinha feminina

Funciona como barreira física entre o pênis e a vagina e serve de reservatório para o sêmen. Além disso, impede o risco de DSTs/HIV. É feita de poliuretano e tem

VOCÊ SABIA?

Você pode continuar amamentando seu filho ainda que volte a engravidar, se quiser. Mas não é raro a criança interromper a amamentação espontaneamente quando a mãe engravida. O desmame pode ocorrer pela diminuição da produção de leite, alteração no gosto do leite, perda de espaço no colo com o crescimento da barriga ou aumento da sensibilidade nos mamilos. Em caso de ameaça de parto prematuro, é indicado interromper a lactação. Se você decidir continuar amamentando seu filho mais velho após o nascimento do bebê, é importante saber que a prioridade é da criança mais nova.

dois anéis flexíveis, um em cada extremidade, como se fosse um DIU que se adapta à vagina. O índice de falha é de três a doze gestações em cada cem mulheres/ano.

DIU de cobre

É um método seguro e efetivo, e pode ser usado a partir da quarta semana após o parto normal e entre oito e doze semanas em caso de cesariana. Ele inibe a migração do espermatozoide e a implantação do óvulo, mas não impede a transmissão de DSTs. Pode ser mantido por dez anos. É contraindicado em casos de infecção no pós-parto ou quando houver atonia uterina (quadro pós-parto em que o útero deixa de contrair). O índice de falha é muito baixo, em torno de 0,3%. Como efeito adverso pode gerar fortes cólicas menstruais e maior volume menstrual, que tende a diminuir em alguns meses.

DIU de cobre endoceptivo

O DIU liberador de progesterona é um dispositivo plástico, em forma de T, que dispõe de um reservatório do hormônio ao redor da haste vertical. Diferentemente do anterior, contém hormônio em sua composição, o que aumenta sua eficiência. Assim, além de impedir a migração do espermatozoide e a implantação do óvulo, impede a proliferação da camada do endotélio e diminui a ovulação em cerca de 50% das mulheres. O índice de gravidez varia de 0 a 0,3%, e não influencia na amamentação. Pode ser inserido no mesmo prazo do DIU de cobre e eventualmente gera amenorreia ou diminuição da menstruação. Uma vez retirado do corpo, o nível de fertilidade é prontamente restabelecido.

Minipílula

A eficácia anticonceptiva das pílulas constituídas somente por progestagênio baseia-se em alterações no muco do colo uterino (prejudica a movimentação dos espermatozoides), na trompa (dificulta a movimentação dos óvulos) e no endométrio (impede a implantação ali). O índice de falha é baixo, em torno de 1% a 4% dos casos. O uso da minipílula é conveniente se você estiver amamentando – deve ser iniciado seis semanas depois do parto. Ela não influencia na lactação, mas, como não impede a ovulação, você terá de adotar alguns cuidados para não engravidar: tomar

VOCÊ SABIA?

Se você quiser engravidar novamente, o ideal é que aguarde dois anos. Esse intervalo de tempo é necessário para que o organismo possa se restabelecer por completo, descartando complicações como a prematuridade e o baixo peso do bebê, bem como anemia, debilidade física ou hemorragia materna.

sempre na mesma hora ou não ter variação superior a três horas.

Progesterona de última geração

A utilização de progestagênio oral, à base de desogestrel, também inibe a ovulação em 97%. O tratamento não influencia na amamentação e pode ser iniciado seis semanas após o parto. Sua eficiência é maior que a minipílula e, caso se esqueça de tomá-la, você tem 12 horas para remediar a ação sem correr riscos.

Injetável à base de progestagênio

Você pode usar o anticoncepcional injetável trimestral – acetato de medroxi-progesterona – se estiver amamentando. O tratamento deve ser iniciado seis semanas depois do parto – a medicação impede a ovulação a cada 90 dias. Trata-se de um método seguro. O índice de falha é de 0,2 a 0,5 gestação em cada cem mulheres/ano.

Dieta para voltar à forma

Durante a amamentação, você deve manter a mesma alimentação da gravidez. Dar o seio provoca muita fome e sede, uma vez que o gasto calórico é muito alto (em torno de 500 kcal por dia). Se não exagerar à mesa, o simples fato de aleitar a ajudará a voltar rapidamente ao seu peso.

1. Consuma frutas, legumes e verduras diariamente. Coma pelo menos cinco porções desses alimentos por dia. Quanto mais colorido o prato, maior será a quantidade de nutrientes ingerida. Dê preferência às frutas da estação.
2. Não se esqueça dos alimentos ricos em ferro. Mineral extremamente importante para prevenir a anemia. Feijão, lentilhas, grão de bico ou soja são fontes importantes desse nutriente. Para aumentar a absorção do ferro pelo organismo, tome sucos naturais de limão, laranja ou acerola, que contêm bastante vitamina C.

O feijão, rica fonte de ferro, não causa cólicas no bebê.

3. Diminua o consumo de pratos ricos em gorduras e açúcares: salgadinhos, frituras, carnes gordas e manteiga só devem ser usados esporadicamente (uma vez por semana). Bolos, doces e biscoitos também devem ser evitados.
4. Faça refeições regularmente. Crie uma rotina de alimentação com seis refeições ao dia (café, lanche da manhã, almoço, lanche da tarde, jantar e ceia) e inclua alimentos integrais no cardápio. São nutritivos e dão saciedade. Ao alimentar-se mais vezes ao dia, em porções moderadas, você controla o peso.
5. Beba no mínimo dois litros de água por dia. Você também pode optar por chás de camomila e erva-doce, além de sucos naturais. Mas não abuse destes últimos, pois contêm grande quantidade de calorias. Evite café, chá-mate ou preto e refrigerantes. Não consuma bebidas alcoólicas durante a amamentação.

Depressão pós-parto

Durante toda a gravidez e a amamentação, a mulher enfrenta uma guerra hormonal. Resultado: as emoções despertadas pela chegada de um novo integrante na família podem ir da alegria à angústia, do medo ao amor incondicional. Quando a fragilidade emocional é transitória, ganha o nome de *blues puerperal* ou *baby blues*, tristeza pós-parto. Mas quando vem para ficar e não se percebe melhora em duas ou três semanas, o quadro se torna mais preocupante: é o que se chama depressão pós-parto.

A depressão pós-parto costuma aparecer nas primeiras quatro semanas depois do nascimento do bebê e até um ano depois. Menos frequente do que a tristeza puerperal, atinge de 10% a 15% das mães. Os sintomas se sobrepõem a vários outros normais no puerpério, desencadeados pela necessidade de dar atenção total ao bebê e provocados pela privação e disfunção do sono, que geram irritabilidade, cansaço, perda do apetite, alterações gastrointestinais e falta de libido.

Sinais adicionais são ansiedade significativa, crises de pânico ou de fúria, sentimentos de culpa, vergonha, inadequação ou inabilidade para cuidar do bebê e incompetência como mãe, sensação de sufocamento, opressão, não vinculação com a criança e agressão refreada contra ela.

Vários tabus dificultam a identificação e o tratamento da depressão pós-parto: além do próprio desconhecimento dos

ISSO É NORMAL

Quando uma criança nasce, a vida vira de cabeça para baixo. Os pais precisam abrir espaço para o filho e somar às tarefas financeiras e domésticas a função de educar.

médicos, muitas mulheres têm medo do diagnóstico e preconceito contra psiquiatras. Além disso, os familiares não dão importância ao quadro e minimizam os sintomas. Resultado: o problema pode acabar interferindo na dinâmica familiar, no vínculo afetivo entre os pais e na relação mãe-bebê.

A depressão pós-parto é uma doença e, como qualquer outra, deve ser tratada. Na maioria das vezes, o profissional recorre a remédios associados a uma terapia.

Baby blues

A tristeza materna do pós-parto, também conhecida como *blues puerperal*, é um estado de melancolia transitório, que se caracteriza por alterações do humor, leves ou moderadas, tais como irritabilidade, ansiedade, insônia, crises de choro e redução da concentração. Muito frequente, acomete 50% a 80% das mulheres que deram à luz; costuma se manifestar três dias depois do parto e se estender por duas a três semanas.

Alguns fatores podem influenciar o aparecimento desse estado emocional: histórico de depressão, doença psiquiátrica familiar ou transtorno bipolar, conflito com o parceiro, eventos estressantes nos últimos doze meses, ausência de suporte afetivo ou financeiro do companheiro ou da família, gravidez não planejada, ausência da mãe, incapacidade de amamentar, bebê com malformação congênita e personalidade introvertida ou histérica.

Essa fase deve ser acompanhada pelo parceiro e familiares. Se houver necessidade, procure um psicólogo ou um psiquiatra que possa ajudá-la.

[E nasce um pai]

Seja por ação hormonal, seja pelas mudanças por que passa seu corpo, a mulher é psicologicamente preparada para receber e cuidar do recém-nascido, ao longo de nove meses. O homem, não. No mesmo instante em que nasce o bebê, nasce o pai, e principalmente uma nova família.

O seu papel vai ser acompanhar o pré-natal, assistir ao parto e ajudar a mãe a cuidar do bebê, para além de consolidar o desenvolvimento e o amadurecimento da criança.

Laços de afeto

As manifestações de afeto entre mãe, pai e filho são decisivas para a formação da estrutura emocional da criança e têm importante influência nas relações sociais que ela vai tecer ao longo da vida. Explica-se: a afetividade é o amálgama de todo o desenvolvimento estrutural e psicológico do ser humano e base para a construção de sua personalidade desde seus primeiros anos. As impressões registradas no inconsciente, em função da presença ou da ausência de relações afetivas entre pais e filhos, podem causar graves transtornos no adulto.

A forma como os pais conseguem ou não cuidar de seus filhos diz muito, também, a respeito da forma como eles mesmos foram cuidados por seus pais. Percebe-se que, muitas vezes, há "fantasmas" que aparecem na relação com as crianças. Os modelos internos de paternidade e maternidade são passados adiante e tornam-se a diretriz que a criança utilizará quando se tornar adulta.

Os pais devem ser muito ativos nos primeiros dias do nascimento e durante todo o puerpério. Mulheres que se sentem acolhidas têm menos estresse nesse período, o que resulta em maior qualidade do vínculo familiar.

Como lidar com a depressão

A tristeza puerperal e a depressão pós-parto são muito comuns, e o homem deve estar atento aos sinais que apontam para esse problema. Ele deve amparar, auxiliar e tentar animar a nova mãe, destacando aspectos positivos de cuidar de uma criança e evitando críticas.

Caso perceba que a mulher está mais chorosa ou confusa, deve levá-la ao médico para uma consulta. Pedir orientação a um psiquiatra ou a um psicólogo é a melhor ajuda que pode dar.

A depressão no homem

Quando uma mãe está deprimida, toda a família se encontra em posição de risco para desenvolver doenças psiquiátricas, inclusive o pai. Em outras palavras: a depressão pós-parto na mulher aumenta as chances de o homem sofrer dela também.

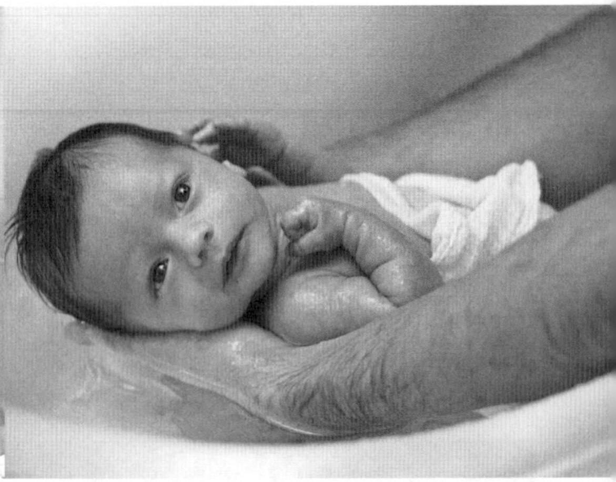

Durante a gravidez, ele enfrenta uma série de mudanças que influenciará a relação conjugal e seu vínculo com a criança. Com a chegada do bebê, passa por transformações no âmbito familiar, como questões de ordem financeira e de segurança. E tem mais: os homens também sofrem uma queda nos hormônios, neste caso uma diminuição no nível da testosterona, que pode se manter baixo por vários meses depois do parto.

O pai tem de lidar com novos vínculos afetivos – tanto com a mulher como com o novo componente da família – e, eventualmente, pode se sentir rejeitado por sua parceira. Então, flutuações hormonais, pressão econômica, concorrência afetiva e o momento psicológico da mulher lançam o homem num turbilhão emocional.

Existe, ainda, uma cobrança social para que o pai se torne mais participativo em relação aos cuidados com o bebê. Porém, não há um método eficaz que o ajude a compreender seus sentimentos e possíveis formas de cuidar tanto da mulher quanto do filho. Diante da ignorância acerca do que está vivenciando, ele acaba se tornando frágil, o que contribui para que adoeça.

Ele também pode precisar fazer uso de medicamentos e terapia, inclusive uma terapia familiar. Quanto mais rápido buscar auxílio, menos riscos enfrentará a nova família.

Desinteresse sexual

A disponibilidade irrestrita da mãe ao bebê faz com que não tenha tempo para cuidar de si mesma, fique mais cansada e impaciente. Isso provoca alterações no apetite sexual. E, paralelamente, a libido é influenciada pela quantidade de hormônios em circulação durante a amamentação.

O corpo mudou e ainda não voltou ao normal. Os seios estão maiores e soltam leite durante as 24 horas do dia. O órgão genital ainda pode estar atrofiado,

o que provoca dor. O dia a dia mudou, e você tem pouco convívio social. Tudo isso mexe com a sexualidade.

O novo papai deverá ter um pouco de paciência nesses primeiros tempos, mesmo porque forçar a atividade sexual pode gerar traumas. Assim, uma boa dose de companheirismo, de romantismo e de compreensão ajudará até que a situação se normalize.

Sem horas de descanso

A amamentação exclusiva é muitas vezes cansativa tanto para as mães quanto para os pais participativos. Muitas vezes, o bebê mama de hora em hora ou acorda quando menos se espera. Isso começa a ser angustiante para os pais que não conseguem programar horas de lazer ou de descanso.

Durante a amamentação, é natural que você prefira ficar sozinha com o bebê, para fortalecer vínculos, ou porque ele tem dificuldade para mamar e precisa de

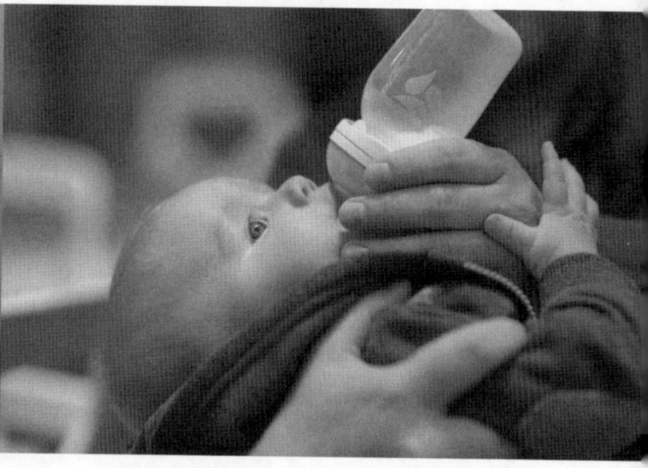

um ambiente sossegado. Esse momento entre mãe e filho muitas vezes faz com que o homem se sinta rejeitado, excluído da relação. E ele acaba se isolando.

Uma dica: você e seu companheiro podem estabelecer uma função para ele durante a amamentação. Ele pode, por exemplo, colocar um vídeo para que possam assistir juntos enquanto o bebê se alimenta, ou ele pode simplesmente ficar por perto e providenciar algo – uma almofada, um copo de água, uma mantinha para a criança –, se houver necessidade.

Ciúmes da relação

Durante os nove meses de gestação, seu companheiro esteve ao seu lado, vibrando com cada chute do bebê. Juntos, vocês escolheram o enxoval e montaram o quarto do filho. Depois que ele nasceu, porém, muita coisa mudou. Seu companheiro está mais agressivo e faz dezenas de cobranças: quer sua atenção, reclama de sua ausência e de seu cansaço. Esse pode ser um sinal de que ele está com ciúme da sua relação com o bebê.

Isso é muito comum com o primogênito e, principalmente, quando o casal demorou muito para ter filhos. O pai sente ciúmes dos cuidados com o bebê e das novas atribuições que a sua parceira acumulou, tais como amamentar, trocar fraldas, acalmar o choro e brincar com o bebê. Geralmente, esse é um sentimento passageiro, faz parte das transformações provocadas pela presença de mais um membro na família.

Ao perceber mudanças de comportamento em seu companheiro, tente dedicar a ele algum tempo para conversar. Explique que são fases que vocês terão de passar juntos e que é possível retomar as atividades prazerosas que faziam juntos, agora com o bebê. Deixe claro que precisa dar mais atenção ao seu filho nessa fase, pois ele é totalmente dependente, mas que isso não vai durar a vida toda. Acima de tudo, diga o quanto ele é importante para você e para a família que vocês estão constituindo.

Faça a sua parte: procure ter um momento especial com seu parceiro de vez em quando. Mostre-se interessada no dia a dia dele, opine, vibre, compartilhe. Isso ajudará a amenizar o ciúme que ele possa eventualmente sentir.

Mas se as reações deles forem exacerbadas e a agressividade estiver passando do limite, nada impede que procure orientação com um psicólogo. Ele vai ajudá-la a lidar melhor com essa fase.

As obrigações

As funções paternas mudaram muito socialmente. No passado, o homem se limitava a trabalhar e garantir o sustento da família. Hoje, ele tem a mesma responsabilidade da mãe perante seus filhos, provendo afeto e cuidando deles. A sociedade entende que os pais devem estar presentes ao longo de todo o desenvolvimento da criança.

É muito importante que o pai aprenda a arcar com suas obrigações em relação ao bebê: colocá-lo para dormir, dar banho, trocar fraldas, participar das consultas médicas, levá-lo para tomar vacina. Isso faz com que os vínculos afetivos se fortaleçam.

Muitas vezes, os pais não foram educados para exercer esse papel e se sentem desnorteados em relação ao que podem fazer ou como fazer. Tarefas simples, como segurar a criança no colo ou trocar uma fralda, parecem bicho de sete cabeças. O choro da criança, em especial, pode causar angústia, impaciência ou desespero no adulto que não sabe como entendê-lo. Homens, em geral, têm mais dificuldade para lidar com choro de crianças. Porém, devem aprender que essa é ainda a única forma de comunicação entre elas e o mundo. O recém-nascido vai chorar sempre que quiser expressar algo: dor, fome, insatisfação, frio, calor, insegurança. Com o tempo, o pai que cuida do bebê aprende a decifrar a causa da queixa.

Dormir na sala

Esse é o principal erro que um casal pode cometer. O pai não pode ser excluído do ambiente apenas para maior conforto da mãe ou para que o choro do bebê não o acorde. Ambos terão de se adaptar à nova rotina familiar.

Por orientação da Sociedade Brasileira de Pediatria, o bebê deve ser mantido com os pais (e, na ausência deles, com um responsável) até os 6 meses, uma vez que nesse período ainda pode engasgar ou ter apneia. Isso significa que o berço do bebê, ou o carrinho, deverá permanecer no mesmo cômodo dos pais. Mas não quer dizer que o pai deve sair do quarto; ao contrário, tem de ficar e ajudar nos cuidados da criança.

Após esse período, a permanência do bebê no quarto dos pais não deve ser estimulada de forma alguma. Ele deve ter seu lugar e suas coisas.

Pais separados

Mesmo quando pai e mãe não vivem mais juntos, o homem deve participar da rotina diária do filho. Durante o período de amamentação, ele não pode ter a guarda compartilhada, mas seis meses depois já é possível.

Um relacionamento saudável entre os pais garante uma boa educação e um crescimento tranquilo à criança. Em proveito dela, é importante que o casal procure alcançar um ponto de equilíbrio.

Durante os primeiros seis meses de amamentação, o pai separado poderá participar, ficando na casa da mãe pelo menos duas horas por dia. As visitas diárias são importantes para que o bebê se acostume com sua presença e seu tom de voz.

O que diz a lei

O leite materno é essencial ao bebê. Fornece nutrientes para seu crescimento e desenvolvimento saudáveis. Nos primeiros seis meses, você deve amamentar de modo exclusivo, sem oferecer água, chá ou qualquer outro alimento. Passado esse período, e até os 2 anos ou mais, serão introduzidos alimentos complementares ainda que seu filho continue no seio.

A legislação brasileira reconhece a importância do leite materno e do aleitamento e estimula empregados e empregadores a elegê-los como prioridade durante algum tempo. Em resumo, mães que trabalham e amamentam têm direito, nos primeiros seis meses, a duas pausas de meia hora cada uma, ou a sair uma hora mais cedo. Além disso, usufruem da licença-maternidade de 120 dias e, em situações especiais, por motivo de saúde da criança ou da mãe, essa licença pode ser prorrogada por mais duas semanas, mediante apresentação de atestado médico.

O pai tem direito à licença-paternidade de cinco dias a partir do nascimento do bebê.

Direitos das gestantes e dos lactantes

1. Direito à estabilidade de emprego - O artigo 10º (inciso II, letra b) da Constituição Federal veda a dispensa arbitrária ou sem justa causa da empregada gestante e lactante, desde a confirmação da gravidez até cinco meses após o parto.

2. Direito à licença-maternidade - São direitos dos trabalhadores urbanos e rurais, além de outros que visem à melhoria de sua condição social:

- A licença de 120 dias consecutivos à gestante, sem prejuízo do emprego e do salário, podendo ter início no primeiro dia do nono mês de gestação, salvo antecipação por prescrição médica.
- A empregada deve, mediante atestado médico, notificar o seu empregador da data do início do afastamento do emprego, o qual poderá ocorrer entre o 28º dia antes do parto e a data do nascimento do bebê.
- Os períodos de repouso, antes e depois do parto, poderão ser aumentados de duas semanas cada um, mediante atestado médico.
- Durante o período de quatro meses, a mulher terá direito ao salário integral e, quando variável, calculado de acordo com a média dos seis últimos meses de trabalho, bem como às vantagens adquiridas, sendo-lhe ainda facultado reverter à função que anteriormente ocupava.
- No caso de nascimento prematuro, a licença terá início a partir do parto.
- No caso de natimorto, decorridos trinta dias do evento, a mulher será submetida a exame médico, e se julgada apta reassumirá o exercício.
- No caso de aborto atestado por médico oficial, a mulher terá direito a trinta dias de repouso remunerado.
- Para amamentar o filho até a idade de 6 meses, a trabalhadora terá direito, durante a jornada de trabalho, a uma hora de descanso, que poderá ser parcelada em dois períodos de meia hora.
- Quando a saúde do filho exigir, o período de seis meses poderá ser dilatado, a critério da autoridade competente.

3. Garantia de local apropriado para permanência de seu filho:

- Direito à creche - Todo estabelecimento que empregue mais de trinta mulheres com mais de 16 anos deverá ter local apropriado onde seja permitido à empregada guardar sob vigilância e assistência os seus filhos no período de amamentação. Essa exigência poderá ser suprida por meio de creches distritais mantidas, diretamente ou mediante convênios, com outras entidades públicas ou privadas como SESI, SESC, LBA, ou entidades sindicais.
- Art. 397 - O SESI, o SESC, a LBA e outras entidades públicas destinadas à assistência à infância manterão ou subvencionarão, de acordo com suas possibilidades financeiras, escolas maternais e jardins de infância, distribuídos nas zonas de maior den-

sidade de trabalhadores, destinados especialmente aos filhos das mulheres empregadas.

- Art. 400 – Os locais destinados à guarda dos filhos das operárias durante o período da amamentação deverão dispor de, no mínimo, um berçário, uma saleta de amamentação, uma cozinha dietética e uma instalação sanitária.

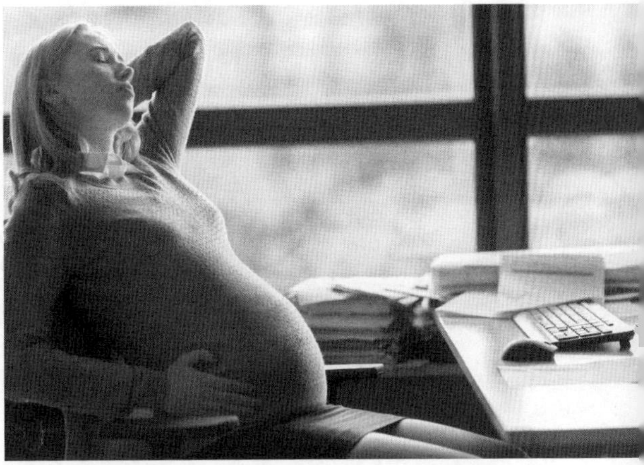

Conquistas e perspectivas

A Sociedade Brasileira de Pediatria idealizou a proposta que se transformou na Lei 11.770/08, de autoria parlamentar da senadora Patrícia Saboya, sancionada pelo ex-presidente Lula em 9 de setembro de 2008, segundo a qual fica autorizado o serviço público federal a conceder os seis meses de licença-maternidade. Na iniciativa privada, a partir de 2010, as empresas que quiserem podem estender o benefício às suas funcionárias, em troca de ressarcimento integral em impostos federais (dos dois meses suplementares, além dos quatro já estabelecidos pela Constituição). A conquista visa a proporcionar um começo de vida saudável às crianças, graças à presença da mãe, um ambiente afetivo adequado e uma nutrição ideal, por meio do aleitamento materno exclusivo.

Outra lei, em tramitação no Congresso, é a Lei do Prematuro (Lei 6.388/2002), segundo a qual a mãe da criança nascida antes dos nove meses tem direito a uma licença-maternidade acrescida do período referente à diferença entre o nascimento prematuro da criança e a data esperada (os nove meses). No estado do Rio de Janeiro e no município de Belo Horizonte (MG), propostas similares já vigoram entre as funcionárias públicas.

Recomendações importantes

- Até que o direito da licença-maternidade de seis meses passe a vigorar para todas as mulheres que trabalham, recomenda-se à grávida acumular férias para somá-las aos 120 dias previstos por lei. Dessa forma, ela poderá ficar mais tempo perto do bebê.
- A licença-maternidade deve ser requerida no dia do nascimento do bebê. Mas se você precisar se afastar antes, peça um atestado médico.
- Toda mulher deve exercer sua cidadania, garantindo a si mesma e a seu filho os direitos assegurados por lei. Procure sempre manter um bom diálogo com seu patrão, em nome da boa harmonia no ambiente de trabalho. Nunca é demais lembrar: seus direitos estão assegurados por lei, são legítimos e devem ser respeitados.

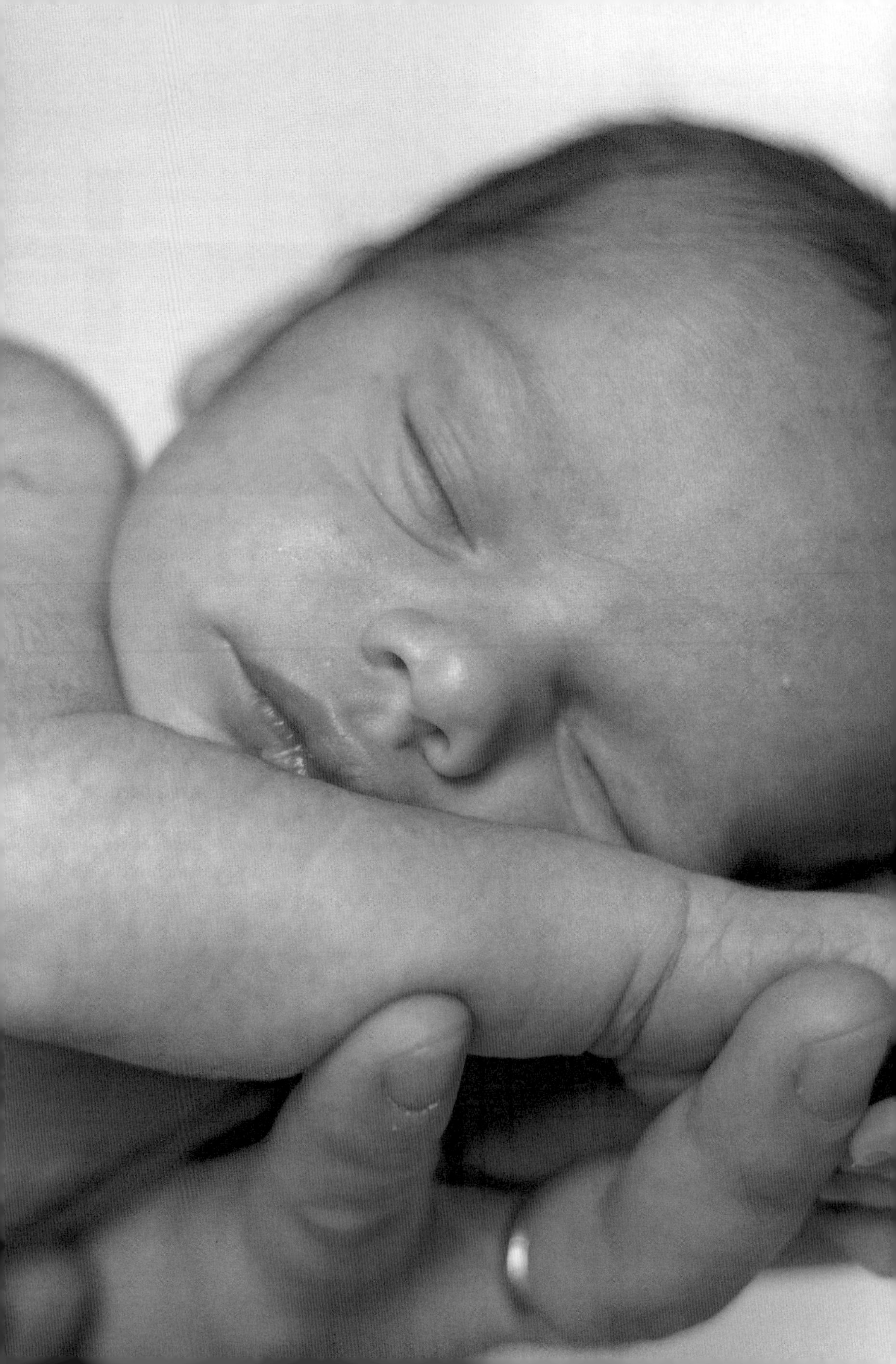

2

O recém-nascido

Capítulo 7

O bebê está em casa

Alta do hospital: esse é um grande dia. Você volta para casa e leva junto a pessoa mais importante da sua vida: seu filho. Tudo é tão novo: o enxoval, o berço, o cheirinho do bebê. Apesar de feliz, uma ponta de insegurança a atormenta – o choro, as reações, a maneira como seu filho

mama. Dá até a impressão de que você está enxergando o universo pela primeira vez e não sabe como interpretá-lo.

Sim, o bebê será seu novo mundo por meses e meses. Todas as manifestações que ele fizer podem deixá-la com certo medo no começo. Até um simples espirro. E você vai acordar na madrugada para ver se o recém-nascido está respirando. Bem-vinda ao mundo da maternidade: bebês cansam, exigem, desgastam e choram. Mas como viver sem eles?

Os primeiros dias

Quando sair da maternidade, prefira transportar seu filho em um bebê-conforto próprio para carros. Ele deverá ser firmemente imobilizado e preso, como mostra a figura a seguir. Nunca transporte o recém-nascido no colo. De acordo com as leis brasileiras, essa é uma infração passível de multa. Mas o que mais importa é garantir a segurança da criança. Havendo qualquer acidente de trânsito, se ele estiver no colo, você o esmaga com seu peso, causando lesões que podem ser irreversíveis.

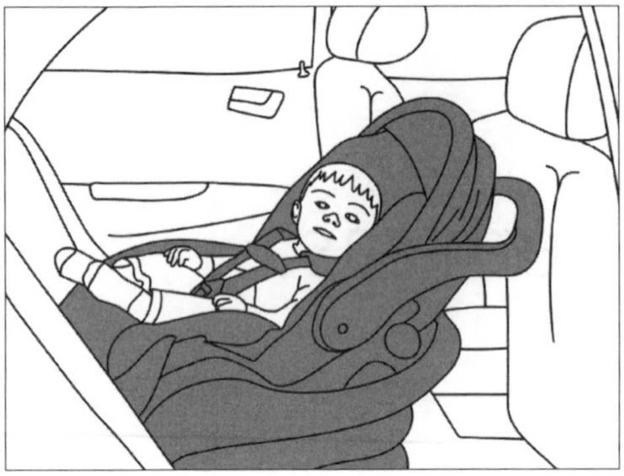

Ao chegar em casa, aproveite para descansar enquanto o bebê estiver dormindo, e não use esse tempo para cuidar dos afazeres rotineiros. Sua família deverá arcar com essas obrigações nos primeiros dias, até que você esteja totalmente adaptada à nova vida.

Outra medida importante é ter um número de telefone de emergência à mão, de maneira a poder pedir ajuda e ser rapidamente atendida se algo acontecer com o bebê ou com você mesma.

Os primeiros dias são, de fato, de adaptação – tanto os pais estão se acostumando com o bebê como ele próprio está se familiarizando com o fato de ter de respirar e mamar. Pode não parecer, mas essas são funções exaustivas para um recém-nascido. Portanto, o ideal nos primeiros dias é restringir ao máximo o número de visitas e manter o resguardo.

Cuidados simples

Sua casa deve estar preparada para receber o bebê. Ela precisa estar limpa, sem obras, sem umidade e, principalmente, deve ser segura. Veja algumas medidas que você terá de tomar daqui para frente.

Mantenha o ambiente arejado

Portas e janelas devem ser abertas pelo menos uma vez ao dia para que o ar circule. Isso é particularmente importante em relação ao aposento onde você pretende receber visitas, pois diminui a concentração de vírus no ambiente. A luz do dia é importante: o bebê precisa dela para produzir os hormônios que vão ajudá-lo a diferenciar o dia da noite. Durante o dia, então, não mergulhe a casa na penumbra e deixe a luz do sol entrar.

Higienize a casa

Mantenha a faxina em dia. Não varra a casa; use um pano úmido para limpar os cômodos. Quando você passa a vassoura, a poeira permanece rodopiando no ar por cerca de dois dias. Se achar necessário, use um aspirador de pó. Evite carpetes e tapetes: além de acumular poeira, podem provocar tropeços. E lembre-se: produtos com cheiro forte são absolutamente proibidos nessa fase.

Tenha atenção à temperatura

O ambiente não deve ser nem muito quente nem muito frio. A temperatura boa para o recém-nascido varia de 23 a 26° C. Se for necessário ligar o ar-condicionado para obter essa temperatura, não hesite. Evite acionar o ventilador na direção da criança. Ele levanta poeira. E, entre os dois, prefira o ar-condicionado. Nos dias de inverno mais rigoroso, cubra bem o bebê para mantê-lo quente, e não se esqueça de luvas, meias e toca.

Silêncio e limpeza

O bebê deve permanecer em ambiente aconchegante, com o mínimo de barulho possível. Evite muitos panos, como cortinas. Elas acumulam poeira e poluem o lugar. Dê preferência às persianas de plástico ou de algum material que possa ser limpo facilmente com um pano úmido. Procure não ter bichos de pelúcia no quarto. Eles retêm o pó.

Envolvimento forte

A maternidade implica a transição do papel de mulher para o de mãe e também o desenvolvimento do chamado "instinto materno". Durante algum tempo depois do parto, mãe e filho permanecem psicologicamente ligados, como se o cordão umbilical ainda não tivesse sido rompido. Essa vinculação é essencial à criança até que ela consiga se adaptar ao mundo.

O bebê sente necessidade de ficar no colo e, às vezes, mesmo depois de saciado, não quer sair de perto da mãe. As sensações de prazer que ele tem, inicialmente, são proporcionadas pelo calor do corpo da mãe e a sucção do seio. Por isso, qualquer incômodo desperta nele o desejo de ficar junto da mãe e mamar, ainda que em pouca quantidade.

O calor materno, a voz que ele ouve ao longo de toda a gestação, o cheiro da mãe são sensações muito familiares. Ao nascer, ele já parece saber quem é sua mãe – e realmente sabe disso. São laços que ficarão para a vida toda.

A amamentação exclusiva no peito também fortalece a ligação entre ambos. Esse momento único é relatado pelas mães como o mais prazeroso da relação com o bebê. O envolvimento entre mãe e filho tende a se tornar tão forte que o pai pode se sentir excluído. Não deixe isso acontecer. Fortaleça o vínculo do bebê com a família toda, incluindo pai e avós. Isso será bom quando, mais tarde, você retomar suas atividades e ele precisar se adaptar à nova rotina.

Famílias diferentes

O conceito de família mudou muito. Existem mães (ou pais) com filhos de outros casamentos e casais homoafetivos que decidem ter um bebê ou mesmo adotar um. O que deve prevalecer é que a criança precisa de amor e atenção desde o nascimento, independentemente de quem sejam os seus pais ou como é formada a sua família.

Casais com filhos de outros relacionamentos

Meios-irmãos devem ser preparados da mesma forma que irmãos do mesmo casamento. Nesses casos, o sentimento de rejeição é mais comum. Converse com eles e mostre como são importantes do mesmo modo que o recém-nascido. Cuidado especial com os primogênitos: eles podem ser mais velhos que o bebê recém-chegado, mas nem por isso devem arcar com tarefas e responsabilidades de adultos.

Casais homoafetivos

A união de duas pessoas do mesmo sexo pode gerar filhos por meio de barriga de aluguel ou fertilização *in vitro*. Esse bebê terá dois pais ou duas mães. Não existe nenhum cuidado especial para tomar. Basta que seja amado e aceito de forma convencional.

Pais adotivos

Segundo a lei, qualquer pessoa maior de 18 anos é capaz de adoção. Depois de o processo concluído, você terá direito à licença-maternidade de quatro meses e o pai, a cinco dias de resguardo. Esse período serve para fortalecer o vínculo com a criança, já que a amamentação está descartada.

Uma vez que seu nome esteja incluído na fila de adoção de seu Estado, você será avisada de que existe uma criança com perfil compatível ao que indicou. Lembre-se de que a criança que você vai adotar já foi rejeitada no passado, o que a torna ainda mais especial. Ela precisará de muito amor para passar por essa fase de transição. Não poupe esforços.

Vovó, a nova moradora

Importantes no processo de criação das crianças, os avós ajudam a cuidar, dão conselhos e são, muitas vezes, responsáveis por ficar com elas quando a mãe volta a trabalhar.

Dizem os mais velhos que os avós são "pais com açúcar". Mas é preciso estar atento porque eles não devem tomar conta da situação. Muitos casais resolvem se mudar temporariamente para a casa dos pais assim que o bebê nasce, ou, em sentido contrário, são os avós que vêm morar na casa onde se encontra o bebê. Afinal, eles têm mais experiência e podem ser bastante úteis nos primeiros dias.

TOME NOTA

As regras para adoção

Como devo proceder para me candidatar à adoção?
Inicialmente, procure a Vara de Infância e Juventude de seu município e informe-se a respeito da documentação que vai precisar juntar. Em geral, os documentos pedidos são: carteira de identidade, CPF, certidão de casamento ou de nascimento do interessado, comprovante de residência e de rendimentos, atestado ou declaração médica de sanidade física e mental e certidões cível e criminal.
Em seguida, com a ajuda de um defensor público ou de um advogado particular, você terá de fazer uma petição para dar início ao processo de inscrição para adoção. Só depois de aprovado, seu nome será habilitado a constar no cadastro local e nacional de pretendentes à adoção.

Quem pode adotar no Brasil?
Pessoas solteiras, viúvas ou que vivem em união estável podem adotar. A adoção por casais homoafetivos ainda não está estabelecida em lei, mas alguns juízes dão parecer favorável. A lei determina que haja uma diferença de dezesseis anos entre quem deseja adotar e a criança.

Quais são as etapas a seguir até a habilitação?
Primeiro, você terá de fazer um curso de preparação psicossocial e jurídica para adoção. Ele é obrigatório. Uma vez feito isso, você e seu parceiro (se houver) serão submetidos à avaliação psicossocial por meio de entrevistas. Também estão previstas visitas domiciliares por parte da equipe técnica. Nesses encontros é apreciada sua situação socioeconômica e psicoemocional. O resultado da avaliação será encaminhado ao Ministério Público e ao juiz da Vara de Infância. A partir do laudo da equipe técnica da Vara de Infância e do parecer do Ministério Público, o juiz dará a sentença. Caso o pedido seja acolhido, seu nome passa a integrar os cadastros local e nacional por dois anos.

Em que momento defino o sexo e a idade da criança?
Durante a entrevista técnica, você descreve o perfil da criança que quer. E pode escolher o sexo, a faixa etária, o estado de saúde, além de informar quantas crianças deseja adotar – uma, duas ou mais, irmãos. Quando a criança tem irmãos, a lei determina que o grupo não seja separado.

Os conselhos dos avós não devem se sobrepor às orientações de pediatras e enfermeiros. É com o médico que você deve tirar, sempre, todas as suas dúvidas. Se perceber que seus pais ou seus sogros estão precisando atualizar suas informações, leve-os junto à consulta com o pediatra.

Irmãos mais velhos

Eles vão sentir ciúmes. Isso é normal. Mas você terá de prepará-los para aceitar o fato de que a família cresceu. Assim que souber que está grávida, trate de atribuir ao seu filho um status superior, o de irmão mais velho. Ele deve sentir o irmãozinho mexer em sua barriga e ser incentivado a conversar com ele. Procure realçar o fato de que ele vai ganhar um amigo para a vida toda.

É aconselhável que ele também participe da escolha do guarda-roupa do recém-nascido. Aproveite a oportunidade para lhe contar e relembrar como foi quando você descobriu que ele estava a caminho e mostrar fotos do quarto, das roupas e do parto dele para que perceba que também foi muito desejado.

Um mimo sempre ajuda: compre um presente para que ele dê ao irmãozinho quando o bebê nascer. E coloque as duas crianças em contato o quanto antes. Deixe seu primogênito tocar no irmão, pegá-lo no colo com sua ajuda, beijá-lo. Toda forma de carinho deve ser estimulada. Deixe que interajam sem interferências. Você também pode ensiná-lo a trocar uma fralda ou pentear o cabelinho do bebê. Seu filho mais velho deve se sentir importante e útil em relação ao irmão.

Muito cuidado para não dar atenção exclusiva ao recém-nascido em detrimento aos seus outros filhos. Isso acontece principalmente por conta da amamentação. Enquanto o bebê estiver no seio, procure assistir a um desenho animado com as outras crianças, e quando o mais novo estiver dormindo, aproveite esse tempo para dividir atividades prazerosas com os mais velhos.

Os avós também têm uma grande missão para com os filhos mais velhos. Eles devem acompanhá-los mais de perto e ajudar a cuidar deles, já que você terá de amamentar o recém-nascido. Um cinema, um sorvete, uma olhadinha nas notas da escola serão muito bem-vindos.

As primeiras visitas

Quando um bebê nasce, todo mundo da família quer conhecê-lo o quanto antes. Já na maternidade, os parentes se aglomeram para fazer fotos e dar os primeiros presentes. Mas é preciso levar em conta que a criança acabou de nascer e você se prepara para dar a primeira mamada. Por isso, as visitas precisam ser bem curtas e se restringir aos parentes mais próximos.

Existe um manual de visitas que você pode mandar para os amigos. Alguns pais optam por não receber visitas nas primeiras semanas ou até mesmo no primeiro mês de vida da criança. Apesar de o assunto ser controverso, deve ser decidido antes do nascimento do bebê e claramente enunciado a todos os interessados. As visitas aos bebês que têm problemas de saúde são, muitas vezes, proibidas. Nesse caso, cabe às enfermeiras avisar que nenhum integrante da família pode entrar no quarto.

No hospital ou na maternidade, é preciso fazer valer regras de higiene para evitar que o bebê pegue uma virose. É preciso também levar em conta que esse um período de resguardo.

- Não receba nenhuma visita sem ter sido avisada. O mais importante, nas primeiras semanas, é descansar e ganhar forças. É frequente que o bebê enfrente dor de barriga ou flatulência. Não é ofensa dizer que você está ocupada.
- Evite receber visita no horário da amamentação, ou muito cedo ou muito tarde. Você e seu companheiro estão se adaptando à privação de sono e podem querer tirar cochilos quando o bebê estiver tranquilo. As visitas podem e devem esperar.
- Não aceite acordar o bebê para que a visita brinque com ele. Ele deve dormir a maior parte do dia e só acordar para mamar. Leve em conta que ele não sabe interagir com ninguém e não vai poder sorrir para a visita. Deixe-o descansar tanto quanto quiser e explique à visita que quem faz os horários é ele.
- É perfeitamente compreensível que você tenha medo que seu filho pegue uma virose quando estiver no colo de alguma visita. Vinda da rua, ela pode ser portadora de vírus e bactérias e não saber disso. Os recém-nascidos são muito vulneráveis a esse tipo de contágio, principalmente no início da vida, e é perfeitamente legítimo que você não queira colocar seu filho em risco. Talvez você tenha medo de que a visita não tenha muito jeito com crianças pequenas – peça desculpas gentilmente e não ceda apenas por educação.
- Não aceite sugestões dos outros apenas para ser cordata. Faça o que o seu coração e, principalmente, o seu instinto materno mandam. Mais do que atender a orientações e conselhos de familiares, você deve esclarecer dúvidas e seguir o que o seu pediatra lhe diz.
- Higienize as mãos quando for pegar o bebê e determine que os outros façam o mesmo. As mãos estão sempre sujas de poeira da rua – para dizer o mínimo –, e o bebê é muito sensível a isso. Lavar as mãos também evita a transmissão de doenças. Lembre-se de ter sempre por perto um vidro de álcool em gel.

- Não use perfumes fortes nem permita que suas visitas se aproximem do bebê se estiverem muito perfumadas. O nariz do recém-nascido é muito mais sensível do que o do adulto.
- Seja parcimoniosa com as fotos. Não é nada recomendável incomodar o sono do bebê para que pose ao lado da visita que acabou de chegar. Flash nem pensar.

- Não permita que as visitas peguem a mão do bebê ou o beijem no rosto. Ele costuma colocar a mão na boca com frequência, o que pode acabar sendo fonte de transmissão de doenças. Evite esse tipo de contato.
- Restrinja as visitas a uma meia horinha. Nada mais.
- Nunca permita que alguém visite o bebê se estiver resfriado ou tiver qualquer outra doença. A criança não tem anticorpos num primeiro momento.

O bebê no mundo

Aos poucos, ele aprenderá a reconhecer vozes e sons e a ter horários. Quase todas as mães anseiam por mostrá-lo ao mundo e, mais rapidamente ainda, voltar à sua rotina de trabalho e vida social.

Você precisa ter um pouco de paciência. Durante o primeiro mês de vida da criança, evite ambientes fechados, como restaurantes e shoppings. Você deve fazer pequenos passeios ao ar livre – parques, pracinhas ou calçadão da praia – e por um curto período. Converse com o pediatra para saber quando seu filho poderá viajar ou estar em contato com outras crianças. Geralmente, após os três primeiros meses o bebê pode acompanhá-la a todos os lugares.

Animais de estimação

Vai longe o tempo em que a convivência entre recém-nascidos e animais de estimação era terminantemente desaconselhada.

Muitos médicos achavam que o cão ou o gato da família poderia provocar alergias e outras doenças no bebê. Isso é em parte verdadeiro, mas hoje se sabe que os benefícios do convívio com animais são muito maiores para a criança.

Quando o bebê nasce, seu bichinho de estimação poderá sentir ciúme. Dê uma roupinha do bebê, que ele não usará mais, para ele cheirar e permita que se aproxime da criança. Com medidas simples que

você adotar, ele conseguirá se enquadrar e desenvolver afeição pelo recém-chegado. Quem sabe até "adotá-lo".

Antes da chegada do bebê em casa, cheque a saúde de seu animal: veja se as vacinas estão em dia, se as unhas estão aparadas e descarte a possibilidade de ele ser portador de pulgas e carrapatos.

A convivência entre crianças e animais de estimação resulta em aprendizado, sempre. Seu filho aprende a se relacionar com os outros e a desenvolver sensibilidade, senso de observação, compreensão e aceitação dos sentimentos de solidariedade, generosidade, zelo, afeto, carinho e respeito pelo outro.

Além da carga afetiva, os animais também podem trazer outros benefícios à saúde de crianças. As terapias assistidas por animais são capazes de promover melhoras físicas, sociais, emocionais e cognitivas. Elas são indicadas para quem tem deficiências sensoriais (auditiva e visual), dificuldades de coordenação motora (ataxia), atrofias musculares, paralisia cerebral, autismo, síndrome de Down e distúrbios comportamentais.

Capítulo 8

Singularidades do recém-nascido

Cada bebê é um ser único, com particularidades que podem ter uma origem genética ou não. No entanto, algumas características são muito frequentes como cólicas e gases.

Sinais de nascença

As pintas ou sinais de nascença, que recebem o nome científico de *nevos melanocíticos*, podem estar presentes no momento do nascimento ou aparecer com o tempo. Muitas vezes, têm um componente familiar e podem estar na mesma posição que as dos pais da criança. A coloração da pinta varia de acordo com o tom de pele da criança (branca, parda ou negra) e permanece até a vida adulta. Quando ela muda de cor ou tamanho, é preciso consultar um dermatologista para avaliação.

Manchas na pele

Elas geram muita ansiedade nos pais, principalmente quando são grandes. Neste caso, a dúvida é se vão sumir ou não. Algumas são características de doenças e outras apenas resultado da miscigenação de etnias (branca-negra, por exemplo). Todas as pintas ou manchas devem ser observadas pelo pediatra e, em caso de dúvida, um dermatologista deve ser consultado para um diagnóstico definitivo.

As manchas mais comuns são:

Manchas salmão no rosto – Aparecem em 50% a 70% dos recém-nascidos brancos e se caracterizam por uma coloração rósea-clara com limites indefinidos, que desaparece quando pressionada com o dedo. São mais frequentes na região occipital (atrás da nuca), quando são popularmente apelidadas de "bicada da cegonha". Na área da testa, aparecem perto das pálpebras superiores e têm como denominação "beijo dos anjos". A coloração aumenta com o esforço e o choro, pois é causada pela imaturidade dos vasos sanguíneos que irrigam a região. Melhoram gradativamente até desaparecer, o que costuma acontecer entre o primeiro e o terceiro ano de vida.

Hemangioma da infância – É o tumor vascular benigno mais observado nesse período. Em geral, não é visto quando a criança nasce e inicia seu crescimento na primeira quinzena, ganhando velocidade até os 6 a 9 meses. Em seguida, nota-se uma regressão lenta até os 9 anos. É mais observado em meninas e prematuros. São lesões tumorais de coloração vinho, localizadas na cabeça e no pescoço, mas podem ser múltiplas e pequenas. Na maioria dos casos, não exigem tratamento, pois há uma involução espontânea. Quando houver alteração do tamanho ou da localização, ou comprometimento estético, é possível dar início a um tratamento medicamentoso. O hemangioma pequeno pode ser acompanhado pelo pediatra, mas sendo maior deve ser avaliado por um dermatologista. Atualmente existe tratamento medicamentoso que pode ser usado em hemangiomas grandes ou em regiões como rosto e genital.

Manchas mongólicas – São frequentes nos habitantes da América Latina e aparecem em 10% dos brancos, 40% dos latinos, 80% dos negros e 90% dos orientais. Caracterizam-se por uma coloração marrom-azulada ou arroxeada e localizam-se principalmente na região das costas e das nádegas, mas podem ser vistas no tronco e nas extremidades. O tamanho pode variar de poucos a vários centímetros. Não necessitam de tratamento e tendem a desaparecer com o tempo.

Freio lingual curto – Também conhecido por "língua presa" ou anquiglossia, é uma anomalia frequente, que se deve à

VOCÊ SABIA?

Durante o último trimestre da gestação, o feto é recoberto por um biofilme protetor chamado *vérnix caseoso* – uma substância esbranquiçada que forma uma espécie de capa à prova de água, a fim de permitir a maturação da pele. O biofilme lubrifica a pele e facilita a passagem pelo canal de parto. É mais abundante no recém-nascido a termo, escasso nos nascidos pós-termo e quase ausente nos prematuros. Esse manto protetor contra a maceração para infecções bacterianas desaparece poucos dias após o nascimento. Por isso, não deve ser removido nas primeiras horas (exceto se houver risco de transmissão de doença materna, como o HIV). Outras propriedades protetoras do *vérnix* são a hidratação, a termorregulação (regulação da temperatura do corpo) e a cicatrização de feridas. É também por esse motivo que o recém-nascido não deve tomar banho nas primeiras horas de nascimento, e preferencialmente 24 horas depois do parto.

inserção do freio muito próxima da ponta da língua. À medida que o aleitamento é exercido, a língua vai se desenvolvendo e o freio se inserindo mais para trás. Geralmente não há necessidade de intervenção, mas pode ser corrigida ainda na sala de parto ou quando não houver melhora do posicionamento do freio antes do início da fala, através de um tratamento específico. Atualmente, em casos de dificuldade na amamentação e teste da linguinha compatível com freio labial curto, a correção deverá ser feita via laserterapia ou corte com bisturi. O procedimento é geralmente orquestrado por odontologista pediátrico ou cirurgião pediátrico.

Pérolas de Epstein e/ou nódulos de Bohn – São tecidos que restam do desenvolvimento do interior da boca e têm a forma de pequenas bolinhas brancas, encontradas no céu da boca ou, ainda, na gengiva. Acometem cerca de 40% dos recém-nascidos. Não há necessidade de intervenção, pois não causam dor, e desaparecem espontaneamente em poucas semanas.

Candidíase oral – Conhecido das mães e avós, o "sapinho" normalmente não causa problemas no recém-nascido, desde que iniciado um tratamento apropriado. Em geral, são os próprios pais que constatam ao ver uma camada grossa branca na língua ou na gengiva do bebê. Mas é preciso diferenciá-la dos restinhos de leite materno que podem grudar na língua. Se as lesões se limitam à língua e desaparecem quando você passa uma gaze com água, não é candidíase. As lesões da candidíase oral são mais comuns nas laterais da boca. Caso você desconfie que seu filho está com sapinho, lave bem as mãos, cubra o dedo com uma gaze e toque em uma das lesões para ver se some. Muitas vezes não desaparece e, se desaparecer, deixará a pele bem vermelha no local, podendo inclusive causar sangramento. A ocorrência de sapinho requer tratamento com medicação antifúngica tanto para a boca do bebê quanto para os mamilos da mãe. A infecção leva até uma semana para ser debelada. Se o bebê fizer uso de chupeta e mamadeira, elas deverão ser esterilizadas para não propagar a candidíase. Mesmo sendo uma doença sem gravidade, o tratamento deverá ser seguido à risca e iniciado o quanto antes para que não avance e provoque dor no bebê. Se não houver melhora em uma semana, se o quadro piorar ou se a criança apresentar febre, é preciso consultar novamente o médico. O tratamento deve ser mantido pelo tempo recomendado, por mais que as lesões tenham desaparecido.

Eliminação do mecônio

As primeiras fezes do bebê são eliminadas nas 48 horas que se seguem ao parto, mas podem ocorrer na barriga da mãe, e podem inclusive indicar sofrimento fetal. Elas têm uma coloração preta e gelatinosa e, em geral, não têm cheiro. Com o tempo, vão clarear: isso pode levar cerca de uma semana. A frequência das evacuações varia bastante: o bebê pode evacuar a cada mamada ou pular um dia ou até mais. Nesse início de vida, o intestino está se regularizando e o volume de leite ingerido ainda é pequeno para provocar a eliminação diária.

Cor e frequência das fezes

A coloração, a frequência e a consistência das fezes geram preocupações. Veja algumas informações básicas.

Frequência – É normal a criança eliminar fezes após as mamadas ou depois de algum esforço maior, como chorar. Também é normal ficar até dez dias sem evacuar, para desespero de muitos pais. Não há muito o que fazer, a não ser observar o desenvolvimento do quadro. Pode acontecer de a criança evacuar cinco vezes em um dia e, em seguida, pular vários dias. O pediatra deve intervir se a prisão de ventre estiver incomodando o recém-nascido ou se for necessário recorrer a uma massagem para aliviar os gases.

Consistência – Às vezes, pode dar a impressão de que o bebê está com diarreia. Mas as fezes dos recém-nascidos são predominantemente líquidas, pois eles não ingerem alimentos sólidos. Poderão ter pequenos grânulos ou ser amolecidas. Em contrapartida, se as fezes do bebê estiverem mais endurecidas, é preciso consultar o pediatra.

Coloração – A coloração preta vai evoluir do verde-oliva para o amarelo-escuro, dependendo do tempo que a criança ficou sem evacuar. O mais importante é dar atenção às grandes variações desses padrões.

Evacuação explosiva

Apesar de causar surpresa, é normal e acontece por um reflexo intestinal, chamado *reflexo gastrocólico*. Ocorre logo depois que o bebê mamou. A maioria dos bebês tem esse reflexo, ou seja, mama e evacua ou solta gases, mas algumas crianças o tem exacerbado, o que leva a evacuações explosivas. O reflexo exacerbado pode gerar desconforto no bebê, porque aumenta a contração do intestino, produzindo cólicas fortes, mas rápidas.

VOCÊ SABIA?

Preste atenção se há sangue nas fezes de seu filho. A presença de hemoglobina é sempre preocupante e deve ser comunicada ao médico. Muco – secreção que lembra catarro – ou fezes enegrecidas após uma semana de vida também devem ser avaliados.

Gases

Muitas mães confundem gases com cólicas. Os gases são uma dor em cólica ou pulso que aparece esporadicamente, tem curta duração e desaparece quando a criança os elimina. Geralmente, ela faz força e fica vermelha para expulsar os gases. Esses episódios podem se repetir várias vezes ao dia, sem que o bebê esteja realmente com cólica.

Constipação intestinal

Esse é nome científico para a prisão de ventre ou intestino preso. É muito comum o bebê ficar alguns dias sem evacuar, já que, além da imaturidade do sistema digestório, ele mama pequena quantidade de leite e, portanto, é incapaz de produzir um bolo fecal (fezes) que o obrigue a evacuar. Esse ritmo desregulado pode se estender até 4 ou 6 meses.

Fique atenta se o bebê ficar mais de dez dias sem evacuar, se a consistência das fezes estiver endurecida ou se houver sangue ou muco na fralda. Nesses casos, é preciso consultar o pediatra para descartar a ocorrência de doença intestinal associada à prisão de ventre.

Cólicas

Provocam choro por mais de três horas por dia, mais de três dias por semana e mais de três semanas em crianças bem alimentadas e aparentemente saudáveis. As cólicas aparecem na terceira semana e desaparecem em torno do terceiro mês de vida. É um choro constante, excessivo e imprevisível, que não cessa com a amamentação e pode ser associado ao arqueamento das costas, rubor e flexão das pernas sobre o abdômen. As cólicas são o flagelo da maioria dos bebês (cerca de 40%) e geram muito estresse nos pais, principalmente em se tratando dos inexperientes, que não sabem bem o que fazer.

A etiologia da cólica ainda não é totalmente conhecida, mas acredita-se que possa estar relacionada à imaturidade e hipermotilidade do trato gastrintestinal, bem como fatores psicossociais e bactérias existentes no intestino. A alimentação materna como possível causa das cólicas ainda é controversa. Elas podem ocorrer tanto em bebês amamentados no seio quanto naqueles que se alimentam com leite de vaca (fórmulas). Entretanto, existe a possibilidade de alguns alimentos consumidos pela mãe (leite, soja, trigo, nozes) passarem para o leite que produz, provocando cólicas. Esses alimentos só devem ser retirados da dieta da mãe caso as cólicas estejam associadas a outros sintomas gastrointestinais que apontem alergia alimentar, como a presença de rajas de sangue nas fezes do bebê.

Como diferenciar o choro provocado por cólica? Esta é uma das perguntas mais frequentes que se fazem nos consultórios, principalmente em se tratando de mães de primeira viagem. A resposta é simples: só o tempo ensina a diferenciá-lo. O bebê chora por diversas razões: fome, frio, sono, calor, dor, incômodo provocado pela fralda molhada ou apertada ou até porque quer aconchego e carinho. Aos poucos, você vai aprender a identificar o motivo que leva seu filho a chorar. O choro de cólica é inconsolável quando se dá o peito, se troca a fralda, se aquece o bebê ou se dá colo.

Manter a calma é o principal tratamento para a cólica do bebê. Um ambiente tranquilo e uma música suave podem ajudar a relaxar você e seu filho. Outras medidas podem trazer algum conforto:

- Um banho morno ajuda a relaxar;
- Movimentos nas pernas do bebê,

VOCÊ SABIA?

Você já ouviu falar no nome disquezia? O nome parece feio, mas com certeza seu bebê teve ou tem ou você já ouviu algum bebê que tivesse.

Enquanto o bebê está só mamando, ele terá um padrão só dele de fazer o seu cocô. Uns vão fazer a cada troca de fralda, outros vão ficar até 7 dias sem evacuar. Porém, as fezes sempre serão moles (líquidas com grumos). Isso tudo é normal.

Contudo, alguns bebês, em algum momento da vida, quando sentirem vontade de fazer cocô, vão fazer muita força, ficar vermelhos, chorar, gemer, levar até 10 minutos para conseguir evacuar, mesmo com as fezes moles. Isso tem nome científico: *disquezia*. Angustia muito as mães porque parece que a criança está sofrendo muito, mas isso é porque o bebê está aprendendo a fazer o cocô (para nós, parece simples, mas eles têm de coordenar a vontade de evacuar com o relaxamento da musculatura pélvica e a abertura do esfíncter anal e eliminar as fezes). Isso pode acontecer em bebês que mamam só leite materno ou também nos que usam outro leite, e não é doença. É apenas o desenvolvimento do bebê.

É importante você saber que seu bebê vai crescer, se desenvolver, amadurecer e aprender. A disquezia vai passar sozinha e ele vai fazer cocô normalmente, sem sofrimento, nem para ele e nem para você.

A primeira coisa a se pensar é não se desesperar, mesmo que pareça que o seu bebê esteja sofrendo muito. Com o seu instinto, tente consolá-lo com afagos e carinhos. Dobrar as pernas do bebê sobre a barriga dele pode ajudar. Lembre-se de que isso não é prisão de ventre. Sendo assim, não medique com remédios laxantes e, antes dos 6 meses, evite iniciar qualquer outro alimento (sucos, frutas laxantes, chás e outros leites), principalmente se o bebê estiver em aleitamento materno exclusivo; isso pode atrapalhar mais do que ajudar.

A posição da higiene natural pode auxiliar crianças que apresentam repetidamente os sintomas no decorrer do dia. E claro: em qualquer caso de dúvida, fale sempre com o seu pediatra. Ele pode e vai te ajudar!

como "pedalar no ar", permitem eliminar os gases em excesso;

- Massagem na barriguinha do bebê, sempre no sentido horário, mobiliza os gases e diminui a dor;
- Compressas mornas com toalhas felpudas passadas a ferro têm efeito analgésico. Mas antes de aplicá-las sobre a barriga do bebê, verifique a intensidade do calor da peça sobre seu próprio rosto. Lojas especializadas e farmácias vendem compressas próprias para cólicas de recém-nascidos.

Outra iniciativa que pode acalmar o bebê é aconchegá-lo de bruços sobre sua própria barriga ou apoiá-lo de bruços na extensão de seu antebraço. Uma mamadeira de chá não resolve o problema e está contraindicada para os bebês até o 6º mês ou quando for introduzida a alimentação complementar. Ao contrário: pode prejudicar a amamentação e até mesmo piorá-la. Remédios contra gases podem ser eventualmente usados, mas, muitas vezes, mesmo em doses máximas e repetidamente, não oferecem alívio.

Urina

A produção de urina é um dos principais marcadores de que o bebê está se desenvolvendo bem. Muitas mães dão mais importância às fezes, mas o grande parâmetro é a urina. Assim como o ganho de peso, é um termômetro que indica que a criança está mamando bem e crescendo. É difícil avaliar se o recém-nascido está produzindo o volume de urina adequado. A tabela abaixo indica o quanto uma criança urina, em média, ao longo do dia. Uma forma de fazer essa medição é prestar atenção ao número de fraldas molhadas que se troca por dia. Em média, serão sete e, muitas vezes, a urina vai estar misturada com uma pequena quantidade de fezes. Em dias muito quentes, porém, esse volume pode diminuir, mas é preciso alertar o médico caso o bebê passe a urinar muito pouco.

Urina alaranjada

Um belo dia, você vai trocar a fralda do bebê e leva um susto: tem sangue na urina dele. Ela está alaranjada ou rosada, e parece haver cristais retidos na fralda. Acalme-se. Isso pode de fato acontecer, principalmente com os meninos. São cristais de urato, gerados pelo acúmulo de substâncias chamadas purinas e ácidos úricos que saem na urina. Não machucam nem causam dor ao bebê. Apesar de normais, você deve ficar atenta porque eles também podem indicar que seu filho está desidratado, apesar de mamar no peito. Caso perceba a coloração diferente, dê

	1º-2º dia	3º-10º dia	10º dia ao 2º mês	2º mês até 1 ano	1-3 anos	3-5 anos	5-8 anos
Volume de urina / dia (em ml)	30-60	100-300	250-450	400-500	500-600	600-700	650-1.400

atenção ao número de fraldas molhadas que vai trocar ao longo do dia e perceba se a criança está mamando adequadamente.

Circuncisão

Durante a cirurgia denominada *circuncisão*, o prepúcio que recobre a glande do pênis do recém-nascido é removido, como se fosse uma fimose. Comum na cultura judaica, o procedimento é considerado simples e a probabilidade de complicações, pequena, desde que a técnica cirúrgica utilizada, a habilidade do cirurgião e os cuidados pós-cirúrgicos sejam bons.

O procedimento deve ser realizado em hospital ou em ambiente adequadamente higienizado com material esterilizado e descartável, seguindo normas de controle de infecção hospitalar. Ele pode ser realizado logo após o nascimento. Depois da remoção do prepúcio, é preciso higienizar a ferida e aplicar a medicação para aliviar a dor. Você deve saber limpar a área e aprender a aplicar o analgésico antes de voltar para casa. Deve ficar atenta à formação de pus, sangramento, febre ou diminuição do volume de urina. Neste caso, precisará buscar atendimento médico, pois há possibilidade de infecção ou estenose do meato uretral (diminuição do canal por onde passa a urina).

Moleira ou fontanela

Assim como o restante do corpo do bebê, a cabeça está em formação. Ela crescerá à medida que ele crescer. O cérebro vai aumentar a cada atividade nova: novos neurônios serão criados para desempenhar novas habilidades, como andar, falar, correr. Para isso, dentro da sua barriga, os ossos não se fecharam. Daí a importância da moleira. Cabe a ela permitir que a cabeça do recém-nascido atravesse o canal de parto e cresça à medida que o cérebro se desenvolve.

Na cabeça da criança, existem duas fontanelas, nome científico que se dá à moleira: a anterior e a posterior. Raramente se nota a fontanela posterior. Ela pode, inclusive, nascer fechada em alguns casos, sem que isso traga prejuízo ao desenvolvimento da criança. Quando ela está aberta, é pequena, tem em torno de 2 cm de diâmetro e fecha rapidamente. Na maioria das vezes, após o segundo mês de vida, já está fechada.

A moleira anterior é mais importante. Todos os bebês precisam ter uma. Ela pode medir entre 1 e 5 cm e permanecerá aberta por, pelo menos, 9 meses, fechando-se quando o crânio se consolidar. Ela pode permanecer até os 2 anos, sem que isso represente problema algum. Se fechar antes do tempo, configura-se uma doença chamada cranioestenose, que requer cirurgia para reabertura.

Não existe nenhum cuidado específico em relação à fontanela. Os mais velhos afirmam que ela não pode ser molhada e não deve ser lavada com xampu. Isso não é verdade.

Você pode acariciar a cabeça de seu bebê sem medo. Às vezes, pode acontecer de ela aumentar de tamanho quando o bebê chora, ou de se retesar, ficando dura e tensa, em dias de calor. Outra característica:

é pulsátil, já que por ali passam veias que irrigam e transportam oxigênio para o cérebro do bebê.

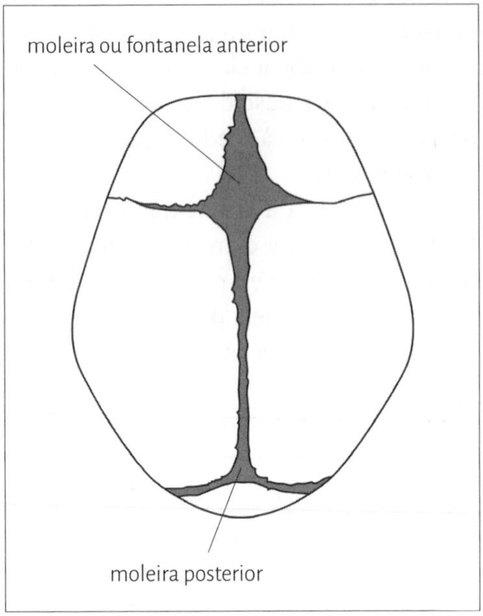

O cordão umbilical

É uma estrutura única, constituída por uma fina camada que recobre o tecido de duas artérias e uma veia, e responde pela alimentação do feto durante a gestação. Logo após o nascimento, é cortado da placenta e a partir desse momento não recebe mais oxigênio, entrando num processo de mumificação, em que adquire coloração preta até cair.

Até que caia, é preciso tomar alguns cuidados, já que a região concentra numerosas bactérias que podem causar infecção local e levar o bebê ao hospital. A principal orientação é manter a higiene local: o umbigo deve estar sempre limpo e seco. Para higienizá-lo, você deve estar com as mãos limpas. Para tanto, use sabonete ou, se preferir, álcool em gel. Outra medida importante para evitar infecções é trocar frequentemente as fraldas da criança, logo depois de cada micção ou evacuação. O uso de álcool etílico 70% aplicado com um cotonete ou uma gaze sobre o cordão, principalmente nas partes que tocam a pele do bebê, a cada troca de fralda e após o banho, também é útil para desinfetar a área.

Espirros

É muito comum ouvir a mãe dizer que o bebê nasceu resfriado ou com alergia. Isso não é verdade. Todo bebezinho espirra. No primeiro mês, os espirros se devem ao fato de o recém-nascido precisar escoar os líquidos acumulados em seu sistema respi-

ISSO É NORMAL

É possível que o bebê nasça com hematomas na cabeça. São ocasionados pelas pequenas batidas que ele dá para passar pela bacia da mãe. A este tipo de alteração se dá o nome científico de *bossa serossanguínea*. Parece um galo que nasceu na cabeça do bebê. Mas não se preocupe: ele desaparecerá em poucos dias, sem deixar consequências.

VOCÊ SABIA?

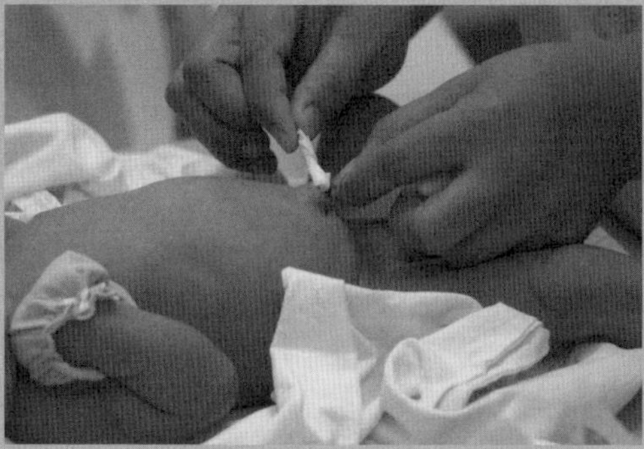

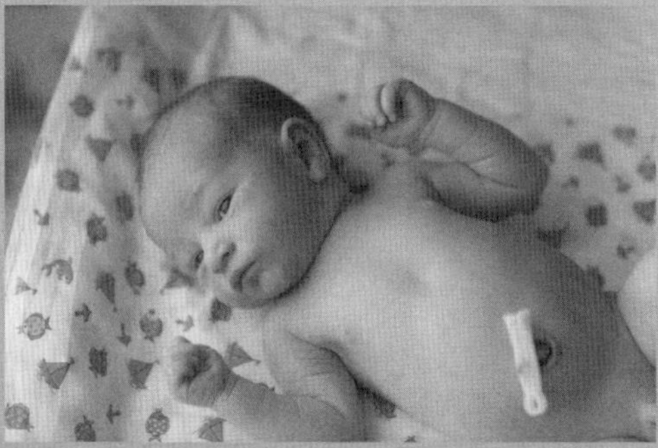

Você não precisa colocar cinteiro em seu filho. Ele pode aumentar a pressão abdominal, gerando desconforto e obrigando o músculo a fechar antes do tempo.

Os músculos abdominais de seu filho ainda não estão fechados ao nascer. Isto faz com que a barriga dele seja mais volumosa. Essa alteração no músculo reto abdominal, à qual se dá o nome de diástase, ocorre para facilitar a saída da criança pela vagina. Ela também permite que, com o tempo, o umbigo adquira uma posição correta, para dentro do abdômen. Isso acontece paulatinamente, à medida que os músculos vão se juntando, num processo que só termina quando a criança já tem um ou dois anos. Você não precisa colocar cinteiro em seu filho. Ele pode aumentar a pressão abdominal, gerando desconforto e obrigando o músculo a fechar antes do tempo. No passado, as mães usavam uma moeda para forçar a retração do umbigo. A medida é totalmente desaconselhada, pois pode provocar grave infecção.

ratório (nariz, boca e pulmões) enquanto estava na barriga da mãe. Você também poderá notar que o nariz dele fica entupido, sem mais nem menos. Isso vai acontecer nos dois primeiros meses de vida. A produção de secreção nasal, a partir do segundo mês, e a incapacidade de se livrar dela, faz com que a criança espirre repetidamente. Seja como for, é muito fácil ajudar seu filho a se livrar desses incômodos: basta pingar soro fisiológico no nariz sempre que notar que há algum tipo de obstrução.

Soluços

Eles são muito comuns nos recém-nascidos. O corpo do bebê está se desenvolvendo e desempenhando algumas funções que antes não fazia – uma delas é respirar.

Existem dois conjuntos de músculos responsáveis pela respiração – o diafragma, localizado embaixo dos pulmões, que separa os pulmões dos órgãos do abdômen, e os músculos respiratórios, que recobrem toda a região do tórax. Quando esses músculos funcionam desordenadamente, a criança soluça.

Sabendo disso, deixe seu bebê soluçar à vontade. Isso não faz mal algum. Colocá-lo para mamar reverte a situação, mas não é necessário. Nenhum outro paliativo – como aplicar um pedaço de papel na testa – tem comprovação científica, embora não sejam proibidos.

Olhos lacrimejantes

A causa mais comum de lacrimejamento do recém-nascido é a obstrução das vias lacrimais. O canal lacrimal é um pequeno conduto que comunica a superfície ocular com o nariz e é por ele que boa parte da lágrima é drenada. Ele fica no cantinho do olho, próximo ao nariz. Em aproximadamente 6% dos recém-nascidos esse canal lacrimal não está totalmente aberto, fazendo com que a criança tenha lacrimejamento e secreção.

Bebês com entupimento do canal lacrimal frequentemente acordam com os olhos colados e vão melhorando ao longo do dia. Nove em cada dez crianças com o problema se curam espontaneamente, nos primeiros meses, ainda que os pais associem o fato a uma conjuntivite.

A secreção em excesso deve ser removida com soro fisiológico ou água filtrada. As massagens locais são de grande ajuda, devendo-se comprimir suavemente o cantinho dos olhos com a polpa do dedo indicador. Em seguida, faça movimentos circulares. Repita o procedimento três vezes ao dia.

Quando a obstrução não se corrige espontaneamente, é preciso fazer uma sondagem das vias lacrimais cirurgicamente, depois dos 8 meses. Por conta do entupimento do canal lacrimal, alguns bebês têm mais risco de desenvolver conjuntivite bacteriana. Por isso, muito cuidado com o aparecimento de secreção purulenta ou vermelhidão na íris.

Estrabismo

A visão é um dos sentidos que mais rapidamente evoluem no recém-nascido. Os bebês nascem com a visão limitada, apenas 30 cm, mas a capacidade de focar se desenvolve velozmente até os 6 meses, quando já conseguem enxergar até três metros.

Outro conjunto de órgãos que tem de se desenvolver são os músculos que controlam os movimentos dos olhos. São seis músculos para cada olho. Para focalizar um objeto com os dois olhos, todos os músculos de cada um devem trabalhar harmoniosamente. Ou seja, um único músculo imaturo acaba gerando movimentos desconexos, dando origem ao estrabismo.

Existem tipos de estrabismo: o olho estrábico pode estar desviado em direção ao nariz (estrabismo convergente), para o lado (estrabismo divergente), para cima ou para baixo (estrabismo vertical). Até 4 ou 6 meses, estar vesgo é normal por conta da imaturidade dos músculos. Depois disso, um oftalmologista deverá ser consultado para acompanhar a criança e avaliar a necessidade de fisioterapia ocular com óculos ou microcirurgia. O ideal é que o tratamento se inicie antes de a criança completar 2 anos.

Tremor no queixo

Não existe uma explicação científica para essa manifestação; trata-se de um traço da personalidade da criança. Alguns tremem ao chorar ou quando estão com frio; outros tremem sem justificativa. Há um componente familiar e não existe tratamento para diminuir ou interrompê-lo. Com o tempo e a maturidade, é possível que desapareça.

VOCÊ SABIA?

Parar de respirar momentaneamente – a tal perda de fôlego – tende a acontecer depois de um choro intenso ou muita dor. Também pode surgir um arroxeado ao redor da boca. Não há por que se desesperar: a situação volta rapidamente ao normal. Com o tempo, as crises tendem a diminuir.

Náuseas

Enquanto esteve na barriga da mãe, o bebê ficou envolto em água e a engoliu comumente. Ao nascer, resquícios desse líquido podem ficar no estômago, gerando náuseas e regurgitação nos primeiros dias de vida. Essas náuseas podem continuar aparecendo se o bebê mamar demais, por exemplo, ou se o leite retornar.

Engasgo

O engasgo é caracterizado pela dificuldade de respirar em associação a uma tosse relativa. É muito comum porque o bebê ainda não sabe sugar e respirar ao mesmo tempo. Você vai notar que ele respira mais rapidamente e, muitas vezes, para de ma-

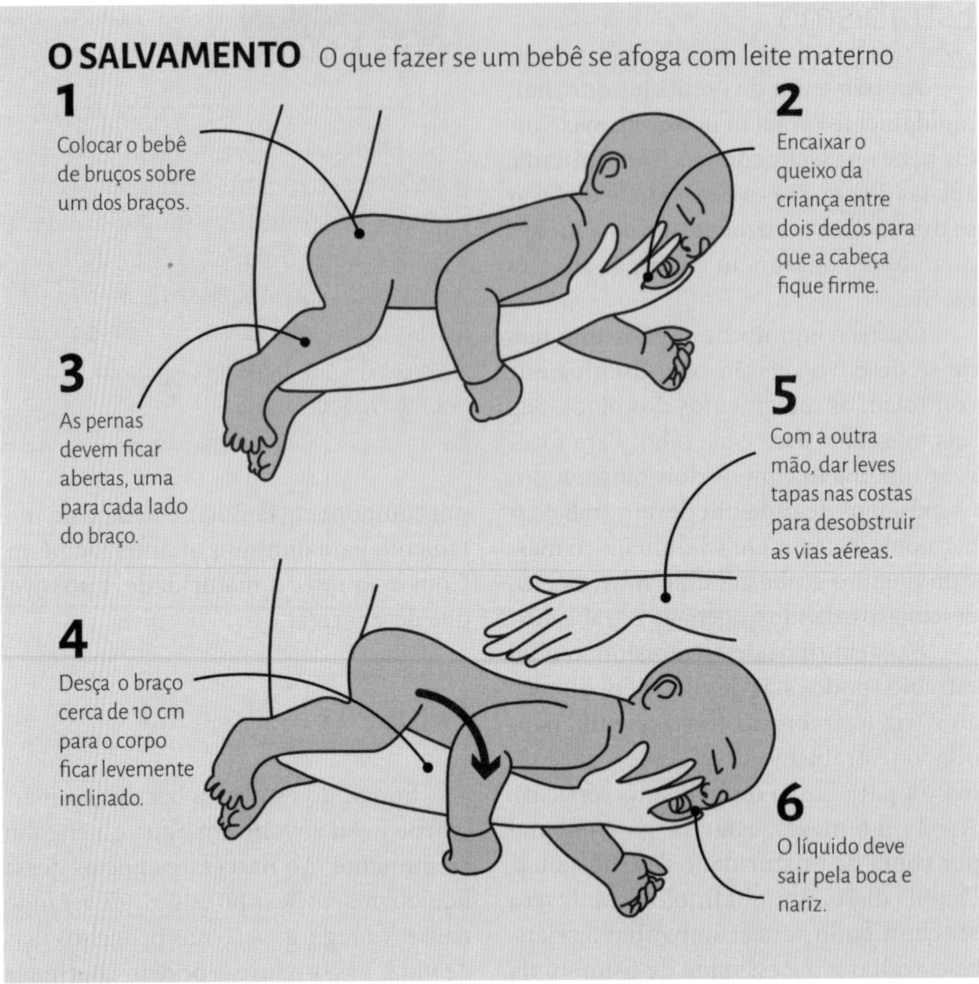

mar. Isso é normal e ocorre para compensar os dois episódios.

Às vezes, a criança começa a mamar e respira de forma descompassada ao mesmo tempo, o que leva o leite para o sistema respiratório em lugar do digestório. Como reação, ela engasga e pode tossir. Também pode ter uma coloração arroxeada em volta da boca.

Nada pode impedir a criança de engasgar, mas é importante aprender a desengasgá-la. Inicialmente, coloque-a em pé. Se isso não bastar, siga as orientações da ilustração acima.

Uso de chupeta

A sucção é um reflexo do bebê desde o útero materno e pode ser observada pelas ultrassonografias que o mostram chupando o dedo. Esse reflexo é vital para o

Os sorrisos efetivos (e afetivos) vão acontecer um pouco mais para a frente, quando seu filho tiver 1 ou 2 meses

crescimento e o desenvolvimento psíquico da criança. Ela tem uma necessidade fisiológica de sugar, especialmente no primeiro ano de vida: graças à sucção, garante seu alimento e libera endorfina, um hormônio que produz sensação de prazer e bem-estar. Essa é a grande função da chupeta.

Se por um lado ela apazigua bebês muito irritados e, segundo estudos, tem um possível efeito protetor contra a morte súbita (etiologia que se caracteriza pela morte do recém-nascido sem causa aparente, durante o sono), desde que seja oferecida quando a amamentação já está estabelecida e somente após a terceira semana de vida, enquanto ele dorme, por outro alguns estudos mostram que a chupeta está sempre associada com um tempo menor de aleitamento materno e que dificulta a amamentação.

Chupar a chupeta e mamar no peito são coisas diferentes, o que acabaria confundindo a criança e atrapalhando a amamentação. Outros estudos apontam problemas com a oclusão dentária devido ao uso de chupeta, que levaria à deformação da arcada dentária e à mastigação deficiente, além de atraso na linguagem oral e dificuldade na fala. Crianças que usam chupeta correm duas vezes mais risco de ter má oclusão dentária. Por isso, a Sociedade Brasileira de Pediatria recomenda que os pais façam uso criterioso da chupeta e ensinem o quanto antes a criança a ser livrar dela.

Chupar o dedo

Esse é um comportamento instintivo e natural do bebê, que já coloca os dedos na boca quando ainda está na barriga da mãe. Ele faz isso para fortalecer a musculatura responsável pelos movimentos da sucção, preparando-se para mamar. A sensação de conforto acalma a criança, que passa a relacionar a sucção com um estado de segurança e aconchego. O hábito pode durar certo tempo, e os problemas só aparecem quando esse gesto se torna frequente e se estende para além do primeiro ano, transformando-se em mania ou gesto automático.

Além disso, nessa época da vida, a mão é a melhor amiga do bebê; então ele vai descobrir a mão e os objetos através da boca. Não tire o dedo ou a mão até pelo menos 9 meses; isso pode, inclusive, atrasar o desenvolvimento do bebê, como a sua abertura e a segurar objetos.

Alguns especialistas, entre eles os dentistas, afirmam que entre chupar o dedo e a chupeta após o primeiro ano, a segunda opção é melhor. Mas quando esse hábito persiste e vai além do primeiro ano, pode provocar atrasos e alterações de fala, de desenvolvimento e amadurecimento da mastigação, de deglutição e de posição dos lábios, causando respiração oral ou mista e até mesmo recusa de determinados alimentos.

Algumas iniciativas podem fazer com que seu filho não chupe mais o dedo: enrole fita adesiva, fita crepe ou esparadrapo no dedo em questão; desenhe personagens na pontinha do dedo ou na unha da criança. Procure não utilizar métodos agressivos e inócuos – como passar no dedo pimenta ou outras substâncias de sabor odioso. Se julgar necessário, consulte um psicólogo.

Os primeiros sorrisos

Os primeiros sorrisos do bebê são involuntários e a criança simplesmente não sabe que está sorrindo. São movimentos de canto de boca, geralmente com os lábios cerrados. Acontecem predominantemente durante o sono.

Os sorrisos efetivos (e afetivos) vão acontecer um pouco mais para frente, quando seu filho tiver 1 ou 2 meses. Nessa hora, o rosto dele se modifica ao sorrir e os lábios descerram.

Capítulo 9

Como identificar e lidar com o choro

O comportamento dos recém-nascidos é muito variável e depende de personalidade e sensibilidade, experiências intrauterinas, parto, fatores ambientais e até do estado emocional da mãe. Todo bebê chora. Crianças absolutamente saudáveis são capazes de chorar entre uma e três horas por dia, sem que haja nada de anormal.

Chorar é o único jeito de o bebê comunicar suas necessidades – fome, frio ou sono – e suas angústias, como dor. Nos primeiros dias, decifrar esse choro é um desafio. Mesmo que você tenha experiência como mãe, cada criança é diferente; umas choram mais que as outras. Isso desperta dúvidas: o bebê está com fome? Frio? Sede? Entediado? Quer colo? Sente dor? A falta de entendimento sobre o choro pode desnorteá-la, mas com o tempo você começará a entender as razões de seu bebê.

Uma certeza é que o choro vai diminuir ou, talvez, você é quem vai passar a ligar menos para ele. Conforme vão crescendo, os bebês aprendem outros meios de se comunicar. Aperfeiçoam o contato visual, fazem barulhinhos e até sorriem. Tudo isso reduz a necessidade de choro.

No início, você só vai encontrar a causa do choro por exclusão de outros motivos. Algumas dicas podem ajudar a afinar o motivo pelo qual a criança chora. Mas lembre-se: manter o controle e diminuir o estresse ajudam. Mães estressadas têm maiores chances de lidar com crianças choronas.

Os motivos que mais provocam o choro dos bebês estão listados a seguir. Experimente excluir um por um até entender o que está provocando as lágrimas de seu filho.

Fome – é o motivo que mais provoca o choro de um recém-nascido. Quanto mais novo ele for, maior a probabilidade de ele chorar porque precisa ser alimentado. O recém-nascido tem o estômago pequeno,

não aguenta uma quantidade muito grande de leite – então, vai mamar com mais frequência. O choro pode se manifestar por gemidos, que não cessam quando o bebê vai para o colo ou é acarinhado, e pode estar associado a outros sinais, como colocar a mão na boca, procurar o seio e estar inquieto. Quando o problema é fome, mesmo no peito, ele pode demorar alguns minutos para se acalmar. Deixe-o no seio alguns minutos ainda, mesmo se continuar chorando, e veja o que acontece. Uma importante causa de desmame é o choro do bebê: acalme-se porque existem inúmeras outras causas para choros persistentes, como problemas com a amamentação e a adaptação a uma vida nova.

A maneira como você amamenta seu filho pode ser uma fonte de incômodo para ele. Se você não o deixar mamar o tempo necessário ou trocar de seio antes da hora, isso pode levar a criança a não consumir a gordura do leite de que precisa, o que vai fazer com que sinta fome mais rapidamente. Caso seu filho chore intensamente ou se as mamadas precisam ser muito frequentes, converse com o pediatra sobre técnicas de amamentação e veja se está fazendo certo.[1]

Fralda suja – é uma das causas do incômodo do bebê mais fáceis de resolver. Boa parte dos bebês não se incomoda de estar com a fralda suja, seja de xixi ou de cocô. Isso só vai acontecer à medida que crescerem, quando a fralda cheia limitar seus movimentos. Mas se o seu bebê está chorando muito, antes de achar que ele está com algum problema sério, troque a fralda.

---

1 Leia mais a respeito nas páginas 249-250.

Sono – seria ótimo se os bebês simplesmente fechassem os olhos e dormissem sempre que estão cansados ou com sono, mas muitas vezes eles não conseguem fazer isso. Algumas crianças ficam muito irritadas e precisam de colo e de aconchego para fechar os olhos; outras simplesmente só dormem no peito. Se o seu filho estiver acordado há horas, se mostrar irritado e piscar os olhos insistentemente, é sinal de sono. Coloque-o num lugar calmo e tente ajudá-lo a dormir.

Refluxo gastroesofágico fisiológico – na primeira hora após a mamada – e se mamou mais do que devia – ou caso o bebê tenha mamado e dormido sem arrotar, o leite pode voltar e gerar uma queimação no estômago dele. Ele vai chorar e movimentar o pescoço, colocando muitas vezes a cabeça para trás. Em geral, se acalma se for colocado em pé, arrotar ou golfar. Se isso se tornar constante, o médico deverá ser consultado para ensinar a forma de evitar que esses episódios ocorram. Mas se acontecer eventualmente, coloque o bebê em pé por uns dez minutos e espere ele se acalmar.

Dor na barriga – o sistema digestivo do bebê é imaturo e se forma predominantemente após o nascimento, a partir dos 15 primeiros dias de vida, e só se completa com 3 a 6 meses. Durante esse período, em especial até o terceiro mês de vida, é normal que o recém-nascido tenha problemas intestinais. Pode ser um simples incômodo na hora de evacuar até cólicas mais frequentes, passando por gases ou prisão de ventre. Normalmente, é mais fácil distinguir a causa do choro quando se trata de uma dor de barriga. O bebê fica vermelho ou chora logo depois de mamar, pode fazer força, nem o peito o acalma. Se as dores persistirem, você pode fazer uma massagem na barriga ou movimentos com as pernas, imitando as pedaladas da bicicleta, colocar uma bolsa de água quente sobre a barriga do bebê, sempre cuidando para não queimar a pele, ou dar algo para o bebê sugar (a chupeta ou o seio), pois a sucção relaxa e alivia a dor.

Aconchego – há bebês que precisam de colo para se sentir seguros. Nos primeiros três meses, é normal a criança querer ficar no colo. Não é manha. Ela ainda não entendeu que o cordão umbilical foi cortado e sente necessidade do calor e do aconchego da mãe. Então, chora. Cada bebê tem seu temperamento: uns lidam melhor com as mudanças nos primeiros dias de vida, outros ficam mais estressados, e quanto mais agitados, mais querem colo. Você deve se manter calma e acalentar seu bebê. Não adianta deixá-lo chorando: ele não tem maturidade para entender. Muitas vezes, a chupeta pode ser útil, acalmando-o graças ao reflexo de sugar. Outra estratégia é utilizar um canguru (ou *sling*), espécie de rede que mantém a criança junto do seu corpo, com as mãos livres para fazer o que precisar. Outra estratégia é embalá-lo e colocá-lo para dormir. Para isso, use uma manta ou um cueiro e deixe as mãos e pernas presas, o que lhe dará uma sensação de conforto, diminuindo a sensação de abandono.

Temperatura do ambiente – a pele do bebê é muito fina e suscetível a mudanças de temperatura, por isso convém agasalhá-lo bem nos primeiros dias. Procure ter bom senso: não exagere nas roupas e não o deixe com frio. A temperatura da barriga do recém-nascido é um bom parâmetro: se tiver quente, tire algumas roupas; caso contrário, cubra-o melhor. O recém-nascido detesta ficar pelado, seja para trocar de roupa ou para tomar banho. Se seu bebê reclamar muito, você aprenderá a trocar a fralda em tempo recorde.

Muitos incômodos – bebês pequeninhos podem ficar contrariados com qualquer coisa. Um simples laço pode incomodar por estar apertando, por exemplo. Um erro muito comum, se você for mãe de primeira viagem, é apertar muito a fralda. Se o seu bebê estiver chorando, observe se alguma coisa o está apertando – a meia, a roupa. Em geral, o bebê fica com uma marquinha no corpo.

Se isso não der certo, pense em duas outras causas: dor ou necessidade de carinho. Quando o bebê está com dor, chora num tom diferente do choro normal: seu lamento é mais desesperado ou mais gritado. Se você sentir que há alguma coisa errada, verifique a temperatura dele, para ver se não está com febre, e observe-o bem e deixe-o mamar bastante. Se não passar, converse com o médico.

Como consolar o chorão

Assim que seu filho começar a chorar, faça um checklist: fome? Fralda suja? Colo?

Primeira medida: tente estimular a sucção. O ato de sugar tem como consequência estabilizar a frequência cardíaca do bebê, relaxar seu estômago e acalmar aqueles movimentos desordenados de braços e pernas. Ofereça uma chupeta ou o seu dedo (limpo) e deixe-o sugar ou coloque-o no peito. Isso o tranquilizará.

Outra alternativa é enrolar o bebê. Recém-nascidos gostam de se sentir tão aquecidos e seguros como se estivessem no útero. Use uma manta e enrole principalmente os braços dele. Um ambiente quente imita o do útero, e o bebê passa a chorar menos e repete o reflexo de Moro[2] – só acontece nos três primeiros meses, quando o bebê joga a cabeça para trás, estica as pernas, abre os braços.

Outra iniciativa importante é melhorar

2 Leia a respeito na página 157.

VOCÊ SABIA?

O reflexo de Moro é uma reação normal em todo recém-nascido, que se caracteriza pela abdução e extensão brusca dos membros superiores e choro forte. É como se a criança estivesse levando um susto naquele momento. É mais intensa nos três primeiros meses. Esse reflexo gera angústia nos pais por conta dos sobressaltos e do choro contínuo. Faz parte do desenvolvimento do sistema nervoso do bebê e quando não ocorre é sinal de algum atraso no cérebro. Para refrear o número de sobressaltos, envolva o bebê em uma manta e mantenha-o no colo por alguns instantes.

o ambiente, cantando para seu filho ou fazendo com que ouça músicas que ouvia durante a gestação. Existem alguns áudios com sons de água que simulam o ambiente intrauterino. Se tudo isso não funcionar, vá para o ar livre, passeie com o bebê. Isso o tranquilizará.

Muitas vezes, um banho quentinho, seguido de uma massagem ao som de uma melodia que lhe é familiar, pode acalmar o bebê chorão. Quando fizer um mês de vida, ele já pode ser colocado debaixo do chuveiro. Depois de um banho, o vaivém no carrinho ou no colo muitas vezes é suficiente para niná-lo. Outra forma de mantê-lo em movimento é colocá-lo numa cadeira de balanço (especial para o bebê, com cinto e proteção) ou sair para passear no carrinho.

Mas cuidado: um chacoalhão na criança pode ser bem perigoso, já que o cérebro e o pescoço dela são muito frágeis – basta uma sacudida brusca para causar lesões cerebrais irreversíveis. A esse quadro dá-se o nome de síndrome do bebê sacudido.

A chupeta consola

Apesar de não ser totalmente indicada por aumentar a chance de desmame, alterar a cavidade oral e a formação da dentição, ela pode ser de grande auxílio nesses casos. Não deve ser usada o dia todo, mas em momentos de maior angústia, para tranquilizar o bebê.

Remédios para cólica

Esse é o último recurso a ser usado para aliviar as cólicas. Inicialmente, o melhor a fazer é uma massagem ou usar uma bolsa de água quente.

Em casos de cólica, o primeiro tratamento hoje recomendado é o uso de probióticos que auxiliam na formação da flora bacteriana e diminuem os episódios de cólica. Existem estudos mostrando grande eficácia nessa medida, mas ela demora alguns dias para ser efetiva na redução dos episódios de crise.

Durante as crises, uma medicação prescrita pelo médico deve ser oferecida. Ela pode ser medicações homeopáticas ou o bom e velho analgésico. O famoso simeticona está cada vez mais em desuso; seu uso tem poucos benefícios documentados na literatura.

É hora de conversar com o pediatra

Nas primeiras semanas, é difícil a mãe se conter e não ligar para o pediatra para pedir conselhos a cada vez que algo de inesperado acontece com o bebê. Qualquer choro

Padrões de sono

Assim como o dos adultos, o sono da criança é dividido em ciclos e fases. Nas primeiras semanas de vida, o recém-nascido dorme bastante – entre dezessete e dezoito horas por dia. Essas horas, porém, não são seguidas, quase nunca mais que três ou quatro horas por vez, seja durante o dia ou à noite. Isso quer dizer que o sono do recém-nascido é entrecortado; ele não vai dormir a noite inteira. E por quê? Porque ele ainda não tem um padrão de sono, já que não produz hormônios como a melatonina, que comunica ao cérebro quando é dia e quando é noite.

O sono é dividido em fases, e todas elas são importantes para o crescimento e o desenvolvimento do bebê.

Durante a primeira fase, conhecida como período de sonolência, quando se sai da vigília, o organismo libera melatonina, uma substância que induz ao sono. Na segunda fase – denominada sono leve –, ocorre uma diminuição dos batimentos cardíacos e da respiração: é quando os músculos relaxam e a temperatura do corpo cai. Nesse momento, muitas crianças (e também adultos) dão pequenos trancos para, posteriormente, relaxar a musculatura. Na terceira e quarta fases, que correspondem ao chamado sono profundo, é liberado o hormônio do crescimento, além de outros, como o cortisol. Depois, o organismo entra na fase REM (rapid eye moviment – *movimento rápido dos olhos), quando ocorrem os sonhos. Essas fases formam ciclos que se repetem durante toda a noite.*

Com 2 a 4 semanas de vida, o recém-nascido ainda não tem uma tabela de horários. Você não vai precisar acordá-lo a cada três horas para mamar. Permita que ele durma enquanto for necessário, mas saiba que o máximo que conseguirá repousar será de quatro a cinco horas seguidas. Mesmo assim, ele ainda dormirá quinze a dezoito horas por dia. Com 5 a 8 semanas, ele começará a ter mais interesse pelas atividades do dia a dia, permanecendo mais tempo acordado durante o dia e dormindo mais à noite.

Progressivamente, já com 3 meses, ele encontrará um equilíbrio e poderá criar uma rotina. Ao longo do dia, ele deverá ter dois ou três cochilos, um pela manhã e dois à tarde. Esses cochilos não devem ser longos nem durar mais de três horas para não atrapalhar o sono noturno. A maioria das crianças acorda por volta de 7 horas. Com 6 meses, a terceira soneca desaparece. O bebê dorme à noite por seis horas e, às vezes, acorda para mamar em torno de três ou quatro da manhã.

desencadeia a necessidade de se certificar de que está tudo bem com a criança. Mantenha em dia as consultas, entre sete e dez dias após o nascimento da criança e, depois disso, uma vez por mês. Anote todas as dúvidas e não saia do consultório sem saná-las. Entre as consultas, entre em contato com o médico em caso de:

- Febre se o bebê tem menos de um mês. Qualquer aumento de temperatura nessa fase é importante e precisa ser avaliado, principalmente em um setor de urgência;
- Vômitos persistentes – e não golfadas – devem ser avaliados;
- Diarreia ou sangramento nas fezes: localize imediatamente o médico para avaliação;
- Dificuldade de amamentação, seja por diminuição na produção de leite, seja por problemas na mama;
- Ausência de urina: se a criança deixar de urinar ou sangrar ao fazer xixi, procure o pediatra. Você deve trocar, aproximadamente, seis a sete fraldas com urina por dia;
- Dificuldades de respiração, apneia frequente ou qualquer alteração na respiração que gere dúvidas importantes: é hora de avaliar com o médico.

Lembre-se: a hora de sanar dúvidas é durante a consulta com o pediatra. Ligar ou enviar mensagens para ele deve ser restrito a problemas pontuais ou importantes, devendo sempre ser evitado. Nem sempre o médico está disponível. Por isso, se não conseguir contato imediato com ele e achar que seu bebê tem um problema sério, procure um serviço de emergência.

Respiração durante o sono

O padrão pode mudar: durante o sono profundo, as respirações diminuem em frequência, já que o corpo precisa de menos

VOCÊ SABIA?

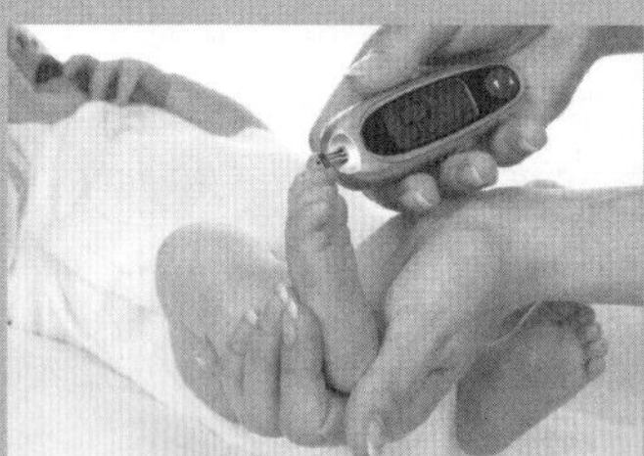

Glicemia capilar, técnica que dosa a glicose por pequeníssimos furos no pé do bebê.

Hipoglicemia é a baixa concentração de açúcar no sangue. O açúcar é o único componente indispensável para o cérebro crescer. Quando há carência, pequenas partes do sistema nervoso podem não se desenvolver. A hipoglicemia é rara, porém mais frequente em alguns grupos de bebês, como filhos de mães com diabetes gestacional, crianças com menos de 2,5 quilos ou mais de 4 quilos. É recomendável monitorar essas crianças durante as primeiras 48 horas de vida por intermédio de glicemia capilar, isto é, técnica que dosa a glicose por pequeníssimos furos no pé do bebê.

oxigênio. Nesse momento, o bebê pode até mesmo ficar algum tempo sem respirar – em torno de 5 segundos –, voltando a inalar o ar mais rapidamente em seguida. Às vezes, ele pode até mesmo acordar em sobressalto. Se esses episódios se repetirem com frequência, o médico deverá ser consultado. É aconselhável filmar os episódios para bem documentar a queixa no consultório.

Trocar o dia pela noite

É a queixa mais frequente dos pais. Mas o bebê nasce sem o hormônio que controla o dia e a noite, e ele só começará a ser produzido cerca de trinta dias depois do nascimento. Algumas crianças já produzem uma quantidade necessária do hormônio por volta do segundo mês, de maneira a dormir por volta de cinco horas seguidas à noite.

Nos primeiros dias, é melhor não deixar o bebê dormir muito tempo por conta do risco de ficar com hipoglicemia (baixa quantidade de açúcar no sangue).[3] Isso pode acontecer uma vez que o cérebro ainda não está treinado a perceber a queda dessa taxa. A partir do sétimo dia, o cérebro estará suficientemente maduro para o período, e o bebê vai acordar quando precisar comer.

O ambiente ideal

A Sociedade Brasileira de Pediatria recomenda deixar o bebê no mesmo ambiente onde estão os pais, de preferência ao lado da sua cama, porque ele vai acordar várias vezes durante a noite e também por uma questão de comodidade. O segundo ponto é que isso ajuda a evitar a chamada síndrome da morte súbita do lactente.[4]

3 Leia mais a respeito nas páginas 266-267.

4 Leia mais a respeito na página 239.

ISSO É NORMAL

Quando se fala da cor dos olhos de um recém-nascido, está se falando da cor da íris. Após o nascimento, tal como acontece em relação à pele, os pigmentos da íris aumentam por ação da luz. Uma criança com um ano tem metade da pigmentação definitiva, e só por volta dos 3 anos o processo estará concluído. Assim, pode-se dizer que crianças com íris escura ao nascer manterão a cor mais para frente, enquanto recém-nascidos com íris clara podem ganhar outra coloração com 1 ano ou até com 3 anos.

O ambiente deverá ser escuro e silencioso à noite e claro durante o dia para que a criança possa diferenciar os períodos. Lembre-se de que não há problema algum em ligar o ar-condicionado em dias de calor forte.

Melhor posição para dormir

Não existe uma posição de dormir que garanta sono mais prolongado ao bebê, mas existe uma posição para reduzir o risco de morte súbita.

O bebê deve ficar deitado com as costas apoiadas sobre o colchão e a cabeça colocada lateralmente. Essa é, aliás, a postura que ele adota com naturalidade: cabeça para o lado, um braço flexionado e outro estendido. Nunca coloque seu filho para dormir de bruços. Ele pode ficar de barriga para baixo somente ao longo do dia, sob sua observação.

Hora de dormir

Nas primeiras quatro semanas, a única fonte de prazer do bebê é sugar. Assim, qualquer incômodo vai desencadear a necessidade de ter algo na boca para se acalmar e dormir. Não existe nada que resolva o problema de insônia do bebê: não é recomendável, em hipótese nenhuma, recorrer a calmantes naturais nem químicos. O mais importante é você entender os sinais de cansaço do bebê. Nas primeiras oito semanas, ele ficará mais tempo dormindo e não conseguirá permanecer mais de duas horas em vigília. O sono é mais forte que a vontade de estar acordado. E, antes de adormecer, ele pode ficar irritado por conta do sono. Coloque-o para dormir antes que isso aconteça. Cada bebê dá um tipo de sinal de cansaço: uns choram mais, outros se mexem mais; uns coçam os olhos e as orelhas; outros ficam com os olhos vermelhos. Ninguém melhor do que você para identificar essas mudanças.

Se você notar algum desses indícios, ponha logo o bebê no berço ou no carrinho. Dessa forma, ele vai aprender a dormir sem ser no colo. Mas se ele estiver muito irritado, tomá-lo nos braços ou lhe dar o peito pode tranquilizá-lo. Em outro momento, tente colocá-lo para dormir. Lembre-se de que, durante o dia, o ambiente deverá permanecer claro e aceso – não é recomendável diminuir a luz e os sons característicos do dia.

TOME NOTA

Síndrome da morte súbita

Existe algo que eu possa fazer para proteger meu filho contra esse problema? Muitos pais se preocupam com os riscos da síndrome da morte súbita do lactente (SIDS, na sigla em inglês), uma morte inesperada e inexplicável que acomete crianças menores de 1 ano, principalmente à noite, quando todos estão dormindo. Pesquisas norte-americanas mostram que a posição da criança durante o sono e fatores ambientais estariam na raiz do problema. Assim, a Academia Americana de Pediatria divulgou algumas orientações para nortear os cuidados dos pais com seus bebês.

1 – Coloque seu filho para dormir de barriga para cima, sobre um colchão firme e reto.
2 – Prenda lençol e manta sob o colchão. Se estiver frio, prenda as laterais da manta embaixo do colchão. Retire bichos de pelúcia e brinquedos do berço, assim como outros panos que estiverem no berço.
3 – Cuidados na gravidez parecem estar implicados na SIDS, como um pré-natal bem-feito e a abstinência de álcool e tabaco.
4 – Nunca permita que alguém fume perto do bebê.
5 – Se notar alguma mudança no padrão de respiração ou de sono do bebê, reporte o fato ao pediatra.

Por volta de seis a oito semanas, tente deixar o bebê adormecer sozinho. Coloque-o no berço quando ele parecer cansado, mas ainda acordado. Dessa forma, ele vai aprender a fazer a transição sem que você tenha de interferir. Se desde o começo você o acostumar a dormir sozinho, ele vai aprender esse ritual na hora do sono. Em contrapartida, se você sempre o ninar e o acalentar antes de dormir, ele vai esperar por isso sempre.

Procure estabelecer uma rotina noturna: um banho seguido de massagem calmante, uma música relaxante e própria para ninar, a penumbra, uma roupa quente ou uma manta. Essa ritual vai ensinar a criança a se acalmar sozinha. E assim ficará mais fácil para ela adormecer.

O berço pode ser instalado no quarto dos pais e posteriormente no quarto do bebê. Há também a possibilidade de o recém-nascido dormir no carrinho ou no bebê-conforto nos primeiros meses, embora não seja a mais indicada. O bebê-conforto pode ser usado durante o dia para transportar o bebê de um lugar para o outro. Mas sua principal função é transportar a criança dentro do carro.

Dicas para evitar acidentes

Os acidentes com crianças podem ser evitados e, claro, quem deve estar à frente disso são os adultos. Muita gente ainda pensa que, durante o primeiro ano de vida, os bebês pouco mais fazem além de comer e dormir. Mas, conforme os dias passam, eles começam a agarrar coisas, a se virar, a engatinhar.

Os acidentes mais comuns com recém-nascidos são asfixia, queimaduras, afogamento, intoxicações e traumas. Asfixia é bastante frequente causa de morte, principalmente quando a criança engasga com leite ou engole alguma peça que se desprendeu de um brinquedo. Outro problema é o sufocamento no berço, em consequência de um lençol solto que cobre o rosto da criança e a impede de respirar.

Queimaduras também podem ocorrer em bebês pequenos. Às vezes, a água do banho está excessivamente quente, ou a mãe, desatenta, deixa cair uma xícara de café quente no bebê que está no colo. Cuide para evitar as queimaduras com compressas e bolsas de água quentes ao tentar aliviar as cólicas dos bebês.

Você deve ter cuidado para não provocar traumas no bebê: quedas são causas de atendimento de emergência pediátrico com recém-nascidos. Eles podem cair da cama, da cômoda ou durante uma simples troca de fralda, enquanto você vai pegar alguma coisa que faltou. Por isso, quando for trocar a roupa ou a fralda do seu filho, tenha certeza de ter tudo à mão.

Nunca é demais repetir que bebês devem ser transportados em bebê-conforto instalado adequadamente no banco de trás do automóvel.

Dormir na cama dos pais

Não é recomendado levar o bebê para a cama dos pais por conta do risco de asfixia. Por mais que eles sejam cuidadosos, sempre existe a possibilidade de um deles pegar no sono profundamente e, ao mudar de posição durante a noite, acabar asfixiando-o. Cinco minutos são o bastante para causar danos irreversíveis no sistema nervoso central do bebê. O segundo motivo é de desordem psicológica: ao crescer, a criança pode desenvolver dificuldade de criar sua própria identidade.

VOCÊ SABIA?

Sabe aquele kit berço lindo que você comprou, cheio de almofadas, ninhos e protetores? Eles servirão apenas para enfeitar. A recomendação da Sociedade Brasileira de Pediatria e da Academia Americana de Pediatria é que a criança não durma próximo de nenhum desses itens.

Capítulo 10

A alimentação do bebê

Por que dar seu leite ao bebê? Poder alimentar seu filho é uma dádiva e uma missão. Mas o que parece tão natural nem sempre ocorre de maneira simples: falta de sono, cansaço, bico dos seios rachados, choro e incômodos de toda ordem podem aparecer, gerando dúvidas: será que meu leite é fraco? Será que é suficiente? Será que nada falta ao bebê? Diante de todos esses questionamentos, há apenas uma resposta: toda mãe consegue alimentar seu filho da melhor forma possível.

Acho que todas as mães gostariam que o seio fosse transparente para ver o leite descendo e alimentando o seu bebê. Acredite: todas as mães se angustiam e, em algum momento, vão achar que o seu leite é insuficiente para alimentar o seu bebê. A incerteza, o medo, a ansiedade são sentimentos que vão existir dentro da cabeça de toda a família nos primeiros dias, mas acredite: amamentar não é fácil e não tem uma receita de bolo, mas depois que você aprende é extremamente prazeroso.

O leite materno é um alimento único. A superioridade do leite materno sobre os demais – leite de vaca, soja e fórmulas infantis – já está devidamente comprovada. Há dezenas de argumentos em favor do aleitamento materno.

As suas numerosas propriedades protegem a criança contra infecções, reduzindo a taxa de mortalidade. Estima-se que o aleitamento materno pode evitar 13% das mortes em crianças menores de 5 anos em todo o mundo. Quando é exclusiva fonte de alimentação do bebê, o leite materno diminui ocorrências de diarreia, infecções respiratórias – tais como pneumonia e bronquiolite –, otites, alergias à proteína do leite de vaca, dermatite atópica e asma. Seus efeitos vão além da infância: indivíduos que foram amamentados têm menos risco de hipertensão, colesterol alto e diabetes e, muitas vezes, os estudos atuais mostram que crianças amamentadas têm 20% a menos de chance de serem obesas no futuro.

A amamentação traz benefícios também para a mãe, que fica menos suscetível a desenvolver câncer de mama. Além disso, aleitar o bebê evita nova gravidez, reduz o sangramento no pós-parto e queima calorias.

VOCÊ SABIA?

Quando um bebê nasce, a capacidade gástrica dele (ou seja, a capacidade de mamar) é muito pequena e ela vai aumentando gradativamente com os dias e meses. O recém-nascido em seu primeiro dia é capaz de mamar apenas 10 ml em cada vez que mama, por isso mama várias vezes. No seu segundo dia, entre 10-20 ml, e no dia da sua alta para casa, 20-30 ml. Após ele vai aumentando em torno de 10 ml a cada dia de vida, alcançando apenas 90 ml no 9º para o 10º dia de vida, o que se mantém até o fim do primeiro mês.

Como é a mama

Dentro das mamas há estruturas complexas, capazes de produzir e estocar o leite. Durante a gravidez, a mama é preparada para a amamentação (lactogênese fase I). Sob a ação de diferentes hormônios, como o estrogênio e a progesterona, elas ganham volume e produzem mais ductos, responsáveis pela produção e armazenamento do leite.

Várias estruturas formam a mama:

1. **Alvéolo mamário** – parte responsável pela produção do leite;
2. **Ducto lactífero** – transporta o leite dos alvéolos para o seio lactífero;
3. **Seio lactífero** – estrutura onde se deposita o leite produzido, localizada internamente, mais ou menos na direção da aréola. Para que possa retirar o leite de onde fica armazenado, o bebê precisa sugar com a boca bem aberta, abocanhando boa parte da aréola;
4. **Mamilo** – estrutura por onde se dá a saída final do leite. É preciso evitar que o bebê abocanhe apenas o mamilo, pois isso causa boa parte das fissuras no seio e incômodo ao amamentar;
5. **Aréola** – estrutura escura ao redor do mamilo. Deve ser mais visível por cima do que por baixo da boca do bebê, enquanto ele estiver mamando.

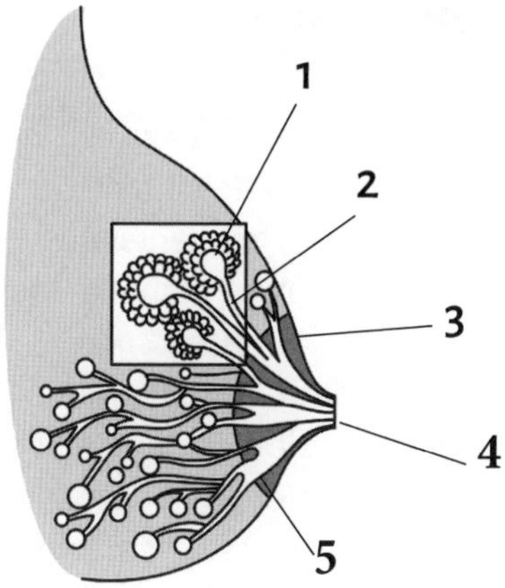

Interferência na amamentação

As primeiras mamadas podem ser um pouco doloridas até você encontrar a melhor maneira de dar o seio ao bebê. Algumas alterações mamárias tendem a causar mais dificuldade nesse primeiro momento, mas não impedem o aleitamento. Veja quais são:

- ***Mamilos planos ou invertidos*** – eles podem dificultar o começo da amamentação, mas não a impedem, pois o bebê vai sugar toda a aréola, e não o bico. Se você tem mamilos planos ou invertidos e quer amamentar corretamente, é fundamental que o médico intervenha logo após o nascimento do bebê, para lhe transmitir confiança e ajudá-la a aprender a segurar o seio. Você também pode fazer manobras para que o bico saia antes de oferecê-lo ao seu filho. Para isso, use uma bomba de sucção manual. Também pode lançar mão de uma seringa de 20 ml adaptada, mas isso deve ficar por conta de um profissional de enfermagem, para que você não se machuque. Outra opção é recorrer a uma concha para criar vácuo e ajudar o bico a sair. Sempre vale a pena ter uma consultora de amamentação ou procurar o banco de leite nesses casos; eles auxiliarão você quanto à pega adequada e darão amparo psicológico, provando que você é capaz de amamentar.

- ***Bebê que não suga ou tem sucção débil*** – quando o bebê não estiver sugando, ou a sucção for ineficaz, a primeira medida é conversar com o médico. O bebê pode não estar preparado para sugar por ser pequeno ou imaturo. Talvez seja um episódio de hipoglicemia. Apesar de existir essa possibilidade, o bebê não suga, quase sempre, por motivos banais: pega inadequada ou mamilos invertidos, mama muito cheia ou vazia ou até mesmo a língua está presa. A principal medida é estimular a sucção tanto do bebê quanto manualmente. Retire o leite com a bomba e ofereça-o no copinho. Coloque o bebê no peito, nem que seja para ele lambê-lo. Você também pode pegar uma luva e colocar o dedo mindinho na boca do bebê estimulando-o a sugar.

- ***Atraso na descida do leite*** – em algumas mulheres, a apojadura só ocorre alguns dias depois do parto. Nesses casos, o médico deve transmitir confiança à mãe, além de orientar medidas de estimulação da mama, como a frequente sucção do bebê e a ordenha. Também pode ser muito útil o uso de um sistema de nutrição suplementar (translactação), que consiste em colocar um recipiente (pode ser um copo ou uma xícara) com leite humano ou fórmula infantil entre as mamas, conectado ao mamilo por meio de uma sonda. Ao sugar o mamilo, a criança recebe o leite materno associado ao suplemento. Dessa maneira, o bebê continua a estimular a mama e se sente gratificado e saciado. Existem igualmente medicamentos que podem ser usados para estimular a produção de leite por parte da mãe, como a ocitocina nasal e a metoclopramida. Ambas as medicações devem ser realizadas sob prescrição médica.

VOCÊ SABIA?

A má pega é a principal causa de ineficiência do aleitamento. Mamadas pouco frequentes ou curtas, amamentação com horários preestabelecidos, ausência de mamadas noturnas, ingurgitamento mamário,[1] uso de complementos e de chupetas e protetores de mamilo podem levar a um esvaziamento inadequado das mamas. Além disso, a pega inadequada leva a dor ao amamentar e baixo ganho de peso no bebê, o que acaba gerando cada vez mais incertezas na família e o uso inadequado de suplementos.

1 Leia mais a respeito nas páginas 184-185.

- *Baixa produção de leite* – uma queixa comum durante a amamentação é ter pouco leite ou leite fraco. Muitas vezes essa percepção reflete a insegurança materna quanto à sua capacidade de nutrir o bebê. A insegurança faz com que a mãe, com frequência, interprete o choro do bebê e as mamadas frequentes – normais em bebês pequenos – como sinais de fome. A suplementação com outros leites muitas vezes alivia a tensão materna, e essa tranquilidade é repassada ao bebê, que passa a chorar menos, reforçando a ideia de que a criança estava passando fome. Uma vez iniciada a suplementação, a criança mama menos no peito, e, como consequência, você vai produzir menos leite, processo que culmina com a interrupção da amamentação e o desmame precoce. O melhor indicativo da suficiência de leite é o ganho de peso da criança e o número de vezes que ele urina por dia (no mínimo de seis a oito fraldas). Evacuações frequentes também são indícios indiretos do volume de leite ingerido. Infelizmente, algumas mães têm baixa produção de leite, seja por falta de incentivo, pega inadequada, baixa sucção da criança ou por causa de alguma patologia sua ou do bebê. Assim, se seu filho não estiver ganhando peso ou fazendo xixi com frequência, procure atendimento médico para tentar detectar onde está a falha na amamentação. Para aumentar a produção, você deve aumentar a frequência das mamadas: ofereça as duas mamas a cada vez; dê tempo ao bebê para que esvazie bem as mamas. Consuma bastante líquido e alimente-se bem com consumo de frutas, verduras e legumes, e procure auxílio de um profissional capacitado em amamentação ou até mesmo um banco de leite, existente em todas as maternidades brasileiras.

- ***Lesões e dor nos mamilos*** – é comum sentir uma dor discreta ou até mesmo moderada nos mamilos no começo das mamadas. Isso se deve à forte sucção do bebê. Essa dor não deve persistir além da primeira semana. Ela vai diminuir com o tempo. No entanto, ter os mamilos muito doloridos e machucados, apesar de comum, requer intervenção. A causa da dor se deve a lesões nos mamilos em função do mau posicionamento do bebê e da pega inadequada. Outros indicativos são mamilos curtos, planos ou invertidos, freio de língua do bebê excessivamente curto, sucção não nutritiva prolongada, uso impróprio de bombas de extração de leite, não interrupção adequada da sucção da criança quando for necessário retirá-la do peito, uso de cremes e óleos que causam reações alérgicas nos mamilos e exposição prolongada a forros úmidos. O trauma mamilar, que se traduz por eritema, edema, fissuras, bolhas, marcas brancas, amarelas ou escuras, hematomas ou equimoses, é uma importante causa de desmame e, por isso, deve ser prevenido. Essa prevenção pode ser feita a partir das seguintes medidas:
  - Técnica de amamentação adequada (posicionamento e pega) e livre demanda;
  - Cuidados para manter os mamilos secos, expondo-os ao ar livre ou à luz solar, e troca frequente dos forros utilizados quando há vazamento de leite;
  - Não usar produtos que retiram a proteção natural do mamilo, como sabões, álcool ou qualquer produto secante;
  - Precaução contra ingurgitamento mamário – retire o leite manualmente quando for excessivo;
  - Introdução do dedo indicador ou mínimo no canto da boca do bebê, se for preciso interromper a mama-

VOCÊ SABIA?

O mito de que mulheres de pele clara são mais vulneráveis a lesões nas mamas do que as que têm pele escura nunca se confirmou. Existem muitas práticas de uso popular que visam aliviar o sofrimento materno causado por lesões nos mamilos, como o uso de chá e casca de banana ou mamão, por exemplo. Essas práticas devem ser evitadas. O melhor a fazer é procurar orientação médica.

da, de maneira que ele pare de sugar antes de ser retirado do seio.

- Laserterapia pode ser usada para aliviar a dor e fazer com que a mãe, consiga esvaziar a mama adequadamente e melhorar a pega.

Se as mamas estiverem doloridas, algumas medidas serão necessárias para aliviar o incômodo e promover a cicatrização das lesões o mais rápido possível. Em primeiro lugar, dê início à mamada na mama menos afetada e, antes disso, ordenhe um pouco de leite, o suficiente para desencadear o reflexo de ejeção, evitando que a criança tenha de sugar com muita força. Adeque a pega e, se necessário, procure ajuda profissional para fazer isso. Você poderá usar rolos feitos com fralda entre as mamadas, eliminando o contato da área ferida com a roupa. Talvez também precise de analgésicos se estiver com muita dor. Ao cabo de cada mamada, passe um pouco do próprio leite materno que ordenhou sobre as fissuras. Cremes, óleos e loções devem ser usados com muita cautela, pois eles podem causar alergias e, eventualmente, obstrução dos poros lactíferos.

- ***Cirurgia de redução das mamas*** – de maneira geral, diz-se que a mamoplastia redutora não impede a amamentação, já que os mamilos são preservados, assim como os ductos lactíferos, responsáveis pelos reflexos de produção e ejeção do leite. No entanto, sabe-se que, na prática, muitas mulheres com mamoplastia redutora prévia não tiveram sucesso ao amamentar, apesar dos esforços. De fato, existem estudos que comprovam que, ao cabo do primeiro mês de vida do bebê, 29% das mulheres submetidas à cirurgia estavam amamentando exclusivamente no peito, contra 77% das mulheres não operadas. As que têm história de mamoplastia redutora podem amamentar plenamente, porém muitas não conseguem produzir a quantidade necessária de leite para suprir as necessidades dos bebês. Essas mulheres e seus filhos devem ter acompanhamento médico, pois é difícil predizer quais terão problemas na lactação como sequela da cirurgia de redução das mamas. Nestes casos, pode-se tentar uma alimentação mista: seio materno e fórmula infantil. Mas a cirurgia não é impeditiva de amamentar exclusivamente; você apenas deverá ter um acompanhamento mais de perto por isso.

- ***Gemelaridade*** – com o advento da inseminação artificial, o nascimento de múltiplas crianças se tornou mais frequente. Se o nascimento de gêmeos é uma dádiva, é também um grande desafio, que pode ser mais bem enfrentado se a família, em especial a mãe, receber ajuda de profissionais de saúde. Além de todos os benefícios do aleitamento materno, a amamentação de crianças gemelares tem vantagens adicionais, como economia financeira, facilidade para cuidar de gêmeos, já que o aleitamento materno previne doenças.

Sabe-se que uma mãe pode amamentar dois ou mais bebês, uma vez que as mamas são capazes de responder às demandas nutricionais das crianças. O maior obstáculo à amamentação de bebês múltiplos não é a quantidade de leite que deve ser produzida, mas a indisponibilidade de tempo da mulher. Assim, é fundamental que as mães de parto múltiplo tenham suporte adicional, como alguém para ajudar nas tarefas domésticas antes e depois do nascimento dos bebês. Por mais difícil que possa ser, é muito importante que as crianças sejam amamentadas por livre demanda. Somente haverá produção de leite suficiente para cada uma delas se a mãe amamentar (ou retirar leite) com frequência e por livre demanda. Coordenar as mamadas de duas ou mais crianças pode parecer uma tarefa quase impossível, mas após um período de aprendizagem (que pode durar meses), muitas mulheres se surpreendem com sua extraordinária capacidade de adaptação.

Cuidados com o bico do seio

Durante anos, acreditou-se que seriam necessários inúmeros cuidados com os seios durante a gestação, para que o aleitamento do bebê fosse bem-sucedido. Porém, estudos atuais mostram que os cuidados são de natureza muito simples.

Durante a gestação e até o momento do parto, você deverá dar banho de sol nos mamilos, para revigorar a pele e prevenir fissuras, também conhecidas como rachaduras. Lave os seios (a área dos mamilos e a aréola) apenas com água, sem sabonete, para não retirar a proteção natural da pele. Se tiver mamilos pouco salientes ou invertidos, use sutiã com uma pequena abertura na altura dos mamilos. Depois do parto, a principal medida de cuidado é a pega adequada.

A composição do leite materno

Surpreendentemente, apesar de duas mães não se alimentarem da mesma forma, o leite que produzem tem a mesma composição – e assim é para todas as mulheres que amamentam.

O leite materno é considerado a primeira vacina do bebê. Contém anticorpos, gordura, proteínas, oligossacarídeos e vitaminas. Somente as mães com grave desnutrição podem produzir um leite de qualidade inferior – e também em menor quantidade. Portanto, procure se alimentar bem e consuma bastante líquido. Disso depende uma boa produção de leite.

É importante salientar que o leite vai sofrer alterações na composição e na quantidade ao longo do tempo e até mesmo durante uma mesma mamada. Isso se deve ao fato de ele passar por estágios: quando o bebê nasce, você produz colostro. Esse passa a ser um leite de transição (quatro a cinco dias depois do parto), e, posteriormente, um leite maduro (quinze dias após o parto).

O colostro dos primeiros dias contém mais proteínas e menos gorduras do que o leite maduro. O leite das mães de recém-nascidos prematuros é diferente do das mães de bebês a termo.

1. **Colostro:** secretado no pós-parto imediato e até cerca de uma semana depois, é um fluido amarelado e espesso, rico em proteínas e com menor teor de lactose e gorduras que o leite maduro. Tem cerca de 67 kcal para cada 100 ml e volume de 2 a 20 ml por mamada. Rico em vitaminas A e E, carotenoides e imunoglobulinas, confere proteção contra vírus e bactérias e permite que o bebê libere o mecônio, suas primeiras fezes.
2. **Leite maduro:** sua composição varia durante as fases da lactação e contém, além de vitaminas A, D e B6, cálcio, ferro e zinco.

Nos primeiros cinco a dez minutos em que o bebê começa a mamar, o leite que você produz é uma substância aquosa, rica em lactose, e sacia a sede do bebê. Ele é rico em ocitocina, que acalma e dá sensação de alegria. O leite produzido em seguida, de 10 a 15 minutos depois do início da mamada, é rico em proteínas que atuarão nos ossos e no desenvolvimento do cérebro. Do 15º minuto até o fim da mamada, o leite é chamado de posterior. Trata-se de um creme gorduroso, mais grosso e rico em calorias, que contribui diretamente para o aumento de peso do bebê – daí a importância de esvaziar bem a mama.

O componente mais abundante do leite é a água, cujo teor é totalmente suficiente para matar a sede do bebê. Ele não precisa beber água ou chás, independentemente de o dia estar quente ou frio. Quando estiver mais calor, ele naturalmente vai mamar mais, e algumas mamadas serão curtas o suficiente para matar a sede.

Em relação aos nutrientes do leite materno, as proteínas classificam-se em caseína e proteínas do soro, sintetizadas pela glândula mamária, albumina e proteínas protetoras, em especial as proteínas protetoras secretórias A (IgsA), que protegem o bebê contra alergias alimentares e infecções. Não há evidências de que a composição corporal ou os hábitos alimentares maternos influenciem na concentração de proteínas do leite humano, mesmo em mulheres desnutridas. A proteína do leite materno é única e perfeita. Ela é leve e, por ser mais leve, permanece menos tempo no estômago.

A principal fonte de energia do leite materno são as gorduras, principalmente os triglicerídeos (98%). Elas são responsáveis pelo ganho de peso do recém-nascido e dão a sensação de saciedade. Elas estão

VOCÊ SABIA?

Nos últimos vinte anos, tem-se estudado muito os componentes do leite materno. Duas das substâncias presentes são o DHA (ácido docosa-hexaenoico) e o ARA (ácido araquidônico), produzidos a partir do ômega-3. Eles são essenciais para o desenvolvimento cognitivo e o quociente de inteligência, assim como para a acuidade visual. A crença popular de que uma mulher grávida e amamentando deve consumir bastante peixe – alimento rico em ômega-3 – está cientificamente comprovada.

mais presentes no leite maduro e no final de cada mamada. Nesse caso, o tipo de lipídeo consumido pela mãe e seu estoque de gordura corporal influenciam diretamente a composição dos ácidos graxos do leite materno, exceto a de colesterol.

O principal carboidrato do leite materno é a lactose (aproximadamente 70 g por litro). O alto teor de lactose favorece a absorção de minerais como o cálcio e o ferro, indispensáveis para a formação do sistema nervoso central e para dar energia ao bebê. O leite materno apresenta baixa concentração de glicose (açúcar) e sua concentração parece não sofrer influência da dieta materna, mesmo que esta seja rica em açúcares.

Os oligossacarídeos do leite humano são grupos essenciais de açúcares – carboidratos – do leite encontrados apenas no leite materno. Eles não são absorvidos pelo bebê, servindo apenas de prebióticos nutrindo a sua flora bacteriana. Eles oferecem diversos benefícios à saúde infantil, auxiliando o desenvolvimento de um sistema digestivo saudável, além de ajudar no sistema imunológico e no desenvolvimento do cérebro.

Os minerais presentes no leite (cálcio, ferro, zinco, sódio, potássio) são muito mais bem absorvidos se comparados ao leite de vaca ou a fórmulas infantis. O ferro do leite materno, por exemplo, é 40% absorvido no estômago, sendo que a quantidade de outros leites é infinitamente menor. Por conta da alta biodisponibilidade de ferro, não é necessário aporte para bebês menores de 6 meses alimentados exclusivamente no seio.

Como o leite materno é nutricionalmente completo, é o alimento ideal para o recém-nascido e deve ser oferecido com exclusividade até o 6º mês e complementado até os 2 anos.

Como amamentar corretamente

Apesar de a sucção do bebê ser um ato reflexo, ele precisa aprender a retirar o leite do peito de forma eficiente. Para isso, ele precisa abrir bem a boca, abocanhando não apenas o mamilo, mas também parte da aréola. Desse modo, forma-se um lacre perfeito entre a boca e a mama, garantindo a formação do vácuo, indispensável para que o mamilo e a aréola se mantenham dentro da boca do bebê.

As bordas laterais e a ponta da língua se elevam, formando uma concha para levar o leite até a faringe posterior e o esôfago, ativando o reflexo de deglutição.

A retirada do leite é feita com a língua, graças a um movimento peristáltico rítmico que vai da ponta para trás, comprimindo suavemente o mamilo. Enquanto mama no peito, o bebê respira pelo nariz, estabelecendo o padrão normal. O ciclo de movimentos mandibulares (para baixo, para frente, para cima e para trás) promove o crescimento harmônico da face do bebê.

A posição inadequada da mãe ou do bebê durante a amamentação dificulta o posicionamento correto da boca do bebê em relação ao mamilo e a aréola, resultando no que se denomina pega incorreta. A pega incorreta dificulta o esvaziamento da mama, levando a uma diminuição da produção de leite. Muitas vezes, o bebê que tem uma pega inadequada não ganha o peso esperado, apesar de permanecer muito tempo no peito.

Quando o bebê tem uma boa pega, o mamilo fica na posição correta dentro da boca da criança e é protegido da fricção e da compressão, o que previne, assim, as lesões mamilares.

Eis algumas observações a respeito da posição que a mãe deve adotar:

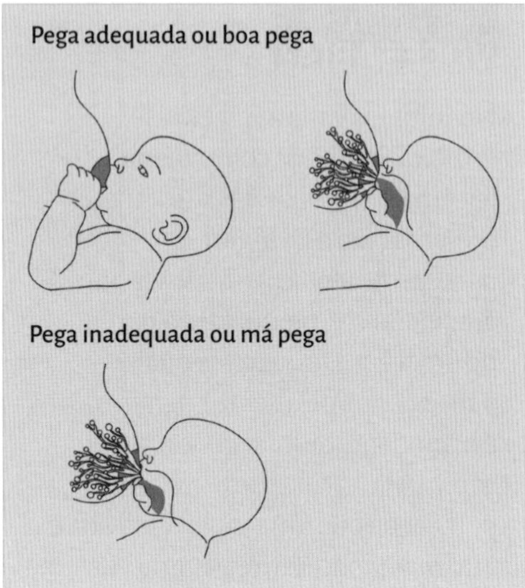

1. Sente-se confortavelmente, de maneira relaxada, bem apoiada, e não se curve nem para trás nem para frente. O apoio dos pés acima do nível do chão é aconselhável. Você pode usar almofadas de amamentação.
2. Deixe o corpo do bebê próximo ao seu, barriga contra barriga, alinhado.
3. Segure bem o bebê, de preferência pelo bumbum. Ele deve se sentir seguro para evitar o reflexo de Moro.[1]
4. Segure a mama de maneira que a aréola fique livre. Não ponha os dedos em forma de tesoura sobre a aréola, pois dessa maneira você coloca um obstáculo entre ela e a boca do bebê. O ideal é formar um "C" com a mão em volta da mama.
5. Coloque a cabeça do bebê no mesmo nível da mama, com o nariz na altura do mamilo.
6. Espere o bebê abrir bem a boca e abaixar a língua antes de colocá-lo no peito. Ele deve abocanhar, além do mamilo, parte da aréola – isto é, cerca de 2 cm além do mamilo.
7. Observe se o queixo do bebê toca a mama e se as narinas estão livres.

1 Leia mais a respeito nas páginas 157 e 233.

8. Veja se os lábios do bebê estão curvados para fora, formando um lacre. Para visualizar o lábio inferior do bebê, é preciso pressionar a mama com a mão.
9. Observe se a boca de seu filho está se movimentando.

Alguns sinais são indicativos de que a técnica de amamentação é inadequada. São eles: as bochechas do bebê ficam encovadas a cada sucção; ele faz ruídos com a língua; a mama aparenta estar esticada ou deformada durante a mamada; os mamilos têm estrias vermelhas ou áreas esbranquiçadas ou achatadas quando o bebê solta a mama; você sente dor ao amamentar.

A hora da mamada

Não existe a hora da mamada; a hora de mamar é aquela que seu filho escolher. Isso é livre demanda. Você não deve privar o bebê do conforto do peito e da amamentação. Ele pode mamar a cada quarenta minutos ou a cada quatro ou cinco horas, se quiser. Isso vai depender de ele estar com sede, o tempo da mamada anterior, um eventual desconforto.

Procure oferecer o seio por livre demanda. Isso aumenta sua produção e faz com que o bebê se adapte melhor à nova vida, graças ao seu amparo e ao maior vínculo afetivo. Você não deve acordá-lo para mamar. Só se ele estiver dormindo há mais de três horas e caso tenha tendência a ter crises de hipoglicemia, como no caso dos bebês pequenos, que enfrentam dificuldades para ganhar peso.

Convencionou-se estabelecer que um recém-nascido deve mamar de três em três horas por conta das fórmulas infantis antigas e do leite de vaca. Como estes possuem uma quantidade desproporcional de gordura e de açúcar, causam uma sensação de saciedade por um período prolongado. Porém, quando o nível de açúcar no sangue cai, gera hipoglicemia no bebê, um evento que pode ser grave. Por isso se estabeleceu acordá-lo para mamar. As fórmulas infantis atuais e o seio materno não apresentam esse risco e não há necessidade de tirá-lo do sono, a não ser que tenha sido orientado pelo seu médico.

A duração das mamadas também causa inúmeras dúvidas: cada bebê tem um tempo de mamada. Uns demoram quarenta minutos por conta da dificuldade de sugar. Outros dormem bastante durante a mamada e têm de ser estimulados para não cair no sono. O tempo mínimo da mamada deve ser em torno de quinze a trinta minutos. Mamadas curtas não são ruins, mas fazem com que ele mame mais vezes no dia, com intervalos mais curtos. Assim, o ideal é que você estimule seu filho a ficar no mínimo quinze minutos no seio para mamar todas as fases do leite e se sentir saciado.

Uma dica importante: antigamente, era costume trocar de seio várias vezes durante a mamada. Isso não é necessário. Dependendo do volume de leite disponível, é possível que o bebê mame numa só mama ou em ambas para se sentir saciado. O melhor parâmetro é o esvaziamento da mama: você deve ter atenção para o fato de a mama estar cheia ou vazia antes de trocar uma pela outra. Se você ofereceu ambas as mamas, na próxima mamada ofereça primeiramente a que deu por último.

Tempo de aleitamento materno

Vários estudos sugerem que a duração da amamentação deve ser, em média, de dois a três anos, idade em que costuma ocorrer o desmame naturalmente. A Organização Mundial da Saúde (OMS) e o Ministério da Saúde recomendam aleitamento materno exclusivo por seis meses e complementado até os dois anos ou mais.

Não há vantagem alguma em introduzir alimentos complementares antes dos seis meses, podendo, inclusive, haver prejuízos à saúde da criança, pois o consumo precoce de outros alimentos está associado ao maior número de episódios de diarreia, hospitalizações por doença respiratória, risco de desnutrição.

No segundo ano de vida, o leite materno continua sendo importante fonte de nutrientes. Estima-se que dois copos (500 ml) de leite materno no segundo ano de vida forneçam 95% das necessidades de vitamina C, 45% de vitamina A e 38% de proteína. Além disso, o leite materno continua protegendo a criança contra doenças infecciosas.

Existem muitos mitos de que após o sexto mês o leite materno vira "água" e que não existe mais necessidade de amamentação, assim como que amamentação por tempos longos pode gerar problemas na criança, como dependência materna e dificuldades alimentares. Isso não é verdade; estudos mostram que o leite materno continua tendo enorme importância tanto nutricionalmente quanto emocionalmente aumentando os vínculos familiares entre a mãe e o bebê.

Medicamentos proibidos

É muito frequente o uso de medicamentos e outras substâncias químicas por mulheres que estão amamentando. A maioria é compatível com o aleitamento; poucos são os fármacos formalmente contraindicados. Alguns exigem cautela ao serem prescritos, em função dos riscos de efeitos adversos nos lactentes e/ou na lactação. Você não deve tomar nenhum medicamento sem autorização de um médico.

Atualmente existe um site chamado e-lactancia.org, onde tanto mães como profissionais de saúde podem ter acesso a informações sobre medicações que podem ser usadas durante a lactação, além de alternativas menos tóxicas ao bebê, todos os estudos relacionados às medicações e todas as possíveis alterações para mãe e bebê.

Como tirar o leite materno

Você pode retirar o leite dos seios de forma manual ou mecânica. A ordenha manual é fácil com a prática – deve ser aprendida junto com o cuidado com as mamas, durante a amamentação. A ordenha feita com bomba mecânica é um pouco mais complicada: exige que se tenha o equipamento à mão, o que pode ter um custo suplementar, e há ainda o risco de lesão dos mamilos.

Remédios que podem ser usados na gestação

Analgésicos e anti-inflamatórios não esteroides	Azaprazone, celecoxibe, cetorolaco, diclofenaco, fenoprofeno, flurbiprofeno, ibuprofeno, paracetamol, piroxicam, rofecoxibe
Analgésicos opioides e antagonistas	Alfentanila, buprenorfina, butorfanol, fentanila, meperidina, nalbufina, naltrexona, propoxifeno
Anestésicos e indutores anestésicos	Bupivacaína, halotano, lidocaína, propofol, ropivacaína
Corticosteroides	Beclometazona, budesonida, hidrocortisona, prednisolona, prednisona, metilprednisolona
Anti-histamínicos	Cetirizina, desloratadina, difenidramina, dimenidrinato, loratadina, fexofenadina, hidroxizina, levocabastina, olopatadina, prometazina, triprolidina
Antitussígenos e mucolíticos	Dextrometorfano, guaifenesina
Descongestionante nasal	Fenilpropanolamina
Broncodilatadores	Albuterol, brometo de ipratrópio, isoetarina, isoproterenol, levalbuterol, pirbuterol, salmeterol, terbutalina
Antiasmáticos	Cromoglicato sódico, nedocromil
Anti-hipertensivos	Benazepril, captopril, enalapril, hidralazina, labetalol, metildopa, mepindolol, minoxidil, nicardipino, nifedipino, nimodipino, nitrendipino, propranolol, quinapril, timolol, verapamil
Diuréticos	Acetazolamida, espironolactona, hidroclorotiazida
Hipolipemiantes	Colesevelam, colestiramina
Antiarrítmicos	Digoxina, disopiramida, mexiletina, quinidina, propafenona
Aminas vasoativas	Adrenalina, dipivefrina, dobutamina, dopamina
Antiácidos	Cimetidina, esomeprazol, famotidina, hidróxido de magnésio, nizaditina, omeprazol, pantoprazol, ranitidina, sucralfato
Antieméticos e gastrocinéticos	Cisaprida, dimenidrinato, domperidona, metoclopramida, ondansetrona
Antidiarreicos	Kaolim, loperamida, pectina
Laxantes	Bisacodil, docusato, laxantes salinos e osmóticos

Contraindicados para uso durante a lactação

Analgésico e anti-inflamatório	Antipirina
Antiarrítmico	Amiodarona
Anorexígeno	Dietilpropiona
Hormônios e antagonistas hormonais	Danazol, dietilestilbestrol, leuprolida, tamoxifeno
Metais pesados	Chumbo, mercúrio
Composto radioativo	Estrôncio-89
Hipnóticos	Brometos
Antiparkinsoniano	Bromocriptina
Antidepressivo	Doxepina
Antiepiléptico	Zonisamida
Antineoplásicos	Bussulfano, ciclofosfamida, citarabina, clorambucila, doxorrubicina, fluoruracila, metotrexato, mitoxantrona, paclitaxel
Antipsoriático	Etretinato
Antiartrítico	Sais de ouro
Drogas de abuso	Ácido gama-hidroxibutírico, maconha, cocaína, fenciclidina, heroína, LSD
Ervas	Borragem, chá de kombucha, cohosh azul, confrei, kava-kava
Outros	Dissulfiram, isotretinoína

Alteram o volume de leite materno

Aumento	Domperidona, metoclopramida, sulpirida, clorpromazina, hormônio de crescimento, hormônio secretor de tireotropina, feno-grego
Redução	Estrógenos, bromocriptina, cabergolida, ergotamina, ergometrina, lisurida, levodopa, pseudoefedrina, álcool, nicotina, brupropiona, diuréticos, testosterona

Com o avanço da tecnologia, os equipamentos para extração de leite passaram a ser produzidos com materiais maleáveis e concepção mais moderna, facilitando seu uso e diminuindo o risco de machucar. As novas bombas fazem com que a tarefa se torne mais fácil. A seguir, veja algumas razões para ordenhar o leite:

- Aumenta a produção de leite e mantém a lactação;
- Mantém a pele saudável, porque você pode massagear algumas gotas de leite nos mamilos;
- Abranda o ingurgitamento mamário;
- Torna mais flexível a região do mamilo e da aréola, facilitando a mamada do bebê;
- Permite retirar leite para oferecer ao bebê que não pode ser amamentado;
- Possibilita armazenagem de leite para oferecer ao bebê quando a mãe retorna ao trabalho ou precisa se afastar por um tempo;
- Auxilia no tratamento de mastite;
- Permite a doação a um banco de leite.

Tirar leite é uma tarefa fácil. Escolha um lugar tranquilo e tenha um recipiente limpo à mão. Se estiver usando uma bomba, atente para que esteja higienizada. Prenda os cabelos, se forem compridos. Lave as mãos com água e sabonete e tenha as unhas limpas. Arrume uma posição confortável e faça inicialmente uma massagem na mama, com movimentos circulares, da região areolar até a base do seio.

Para fazer a ordenha mamária, posicione o dedo polegar acima da aréola e o indicador, abaixo. Pressione a região areolar com um movimento firme, aproximando os dedos e direcionando-os para o tórax, de forma intermitente, apertando e soltando, até o leite começar a fluir. Despreze os primeiros jatos de leite (0,5 a 1 ml). Esvazie todas as partes da mama, massageando e repetindo os movimentos.

Armazenagem

Você pode armazenar o leite para oferecê-lo ao bebê em outro horário ou para doá-lo. Essa é uma saída se você tem de voltar ao trabalho ou precisa se afastar da criança por um período.

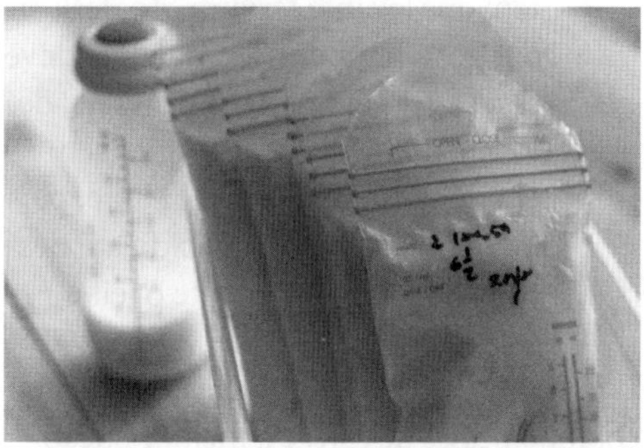

Para armazenar o leite, use um pote, que pode ser de vidro reaproveitado ou de plástico, como o polipropileno, próprio para isso e encontrado em lojas especializadas em bebês. Esses potes precisam ser esterilizados. Coloque uma etiqueta para identificar o produto e a data da coleta e de validade, e deixe na geladeira ou no congelador.

A Rede Brasileira de Bancos de Leite Humano convencionou as seguintes normas:

- O leite humano ordenhado congelado pode ser estocado por um período máximo de quinze dias a partir da data da coleta, se for mantido em temperatura máxima de -3° C, no congelador.

- O leite humano ordenhado e refrigerado a ser oferecido pela mãe ao bebê pode ser estocado por um período máximo de doze horas, se guardado em temperatura inferior a 5° C.
- Depois de descongelado, o leite humano deve ser mantido sob refrigeração, em temperatura máxima de 5° C, por até doze horas.
- Para descongelar o leite, coloque o recipiente em banho-maria, com água potável, e aqueça-o um pouco, sem que levante fervura. Ao desligar o fogo, a temperatura da água deve estar em torno de 40º C, ou seja, deve ser possível tocar a água sem se queimar. O frasco deve, então, permanecer na água aquecida até descongelar completamente o leite.

Para oferecer o leite ao seu filho, use um copinho desses de café: é a melhor opção.

Acomode o bebê no colo, na posição sentada ou semissentada, de modo que a cabeça forme um ângulo de 90º com o pescoço. Encoste a borda do copo no lábio inferior do bebê e deixe o leite molhar os lábios. Seu filho fará movimentos para lamber o leite. Não despeje o leite na boca do bebê; deixe que ele faça os movimentos de deglutição.

Bicos artificiais

O exercício que a criança faz para retirar o leite da mama é muito importante para o desenvolvimento adequado de sua cavidade oral, propiciando melhor conformação do palato duro (céu da boca), o que

é fundamental para o alinhamento correto dos dentes e uma boa oclusão dentária.

É impossível comparar qualquer bico de mamadeira com o seio. Este se adapta à cavidade oral do bebê, o que nenhum outro bico é capaz de fazer. Na mama, o bebê faz um movimento para frente com a língua, colocando-a acima do lábio inferior. Esses movimentos coordenados iniciam o crescimento da face e ativam os músculos que posteriormente vão atuar na mastigação dos alimentos.

O bico da mamadeira é mais rígido e empurra a língua para dentro, o que muda os movimentos de sucção. Quando o palato é empurrado para cima, o que ocorre com o uso de chupetas e mamadeiras, o assoalho da cavidade nasal se eleva, diminuindo o espaço reservado para a passagem do ar e prejudicando a respiração. Assim, o desmame precoce pode levar à interrupção do desenvolvimento motor-oral e prejudicar as funções de mastigação, deglutição, respiração e articulação dos sons da fala, ocasionando má oclusão dentária, respiração bucal e alteração motora-oral. Por isso, o uso de mamadeiras e chucas confunde o bebê, aumentando a chance de rejeição ao seio materno.

Fórmulas infantis

As fórmulas infantis podem ser comparadas a uma medicação: salvam uma vida tanto quanto um remédio. Existem para auxiliar mães que têm dificuldade para amamentar ou patologias que as impedem de fazê-lo, e bebês com dificuldade para ganhar peso em que elas são essenciais.

Assim como o leite materno, as fórmulas infantis são produzidas para diferentes fases da vida do bebê. São divididas em fórmulas para prematuros, fórmulas de partida identificadas com o número 1 e fórmulas de seguimento, que terão o número 2. As outras são destinadas às crianças com alergias e mais de 1 ano.

As fórmulas para prematuros são especialmente desenvolvidas para atender às necessidades alimentares de bebês prematuros, considerando a particularidade de apresentarem maior imaturidade digestiva, metabólica e imunológica se comparados aos bebês que nasceram no tempo certo. Já as de partida são recomendadas para a faixa de 0 a 6 meses, preenchendo as necessidades nutricionais de crianças saudáveis. Geralmente, são à base de leite de vaca. Para que sua composição se assemelhe ao leite materno, são modificadas para adequar a quantidade e o tipo de carboidratos, proteínas e gorduras. As fórmulas de seguimento são indicadas a partir do 6º mês de vida até a primeira infância (dos 12 meses aos 3 anos). Semelhantes às fórmulas de partida, são acrescidas de nutrientes para atender às necessidades nutricionais das crianças nessa faixa etária.

Muitas dúvidas se impõem quando é preciso dar um complemento ao bebê. Será que existe um melhor do que outro? Existe muita diferença entre eles? Tem vitaminas? Será que vai causar cólicas ou prender o intestino? Todas essas dúvidas devem ser sanadas pelo médico. A escolha de uma fórmula infantil é a indicação médica – ele é a pessoa capaz de saber a melhor formulação para o seu bebê. Não dê ouvidos à mídia e aos leigos.

As fórmulas infantis contêm quantidades ideais de vitaminas e minerais, gordura de qualidade e proteínas em quantidade quase semelhante ao leite materno. Claro que existem diferenças entre cada fórmula infantil e até mesmo entre as mesmas marcas. É obrigação do profissional de saúde saber essa diferença e estar apto para te explicar a diferença entre elas, bem como o motivo da escolha entre elas.

Proteínas

As proteínas são parte importantes da fórmula infantil e, por incrível que pareça, existem grandes diferenças entre elas na fórmula infantil. Existem aquelas que se aproximam mais da quantidade e da qualidade dos aminoácidos encontrados no leite materno – e este é um aspecto a se ressaltar, já que a proteína é o nutriente mais importante quando o assunto é crescimento e desenvolvimento. O maior conteúdo de proteína na fórmula infantil está associado a sobrepeso e obesidade nos dois primeiros anos de vida. Os pais devem escolher uma fórmula infantil o mais próximo de 1,2 g/100 ml.

Os efeitos da proteína no bebê:

- ***Crescimento e desenvolvimento*** – uma quantidade inadequada de proteína, inferior à necessária, pode gerar um déficit no crescimento, mas uma concentração maior não potencializa o seu desenvolvimento e crescimento podendo gerar inclusive a obesidade.

- ***Esvaziamento do estômago*** – os bebês têm estômago pequeno. O tempo que ele leva para esvaziar é importante para a digestão e a sensação de saciedade. É nesse sentido que a proteína deve ser adequada às características da criança nessa faixa etária.
- ***Sobrecarga renal*** – tudo o que o bebê come é eliminado pelas fezes e pela urina. O excesso de proteínas obriga o rim a trabalhar mais até depurá-las, o que pode ocasionar problemas no futuro.
- ***Potencial alergênico*** – sabe-se que a proteína do leite de vaca é um dos principais componentes que geram alergia em crianças menores de 2 anos. Elas podem desenvolver reações dermatológicas, gástricas (diarreia) e até mesmo respiratórias. Quanto mais hidrolisada (quebrada) for a proteína, menor a chance de isso acontecer.
- ***Risco de obesidade*** – excesso de proteínas pode levar ao peso excessivo nos dois primeiros anos de vida. E esse efeito pode ser deletério para o resto da vida, aumentando a chance de sobrepeso no futuro.

Ferro

O leite materno contém em média apenas 0,02-0,03 mg/100 ml de ferro; no entanto, o teor de ferro recomendado na fórmula infantil é geralmente maior, em parte porque o ferro tem uma biodisponibilidade menor na fórmula infantil do que no leite materno.

Carboidratos

A lactose é o único carboidrato digestível no leite humano. Apesar de nos últimos anos ela ter recebido uma conotação de vilã, a lactose é considerada uma fonte de vários benefícios nutricionais para bebês. Acredita-se que funcione como um prebiótico, amaciante de fezes e auxilie na absorção de água, cálcio e sódio no trato intestinal do bebê. Portanto, o uso de fórmulas sem lactose só deve ser recomendado quando houver indicações estritas.

Gorduras e ácidos graxos poli-insaturados

Embora a quantidade de gordura no leite de vaca e no leite humano seja semelhante, a composição das gorduras é diferente. O leite materno sempre fornece LC-PUFAs, como o ácido graxo ômega-3 DHA e o ácido graxo ômega-6 ARA. Tanto o DHA quanto o ARA são considerados importantes para o desenvolvimento neurológico, cognitivo, visual e imunológico em bebês. Cada vez mais as fórmulas infantis também contêm DHA e ARA do LC-PUFA. Os especialistas aconselham que, com base nas informações atuais, a fórmula infantil deve fornecer DHA e ARA.

Prebióticos

O termo "prebióticos" se refere a carboidratos e outras substâncias que são

“

As fórmulas infantis podem ser comparadas a uma medicação: salvam uma vida tanto quanto um remédio

”

indigestíveis para humanos, mas podem promover seletivamente o crescimento e/ou a atividade metabólica de bactérias selecionadas e, assim, induzir benefícios à saúde. Um tipo importante de prebióticos são os oligossacarídeos, que são encontrados em alta concentração no leite materno e são chamados atualmente de HMOs. A maioria dos prebióticos que são atualmente adicionados às fórmulas infantis são muito menos complexos do que HMO, fruto-oligossacarídeos (FOS) e galacto-oligossacarídeos (GOS).

HMOs

Os oligossacarídeos do leite humano (HMOs) são carboidratos encontrados exclusivamente no leite materno humano, que são resistentes à digestão. Quase todos os HMOs são eventualmente derivados da lactose e são o terceiro componente mais abundante do leite humano depois da lactose e da gordura, com concentrações. São utilizados no trato gastrointestinal por espécies bifidobacterianas, a microbiota dominante em bebês amamentados que se acredita desempenhar um papel importante na manutenção da saúde geral dos bebês, no que diz respeito à proteção e imunidade.

O preparo das mamadeiras

A preparação precisa garante que os bebês recebam a quantidade correta de nutrientes essenciais. Se a fórmula for diluída demais, isso pode resultar em ingestão insuficiente de calorias e nutrientes. Se a fórmula for muito concentrada, pode levar à desidratação, diarreia e ingestão excessiva de calorias, o que pode resultar em sobrepeso ou obesidade.

Algumas orientações que podem ser úteis:

- Verifique o prazo de validade na embalagem da fórmula, rótulo, tampa ou fundo da lata. Se a data de validade já tiver expirado, a fórmula infantil não deve ser usada. A lata deve ser sempre armazenada em local fresco e fechado, sem exposição direta à luz solar. Os pais devem verificar se a lata não apresenta "amassados, vazamentos, protuberâncias, pontas estufadas, partes superiores ou inferiores comprimidas ou manchas de ferrugem". A presença de qualquer uma dessas características pode ser sinal de que a qualidade do produto está comprometida, e o produto pode ser inseguro.
- Siga as orientações da embalagem para preparar o produto. Se ficar muito diluído, prejudica o aporte calórico e, consequentemente, o crescimento do bebê. Se ficar muito concentrado, aumenta o risco de a criança ter desidratação e desenvolver problemas renais.
- Siga a prescrição do médico e não altere a quantidade nem a frequência das mamadas sem antes consultá-lo.
- Separe utensílios para uso exclusivo do preparo das fórmulas e da higienização das mamadeiras.
- Esterilize as mamadeiras, os bicos e as tampas antes de preparar a fórmula.

- Não reaproveite o leite que sobrar na mamadeira. Germes e bactérias da saliva do bebê conseguem sobreviver e se reproduzir no líquido.
- Não refrigere a fórmula pronta, mesmo que ela não tenha sido utilizada.

Siga os passos

- *Passo 1.* Lave bem as mãos com água e sabão antes de limpar e esterilizar o equipamento. Bactérias nocivas podem contaminar o equipamento que, por sua vez, pode contaminar a ração.
- *Passo 2.* Lave bem os equipamentos de alimentação e preparação (por exemplo, xícaras, mamadeiras, bicos e colheres) com água quente e sabão. Limpe mamadeiras e bicos usando uma escova para mamadeiras para remover todos os vestígios da fórmula anterior. Por fim, enxágue todos os equipamentos lavados em água potável.
- *Passo 3.* A maneira mais fácil de esterilizar o equipamento de alimentação e preparação é fervendo-o em água. Garrafas, tetinas, tampas e anéis devem ser colocados em uma panela e totalmente submersos em água, garantindo que não haja bolhas de ar dentro de nenhum dos equipamentos. Tampe a panela, deixe ferver e continue fervendo por cinco minutos. Lave bem as mãos e remova o equipamento com pinças esterilizadas. Caso o equipamento não seja de uso imediato, os frascos devem ser totalmente montados, os utensílios cobertos e todos os equipamentos devem ser armazenados em local limpo para evitar recontaminação. Se um esterilizador comercial for usado, siga as instruções do fabricante.

Chá e água

Uma coisa é certa: pessoas mais velhas vão atormentá-la por causa da questão de não dar água ao bebê, em especial nos dias de calor. As qualidades do chá também serão louvadas quando seu filho chorar de cólica. Não dê ouvidos. São crendices populares que persistem há anos, mas não têm sustentação científica.

O bebê não precisa nem de água nem de chá se estiver mamando exclusivamente no seio ou fazendo uso de fórmulas infantis. Oferecer à criança água ou chá pode dobrar o risco de diarreia nos primeiros seis meses de vida.

O componente mais abundante do leite é a água, em quantidade suficiente para matar a sede do bebê. Você notará que quando fizer muito calor, ele vai mamar mais vezes, e algumas mamadas serão rápidas: é o tempo que ele precisa para matar a sede.

Outro mito é acreditar que os chás acalmam as cólicas do bebê. Ao contrário, eles interferem na flora bacteriana, piorando o quadro no dia seguinte.

Mas se o bebê não precisa ser hidratado, a mãe deve. Abuse dos líquidos e dos chás, se quiser, em dias quentes. Evite, porém, o chá-preto, que contém cafeína. O ideal é que você beba em torno de dois litros, preferencialmente água.

O comportamento do bebê durante a mamada

Dormir durante as refeições – Principalmente nos primeiros dias, é comum o bebê dormir enquanto mama. Ele ainda está sonolento, é novinho e sugar representa um grande esforço. Verifique, então, se ele está realmente mamando ou se adormeceu em seu colo. Ele pode sugar um pouco, o tempo suficiente para se acalmar, e adormecer em seguida. Se já mamou bastante antes e só ficou no peito para adormecer, coloque-o imediatamente no berço. Se estava dormindo no início da mamada, acorde-o. Ele deve manter uma mamada por 15 minutos, no mínimo, para ficar nutrido. Você pode acordá-lo, passando o indicador na boquinha ou mexendo em seus pés, como se fosse fazer cócegas. Outra medida importante é dar de mamar cobrindo-o com o mínimo de roupa possível: quanto mais aquecida estiver a criança, mais sono vai sentir.

Engasgar – Os engasgos preocupam muito os pais, mas eles costumam ocorrer nos primeiros meses de vida do bebê. Acontecem por simples falta de coordenação. A criança ainda não aprendeu a mamar e a respirar ao mesmo tempo, então suga e faz uma pausa para respirar. Durante esse processo, em vez de ir para o esôfago, o caminho natural, o leite vai para o aparelho respiratório, provocando o engasgo. Os pais devem saber que o simples ato de colocar a criança em pé já melhora os sintomas.

Soluçar – Soluçar é uma característica de todo bebê. Quem nunca viu uma criança com um pedaço de papel grudado na testa para ajudá-la a parar de soluçar? A simpatia mostra o quanto isso é comum. O soluço é resultado de uma descoordenação dos músculos da respiração, isto é, os que recobrem o pulmão e o diafragma.

Regurgitar – Trata-se de um tipo de refluxo fisiológico, que acontece porque a válvula entre o esôfago e o estômago, conhecida como esfíncter esofagiano, ainda está se desenvolvendo. Normalmente, após a passagem do leite, ela deve se fechar e segurar o líquido. No bebê, o esfíncter relaxa e não cumpre sua função. Resultado: o leite volta em sua forma líquida, ou até mesmo já coalhado, após a mamada, principalmente quando o recém-nascido mamou bastante ou quando arrota. O bebê também pode regurgitar porque nem sempre se percebe que ele mamou em excesso e está com o estômago cheio. Nesse caso, até um arroto mais forte pode trazer o líquido de volta. Regurgitar não causa problema algum ao bebê, nem dor.

É o momento de arrotar

Toda mãe sabe que tem de colocar o filho para arrotar depois que mamou. Ela aprendeu isso com a mãe, que aprendeu com a avó e assim sucessivamente. Mas nem todo mundo sabe por que se deve fazer o bebê arrotar. O que importa não é a criança arrotar, e sim mantê-la no colo, em pé, por pelo menos dez minutos. Essa posição evita que o leite volte pelo esôfago e que ela engasgue. Mesmo que ela não arrote, passados dez minutos, o volume do estômago já diminuiu e o refluxo tende a não ocorrer. Mesmo se ela arrotar imediatamente, mantenha-a na posição vertical por esse tempo.

Não ao leite de vaca

É conveniente evitar o leite de vaca no primeiro ano de vida da criança, em função de um risco maior de provocar alergia alimentar. A alergia à proteína heteróloga pode aparecer em resposta a qualquer uma que tenha sido introduzida na dieta habitual do bebê. A mais frequente é a da proteína do leite de vaca, pelo seu alto poder alergênico e precocidade com que é consumida por crianças não amamentadas ou em aleitamento misto (leite materno e outro tipo de leite).

O desenvolvimento da alergia alimentar depende de hereditariedade, exposição às proteínas alergênicas da dieta, quantidade ingerida, frequência e idade da criança. O leite de vaca pode gerar distúrbios hidroeletrolíticos, predisposição ao sobrepeso e à anemia, uma vez que tem pouco ferro. Para cada mês de uso do leite de vaca a partir do 4° mês, registra-se queda de 0,2 g/dL nos níveis de hemoglobina da criança.

Translactação

Um jeito que preserva o hábito de amamentar é a translactação. Trata-se da técnica que consiste em oferecer leite artificial ao bebê por uma sonda, colocando-o no peito como se fosse mamar. Ela estimula a produção de leite materno, o contato da pele, não quebra o vínculo entre a mãe e o filho. A translactação pode ser feita de forma caseira com uma mamadeira, um copinho, uma seringa ou um kit de translactação encontrado em casas especializadas.

Para fazer a translactação caseira é preciso ter uma sonda nasogástrica para crianças, tamanho 4 ou 5, de acordo com a orientação do pediatra (encontrada em farmácias ou drogarias). Coloque o leite artificial em um copinho, na seringa ou mesmo na mamadeira e uma ponta da sonda no bico da mamadeira ou adapte-a à seringa. A outra ponta da sonda fica perto do mamilo, fixada com fita adesiva, por exemplo. Em seguida, pegue o bebê no colo para amamentar normalmente.

O material da translactação deve ser lavado com água e sabão para retirar todos os vestígios de leite após o uso e fervido durante 15 minutos antes de cada utilização. A sonda nasogástrica ou a sonda do kit deve ser trocada depois de duas ou três semanas ou quando o bebê tiver dificuldade para mamar.

Alergia ao leite de vaca

Denomina-se alergia alimentar toda reação adversa dirigida ao componente proteico do alimento e que envolve o mecanismo imunológico. A alergia à proteína do leite de vaca ocorre principalmente nos três primeiros anos. A imaturidade do aparelho digestório, inerente aos dois primeiros anos de vida, e o sistema imunológico igualmente imaturo são fatores importantes para que o desenvolvimento da alergia na infância se estabeleça. Alguns estudos mostram que fatores genéticos também estão implicados.

O quadro clínico pode ser muito variável. Pode ser que surjam sintomas intestinais, como uma diarreia sanguinolenta, uma dermatite que não sara, vômitos ou regurgitações frequentes. Ou pode haver sintomas sistêmicos, envolvendo o corpo todo do bebê, como asma, lesões de pele como urticária, edema de boca ou nos olhos ou até mesmo anafilaxia (fechamento da glote).

Não existe um exame que comprove a existência da alergia ao leite. O principal diagnóstico é a retirada da dieta da mãe, se ela estiver dando exclusivamente o seio, ou trocar a fórmula infantil por outra, cujo leite tenha proteínas mais quebradas. Convém fazer essa dieta de exclusão por quatro semanas para verificar se houve melhora do quadro. Em caso negativo, o leite deve ser reintroduzido aos poucos. Um exame que pode esclarecer a questão é o que vai procurar no sangue anticorpos contra o leite, mas eles não serão encontrados em todas as crianças que têm a doença. Quando presentes, o diagnóstico se fecha em torno de uma alergia mediada por IgE.

Quando a doença fica comprovada, é preciso fazer uma dieta especial. Se você estiver amamentando exclusivamente no seio, deverá fazer uma dieta isenta de leite de vaca e seus derivados.

Eis uma lista das substâncias usadas nos produtos que você deverá evitar: lactoalbumina, lactoglobulina, fosfato de lactoalbumina, lactato, lactoferrina, lactulose, lactulona, caseína, caseína hidrolisada, caseinato de cálcio, caseinato de potássio, chantili (pode conter caseinato), creme de leite, leite (integral, semidesnatado, desnatado, em pó, condensado, evaporado, sem lactose, maltado, desidratado, fermentado), leitelho, nata, nougat, soro de leite, gordura de leite, proteína láctea, proteína de leite hidrolisada e proteína do soro de leite.

Quando o bebê está sendo alimentado com fórmulas infantis, deverá receber fórmulas e dietas à base de proteína extensamente hidrolisada (hidrolisados proteicos). São fórmulas caras e nada saborosas, mas garantem a eficácia do tratamento em 80 a 90%. Se o problema permanecer, outras fórmulas deverão ser testadas.

O tempo de duração da dieta de exclusão tem como variáveis a idade da

TOME NOTA

A descida do leite

O que é o reflexo da apojadura?
É o nome científico que se dá para a descida (ou subida) do leite na mama. Há uma mudança de qualidade e características do leite, conforme a criança vai crescendo: do colostro passa para o leite de transição e por fim para o leite maduro. Isso ocorre com, aproximadamente, 4 a 7 dias de vida. Nos partos por cesariana, pode demorar um pouco mais.

Como se dá a descida?
Ela é reflexo de dois hormônios, a prolactina e a ocitocina, que aumentam durante o trabalho de parto e avisam o cérebro de que está na hora de começar a produzir leite. O primeiro sinal é um calor maior na região das mamas. Elas também podem ficar desconfortavelmente grandes e ocasionar febre, calafrios e mal-estar. O leite pode empedrar na primeira vez.
Quando a mãe sente as mamas mais cheias e quentes, sabe intuitivamente que deve (e pode) alimentar o bebê. Esse desconforto diminui ao longo das mamadas e no mesmo dia. Algumas mulheres ainda notam sintomas 48 a 72 horas após a apojadura.

Esse processo traz algum risco à saúde da mãe?
É o momento de maior risco de mastites e fissuras. Para diminuir o desconforto, você pode fazer compressas frias. Mantenha também o peito sempre hidratado para evitar fissura dos mamilos. Quando ocorrer a apojadura, oferecer várias vezes o seio ao bebê para evitar um ingurgitamento mamário. Se for preciso, retire um pouco do leite antes de colocar a criança no colo.

criança ao iniciar o tratamento e sua adesão a ele, os mecanismos envolvidos, as manifestações apresentadas e o histórico familiar para alergia. Admite-se que a maioria das crianças desenvolverá tolerância clínica nos primeiros três anos, embora este percentual possa variar. Para a alergia ao leite de vaca, preconiza-se que a dieta de exclusão seja, no mínimo, de seis a doze meses. Se a alergia for mediada por igE, a volta ao leite de vaca deverá ser realizada dentro do hospital, com monitorização.

O refluxo gástrico

Uma das grandes dúvidas dos pais é diferenciar o refluxo fisiológico normal de todo bebê e o quadro patológico, quando se transforma em doença. Os dois tipos de refluxo se confundem muito. Até um médico tem dificuldade de identificá-los e precisa de vários parâmetros para acertar. A doença chamada refluxo gastroesofágico acontece quando a quantidade de leite que volta é grande e frequente, a ponto de interferir no desenvolvimento da criança, prejudicando o ganho de peso ou a qualidade de vida.

Outro sinal de refluxo é o bebê chorar a cada vez que o leite volta ou logo em seguida. Quando volta, esse leite contém sucos gástricos característicos do processo digestório. Eles irritam o esôfago e causam queimação e dor. O processo também pode gerar chiado no peito, crises de apneia, otites, sinusites, tosses, irritabilidade e, consequentemente, muito choro.

Somente em casos severos é indicado o uso de medicação para aliviar a queimação que o bebê sente no esôfago, para diminuir a acidez do estômago ou para esvaziá-lo mais rapidamente.

Os problemas desaparecem gradativamente e poucas são as crianças que ainda apresentam refluxo depois de 1 ano. A condição se resolve espontaneamente com a maturação do mecanismo de funcionamento do esfíncter esofágico inferior, nos primeiros meses de vida.

Nas crianças amamentadas no peito, os efeitos do refluxo gastroesofágico costumam ser mais brandos do que naquelas alimentadas com leite não humano. Isso se deve à posição supina do bebê para mamar e aos vigorosos movimentos peristálticos da língua durante a sucção. Os episódios de regurgitação são também mais frequentes em lactentes com aleitamento artificial quando comparados aos bebês amamentados no peito. Assim, é recomendado que a criança com refluxo gastroesofágico mame exclusivamente no seio nos primeiros seis meses e, em seguida, passe a receber um complemento até os 2 anos ou mais.

As fórmulas antirregurgitamento são indicadas às crianças com refluxo gastroesofágico que fazem uso de fórmulas infantis. Esses produtos contêm um agente espessante, que os torna um pouco mais consistentes, dificultando o retorno do leite do estômago para o esôfago depois que o bebê mama. O espessante mais usado é o amido de arroz, que se mostra bastante eficaz e com menos efeitos colaterais do que outros.

Hipoglicemia

Um recém-nascido a termo precisa se alimentar várias vezes ao dia, pois as reservas de glicogênio só conseguem suprir suas necessidades de glicose por quatro horas, em média – o tempo entre duas mamadas. O risco de ele desenvolver hipoglicemia é maior, portanto, que os adultos.

A glicose é a fonte de energia preferencial dos neurônios, as células do cérebro. O diagnóstico precoce, a introdução urgente de tratamento adequado e a prevenção de futuros episódios de hipoglicemia são importantes para a proteção do cérebro em desenvolvimento diante de uma eventual carência de glicose.

Bebês pequenos, nascidos de mães diabéticas, grandes ou prematuros têm maior risco de desenvolver hipoglicemia.

Os normais, com pré-natal regular, não precisam passar por monitoração da glicemia, a não ser que apresentem sintomas tais como irritabilidade, tremores, reflexo de Moro acentuado, convulsões, letargia, apatia, fraqueza, hipotonia, coma, cianose, irregularidade respiratória, hipotermia, temperatura instável, sucção débil e recusa alimentar.

O maior risco de ter hipoglicemia é nos primeiros dias, principalmente nas primeiras 48 horas. Sendo assim, os bebês que fazem parte dos grupos de risco devem passar por avaliação da glicemia nas primeiras 24-48 horas. Isso se faz com uma pequena picada na planta do pé da criança. Os bebês que não correm riscos ficam apenas em observação. Se necessário, passam por medição da glicemia. O tratamento da hipoglicemia consiste em aumentar a quantidade de leite ingerida, seja o materno ou a fórmula infantil. Se seu filho apresentou hipoglicemia nas primeiras horas e não teve mais, isso não significa que ele terá de novo, mas você deve ficar atenta aos sintomas característicos e não deixar o bebê ficar sem mamar por muito tempo.

BÊ-Á-BÁ DO BEBÊ

Como segurar o bebê para dar o peito

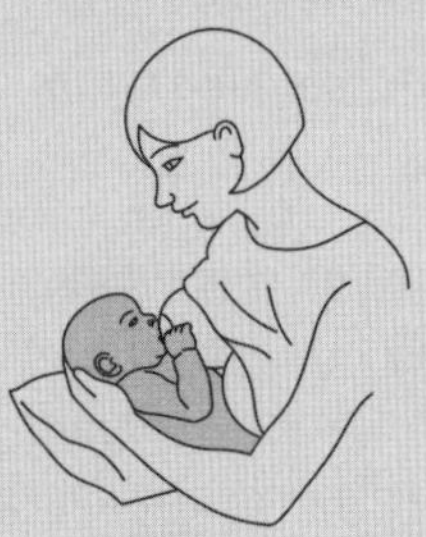

Segurar o bebê no colo em posição transversal, "barriga com barriga", utilizando o braço contrário ao seio em que ele está mamando

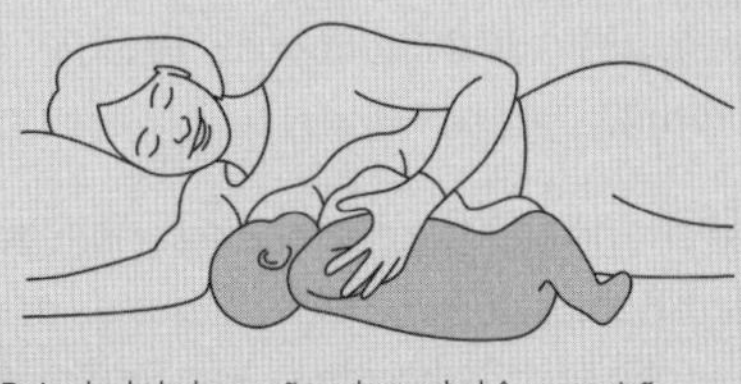

Deitada de lado, a mãe coloca o bebê em posição paralela a seu corpo, também de lado

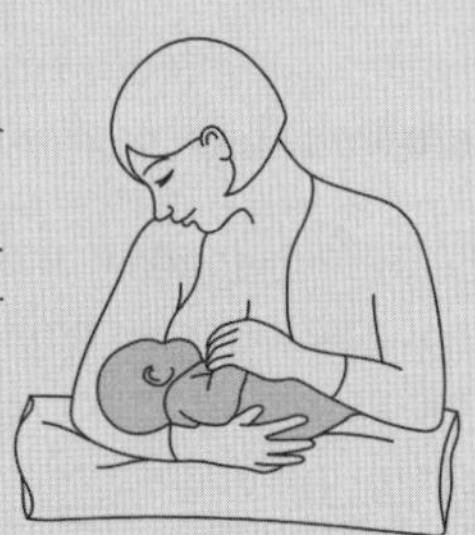

Segurar o bebê no colo em posição transversal, utilizando o braço do mesmo lado do seio em que ele mama

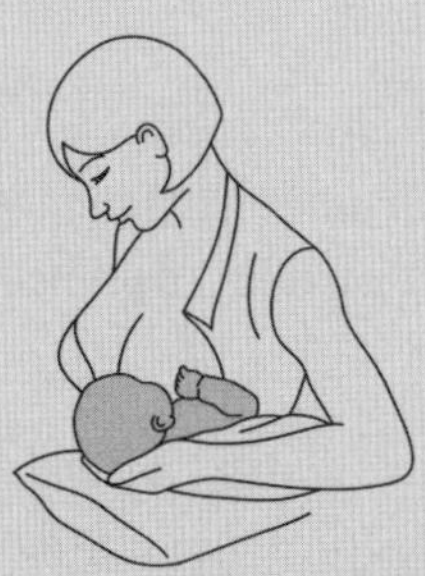

Segurar o bebê invertido, com as perninhas passando embaixo do braço da nutriz, do mesmo lado do seio em que ele está mamando e apoiando as pernas cruzadas na beira da cama ou em outro móvel

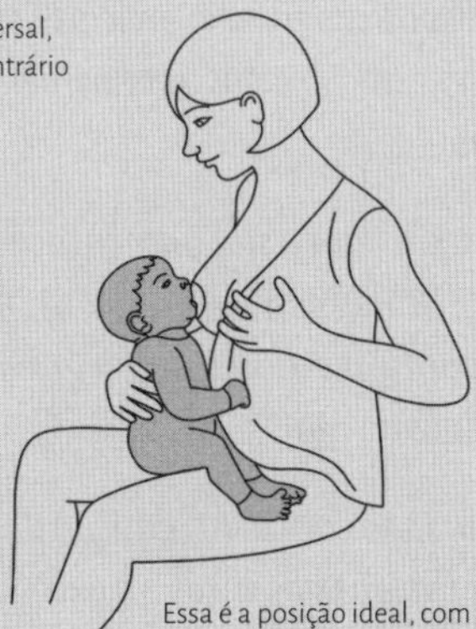

Essa é a posição ideal, com a cabeça do bebê mais erguida para evitar engasgos

Essa posição é a opção para amamentar gêmeos simultaneamente. É interessante a colaboração de uma pessoa que possa segurar um dos bebês no início e no final da mamada

A importância da (boa) alimentação

A alimentação infantil é um assunto da atualidade, pois supõe evitar hoje que o futuro adulto tenha sobrepeso amanhã.

Muito se fala dos mil dias da criança. O que é isso? É o período relativo aos nove meses de gestação e aos dois primeiros anos do bebê. Os estudos da atualidade já descobriram inúmeros (mais de cem) genes ligados à obesidade e ao ganho de peso excessivo. Alguns mostram que quem tem esses genes, tem gasto calórico menor para algumas atividades. Esses genes atuam, inclusive, na disposição para exercícios físicos. Eles parecem ser ativados ou desativados durante a gestação e nos dois primeiros anos de vida, daí a importância do período de mil dias.

Por conta disso, você deve se preocupar com a sua alimentação. O ideal é que esteja com o seu peso ideal ao engravidar. Se não estiver, precisará seguir uma dieta saudável durante a gestação. O excesso de gordura e de açúcar na gravidez parece ser o primeiro sinalizador de marcação desses genes do mal.

Após os seis meses, você deve ter cuidado com a introdução de novos alimentos à dieta do seu filho, que mamou até aqui. Evite as gorduras e o excesso de açúcar no início da alimentação complementar, para não estimular demasiadamente as papilas gustativas de seu filho. Em caso de dúvida, não hesite em procurar uma nutricionista.

Capítulo 11

A higiene

Todo recém-nascido precisa de cuidados intensivos: uma hora é a troca de fralda, outra é porque regurgitou, isso quando não está calor, frio, ou com assadura, ou com o nariz entupido. A higiene do bebê é garantia de bem-estar, de saúde e qualidade de vida. Nenhum detalhe deve passar despercebido.

A pele do bebê

Esse é o órgão que protege o organismo contra o ambiente, a temperatura e as substâncias químicas, bem como contra agentes agressores infecciosos (bactérias e vírus) e tóxicos. A pele começa a ser formada desde a sexta semana de gestação e a tarefa só se completa totalmente aos quatro anos. A pele infantil é muito mais vulnerável e sensível que a do adulto. Da mesma forma, a pele do bebê prematuro é ainda mais sensível que a da criança que nasceu a termo.

A pele é formada por várias camadas que lhe conferem proteção. Além da externa, chamada extrato córneo, há a epiderme e as mais internas: a derme e a hipoderme. São elas que garantem a proteção e a sensibilidade, além da produção de suor. Nas camadas mais internas, estão localizadas as glândulas de produção de suor e de pigmentação da pele – que lhe dão sua cor.

A pele da criança é a primeira interface com o ambiente. Cuidados especiais devem ser dispensados na higiene e preservação, de modo a prevenir agressões físicas, mecânicas, químicas e infecciosas. Muitas alterações importantes podem ocorrer na pele do bebê. Algumas revelam apenas sua imaturidade e outras podem ser um sinal de doença mais grave. O cuidado com a pele deve começar no primeiro dia de vida, com a manutenção do vérnix caseoso – e passa por uma higiene diária, a escolha dos produtos de toucador e até mesmo a roupa do bebê. A observação atenta de qualquer alteração na pele faz parte dos cuidados que se deve ter com ela.

Assim que o bebê nasce, tem início um longo processo de amadurecimento e adaptações, durante o qual a pele tem papel de destaque. Como é o maior órgão do corpo e principal barreira de defesa do organismo, ela sofre impacto direto ao abandonar o ambiente líquido, no útero, e passar para o mundo externo.

VOCÊ SABIA?

Alguns bebês apresentam uma descamação no final da primeira semana. Ela é normal e ocorre em virtude da maturação da pele e descarte da pele morta acumulada. Quanto maior o tempo de gestação, maior a chance de descamação. Para diminuir o tempo de recuperação da descamação, hidrate bem a pele do bebê desde o primeiro dia do bebê.

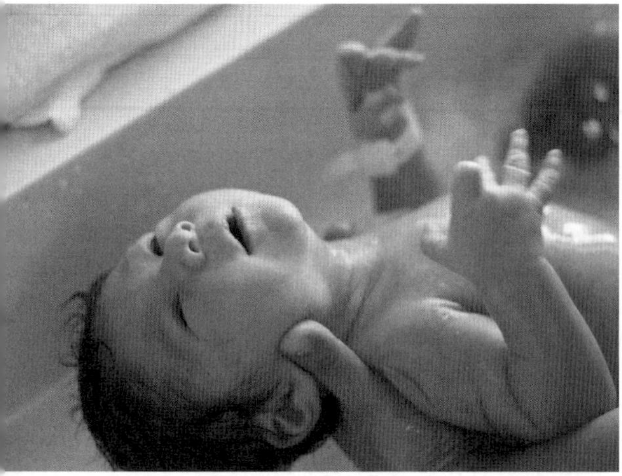

O banho

A higiene do recém-nascido não é uma atividade banal. O primeiro banho pode ser dado depois de constatada a estabilidade térmica, e nunca antes de 24 horas de vida. A recomendação é remover suavemente as secreções de sangue e manter o vérnix. Este banho fica por conta de um profissional de enfermagem, mas você deve observá-lo cuidadosamente para se familiarizar com o procedimento. O banho de imersão (banheira) com água morna é o mais indicado. Além de oferecer mais conforto ao bebê, evita perda de calor.

Você verá o técnico de enfermagem imergir todo o corpo do bebê na água, à exceção da cabeça. O uso de água estéril está indicado apenas se houver alguma doença de pele ou lesão. Caso contrário, é usada água filtrada. A limpeza é suave: não se deve esfregar a pele do recém-nascido com panos, buchas ou toalhas. A absorção percutânea de produtos químicos e drogas é conhecida em recém-nascidos, que são particularmente vulneráveis. Os produtos de uso infantil devem limpar sem agredir a pele, removendo apenas resíduos gordurosos, urina e fezes.

O banho pode ser diário, mas pode ser tomado a cada três a quatro dias, desde que se faça a higiene das pregas, do cordão e da área coberta pela fralda regularmente. Os banhos de banheira ou de bacias são recomendados; evite o uso de esponja. Use apenas sabonete infantil suave: logo depois de ensaboar a criança, enxágue-a e não estenda o banho por mais de 5 a 10 minutos. Seque-a com suavidade, com uma toalha macia e limpa. Em dias quentes, você pode dar mais de um banho, mas no segundo deixe apenas correr a água sobre o corpo de seu filho, para aliviar o calor ou acalmá-lo.

O banho é um calmante natural, que induz ao sono. Rituais diários podem ajudá-la a estabelecer uma rotina e melhorar seu vínculo com o bebê, diminuindo o estresse.

Você deve estimular todos os sentidos de seu filho durante o banho: tátil, visual, olfativo e auditivo. Os estímulos táteis ficam por conta do contato da pele: eles diminuem o estresse tanto do bebê como o seu e melhoram o humor e a ansiedade de ambos. Os estímulos visuais se obtêm olhando nos olhos da criança, enquanto está tomando banho. Esse contato visual reforça o desenvolvimento cerebral e social. Os estímulos olfativos derivam da fragrância dos produtos usados durante o banho: eles vão mexer com emoções e lembranças, promovendo o relaxamento e potencializando o aprendizado do bebê. Os estímulos auditivos criam memória para o desenvolvimento da linguagem. Para isso, converse com o bebê durante o banho.

Os produtos para o banho

Eles devem ser isentos de substâncias cáusticas e irritantes e idealmente apresentar as seguintes características:

VOCÊ SABIA?

Pesquisadores do sono comprovaram que um banho com massagem e uma rotina de ninar a criança diminuem o tempo em que ela cai no sono – cerca de 20 minutos. Essas medidas simples também resultam em uma hora a mais de sono e diminuem pela metade o número de vezes que o bebê acorda durante a noite.

- ter pH ácido similar ao pH cutâneo (entre 4,5 e 6,5);
- não conter alergizantes (oliamidopropil, dimetilamina-7, essências naturais de laranja, limão e tangerina);
- não ter toxicidade por via oral, inalatória e percutânea.

Os fabricantes de produtos infantis testam exaustivamente seus produtos e classificam como sendo suaves aqueles que em estudos experimentais não provocaram irritação. Você deve dar atenção ao rótulo e se assegurar que contêm as seguintes expressões: "Dermatologicamente testado e hipoalergênico". Outra informação que deve constar no rótulo é o pH do produto.

Sabonetes suaves são aqueles com adição de hidratantes e os ditos sintéticos, com pH ligeiramente ácido. Os primeiros podem ser encontrados na forma de sabonete em barra ou líquido, destinados a crianças, e devem sempre ser enxaguados com água corrente. Os produtos com componentes bactericidas, como o triclosan, têm pH 9-10 e, apesar de excelentes para

ISSO É NORMAL

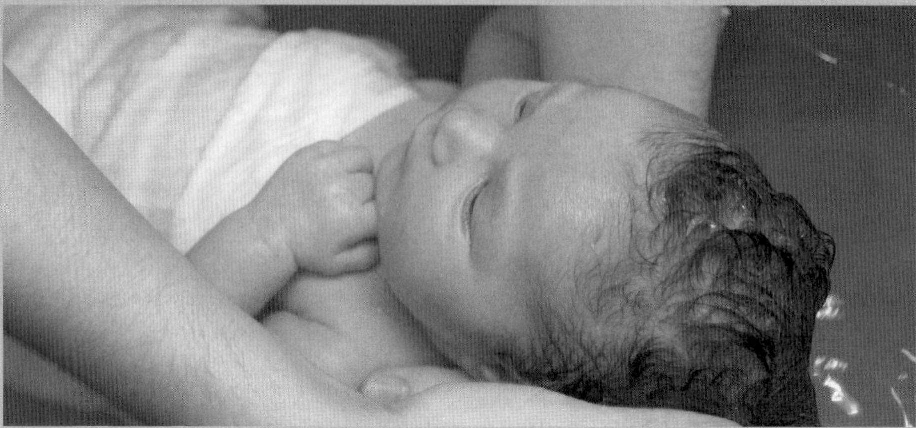

A temperatura da água

Esse é um dos aspectos mais importantes do banho. Idealmente, ela deve ficar entre 35 e 36° C. Para garantir que a água esteja nessa temperatura, faça como faziam as mães de antigamente: teste com as costas da mão e perceba se a água está levemente morna. Outro jeito de se certificar de que a água não está muito quente ou fria é usar um termômetro, encontrado em lojas especializadas.

O banho deve ser um momento de felicidade e contato pele a pele. Se a água estiver muito fria, o banho pode causar hipotermia – o bebê perderá muito calor. Em consequência, pode ficar com uma coloração arroxeada tanto nas mãos como nos pés e na boca. Se a pele de seu bebê for clara, ele vai ficar ainda mais roxo. Use esse parâmetro para calibrar a temperatura da água. Se ela estiver muito quente, pode até queimar o recém-nascido, uma vez que a pele é muito sensível. Se ele ficar com a pele vermelha, tire-o imediatamente da água. Espere esfriar e reinicie o banho.

acabar com as bactérias, não devem ser utilizados diariamente, sob o risco de irritar e ressecar a pele sensível do bebê.

Uma dica importante é que os sabonetes líquidos são mais recomendados por terem o pH mais próximo da pele do bebê e terem consistência de gel, o que diminui a remoção da camada protetora da pele.

Noções de segurança

O momento do banho, além de prazeroso, deve ser seguro. Nessa hora podem acontecer acidentes: queimaduras, afogamentos e quedas.

As queimaduras são causadas, na maioria das vezes, por água muito quente.

ISSO É NORMAL

O eritema tóxico é uma erupção cutânea benigna, autolimitada e sem explicação cientificamente comprovada. São placas vermelhas nas quais podem surgir pequenas lesões semelhantes a espinhas. São muito comuns nos bebês e aparecem em geral em torno do 3° ou 4° dia de vida. Localizam-se em qualquer parte do corpo, mas em geral nas mãos e nos pés. O tratamento é desnecessário, pois o quadro se reverte espontaneamente. Muitas mães erroneamente associam a uso de uma roupa ou alergia a um produto, mas não se preocupe: isso é um evento natural da pele do bebê.

A pele do bebê é muito sensível e uma temperatura um pouco acima da que pode tolerar tende a provocar uma simples vermelhidão ou até a formação de bolhas e queimaduras mais graves. Se você notar que seu bebê está ficando vermelho, tire-o da água imediatamente. Observe se a vermelhidão permanece ou se está diminuindo. Você pode hidratá-lo imediatamente. Se a pele se mantiver vermelha e seu bebê irritado, procure um médico ou um serviço de emergência.

As quedas também são frequentes. Lidar com sabonete, durante o banho, torna o corpo da criança mais escorregadio. Procure apoiá-lo com segurança para evitar que caia. Saiba que em poucas semanas seu filho vai aprender a mexer os pés e as mãos: então, ele fará força, empurrará os pés, e esse movimento abrupto pode provocar a queda. Outra situação de risco é durante a troca de roupa ou de fralda: você deixa o bebê no trocador um instante para pegar algo, ou simplesmente vira a cabeça, e eis que ele está no chão. Se esqueceu algo, leve o bebê junto.

Afogamentos também podem acontecer nessa fase. Apesar de haver pouca água na banheira, algumas mães se distraem e

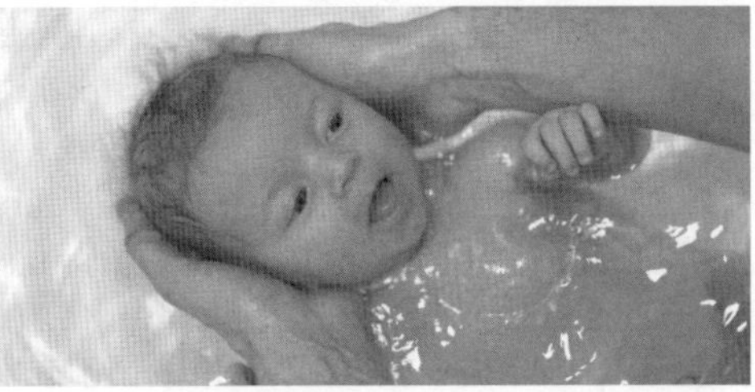

VOCÊ SABIA?

A sigla pH significa *potencial hidrogeniônico* e indica se um meio é ácido (abaixo de 7), neutro (7) ou alcalino (superior a 7). Para a pele do bebê, ele deve variar entre 4,6 e 5,8, permanecendo ácido para impedir a proliferação de bactérias, fungos e vírus. Usar produtos que mantenham o pH nesse patamar favorece as defesas da pele da criança.

deixam a cabeça do bebê submersa. A orientação é que o corpo fique em 45º, o que impede a cabeça de tombar sem que o adulto perceba. Outra opção são os adaptadores de banheira que permitem deixar a criança deitada sem que a cabeça penda para trás. Caso a criança se afogue, observe se ela está respirando. Se estiver, foi apenas um susto, um evento simples que não causará consequências. Mas se não estiver respirando, corra para uma emergência ou inicie a ventilação boca a boca.

Cuidados com o coto umbilical

O cordão umbilical é uma estrutura única, constituída por uma fina camada que recobre um tecido conectivo em que se encontram duas artérias e uma veia, e é responsável pela alimentação do feto durante a gestação. Logo após o nascimento, ele é cortado da placenta e a partir desse momento não receberá mais oxigênio, entrando num processo de mumificação.

A pele do recém-nascido e o cordão umbilical são colonizados pelas mesmas bactérias encontradas na pele adulta. A higiene precária ou um atendimento não adequado ao recém-nascido pode determinar a presença de outras bactérias patogênicas e causar infecções que podem ser graves e levar até mesmo à internação.

Medidas simples são capazes de evitar que isso ocorra. Manter as mãos limpas antes de manipular o cordão e lavá-lo a cada troca de fralda e depois da micção são cuidados essenciais. Para a higiene do coto, você pode usar uma solução de álcool etílico a 70% e mantê-lo exposto até que a substância evapore, evitando a possibilidade de ele permanecer úmido. Essas medidas impedem uma infecção até que o umbigo caia. Novas diretrizes da Organização Mundial da Saúde mostram que o uso de álcool pode não ser tão necessário quanto se imaginava; ele diminui a chance de infecção e diminui em 1-2 dias o tempo de queda do coto umbilical, não sendo mais o seu uso obrigatório. A Sociedade Brasileira de Pediatria diz em sua diretriz que em maternidade e em lugares onde não existam as condições de segurança higiênica adequada seu uso ainda é recomendado. A grande maioria das maternidades brasileiras ainda utilizam a higienização com álcool 70% como forma de prevenção de infecções.

Os cotos umbilicais demoram de quatro a catorze dias para cair. Depois disso, ele permanece para fora por alguns meses (entre três a cinco meses), mas esse prazo pode se estender até dois anos. Você não tem de fazer nada para que ele vá para seu lugar definitivo. Isso acontecerá com o tempo. Não use cinteiro nem uma moeda por cima, como se fazia antigamente. Os cinteiros aumentam os regurgitamentos e refluxos e as moedas só causam infecções. E, pode ter certeza, não será isso que fará com que ele fique num lindo formato.

Como lavar a cabeça

Assim que o bebê nasce, nota-se logo se ele tem cabelo ou se é careca. Passada essa primeira curiosidade, vem a dúvida: pode-se ou não lavar a cabeça dele? E como fazer isso?

ISSO É NORMAL

A hérnia umbilical é uma protuberância anormal que pode ser vista ou sentida na região do umbigo. Comum em bebês, aparece no local da cicatriz umbilical, quando uma alça intestinal atravessa o tecido muscular. Crianças com baixo peso ao nascer e prematuros são mais propensos a ter hérnia, uma anomalia que acomete 10% a 20% delas. O anel umbilical é formado por músculos e tecidos através dos quais o cordão umbilical se liga ao corpo do feto. Esse anel geralmente se fecha antes de o bebê nascer. Se os músculos não se unirem completamente na linha média do abdômen, a parede abdominal ficará mais delgada, o que poderá provocar uma hérnia umbilical na hora do nascimento ou até mais tarde. A hérnia é percebida quando o bebê chora, ri ou se esforça para evacuar. Ela aparece na maioria das vezes depois que o coto umbilical caiu, em algumas semanas após o nascimento. De tamanho variado, raramente é maior que 2,5 cm de diâmetro. A maioria das crianças não sente dor na hérnia. Mas caso haja, e se também houver inchaço abdominal ou se a região ficar arroxeada, o caso tende a ser mais grave. A maioria das hérnias umbilicais em bebês se fecha por conta própria em dezoito meses. A cirurgia só será realizada se ela for dolorosa, for maior que 1,5 cm de diâmetro, não diminuir de tamanho após seis a doze meses ou não desaparecer quando a criança completar 2 anos. Durante a cirurgia, uma pequena incisão é feita na base do umbigo. O tecido da hérnia é devolvido para a cavidade abdominal e a cisão é costurada. A complicação mais comum ocorre quando o tecido abdominal fica preso (encarcerado) e não pode mais ser empurrado para dentro da cavidade abdominal.

Todo bebê deve lavar a cabeça diariamente. Esse cuidado faz parte da higiene rotineira. Cuidado só para que a água não caia nos olhos – algo que gera desconforto ou faz o bebê engolir água. O ideal é lavar a cabeça do recém-nascido fora da banheira, antes de iniciar a limpeza do corpo para aproveitar a água ainda limpa, depois de enrolá-lo numa toalha para que não sinta frio. Incline-o sobre uma bacia, apoiando o corpo e a cabeça dele no braço e na mão esquerda, deixando a direita livre.

Comece jogando uma pequena quantidade de água da frente para trás. Nessa hora, proteja os ouvidos dele com os dedos polegar e anular da mão que apoia a cabeça. É importante para evitar que a água entre nos ouvidos. Para o cabelo, use uma pequena quantidade de xampu infantil ou sabonete líquido neutro, que não irrita os olhos. Nessa idade, não é preciso esfregar ou massagear o couro cabeludo. Apenas passe a mão levemente sobre a penugem. Enxague bem os fios até tirar todos os resíduos. Para secar, pressione levemente uma toalha macia sobre a cabeça.

Muitos se perguntam se podem usar xampus infantis e a partir de quando. Eles podem ser usados desde o nascimento, porém os próprios sabonetes líquidos podem continuar sendo usados. Seu uso nos lactentes é uma questão de preferência pessoal ou cultural. Os xampus infantis são distintos por terem índice de irritação ocular baixo, além de pH e concentração salina semelhantes aos da lágrima. Use sempre os produtos próprios para crianças.

A hidratação e o perfume

A hidratação é importante e pode tornar a pele do bebê mais resistente e menos suscetível a irritações. Os hidratantes são substâncias ricas em lipídios que, além de melhorar o aspecto da pele, influenciam na homeostase do estrato córneo. Você deve hidratar a pele de seu filho todos os dias, principalmente após o banho ou pelo menos três vezes por semana. A imaturidade da pele, comum para a fase de vida, aumenta as chances de uma invasão de micro-organismos. Nesse momento, procure massagear o corpinho do bebê com um creme hidratante – essa é uma manifestação de carinho, que acalma e fortalece os vínculos afetivos.

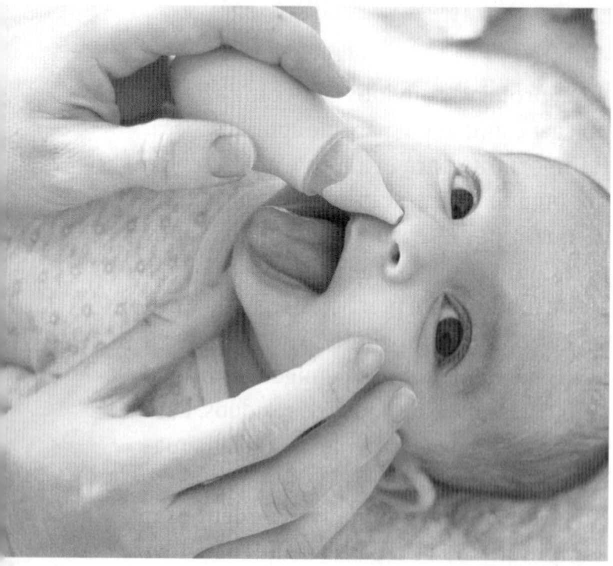

Em crianças sem lesões de pele, você pode usar qualquer tipo de hidratante infantil. Peça apenas uma boa indicação ao pediatra. Mas se seu filho tem a pele ressecada, uma dermatose descamativa ou uma dermatite atópica, dê preferência a produtos mais potentes que funcionam como remédios e devem ser indicados pelo dermatologista ou pediatra.

O uso de perfume não é aconselhável no bebê pequeno, já que ele é naturalmente cheiroso. O odor forte pode prejudicar o olfato apurado que ele tem. Você também deve evitar usar fragrâncias acentuadas ou em excesso quando estiver perto do bebê. Prefira um perfume discreto, que não se sobreponha ao cheiro de leite, principalmente durante a amamentação. Nesse período, você vai cheirar a leite, mas é pelo reconhecimento desse cheiro que seu filho buscará conforto.

Como limpar o nariz

Não será preciso lavar o nariz do bebê todos os dias. Apenas quando estiver entupido por conta das secreções do parto ou outra qualquer. Lave-o com soro fisiológico quantas vezes forem necessárias. Aplique o soro com uma seringa. É provável que seu filho engula a secreção fluidificada, o que o fará engasgar ou tossir. Não se preocupe: dê-lhe tempo de respirar e con-

ISSO É NORMAL

É natural que o couro cabeludo do bebê fique oleoso nos primeiros dias. Também pode ter formação de crostas. Isso se deve à ação dos hormônios que ainda atuam no organismo. A tendência é essa oleosidade sumir aos poucos, naturalmente. Nos primeiros banhos do bebê, você pode usar um pouco de óleo infantil para amolecer as crostas antes de aplicar o xampu. Chama-se de *crosta láctea*: ela parece uma caspa e sai com a simples passagem da unha materna sobre o couro cabeludo. Produtos para ela estão disponíveis no mercado.

tinue aplicando soro se perceber que o nariz ainda está entupido.

Existem aspiradores nasais de vários modelos: os tradicionais, chamados de pera, e os que permitem que a mãe aspire as secreções com a boca. Os aspiradores elétricos só devem ser usados se houver muita secreção, já que podem machucar o nariz do bebê. Antes de usar um aspirador, não deixe de pingar um pouco de soro fisiológico para fluidificar as secreções.

Lavar o pipi

Quantas vezes se deve lavar a genitália dos menininhos, em caso de fimose? Alguns pediatras orientam a exposição da glande cirurgicamente através de postectomia. Não existe uma orientação correta para tal higiene; converse com o seu pediatra para que ele oriente a melhor forma para a lavagem da glande levando em consideração o seu bebê. Atualmente muitos pediatras optam por não fazer a exposição da glande até que ela se abra espontaneamente. Uma coisa é certa: o uso de maior força pode provocar microlesões e até sangramento, então todo cuidado é pouco. Só faça movimentos com total segurança, de modo que não vá causar dano ao seu bebê. Se não estiver segura com o procedimento, converse com o seu médico para que ele lhe explique melhor o procedimento.

Higiene oral

Mesmo que o bebê não tenha dentes, você deve manter uma higiene oral diária. Claro que não será feita com escova e pasta de dente e, sim, uma gaze e água filtrada. Cuide da higiene de seu filho algumas vezes ao dia, principalmente à noite, antes de dormir.

Enrole a gaze em torno de seu dedo e passe-a por toda a boca do bebê, principalmente na língua, de maneira a eliminar todo o excesso de leite. Outra maneira é usar um cuidador oral, pequena luva de flanela que você pode adquirir em lojas especializadas. Molhe-o em água filtrada e proceda da mesma forma.

Mantenha esses cuidados até o surgimento dos primeiros dentes ou após a introdução dos primeiros alimentos sólidos.

Cortar as unhas

A partir do primeiro dia de vida, as unhas do bebê já podem ser cortadas. Elas são muito sensíveis e flácidas, podem ferir o recém-nascido que se mexe bastante e leva muitas vezes as mãos ao rosto. As unhas devem ser mantidas limpas e curtas, a fim de evitar possíveis escoriações. O corte em linha reta, com pouca profundidade, é o mais adequado. O corte convexo da placa ungueal é impróprio, sendo a causa mais comum da onicocriptose (unha encravada).

Você pode cortá-las com uma pequena tesoura ou lixá-las. Existem tesouras e lixas específicas para crianças, à venda em lojas especializadas. Uma dica é aparar as unhas do bebê depois do banho, quando estarão mais molinhas, ou quando ele estiver dormindo. É muito comum que a unha do bebê incrave ao ser cortada e cause uma infecção no local chamada de paroníquia. Cuide para que não corte os cantos das unhas muito curtos para evitar esse tipo de complicação.

Lenços umedecidos e dermatites

Os produtos modernos são constituídos por um "não tecido" embebido em loção oleosa ou aquosa. As loções água-óleo são enriquecidas com hidratantes e outras substâncias e fragrâncias. Vários produtos têm indicação específica para peles sensíveis.

Estudos foram feitos visando comparar os lenços umedecidos e a dupla água e algodão no que diz respeito à hidratação da pele e à dermatite de fralda. Conclusão: os lenços umedecidos foram relacionados a processos irritativos e alérgicos, mas o avanço na compreensão da fisiologia, da microbiologia e da imunologia da região coberta por fraldas tem sido importante para o desenvolvimento de produtos cada vez mais adequados à faixa etária. Porém, ainda há numerosos relatos de dermatite de contato, principalmente por causa dos conservantes e das fragrâncias usadas em alguns lenços.

O ideal é que a troca de fralda seja acompanhada de água e algodão, reservando-se o lenço umedecido para passeios ou ambientes onde a higienização se torna mais difícil. Uma vez que você limpou o bebê, seque-o suavemente, sem esfregar a pele. A aplicação dos cremes de barreira (geralmente à base de óxido de zinco) forma uma película protetora que impedirá a ação das enzimas sobre a pele e limitará a fricção.

A higiene dos olhos

Não existe nenhuma recomendação especial para lavar os olhos do bebê. Limpe-os com água tão logo começar o banho.

Alguns bebês têm secreção ocular nos primeiros meses. Isso pode ocorrer por causa de uma conjuntivite química ou por entupimento do canal lacrimal. Esses problemas se caracterizam por um aumento da secreção purulenta e eventual inchaço dos olhos.

O entupimento do canal lacrimal é outra causa comum de lacrimejamento no recém-nascido. Esse canal comunica a superfície ocular com o nariz e é por ele que

BÊ-Á-BÁ DO BEBÊ

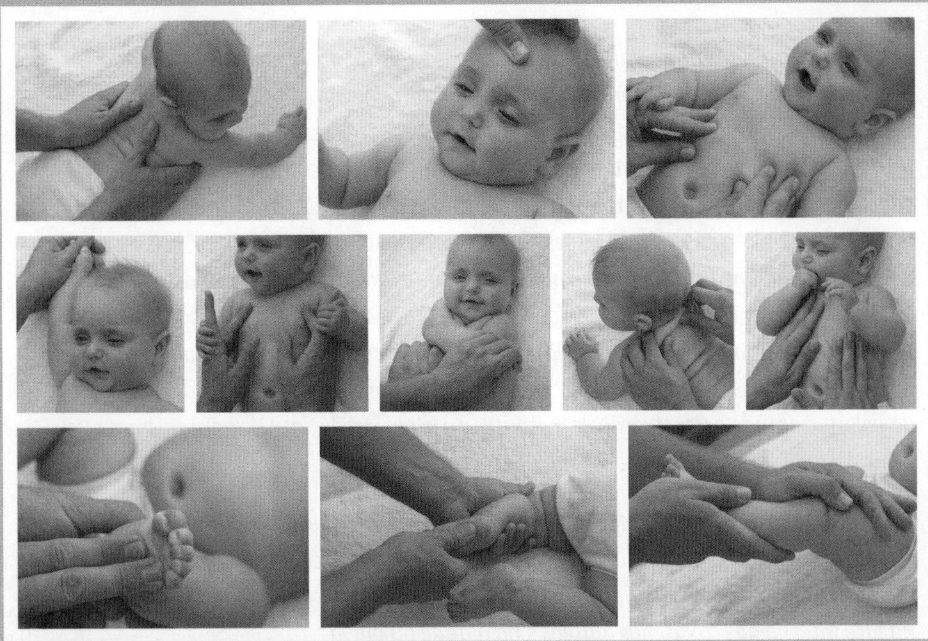

Massagem relaxante

1. Acalme o bebê com a massagem, que tem o poder de diminuir o choro, auxiliar a digestão e aliviar cólicas, gases e constipação, além de induzi-lo ao sono e fazê-lo dormir mais profundamente e por mais tempo. Ajuda a desenvolver a coordenação, estimula o sistema imunológico e o tônus muscular, hidrata a pele e relaxa tanto os pais quanto a criança.

2. Escolha um lugar tranquilo. Prepare o ambiente: coloque uma luz indireta, uma música relaxante e tenha em mãos o que vai precisar – óleo, toalha, fralda e roupa limpa.

3. Lave as mãos e retire qualquer acessório, como anéis e pulseiras. Use óleos ou hidratantes específicos para bebê.

4. Perceba como seu bebê se comunica com você ao massageá-lo. Ele poderá demonstrar que está gostando por meio de sorrisos. Converse com ele e desfrute o momento. Dê preferência ao toque suave. Cante enquanto faz a massagem.

Dermatite provocada pela fralda

É uma reação inflamatória aguda que ocorre na região genital e por isso é chamada de dermatite de fralda. Ela é provocada por uma combinação de fatores: urina e fezes, umidade, oclusão da fralda e até mesmo a dieta do bebê. As fezes, bem como a urina, aumentam a permeabilidade da pele e a deixam úmida, o que favorece a penetração de substâncias irritantes. Tanto as fraldas descartáveis como as de pano aumentam a umidade da pele, tornando-a suscetível a lesões. O leite materno tem papel protetor, pois a presença de bacilos bífidos no intestino determina um pH mais ácido das fezes, ao passo que nas crianças amamentadas com derivados do leite de vaca, a intensa colonização do intestino grosso por enterobactérias e bacteroides, responsáveis por um pH mais alcalino, predispõe à dermatite. Todos esses fatores associados resultam em alteração da função de barreira da pele, facilitando a penetração de irritantes e a proliferação de micro-organismos que provocam a inflamação caracterizada pela dermatite produzida pela fralda.

A doença pode ser leve — apenas uma vermelhidão e um aspecto brilhante da pele — ou moderada, caracterizada pelo aparecimento de lesões violáceas e avermelhadas, reunidas ou não. Na forma grave ou ulcerativa, surgem lesões na área da fralda, dispostas em W, na face interna das coxas, nos glúteos e na glande ou vulva.

O melhor tratamento é a prevenção. É preciso manter a área limpa e seca. Isso envolve uma higiene adequada e a troca frequente da fralda, de maneira a reduzir a exposição da pele à urina e às fezes. Despir a região do períneo com alguma frequência e deixar a pele respirar o máximo possível, a fim de reduzir o contato direto e a fricção com a fralda, é uma boa medida. A troca da fralda deve ser feita cinco a seis vezes ao dia, de preferência higienizando bem a região, principalmente se a criança evacuou. Os cremes de barreira, à base de óxido de zinco, são recomendados em todas as trocas. Evite, no entanto, esfregar a pele do bebê para retirar as camadas de pomada anteriores: isso pode machucar ainda mais a pele e remover a camada cutânea que está nascendo. Se as lesões persistirem, o pediatra deve ser consultado para avaliação do quadro.

a maior parte da lágrima é drenada. Em aproximadamente 6% dos recém-nascidos o canal lacrimal não está totalmente aberto, fazendo com que os olhos apresentem lacrimejamento e secreção. É importante verificar se os olhos estão brancos, calmos, sem sinal de inflamação. Em mais de 90% dos casos, o lacrimejamento devido à obstrução do canal lacrimal tem cura espontânea nos primeiros meses de vida.

Para ajudar a reverter o quadro, recomenda-se fazer massagens no canto nasal do olho comprometido. Elas devem ser feitas mediante compressão com a polpa do indicador. Bastam duas compressões por vez pela manhã e à noite. Essas medidas aumentam a chance de cura sem necessidade de intervenção cirúrgica. Se o lacrimejamento persistir por mais de três meses, consulte um oftalmologista.

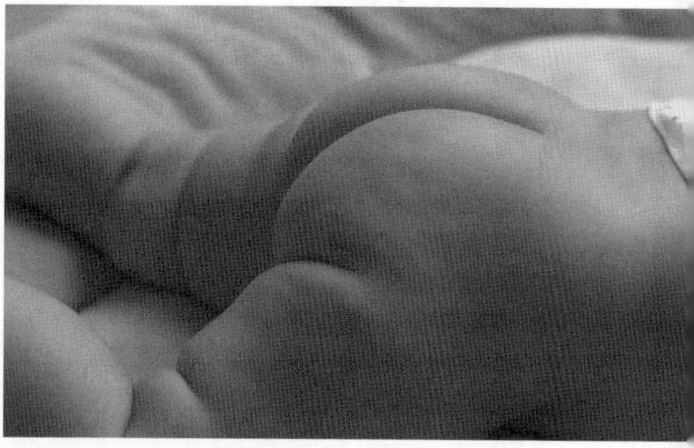

Contra assadura

Água e algodão são a maneira com que tradicionalmente se faz a higiene da área da fralda. Existem algumas fraldas que têm um indicativo de que está na hora de fazer a troca. Elas podem ser úteis principalmente nos primeiros dias, quando a urina tem uma coloração quase transparente, o que dificulta a avaliação.

Os cremes de barreira devem ser utilizados sempre de forma a prevenir a

VOCÊ SABIA?

A fimose fisiológica é comum e muitas vezes não requer tratamento. Nada mais é do que a aderência prepucial à glande – a ponta do pênis. Presente desde o nascimento, costuma desaparecer ao longo do crescimento da criança, permitindo a exposição da glande antes dos cinco anos. No nascimento, apenas 4% dos meninos têm um prepúcio retrátil. Após um ano, a taxa salta para 50%. Aos três anos, até 90% dos meninos conseguem expor a glande – a grande maioria dos recém-nascidos com fimose, então, não precisa passar por uma cirurgia corretiva. A retração ausente ou incompleta do prepúcio pode predispor o bebê a alguns problemas, sendo o principal deles a infecção urinária, já que a fimose faz com que um resquício de urina colonize a região. Se isso se tornar frequente, o ideal é que a criança seja avaliada por um urologista para a eventualidade de uma postectomia, durante a qual o excesso de pele do prepúcio será retirado. Antes do tratamento cirúrgico, porém, é possível lançar mão de pomadas que amolecem a pele e a fazem retrair. Alguns pediatras recomendam a cirurgia assim que o bebê completa algumas semanas, para causar menos trauma; outros optam por esperar até os três anos para observar se a pele abre espontaneamente.

BÊ-Á-BÁ DO BEBÊ

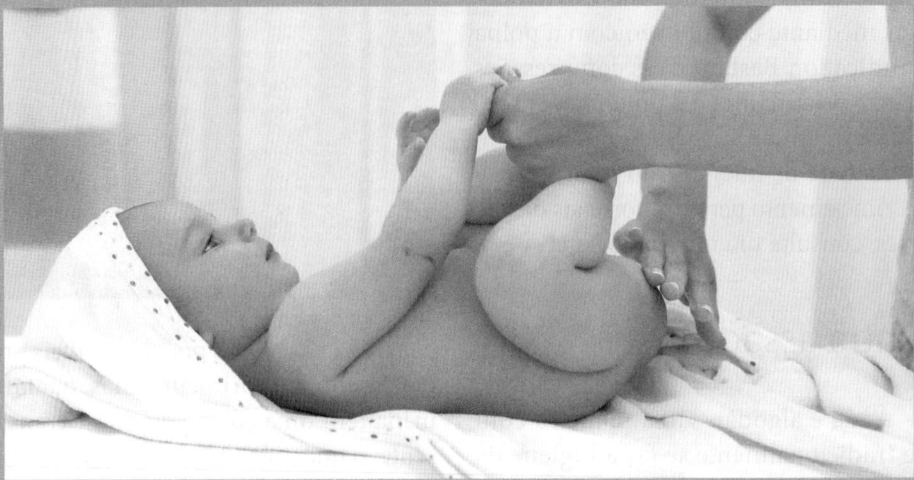

Como trocar a fralda

1. Troque a fralda antes de cada mamada, para gerar menos desconforto e não acordar o bebê, quando ele adormecer no seio.

2. Troque o mais rápido possível a fralda se seu filho evacua a cada mamada. Em seguida, deixe o bebê o máximo de tempo possível na posição ereta, para diminuir as regurgitações.

3. Deite-o numa superfície plana, macia e segura. Retire a fralda, levantando as abas adesivas, e então dobre as tiras adesivas sobre si mesmas para que não grudem no bebê.

4. Limpe a área genital, da frente para trás, com água e algodão. Não esqueça a região inferior dos testículos. Deixe a área bem sequinha.

5. Coloque uma fralda limpa e aplique uma camada fina de creme contra assaduras. Prenda a fralda limpa com a tira adesiva, de trás para a frente. A fralda deve ficar bem presa, mas não apertada. Se pressionar o abdômen do bebê, a chance de ele golfar é maior.

6. Se o coto umbilical não tiver caído, aproveite para limpá-lo com álcool 70%. Não se esqueça de lavar as mãos antes e depois da troca de fralda.

VOCÊ SABIA?

Nunca use talco no bebê. Ele é prejudicial e proibido. O pó pode alcançar o pulmão da criança e causar pneumonia grave, de difícil diagnóstico. O bebê começa tendo muita falta de ar e eventualmente febre.

dermatite por fraldas, e não apenas quando houver sinais de irritação local. Já os cremes que contêm medicamentos como nistatina, corticosteroides e antibacterianos não devem ser usados rotineiramente, mas apenas quando houver evidência de infecção ou inflamação, e sempre sob prescrição médica. Procure utilizar o creme de barreira ao qual a criança se adaptou melhor. Procure testar o produto inicialmente na sua própria mão e numa pequena parte do corpo do bebê para ver se ele provoca algum tipo de reação na pele.

Na troca de fralda

Você deve calcular mentalmente o número de fraldas com urina e fezes que já trocou no dia e observar os mínimos detalhes em cada uma delas.

Na fralda suja de urina, é preciso ter cuidado com a coloração – principalmente se ela estiver diferente do normal. Lembre-se de que ela pode ser alaranjada nos primeiros dias, por conta dos cristais de urato. Outro detalhe importante é um eventual cheiro forte ou de amônia. Nas fraldas com fezes, atente para a presença de muco ou de sangue e se há alteração na coloração.

Na troca da fralda, você deve dar atenção à pele do bebê e a qualquer sinal de vermelhidão. Se for menino, observe se existe alguma alteração no pênis.

Qualquer mudança deve ser comunicada ao médico. A urina, as fezes e a dermatite podem ser as primeiras alterações que marcam o surgimento de doenças e são um indicativo de que a amamentação não está boa.

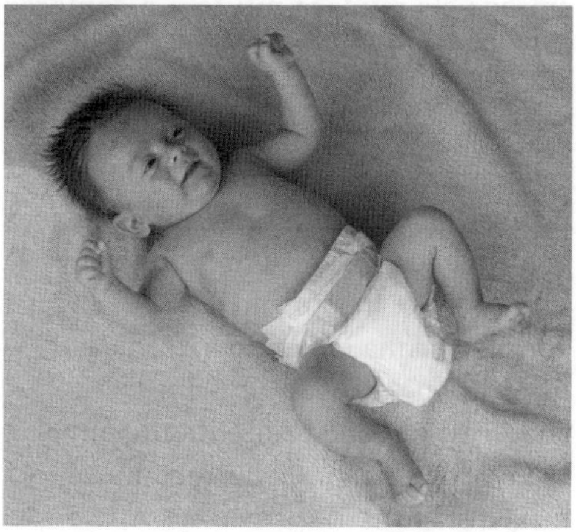

Capítulo 12

Desenvolvimento cerebral

O primeiro mês de vida é muito importante para o bebê, um período em que ele mudará muito – a começar pelo nome: passados trinta dias do parto, ele deixa de ser um recém-nascido e passa a ser um lactente.

Em um piscar de olhos, seu filho estará às voltas com dezenas de novidades que envolvem o crescimento: depois de superar a fase meramente passiva, na qual apenas dormia e mamava, ele fechará o primeiro mês de vida com um sorriso excitado, ainda que hesitante no começo, toda vez que a vir, e vai reconhecê-la à meia distância.

Para que a criança tenha um ótimo desenvolvimento cerebral, é importante que ela receba uma alimentação adequada nos primeiros anos de vida. Uma gravidez bem conduzida, com um pré-natal bem feito, é o primeiro passo para que um bebê cresça forte e sadio. Situações em que ocorrem deficiências de oxigênio e de nutrientes podem colocar em risco a formação cerebral do bebê e são mais graves no primeiro trimestre de gravidez, período de acelerado crescimento celular. Durante os primeiros mil dias de vida, milhares de neurônios – as células que trabalham no cérebro – estão se multiplicando; precisam dos nutrientes certos e a falta deles pode acarretar sérios prejuízos ao desenvolvimento neuropsicomotor do bebê.

No recém-nascido a termo e com o peso adequado para a sua idade gestacional, o cérebro corresponde a aproximadamente 450 g. Grande parte dele se desenvolve no último trimestre da gravidez e nas primeiras semanas de vida pós-natal, momento em que os neurônios vão se multiplicando até o bebê completar três anos. Depois, o desenvolvimento diminui, mas não para ao longo da vida.

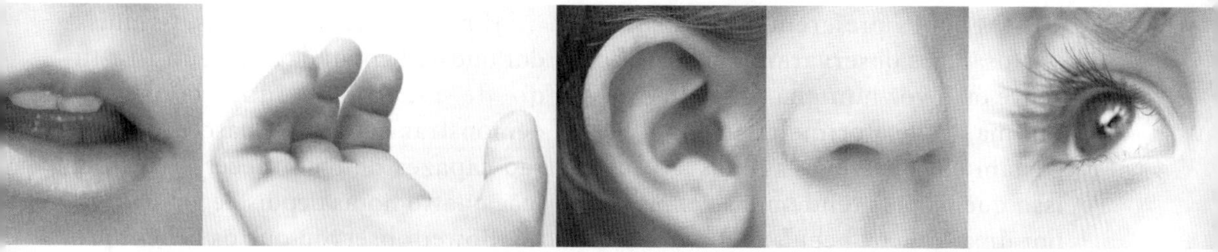

Os cinco sentidos

Os bebês nascem com o paladar extremamente desenvolvido. Suas células se formam muito cedo, na sétima ou oitava semana de gravidez, e estão completamente formadas na 14ª semana. Assim, este sentido é ativo desde o primeiro dia de vida do bebê. O recém-nascido prefere o alimento doce ao amargo, pois ele suga mais depressa uma solução adocicada do que uma acidificada ou amarga, e às vezes até a cospe. O interesse pelo alimento salgado desperta por volta dos quatro meses, e nos dois anos seguintes aparecem outras diferenças sutis no paladar.

Ao nascer, o bebê tem o olfato desenvolvido e, portanto, percebe os odores desagradáveis. Ele é capaz de distinguir e de reconhecer cheiros diferentes. Com um dia de vida, ao ser alimentado pela mãe, pode reconhecer o cheiro dela e até mesmo o do disco de algodão usado como protetor de seio. Os bebês alimentados com mamadeira têm menos capacidade de discriminar o cheiro da mãe entre outras mulheres. Como eles sentem todos os cheiros, o ideal é que você o poupe de odores intensos: evite desinfetantes fortes em casa e não use perfume. Cuidado com inseticidas: todos são tóxicos e fazem mal ao bebê.

O tato na criança é ativado bem antes de ela nascer, uma vez que está cercada e é acariciada por fluidos e tecidos quentes, dentro do útero da mãe. Depois do nascimento, o calor e o colo dos pais continuam estimulando e rememorando essa sensação. A massagem ativa várias respostas emocionais que podem tranquilizar, reconfortar e dar segurança ao bebê. Estudos demonstraram que fazer carinho no recém-nascido aumenta a produção de hormônios do crescimento e ajuda a formar anticorpos. Existe um maior número de receptores de tato nos nossos lábios e nas nossas mãos, o que explica por que eles gostam tanto de chupar os dedos. Muitas vezes, até mesmo dentro do útero, o ato de chupar o dedo é captado pelas ultrassonografias.

Os bebês nascem ouvindo e seu sentido de audição já é agudo e bem desenvolvido. Desde o quinto mês de gravidez, o feto responde a sons de vários tipos. Os pesquisadores acreditam que a gestante que toca algum instrumento musical diariamente durante a gravidez predispõe o filho a uma natural sensibilidade. Isso se deve ao fato de o som viajar facilmente pelo útero – algo demonstrado por estudos apoiados em ultrassonografias realizadas entre a 25ª e a 26ª semana de gestação, quando os fetos reagem com sobressalto a ruídos altos.

Os bebês preferem alguns sons a outros: mães observaram que a música suave ou a voz humana, sussurrada, os acalma desde a primeira semana. Eles gostam mais de vozes agudas – e é por isso que os pais tendem a se expressar por uma "fala de bebê".

Os bebês respondem aos sons e fazem isso desde os primeiros instantes após o nascimento, olhando na direção de onde vêm.

Os nervos que conectam a visão e a audição já estão em desenvolvimento no recém-nascido. Ele responde melhor à voz humana do que a outros tipos de sons, assim como responde mais rapidamente à voz dos pais do que a outras. Assim, você deve conversar bastante com seu filho desde a gravidez.

Já está disponível no Brasil o teste para pesquisa de surdez congênita ("teste da orelhinha"), que procura detectar precocemente déficit de audição. Esse exame deve ser realizado em todos os bebês até três meses de vida. A pesquisa é difícil no recém-nascido e a interpretação do teste pode levar a falsos diagnósticos de surdez. Mas é obrigatório e diferencia uma surdez condutiva (malformação do canal auditivo) de uma provocada por problemas no cérebro. No caso de bebês que não passaram no teste, o exame deve ser repetido com três meses para confirmar o diagnóstico inicial. Caso o exame persista alterado, o bebê deve fazer uma audiometria de tronco cerebral. E toda criança, independentemente do resultado da triagem auditiva, deve realizar audiometria em idade escolar.

Em 1996, T. G. R. Bower, pesquisador que dedicou toda a carreira ao estudo de recém-nascidos, conseguiu demonstrar que os que nascem a termo são capazes de reconhecer o rosto da mãe quatro horas depois de vir ao mundo. Bower observou que os bebês apresentam preferência por padrões abstratos e são especialmente atraídos por contornos nítidos e pelo contraste claro-escuro. Eles também podem reconhecer e mostrar interesse por cores primárias, como vermelho, azul e amarelo. Ou seja, o recém-nascido enxerga. A visão dele é melhor entre 20 e 25 cm de distância. Testes provaram que ele procura enxergar um objeto amarelo ou vermelho colocado a 20 cm de seus olhos. Sua face se ilumina, ele mantém o corpo quieto e procura seguir o objeto, virando vagarosamente a cabeça. Isso é surpreendente quando se constata que essa é, aproximadamente, a distância entre o rosto dele e o da mãe, quando mama. Objetos que são movidos muito perto ou longe demais do bebê saem de foco e são percebidos apenas vagamente. As conexões neurais no sistema visual se formam nos três primeiros meses de vida e requerem uma boa visão em ambos os olhos. A capacidade de o bebê enxergar detalhes menores e com mais nitidez melhora nos três meses seguintes e continua evoluindo com os anos. Ele assimila novas imagens, codifica-as na memória, começa a categorizá-las e se familiariza com elas. O recém-nascido adora olhar para o rosto dos pais, e em pouco tempo essa imagem se torna imensamente importante para ele.

“Os bebês preferem alguns sons a outros: mães observaram que a música suave ou a voz humana, sussurrada, os acalma desde a primeira semana”

Estímulos e brinquedos

Quando muito pequeno, o bebê mal interage: passa a maior parte do tempo dormindo ou mamando. A primeira interação será olhar para a mãe durante a amamentação. Mais alguns dias e o barulho de um chocalho pode despertar reações. Com o passar dos dias, ele começa a ficar mais tempo acordado e exige mais atenção.

Você deve conversar com seu filho desde a gravidez e continuar com essa prática depois do nascimento. Conte histórias. Cante para ele. Faça-o ouvir música. O ritmo da sua voz, a companhia, os estímulos visuais e auditivos costumam ser muito apreciados também pelos pequenininhos. São os chamados estímulos cognitivos que deverão ser mantidos até crescerem.

Você pode estimular outros sentidos da criança: mostre-lhe brinquedos com grandes contrastes de cores, branco e preto, vermelho e amarelo. Ponha um móbile no berço e troque o brinquedo de posição regularmente. Aproxime seu rosto quando quiser chamar a atenção dele e faça expressões diferentes.

Para estimular a parte motora da criança, coloque-a de bruços para que ela sustente a cabeça e a fortaleça. Mas cuidado: nunca deixe o bebê sozinho nessa posição e muito menos permita que ele caia no sono de bruços. Você pode rodá-lo de um lado para o outro (sem virar) e estimular os movimentos das mãos e dos pés.

Estímulos devem ter limite, não precisam ser provocados continuamente, pois podem causar estresse no bebê. Seja paciente e contenha suas expectativas. Pode levar algum tempo até que seu filho responda adequadamente aos estímulos. O máximo que você pode fazer é continuar tentando, na expectativa de ele ficar acordado e querer brincar. A repetição é a chave do sucesso. Seu bebê pode não gostar de uma atividade em um primeiro momento e depois passar a apreciá-la. Em todo caso, ela deve ser curta, pois o tempo de atenção do recém-nascido é de cinco minutos.

Evolução

A postura característica do bebê com um mês de vida é flexionar os membros, manter as mãos fechadas e a cabeça oscilante, tendendo para trás quando é pego no colo. Deitado de bruços, ele consegue ajeitar a cabeça para respirar. Sua evolução motora pode ser percebida pelo interesse que demonstra por objetos brilhantes e fisionomias humanas.

Com essa idade, ele começará a dar seus primeiros sorrisos, mas eles são involuntários ainda, e de canto de boca.

Quando o fizer propositadamente, vai abrir um grande sorriso, de boca inteira. Os sorrisos involuntários acontecem à noite e durante um sonho. As gargalhadas só vão acontecer mais para frente, no segundo mês.

Você já pode fazer pequenos testes para checar o desenvolvimento de seu filho no primeiro mês:

- Coloque-o de bruços e veja se ele já consegue proteger a cabeça virando-a para o lado;
- Pegue um chocalho colorido e faça pequenos barulhos. Observe se ele vira a cabeça na direção do som.

No primeiro mês, ele poderá levantar a cabeça até 45º, responder ao barulho de um chocalho movimentando a cabeça para ambos os lados, vocalizar alguns sons (O e A) e acompanhar o percurso de objetos. Reconhecerá alguns rostos, principalmente o da mãe.

Peso e altura

São dois marcadores do bom desenvolvimento da criança e indicativos de que a amamentação está correta.

O peso sofre mudanças nos primeiros dias após o nascimento, quando toda criança perde alguns gramas. Ela pode perder cerca de 10% do peso ao nascer. Isso se dá por conta do inchaço, que vai diminuir nos primeiros dois dias. E porque o leite inicial (colostro) tem menor quantidade de gordura e engorda menos.

A partir do 4º ou 5º dia de vida, o bebê começa a ganhar peso e recuperar o que perdeu. Depois disso, o ganho ponderal terá uma alta progressiva, de 15 a 30 g (em média 20 g) diariamente, o que o levará a dobrar de peso em, aproximadamente, trinta dias.

A altura também passa por mudanças. O bebê nasce com 46-52 cm e, no primeiro mês, ganha 2,5-3 cm.

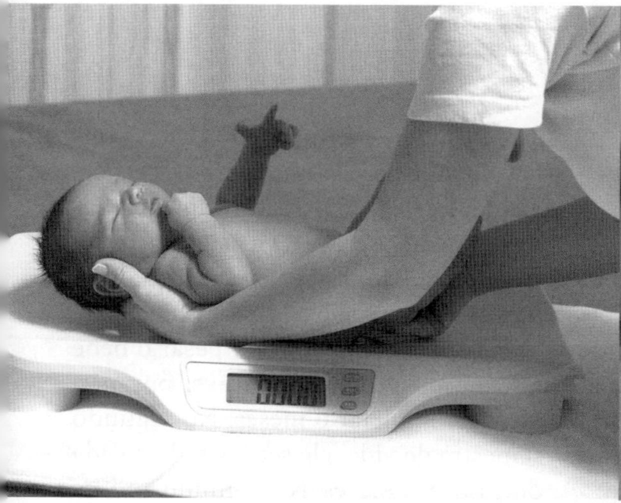

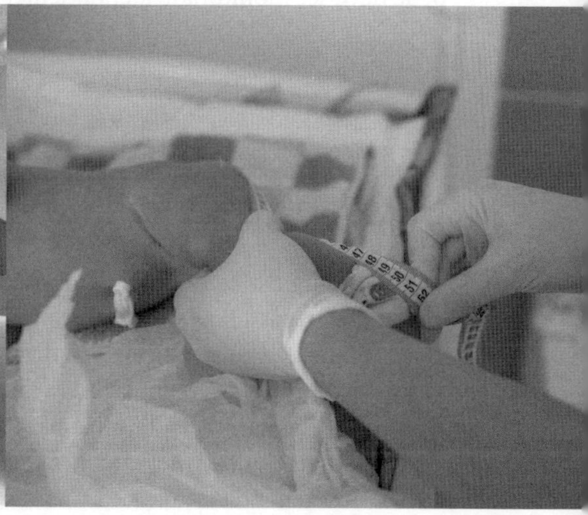

Perímetro cefálico

Mede-se a cabeça da criança com uma fita métrica, no consultório pediátrico. Ao vir ao mundo, a criança tem entre 32,5 e 36 cm de perímetro cefálico. Esse valor depende de fatores genéticos e do espaço que ela tinha para crescer na barriga da mãe. O acompanhamento do crescimento da cabeça é importante para aferir o desenvolvimento do cérebro. Ele crescerá em torno de 2 cm no primeiro mês, mas esse crescimento não se dará de forma contínua, havendo surtos de desenvolvimento intercalados com fases de abrandamento, com oscilações mais frequentes nos primeiros anos de vida.

Assim como o peso e a altura, o perímetro cefálico pode ser associado à idade, por meio de um gráfico. Resultados inferiores à média devem ser acompanhados mais atentamente: podem sofrer influência genética ou apontar eventuais problemas. Um perímetro cefálico avantajado levanta suspeita de que há água no cérebro. Por isso, o bebê deve ser monitorado atentamente.

Ao nascer	31,5 a 36,2 cm	31,9 a 37 cm
1 mês	34,2 a 38,9 cm	34,9 a 39,6 cm

Curvas de crescimento

Para saber se seu filho tem altura, peso, perímetro cefálico e IMC compatíveis com a idade, é preciso lançar mão das curvas de evolução da Organização Mundial da Saúde. Elas são consideradas parâmetros mundiais e podem ser encontradas no cartão de vacina da criança.

Para montá-las, a OMS mediu e pesou crianças de todo o mundo por um determinado período. A partir daí foram traçadas cinco curvas, cada uma representando um porcentual da população. A curva do meio, chamada *percentil 50*, aponta que 50% da população naquela faixa etária apresentou aquele peso. As curvas acima e abaixo são denominadas *percentil 85* e *15*, respectivamente. Indicam que até 85% da população tem até aquele peso, e o mesmo para a curva que indica 15%. As curvas de atenção são as vermelhas (*percentil 3* e *percentil 97*). Valores acima de 97 designam obesidade e inferior a 3, baixo peso.

Os parâmetros do bebê devem ser apontados no gráfico a cada consulta pediátrica, ocasião em que o médico avalia o crescimento e a evolução do bebê. Em geral, a linha traçada inicialmente vai sendo seguida. São sinais de atenção a ocorrência de queda ou aumento das curvas. Cuide para que elas sejam mantidas sempre atualizadas.

A pesagem

Nos primeiros dias, toda mãe tem dificuldade para avaliar se o bebê está engordando, e essa é uma das principais causas de desmame precoce. O ideal é que a primeira avaliação seja realizada entre 7 e 14 dias de vida, dependendo da amamentação.

Depois disso, convém pesar o bebê nas consultas médicas, uma vez por mês, até ele completar 6 meses. No segundo semestre de vida, ele será pesado a cada dois ou três meses. No segundo ano, as

VOCÊ SABIA?

A importância do *tummy time*

Praticar o *tummy time* consiste em deixar o bebê de bruços por alguns períodos ao longo do dia. Deve ser praticado frequentemente, desde os primeiros dias de vida. Resumo, coloque seu bebê de barriga para cima para dormir, e de bruços para brincar.

Ainda de acordo com a AAP, o ideal é começar a praticar o *tummy time* logo nos primeiros dias de vida, assim que o bebê for para casa. A princípio, seu filho poderá reclamar um pouco. Então, a dica é começar colocando-o de bruços no seu colo, por 2 a 5 minutos, e repetir cerca de duas a três vezes ao dia. À medida que o bebê se habituar, você deverá ir aumentando o tempo e a frequência, porém, sempre sob supervisão. Espalhar os brinquedos em volta do seu bebê é uma forma de estimular que ele mexa o pescoço para olhar. Evite colocá-los nessa posição com fome, irritados ou após mamada (para não golfar).

Muitos bebês realmente não gostam de ficar de bruços; mesmo assim, deixe por um tempinho e vai tentando diariamente!

Mas por quê?

1. **Ajuda a desenvolver os músculos** - Ele começará a tentar levantar a cabeça – tipo pica-pau – para sair daquela posição, fortalecendo os músculos da região, bem como das costas e dos ombros.

2. **Prepara o bebê para os próximos marcos do desenvolvimento** - Até andar, o bebê precisa alcançar vários marcos físicos, como firmar o pescoço, rolar, sentar-se e engatinhar. Esse exercício diário prepara o bebê para cada uma dessas conquistas. Fortalece os músculos, desenvolve o equilíbrio, e a coordenação motora.

3. **Estimula a mobilidade** - Ele no início ficará estático; porém, com o tempo, começará a se esticar, fortalecendo seus músculos, o que ajudará cada dia mais o seu desenvolvimento.

4. **Modula a cabeça do bebê** - diminui o achatamento da cabeça do bebê que tanto angustia as mães.

Então, além de importante para o seu desenvolvimento, o *tummy time* pode ser um momento prazeroso para vocês e seus bebês.

consultas deverão acontecer a cada quatro ou seis meses. A partir daí, a aferição será feita de acordo com cada criança, variando entre semestral e anual.

Causas de baixo ganho ponderal

O bebê ganha em torno de 15 a 30 g por dia (450 a 1.000 g/mês), mas quando não engorda deve ser acompanhado de perto pelo pediatra.

É preciso distinguir a criança que ganha peso morosamente daquela que não ganha peso algum. Na primeira situação, ela engorda consistentemente, embora de maneira mais lenta, o que em geral está associado a fatores de ordem familiar ou genética. Essas crianças têm aspecto saudável, são alertas, mamam bastante e de maneira correta (têm boa pega, boa sucção, mamam oito vezes ao dia ou até mais). Elas têm micções e evacuações frequentes (trocam seis fraldas ou mais por dia) ou em grande quantidade. São saudáveis e não precisam passar por nenhuma investigação adicional.

A criança que não ganha peso adequadamente (às vezes não ganha peso algum ou até perde) tem peso abaixo do terceiro percentil ou queda no padrão anterior, ou, ainda, apresenta ganho inferior a 5 g por dia. São bebês apáticos, com choro fraco e frequente, irritadiços, que mamam menos de oito breves mamadas por dia e urinam e evacuam pouco. Precisam ter seu desenvolvimento e crescimento acompanhados o tempo todo para que se possam descartar eventuais doenças.

A principal causa do não ganho de peso é a amamentação. Problemas em relação à técnica e ao manejo na lactação – posicionamento inadequado, má pega, mamadas infrequentes e/ou curtas – são muito comuns. Portanto, é imprescindível que você atente para a existência de algum problema com a pega ou a prática de amamentar. Comece lembrando qual a mama que você ofereceu por último e por quanto tempo seu bebê ficou mamando todas as vezes que ele estiver no seio. No fim do dia, você terá uma ideia de como anda a sua amamentação. Atualmente existem sistemas para *smartphone* que auxiliam você na tarefa de observar como está a amamentação, cronometrando cada mamada e na marcação do seio que você está oferecendo. Você deve conversar com o seu pediatra sobre suas angústias e mostrar as anotações das mamadas e a quantidade de eliminações de urina que seu bebê está tendo no período.

Se a produção de leite parecer insuficiente para a criança, é bem provável que a prática de amamentar esteja errada. Para aumentar a produção de leite, sugere-se que você aumente a frequência das mamadas, ofereça as duas mamas em cada mamada e dê tempo ao bebê de esvaziar bem as mamas. Tenha uma dieta balanceada, repouse e consuma bastante líquido. Em alguns casos, quando essas medidas não funcionam, o uso de medicamentos pode ser útil, sempre orientado por um profissional de saúde.

Existem algumas patologias que podem coexistir com a amamentação e prejudicar o ganho de peso: a sucção débil devido a limitações físicas, como um freio de língua curto, a asfixia neonatal (problema no desenvolvimento do cérebro do bebê), a síndrome de Down e a disfunção muscular. Outros problemas, como refluxo gastresofágico, alergia ao leite, problemas cardíacos ou prematuridade, limitam seu desempenho.

Os passeios

Quando levar o bebê ao shopping, ao restaurante ou a uma festa? Ele pode sair à noite? E em dias de forte calor ou chuva?

No primeiro mês de vida, o recém-nascido deve sair de casa o mínimo possível. Suas saídas devem se restringir ao pediatra e à realização de exames e vacinas. Ele pode frequentar determinados ambientes abertos, como pracinhas ou parques, mas sempre antes das 10h e depois das 16h. Ele pode ir a casas de familiares, mas convém evitar aglomerações por um longo período.

Por que tantas restrições? Pelo simples fato de que seu filho ainda não produz anticorpos – aqueles que ele já tem, recebeu durante a gestação e a amamentação. Assim, um resfriado pode evoluir para uma pneumonia, por exemplo. E longos passeios, com muita gente em volta, podem irritá-lo e quebrar a rotina a qual ele está tentando se adaptar, prejudicando o sono e a amamentação.

Então, nada de shopping, restaurante, supermercado ou ambientes fechados no primeiro mês de vida. Se precisar sair com urgência, tire leite das mamas, refrigere-o e peça a alguém que o ofereça no copinho, em casa. Em breve, o bebê terá todo o tempo para conhecer o mundo.

Banhos de sol

O banho de sol era muito recomendado por todos os pediatras para prevenção de icterícia e produção de vitamina D; era comum que todas as crianças fossem expostas ao sol entre 10h da manhã e 16h por uns 30 min.

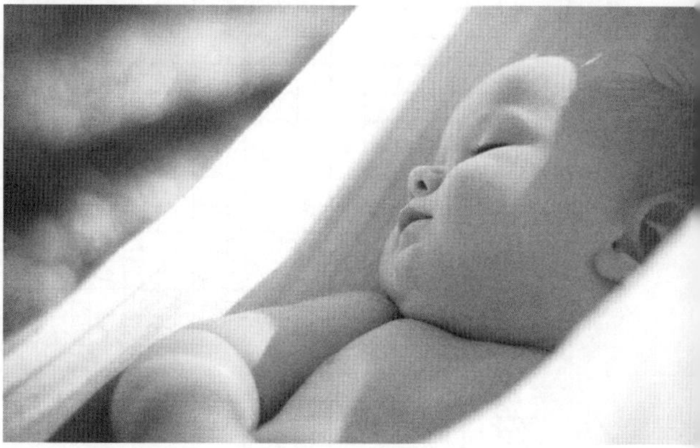

Peso por Idade MENINAS

Do nascimento aos 5 anos (percentis)

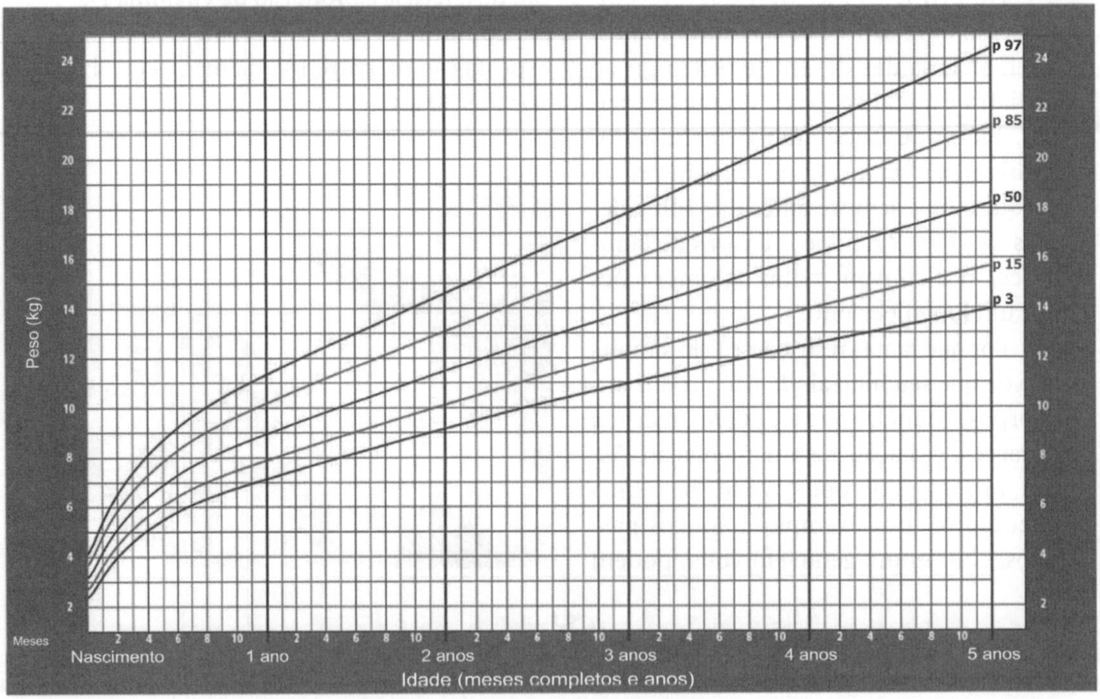

Fonte: WHO Child Growth Standards, 2006 (http://www.who.int/childgrowth/en/)

Comprimento/estatura por idade MENINAS

Do nascimento aos 5 anos (percentis)

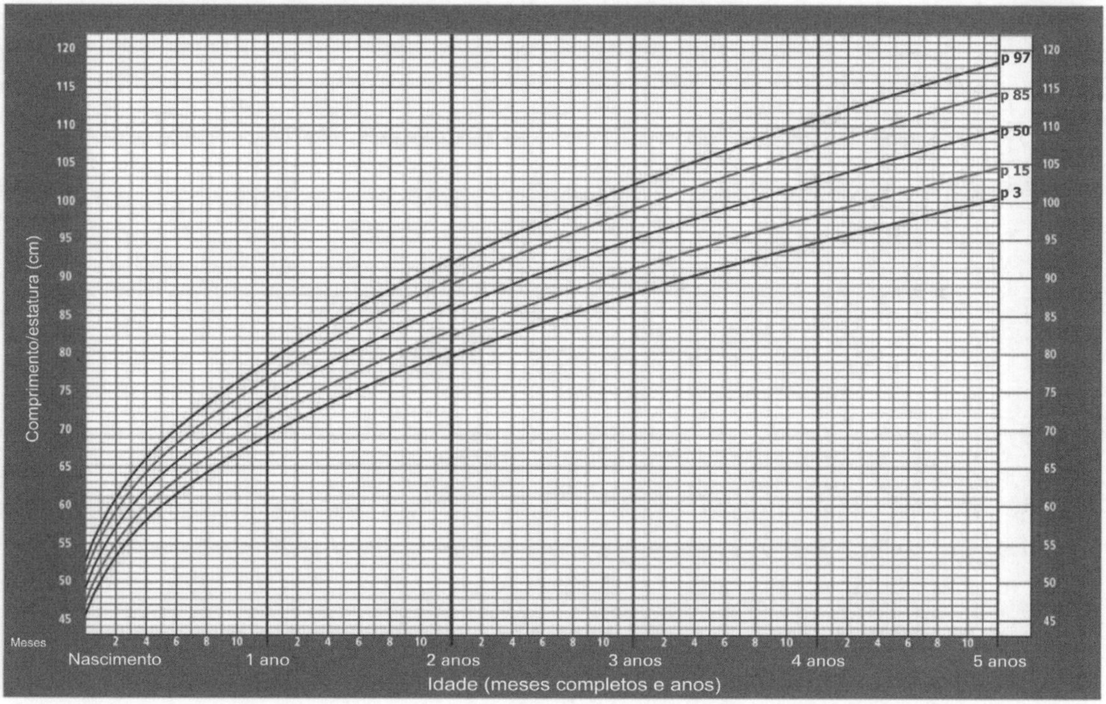

Fonte: WHO Child Growth Standards, 2006 (http://www.who.int/childgrowth/en/)

IMC por Idade MENINAS

Do nascimento aos 5 anos (escores-z)

Ministério da Saúde

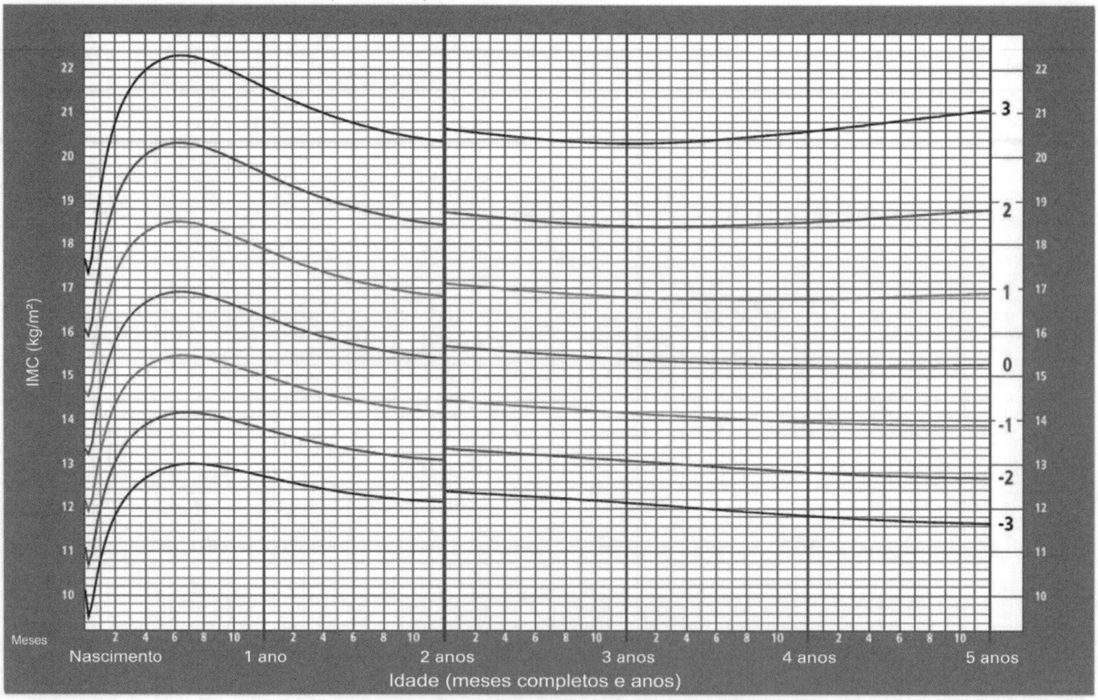

Fonte: WHO Child Growth Standards, 2006 (http://www.who.int/childgrowth/en/)

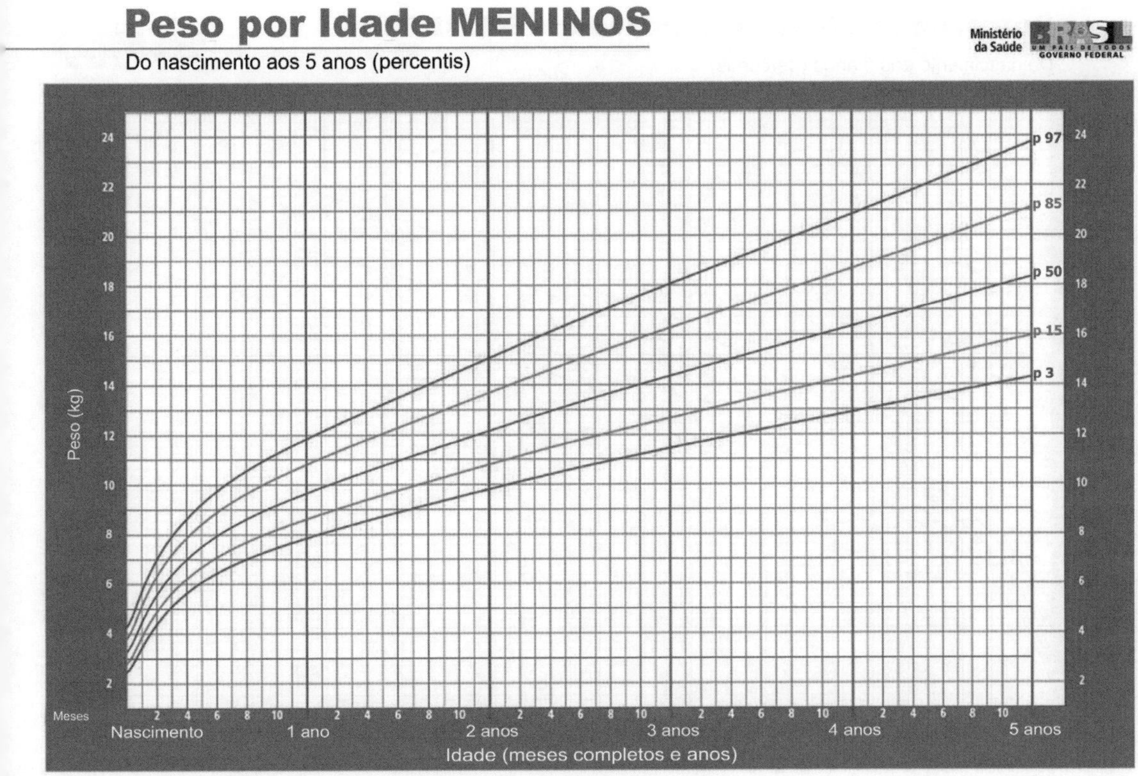

Fonte: WHO Child Growth Standards, 2006 (http://www.who.int/childgrowth/en/)

Comprimento/estatura por idade MENINOS

Do nascimento aos 5 anos (percentis)

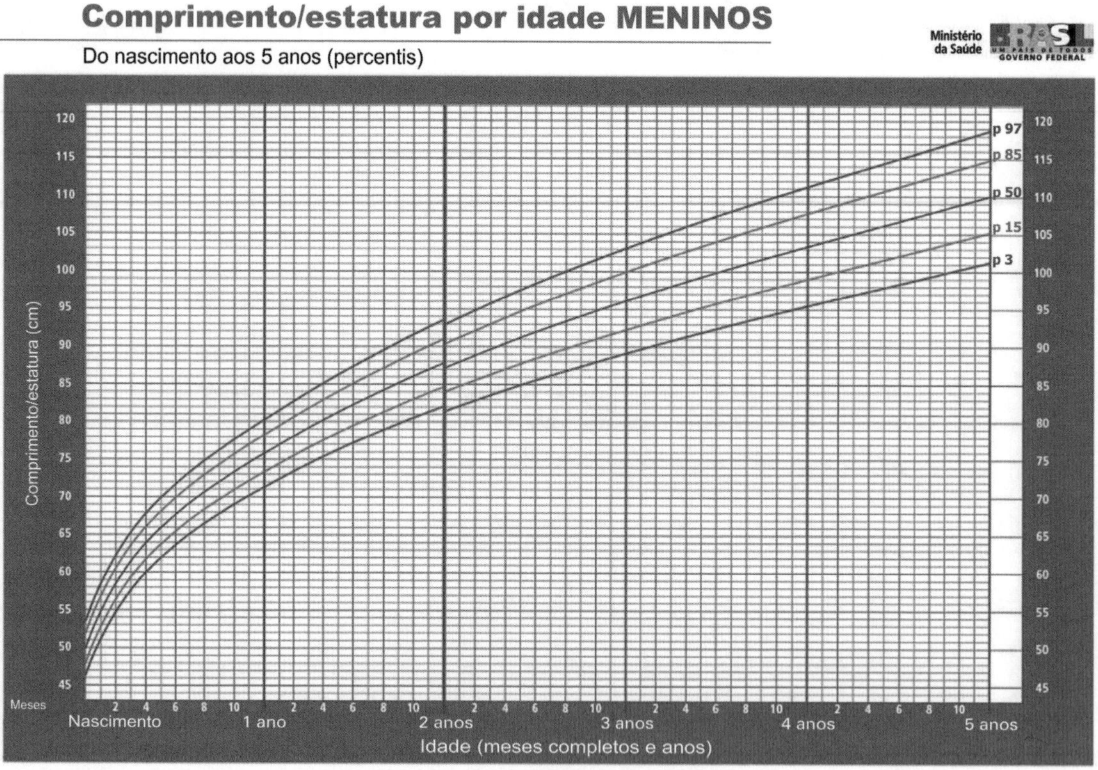

Fonte: WHO Child Growth Standards, 2006 (http://www.who.int/childgrowth/en/)

IMC por Idade MENINOS

Do nascimento aos 5 anos (escores-z)

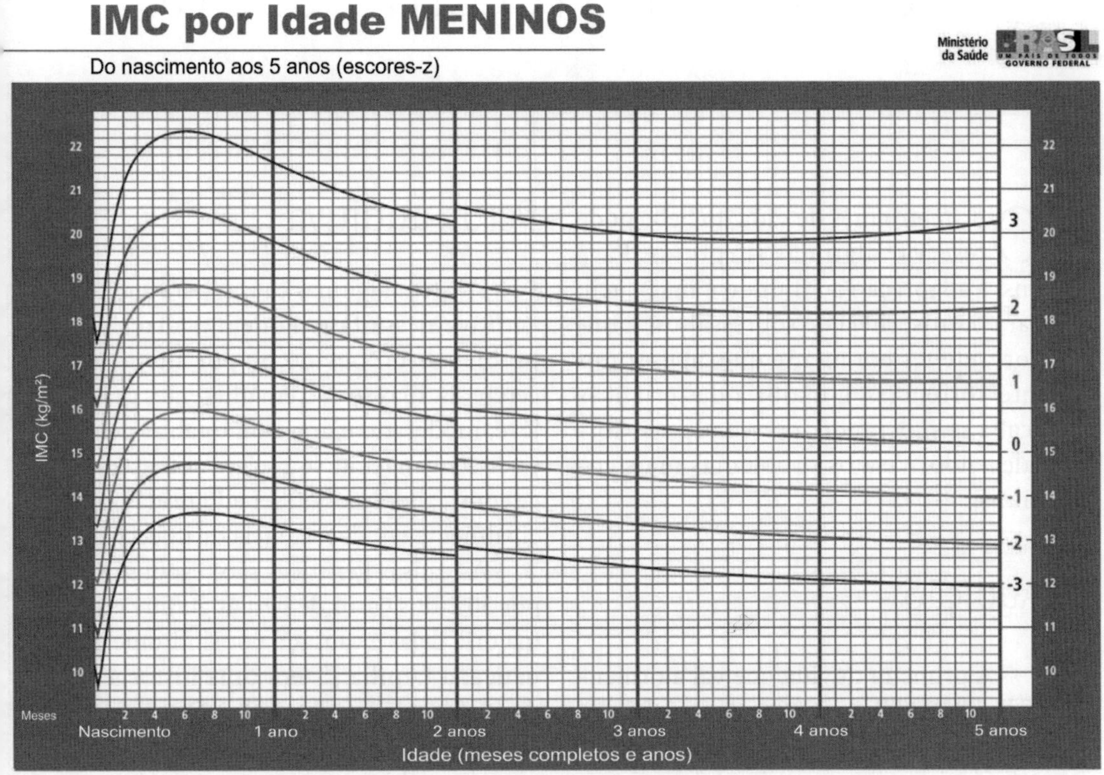

Fonte: WHO Child Growth Standards, 2006 (http://www.who.int/childgrowth/en/)

Capítulo 13

Alterações no recém-nascido

O primeiro mês de vida do bebê pode reservar algumas surpresas. Para uns, a adaptação ao mundo é mais fácil; para outros, cheia de sobressaltos. É importante ter em mente que, apesar das intercorrências, a maioria das crianças acaba se superando, crescendo e se fortalecendo. Veja os problemas mais comuns.

Audição

A primeira dúvida que vai atormentá-la é: meu filho escuta e enxerga? Toda mãe tem medo que seu bebê tenha alguma deficiência auditiva ou visual. Os primeiros testes feitos na maternidade servem exatamente para isso: rastrear limitações da audição e da visão, através dos chamados "teste do ouvidinho" e "teste do olhinho", respectivamente.

Perda auditiva

Existem algumas causas para a perda auditiva nessa fase. Podem ocorrer por problemas no ouvido ou por alterações cerebrais. Elas se dão em diferentes graus: leve, moderado e grave ou total. A perda pode ser congênita (ou seja, a criança nasce com a alteração) ou ser adquirida principalmente em decorrência de infecções.

As causas genéticas são responsáveis por 50% dos casos de perdas auditivas e a maioria delas é causada por síndrome genética: a família já tem uma história da doença ou mesmo de surdez. Os pais dessas crianças devem dar muita atenção ao teste da orelhinha e a eventuais sinais posteriores de que o bebê tem um déficit auditivo. O principal é não olhar na direção do barulho de um chocalho, por exemplo. Pode ainda apresentar dificuldade no desenvolvimento da fala. Na fase escolar, a

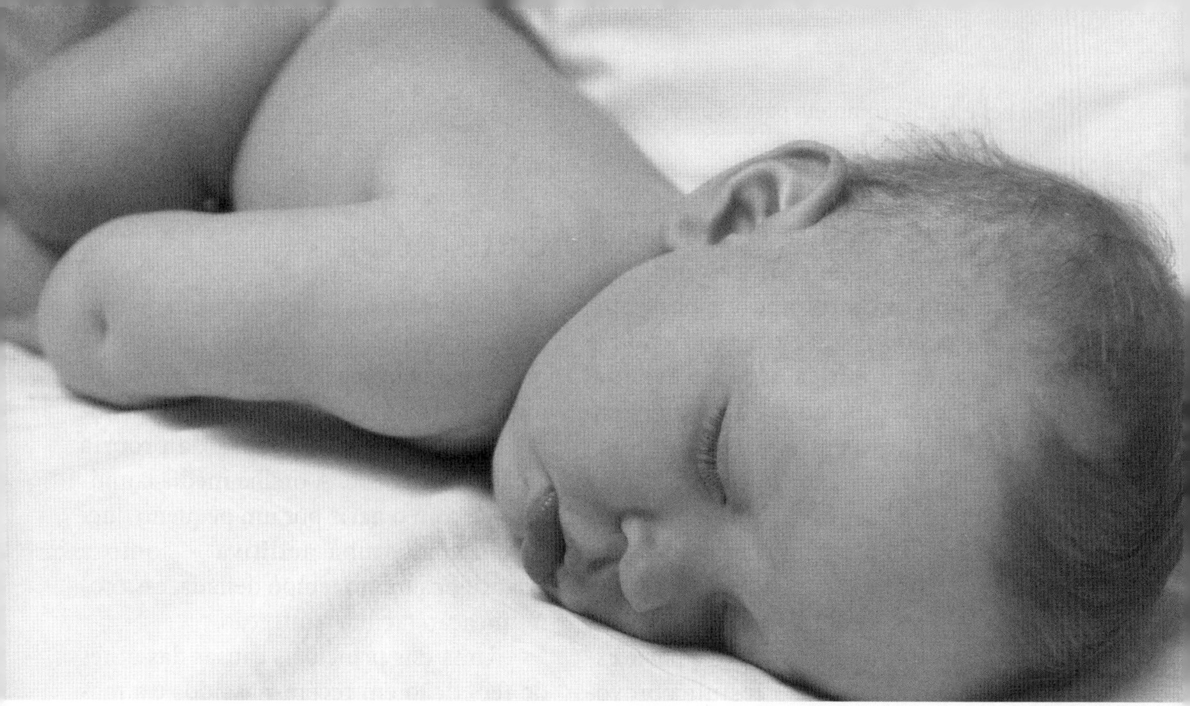

criança pode se abster de falar ou apresentar problema com a atenção e outros distúrbios de comportamento.

Também podem provocar perda auditiva as infecções de origem congênita, como a citomegalovirose, a toxoplasmose e a rubéola, ocorridas durante a gestação, e outras advêm após o nascimento e resultam de meningites ou mesmo internações em UTI neonatal. Causas que podem ocasionar lesões cerebrais estão na raiz da surdez: prematuridade extrema, sofrimento fetal com Apgar menor que 4 e tratamentos à base de medicação que agride as células do ouvido (remédios ototóxicos). Muitas vezes, para essas crianças, exames mais apurados, como o BERA (resposta auditiva do tronco cerebral), podem ser necessários.

Se houver indício de surdez, recomenda-se especial atenção aos pequenos sinais: reflexos e movimentos do bebê na presença de som e falta de reação a ele. No entanto, é importante salientar que o bebê pode não dar sinais de limitação auditiva se essa perda for pequena. Por isso, o teste da orelhinha e, na dúvida, o BERA, devem ser realizados antes do terceiro mês de vida.

Otite externa

É uma infecção do canal auditivo – da parte externa do ouvido, aquela que tem maior contato com o meio ambiente. A otite externa, por vezes chamada mal do nadador, é mais frequente no verão, quando a água da piscina ou do mar entra no ouvido das crianças.

A principal causa de otite externa em recém-nascidos são as lesões provocadas no canal auditivo: às vezes, ao limpar o ouvido do bebê com um cotonete, você pode provocar uma ferida. Saiba que o canal auditivo se limpa por si só, deslocando as células cutâneas mortas desde o tímpano até o exterior, como se estivessem num tapete rolante. O ato de limpar o canal com cotonetes interrompe esse mecanismo de autolimpeza e pode empurrar o resíduo para o tímpano, onde se acumula. Esta prática deve ser evitada. Os resíduos acumulados e a cera tendem a reter a água que entra no canal, durante o banho. Resultado: a pele molhada e macia do canal auditivo contrai infecções bacterianas ou fúngicas com mais facilidade.

A otite causa dor e irritação no bebê, principalmente quando se toca a parte externa do ouvido. Ela não costuma provocar febre nem outros sintomas mais graves. Pode apresentar secreção com um cheiro desagradável, mas sem evidência de pus. O pediatra fará o diagnóstico facilmente, diante dos sintomas apresentados. Com um pequeno espéculo, constata que o canal auditivo está inflamado.

O tratamento para otite externa é simples. Consiste em pingar gotas antibióticas de cinco a sete dias. A melhora se dá ainda no primeiro dia. Analgésicos como o paracetamol podem ajudar a reduzir a dor e a irritabilidade durante as primeiras 24-48 horas, até que a inflamação ceda. Se não houver melhora em 48 horas, o médico deverá ser consultado novamente.

Otite média

A otite interna surge após um quadro de congestão nasal e resulta da infecção da própria membrana timpânica. É muito comum em crianças, em especial nas menores de dois anos, por causa da própria anatomia do bebê. A orelha média comunica-se com o nariz por um pequeno ducto chamado tuba auditiva – como a criança fica muito tempo deitada, essa comunicação facilita a infecção.

Uma das principais causas das otites de repetição em recém-nascidos é a mamadeira. Geralmente, as crianças mamam deitadas, antes de cair no sono. Como têm uma tuba auditiva horizontal, o leite chega ao ouvido médio com mais facilidade e predispõe à inflamação da membrana. Portanto, a melhor posição para dar de mamar e prevenir a otite média é erguer a cabeça da criança acima do restante do corpo, mantendo-a na posição quase sentada, em 30º. Ao dar o seio, faça o mesmo. Permitir que o bebê tenha seu tempo de arrotar também ajuda a prevenir otites.

Nos recém-nascidos, a infecção configura um quadro bem definido: irritabilidade e choro acompanhados de febre. O diagnóstico é feito pelo pediatra por um simples exame de ouvido, que revela uma

VOCÊ SABIA?

Cera no ouvido não é sujeira. É uma proteção. Só um médico pode limpar a cera do ouvido do bebê e apenas quando estiver causando diminuição da capacidade auditiva. Se quiser fazer a higiene dos ouvidos de seu filho, use um pano macio enrolado no dedo e passe-o na parte externa das orelhas.

membrana abaulada e sem brilho. O tratamento inclui antibiótico e, por vezes, a internação da criança para medicação venosa no primeiro dia. A drenagem de secreção purulenta pode ser necessária, e isso é sinal de complicação. Todos os bebês devem ser reavaliados algumas semanas depois do quadro agudo, pois o resquício de secreções no ouvido médio pode gerar déficit de audição.

Visão

Este é um dos sentidos que não nasce apurado no bebê. Antigamente, dizia-se que a criança nada enxergava. Hoje, os estudos mostram que o bebê tem uma capacidade visual pequena ao nascer, que vai aumentando gradativamente. Seu desenvolvimento visual só será pleno perto dos 4 anos. Para ter uma visão em 3D, ele precisa aprender a sentar. Movimentar plenamente a cabeça também lhe dará maior campo visual: com 6 meses, ele já consegue enxergar extensões de três metros.

Quando o bebê nasce, faz-se o primeiro teste de rastreio: o reflexo vermelho.[1] Trata-se de uma avaliação simples, que pode diagnosticar casos de catarata congênita e outras anomalias. Esse teste não exclui o exame de vista completo, que deve ser realizado por um oftalmologista no primeiro ano de vida, principalmente se sua família apresentar alguma doença genética ou casos recorrentes de miopia, por exemplo. Todas as crianças que tiverem a possibilidade devem ser avaliadas com um exame completo com oftalmologista nos primeiros 2 meses de vida.

Esse exame mais apurado, com mapeamento de retina, deve ser feito igualmente em prematuros, em especial com menos de 32 semanas; bebês com peso abaixo de 1,5 kg; mães que tiveram alguma doença no pré-natal – como toxoplasmose, sífilis, rubéola ou citomegalovirose – ou na presença de doença ocular ou genética na família.

Uma série de doenças visuais pode acometer o recém-nascido. Se não tratadas, algumas podem ocasionar cegueira. Outras são simples alterações do desenvolvimento e não causarão nenhuma anomalia posterior. Pais e pediatras devem estar atentos a sinais em que a visão não está indo bem, como não prestar atenção a movimentos de objetos coloridos ou luzes em movimento, ou, ainda, reações oculares anormais a partir dos 3 meses.

Cegueira infantil

Há 1,4 milhão de crianças com deficiência visual no mundo e a maioria delas (cerca de 90%) vive em países pobres. Grande parte dos casos pode ser evitada e está diminuindo drasticamente com a implantação do rastreio de rotina – teste do olhinho.

Em países em desenvolvimento, como o Brasil, o que mais frequentemente causa deficiência visual é a catarata, que pode ser diagnosticada e tratada em exames de rotina. Entretanto, a frequência da retinopatia da prematuridade tem aumentando no país, por conta da evolução da sobrevida dos prematuros.

1 Veja mais a respeito na página 305.

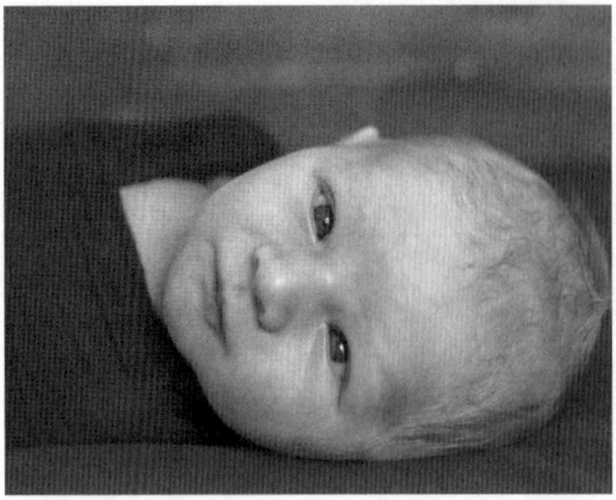

É preciso submeter a criança a exames que investiguem sua acuidade visual sempre que houver história familiar de deficiência visual grave ou que os pais ou pediatras desconfiarem de alguma anormalidade visual ou genética.

Estrabismo

É um desalinhamento dos eixos da visão. O desvio de um dos olhos pode ocorrer na direção horizontal convergente (indo ao encontro do nariz) ou divergente (na direção oposta do nariz), ou numa direção vertical, para cima ou para baixo. Na prática, muitas vezes os desvios são mistos, ou seja, os eixos visuais estão desalinhados em mais de uma direção.

Não existe causa conhecida para o estrabismo nos primeiros seis meses, mas acredita-se que ele ocorra em função da imaturidade dos músculos que controlam os movimentos oculares.

Há vários fatores de risco associados ao aparecimento de estrabismo. Têm maior risco de desenvolver estrabismo os prematuros com idade gestacional inferior a 28 semanas e/ou com menos de 1.500 g ao nascer, as crianças com complicações perinatais envolvendo o sistema nervoso central ou com atraso do desenvolvimento, e, ainda, os portadores de síndromes genéticas, sobretudo quando associadas a alterações craniofaciais.

O diagnóstico é feito por observação. Os pais percebem que o movimento dos olhos da criança não é harmônico. Quando os sintomas persistirem após o 6º mês, é necessário consultar um oftalmologista. O tratamento pode ser apenas a prescrição de óculos e, eventualmente, a oclusão de um dos olhos. Em casos mais graves, pode ser preciso recorrer a uma cirurgia curativa. Uma alternativa à intervenção cirúrgica é a aplicação de injeções de toxina botulínica nos músculos extraoculares.

Nistagmo

O sistema oculomotor do recém-nascido saudável é imaturo. Mas, mesmo pouco depois do nascimento, o médico já é capaz de distinguir movimentos que sugerem alguma doença. O nistagmo – movimentos rápidos dos olhos em qualquer direção – pode se apresentar nos primeiros meses de vida, embora até o 6º mês regrida. O problema deve ser avaliado por oftalmologista em caso de permanência, quando será necessário investigar eventuais alterações neurológicas bem como a acuidade visual. Se você notar movimentos diferentes nos olhos de seu filho, principalmente associados a baixo desenvolvimento, procure o pediatra.

Catarata congênita

É a opacificação do cristalino – aparecimento de mancha branca na lente natural do olho, com prejuízo visual facilmente perceptível. Nas crianças, pode aparecer no nascimento (catarata congênita) ou se desenvolver na infância (catarata infantil ou juvenil). Nesse caso, habitualmente está associada a outras doenças.

O modo de avaliar e tratar a catarata congênita ou infantil é diferente ao do adulto. Ele é a forma mais grave da doença, pois tem potencial para impedir o desenvolvimento normal da visão. Requer uma intervenção rápida, de preferência entre o primeiro e o segundo mês de vida, período em que o córtex cerebral desenvolve toda sua funcionalidade. Se a imagem que chega ao cérebro nos primeiros 3 ou 4 meses for de má qualidade, a visão ficará gravemente prejudicada, de forma irreversível.

A catarata pode ser detectada pela alteração do reflexo vermelho do olho. O pediatra verá um reflexo branco ou ponto branco durante a realização do exame. Diante de qualquer alteração no reflexo vermelho, será necessário consultar um oftalmologista. O tratamento na maioria das vezes é cirúrgico.

Responsável por 5% a 20% dos casos de deficiência visual grave em todo o mundo, a catarata congênita não é rara, por isso a importância do teste do olhinho. Na maioria dos casos, não existe uma causa aparente que justifique a doença, mas algumas enfermidades maternas durante a gestação, tais como a rubéola, podem desencadeá-la. Ela pode ser hereditária ou genética – nesses casos, o rastreio da retina mais bem apurado deve ser realizado concomitantemente ao teste do olhinho.

Glaucoma congênito

O glaucoma pediátrico é uma doença rara. Pode ser primário – provocado por um percalço no desenvolvimento da criança – ou secundário, situação em que ocorre alguma anomalia, como a prematuridade, ou uma doença genética e até mesmo um tumor.

O glaucoma primário é a forma mais comum. O problema se impõe desde o nascimento, na maioria dos casos, mas grande parte das crianças só apresentará sintomas ao longo do primeiro ano de vida. Os primeiros sinais – turvação da vista e aumento da córnea, muitas vezes não perceptível a olho nu – podem passar despercebidos pelos pais e até mesmo pelo pediatra. Os sintomas mais perceptíveis são o lacrimejamento e o fato de o bebê reagir mal à exposição à luz.

Se não tratado, o glaucoma pode causar aumento no tamanho do olho, miopia e, mais gravemente, deficiência visual grave. O diagnóstico é dado pelo oftalmologista, depois da constatação de alterações no tamanho na córnea e aferição da pressão do olho. Sempre que houver suspeitas, convém consultar o oftalmologista. O tratamento é cirúrgico e, quanto antes for realizado, melhor será o resultado.

Canais lacrimais

Problema nos canais lacrimais é uma das queixas mais comuns em consultórios pediátricos e, muitas vezes, confunde-se com conjuntivite. Surge a partir da primeira semana de vida, quando o bebê tem lacrimejamento e os olhos estão cheios de secreção, que pode lembrar pus. Ocorre por conta de uma obstrução no canal lacrimal, provocada por restos de células ou por ser estreito demais.

Esse problema pode acontecer nos primeiros seis meses de vida do bebê, mas é mais comum nas primeiras 12 semanas. O tratamento consiste em massagear o local com a ponta dos dedos, duas vezes ao dia. Manter os olhos bem limpos, lavando-os com água filtrada ou soro fisiológico, também é aconselhável. Se após seis meses não houver resolução espontânea do quadro, será preciso consultar um oftalmologista para dilatar o canal.

É preciso muito cuidado para não provocar uma infecção do canal lacrimal. A dacriocistite acontece em bebês que sofrem de entupimento do canal lacrimal, e a secreção que se acumula favorece o desenvolvimento de bactérias nos olhos. Ela provoca hiperemia e edema do canto de olho, além de eventual vermelhidão dentro dos olhos. Se esses sintomas aparecerem, o pediatra deve ser consultado para avaliar a necessidade de prescrição de colírio antibiótico e, dependendo da gravidade do caso, de antibióticos orais.

Conjuntivite

A conjuntivite purulenta no recém-nascido, usualmente contraída durante o nascimento a partir do contato com secreções genitais contaminadas, se desenvolve no primeiro mês de vida. A clamídia, um tipo de bactéria pequena, constitui a causa mais frequente de conjuntivite neonatal. No entanto, também pode ser causada por outras bactérias, particularmente o *Estreptococos pneumonia*, o *Hemophilus influenzae* e a *Neisseria gonorrhoeae* (bactéria que causa a gonorreia). O mesmo sucede com os vírus. O herpes simples é a causa viral mais frequente.

A conjuntivite neonatal era muito comum nos anos 1980, causando inclusive

VOCÊ SABIA?

A conjuntivite química produzida pelo nitrato de prata ocorre nas primeiras horas e até dois dias depois de pingar o colírio. Ela é autolimitada, provoca ligeira secreção catarral, hiperemia conjuntival e dura de 24 a 36 horas. É diferente das infecções causadas pela clamídia, quando ocorre mais tardiamente, entre o terceiro e o 10° dia de nascimento. Ela acomete 20% dos recém-nascidos e seu tratamento consiste apenas em limpar os olhos com água filtrada ou soro fisiológico. Não se usa água boricada.

deficiência visual grave em algumas crianças. Porém, sua incidência diminuiu muito depois de ser lançado no mercado nacional, em 1977, o colírio de nitrato de prata, para prevenção principalmente da conjuntivite gonocócica. Desde então, todos os recém-nascidos que nascem de parto vaginal (tendo contato com a secreção vaginal) ou em decorrência de ruptura da bolsa, de cesariana, devem fazer uso do colírio de nitrato de prata ou de iodopovidona ou, ainda, de uma pomada com antibióticos como a eritromicina – medicações novas e promissoras no combate à conjuntivite química.

A conjuntivite causada por clamídia se desenvolve habitualmente entre cinco e catorze dias depois do nascimento. A infecção pode ser ligeira ou grave e produzir pequenas ou grandes quantidades de pus. A conjuntivite provocada por outras bactérias pode começar entre quatro e 21 dias depois do parto e igualmente ter pus ou não. O vírus do herpes simples afeta os olhos ou também outras partes do corpo. A conjuntivite causada pela bactéria da gonorreia aparece entre dois e cinco dias depois do nascimento ou até antes, se as membranas se romperam prematuramente e a infecção tiver tempo de se alastrar antes do parto.

Habitualmente, seja qual for a causa, as pálpebras e a parte branca dos olhos (conjuntiva) do recém-nascido inflamam-se muito, tornando-se vermelhas. Quando se separa a pálpebra, a saída de pus fica visível. O tratamento deve ser instituído imediatamente, em caso de suspeita de conjuntivite. Na maioria das vezes, ele vai consistir em um colírio antibiótico por cinco a sete dias. Algumas vezes, é necessário ministrar antibióticos orais. Essa decisão será tomada pelo pediatra ao avaliar a gravidade do quadro. Quando não existe melhora em três dias, o bebê deve ser avaliado e o material purulento colhido para investigação do que estaria causando a conjuntivite.

Retinopatia da prematuridade

Esta é uma doença que acomete o desenvolvimento dos vasos da retina, que nos prematuros está comprometida. O desenvolvimento do problema fora do ambiente uterino pode se dar de forma anômala, provocando alterações capazes de destruir a estrutura do globo ocular e, consequentemente, levar à deficiência visual grave.

Quanto menor a idade de gestação e peso ao nascer, maior o risco de aparecimento da doença e potencialmente maior sua gravidade. Bebês com menos de 32 semanas e peso menor que 1,5 kg têm mais chances de ter o problema.

A retinopatia de prematuridade é uma das principais causas de cegueira infantil no mundo. Por conta disso, é obrigatório fazer o rastreio e manter os prematuros em vigilância. Eles devem ser avaliados pelo oftalmologista e se submeter a um mapeamento de retina para descartar sangramentos. Mesmo apresentando exames normais, devem ser reavaliados no primeiro ano de vida e, diante de qualquer alteração inicial, precisam ser acompanhados periodicamente.

Capítulo 14

Alterações neurológicas e respiratórias

O sistema nervoso do bebê começa a ser formado no início da gestação. É constituído pelo cérebro e pela medula espinhal e responde pelo controle de todas as funções do organismo, desde o movimento do dedão do pé até a respiração. Problemas neurológicos ou na medula podem acontecer na gestação e até no momento do parto – são de ordem genética.

Os problemas neurológicos raramente são simples por conta do papel que exercem o cérebro e a medula. O surgimento de algum distúrbio exige acompanhamento médico e, por vezes, fisioterápico, fonoaudiológico e psicológico.

Malformação cerebral

Algumas intercorrências podem acontecer durante a formação do cérebro. Podem ser simples, a exemplo de pequenas calcificações que não interferem no desenvolvimento da criança, ou mais graves, como a anencefalia – incompatível com a vida. Essas alterações são descobertas na gravidez, no momento da realização de uma ultrassonografia. Podem ser causadas por doenças genéticas, como a síndrome de Down, ou adquiridas durante um quadro infeccioso. As infecções congênitas, como a toxoplasmose ou a citomegalovirose, tendem a causar desde microcalcificações até grandes alterações cerebrais.

Qualquer anormalidade deve ser acompanhada de exames complementares após o nascimento: a ultrassonografia transfontanela, exame da cabeça do bebê realizado pela moleira, é um deles. O bebê pode não apresentar nenhum sintoma, como também pode vir com mudança de tônus (fraqueza muscular) ou ter convulsões.

Crianças nessa situação devem ser observadas por um neurologista pediátrico e, de preferência, em serviço especializado com acompanhamento multidisciplinar.

Paralisia cerebral

Era o nome que se dava antigamente às crianças que tinham problemas cerebrais, mas hoje se refere exclusivamente àquelas que perderam a função cerebral, seja em grau leve ou não. Crianças que sofreram asfixia perinatal grave (falta de oxigênio no momento do parto), portadoras de síndromes genéticas ou de diferentes tipos de infecção congênita e com malformação do sistema nervoso central podem ter distúrbios neurológicos.

Frequentemente, não têm coordenação motora, revelam dificuldade na deglutição e na sucção (problemas para mamar e posteriormente para engolir), têm movimentos flácidos. Há, paralelamente, perda de marcos de desenvolvimento. Não têm força para sustentar totalmente o pescoço e podem desenvolver quadros de convulsão repetitivos e falta de comunicação com os pais.

Essas crianças terão problemas de desenvolvimento e desde já devem ser acompanhadas por pediatras, neurologistas, fisioterapeutas e fonoaudiólogos para uma estimulação precoce e avaliação da gravidade do quadro.

Anencefalia

Trata-se de uma malformação do cérebro durante a fase embrionária, que tem origem entre o 16° e o 26° dia de gestação e se caracteriza pela ausência total do encéfalo e da caixa craniana do feto. É incompatível com a vida e seu diagnóstico é dado por meio de ultrassonografia durante a gestação, não havendo margem de erro.

Não há tratamento possível para a anencefalia. A Organização Mundial da Saúde (OMS) não recomenda tentar a ressuscitação em casos de parada cardiorrespiratória. No entanto, a conduta médica ainda é variável no Brasil, podendo haver emprego de suporte ventilatório para que o bebê consiga respirar enquanto estiver vivo. Alguns países do mundo optaram pela retirada do feto ainda com pouco tempo de gestação para abreviar o sofrimento da família.

Não existe causa para a doença, mas alguns fatores já foram relacionados a ela: deficiência de ácido fólico na gestação, fatores genéticos, uso de alguns tipos de medicações no primeiro trimestre de gestação, radiação e até mesmo utilização de drogas. Grávidas de bebês anencéfalos devem conversar com o médico para saber qual será a conduta durante a gestação e após o nascimento. O uso de ácido fólico durante as primeiras semanas de gestação previne o quadro.

Microcefalia

Condição neurológica rara em que a cabeça da criança é significativamente menor que a de outros da mesma idade e sexo. A microcefalia pode ser diagnosticada durante a gestação ou logo após o nascimento do bebê e caracteriza-se por um crescimento alterado do cérebro. Ela é aferida pela medição do perímetro cefálico com uma simples fita métrica, mas na maioria das vezes é facilmente identificável.

A microcefalia acusa a existência de problemas em relação ao desenvolvimento cerebral e pode ter inúmeras causas: malformações do sistema nervoso central, diminuição do aporte de oxigênio para o cérebro do bebê durante complicações na gravidez ou no parto, exposição a drogas, álcool e certos produtos químicos na gestação e infecções congênitas, tais como a rubéola, a toxoplasmose e a citomegalovirose. Algumas doenças genéticas, como a síndrome de Down, também podem interferir.

Caso o pediatra suspeite de microcefalia, vai indicar um neurologista e solicitar exames para tentar descobrir a causa. Crianças com microcefalia sofrem atraso no desenvolvimento motor, cognitivo e na fala. Podem ter outros problemas associados, como hiperatividade e convulsões. Precisarão de ajuda de fisioterapeutas e fonoaudiólogos para se desenvolver. O acompanhamento precoce com profissionais capacitados melhora a qualidade de vida dessas crianças.

Hidrocefalia

No interior do cérebro existem espaços chamados ventrículos, cavidades naturais que se comunicam entre si e são preenchidas pelo líquido cefalorraquidiano ou simplesmente líquor. Esse líquido envolve toda a coluna espinhal e, quando analisado, permite diagnosticar a meningite. A hidrocefalia é o quadro que se caracteriza por um aumento da quantidade de líquor na cabeça. A quantidade anormal de líquido dilata os ventrículos e comprime o cérebro contra os ossos do crânio, provocando uma série de sintomas, que devem ser sempre rapidamente tratados para prevenir danos mais sérios. Três recém-nascidos em cada mil sofrem de hidrocefalia.

Ela pode ser desencadeada por vários fatores, dos quais os mais comuns são malformações do sistema nervoso de ordem genética ou adquiridas durante a gestação e também por causa de prematuridade. A hidrocefalia pode ser produzida por infecções, cistos e tumores.

A maioria dos diagnósticos é feita no pré-natal, por meio de ultrassom. Em alguns casos, porém, a patologia pode ser discreta e só ganhar mais importância depois do nascimento – quando fatores como o tamanho exagerado da cabeça, o aumento acelerado do perímetro cefálico e da moleira, convulsões, atraso no desenvolvimento físico e mental e irritação constante indicam. A partir dessa desconfiança, o pediatra solicita um ultrassom transfontanela, uma tomografia computadorizada ou uma ressonância magnética. Se evidenciada a hidrocefalia, um neurocirurgião deve ser consultado imediatamente.

A hidrocefalia congênita apresenta riscos para o desenvolvimento cognitivo da criança – em consequência de alterações na proliferação e migração neuronal –, além de comprometer a produção dos neurônios. O bebê poderá ter um desenvolvimento próximo do normal, dependendo da gravidade da lesão e do tempo de resolução do quadro, mas o acompanhamento com fonoaudiólogos e fisioterapeutas será imprescindível e de longa duração.

VOCÊ SABIA?

Zika vírus x microcefalia

Nos últimos anos, muito se falou da relação do vírus da Zika e o nascimento de bebês com microcefalia. A zika é uma doença nova em nosso país, tendo-se notificado um grande aumento de casos em gestantes que adquiriram o vírus durante a gestação. Muitos estudos estão sendo realizados e a relação parece ser verdadeira. Então, todo cuidado é pouco. Na gestação, use repelentes apropriados indicados pelo seu obstetra e, se houver a suspeita de estar com a doença, um médico deverá ser consultado imediatamente para investigação do quadro. Serão necessários exames para observar a presença do vírus no líquido amniótico e ultrassonografias para avaliar o desenvolvimento da cabeça do bebê. Após o nascimento, exames como ultrassonografia da cabeça a partir da moleira e exames oftalmológicos deverão ser realizados.

O principal tratamento para a hidrocefalia consiste em drenagem do excesso de líquido. Um tubo chamado de "derivação" é inserido em uma das cavidades do cérebro e ligado por baixo da pele até o abdômen, onde o líquido será reabsorvido pelo corpo. A derivação permite que o cérebro volte a crescer normalmente, mas as sequelas podem durar muito tempo, dependendo da causa e da precocidade do procedimento.

Convulsões

São uma emergência neurológica que pode gerar importante lesão no cérebro ainda em formação. Ocorrem numa frequência de 2,5 a cada mil bebês, mas são bem mais frequentes em bebês menores de 1.500 g, acometendo 5% deles.

As mães costumam associar a convulsão àquele movimento clássico da criança se debatendo. No entanto, as convulsões nessa faixa etária costumam ser diferentes e mais sutis. São sinais que sugerem uma convulsão: desvio dos olhos, olhos abertos com olhar fixo, movimentos repetitivos de piscar ou tremer as pálpebras, movimentos de boca, mastigatórios, de sucção e bocejo ou até mesmo movimentos de pés e mãos, como nadar e pedalar. Episódios de movimentação descoordenada de braços e pernas com perda da consciência também podem ocorrer.

Muitos fatores podem causar convulsões em bebês. A falta de oxigênio cerebral, geralmente provocada por sofrimento fetal, é a primeira causa e a mais frequente, ocorrendo nas primeiras 24 horas de vida. Outras condições não menos sérias, como hemorragia no cérebro, infecções atuais ou ocorridas durante a gestação e malformações cerebrais também estão na origem das convulsões. Existem ainda outras causas, como hipoglicemia e alterações metabólicas, como baixa nos níveis de cálcio, magnésio e sódio, e as convulsões febris, que ocorrem geralmente em crianças entre 6 meses e 5 anos de idade devido a imaturidade das conexões dos neurônios, as quais podem acontecer após uma elevação brusca da temperatura na vigência de algum quadro infeccioso.

Em caso de suspeita de que o bebê esteja tendo uma convulsão, é preciso pedir prontamente ajuda a um médico. Ele aplicará uma medicação para controlar o quadro. Em seguida, será preciso submeter a criança a exames para avaliar a causa. A aferição da taxa de glicose do sangue, um eletroencefalograma, a extração de líquor da espinha e um ultrassom transfontanela estão entre o arsenal de recursos que permitirão chegar a um diagnóstico.

O fator tempo de convulsão é determinante para gerar ou não desdobramentos. O bebê pode não ter sequelas ou voltar a sofrer do problema. É importante que os pais se informem sobre a situação com um neurologista e saibam como agir se o evento se repetir.

Meningite

A meningite é uma doença que pode aparecer nos primeiros dias de vida, principalmente em função da imaturidade do sistema imunológico e da debilidade das barreiras do sistema nervoso.

Está, em geral, relacionada à contaminação do recém-nascido por bactérias presentes no canal de parto – mães que sofreram complicações durante a gestação, como infecção urinária não tratada, febre no momento do parto, swab com resultado positivo para a bactéria estreptococo e bolsa estourada há mais de 18 horas. Pela gravidade do quadro, qualquer situação dessas requer que seja colhido sangue do bebê para investigar se existem sinais de infecção que precisam ser coibidos antes de evoluir para uma meningite.

As principais bactérias que causam meningite no primeiro mês são o estreptococo B, as bactérias que habitam o intestino, como *Escherichia coli*, *Klebsiella sp*, *Enterobacter sp*, *Proteus sp* e *Listeria monocytogenes* – bactérias que colonizam a região do parto.

Os sintomas da meningite, muitas vezes, passam despercebidos, e o pronto atendimento representa uma evolução sem sequelas. Os pais devem reparar se existe pausa na amamentação, sonolência excessiva ou irritabilidade, febre ou alterações respiratórias. Em casos de evolução sem sinais visíveis, haverá ainda assim um aumento da fontanela (moleira) e eventualmente convulsão. Por isso, toda febre no bebê menor de um mês deve ser avaliada por um médico.

Ele fará o diagnóstico colhendo o líquor da espinha do bebê. O resultado sai em poucas horas. O tratamento inclui internação e antibióticos venosos o quanto antes, medidas que são tomadas ainda sem a confirmação dos resultados dos exames, por conta da gravidade do quadro. A doença e suas sequelas vão depender da bactéria que a causou e, principalmente, da rapidez no início do tratamento.

Entre as principais sequelas destacam-se: atraso do desenvolvimento neuropsicomotor, hidrocefalia, convulsões, alterações visuais (estrabismo e diminuição da acuidade visual, podendo levar à cegueira), deficiência auditiva (eventualmente surdez), alterações motoras e rebaixamento intelectual.

Alterações na coluna espinhal

A coluna espinhal é um canal por onde passam todas as terminações nervosas. Funciona como um tubo onde se encontram todos os fios que levam as informações do cérebro aos órgãos e músculos. A formação da espinha começa logo no início da gestação.

Vários fatores podem influenciar essa formação: o ácido fólico usado antes da gravidez e nas primeiras semanas previne problemas durante o fechamento do tubo neural. Mas alguns medicamentos consumidos no primeiro trimestre podem influenciar negativamente essa formação.

A patologia mais comum é o não fechamento no final da coluna. Quando isso acontece, o tecido nervoso sai pelo orifício, formando uma protuberância mole, local em que a medula espinhal fica desprotegida. A esse quadro dá-se o nome de espinha bífida posterior, que pode ocorrer em qualquer nível da coluna vertebral.

São três graus da doença, dos quais depende sua gravidade:

- ***Espinha bífida oculta*** – é a forma menos grave. A parte exterior de algumas vértebras não está completamente fechada, mas o espaço entre elas é tão pequeno que a medula espinhal não se projeta como nos demais casos. No local onde está a lesão, a pele pode ser normal, coberta de pelos, como também pode haver uma pequena cova ou um sinal de nascença. Muita gente que tem espinha bífida oculta sequer sabe do problema, uma vez que a doença é assintomática. Geralmente, esse quadro não acarreta problemas neurológicos.

- ***Meningocele*** – é a forma menos comum de espinha bífida. As vértebras se desenvolvem normalmente, mas a meninge sofre pressão nas lacunas entre as vértebras. Como o sistema nervoso permanece intacto, os bebês com meningocele não sofrem problemas de saúde a longo prazo. Têm, porém, uma vértebra desprotegida, sem terminações nervosas na protuberância.

- ***Mielomeningocele*** – este tipo de espinha bífida resulta em complicações mais graves. A parte não fundida da coluna vertebral permite que a medula espinhal se projete pela fenda. As membranas meníngeas, que cobrem a medula espinhal, formam uma bolsa que envolve os elementos da coluna vertebral. Se não for tratada, pode gerar fraqueza nas pernas, anormalidades ortopédicas (pé torto, luxação do quadril, escoliose) e problemas de controle urinário e intestinal, incluindo incontinência urinária, infecção do trato urinário e função renal prejudicada.

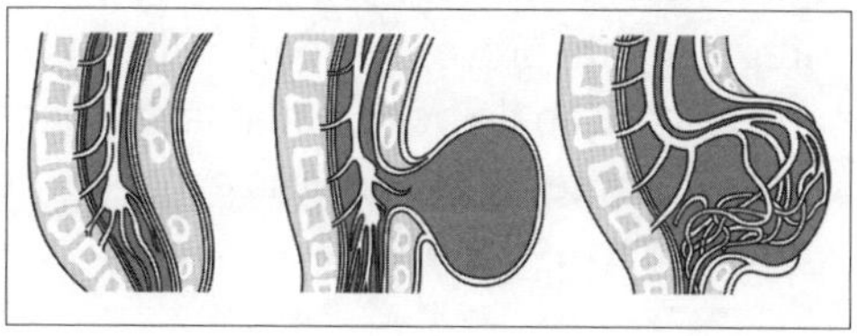

O diagnóstico de qualquer uma dessas alterações é realizado por ultrassonografia durante a gestação, ou o pediatra reconhece uma protuberância na coluna cervical no momento do nascimento. Nesse caso, independentemente de o diagnóstico ter sido dado durante a gravidez, será feita uma radiografia, bem como uma tomografia e uma ressonância magnética para avaliar o grau de malformação.

Ainda não há cura para os danos causados pela espinha bífida. Na mielomeningocele, para evitar maiores danos ao tecido nervoso e prevenir infecções, neurocirurgiões pediátricos fecham a abertura de maneira cirúrgica. Durante o procedimento, a medula espinhal e as raízes nervosas são colocadas de volta para dentro da coluna vertebral e cobertas com meninges. No entanto, se a espinha bífida for diagnosticada durante a gravidez, é possível fazer uma cirurgia fetal. Na infância, a criança pode ser tratada por fisiatras, ortopedistas, neurocirurgiões, neurologistas, urologistas, oftalmologistas e ortopedistas, para acompanhar seu desenvolvimento.

Problemas respiratórios

São muito comuns, principalmente por conta de o pulmão ser o último órgão a se formar durante a gestação, e qualquer alteração no final dela – como a antecipação do parto – pode desencadeá-los.

O sistema respiratório não funciona durante a gravidez. Seu desenvolvimento só estará completo quando a criança entrar em contato com o oxigênio, no momento do parto. A respiração efetiva que ocorrerá no primeiro minuto de nascimento depende de muitos fatores, como o desenvolvimento dos músculos respiratórios, dos alvéolos (responsáveis pela absorção do oxigênio) dos pulmões e da produção do surfactante, produto que vai abri-los e ajudar a respirar. Estas etapas são iniciadas com 24 semanas de gestação e só terminam nos primeiros minutos de vida.

Algumas medicações usadas durante a gestação, como corticoides, podem ajudar a maturação dos pulmões e melhorar a produção de surfactante. As doenças respiratórias acontecem logo depois do nascimento, nas primeiras 48 horas – daí a importância de o bebê ficar dois dias no

VOCÊ SABIA?

Nos primeiros meses de vida, crianças normais, nascidas a termo, podem apresentar episódios de respiração regular interrompida por pausas curtas durante o sono. Esse padrão de respiração periódica quc passa de um ritmo regular para breves episódios cíclicos de apneia intermitente é uma característica da respiração do bebê, e não uma doença. Essas crianças fazem apneias de 5-10 segundos, seguidas de uma explosão de movimentos respiratórios rápidos, durante 10-15 segundos.

hospital –, e se caracterizam pela dificuldade em respirar (aumento da frequência respiratória) e eventual cianose (por falta de oxigênio). Quando ocorrem anormalidades, o bebê deve ser avaliado pelo pediatra e, muitas vezes, é necessário interná-lo numa UTI neonatal para acompanhamento do quadro.

Hérnia diafragmática

Define-se por uma comunicação entre a cavidade abdominal e torácica, com ou sem conteúdo abdominal no interior do tórax. Em outras palavras, o músculo do diafragma, que fica entre o pulmão e os órgãos abdominais, não está totalmente formado, gerando desde um pequeno orifício até a total falta de separação entre os órgãos. Essa condição é de extrema gravidade, mesmo havendo apenas um pequeno orifício, já que o músculo diafragmático é um dos responsáveis pela respiração.

Atualmente, a maioria das hérnias é diagnosticada por ultrassonografia morfológica, realizada durante a gestação. Ao nascer, o bebê aparenta fazer um esforço importante para respirar e tem de ser imediatamente internado em UTI neonatal para sua estabilização. Ele receberá cuidados e fará exames para avaliar o diâmetro e a localização da hérnia. O tratamento é cirúrgico.

Capítulo 15

Alterações cardíacas e digestivas

Do ponto de vista anatômico, o coração conta com quatro cavidades: duas câmaras superiores, chamadas átrios, e duas inferiores, os ventrículos. A divisão das câmaras é feita por músculos designados pelo nome de septos.

O coração também tem grandes artérias: a aorta, que leva o sangue rico em oxigênio ao corpo, e a artéria pulmonar, que envia o sangue pobre em oxigênio aos pulmões. O sangue é bombeado pelo músculo cardíaco para o corpo e os pulmões.

Existem quatro válvulas que impedem que o sangue retorne, fazendo-o fluir numa só direção, o que facilita o trabalho do coração. O batimento se dá de forma cíclica, respeitando um número de batidas por minuto, o que permite, de um lado, que o coração se encha, e, de outro, que ganhe força para bombear o sangue para todo o corpo.

A válvula tricúspide se situa entre o átrio e o ventrículo direitos. A válvula mitral está entre o átrio e o ventrículo esquerdos. A válvula pulmonar fica entre o ventrículo direito e a artéria pulmonar, e a válvula aórtica, entre o ventrículo esquerdo e a aorta.

Parece difícil e é: o coração é uma estrutura bem complexa e qualquer defeito pode gerar graves problemas para o bebê.

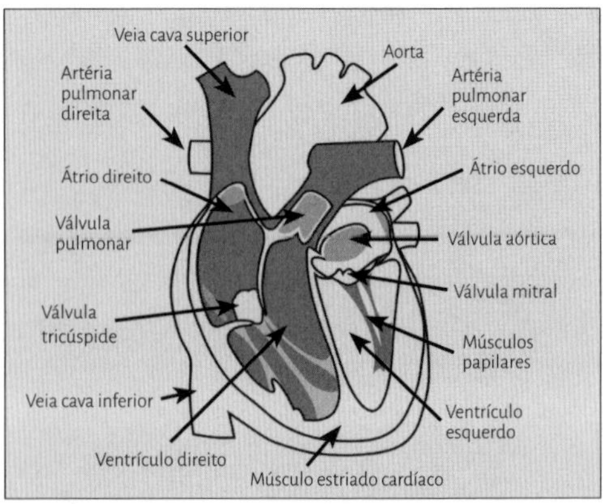

Na barriga da mãe, o bebê não respira, pois seus pulmões contêm líquido. Antes de nascer, a placenta é o pulmão do feto, o órgão que permite a oxigenação do sangue.

A circulação sanguínea do feto se dá da seguinte maneira: o sangue é oxigenado na placenta e parte dele é levada pelas veias umbilicais para o fígado, e outra parte, diretamente para o coração. O ducto venoso é responsável pelo transporte do sangue rico em oxigênio até o coração. Como não existe circulação pulmonar, o coração se comunica pelos átrios (forame oval), e o canal arterial permite que o sangue corra por todo o corpo.

Ao nascer, tão logo o bebê chorar, já começa a respirar. Há aumento da caixa torácica e expansão pulmonar. O líquido pulmonar é aspirado para as porções periféricas, reabsorvido e substituído pelo ar. Isso tudo acontece em questão de segundos. A rede de vasos pulmonares se abre e assim tem início a circulação pulmonar. Com a interrupção da passagem do sangue pelo cordão umbilical e a placenta, a pressão diminui do lado direito do coração e ocorre o fechamento do forame oval (comunicação entre os átrios) e do canal arterial. Essas mudanças são necessárias e caracterizam a passagem do padrão circulatório fetal para o definitivo, ou padrão adulto, que se perpetuará até o final da vida.

A doença cardíaca congênita (cardiopatia congênita) é uma anormalidade presente na estrutura do coração do bebê antes de ele nascer. O termo, genérico, é utilizado para descrever anomalias do coração e dos grandes vasos detectadas no parto. Esses defeitos ocorrem enquanto o feto está se desenvolvendo no útero e podem afetar uma em cada cem crianças, em média, segundo dados da American Heart Association. É o defeito congênito mais comum e uma das principais causas de óbito relacionadas a malformações fetais. Segundo dados da Sociedade Brasileira de Cardiologia, aproximadamente 23 mil crianças nascem com problemas cardíacos a cada ano. Dessas, perto de 80% necessitarão de cirurgia cardíaca durante sua evolução.

A doença cardíaca pode atingir qualquer parte do coração e ser leve, quase sem sintoma algum, e não influenciar a vida do bebê. Mas há cardiopatias graves, incompatíveis com a vida, se não forem corrigidas a tempo. Podem produzir sintomas no nascimento, durante a infância ou somente na idade adulta. O ecocardiograma fetal é a ferramenta que permite fazer um diagnóstico correto – principalmente em casos mais graves – e representa a diferença entre a vida e a morte do bebê, uma vez que, nessas condições, a intervenção cirúrgica deve ser prontamente realizada, depois do parto.

A grande maioria das cardiopatias não apresenta causa aparente. Ocorre ao acaso, no momento da formação do órgão. Porém, alguns fatores de risco ambientais e genéticos chegam a desempenhar um papel importante no desenvolvimento das cardiopatias congênitas. Incluem-se entre eles a hereditariedade, doenças genéticas como a síndrome de Down, a trissomia do cromossomo 13 e a síndrome de Turner, a rubéola durante a gravidez, o diabetes, a hipertensão arterial e o consumo de álcool e drogas durante a gestação.

As cardiopatias podem ser acianóticas ou cianóticas. Os sintomas vão depender da causa anatômica do coração. Aquele que mais chama atenção dos pais é a cianose, que se caracteriza por uma coloração arroxeada nas pontas dos dedos ou dos lábios. Outra característica importante é a dificuldade de respirar.

O diagnóstico de alterações cardíacas passa pela realização de um ecocardiograma. Ele será solicitado sempre que houver suspeitas, dificuldade para respirar, alterações de exames durante a gestação ou se o teste do coraçãozinho apontar algum problema.

Malformação do sistema digestório

O sistema digestivo é formado predominantemente pelo esôfago, estômago, intestino, vias biliares, fígado e pâncreas - órgãos que têm em comum o fato de ser muito grandes.

O aparelho de digestão começa a ser constituído na quarta semana de gestação e só se completará após o nascimento. Muitas enzimas e a parte interna dos órgãos serão constituídas depois do nascimento, até o sexto mês. Durante esse processo, muitas malformações podem ocorrer, algumas sendo diagnosticadas durante a gestação por ultrassonografia morfológica, outras descobertas só nos primeiros dias de vida da criança.

Vômitos importantes, regurgitações frequentes, icterícia grave e ausência de eliminação do mecônio estão entre os principais sintomas que indicam algum problema. Essas são as principais doenças do sistema digestório que o bebê pode apresentar:

- ***Atresia de esôfago*** - é um conjunto de anomalias congênitas caracterizadas pela formação incompleta do esôfago, com ou sem comunicação anormal entre ele e a traqueia. Sua incidência é de um caso para cada três mil nascidos e é mais comum no sexo masculino. Existem 96 formas da doença - dependendo da sua localização, do grau de oclusão e de eventual comunicação com a traqueia -, mas não há causa definida para a atresia. Acredita-se que seja uma anomalia de formação, durante o processo de separação da traqueia e do esôfago. Também pode ser associada a alterações cromossômicas.

Um dos indícios de que possa haver algo errado é a existência de muito líquido durante a gestação. Após o nascimento, o bebê apresenta dificuldades para deglutir saliva e leite. Ele não consegue se alimentar e começa a regurgitar. Se houver comunicação entre o sistema digestivo e a traqueia, terá também dificuldade para respirar, já que o leite segue para os pulmões, causando pneumonia. O diagnóstico é feito por radiografia do tórax e do abdômen. O tratamento consiste em interromper a alimentação e submeter a criança a uma cirurgia reparadora.

VOCÊ SABIA?

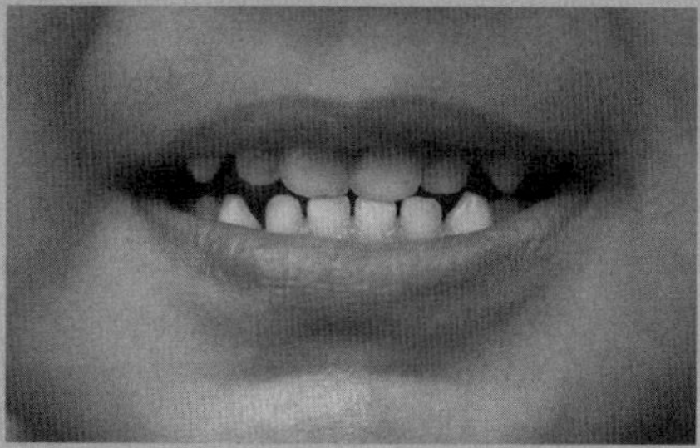

A criança cardiopata precisa de cuidados especiais com a saúde bucal por causa do risco acentuado de desenvolver endocardite – infecção do endocárdio, o tecido que recobre as válvulas cardíacas. Portadores de alguns tipos de malformação cardíaca congênita, como as lesões valvulares e a comunicação interventricular, são mais suscetíveis à endocardite. A doença ocorre quando micro-organismos presentes no sangue encontram tecidos danificados ou válvulas cardíacas anormais e passam a se multiplicar, causando a infecção. Essas bactérias são, na maioria das vezes, provenientes da boca. A endocardite pode surgir após procedimentos invasivos, como tratamentos dentários mais profundos, como uma extração. Nesses casos, a realização de profilaxia é indicada com o uso de antibiótico antes e durante o procedimento. O acompanhamento dentário no paciente com cardiopatia é essencial para manter a saúde bucal e evitar infecções.

- ***Estenose hipertrófica de piloro*** – o piloro é um anel muscular localizado na ligação entre o estômago e o intestino. Essa musculatura se hipertrofia, formando um verdadeiro tumor ao nível do piloro, duro, que faz com que a alimentação não possa seguir do estômago para o intestino. Os estudos ainda não apontaram causas para a doença, mas sabe-se que ela é quatro vezes mais frequente em meninos.

A estenose de piloro não provoca sintomas no momento do nascimento. Eles só começam a aparecer entre a segunda e a quarta semana de vida, quando o bebê tem vômitos importantes, em jato, e sente uma fome voraz. Ao examiná-lo, o pediatra constata haver grande quantidade de ruídos gástricos e um tumor próximo à região umbilical. O ultrassom de abdômen permite esclarecer o quadro, mas o tratamento é sempre cirúrgico.

- ***Megacólon congênito*** – também denominado megacólon aganglionar, moléstia de Hirschsprung ou, mais corretamente, aganglionose intestinal congênita, constitui uma malformação congênita grave, caracterizada pela ausência de nervos na parede do intestino. Em consequência disso, o bebê tem muitas dificuldades para evacuar. A aganglionose pode ser parcial, intermediária ou total, e quanto maior, pior será a evolução do quadro.

TOME NOTA

Oximetria de pulso

O teste do coraçãozinho machuca o bebê?
Esse exame é indolor, não invasivo, e sua realização não requer mais que cinco minutos. A cargo de um profissional de enfermagem que manipula um aparelho chamado oxímetro – equipamento encontrado em qualquer maternidade e hospital do Brasil em função de sua utilidade para monitorar pacientes, principalmente em UTI –, a oximetria de pulso deve ser realizada após as primeiras 24 horas de vida do bebê e antes de ele ter alta hospitalar.

Para fazer a oximetria, coloca-se um sensor externo (oxímetro) primeiramente na mão direita e em seguida no pé do bebê, para verificar seus níveis de oxigênio. Havendo saturação (nível de oxigênio) abaixo de 95% ou uma diferença igual ou maior do que 3% entre a mão direita e o pé, a criança não deve ter alta, permanecendo em observação. Caso alterado, deve-se repetir o teste com 36-48h após o nascimento. A seguir, persistindo a alteração após a segunda aferição, devem ser realizados outros exames, de acordo com prescrição médica, e a avaliação de um cardiologista pediátrico para descartar a existência de cardiopatia congênita.

Caso o bebê tenha uma cardiopatia, o ecocardiograma dirá, na grande maioria das vezes, exatamente qual é e qual a gravidade do caso. Dependendo do quadro, vai se definir se o acompanhamento será clínico ou se há necessidade de uma internação em UTI neonatal e de uma intervenção cirúrgica.[1]

Tipos de cardiopatia
Algumas doenças do coração são incompatíveis com a vida, mas um diagnóstico precoce e um tratamento iniciado o quanto antes são diferenciais para melhor qualidade de vida dos bebês doentes.

- *Anomalia de Ebstein* – defeito cardíaco caracterizado por um problema na válvula tricúspide, afeta apenas um em cada 20 a 50 mil bebês nascidos vivos e pode ir de um quadro leve a moderado e grave. Além de malformada, a válvula está posicionada de modo errado, permitindo que o sangue escape para trás a partir do ventrículo para o átrio, unindo ambos.

1 *O Guia Cardiopatia Congênita de Mãe para Mãe* é uma cartilha desenvolvida por pais de crianças com cardiopatias que está disponível ao público na internet.

TOME NOTA (continuação)

Essa malformação resulta em insuficiência cardíaca. Nas formas graves, pode causar um aumento tão grande do coração, inclusive no pré-natal, que ele acaba por ocupar todo o peito do bebê e preencher a área dos pulmões. O tratamento é sempre cirúrgico.

- *Atresia tricúspide* – é uma cardiopatia grave, caracterizada pela ausência da válvula tricúspide. Causa cianose já nas primeiras horas de vida e seu tratamento é cirúrgico.
- *Coarctação da aorta* – defeito cardíaco definido pelo estreitamento da aorta, o importante vaso que leva o sangue do coração para todo o corpo. Dependendo de sua gravidade, pode persistir até a fase adulta, sem que o portador se dê conta do problema. Mas, na maioria das vezes, os sintomas ocorrem logo depois do nascimento. O tratamento é cirúrgico ou por cateterismo.
- *Comunicação interatrial* – é causada pela existência de um orifício entre os átrios esquerdo e direito do coração. Nesse caso, o sangue oxigenado que está na câmara esquerda passa para a direita, misturando o sangue rico e o pobre em oxigênio, que deveria ir para os pulmões. Na maioria das vezes, esses defeitos são pequenos e indetectáveis, passando despercebidos até a fase adulta. O acompanhamento deve ser feito com ecocardiograma seriado, de modo a monitorar se o problema permanece ou regride ao longo do crescimento do coração.
- *Comunicação interventricular* – ocorre em função da presença de um orifício entre as duas câmaras do coração, os ventrículos esquerdo e direito. O sangue oxigenado que está no ventrículo esquerdo passa para o direito, misturando sangue rico e pobre em oxigênio. Na maior parte das vezes, a alteração é percebida na ausculta de sopro, nos primeiros dias de vida. Um ecocardiograma permite definir a gravidade do quadro. O orifício pode se fechar sozinho, sem causar sintomas no bebê. Outras vezes, é preciso submetê-lo a uma cirurgia para correção.
- *Coração univentricular* – defeito cardíaco caracterizado pela presença de apenas um ventrículo funcionante em vez de dois, sendo o outro rudimentar (atrofiado). A doença causa cianose, e a correção é cirúrgica.
- *Defeito do septo atrioventricular* – doença cardíaca que se caracteriza por uma grande comunicação entre átrios e ventrículos e válvula atrioventricular única. Há três formas de apresentação da patologia, sendo o tratamento sempre cirúrgico.

TOME NOTA (continuação)

- *Persistência do canal arterial* – defeito causado pelo não fechamento do ducto arterioso, estrutura fetal que liga a artéria pulmonar à aorta. A doença não costuma causar sintomas, e o ducto arterioso se fecha espontaneamente nos primeiros seis meses de vida. O acompanhamento será realizado com ecocardiograma com 6 meses de vida para avaliar o fechamento.
- *Tetralogia de Fallot* (T4F) – uma das cardiopatias mais graves, é denominada "doença azul" e caracterizada por quatro aspectos: a) comunicação interventricular, b) estenose pulmonar, c) dextroposição da aorta (modificação da saída do vaso), d) hipertrofia de ventrículo direito. É grave e requer internação na UTI com intervenção cirúrgica.
- *Transposição das grandes artérias* – alteração cardíaca devida à saída invertida das artérias do coração – a aorta, que normalmente deve emergir do ventrículo esquerdo, se forma emergindo do ventrículo direito, e a artéria pulmonar, que normalmente deveria emergir do ventrículo direito, se forma emergindo do ventrículo esquerdo. Uma das consequências dessa malformação é a cianose. A correção cirúrgica é indicada nesses casos nos primeiros dias de vida.

A causa não está bem definida. Sabe-se apenas que se trata de uma malformação dos nervos, que ocorre entre a quinta e a 12ª semana de gestação. Entretanto, sua associação com doenças genéticas não está descartada.

O primeiro sinal costuma ser um certo atraso na eliminação do mecônio, que em 94% dos recém-nascidos ocorre nas primeiras 24 horas. Pode haver também aumento do volume abdominal por conta dos gases e dos vômitos (inicialmente claros e depois biliosos). Alguns bebês conseguem evacuar mesmo com uma aganglionose parcial, o que dificulta o diagnóstico, mas com o tempo terão uma constipação importante. O diagnóstico é obtido mediante radiografia simples de abdômen. O bebê deve ser submetido a procedimento cirúrgico, para tentar restabelecer o trânsito intestinal normal.

- ***Enterocolite necrotizante*** – é a emergência gastrointestinal mais frequente e perigosa do período neonatal, atingindo 7% dos bebês prematuros, internados em UTI neonatal e com menos de 1,5 kg.

Acredita-se que a doença ocorra em função de uma deficiência de sangue no intestino, o que representa uma porta de entrada para bactérias que se instalam e formam uma infecção importante na parede do órgão, produzindo uma grande quantidade de gás. Se não for rapidamente detectada, a enterocolite necrotizante pode causar uma infecção generalizada e até mesmo um rompimento da alça intestinal.

Em geral, o bebê tem o abdômen distendido, em função dos gases acumulados, e não tolera mais alimentação; começa a ter vômitos de coloração esverdeada e pode apresentar sangue nas fezes. Com a evolução da doença, outros sintomas aparecem: febre ou temperatura baixa, causada por infecção generalizada.

Os estudos atuais indicam que o leite materno pode proteger as crianças prematuras da doença, mas em bebês nascidos muito antes dos nove meses de gestação se deve atrasar a alimentação oral por vários dias e só depois ir aumentando progressivamente a quantidade de mamadas. Essa medida parece diminuir os casos de enterocolite.

Em caso de suspeita, é preciso investigar por meio de uma radiografia de abdômen. Na presença da doença, a primeira medida será suspender a dieta para permitir que o intestino se recupere, e a nutrição será feita por via venosa. Antibióticos serão necessários. Em alguns casos, é preciso submeter a criança a um procedimento cirúrgico.

- ***Gastrosquise*** – caracteriza-se por um defeito na espessura da parede abdominal – a falta de músculos –, o que faz com que os órgãos abdominais, como o intestino, saiam da barriga. É uma doença grave e o diagnóstico deve ser feito durante o pré-natal, por ultrassonografia, para que toda a equipe médica se prepare para a hora do nascimento.

Durante alguns anos, pensou-se que um bebê com gastrosquise deveria nascer de cesariana, para evitar maior traumatismo aos órgãos abdominais, mas pesquisas atuais mostram que isso não procede.

Por ocasião do parto, o ideal é que a equipe conte com a presença de um pediatra-neonatologista e que seja reservado um lugar para essa criança na UTI neonatal. Ela será colocada em berço de calor radiante para evitar a perda de calor após o parto e seus órgãos serão cuidadosamente manipulados e colocados em uma bolsa plástica preenchida com soro fisiológico ou, na falta desta, envolvidos em filme plástico estéril. Os antibióticos serão imediatamente ministrados após o parto e a cirurgia de correção deverá ser prontamente realizada.

Malformação da cavidade oral

As duas alterações mais frequentes e importantes são o lábio leporino e a fenda palatina. São anomalias que chamam muito a atenção do ponto de vista estético, mas, diferentemente do que acontecia alguns anos atrás, quando grande parte das crianças não tinha oportunidade de corrigir o problema, hoje isso já é possível.

O lábio leporino é uma fenda na parte superior do lábio. Há vários graus de comprometimento do lábio – desde uma espécie de cicatriz nos casos mais simples até uma abertura parcial ou total ao longo de toda a espessura do lábio. Pode ser ainda de um lado só ou dos dois lados. Quanto à fenda palatina, é uma abertura no céu da boca. É mais rara, mas mais complexa porque supõe uma comunicação entre a boca e o nariz, possibilitando a passagem de saliva, leite e alimentos. As duas anomalias podem existir simultaneamente e não raro isso acontece.

Tanto as fissuras no lábio quanto no céu da boca ocorrem durante o período de formação da face, entre a quarta e a décima semana de gestação, quando os elementos formadores do lábio e do palato se unem, formando o rosto. Quando a aproximação entre eles não ocorre de forma adequada, surgem as fissuras.

Estudos atuais indicam que não há uma causa única para o problema, mas um conjunto de fatores que predispõe o aparecimento dessas fendas: as variáveis

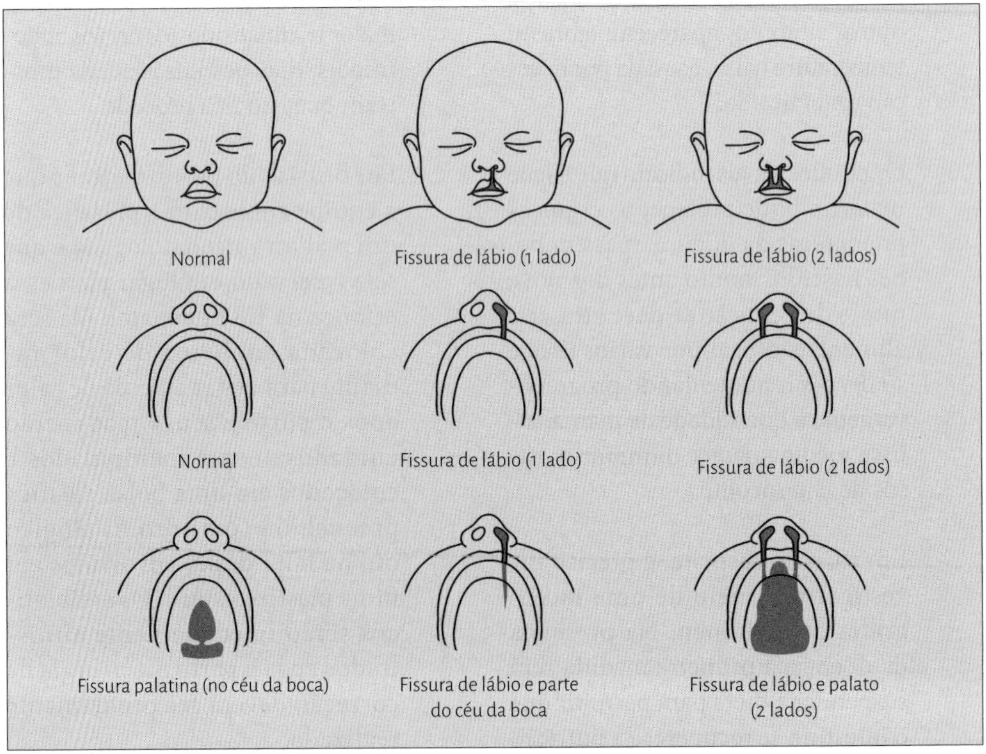

“

O auxílio psicológico é o principal combustível para a aceitação e compreensão da doença

”

genéticas e ambientais são as de maior importância.

Os fatores de ordem ambiental dizem respeito à relação mãe-feto durante as primeiras semanas de gestação: doenças maternas (diabetes, hipotireoidismo), viroses (gripe, rubéola, toxoplasmose), deficiências nutricionais (desnutrição, deficiência de ácido fólico), uso de medicamentos (anticonvulsivantes, altas doses de aspirina, corticosteroides, vitamina A, imunossupressores), fumo e radiação.

Atualmente, o diagnóstico é feito pela ultrassonografia durante o pré-natal, o que permite à família se preparar para o nascimento da criança. O auxílio psicológico é o principal combustível para a aceitação e compreensão da doença. No entanto, algumas vezes, a malformação passará despercebida no ultrassom.

Diante do problema, algumas mães sentem medo de amamentar. Acreditam que a criança vai engasgar por causa da comunicação entre a boca e o nariz. Acabam preferindo dar a mamadeira ao seio. Esse é um grande erro: por ser mais flexível, o bico do seio se adapta melhor aos lábios do bebê, facilitando a alimentação. Ainda assim, os engasgos são comuns, principalmente se a fenda for no céu da boca ou de grande proporção.

Alguns bebês têm grande dificuldade em mamar por conta disso. Eventualmente, haverá necessidade de usar uma sonda nos primeiros dias até que a criança se adapte. Um paliativo é adaptar um molde no palato dela, para diminuir a comunicação com o nariz.

Se seu filho nasceu com uma malformação da cavidade oral, você precisará da ajuda de um profissional habilitado nos primeiros tempos, para lhe ensinar técnicas de amamentação e a melhor posição do bebê no colo.

O tratamento desse tipo de anomalia é cirúrgico, mas só poderá ser realizado depois de alguns meses de vida, entre o terceiro e o sexto mês. Em alguns casos, é adiado até a criança completar 2 anos. Existe uma entidade não governamental que viaja pelo mundo todo proporcionando cirurgias de restituição facial para quem apresenta a malformação: é a Operação Sorriso.[1]

1 Para mais informações, acesse: http://www.operacaosorriso.org.br.

Capítulo 16

Deformidades dos pés e das mãos

As malformações são mais frequentes nas mãos: dedos extranumerários, sindactilia (dedos unidos), camptodactilia (ponta do dedo torta) e duplicação do polegar são ocorrências que podem ser vistas quando o bebê nasce.

Na maioria das vezes, essas anomalias têm causa genética, sendo comuns em outros integrantes da família, mas elas também podem ser provocadas por problemas durante a gestação, tais como o uso de medicações. O tratamento deve ser individualizado, conforme o tipo de deformidade, grau de funcionalidade e também se existir acometimento do osso. Quase sempre é cirúrgico e realizado por um ortopedista especializado em mãos, normalmente não havendo urgência para o tratamento.

Em pés e pernas, podem existir dedos adicionais ou grudados uns aos outros, mas duas alterações em especial são consideradas mais graves: o chamado pé torto congênito e a luxação congênita de quadris.

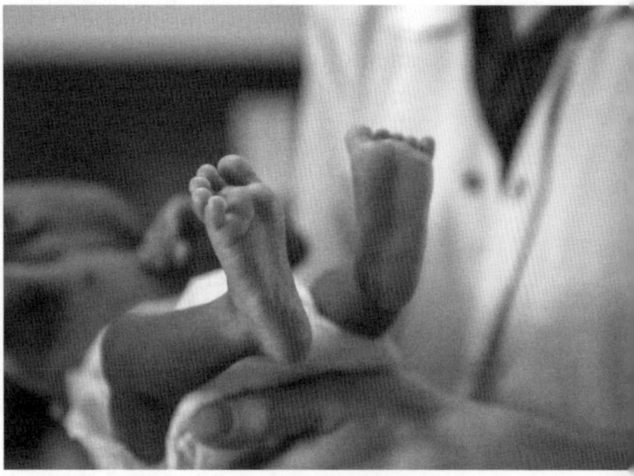

- ***Pé torto congênito*** – caracteriza-se por um mau alinhamento do pé e envolve tanto a parte externa quanto a estrutura óssea. Muitas vezes, os pais percebem que o pé da criança é torto, mas não há envolvimento do osso, sendo essa malformação chamada posicional. Ela está relacionada com a posição em que o bebê estava na barriga. Nestes casos, nada será feito; apenas observação do quadro e, com o tempo, os pés voltarão ao normal. Porém, infelizmente a parte óssea pode estar envolvida.

Não se sabe a causa da deformidade. Alguns estudos a relacionam com a posição intrauterina do feto, uma interrupção do desenvolvimento fetal, medicações ou infecções na gestação e eventuais alterações genéticas. Acredita-se que seja uma combinação de fatores. Bastante rara, atinge um em cada mil bebês, e mais meninos que meninas. O tratamento depende do quadro e pode incluir desde o engessamento periódico (trocado de tempos em tempos) até a cirurgia ortopédica. O bebê deverá ser acompanhado por um ortopedista e um fisioterapeuta. Pode acontecer de ter dificuldades para andar inicialmente, mas, com ajuda, vai conseguir.

- ***Luxação congênita dos quadris*** – consiste no deslocamento parcial ou integral da cabeça do fêmur (osso que liga o quadril à perna) do acetábulo, o espaço onde deveria estar. A displasia do quadril define uma anormalidade no tamanho, na morfologia, na orientação anatômica ou na organização da cabeça femoral, ou na cavidade acetabular, ou em ambos. Trata-se de uma deformidade mais grave que a luxação congênita. Não existe apenas uma explicação para a luxação, mas a posição do bebê na barriga, alterações nos músculos do quadril e fatores genéticos podem contribuir.

O diagnóstico precoce pode ser considerado relativamente simples e seguro e proporciona um tratamento geralmente eficaz. Em quase 96% dos casos, quanto antes se enfrentar o problema, melhor será a evolução. O exame do quadril do recém-nascido deverá ser rotineiro e feito ainda no berçário e, também, no seguimento ambulatorial da criança, nas primeiras semanas de vida.

O teste de Ortolani e o teste de Barlow são manobras realizadas pelo pediatra no momento do parto e nos primeiros dias de vida que podem lançar luz sobre a ocorrência da deformidade. Eles são feitos para avaliar a articulação do quadril do bebê, por meio de movimentos circulares. Se houver luxação, o pediatra sentirá um "clique" durante a manobra. Em caso positivo, o bebê será encaminhado para avaliação com um ortopedista. O tratamento depende da gravidade do caso e da idade da criança, mas na maioria das vezes requer imobilização com aparelhos próprios, associada a fisioterapia. O teste de Ortolani é de tal importância que está incluído na caderneta de vacinação de todo recém-nascido. A displasia de quadril é mais frequente em meninas e em crianças que permaneceram pélvicas durante a gestação. Estas crianças devem fazer uma ultrassonografia de quadril mesmo com as manobras normais.

Fratura de clavícula

Acomete mais frequentemente recém-nascidos de parto normal. Durante a saída do feto, depois que a cabeça passou pelo canal de parto, os ombros podem eventualmente ficar presos em função de um diâmetro maior. Quando isso acontece, o médico deve fazer movimentos próprios para retirar o bebê o quanto antes. Essa manipulação do corpo da criança pode provocar a fratura da clavícula, pequeno osso localizado no ombro. Geralmente, não há dor ou comprometimento dos movimentos do braço do bebê. O diagnóstico é realizado com a simples palpação da região pelo pediatra e depois confirmado por radiografia. Não é necessário imobilizar a criança. A fratura se consolida com o tempo.

Alterações cutâneas

A pele é o maior órgão do corpo humano, cobre todos os órgãos e faz a comunicação com o meio externo. Começa a se desenvolver na décima semana de gestação e não para mais. No parto, sua formação está concluída internamente, mas a camada mais externa só se constitui depois. Quanto mais cedo o bebê vier ao mundo, menos camadas externas ele terá, o que exige mais cuidados. A pele da criança adquire as características iguais às do adulto quando completa quatro anos. Um estudo mostra que quase todos os bebês vão apresentar alguma alteração de pele em algum momento da vida e a grande maioria delas não necessita de nenhuma intervenção imediata.

A pele é um órgão complexo, que desempenha várias funções: atua como barreira protetora, na regulação da temperatura e na percepção do calor, do frio, da dor e do tato. Também previne a desidratação, dificulta a intoxicação, bloqueando a absorção de produtos tóxicos, e contém infecções, dificultando a invasão de micro-organismos que colonizam a pele.

Eritema tóxico neonatal

É uma erupção benigna e autolimitada, que não causa dor ou coceira no bebê. As lesões surgem entre 24 e 72 horas depois do parto e são caracterizadas por placas vermelhas acompanhadas ou não de pequenas bolhas amareladas semelhantes a espinhas, com 1 a 3 mm de diâmetro. Pode lembrar uma alergia. Aparece em qualquer parte do corpo, mas não se apresenta em mãos e pés. Costuma sumir em uma semana. Cogita-se que seja provocada por fatores ambientais ou irritação mecânica e química. É muito comum os pais acharem que foi causado por uma roupa ou até mesmo pelo sabão utilizado, mas não há motivo para preocupação; o eritema irá desaparecer do mesmo modo que apareceu, sem a necessidade de nenhuma medida.

Melanose pustulosa

A melanose pustulosa transitória neonatal é uma dermatose benigna, autolimitada e pouco frequente. Acomete menos de 1% a 4% dos bebês e ocorre mais em afrodescendentes. As lesões em forma de pequenas bolhas com pus estão presentes no nascimento e podem se espalhar por todo o corpo, incluindo palmas das mãos e plantas dos pés. Com o tempo, as bolhas se rompem e evoluem para uma lesão descamativa em forma de mancha de coloração mais escura que a pele normal. Não exige tratamento, já que a cura é espontânea, mas algumas vezes o diagnóstico é confundido com alguma infecção e, por isso, exames como a coleta do pus se fazem necessários.

Hiperplasia sebácea

A doença ocorre em quase metade dos bebês que nascem a termo e consiste em múltiplas bolhinhas amareladas, com 1 mm de diâmetro, sobretudo no dorso do nariz e na região das bochechas. É causada pela estimulação das glândulas sebáceas do bebê pelos hormônios maternos, durante a gestação e a amamentação. As lesões desaparecem no primeiro mês de forma espontânea.

Miliária

É mais conhecida como brotoeja e surge preferencialmente em lugares quentes, já que é causada por sudorese associada à obstrução das glândulas sudoríparas. Costuma piorar em resposta ao estresse térmico e roupas apertadas. No caso da miliária cristalina, a obstrução é produzida pelos detritos da própria pele, resultando em vesículas superficiais com 1 a 2 mm de diâmetro, sem presença de vermelhidão. Localiza-se no rosto, na cabeça, no colo e no tronco, e ocorre nos primeiros dias de vida. Nos quadros de miliária rubra, a obstrução é mais profunda, resultando em pequenas pápulas avermelhadas pelo processo inflamatório. Sua aparição é mais tardia, depois da primeira semana. O tratamento consiste em evitar o aquecimento, utilizando roupas adequadas ao clima e mantendo a região sempre seca.

VOCÊ SABIA?

A maioria dos bebês passa por uma leve descamação na primeira semana de vida, como se estivesse "trocando de pele". As escamas são finas e discretas, com 5 a 7 mm. Esse *peeling* fisiológico se completa na terceira semana. Ainda não se concluiu se esse processo é resultado da remoção do vérnix, em função do ressecamento da pele. Caso se prolongue por mais tempo, convém procurar um dermatologista.

Dermatite seborreica

Essa erupção eritematosa coberta por escamas oleosas (amarelo-acinzentadas) é um problema bem frequente nas primeiras semanas de vida do bebê. Acredita-se que os hormônios maternos, que potencializam a produção sebácea, e fatores nutricionais, como a deficiência de biotina, podem ter influência nesse problema. A doença afeta principalmente o couro cabeludo (crosta láctea), o rosto, as sobrancelhas, a região atrás da orelha, o nariz, as pregas axilares e inguinais. Não causa coceira e não tem associação com a caspa da fase adulta. O tratamento é à base de cremes e xampus com cetoconazol, caso o quadro permaneça por mais tempo.

Acne neonatal

Alguns bebês têm espinhas entre as duas e três primeiras semanas de vida. As lesões surgem nas maçãs do rosto e no nariz e se resolvem espontaneamente ao cabo de três meses. Decorrem da passagem de hormônios durante a gestação.

Impetigo

É uma infecção causada por uma bactéria que coloniza a pele. Aparece após alguma lesão – uma assadura que serviu de porta de entrada para as bactérias, por exemplo. É uma lesão que lembra uma espinha e evolui em forma de bolha de pus, que pode estourar e formar uma crosta característica.

Por ser contagioso, todos os membros da família devem lavar as mãos com frequência para evitar a dispersão. Se você vir esse tipo de ferida no bebê, ligue para o pediatra. Ele vai prescrever um creme antibiótico ou um remédio por via oral. Quanto mais prontamente se iniciar o tratamento, mais cedo o bebê ficará curado. Quando as lesões se tornam muito grandes ou numerosas, pode ser necessário internar a criança para ministrar antibióticos pela veia.

Capítulo 17

Infecções e síndromes

As infecções em bebês costumam ser mais graves, e os indícios devem ser prontamente avaliados pelo pediatra, pois podem causar complicações e sair do controle num piscar de olhos, já que o sistema imunológico é bastante imaturo ainda. As infecções tendem a ser bacterianas, mas podem ser provocadas por vírus, como o herpes, ou até mesmo por fungos, como a cândida. As duas últimas formas são menos frequentes e mais associadas a crianças internadas em UTI neonatal.

Na presença de alguns fatores de risco, o pediatra indica um exame de sangue no bebê para descartar a infecção. Esse rastreio é feito com 24 e 48 horas de vida e, se houver indicativos de infecção, um tratamento com antibióticos é iniciado. São indicações para o rastreio: bolsa rompida por mais de 18 horas sem que tenham sido ministrados antibióticos à mãe, cultura positiva para estreptococo,[1] infecção urinária sem tratamento e febre no momento do parto. Os prematuros também são submetidos ao rastreio, mesmo sem causa aparente.

Outros sinais de que uma infecção está se instalando no bebê são dificuldade para mamar, falta de ar, diminuição no volume de urina, abaulamento da fontanela, febre ou hipotermia. Qualquer bebê com menos de um mês que tenha febre deve ser avaliado imediatamente pelo médico.

Com o exame de sangue é feita uma cultura para identificar qual tipo de bactéria está colonizando. É provável que o médico mande fazer uma radiografia do tórax, um exame de urina e, até mesmo, um exame de líquor, para excluir a possibilidade de meningite. O bebê deve ficar internado durante a avaliação inicial

1 Veja mais na Parte 1: A gravidez.

e receber antibióticos na veia. A duração do tratamento depende dos exames, mas varia de cinco a dez dias.

Febre

Você deve ter um termômetro em casa e aprender a aferir a temperatura de seu filho. Existem vários modelos, do tradicional de mercúrio ao eletrônico de axila, de testa ou de ouvido. O ideal é que você leia cuidadosamente o manual de instrução do produto e esteja familiarizada com o uso nos momentos de maior tensão.

Não queira medir a temperatura da criança a toda hora, porque ela varia muito, dependendo do ambiente, da quantidade de roupa e até mesmo das atividades. A temperatura corporal do bebê varia entre 36 e 37° C. Em recém-nascidos, porém, só se fala em febre quando a temperatura ultrapassar os 38° C. Use o termômetro apenas se notar que seu filho está mais quente, ou frio, que de costume, ou se tomou alguma vacina recentemente. Se estiver resfriado ou se notar algo diferente, não hesite em medir a temperatura.

Caso o termômetro acuse temperatura inferior a 36° C, o bebê pode estar apenas com frio. Agasalhe-o e meça novamente 15 minutos depois – assim, você saberá se ele está bem. Mas se mesmo agasalhado a temperatura persistir baixa, procure atendimento médico.

Se a temperatura do bebê estiver entre 37 e 37,8°C, fique atenta e tire algumas peças de roupas. Se o dia estiver muito quente ou se seu filho ficou exposto ao sol ou ao calor excessivo, dê um banho morno ou ligue o ventilador ou o ar-condicionado e afira novamente a temperatura depois de meia hora. Continue controlando a temperatura de hora em hora, caso ele se mantenha quente, para ver se um quadro febril vai se instalar.

Se a temperatura estiver acima de 38° C, refresque o bebê: como a pele dele é muito fina, ele absorve muito o calor, o que faz com que a temperatura suba ou baixe com grande facilidade. Depois de 30 minutos, se ele continuar com febre, procure uma emergência pediátrica.

Bebê sindrômico

Paralelamente à transmissão de traços fisionômicos, como a cor dos olhos ou o tipo de cabelo, os pais podem transmitir aos filhos doenças suas ou de seus antepassados.

No início, o ovo que formará o feto se compõe de duas porções distintas: o citoplasma e o núcleo. Logo no início, ocorrem alterações no núcleo e se formam os cromossomos, cujo número total é o resultado da soma dos cromossomos do pai e da mãe, 46 ao todo. Cada cromossomo apresenta aspecto quantitativo e qualitativo que o individualiza, permite identificá-lo e torna a criança única.

As cromossomopatias são distintas alterações cromossômicas, constituindo aberrações na forma, no número ou na posição. Neste grupo estão incluídas a síndrome de Down, (trissomia do cromossomo 21), a síndrome de Edwards (trissomia do cromossomo 18), a síndrome de Patau (trissomia do cromossomo 13) e várias outras, dependendo do número de cromossomos atingidos e das alterações ocorridas.

Atualmente, existem exames de rastreio e diagnóstico de doenças genéticas que podem ser feitos durante a gravidez. Os de rastreio são a ultrassonografia e a dosagem de marcadores no sangue da gestante. Os de diagnóstico são a biópsia de vilo corial, a amniocentese, a cordocentese e a biópsia de tecido fetal. Os exames de rastreio devem ser solicitados para todas as gestantes. Já os exames diagnósticos, por serem invasivos, só devem ser realizados em caso de alterações nos exames de rastreio ou na presença de fatores de risco para anomalias cromossomiais: idade materna acima de 35 anos, consanguinidade ou filho anterior com anomalias congênitas.

Síndrome de Down

É o distúrbio cromossômico mais frequente (trissomia do cromossomo 21) e causa comum de retardo mental, representando 10% a 30% de todos os casos graves. Sua prevalência é de aproximadamente um para cada 750 nascimentos. É mais usual quando os pais têm mais de 35 anos e em famílias em que já existem doentes, mas pode acontecer independentemente desses fatores. Apesar dos diagnósticos intrauterinos, não é raro que a constatação se dê somente no momento do parto, diante das características tão peculiares da doença. A confirmação é feita por um exame chamado cariótipo, que detecta os cromossomos alterados.

As crianças com Down têm habilidade cognitiva abaixo da média e retardo mental de grau leve a moderado. Outras características são a baixa estatura, os olhos com pregas nas pálpebras, membros pequenos, língua protrusa (para fora da boca), tônus muscular diminuído (fraqueza) e prega palmar única (marca única no meio da mão). Há risco aumentado para problemas cardíacos congênitos, disfunções da tireoide, leucemia e obesidade.

O acompanhamento de uma criança com Down deve ser feito por uma equipe multidisciplinar que inclui pediatra, geneticista, fisioterapeuta, fonoaudiólogo, otorrinolaringologista, oftalmologista e dentista. Programas voltados à estimulação precoce trazem grandes benefícios ao desenvolvimento e à socialização da criança.

Alterações genitais

Malformações sexuais podem acontecer como em outras regiões do corpo. Implicam uma rápida definição.

- ***Genitália ambígua*** – apesar de rara, essa anomalia não permite definir o sexo do bebê e causa trauma na família, uma vez que o registro, bem como a roupa que vai usar e o próprio nome escolhido, dependem dessa distinção. Na ausência de sinais externos, o sexo da criança será definido pelo cariótipo (exame de sangue), cujo resultado pode ser demorado, e por exames adicionais, como a ultrassonografia, para avaliar se os órgãos internos são de menina ou menino. O bebê deverá

“

As crianças com Down têm habilidade cognitiva abaixo da média e retardo mental de grau leve a moderado

”

ser avaliado logo por um endocrinologista, por conta de o problema ser de origem hormonal, na maioria das vezes.

- ***Fimose*** - incapacidade de o prepúcio (pele adicional que se encontra ao redor do pênis) se retrair. Em geral, todo menino tem excesso de pele em volta da glande, que deixa exposto apenas um pequeno orifício, considerado fisiológico. Em 90% de garotos não circuncidados, a pele pode ser retraída antes de completarem 3 anos, e em 40% até 1 ano. A fimose preocupa os pais por causa da limpeza da área, e também sobre a necessidade de operar a criança.

Alguns pais optam por fazer a circuncisão logo após o nascimento, seja por motivos religiosos, por ansiedade ou por ser mais higiênico. Nesses casos, você deve procurar um profissional habilitado, um urologista ou cirurgião pediátrico, para realizar o evento cirúrgico, evitando complicações. Alguns bebês têm uma fimose tão grande que dificulta a micção e aumenta os riscos de infecção urinária. Então, a cirurgia é indicada.

- ***Parafimose*** - estrangulamento da glande pelo prepúcio, que deixa um orifício muito estreito. Isso pode causar edema local, diminuição do fluxo sanguíneo até a área e dor aguda.

O tratamento consiste na tentativa de o médico desfazer o estrangulamento manualmente. Se seu filho não for atendido rapidamente, indica-se intervenção cirúrgica para reversão do quadro.

- ***Criptorquidia*** - ausência de testículos na bolsa escrotal, que pode ser unilateral ou bilateral. A deiscência dos testículos ocorre no final da gestação, e 30% dos bebês prematuros não têm testículos na bolsa escrotal. A maioria recupera os testículos espontaneamente durante os três primeiros meses de vida.

É importante o pediatra avaliar se os testículos estão completamente ausentes da bolsa escrotal e do canal inguinal ou se encontram-se no canal inguinal. Neste caso, podem ser considerados testículos retráteis e, na maioria das vezes, descem até a bolsa escrotal naturalmente. A completa ausência de testículos na bolsa escrotal pode significar que eles estejam ainda localizados no abdômen e não desceram, como deveriam, no fim da gravidez. A presença dos testículos no abdômen pode ser determinada pela ultrassonografia. Esse quadro requer a avaliação de um endocrinologista pediátrico, para afastar a ocorrência de outras patologias.

Caso os testículos não voltem à bolsa escrotal, a criança fica predisposta a doenças. Esterilidade, torção de testículo, hérnia inguinal e câncer de testículo são algumas delas. É importante corrigir a patologia por meio de cirurgia, caso os testículos não sejam encontrados na bolsa escrotal, até a criança completar 6 a 9 meses.

- ***Válvula da uretra posterior*** – doença que acomete meninos e provoca problemas renais importantes, se não for diagnosticada. Ela causa um bloqueio na saída da urina pela uretra, fazendo com que regresse aos rins e, assim, danifique a estrutura deles. Algumas vezes, é descoberta quando a mãe passa por uma ultrassonografia durante a gravidez e não se detectam líquidos na bolsa amniótica ou quando aparece na imagem um importante edema nos rins. Ao nascer, o bebê deve passar por exame de imagem para avaliação renal e uma uretrocistografia miccional, que mostrará a urina voltando ao rim. O tratamento requer cirurgia corretiva, que deve ser realizada o mais rápido possível.

- ***Hidrocele*** – presença de líquido entre as membranas que envolvem os testículos, provocando aumento do volume testicular. Nos recém-nascidos, está relacionada a uma falha de absorção de líquidos. O diagnóstico pode ser dado até mesmo nas últimas ultrassonografias feitas no fim da gestação. O pediatra nota um aumento do volume na bolsa escrotal e usa uma pequena luz para diferenciar a hidrocele da hérnia inguinal. Na hidrocele, a luz passa e reflete através do testículo. Já na presença de hérnia, a luz fica opaca. A cura da hidrocele se dá espontaneamente, depois de algumas semanas ou meses. A correção cirúrgica é indicada quando o problema não regride em até um ano ou em casos mais complicados, quando o volume dos testículos é grande ou está associado com hérnia inguinal.

- ***Varicocele*** – presença de veias dilatadas e tortuosas na bolsa escrotal. Pode se apresentar sem sintomas ou com dor localizada. O urologista deve ser consultado para avaliar a necessidade de uma cirurgia corretiva.

Hérnias umbilicais e inguinais

Nem toda hérnia é sinônimo de cirurgia. As mais comuns desaparecem espontaneamente.

- ***Hérnia umbilical*** – é uma protuberância na região do umbigo, que fica para fora após a caída do coto umbilical. É mais frequente em prematuros e bebês que nasceram com pouco peso ou outra síndrome genética. Admite-se ser uma tendência hereditária. Pode passar despercebida quando o bebê está tranquilo, mas fica evidente durante o choro ou um episódio de tosse. Raramente causa dor ou incômodo e desaparece facilmente sob uma suave pressão dos dedos. O tratamento dependerá do volume. Hérnias volumosas podem precisar de cirurgia para melhorar o aspecto do umbigo. Hérnias pequenas só serão operadas se permanecerem além dos 2 anos.

- ***Hérnia inguinal*** - é encontrada em 5% dos bebês. Sua localização difere do local da hérnia umbilical: geralmente na virilha (região inguinal), é mais frequente em meninos e costuma surgir mais do lado direito. A hérnia dupla é raríssima. É quase sempre congênita. A hérnia inguinal é diagnosticada na primeira semana ou no primeiro mês e deve ser operada o quanto antes. Em geral, a cirurgia é muito bem tolerada pela criança.

- ***Hérnia estrangulada*** - a hérnia inguinal pode estrangular na frequência de um caso para cada 500 crianças. Raramente, o estrangulamento se dá com a hérnia umbilical. O estrangulamento ocorre de maneira repentina e logo se vê um inchaço localizado. A intervenção cirúrgica é uma solução radical, mas a tentativa de reduzir a hérnia com os dedos está fadada ao fracasso. Pode dar um alívio momentâneo à criança, mas voltará a qualquer momento.

- ***Sinéquia de pequenos lábios (vagina fechada)*** - trata-se do fechamento dos pequenos lábios, resultante da inflamação do epitélio vulvar, que ocorre nas meninas com idade entre 3 meses e 6 anos. Pode ser total ou parcial. Predispõe a infecções no local e infecção urinária, embora isso não seja frequente. Nos casos menos graves e assintomáticos, a conduta é esperar reversão do quadro, pois a sinéquia pode se desfazer apenas com uma higiene mais acurada e a retirada da fralda. Se persistir até o início da puberdade, a mucosa vulvar cessará espontaneamente sob a influência hormonal do período. Nos casos extensos ou sintomáticos, pode-se utilizar um creme à base de estrogênio de baixa absorção (promestrieno) sobre a linha de fusão, uma vez ao dia, após o banho, exercendo-se após a aplicação uma leve pressão com um cotonete. O tratamento pode se estender de dez a trinta dias, no máximo. Não deve se arrastar por mais tempo, sob o risco de desencadear o aparecimento de pelos antes da idade.

Capítulo 18

Vitaminas: sim ou não?

Durante muitos anos, manteve-se o costume de mãe e filho saírem da maternidade com uma receita de vitaminas – em especial a C – na bagagem. Os médicos pensavam que essa atitude potencializaria o sistema imune do bebê, diminuindo o risco de ele contrair resfriados e infecções. Os estudos contemporâneos demonstraram, porém, que essa suplementação é desnecessária, uma vez que o leite materno é um alimento balanceado e completo: em excesso, a vitamina C é eliminada pela urina sem trazer nenhum benefício ao recém-nascido.

Bebês nascidos de nove meses, de gestação normal, que mamam exclusivamente no seio, não precisam fazer uso de vitaminas, exceto a vitamina D.

No final da gestação, por volta da 34ª semana, a grávida começa a transmitir nutrientes, vitaminas e ferro ao filho, para que ele crie uma grande reserva própria. E durante a amamentação, ele recebe muitas vitaminas, não havendo, na maioria dos casos, necessidade de complementação. Mas crianças prematuras ou com baixo peso ao nascer podem ter deficiência de vitaminas por conta de a transferência de nutrientes de mãe para filho ter sido muito breve. Nesses casos, a reposição com polivitamínicos é indicada até o bebê completar três meses.

Vitamina D

O aporte de vitamina D não é suprido por nenhum alimento, nem mesmo o leite materno. Ela é produzida pelo bebê por meio do banho de sol. Responsável pela formação dos ossos, agilidade da memória e maior imunidade, é geralmente deficitária no homem moderno, uma vez que nos expomos cada vez menos ao sol. Por isso, a

Academia Americana de Pediatria e a Sociedade Brasileira de Pediatria preconizam a suplementação diária de 400 UI (o que geralmente significa duas gotas) em todos os bebês a partir de sete dias de vida até completar 2 anos de idade.

> **VOCÊ SABIA?**
>
> Pessoas que tiveram contato com portadores de hanseníase, uma doença de pele infecciosa, devem tomar uma segunda dose da vacina da BCG com intervalo mínimo de seis meses da primeira aplicação. Estudos recentes sugerem que o reforço diminui a transmissão da hanseníase, seja qual for sua forma clínica.

Calendário de vacinas

Nessa faixa etária serão realizadas apenas duas vacinas: a BCG e a vacina contra a hepatite B.

- ***BCG*** - Deve ser aplicada em dose única. Previne contra os casos graves de tuberculose, como a meningite tuberculosa. Tem uma aplicação quase indolor, subcutânea, não havendo necessidade de medicação ou aplicação de compressa posteriormente, uma vez que não causa efeitos colaterais. Passados alguns dias ou meses, ela provoca o surgimento de uma bolha de pus na região da vacina, que vai evoluir para uma crosta e, futuramente, a formação de uma cicatriz. Antigamente, se não houvesse formação de cicatriz até o bebê completar 6 meses era oferecida uma dose extra. Entretanto, as novas diretrizes não recomendam mais essa nova dose. Se seu bebê nasceu com menos de 2 kg, adie um pouco esta vacina. E se existe um caso de tuberculose na família ou parente próximo, converse com o pediatra antes da realização da vacina.

VOCÊ SABIA?

Se o exame da mãe der positivo para hepatite B durante o pré-natal, além da vacina contra a doença, a criança deverá fazer uma aplicação de imunoglobulina anti-B. Ela é aplicada de forma intramuscular (como uma vacina) e de preferência nas primeiras doze horas de vida da criança. Está disponível em toda a rede pública de saúde.

- ***Hepatite B*** - A primeira dose da vacina contra a hepatite B deve ser idealmente aplicada nas primeiras doze horas de vida, ainda na maternidade. Ela está disponível em todos os centros médicos públicos. A segunda dose deve ser aplicada aos dois meses e a terceira dose aos seis meses. Desde 2012, a vacina combinada DTP/Hib/HB (denominada pelo Ministério da Saúde de "Penta") passou a ser dada aos dois meses e aos seis, no âmbito do Programa Nacional de Imunizações (PNI). Crianças nascidas com peso igual ou inferior a 2 kg ou idade gestacional inferior a 33 semanas devem receber, além da dose de vacina inicial, outras três doses (num total de quatro doses, assim que nasce e aos dois, quatro e seis meses) em associação com a DTP e a Hib.

3

1º ao 6º mês

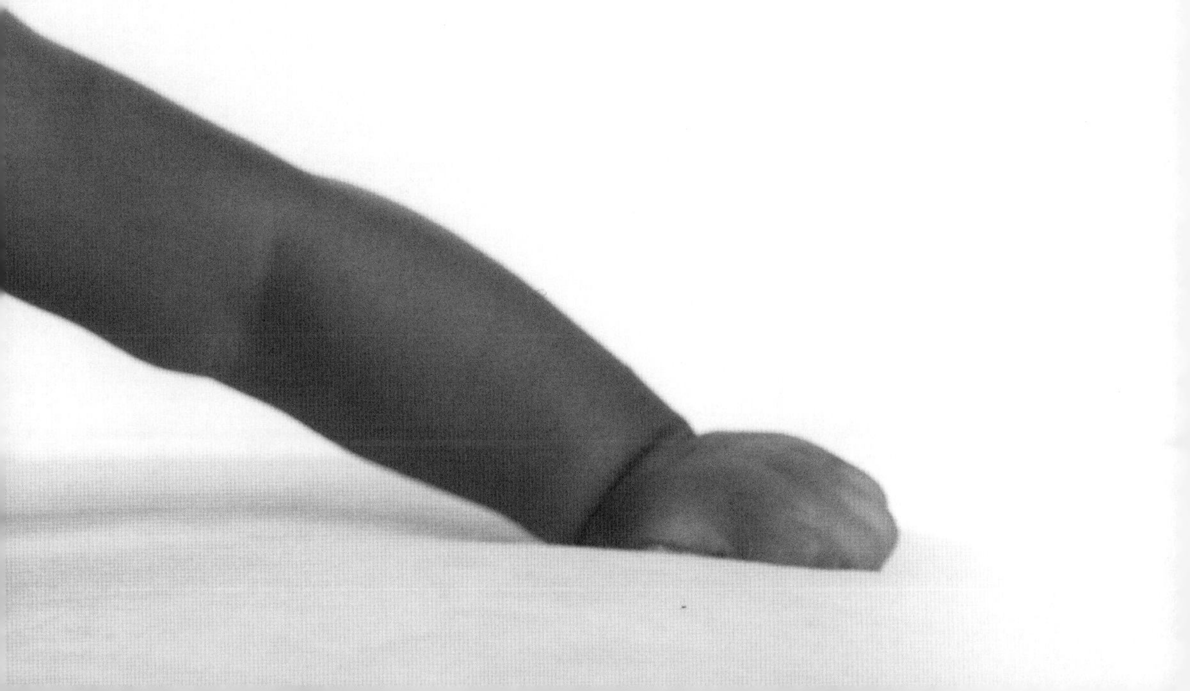

Capítulo 19

Mais firme

Com 6 meses, uma nova etapa se inicia para o bebê. Para o pediatra, ele muda de status: a partir do 28º dia de vida, deixa de ser recém-nascido e passa a ser lactente. Pouco a pouco, a mãe (o pai, os irmãos e os avós) percebe mudanças significativas: seu filho está se desenvolvendo a olhos vistos, ganhou peso, cresceu, tem algum entendimento do que acontece à sua volta e está preparado para ingerir alimentos. O intestino e os músculos da face estão aptos e ele já consegue ficar sentado – o que vai facilitar a deglutição.

Uma alimentação saudável permitirá um crescimento adequado, otimizará o funcionamento dos órgãos, ajudará a prevenir doenças como a anemia e a obesidade em curto e longo prazos.

Para planejar a alimentação da criança nessa idade, é necessário considerar as limitações fisiológicas de seu organismo. Durante os primeiros meses, o trato gastrointestinal, os rins, o fígado e o sistema imunológico estiveram em fase de maturação. O leite humano atendeu perfeitamente às necessidades dos lactentes, sendo muito mais que um conjunto de nutrientes, mas um alimento vivo e dinâmico que contém substâncias protetoras e imunomoduladoras. Esse alimento

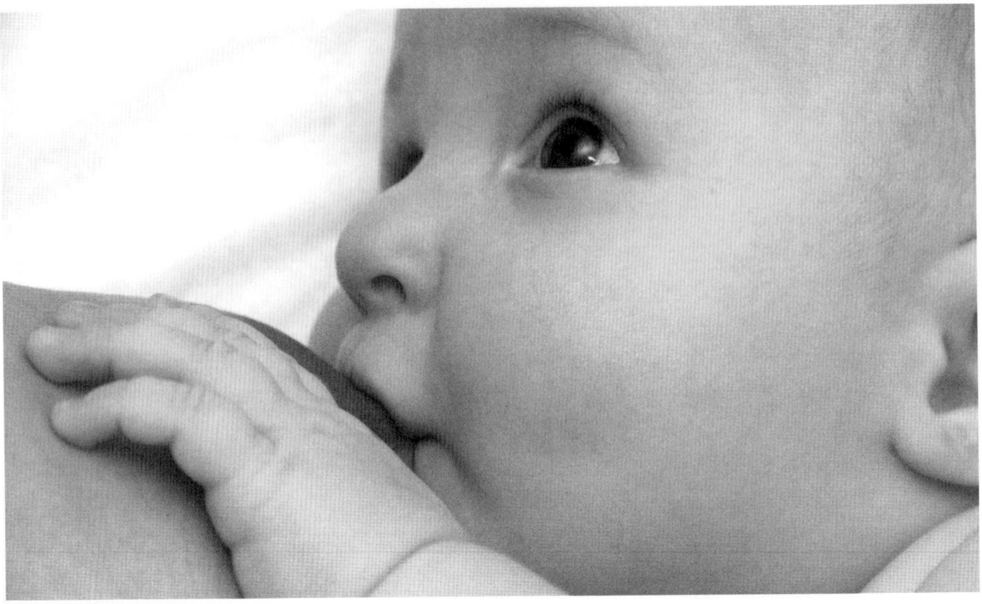

que você ofereceu ao longo de seis meses não proporcionou apenas uma proteção contra infecções e alergias, mas também estimulou o desenvolvimento do sistema imunológico e a maturação dos sistemas digestório e neurológico.

O aleitamento materno

Passados alguns meses, dar o seio se tornará cada vez mais fácil e prazeroso. As dúvidas do começo da amamentação dão lugar à habilidade técnica e à certeza de que você é capaz de alimentar o seu filho com o seu leite e muito amor. O aleitamento materno, por sua vez, garantirá todos os nutrientes necessários para o desenvolvimento e o crescimento da criança nesta primeira fase da vida, seus primeiros seis meses de vida.

Você notará que seu seio não se enche com tanta facilidade como nos primeiros dias da apojadura – mas não por conta de uma menor produção, e, sim, porque seu organismo já sabe o quanto seu bebê precisa mamar e qual a rotina das mamadas dele. Com isso, os riscos de você ter uma mastite ou um ingurgitamento mamário são bem menores.

Sua pega já é adequada e seu bebê tem uma sucção vigorosa. Seus seios não terão mais rachaduras ou fissuras e você notará que estão menos sensíveis.

A preferência por um dos seios

Com o tempo, o bebê pode manifestar preferência por um dos seus seios. Sendo eles diferentes no que diz respeito aos bicos e até mesmo à posição, é compreensível que a criança se adapte melhor a um ou a outro e demonstre isso de várias maneiras:

mamando menos tempo no que não gosta, mostrando-se irritado quando obrigado a mamar nele ou até mesmo recusando-o. Outro motivo de o bebê recusar um dos seios é que a produção de leite não é sempre equitativa.

Você deve contornar da melhor forma possível essa dificuldade. Ela não pode impedir ou atrapalhar a amamentação. Se o seu filho não esvaziar completamente o seio, isso poderá aumentar o risco de ingurgitamento mamário ou mastite e provocar fissuras e dor durante o aleitamento. Em último caso, tire o leite da mama rejeitada assim que terminar a mamada.

Para contornar os efeitos da rejeição, ofereça o seio que o bebê rejeita só depois de ter ordenhado um pouco do leite. Isso vai melhorar a pega e fazer com que haja uma quantidade adequada de leite para que ele comece a mamar. Em seguida, tente achar uma nova posição para amamentar naquele seio, seja invertida ou a de cavalinho.[1] São posições pouco usadas e que podem melhorar a pega. Se isso não surtir bons resultados, retire o leite do seio rejeitado e ofereça novamente usando a técnica de relactação neste mesmo peito.

Se você der de mamar em apenas uma mama, ainda assim conseguirá produzir quantidade adequada de leite, porque o seu corpo vai se adaptar a isso, assim como ele se adapta à amamentação de gêmeos, mas você poderá sentir muita dor no seio que usar mais vezes. Da mesma forma, sequelas nos seios desiguais são de se esperar mesmo depois que parar de amamentar.

1 Veja mais a respeito no Capítulo 10.

VOCÊ SABIA?

O volume gástrico do bebê aumenta exponencialmente. Nos primeiros dias ele vai aumentando progressivamente em torno de 10 ml em bebês que nasceram no tempo certo. Depois que alcançam o volume de 90 ml entre o 7º-10º dia de vida. A partir daí calculamos o volume a partir do peso. Existem várias fórmulas para se calcular quanto o bebê precisa; elas levam em consideração a necessidade calórica e a necessidade de água também. Resumidamente, o bebê deve consumir entre 20-30ml por quilo de leite por mamada, não ultrapassando 180 ml nos primeiros 6 meses.

Alimentação e volta ao trabalho

Passados os quatro meses de licença-maternidade, algumas empresas podem lhe dar entre 15 dias e dois meses a mais, se você apresentar um atestado médico comprovando que está em aleitamento materno exclusivo.

No entanto, mais cedo ou mais tarde, a questão vai se colocar: você deve voltar à sua vida normal e cuidar simultaneamente do bebê. É preciso se programar para isso e um dos aspectos mais importantes é garantir a alimentação do seu filho durante o período em que vocês estiverem separados.

O ideal é que esse assunto seja bem avaliado e cada detalhe discutido com o pediatra. A alimentação será definida de acordo com o tempo de vida do seu filho e o número de horas que você ficará longe de casa. Exemplo: se você ficar seis horas ausente, será preciso programar duas a três refeições no período. Se você voltar ao trabalho antes que seu filho complete seis meses de idade, o ideal é que você ordenhe leite um pouco antes do retorno para aprender a dosar o volume de leite necessário para cada dia. Familiarize-se com o processo de conservação do leite na geladeira ou no congelador e estabeleça um cronograma para tirar o melhor proveito da ordenha, se não fizer uso de fórmulas infantis.

Se você voltar ao trabalho depois dos seis meses de vida do bebê, ele já estará consumindo outros alimentos além do leite materno, o que lhe dará mais tranquilidade. De uma forma ou de outra, o importante é organizar da melhor forma possível esse momento de transição.

Alimentos complementares

O início da introdução alimentar é um marco importante para toda a família. É como se a criança estivesse sendo incorporada à família, e, naquele momento, passasse a fazer parte daquele ambiente familiar. A rotina familiar irá mudar, a criança ganhará uma nova aptidão e sim, a cultura familiar deve ser levada em consideração para que todo o processo engrene e aconteça da forma que é recomendada atualmente.

Será um momento de aprendizagem para todos! Todos devem fazer parte do processo (mãe, pai, avós, babás e todos que convivem no dia a dia da criança, até para

não sobrecarregar apenas um integrante, dividir responsabilidades e as tarefas, assim como o planejamento, preparo e oferta diária de refeições. É importante que as pessoas envolvidas na alimentação saibam reconhecer e diferenciar as necessidades de alimentação, higiene, interação e afeto. Ah, e claro, evitar condutas conflitantes.

A alimentação deve ser um momento de experiências positivas, aprendizado e afeto. O ambiente acolhedor e tranquilo e a boa relação entre a criança e as pessoas que cuidam dela podem influenciar de forma positiva a aceitação dos alimentos. Quando a criança realiza a refeição com a família, ela recebe estímulos para o seu aprendizado. É fundamental que quem alimenta a criança tenha com ela uma relação de afeto e confiança e, claro, paciência. Este é um processo de aprendizagem que demanda tempo e isso deve ser considerado na organização da rotina da criança e da família.

Os pais devem estar preparados para lidar com as suas frustrações. É muito comum que os pais acreditem que no primeiro dia de introdução alimentar a criança irá comer todos os alimentos oferecidos e que será aquele bebê comilão e que aceitará tudo como nos sonhos dela. Mas nem sempre é isso o que acontece; a introdução alimentar é uma adaptação ao novo alimento e cada criança terá o seu tempo de entendimento.

O pediatra tem a responsabilidade de orientar a introdução da alimentação complementar, destacando a importância de nutrientes adequados à melhor composição corporal e evitando os chamados "alimentos inadequados".

A alimentação complementar pode ser chamada de transição quando for especialmente preparada para a criança pequena, até que ela possa ingerir alimentos com a mesma consistência dos consumidos pela família (em torno de um ano). Os alimentos consumidos por todos devem ser oferecidos inicialmente da forma amassada. Em seguida, quando o bebê tiver entre 9 e 11 meses, serão apresentados em pequenos pedaços. Ao completar 1 ano, a criança já está apta a comer alimentos com a mesma consistência de seus familiares.

A importância desse momento de transição é tal que o Ministério da Saúde lançou um manual para todos os profissionais de saúde com doze passos a seguir:

Tabela 1	Os dez passos para a alimentação saudável da criança menor de 2 anos
Passo 1	Amamentar até 2 anos ou mais, oferecendo somente leite materno até os 6 meses.
Passo 2	Oferecer alimentos *in natura* ou minimamente processados, além do leite materno, a partir dos 6 meses.
Passo 3	Oferecer água própria para consumo à criança em vez de sucos, refrigerantes e outras bebidas açucaradas.
Passo 4	Oferecer a comida amassada quando a criança começar a comer outros alimentos além do leite materno.
Passo 5	Não oferecer açúcar nem preparações ou produtos que contenham açúcar à criança até 2 anos de idade.
Passo 6	Não oferecer alimentos ultraprocessados para a criança.
Passo 7	Cozinhar a mesma comida para a família e a criança.
Passo 8	Zelar para que a hora da alimentação da criança seja um momento de experiências positivas, aprendizado e afeto junto da família.
Passo 9	Prestar atenção aos sinais de fome e saciedade da criança e conversar com ela durante a refeição.
Passo 10	Cuidar da higiene em todas as etapas da alimentação da criança e da família.
Passo 11	Oferecer à criança alimentação adequada e saudável também fora de casa.
Passo 12	Proteger a criança da publicidade de alimentos.

Fonte: Brasil/Ministério da Saúde/Organização Pan-Americana da Saúde. Guia alimentar para crianças menores de 2 anos. Série A. Normas e manuais técnicos nº 107. Brasília, DF, Ministério da Saúde; 2002.

1. ***Amamentar até 2 anos ou mais, oferecendo somente o leite materno até 6 meses*** – o leite materno é muito importante para a criança até 2 anos ou mais, sendo o único alimento que a criança deve receber até 6 meses, sem necessidade de água, chá ou qualquer outro alimento. Começar a amamentação logo após o nascimento, e preferência na primeira hora de vida, traz benefícios para a criança e para a mãe. A composição do leite materno é única e especial. Ele atende às necessidades nutricionais da criança e traz inúmeros benefícios tanto para a mãe quanto para o bebê. Ele deve ser estimulado ao máximo e todas nós pediatras temos que usar todas as táticas para que possamos aumentar cada vez mais nossas taxas de aleitamento e sempre trabalhar em prol da amamentação.

2. ***Oferecer alimentos in natura ou minimamente processados, além do leite materno, a partir dos 6 meses*** – a Organização Mundial da Saúde e as organizações internacionais e nacionais recomendam que a introdução alimentar deverá ser iniciada aos 6 meses, quando todos os marcos para tal estão preparados. Deverá ser iniciada lenta e gradativamente, respeitando a criança e as culturas de cada país. O consumo de outros alimentos além do leite materno passa a ser necessário para o pleno crescimento e desenvolvimento da criança. A alimentação da criança deve ser composta por comida de verdade, isto é, refeições feitas com alimentos *in natura* ou minimamente processados de diferentes grupos (por exemplo, feijões, cereais, raízes e tubérculos, frutas, legumes e verduras, carnes). O número de refeições ao longo do dia e a quantidade de alimentos oferecidos devem aumentar conforme a criança cresce para suprir suas necessidades. Os pais são os principais exemplos e responsáveis por garantir uma alimentação saudável.

3. ***Oferecer água própria para consumo à criança em vez de sucos, refrigerantes e outras bebidas açucaradas*** – parece simples e lógico para muitas pessoas, porém não é. Temos um consumo exageradamente alto de refrigerantes e sucos por menores de 1 ano. A água é o único líquido que deverá ser oferecido além do leite materno e a fórmula infantil. O acesso à água potável para beber e para produção de refeições é também um direito humano. Água é alimento e deve fazer parte do hábito alimentar desde o início da oferta dos outros alimentos. A água é essencial para a hidratação da criança e não deve ser substituída por nenhum líquido, como chá, suco ou água de coco, muito menos refrigerante ou outras bebidas ultraprocessadas. Habituar a criança a ingerir essas bebidas açucaradas aumenta a chance de a criança apresentar excesso de peso e cárie dentária, além de desestimular o consumo de água. Ofereça frequentemente água para a criança, entre as refeições, mesmo sem ela pedir.

4. ***Oferecer a comida amassada quando a criança começar a comer outros alimentos além do leite materno*** – a comida com consistência adequada à criança contribui para seu desenvolvimento, além de conter, em geral, mais energia e nutrientes do que refeições mais líquidas. A mastigação estimula o desenvolvimento da face e dos ossos da cabeça. Desde o início o alimento deve ser espesso o suficiente para não "escorrer" da colher. No início, amassar os alimentos apenas com o garfo e picar bem os alimentos mais duros, como carnes, é o bastante. Para deixar na consistência adequada, não bata no liquidificador e nem peneire os alimentos. Nos meses seguintes, amasse cada vez menos e comece a oferecê-los em pedaços pequenos de forma que, gradativamente, a criança passe a comer os alimentos com a mesma consistência da família.

5. ***Não oferecer açúcar nem preparações ou produtos que contenham açúcar à criança até 2 anos de idade*** – o consumo de açúcar não é necessário e causa danos à saúde como cáries, obesidade ainda na infância e, na vida adulta, pode levar a doenças crônicas, como diabetes. Além disso, acostumar a criança desde cedo ao sabor excessivamente doce pode causar dificuldade de aceitação dos alimentos *in natura* ou minimamente processados. Não se deve prescrever na dieta infantil nada que inclua mel, nem açúcar de qualquer tipo (mascavo, demerara, cristal ou refinado ["branco"], rapadura, melaço), nem oferecer preparações ou produtos prontos que contenham algum desses ingredientes (como biscoitos, bolos, iogurtes, entre outros). Os adoçantes (em pó ou líquido) também não devem ser usados na alimentação da criança até 2 anos, pois são alimentos ultraprocessados e contêm substâncias químicas não adequadas a essa fase da vida.

6. ***Não oferecer alimentos ultraprocessados para a criança*** – é importantíssimo que não só nós pediatras entendamos, mas também os pacientes aprendam a ler rótulos e saber se um alimento apresenta ingredientes não tão bons para a criança. Esses alimentos, geralmente, são pobres em nutrientes e podem conter muito sal, gordura e açúcar, além de aditivos, como adoçantes, corantes e conservantes. O consumo desses alimentos pode levar a problemas como hipertensão, doenças do coração, diabetes, obesidade, cáries e câncer. Além disso, vira um hábito familiar. Os alimentos ultraprocessados são vendidos em embalagens atrativas, sendo comum encontrar, na lista de ingredientes do rótulo, itens pouco conhecidos, muitos deles com nomes estranhos e que não são utilizados na cozinha de casa. Fique atento, pois alguns alimentos ultraprocessados são vistos como alimentos infantis e saudáveis, sendo frequentemente oferecidos às crianças.

7. ***Cozinhar a mesma comida para a família e a criança*** – a introdução alimentar é a chance de melhorar a alimentação de toda a família. Preparar a mesma comida para todos, com alimentos *in natura* ou minimamente processados, sem excesso de gordura, sal e condimentos, agiliza o dia a dia na cozinha e é uma oportunidade de oferecer alimentação adequada e saudável à família e à criança. Planejar a alimentação da semana, organizar as compras para ter os alimentos em casa e cozinhar em maior quantidade para congelar uma parte (para consumir em outros dias) são estratégias que facilitam o cozinhar, garantem comida de verdade todos os dias e em todas as refeições, e devem ser explicadas para todos os pais. Muitas famílias ainda associam o congelamento à perda dos nutrientes e uma refeição de pior qualidade e, muitas vezes, acabam recorrendo a ultraprocessados.

8. ***Zelar para que a hora da alimentação da criança seja um momento de experiências positivas, aprendizado e afeto junto da família*** – é fundamental que toda a família valorize o momento da alimentação. Não adianta um dos responsáveis comparecer à consulta, entender todos os passos e o seu companheiro não seguir todas as orientações. Ou até mesmo o cuidador que fica todos os dias não entender a importância da alimentação saudável. O ambiente acolhedor, tranquilo e a boa relação entre a criança e as pessoas que cuidam dela podem influenciar de forma positiva na aceitação dos alimentos e preparações. Se ela percebe que a família gosta de comer alimentos saudáveis, ficará estimulada a aceitá-los. Além disso, comer em família é um ato cultural que contribui para o consumo de alimentos e preparações ligados à história da família, preservando e transmitindo tradições em torno da comida.

9. ***Prestar atenção aos sinais de fome e saciedade da criança e conversar com ela durante a refeição*** – a criança desde cedo é capaz de comunicar quando quer se alimentar ou quando já está satisfeita. Os sinais de fome e saciedade devem ser reconhecidos e respondidos de forma ativa e carinhosa. Como já conversamos anteriormente, respeitar os sinais de saciedade é primordial para uma experiência alimentar positiva. Lembre-se de repetir inúmeras vezes para todas as famílias que ali-

mentar a criança é um processo que demanda paciência e tempo.

10. ***Cuidar da higiene em todas as etapas da alimentação da criança e da família*** – cuidados com a higiene de quem faz a comida, da cozinha e dos alimentos previnem doenças na criança e na família. Lave as mãos sempre que for cozinhar e alimentar a criança, depois de usar o banheiro, de trocar a fralda e de realizar outras tarefas no cuidado da casa. Quando a criança for comer, também lave as mãos dela. A higiene na cozinha envolve a qualidade da água, a limpeza de utensílios e superfícies. Falaremos sobre a higienização dos alimentos à parte. Costumo oferecer um manual para as mães com a forma correta para higienização deles.

11. ***Oferecer à criança alimentação adequada e saudável também fora de casa*** – é possível manter a alimentação saudável fora de casa. Em passeios, festas e quando for às consultas com a equipe de saúde, continue ofertando os alimentos que a criança come em casa, pois muitos dos alimentos *in natura* ou minimamente processados (como frutas e legumes crus, frutas secas) podem ficar em temperatura ambiente por algum tempo. Mesmo o almoço e o jantar podem ser levados em recipientes térmicos. Questione sempre sobre os alimentos ofertados em creches e outros espaços de cuidado da criança e converse a respeito da prática de uma alimentação adequada e saudável com as pessoas envolvidas nesse cuidado.

12. ***Proteger a criança da publicidade de alimentos*** – a criança confunde facilmente a realidade com a ficção dos programas televisivos e da publicidade, porque ela não tem desenvolvida a capacidade de julgamento e decisão. É crucial que ela seja protegida, evitando ao máximo a sua exposição à publicidade. Ela está presente nos programas de TV e nas propagandas nos seus intervalos, na internet, em jogos eletrônicos, entre outros. É um dever de todos proteger a criança da publicidade de alimentos. Crianças menores de 2 anos não devem utilizar televisão, celular, computador e tablet.

Ao iniciar a alimentação complementar do bebê, muita coisa vai mudar em sua rotina diária, a começar pela preparação dos alimentos, seguindo por uma nova rotina que dará inúmeros prazeres a toda a família. Nas primeiras semanas, serão oferecidas as frutas, e geralmente após 1 semana, será introduzido o almoço. Você pode substituir alguma fruta raspada por suco de fruta natural como forma de oferecer o alimento em outra apresentação. Lembre-se de não dar suco (caixinha, saquinho ou em pó e nem mesmo da fruta) nessa faixa etária. Do sétimo mês em diante, ele passa a jantar.

Não há uma quantidade de alimentos predefinida a ser ingerida: vai depender da criança, que vai progressivamente se acostumar com os novos alimentos. É comum o bebê aceitar apenas duas ou três colheradas nos primeiros dias.

Esquema para introdução dos alimentos complementares	
Faixa etária	**Tipo de alimento**
Até 6º mês	Leite materno
6º mês	Leite materno, papa de frutas
6º ao 7º mês	Primeira papa salgada, ovo
7º ao 8º mês	Segunda papa salgada
9º ao 11º mês	Gradativamente passar para a comida da família
12º mês	Comida da família

Primeiras semanas

Café da manhã – seio materno ou fórmula infantil
Colação – fruta
Almoço – seio materno ou fórmula infantil
Lanche – fruta
Jantar – seio materno ou fórmula infantil
Ceia – seio materno ou fórmula infantil

Entre sete e quinze dias

Café da manhã – seio materno ou fórmula infantil
Colação – fruta
Almoço – papa
Lanche – fruta
Jantar – seio materno ou fórmula infantil
Ceia – seio materno ou fórmula infantil

Após um mês

Café da manhã – seio materno ou fórmula infantil
Colação – fruta
Almoço – papa
Lanche – fruta
Jantar – papa salgada
Ceia – seio materno ou fórmula infantil

Antes de começar a alimentar o bebê, você deve providenciar: um prato atraente, de preferência com divisórias, para colocar a comida; um prato menor para as frutas amassadas; colheres de silicone e potes com tampa para armazenar alimentos.

Não há necessidade de ter panelas ou outros acessórios exclusivamente para o bebê. O ideal é que em pouco tempo a rotina dele seja adaptada à sua. Você também não precisará esterilizar nenhum desses utensílios; basta lavar com cuidado.

Eis algumas medidas que acompanham a introdução da alimentação complementar:

- O liquidificador não será utilizado.
- É normal o bebê rejeitar os alimentos pelo menos dez vezes, sem que isso queira dizer que ele não gostou. Ofereça várias vezes e não desista de alimento algum. O paladar da criança ainda está sendo moldado e ela precisa conhecer (e reconhecer) os sabores antes de aceitar a comida.
- O bebê vai querer pegar comida com a mão. Incentive-o a fazer isso. Assim, ele sentirá a textura e o tamanho do alimento, facilitando a

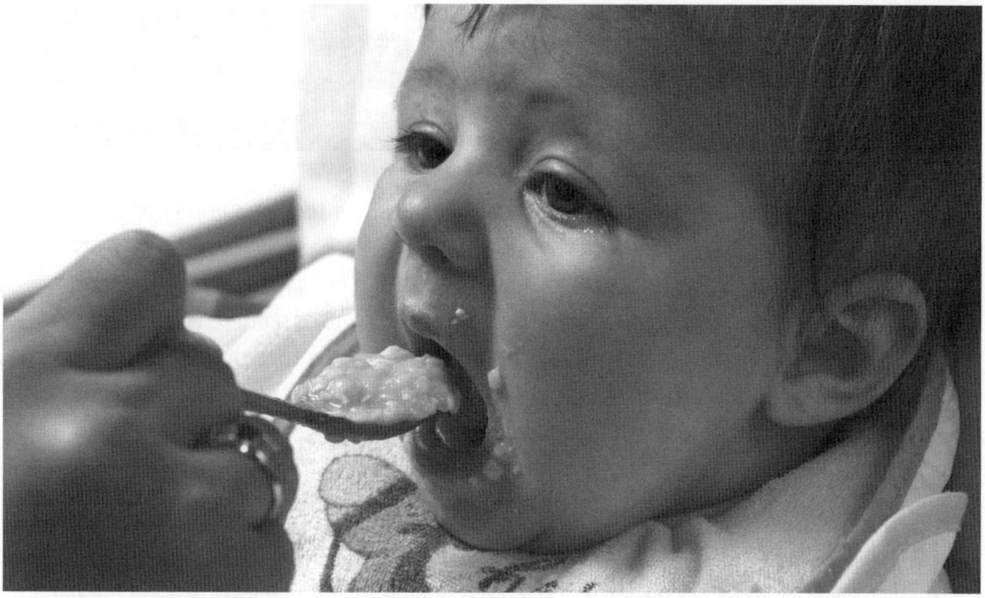

aceitação. Deixe-o se sujar enquanto estiver comendo. Torne isso um momento feliz.

- Não deixe faltar legumes e verduras na comida do bebê. A dieta ideal tem todos os tipos de alimentos.
- Um prato bonito é atrativo para a criança. Não misture e nem esconda os alimentos.
- É normal o bebê querer o seio depois de ingerir comida. É uma das fases do desmame. Deixe-o mamar.
- Nos primeiros dias, pode haver diarreia ou constipação. As fezes do bebê vão mudar, ganharão mais consistência e ficarão com cheiro mais forte.
- Não adoce os alimentos; não use mel até a criança completar 1 ano.
- Papinhas industrializadas podem ser utilizadas, mas não as dê todos os dias. Deixe para quando sair ou viajar ou quando estiver em locais onde não pode conservar adequadamente os alimentos *in natura*.

E lembre-se, esta fase é de adaptação a uma nova etapa; cada criança tem o seu tempo para se acostumar com a nova rotina. Não cobre demais de seu bebê e não ache que ele tenha que se alimentar com todo o volume que você queira. Ele ainda mama, e isso garantirá nutrientes para ele neste período. Entretanto, evite fazer concessões. Não misture e não bata os alimentos, e o mais importante: não desista!

As frutas

As frutas são alimentos que nos trazem saúde e disposição, sendo de extrema importância para o bom funcionamento do corpo. São fontes de nutrientes essen-

Sinais de que a criança está preparada para a introdução alimentar

O desenvolvimento infantil é um processo contínuo e muito intenso nos primeiros 2 anos do bebê. O corpo da criança se modifica rapidamente e o cérebro aperfeiçoa habilidades fundamentais, como os sentidos – visão, audição e paladar, habilidades motoras, cognitivas, comportamental/emocional e de linguagem. Todos os sentidos vão sendo aperfeiçoados ao mesmo tempo e sim, são interligados. Todo esse desenvolvimento depende não somente das características da criança quando nasce ou do leite que ela recebe, mas também da interação com o meio em que vive. Genética, amor, carinho, estímulos, prematuridade, interação com o meio e toda a rotina diária da criança influenciará no desenvolvimento global da criança.

E por que estamos falando de desenvolvimento infantil? Simplesmente porque ele é um fator determinante para a introdução alimentar. Segundo a OMS (Organização Mundial da Saúde) é recomendado que a introdução alimentar comece a partir dos 6 meses de idade; até lá, a amamentação deve ser exclusiva e em livre demanda. No entanto, mesmo com a alimentação já estabelecida, é indicado que a amamentação continue até os 2 anos, ou mais. Porém, para que tudo dê certo, alguns marcos de desenvolvimento têm de estar presentes. Chamamos esses sinais de sinais de prontidão.

1. ***Desaparecimento do reflexo de protrusão*** *– reflexo de protusão da língua é um reflexo comum que protege as vias aéreas do bebê contra o risco de engasgo quando ele está ainda imaturo para receber os alimentos. Ele é o movimento que a língua do bebê faz ao colocar um objeto sólido nela. Ele começa a diminuir entre o 4º e o 7º mês. É fácil de ser testado por todos nós pediatras nas consultas de rotina com o abaixador de língua.*

2. ***Padrão primitivo de mastigação*** *– Quem não ouviu a expressão que a criança vai "aguar"? Isso acontece porque, involuntariamente, a criança vai imitar os movimentos mastigatórios dos pais e gradativamente esses movimentos serão repetidos. principalmente ao observar os pais mastigando. Eles passam a inclusive mastigar a saliva, o que diminui a baba.*

3. ***Sustentação da cabeça e pescoço completos e do tronco*** *– A criança precisa ter a sustentação do tronco para ter a postura correta para se alimentar com alimentos*

Sinais de que a criança está preparada para a introdução alimentar (cont.)

sólidos e semissólidos. Essa postura adquirida entre 5º e o 7º mês faz com que ela adquira a proteção das vias aéreas e o risco de uma broncoaspiração. A criança não precisa estar sentando sem apoio como alguns pediatras acham e sim com o apoio adequado.

4. ***Funcionamento intestinal adequado*** *– Não só o desenvolvimento motor deve estar preparado; o trato gastrointestinal também. Na verdade, ele vai se preparando desde o nascimento até o momento do recebimento do alimento. Mas como nós pediatras analisamos se a criança está "gastrointestinalmente" preparada? O bebê dá vários indícios que muitas vezes passam despercebidos, como mudança no padrão evacuatório com cocôs mais esverdeados e menos vezes ao dia, parada na evacuação de madrugada e até mesmo a parada da famosa cólica.*

5. ***Preparação renal*** *– O rim também deverá estar preparado para receber o alimento. Ele realizará a filtração das impurezas e dos excessos consumidos pelo corpo. O leite materno tem a quantidade adequada de proteínas, gorduras e micronutrientes que faz com que o rim tenha "pouquíssimo" trabalho e consiga desenvolver a total capacidade renal para introdução alimentar. Os alimentos não têm a quantidade adequada dos macro e micronutrientes, o que faz com que o rim passe a trabalhar adequadamente.*

ciais ao organismo, que ajudam a tratar e prevenir várias doenças. Elas são fontes de vitaminas, sais minerais, fibras e água. São alimentos que fornecem muitos nutrientes em uma quantidade relativamente pequena de calorias. Essas características nutricionais são importantes para o funcionamento intestinal e no equilíbrio das funções vitais do corpo, além de serem relevantes para a prevenção da obesidade e outras doenças crônicas, como o diabetes, doenças do coração e alguns tipos de câncer.

Para se ter uma alimentação adequada e saudável é importante consumir frutas variadas diariamente. Mas, não basta consumi-las; temos de escolher frutas com boa qualidade. Todas as crianças devem consumir pelo menos duas frutas por dia. Elas devem ser a base dos lanches matinais e da tarde.

A forma de apresentação das frutas é de suma importância. Idealmente, todas as frutas devem ser apresentadas como inteiras e amassadas ao mesmo momento. As inteiras devem estar disponíveis em uma bandeja e ao alcance das mãos da criança. Após a criança tatear a fruta, segurá-la e levá-la à boca, os pais devem oferecer o alimento amassado na colher, até a criança apresentar os sinais de saciedades descritos a seguir. Isso deve ser repetido diariamente pelo menos duas vezes ao dia.

Claro que os pais estão permanentemente proibidos de bater no liquidificador as frutas, assim como peneirar ou colocar em redes. A criança deve ter acesso a diferentes consistências: pastosa, pedaços pequenos e inteiros. A diversidade de frutas deve ser preconizada. Nada de como antigamente, escolher três frutas ou dar listinha simples de frutas limitando a elaboração de cardápios pela mãe.

As frutas podem ser oferecidas cruas, assadas, cozidas e até mesmo ser esquentadas no micro-ondas. Da mesma forma, podem ser oferecidas em diferentes temperaturas, como morna, quente, gelada e temperatura ambiente. Quanto mais variedade, melhor para a formação da diversidade do paladar. Cada fruta deve ser oferecida no mínimo por 10-12 vezes antes de dizer que um bebê não gosta de um alimento.

Não se recomenda adicionar aditivos em frutas. Claro que adicionar açúcares é proibido antes de 2 anos, como geleias, geleia de mocotó ou até mesmo adoçantes e mel. Também não deve ser adicionado leite ou derivado, iogurtes, cremes de leite ou leite condensado. Mas também peço para que não use granola, aveia e outras farinhas. Mesmo saudáveis, as crianças devem aprender os sabores das frutas e não o sabor da fruta com aveia, neste momento. Depois de 9 meses, farinhas naturais como aveia podem ser liberadas, porém com o consumo bem reduzido.

VOCÊ SABIA?

Tão logo a criança comece a comer alimentos, é preciso ficar atenta ao funcionamento do intestino. Entre as frutas anticonstipantes estão a laranja, o mamão, a ameixa, o pêssego, a uva, a tangerina, o kiwi, a água de coco, o caqui, a acerola e a tangerina. Frutas neutras são o melão, a melancia e a pera. A maçã, a goiaba e o caju são constipantes.

Sucos e água de coco

Por muitos e muitos anos, o suco sempre foi o primeiro alimento introduzido à criança nos primeiros meses de vida. Em 2001, iniciou-se uma pesquisa pela Academia Americana de Pediatria sobre o uso corriqueiro do suco no dia a dia da criança. Em 2017, foi lançada uma nova diretriz sobre estas pesquisas, limitando o seu consumo em crianças.

E aí sempre vem a pergunta: por que não oferecer suco para criança?

Os motivos são vários e comprovados cientificamente. Ao oferecer suco a uma criança menor de 1 ano (mesmo que tenha oferecido para o filho anterior) você está cometendo um erro alimentar que pode ter consequências no futuro, mesmo os sucos naturais feitos da própria fruta.

Quais são os motivos?

1. A criança aprende tudo por associação e costume. Muitas formas de oferecer líquido podem confundir o paladar da criança, de modo que ela tenha grande dificuldade posteriormente de pedir água.
2. Você perde grande parte das fibras da fruta, prendendo o intestino da criança.
3. O suco apresenta uma quantidade muito maior de frutose do que a fruta *in natura*.

VOCÊ SABIA?

Entendendo os alimentos

Adotar uma alimentação adequada e saudável para a criança é uma forma de fortalecer sistemas alimentares sustentáveis. A escolha dos alimentos deve levar em conta seus impactos sobre o ambiente e sobre as formas de produção, distribuição e organização do campo e da cidade. Quando a família faz opções adequadas e saudáveis para a alimentação da criança, desde a escolha por amamentar até a opção pela alimentação baseada em alimentos *in natura* ou minimamente processados, ela está contribuindo para a proteção do meio ambiente.

Então vamos entender a classificação dos alimentos:

1 - Alimentos *in natura* ou minimamente processados

Os alimentos *in natura* são obtidos de plantas ou de animais e não passam por muitas alterações. Os alimentos minimamente processados passam por alguma modificação: limpeza, remoção de partes indesejáveis, divisão, moagem, secagem, fermentação, pasteurização, refrigeração, congelamento, mas não são adicionados de sal, açúcar, óleos, gorduras ou outras substâncias.

Alimentos *in natura* ou minimamente processados incluem muitas variedades de grãos, tubérculos e raízes, legumes e verduras, frutas, leite, ovos, peixes, carnes e, também, a água.

- ***feijões (leguminosas)*** – feijões de todas as cores, ervilha, lentilhas, grão-de-bico e outras leguminosas.
- ***cereais*** – arroz branco, integral ou parboilizado; milho em grão ou na espiga; grãos de trigo, farinhas de mandioca, de milho, de trigo ou de centeio; farinha, farelo ou flocos de aveia; macarrão ou massas frescas ou secas feitas com essas farinhas e água.
- ***raízes e tubérculos*** – batata, mandioca e outras raízes e tubérculos *in natura* ou embalados, fracionados, refrigerados ou congelados.
- ***legumes e verduras*** – legumes e verduras frescos ou embalados, fracionados, refrigerados ou congelados.
- ***frutas*** – frutas frescas e secas, sucos naturais de frutas e sucos de frutas pasteurizados (sem adição de açúcar ou outras substâncias ou aditivos).
- ***carnes e ovos*** – carnes, vísceras e outras partes internas de gado, porco, aves, pescados, frutos do mar e demais animais, bem como ovos.

VOCÊ SABIA?

- ***leites*** – leite humano, leite de outros animais (líquido ou em pó), iogurte e coalhada (sem adição de açúcar ou outra substância).
- ***amendoim, castanhas e nozes*** – castanhas, amêndoa, amendoim, avelã, nozes e outras oleaginosas sem sal ou açúcar.
- ***água própria para consumo.***
- ***outros*** – cogumelos frescos ou secos; especiarias e ervas frescas ou secas; sementes como linhaça, gergelim e chia; chás (camomila, erva cidreira, capim-limão, hortelã etc.), café e erva-mate (sem adição de açúcar).

Essa deve ser a base da alimentação da criança. Eles garantem uma alimentação saudável; poucos alimentos desse grupo não são recomendados para crianças, como café, erva-mate, chá verde, chá preto, leite e derivados. Nas próximas páginas você conhecerá mais sobre esse assunto. Vale lembrar uma frase que ouvi em uma aula e levei para a minha vida, a qual uso nas minhas consultas para exemplificar os alimentos que podem ser usados: "O que se plantou, colheu ou veio dos animais pode ser usado; se for necessário desembrulhar, não é indicado para crianças".

2. Ingredientes culinários processados

São produtos usados para preparar as refeições. São produtos alimentícios fabricados pela indústria a partir de substâncias que existem em alimentos *in natura* ou na natureza.

Exemplos: sal de cozinha extraído de minas ou da água do mar; açúcar (açúcar branco, cristal, demerara, mascavo, de coco), melado e rapadura extraídos da cana-de-açúcar ou da beterraba; mel extraído de favos de colmeias; óleos e gorduras extraídos de alimentos de origem vegetal ou animal (como óleo de soja ou de oliva, manteiga, creme de leite e banha), vinagres, amido extraído do milho ou de outra planta, sal iodado.

A comida feita em casa deve ser composta de preparações culinárias, que são receitas caseiras feitas principalmente com alimentos *in natura* ou minimamente processados e temperadas com ingredientes culinários processados com moderação. Entretanto, os açúcares, melado, rapadura e mel, que também fazem parte desse grupo, não devem ser oferecidos para crianças menores de 2 anos.

VOCÊ SABIA?

3. Alimentos processados

São alimentos elaborados a partir de alimentos *in natura*, porém geralmente adicionados de sal ou de açúcar [ou outra substância de uso culinário] para durarem mais ou para permitir outras formas de consumo.

São exemplos de alimentos processados: conservas de legumes, de verduras, de cereais ou de leguminosas; extrato ou concentrado de tomate (com açúcar e sal); castanhas com sal ou açúcar; carnes salgadas; peixe/ atum/ sardinha conservado em óleo ou água e sal; frutas em calda ou cristalizadas; queijos (minas, prato, mussarela, ricota, gouda, brie, coalho, canastra, provolone e cottage) e pães (feitos de farinha de trigo refinada ou integral, leveduras, água e sal).

Para a criança entre 6 meses e 1 ano, nenhum alimento dessa lista deverá ser oferecido para a criança nesse período. Após 1 ano de idade, somente alguns alimentos processados podem fazer parte da alimentação; mesmo estando liberados, eles devem ser restritos e não fazer parte da rotina alimentar da criança. Dessa forma, os alimentos processados podem ser consumidos em pequenas quantidades e eventualmente, como ingredientes de preparações culinárias ou como parte de refeições baseadas em alimentos *in natura* ou minimamente processados.

4. Alimentos ultraprocessados

São produzidos pela indústria por meio de várias técnicas e etapas de processamento e levam muitos ingredientes, como sal, açúcar (maltodextrina, dextrose, xarope de milho, xarope de malte e açúcar invertido), óleos, gorduras e aditivos alimentares (corantes artificiais, conservantes, adoçantes, aromatizantes, realçadores de sabor, entre outros, não utilizados em casa). Geralmente são embalados de uma forma atrativas e muitas vezes recebem nomes infantis para atrair mais ainda os olhares das crianças. São alimentos proibidos antes de 2 anos de idade e, mesmo após essa idade, não devem ser estimulados. Nunca devem ser a base da alimentação da criança; inúmeros estudos mostram suas consequências danosas para a saúde infantil já na primeira infância e doenças do coração, hipertensão, diabetes, obesidade e câncer, na fase adulta.

São exemplos: refrigerantes e pós para refrescos - chá, concentrado de guaraná, açaí, uva e outros sabores; salgadinhos de pacote; sorvetes, chocolates, balas, gelatina em pó e guloseimas, pães de forma, de hotdog ou de hambúrguer; pães

VOCÊ SABIA?

doces, biscoitos, bolos prontos e misturas para bolo; cereais matinais, barras de cereal; bebidas energéticas, achocolatados e bebidas com sabor de frutas (suco, néctar, refrescos); iogurte com sabores e tipo petit suisse; queijo processado UHT (queijo fundido embalado em pequenos quadrados); queijo cheddar; caldos de carne, de frango ou de legumes; maioneses e outros molhos prontos; produtos congelados prontos para aquecer, incluindo tortas, pratos de massa e pizzas pré-preparadas; extratos de carne de frango ou de peixe empanados do tipo nuggets, salsicha, hambúrguer e outros produtos de carne reconstituída; e sopas, macarrão e sobremesas instantâneos.

O que são aditivos alimentares?

São substâncias químicas tais como corantes, conservantes, antioxidantes, aromatizantes, realçadores de sabor, adoçantes, entre outros, que são adicionadas aos alimentos ultraprocessados para dar ou realçar a cor ou o sabor dos alimentos, conservar e aumentar o tempo de duração do produto. Embora cada aditivo utilizado nesses produtos tenha que passar por testes e ser aprovado por autoridades sanitárias, os efeitos de longo prazo sobre a saúde e o efeito cumulativo da exposição a vários aditivos nem sempre são bem conhecidos. Os riscos à saúde são maiores quando o consumo ultrapassa a recomendação máxima permitida, que é determinada de acordo com o peso da pessoa. Como o peso da criança é muito menor que o de jovens e adultos, mesmo consumindo quantidades não muito grandes dos produtos, ela tem mais chance de ultrapassar a quantidade máxima de aditivos.

Por isso, é importante que as famílias observem os rótulos dos alimentos, visando a consumir cada vez menos esses produtos e não os ofereçam à criança.

- ***Corantes artificiais:*** amarelo tartrazina, caramelo IV.
- ***Conservantes:*** benzoato de sódio.
- ***Fermentos químicos:*** bicarbonato de sódio, bicarbonato de amônio e fosfato monocálcico.
- ***Realçadores de sabor:*** glutamato monossódico, guanilato monossódico.
- ***Estabilizantes:*** goma xantana, goma carragena e carboximetilcelulose, lecitina de soja.
- ***Aromatizantes:*** aromas artificiais.
- ***Adoçantes:*** ciclamato de sódio, acessulfame de potássio, aspartame.

VOCÊ SABIA?

Adoçantes não são recomendados para crianças. Eles são usados em vários ultraprocessados a fim de diminuir a quantidade de açúcar, como refrescos em pó, gelatinas, sucos de caixa, bolinhos, biscoitos, sorvetes, entre outros, apresentados nos rótulos como edulcorantes (aspartame, ciclamato de sódio, acesulfame de potássio, sacarina sódica, estévia, manitol, sorbitol, xilitol e sucralose). Como os efeitos dos adoçantes na saúde das crianças não são plenamente conhecidos, essas substâncias não devem ser oferecidas a elas, a não ser por indicação de profissional de saúde. É preciso ter muito cuidado com os produtos apresentados como "zero açúcar", porque muitos deles apresentam excesso de adoçantes e outros aditivos para manter o sabor doce.

Para entender melhor a classificação dos alimentos segundo a extensão e o propósito do seu processamento:

- O morango é um alimento *in natura*.
- A geleia de morango é um alimento processado, pois o morango foi cozido e adicionado de açúcar (um dos ingredientes culinários processados).
- O queijo petit suisse sabor morango (Danoninho) é um alimento ultraprocessado, que contém morango na forma de polpa, açúcar, outros ingredientes utilizados pela indústria de alimentos e muitos aditivos.

4. Sucos aumentam as chances de cáries.

E as consequências para as crianças:

- Diminui a ingesta isolada de água e frutas *in natura* (a criança passa a querer apenas suco).
- A frutose em excesso hiper estimula o pâncreas infantil, aumentando os índices de açúcares no sangue e, consequentemente, a chance de provocar diabetes.

O consumo de frutas deve ser estimulado, porém deve-se oferecê-la *in natura* e em torno de 2-3 porções por dia. Nem tudo que é natural é indispensável para o dia a dia da criança. Se a criança estiver consumindo frutas, legumes e verduras, ela não precisa de sucos:

- Entre 6 meses e 1 ano – Nada de sucos. Apenas frutas devem ser oferecidas.
- Entre 1-3 anos de idade – O consumo máximo permitido é de 120 ml/dia. Deve-se oferecer em copos normais, sem colocar em mamadeiras.
- Entre 4-6 anos de idade – Entre 175-200 ml de suco por dia. Ele não

deve substituir a fruta e pode ser administrado em associação com lanches da tarde.

- Acima de 7 anos – Não ultrapassar de 2 porções de 200 ml por dia.

E lembre-se de oferecer sempre sucos naturais da fruta ou polpa de fruta, e não produtos industrializados que são ricos em açúcar.

As frutas secas não são recomendadas inicialmente; são liberadas em torno dos 10 meses, primeiro pelo seu risco maior de engasgo (podem grudar no céu da boca e acumular-se dentro da boca) e pelo seu alto poder glicêmico por conta do processo de desidratação. Após a idade recomendada, elas podem ser oferecidas, mas não diariamente e numa quantidade autolimitada.

Vitaminas com leite

Associar frutas e leite sempre foi para muitos pais a resolução dos problemas alimentares. Assim, se as crianças não comessem, bastava fazer uma vitamina e elas ficariam nutridas. Ledo engano. Quando misturamos leite com fruta não oferecemos tudo que a criança necessita e ainda diminuímos a necessidade de alimento (damos calorias através do leite) e a possibilidade da próxima refeição. Além disso, a criança fica desestimulada a mastigar, optando pelo mais fácil que é sugar a mamadeira. Outros malefícios: pode aumentar o risco de cáries e diminuir a vontade de comer frutas e tomar água.

A quantidade de fruta é uma dúvida de muitos pais. E nessa fase vale lembrar e relembrar que os sinais de saciedade da criança devem ser sempre levados em consideração. Pode ser apenas uma colher ou 2-3 frutas e os pais devem estar preparados para as duas opções. A quantidade máxima: não existe. É o que a criança quiser e tiver vontade. Ela pode comer três frutas ou uma fruta grande. Quando for uma repetição, aumentar a consistência do alimento (deixando mais pedaços) para estimular a mastigação e dar mais a sensação de saciedade.

Todas as frutas podem ser oferecidas desde a primeira semana de vida. Quanto maior a variedade melhor. Sempre oriento a dar preferência às frutas da época por elas estarem mais maduras e mais palatáveis. E claro que algumas frutas são difíceis de encontrar em épocas diferentes do ano, mas manter uma boa variedade é preciso.

Duas frutas que causam muita divergência principalmente entre nutricionistas e pediatras são morango e uva. Nós pediatras pedimos para que essas frutas não sejam introduzidas precocemente, ao passo que os nutricionistas não contraindicam. Na verdade, gosto de dizer que não são itens proibidos realmente, mas se os pais puderem evitar inicialmente, acredito que valha a pena e explico por quê.

Há dois motivos principais para evitar o morango nos primeiros meses. Primeiro, ele é rico em histamina, o que pode levar ao aparecimento de bolinhas ao redor da boca, dando a falsa sensação de alergia. Além disso, o morango apresenta uma grande quantidade de agrotóxico porque estraga rapidamente e não consegue ser produzido o ano inteiro como o seu consumo.

A uva é uma fruta maravilhosa, porém o risco de engasgo se consumida de forma errada pode ser perigoso e não ter volta. Oferecer a fruta cortada pode reduzir a probabilidade de engasgo, mas o risco sempre existe. É preciso informar que a uva deve ser consumida sempre com supervisão, de modo que as mães tenham cuidado.

Uma lista de frutas para não esquecer: abacate, abacaxi, abiu, açaí, acerola, ameixa, amora, araçá, banana (qualquer uma), cajá, caju, caqui, carambola, cereja, cupuaçu, coco, cacau, figo, fruta-do-conde, framboesa, goiaba, graviola, jabuticaba, jaca, jenipapo, jambo, kiwi, laranja (qualquer laranja e não apenas lima), limão, lichia, maçã, mamão, melão, melancia, manga, mangaba, maracujá, morango, pequi, pêra, pêssego, pitanga, pomelo, pitaya, pupunha, tangerina (também conhecida como bergamota ou mexerica), siriguela, tâmara, tamarindo, romã, umbu, uva.

VOCÊ SABIA?

Muitas mães têm dúvidas sobre dar ou não açaí para criança e essa dúvida procede, até porque o açaí é diferente em diferentes partes do Brasil. O açaí é uma fruta muito comum no Norte do Brasil, comercializada em todo o país. É muito rico em diferentes vitaminas e minerais e como qualquer fruta é excelente para o crescimento e desenvolvimento infantil. Mas deve-se estar atento à origem do açaí que será consumido, pois existe o risco de contaminação por barbeiros contaminados pelo parasita que transmite a doença de Chagas. Além disso, em diferentes estados são adicionados conservantes, guaraná e até mesmo açúcares para o consumo em larga escala. A produção artesanal ou industrial do açaí deve respeitar as normas de higiene e processamento que previnem a contaminação, como o branqueamento ou a pasteurização. Então, para bebês, seu consumo deve ser o açaí puro sem aditivos e de procedência conhecida.

As frutas e o intestino

O funcionamento do intestino é uma das coisas que angustiam a todos. E com o início da introdução alimentar isso se modificará muito! Aquele cocô quase líquido e sem cheiro virará um cocô pastoso, quase de um adulto, com restos alimentares e um cheiro de tirar qualquer adulto do ambiente. Algumas crianças podem apresentar constipação intestinal no início da alimentação complementar.

Assim, saber quais alimentos prendem ou soltam o intestino pode ajudar neste primeiro momento na preparação e elaboração do cardápio, levando em consideração se o intestino da criança está funcionando ou não.

As frutas que prendem intestino mais comuns são banana maçã, banana prata, goiaba, jabuticaba (sem casca), melão, pêra (sem casca), caju, maçã (sem casca).

E as que soltam intestino são mamão, laranja, kiwi, manga, pêra com casca, maçã com casca, abacaxi, uva, abacate, manga e ameixa.

Vamos estudar algumas frutas mais comuns para saber a quantidade de vitaminas para ajudar na avaliação qualitativa e quantidade e avaliação dos micronutrientes. Note que as frutas quando consumidas na quantidade adequada fornecem uma quantidade ideal de vitaminas, principalmente A, C e as do complexo B, além de inúmeros minerais, como sódio e potássio.

- ***Abacate*** – É ótima fonte de gordura monoinsaturada, contribuindo para a manutenção dos níveis adequados de colesterol (bom) sanguíneo. Contém sódio, potássio, vitaminas A, do complexo B e C. É boa fonte de energia para o organismo. Auxilia na formação de ossos e dentes, e alivia o cansaço mental. Muitos pais acreditam ser uma fruta pesada e com muita gordura, por isso não a oferecem à criança. Esse mito deve ser contraposto com os benefícios da fruta. Você deve escolher as frutas mais firmes e verdes. O abacate maduro deve ser conservado na geladeira e dura de 4 a 7 dias. Depois de cortado deve ser consumido rapidamente. ***Período de safra:*** fevereiro, março, abril, maio e junho.

- ***Abacaxi*** – É rico em vitaminas A, do complexo B e vitamina C. Contém cálcio, potássio, sódio, ferro, fósforo e um pouco de zinco. É importante no desenvolvimento dos ossos e dentes, além de facilitar a digestão dos alimentos. Quando maduro, consuma o quanto antes. Mantenha na geladeira descascado, fatiado ou em cubos, em recipiente fechado ou em potes de plástico transparente por 3 dias. Também pode ser congelado. ***Período de safra:*** janeiro.

- ***Acerola*** – É rica em vitamina C. Possui também vitamina A, potássio e fósforo. Auxilia na cicatrização, evita hemorragias, protegendo gengivas e dentes. Tem importante função para a saúde da pele, ossos e tecidos nervosos. Ajuda no sistema imunológico infantil por ser rica em vitamina C. Deve estar madura, avermelhada, firme e sem estar danificada por insetos. A acerola é uma fruta altamente perecível. Mantenha a acerola no congelador, após lavar e secar cada fruta. Assim, conservará por até 12 meses. ***Período de safra:*** outubro e novembro.

- ***Banana*** – É rica em carboidratos e potássio. Contém vitamina A, vitaminas do complexo B, vitamina C, cálcio, fósforo, zinco e sódio. Auxilia a regularizar o sistema nervoso e o aparelho digestivo. Confere resistência aos vasos sanguíneos e evita câimbras. As manchas marrons indicam que estão macias e, quando estão inteiramente escuras, estão maduras demais para comer, mas podem ser cozidas para o preparo de bolos, tortas e doces. Deixe amadurecer em temperatura ambiente. Não leve à geladeira ou ao congelador. Mantenha-as em lugar fresco por uma semana. *Período de safra:* janeiro, fevereiro, março, junho e outubro.

- ***Goiaba*** – É excelente fonte de vitamina C. Contém boa quantidade de vitaminas A e do complexo B; cálcio, fósforo, sódio, potássio e ferro. É importante no tratamento de infecções e hemorragias. Auxilia no fortalecimento de ossos e dentes. Boa para a visão, pele e as mucosas. Escolha as goiabas firmes, sem sinais de machucados. Se, ao serem abertas, tiverem bichinhos, não devem ser consumidas. Conservar na geladeira por 2 a 4 dias. *Período de safra:* fevereiro e março.

- ***Jabuticaba*** – Contém vitaminas do complexo B e vitamina C. Contribui na prevenção de problemas de pele e reumatismo. É essencial ao crescimento e auxilia no bom funcionamento do sistema nervoso. Dê preferência às jabuticabas graúdas, sem rachaduras ou picadas de insetos. Guarde em saco plástico na gaveta inferior da geladeira. Conservar por 2 a 3 dias. *Período de safra:* setembro e outubro.

- ***Laranja*** – É rica em vitamina C. Contém cálcio, fósforo, sódio e potássio. Favorece a digestão e contribui na formação de ossos e dentes. Reforça as defesas do organismo. O bagaço da laranja auxilia para o bom funcionamento intestinal. Escolha as frutas com casca brilhante, lisa e polida. A fruta deve parecer pesada para seu tamanho e ter aroma agradável. Evite laranjas secas, mofadas ou com marcas marrons. Conservar na geladeira por 2 semanas e usar antes que a casca murche. Pode-se congelar pedaços e fatias descascadas. *Período de safra:* janeiro, agosto, setembro, outubro, novembro e dezembro.

- ***Maçã*** – Contém vitaminas do complexo B, fósforo e potássio. Indicada contra a azia. É recomendada para problemas do intestino, da pele e do sistema nervoso. Escolha frutas sem machucados, com casca firme e sem rugas. As maçãs podem ser guardadas em sacos plásticos na geladeira por várias semanas. *Período de safra:* fevereiro, março, abril e maio.

- ***Mamão*** – Rico em cálcio, fósforo, ferro, sódio, potássio e vitaminas A, C e do complexo B. Bom para a visão e auxilia no bom funcionamento intestinal. Contribui para a resistência às infecções. Escolha uma fruta pesada, de casca lisa e sem nenhum furo ou rachadura. Guardar a fruta levemente verde em temperatura ambiente, até amolecer e ficar amarela. Se madura, arma-

ISSO É NORMAL

A partir de agora, seu filho vai precisar tomar água. Com a alimentação complementar, o organismo do bebê assume a tarefa de metabolizar mais proteínas e gorduras e, para isso, ele precisa de líquido. Ele deve ingerir cerca de 800 ml de água por dia, entre leite materno, fórmula infantil e sucos. Desse total, cerca de 200 ml devem ser água pura. Ela deverá ser filtrada, mas não necessariamente gelada. Não é preciso ferver. O ideal é que seja oferecida em copo de transição para que a criança aprenda a passar da mamadeira para o copo. Os chás devem ser evitados – não têm praticamente nenhuma propriedade nutricional e são muito açucarados, o que é bastante prejudicial à saúde.

zene num saco de papel fechado na geladeira. ***Período de safra:*** setembro, outubro e novembro.

- ***Manga*** – É excelente fonte de vitaminas A e C, além de fibras. Possui vitaminas do complexo B, cálcio, fósforo, potássio e sódio. É ótima para a visão e auxilia no funcionamento intestinal. A cor não é indicação da maturação. Escolha as frutas que cedam um pouco quando pressionadas delicadamente e que tenham um aroma perfumado próximo à haste. Evite as frutas murchas, machucadas ou manchadas. Se estiver verde, amadurecer em local aquecido ou num saco de papel. Depois de madura, armazene na geladeira, mas prove e consuma assim que possível. Congele em fatias ou em calda. Elas também podem ser amassadas como purê e congeladas. ***Período de safra:*** novembro e dezembro.

- ***Maracujá*** – É rico em vitaminas do complexo B e C. Contém também ferro, cálcio, potássio e fósforo. Auxilia no bom funcionamento do sistema nervoso. Confere resistência aos vasos sanguíneos e combate os radicais livres, que promovem o envelhecimento. Escolha os de casca brilhante, lisa, firme, sem rachaduras ou manchas. Na geladeira, o maracujá maduro se conserva por 2 semanas. Quando verde, deve ser guardado em lugar seco e fresco até amadurecer. ***Período de safra:*** entre janeiro e fevereiro.

- ***Melancia*** – Possui vitaminas A, do complexo B e C. Contêm ainda cálcio, fósforo, potássio e sódio. Auxilia no bom funcionamento dos rins, intestino e estômago. É um suave calmante. As melancias devem ser firmes, com cores uniformes e pesadas. Devem ressoar quando se bate levemente nelas. Embrulhe as fatias com um filme plástico transparente e leve à geladeira por 2 dias. Melancias inteiras podem ser armazenadas em local fresco por 2 semanas. ***Período de safra:*** janeiro.

- ***Melão*** – É uma boa fonte de vitaminas A, B e C. Contém cálcio, fósforo, sódio e potássio. Protege a visão e auxilia na cicatrização dos ferimentos. Contribui na formação dos ossos, dentes e sangue. Aperte a extremidade oposta ao talo, se o melão estiver maduro, deve ceder prontamente. Deve também ser pesado e soltar aroma agradável pela casca. Se estiver muito aromático, pode estar maduro demais. A casca deve ser grossa e sem manchas. Se precisar amadurecer mais, mantenha-o em temperatura ambiente. Os melões maduros devem ficar em local fresco e arejado, mas podem ser mantidos na geladeira, em filme plástico transparente, por 1 semana. Congele-os após cortados em bolas ou cubos ou em calda. ***Período de safra:*** janeiro, outubro, novembro e dezembro.

- ***Mexerica/Tangerina*** – É fonte de vitamina C. Possui vitaminas A e do complexo B, cálcio, potássio, sódio, fósforo, ferro e magnésio. Reforça as defesas do organismo. Atua beneficamente auxiliando na manutenção de músculos e sistema nervoso. O seu bagaço auxilia no bom funcionamento intestinal. Todas as frutas cítricas amadurecem na árvore e não continuam a amadurecer depois de colhidas. Mantenha por alguns dias em temperatura ambiente ou armazene durante 2 semanas descobertas na geladeira. Tanto o suco como os gomos podem ser congelados. ***Período de safra:*** agosto, setembro e outubro.

- ***Uva*** – Contém vitaminas A, do complexo B e C, sódio, potássio, cálcio, fósforo. É um laxante suave e estimula as funções do coração. As uvas machucam facilmente, por isto, armazene os cachos com cuidado sobre várias camadas de papel toalha ou num saco de papel na geladeira por 5 dias. ***Período de safra:*** janeiro, fevereiro, março e dezembro.

Papinhas

As frutas são de mais fácil entendimento que a comida propriamente dita. Antigamente, as papinhas eram chamadas de "papa sal", porém isso levava os pais a associarem os alimentos à adição de sal propriamente dito. Então, atualmente, elas são chamadas apenas de comida ou pelo nome da refeição, como almoço ou jantar.

A preparação da alimentação deve ser desempenhada por alguém que esteja seguro e tenha compreendido todos os passos da alimentação saudável e, principalmente, todas as mudanças que foram estudadas cientificamente nos últimos tempos. O primeiro conhecimento é que alimentos fritos e à base de ultraprocessados prontos que não podem ser usados na alimentação da criança. Os alimentos podem ser cozidos, assados e refogados.

O cozimento pode ser realizado em banho-maria (processo de aquecer, cozinhar, derreter algum ingrediente ou alimento que esteja em um recipiente o qual está mergulhado em água fervente em outro recipiente. Esse método mantém a temperatura constante de cocção, levando a uma cocção lenta), no vapor (em panelas próprias onde a água fica embaixo e os legumes na parte superior) e da forma tradicional, em que os alimentos são cozidos em água com a panela tampada. Todos os métodos podem ser usados e alternados para que a criança aprenda as diferentes texturas.

Pode-se refogar também. É um método de cocção que pode ou não utilizar a tampa da panela. O alimento é cozido apenas com a própria água. É necessário fogo baixo, para dar tempo para cozinhar o alimento. Pode-se, inclusive, cozinhar apenas em água e, depois, refogar com os temperos naturais para realçar o sabor dos alimentos.

Assar é um método em que o cozimento do alimento é realizado em um ambiente controlado e seco, ou seja, o forno. Pode ser coberto, com papel alumínio, para facilitar o cozimento e, posteriormente, descoberto para que ocorra a coloração dourada da preparação. Saltear é um método de cocção rápido, de pequenas peças, e em pouca gordura, dourando em fogo alto. Não se pode tampar. É utilizado com hortaliças já branqueadas.

Os alimentos podem ser temperados (falaremos de temperos mais à frente) com temperos naturais – ervas e até mesmo sucos de frutas. O sal é recomendado pelo Manual do Ministério da Saúde, porém é considerado um item proibido até 1 ano de idade pelo Manual da Sociedade Brasileira de Pediatria.

Após preparado, o alimento deve ser apresentado para a criança. Assim, todos os alimentos devem ser oferecidos amassados e inteiros para que a criança tenha contato com diferentes texturas e consistências. O que os pais não conseguirem amassar, como carnes e hortaliças, podem desfiar, cortar com faca ou até mesmo utilizar o mixer para triturar.

O ideal é que haja um alimento de cada grupo inteiro e amassado separadamente (consulte a tabela a seguir). Porém, se os pais repararem que a criança ainda tem pouco interesse pelos alimentos inteiros, pode haver apenas um grupo de alimentos inteiros e os outros amassados, separadamente.

Evidentemente, não se deve oferecer sempre o mesmo alimento inteiro. Se a família escolher apenas um alimento inteiro, para evitar o desperdício, deverá haver um rodízio de todos os alimentos que serão oferecidos à criança. Por exemplo, um dia seria o brócolis (hortaliça); no dia seguinte, um bolinho de arroz (cereal); seguidamente, uma cenoura cortada em palitos e assim por diante.

O prato terá cinco cores separadas, diferente daquela papa misturada que era feita antigamente, para que a criança conheça o sabor de cada alimento. Eles devem ser administrados separadamente na colher, e os pais devem falar os nomes dos alimentos para que a criança gradativamente associe o nome, a forma e o sabor de cada alimento.

No almoço e no jantar, os sinais de saciedade devem ser respeitados, tanto para menos quanto para mais. A criança deve comer a quantidade que tiver vontade. Sempre que quiser repetir, adicione mais legumes/verduras; depois, os carboidratos; e, por último, leguminosas e proteínas, sempre numa consistência um pouco maior. A consistência maior induz à mastigação e aumenta o sinal de saciedade da criança, diminuindo o risco de ela comer por imitação dos pais ou "por olho".

Os grupos de alimentos

Amo essa tabelinha. Peço para os pais colocarem na geladeira e utilizarem para preparar todo o cardápio da criança para sempre. Só vou adicionando alimentos nela confirme ocorra a liberação.

O prato deve estar separado e seguir essa proporção. Muito diferente do que fazíamos antigamente, quando o arroz e feijão prevalecia em relação aos legumes e verduras.

Cereal ou tubérculo	Leguminosa	Proteína animal	Legumes	Hortaliça
Arroz	Feijão preto	Carne bovina	Cenoura	Nabo
Macarrão	Feijão branco	Frango	Abóbora	Rabanete
Milho	Feijão vermelho	Vísceras	Abobrinha	Couve-flor
Batata-inglesa	Feijão carioca	Ovos	Chuchu	Brócolis
Batata-baroa	Feijão manteiga	Carne suína	Beterraba	Couve
Batata-doce	Feijão fradinho	Salmão	Quiabo	Acelga
Aipim	Soja	Peixe	Tomate cozido	Taioba
Inhame	Ervilha	Frutos do mar	Aspargo	Almeirão
Cará	Grão-de-bico	Carnes exóticas	Berinjela	Agrião
Quinoa	Lentilha		Jiló	Espinafre
Chia			Vagem	Bertalha
Trigo			Aipo	Chicória
Farinhas			Cebola	Repolho

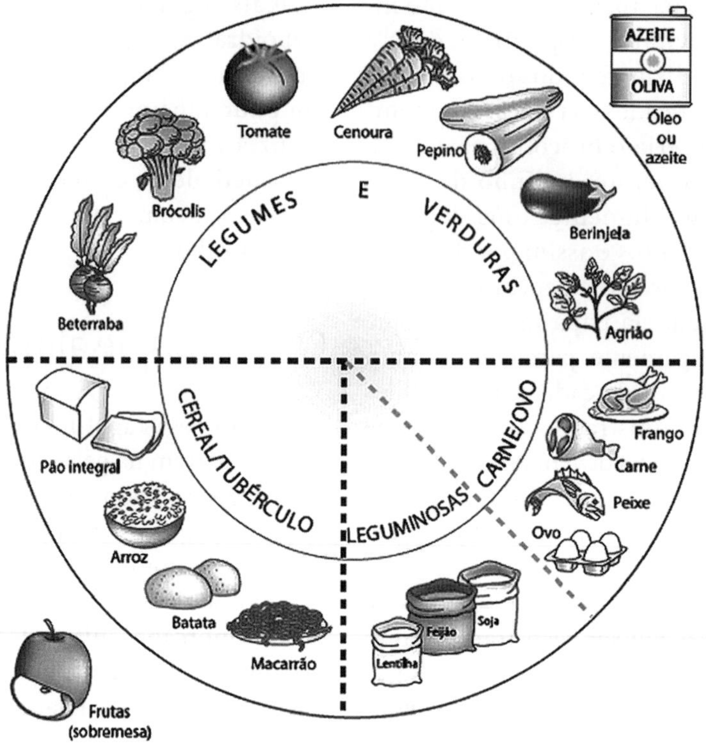

Fonte: Weffort e Lamounier, 2017

Legumes e verduras

Verduras e legumes são plantas ou parte de plantas que servem para o consumo humano, como folhas, flores, frutos, caules, sementes, tubérculos e raízes.

A denominação verdura é utilizada quando as partes comestíveis do vegetal são folhas, flores e hastes. Já o nome legume é dado quando as partes comestíveis são os frutos, as sementes ou as partes que se desenvolvem na terra.

Assim como as frutas, os legumes e as verduras são boas fontes de vitaminas, sais minerais, fibras e água, auxiliando na promoção da saúde e prevenção de doenças. Graças a Deus temos muitas opções de legumes e verduras no Brasil.

A vitamina A, por exemplo, está presente nos vegetais de cor alaranjada e nos folhosos de cor verde-escura. Nesses folhosos, também está presente o ferro, um mineral que previne anemia. Legumes e verduras também contêm fibras, que ajudam a prevenir constipação intestinal (prisão de ventre ou intestino preso) e algumas doenças. Pessoas que têm uma alimentação com boa quantidade dos alimentos desse grupo têm menor chance de apresentar doenças, como obesidade, diabetes, doenças do coração e alguns tipos de câncer.

A aceitação de legumes e verduras pela criança tem relação direta com o consumo desses alimentos pela família. Muitas vezes, eles são comprados somente para a criança, não sendo consumidos por irmãs e irmãos mais velhos ou adultos. Com o tempo, a criança percebe que o restante da família não os consome e começa a rejeitá-los. Há, ainda, famílias que não comem legumes e verduras por não saberem como prepará-los de forma saborosa.

Tanto legumes quanto verduras, nas mais diversas formas de preparo, sem exceção, devem ser oferecidos às crianças.

Não há contraindicação em dar vegetais crus, após higienização, desde que na consistência adequada para a criança, pois pode ser que as crianças mais novas tenham dificuldade para mastigar os mais duros, mesmo ralados. Conforme a criança vai crescendo, os alimentos podem ser oferecidos crus e ralados, como cenoura e beterraba, ou em tirinhas, para serem pegos com as mãos pelas crianças. Porém, não indico na introdução alimentar; apenas no 9º mês, por alguns motivos. O primeiro deles é a consistência ainda não tão bem tolerada que acaba gerando na família a falsa sensação de que a criança não tolera ou não gosta dos vegetais. Além disso, os vegetais crus são mais ricos em agrotóxicos e outras bactérias que são "quebradas" com o cozimento, o que é importante para um intestino que está se acostumando com os novos nutrientes. Mas lembre-se de que não existe contraindicação.

Os legumes serão cozidos ou assados, temperados ou feitos no vapor. Idealmente deverão ser feitos separadamente. A maioria você conseguirá amassar; apenas outros você poderá ter que triturar (utilizando rapidamente um mixer) ou cortar com a faca. Procure sempre legumes que estejam esteticamente bonitos.

As hortaliças devem estar sempre cozidas ou refogadas. Você pode cozinhar no vapor, refogar ou preparar em associação com outros legumes. Deve sempre triturar ou cortar com a faca em pequenos pedaços.

Os legumes e as hortaliças devem representar a metade do prato da criança. Será o primeiro grupo que você aumentará conforme a criança iniciar a comer bem.

A dúvida de muitos pais diz respeito à quantidade. Sempre digo que tem que ser proporcional, ou seja, tem que representar 50% do prato da criança, e não aqueles pratos de antigamente, que consistiam em uma sopa de feijão (para ficar molhadinho) com uma pequena quantidade de legumes. A quantidade máxima não existe. Os legumes e hortaliças serão o primeiro grupo de alimentos a aumentar com o tempo e quando a criança for repetir. A média na introdução alimentar seria 1-2 colheres de sopa de cada um (ou um cubo de gelo) e a mínima, meia colher de sopa de cada um, ou o quanto a criança quiser.

Procure oferecer os legumes e hortaliças da época. Não esqueça que você pode temperar os legumes (colocar o azeite, alho e outros temperos).

- ***Abóbora/Moranga*** – É ótima fonte de vitamina A. Contém carboidratos, vitaminas do complexo B e fibras. Possui ainda ferro, cálcio e fósforo. É indispensável à visão. Conserva a saúde da pele e das mucosas. Auxilia o crescimento e participa da formação de ossos e dentes. Há diferentes tipos de abóbora, como: abóbora de pescoço, moranga e japonesa. Todas podem ser oferecidas à criança. Não compre abóbora com cascas sujas ou manchadas, nem as que apresentam polpa amolecida ou mofada. Quando verde, a abóbora deve ser guardada em lugar fresco e arejado. Madura e inteira é melhor colocar na geladeira, onde se conserva por três semanas, se partida, conserva-se por uma semana. ***Período de safra:*** setembro e outubro.

- ***Abobrinha*** – Contém carboidratos, cálcio, fósforo, ferro e fibras. Ajuda na formação dos ossos e dentes. Evita o cansaço mental. Favorece a visão e a pele. Auxilia no bom funcionamento intestinal. Também há tipos distintos de abobrinha como a italiana e a menina brasileira. Escolha abobrinhas novas e pequenas, de 15-20 cm de comprimento, pois contêm menos água. Dê preferência às bem firmes, de cor verde-brilhante ou amarelada (conforme o tipo), preferencialmente sem rachaduras ou picadas de insetos. Conservar em saco plástico transparente, na parte inferior da geladeira, por 5 a 7 dias. ***Período de safra:*** outubro e novembro.

- ***Alface*** – É boa fonte de vitaminas A e do complexo B. Possui ainda cálcio, ferro, fósforo, vitamina C e fibras. Favorece o funcionamento intestinal. Atua na formação de ossos e dentes. Auxilia a boa visão. Combate o estresse e a insônia. Existem diferentes tipos de alface, como: americana; mimosa vermelha; crespa; lisa; de pomo; lollo rosso; roxa; romana e *little gem*. Para conservar, envolva o pé de alface em papel-toalha úmido e mantenha em um saco plástico na gaveta de legumes da geladeira por 5 dias. Guarde folhas soltas em uma vasilha coberta com papel-toalha úmido, vedada com filme transparente de plástico. ***Período de safra:*** janeiro, fevereiro e maio.

- ***Almeirão*** – É fonte de vitaminas A, complexo B, fibras, cálcio, fósforo e ferro. Atua na formação dos ossos, dentes e sangue. Alivia o cansaço e auxiliar no crescimento. É bom para manter saudável a pele, visão e mucosas. Conservar em geladeira, protegido em saco plástico transparente, por 5 a 7 dias. ***Período de safra:*** maio, junho e julho.

- ***Beterraba*** – Contém vitaminas do complexo B e C, cálcio, fósforo. Aproveita-se melhor a vitamina C quando consumida crua. ***Período de safra:*** setembro, outubro e novembro.

- ***Cenoura*** – É excelente fonte de vitamina A, além de ser rica em vitaminas do complexo B, vitamina C, fósforo, cálcio, potássio e sódio. Contribui para o bom funcionamento da visão, da pele, das mucosas e dos cabelos. Ajuda na formação de ossos e dentes. Auxilia na regulação do sistema nervoso e do aparelho digestivo. Pode ficar de duas a três semanas num saco plástico na gaveta de legumes da geladeira, mas perde o aroma e o sabor fresco com o passar dos dias. Retire as folhas antes de guardar. ***Período de safra:*** outubro.

- ***Chuchu*** – Contém vitaminas do complexo B, vitamina C e sais minerais como sódio, potássio, cálcio, fósforo e ferro. Contribui para a saúde da pele e promove o crescimento. Ajuda na formação dos ossos, dentes e sangue. Estimula o apetite. Colocar em sacos plásticos bem vedados na gaveta de legumes da geladeira, pois duram vários dias. Em boas condições, conserva-se na geladeira por 5 a 7 dias. ***Período de safra:*** março, abril, maio, agosto, setembro e outubro.

- ***Couve*** – Rica em ferro, cálcio, fósforo e fibras. Boa fonte de vitaminas A, C e do complexo B. Ajuda a prevenir e tratar a anemia. Auxilia na formação de ossos e dentes. Recomendada nos casos de constipação intestinal (intestino preso). Acondicionar em um saco plástico na gaveta da geladeira. Mas, guarde longe das maçãs, que emitem gás etileno, para evitar que a couve fique amarela. O gás etileno é responsável por agilizar a maturação das frutas, legumes e verduras. ***Período de safra:*** maio, junho, julho e agosto.

- ***Jiló*** – Possui vitaminas A, do complexo B e vitamina C. Contém boa quantidade de sais minerais (cálcio, fósforo, sódio, potássio). Auxilia na formação dos ossos, dentes e na constituição muscular. Conservar em geladeira, nas prateleiras mais baixas, em sacos plásticos, por uma semana. ***Período de safra:*** maio.

- ***Quiabo*** – Contém boa quantidade de vitaminas A, do complexo B e vitamina C, cálcio e fósforo. É bom para a pele, mucosas e visão. Auxilia no processo de crescimento e na formação dos ossos, dentes e sangue. O quiabo não se conserva por muito tempo, por isso use no dia da compra ou guarde em local fresco, por 1-2 dias no máximo, fora da geladeira. ***Período de safra:*** janeiro, fevereiro e março.

- ***Repolho*** – Possui ferro, cálcio, sódio, fósforo, potássio e fibras e ainda vitaminas do complexo B. Quando cru, é boa fonte de vitamina C. Auxilia na constituição dos ossos e dentes. É recomendado contra infecções e hemorragias. Ajuda no funcionamento intestinal. Guardar inteiro por aproximadamente 15 dias em sacos plásticos na gaveta de legumes da geladeira. ***Período de safra:*** fevereiro, março, maio e junho.

- ***Taioba*** – Possui grandes quantidades de fibras. É fonte de vitaminas C, do complexo B, carotenoides, potássio, ferro, fósforo e cálcio. É boa para a pele, cabelos e unhas. Previne câimbras e auxilia a fortalecer os ossos e dentes. Importante para o bom funcionamento intestinal. Escolha as folhas firmes, frescas, bem verdes e sem manchas. ***Período de safra:*** janeiro, fevereiro, março, abril e maio.

- *Tomate* – Possui boa quantidade de vitaminas A, C e do complexo B. Possui ainda fósforo, ferro, sódio, potássio, magnésio e cálcio. Auxilia a visão e fornece resistência aos vasos sanguíneos. Evita a fragilidade dos ossos. Se maduro, o tomate deve ser conservado em geladeira por uma semana, e se verde, em temperatura ambiente até amadurecer. ***Período de safra:*** janeiro e outubro.

Leguminosas

O famoso feijão com arroz é realmente muito importante para a criança. Pense que suas vitaminas se complementam e formam uma mistura ideal para o dia a dia do bebê. Mas não pode ser restrito a ele, existem outras leguminosas superimportante que devem ser apresentadas. Esse grupo de alimentos é composto por todos os tipos de feijão (branco, carioca, feijão-de-corda, feijão-fava, fradinho, jalo roxo, mulatinho, preto, rajado, roxinho, vermelho) e também ervilha, grão-de-bico, soja e lentilha. São boas fontes de proteínas, fibras, ferro, zinco e vitaminas do complexo B.

O feijão é muito consumido pelos brasileiros. Todos os tipos podem ser dados à criança a partir dos 6 meses, inclusive ervilha, grão-de-bico e lentilha, que muitas vezes não são tão comuns na alimentação dos brasileiros.

É comum que os cuidadores observem pedaços de casca de feijão nas fezes. Isso é normal e não é motivo para deixar de oferecer o feijão ou oferecer somente o caldo. Algumas crianças podem ter gases com feijão, mas também não é motivo para deixar de oferecê-lo. Para melhorar isso, recomenda-se deixar o feijão de molho por 8 a 12 horas antes de cozinhar. Após eles devem ser cozinhados na panela de pressão. Não devem ser usadas carnes gordurosas no seu preparo (como é comum na história da alimentação brasileira). Podem ser usados temperos como louro, alho e cebola e outros da sua escolha.

A consistência pode ser em pasta e os caroços amassados. Não se deve peneirar ou oferecer apenas o caldo, o que por muitos anos foi recomendado. A partir dos 8 meses, a família pode observar se a criança já aceita o grão inteiro sem amassar. Tanto o grão-de-bico quanto os feijões podem ser oferecidos também na forma de bolinhos (que são fáceis para a criança pegar com a mão).

A quantidade de leguminosas do prato deve corresponder a 12,5% do prato, ou seja, não é um mar de feijões como antigamente. Geralmente a quantidade é meia concha de feijão ou um cubo de gelo congelado.

Uma coisa prática que muitos pais acham que estão fazendo um grande bem para o seu bebê é colocar legumes e principalmente a beterraba para cozer junto com o feijão com o objetivo de aumentar a concentração de ferro, o que não ocorre. A beterraba tem alguns componentes, como o ácido oxálico, que dificultam a absorção do ferro proveniente do feijão. Assim, o consumo de beterraba (assim como outros legumes) deve ser realizado separadamente do feijão no momento do cozimento.

Cereais e tubérculos

Os cereais incluem o arroz, arroz integral, aveia, centeio, milho, trigo, triguilho (trigo para quibe), e os diferentes tipos de farinha nas mais diversas texturas e refinos, como fubá, flocão, amido de milho, farinha de trigo, entre outros. As massas, tanto frescas como secas, refinadas ou integrais, são feitas de cereais. Os tubérculos são compostos pelas batatas – baroa (também chamada de mandioquinha, batata-salsa ou cenourinha-amarela), doce e inglesa, entre outras; cará; inhame e mandioca – conhecida também como aipim ou macaxeira.

Os dois grupos são extremamente parecidos em quantidade e qualidade de nutrientes, por isso são adicionados na mesma tabela, e não devem ser duplicados (arroz + um tipo de batata, por exemplo). Eles darão energia para que a criança faça todas as atividades diárias – o nutriente que dá energia para ela brincar, crescer e se desenvolver. Errado dizer que são vilões da alimentação. Eles devem estar presentes, porém em quantidades normais e associados a outros tipos de grupos. Eles também têm fibras, minerais e vitaminas.

Eles devem ser cozidos ou assados. O milho pode ser preparado em forma de creme ou em bolinhos. Você pode cortar em palitos e oferecer para que a criança conheça o alimento. A quantidade deverá equivaler a 25% do prato da criança. E será o penúltimo a ser adicionado se a criança quiser repetir (verduras/legumes + leguminosas e após os cereais e tubérculos). A média de consumo será entre 1-2 colheres de sopa.

A tapioca é um alimento à base de mandioca, tradicional da cultura nordestina, e tem sua origem entre os indígenas do norte do país. No entanto, a tapioca não está restrita ao Nordeste. Nos últimos anos, o prato se difundiu pelo Brasil,

VOCÊ SABIA?

Por que não oferecer alimentos integrais na introdução alimentar?

Os alimentos integrais são associados a melhor nutrição e fazem mais bem à saúde do que as farinhas tradicionais. Porém, para crianças, nem sempre isso é uma verdade. Os alimentos integrais, como arroz e macarrão, diminuem a absorção de ferro dos outros alimentos. Por isso, eles não são recomendados antes de 12 meses de idade, quando a necessidade de ferro é muito grande. Após 12 meses, as farinhas integrais podem ser introduzidas no cardápio da criança, mas nunca em todas as refeições; geralmente orientamos uma vez por semana e ir aumentando gradativamente.

tornando-se um alimento presente na mesa de muitos brasileiros. Um dos motivos da popularização da tapioca no Brasil foi a grande procura por alimentos isentos de glúten. Ela é utilizada em lanches, nas refeições principais ou em preparações culinárias. Por ser um alimento minimamente processado, a tapioca pode fazer parte de uma alimentação saudável.

A chia (*Salvia hispanica*) é uma planta nativa da Guatemala e do México que é mais conhecida por sua semente. É uma boa fonte de gorduras mono e poli-insaturadas, fibras e antioxidantes. Tem sido muito utilizada para perda de peso e alimentações vegetarianas e veganas. Apesar da sua composição nutricional justificar seu uso, mais estudos são necessários para verificar o efeito a longo prazo.

Proteínas

Este grupo inclui carnes bovina, de suíno (porco), cabrito, cordeiro, búfalo, aves, coelho, pescados, frutos do mar, ovos de galinha e de outras aves. Também inclui vísceras ou miúdos (fígado bovino e de aves, estômago ou bucho, tripa, moela de frango) e outras partes internas de animais. Esses alimentos contêm proteína, gordura, ferro, zinco e vitamina B12 e, no caso do fígado, também muita vitamina A.

Todos esses nutrientes são muito importantes para o crescimento e desenvolvimento da criança. As proteínas são essenciais para o crescimento das crianças e nas renovações das células, e as carnes são as principais fontes. Claro que existem outras formas mais como as verduras, porém as proteínas de origem animal são as mais ricas. Assim, durante a infância quando eles ainda comem em pequena quantidade, essas proteínas se tornam essenciais.

Todos os alimentos desse grupo podem ser oferecidos às crianças, devendo-se variar, sempre que possível. Durante muito tempo foi recomendado evitar carne de porco, peixe e clara de ovo na alimentação no primeiro ano de vida. Acreditava-se que os alimentos previamente introduzidos acabariam aumentando a chance de a criança apresentar alergia alimentar. No entanto, a Academia Americana de Pediatria, em novembro de 2019, demonstrou, por meio de algumas meta-análises, que a introdução precoce de nutrientes não só não aumentaria a chance de alergia ao alimento como diminuiria sua probabilidade, o que foi chamado de janela imunológica para introdução de alimentos que aconteceria entre 4 meses e 11 meses. Essas metas-análises foram realizadas com amendoim e ovo, porém seu resultado indica que a mesma coisa deve acontecer com os outros alimentos. Assim, eles não só podem como devem ser introduzidos na dieta infantil a partir de 6 meses.

Muitos pais evitam iniciar com as proteínas por ter medo de engasgo ou até mesmo por convicção, mas pais que não querem oferecer proteínas animais para seu filho devem ter uma avaliação especial e uma introdução alimentar diferenciada, a qual não consistia em simplesmente cortar as carnes.

- ***Carne bovina*** – As carnes podem ser cozidas ou assadas, não devem estar cruas e nem mal cozidas antes de 12 meses de idade. Podem ser feitas como quibe assado, almôndegas ou hambur-

VOCÊ SABIA?

Parece carne, mas não é

Em muitos alimentos ultraprocessados, as carnes são usadas como ingrediente principal, como, hambúrguer, nuggets, salsicha, salame, linguiça, presunto, mortadela, apresuntado, fiambre, patê, carnes e peixes empanados prontos para aquecimento e pratos elaborados com carnes prontos ou semiprontos para consumo. Esses produtos contêm muitos aditivos, açúcares, sódio e gordura saturada. O consumo excessivo de sódio e de gordura saturada tem sido relacionado às doenças do coração. Além disso, o consumo de alimentos ultraprocessados feitos com carne está relacionado ao desenvolvimento de câncer. Portanto, como todo alimento ultraprocessado, eles não devem ser oferecidos à criança e devem ser evitados pela família. Idealmente não deveriam ser encontrados em nenhum lar brasileiro, mas seu consumo com moderação deve ser liberado a partir dos 2 anos de idade, mas sempre explicando seu efeito danoso à saúde e seu consumo com moderação, sem fazer parte da rotina alimentar da criança.

guinho para que a criança pegue com a mão. Como sempre, a variedade é extremamente importante. Qualquer carne pode ser oferecida, não necessariamente só músculo como se dizia anteriormente. Porém o músculo tem uma boa quantidade de fibras e ferro e baixa concentração de gordura. As carnes de segunda são mais fáceis de triturar e de cozinhar, mas não existe restrição às carnes de primeira, como filé mignon ou alcatra.

- ***Aves*** – A carne das aves é também excelente fonte de proteínas devendo ser oferecida para o bebê desde a introdução alimentar. Qualquer parte do frango pode ser fornecida, não somente o peito, podendo ser cozida ou assada, oferecida bem macia, triturada ou picada. Como é mais macia, pode ficar um pouco maior que a carne bovina. Pode-se fazer almôndegas ou hamburguinhos, ou usá-la em receitas.

- ***Suína*** – Por muitos anos, a carne suína foi renegada e não era oferecida às crianças porque acreditava-se que era uma carne pesada, gordurosa e que poderia ser fonte de transmissão de doenças, como a cisticercose. O único cuidado que devemos ter é não oferecer essa proteína sem ser bem cozida ou assada. As carnes suínas são uma excelente fonte de proteínas, algumas com baixa concentração de gordura. Podem ser bem picadas, desfiadas e trituradas. Como são carnes mais macias, raramente existe a necessidade de ralar.

- ***Vísceras*** – As vísceras são ótimas fontes de proteína, e são fáceis de amassar ou triturar pela sua consistência mais macias. São baratas e fáceis de ser adquiridas. Não existe nenhuma obrigatoriedade em oferecer um tipo de carne específica. Porém, quanto mais diversificada a alimentação, melhor a formação do paladar infantil.

- ***Ovo*** – O ovo é um dos alimentos mais práticos para uma dieta infantil. Além de barato e fácil de ser feito, tem pouca quantidade de gordura e alta concentração de proteína. Ele deve ser oferecido cozido até os 9 meses, nunca mexido ou em forma de omelete ou preparações que levem ovo cru. Quando o ovo é cozido, fazemos com que algumas proteínas sejam desnaturadas, diminuindo a chance de reações alérgicas. Um estudo atual mostra que o cozimento deve ser realizado por no mínimo, 10 minutos para que a gema esteja bem clarinha. Os ovos podem ser oferecidos inteiros e amassados.

- ***Peixe*** – Todos os peixes podem ser oferecidos para a criança durante a introdução alimentar. Eles são alimentos ricos em vitamina A e ômega 3, que estimulam o desenvolvimento do cérebro infantil. Podem ser usados: peixes de qualquer espécie do tipo tilápia, pescado, salmão, atum e sardinha. Os peixes podem ser cozidos como uma moqueca ou assado em forno. Não deve ser oferecido frito ou cru. Deve-se ter muito cuidado com as espinhas que podem causar transtornos importantes, por isso nunca triture; isso pode fazer com que as espinhas fiquem quebradas e passem despercebidas. Idealmente amasse com as mãos para sentir as espinhas.

- ***Frutos do mar*** – Anteriormente proibido, agora é recomendado o consumo antes de 12 meses. Os frutos do mar devem sim ser recomendados na introdução alimentar. Podem ser cozidos ou assados e, assim como os peixes, não devem ser fritos nem servidos crus. Podem ser ofertados bacalhau, camarão, siri, lula, entres outros. Os pais devem ser alertados quanto à procedência e não devem consumir os industrializados.

Outros grupos

1. ***Grupo de amendoim, castanhas e nozes ou oleaginosas*** – Este grupo é composto por alimentos como: amêndoas, amendoim, avelã, castanha de caju, castanha do Pará/do Brasil, castanha de baru, noz-pecã, pistache. Esses alimentos são ricos em minerais, vitaminas, fibras, gorduras saudáveis e substâncias antioxidantes que previnem doenças. Por sua consistência dura, podem causar engasgo e sufocamento, não sendo seguros para serem oferecidos inteiros à criança. No entanto, se forem triturados ou bem picados, podem ser ofertados à criança. Por outro lado, as castanhas com coberturas açucaradas ou salgadas não devem ser dadas, por causa da adição de açúcar e do excesso de sal.

2. *Cogumelos frescos e secos* – Eles podem ser oferecidos desde o primeiro dia na alimentação infantil, principalmente para famílias que optaram pela dieta vegetariana. Eles podem ser cozidos ou assados; evitá-los crus inicialmente. Devem ser fatiados e triturados bem pequenos.
3. *Sementes como linhaça e chia* – Assim como os cogumelos, elas são grandes fontes de gordura monossaturadas, vitaminas e fibras. Podem ser ofertadas em pequena quantidade para a criança. Bebês em dietas vegetarianas devem apresentar pelo menos 1 refeição do dia com chia, cogumelos ou oleaginosas.

Óleos

Os óleos vegetais, como óleo de soja, de girassol, de milho ou azeite de oliva são fontes de energia e importantes para o desenvolvimento infantil. Podem ser usados em pequenas quantidades no preparo da comida da família. Não se recomenda o seu uso em excesso, pois isso pode aumentar muito a quantidade de calorias da preparação; por isso, preparações fritas não devem ser oferecidas antes de 2 anos de idade. Eles devem ser usados para temperar ou apenas para refogar os alimentos.

A Sociedade Brasileira de Pediatria recomenda o uso de óleo de oliva (azeite) como o principal para se utilizar na alimentação infantil principalmente se não for levado ao forno, mantendo todas as suas características naturais. Comidas refogadas com manteiga, banha e óleos de coco ou palma não são recomendadas para o uso infantil. Os outros tipos de óleos podem ser usados, mas em pequena quantidade, e não devem fazer parte da alimentação infantil de rotina, como canola, girassol, soja ou amendoim.

Temperos

São temperos naturais que acrescentam sabor, aroma e nutrientes à comida e permitem que a criança perceba a sutileza dos sabores de cada alimento. Alguns exemplos de temperos naturais utilizados no Brasil são: alecrim, açafrão-da-terra (cúrcuma), canela, cebolinha, cheiro-verde, chicória do Pará, coentro, cominho, cravo, gengibre, louro, manjericão, orégano, pimentas de diversos tipos, salsa, sálvia e tomilho. Alimentos como cebola, alho, limão, laranja, azeites, óleos e outros alimentos *in natura* ou minimamente processados também podem e devem ser empregados como temperos. Eles podem ser usados sem nenhuma restrição, ao passo que nenhum tempero artificial deve ser oferecido inicialmente, como molho de tomate comprado, caldo de carne, pozinho ou pimenta. Quanto mais temperadinha a comida, melhor.

Sobre os temperos:

- *Açafrão-da-terra ou cúrcuma* – É uma planta da mesma família do gengibre. É utilizada em comidas principalmente na região de Goiás. Participa da composição de currys e do molho de mostarda. Pode ser usado desde o início na introdução alimentar, porém

TOME NOTA

Sal

É o tempero mais usado em todo o mundo porque tem o efeito de aumentar o sabor dos alimentos. Porém, o excesso de sódio pode aumentar a filtração renal e, com isso, causar uma sobrecarga renal e hipertensão arterial. Claro que isso não acontecerá de um dia para o outro e com um bebê; entretanto, com o consumo desde muito cedo, a criança habitua-se a se alimentar com o alimento com sal, sendo posteriormente muito mais difícil se adaptar ao sabor do alimento simples. A Sociedade Brasileira de Pediatria orienta que todas as crianças abaixo de 1 ano não recebam em sua dieta incremento de sal, já que os próprios alimentos já possuem seu salgar natural. Para minimizar a quantidade de sal, você pode abusar dos temperos que podem ser utilizados e não ficar apenas na cebola, alho e azeite, por exemplo.

deve-se ter cuidado com o seu sabor forte inicialmente.

- ***Alecrim (Rosmarinus officinallis)*** – Possui aroma forte, mas muitíssimo agradável. É excelente em pratos como carne suína, frango e peixe. Usa-se ramos inteiros para aromatizar carnes ou no buquê de ervas para caldos. Após a preparação pronta é mais interessante retirá-lo.
- ***Alho-poró*** – Podem ser utilizados tanto o bulbo quanto as folhas. O sabor é bem parecido com o da cebola, e bem marcante, embora mais suave e levemente adocicado. Utilizado em sopas, saladas e ensopados.
- ***Canela (Cinnamonum zeylanicum)*** – Pode ser usada em pó ou inteira. É comum utilizá-la em preparações doces, mas pode ser usada para receitas com frutas como maçã com canela. Também pode ser usada em carnes, como nos países orientais.
- ***Cebolinha (Allium schoenoprasum)*** – Seu sabor é agradável e suave. Pode ser utilizada em pratos com ovos, molhos, saladas, peixes e massas. Recomenda-se colocá-la no instante de servir a preparação, pois além do aspecto visual, ela proporciona um sabor mais presente. Pode ser congelada já picada.
- ***Coentro (Coriandrum sativum)*** – Pode-se usar tanto sua folha, que possui sabor e cheiro mais acentuados, quanto a semente, que tem aroma mais delicado. Pode ser utilizado em preparações como peixes assados, frangos, churrascos e sopas.
- ***Colorau (Bixa orellana)*** – É também conhecido como urucum, colorífico

ou corante, pois seu preparo é à base de sementes de urucuzeiro. É um condimento que vivifica a cor das preparações, e possui pouquíssimo sabor. Existem de diferentes cores. Por muitos anos foi banido da alimentação infantil porque acreditava-se ser um ultraprocessado. Porém, seu uso requer cuidado, pois muitos são vendidos com inúmeros aditivos.

- ***Cominho (Cuminum cyminum)*** – É uma semente de cor bem clara, quase amarela. Tem um sabor bem forte característico, por isso utilize em pouca quantidade.
- ***Cravo-da-índia (Eugenia caryophyllata)*** – Comum utilizá-lo em preparações doces, mas também pode ser preparado em receitas salgadas, para conferir um sabor exótico. Pode ser utilizado em assados e molhos.
- ***Curry*** – Também chamado de caril, tem sabor picante e acentuado e apresenta-se em várias cores. É uma mistura de várias especiarias, mas as que sempre constam em sua composição são o cominho e o cardamomo. É muito utilizado em frangos, carnes, peixes e molhos.
- ***Erva-doce*** – É uma raiz, tem um sabor bem forte e pode ser utilizada em bebidas quentes (quentão), biscoitos, pães e carnes.
- ***Gergelim (Sesamim indicum)*** – Tem sabor parecido com o da amêndoa e pode ser utilizado torrado, moído, misturado ao sal, na composição de pratos e para decorar.
- ***Hortelã (Mentha piperita)*** – Existem infinitas variedades, mas a melhor para utilizar em preparações diversas é a rasteira, que se parece com a melissa. Utilizada em pratos árabes, saladas, sopas, sucos, molhos.
- ***Louro (Laurus nobilis)*** – Sua folha é muitíssimo aromática. É um dos condimentos mais utilizados em carnes, pois combina com todas. Largamente utilizado em molhos, ensopados, conservas, feijão e sopas.
- ***Manjericão (Ocimum basilicum)*** – É um excelente aromático, muito utilizado para temperar carnes, molhos, sopas e peixes. Seu sabor é bem evidenciado nas preparações.
- ***Noz-moscada (Myristica fragrans)*** – É uma castanha marrom, com aroma bem evidenciado nas preparações em que é utilizada, como molhos, caldos e carnes. É interessante ralar na hora de sua utilização e deve ser usada em pouquíssima quantidade.
- ***Orégano (Origanum vulgare)*** – É uma erva rasteira, com aroma bem forte. Pode ser usada para enfeitar, condimentar e aromatizar. Muito utilizada em molhos, bifes e pães naturais.
- ***Páprica*** – É um pó vermelho que é extraído do pimentão. Existem dois tipos: a apimentada e a doce, mais suave. Utilizada em ensopados, saladas, carnes e aves.
- ***Pimenta*** – Existem diversos tipos, como a caiena, cumari, dedo de moça, calabresa, biquinho, pimenta-do-reino, malagueta, entre outras. O uso dela deve ser sempre opcional ou então usar mais as aromáticas e menos ardidas, como pimenta biquinho.

Costumo solicitar que não inicie durante a introdução alimentar.

- ***Salsinha (Petrosclinum crispum)*** – Ótima para decorar preparações, quando fizer uma carne cozida ou assada, terminar a preparação colocando a salsinha picada por cima para dar um sabor a mais.
- ***Sálvia (Salvia splendens)*** – É uma folha da culinária italiana e possui sabor bem marcante. É utilizada em carnes, aves e vinha d'alhos.
- ***Tomilho (Thymus vusgaris)*** – Erva de sabor forte apesar de ser tão pequenina. É utilizada em molhos, recheios, sopas, carnes, aves e peixes.

Diferença de gag e engasgo

O reflexo de gag é que impede o alimento grande demais de ser engolido. O bebê abre a boca e empurra a língua para fora. O reflexo de gag pode ser uma parte fundamental do aprendizado dos bebês sobre como lidar com a comida de forma segura. Para que ele funcione de forma segura o bebê tem que estar sentado com a coluna reta, para que qualquer alimento que tiver ido longe demais no fundo da sua boca seja empurrado para a frente – e não para trás – pelo reflexo. Muitas pessoas acham que a criança está engasgando e se desesperam. Mas na verdade esse reflexo impede a criança de engasgar.

O reflexo de engasgo é um não funcionamento do reflexo de gag. Assim um alimento que não consegue passar pelo espaço do esôfago é engolido.

E por que acontece o engasgo? Temos o esôfago e a traqueia, um anteriorizado ao outro, e uma membrana (glote) que funciona como uma verdadeira tampa. Ela tampa o esôfago enquanto estamos respirando, e tampa a traqueia enquanto a criança come. O engasgo é um não funcionamento desse mecanismo. Pensando nisso, é muito mais fácil o engasgo com líquidos do que com sólidos.

O engasgo é de fácil reconhecimento. A criança começa a tentar tossir, mas infelizmente perde o ar e pode perder a consciência. Nesses casos, a manobra de desengasgo deve ser realizada imediatamente.

São dois reflexos diferentes, mas que muitos pais confundem. Por esse motivo, acabam batendo mais a comida da criança, até mesmo evitando o contato com pedaços, por receio dos reflexos.

Capítulo 20

Higienização dos alimentos

É muito importante a higienização de todos os alimentos *in natura* e também nos momentos da alimentação. É importante a higiene adequada das mãos, dos alimentos e dos utensílios, em especial das mamadeiras, quando utilizadas. Alimentos complementares contaminados são a principal causa de transmissão de diarreia em crianças pequenas, razão pela qual a incidência da doença no segundo semestre de vida coincide com o aumento da ingestão de alimentos. Práticas adequadas de manejo, preparo, administração e estocagem dos alimentos complementares podem reduzir a contaminação e evitar problemas.

O primeiro passo é manter a cozinha sempre limpa. O mesmo se dá com os eletrodomésticos e até os panos de pratos que serão utilizados para a secagem dos acessórios do bebê. Não é necessário esterilizar, mas limpe com água, sabão e detergente. Lave as mãos toda vez que manipular alimentos e, especialmente, depois de usar o banheiro. Evite o uso de mamadeiras: são muito difíceis de higienizar e aumentam o risco de contaminação.

Para facilitar o dia a dia dos responsáveis, os alimentos podem ser higienizados no momento da compra e guardados na geladeira. A higienização pode ser feita em conjunto com todos os alimentos comprados.

Ao iniciar, deve-se fazer uma higienização adequada das mãos de quem está lidando com os alimentos. Lavagem com água e sabão é suficiente. Se a pessoa estiver gripada ou com alguma virose, ela deverá usar luvas e máscara tanto para higienização como para confecção dos alimentos.

A higienização dos alimentos deverá ser feita com água corrente, inicialmente retirando as partes que não estão boas e passando a mão para retirada de sujeiras grossas que possam estar no alimento. Após isso, devem ser imersos em 1 litro de água com 20 gotas de hipoclorito de sódio 2,5% por 15 minutos. Devem ser, depois disso, colocados em bicarbonato de sódio a 1% para reduzir a contaminação com os agrotóxicos (uma colher de sopa para um litro de água) por 20 minutos. Depois desse ritual eles devem ser lavados novamente em água corrente e guardados de preferência em geladeira ou em algum recipiente fechado.

Os utensílios utilizados, como panelas, talheres, copos, devem ser higienizados todas as vezes que forem utilizados. Eles não precisam mais ser esterilizados; apenas lavados com água e sabão e secos sem pano, em ar ambiente. Idealmente deve-se usar uma esponja única para os utensílios infantis. Não existe necessidade de diferenciação dos utensílios domésticos como panelas e copos; eles podem ser usados por toda a família desde que higienizados diariamente.

Ao realizar a refeição, deve-se sempre higienizar as mãos e fazer isso novamente se parar para falar ao celular ou atender

um pedido infantil. Idealmente deve-se usar os cabelos presos. O cuidado com a higiene alimentar não deve ser apenas na introdução alimentar, e sim para sempre, para uma ideal alimentação familiar.

Durante a refeição, todas as crianças devem ser ensinadas a lavar as mãos antes de sentar para se alimentar; depois, devem sempre escovar os dentes, lavar a boca e as mãos.

Você deve preparar o alimento em quantidade suficiente para uma única refeição e servi-lo imediatamente depois de pronto, ainda mais em se tratando de frutas. Outros alimentos, quando guardados na geladeira, devem ser mantidos em potes com tampa para que não tenham contato com as bactérias do refrigerador. A geladeira deve ser limpa regularmente, e os produtos com data de validade vencida devem ser descartados.

Não ofereça restos ao bebê na refeição seguinte: eles têm enzimas salivares que aumentam a proliferação de bactérias. Se o alimento complementar for estocado após seu preparo, é importante que você o reaqueça a 70° C, no mínimo. Do contrário, o risco de contaminação é alto. Os alimentos não devem ser usados depois de uma semana de preparo; o máximo, nesse caso, são três dias. Quando congelados, devem ser acondicionados em potes próprios, tampados e etiquetados com a data de preparo e a validade. Em geral, a vida útil desses alimentos é de três meses.

Alimentos orgânicos

Os alimentos orgânicos são aqueles que não utilizam agrotóxico ou outro produto químico como pesticidas sintéticos, fertilizantes químicos, medicamentos veterinários, organismos geneticamente modificados, conservantes, aditivos e irradiação; que protegem a biodiversidade; e respeitam e aperfeiçoam formas de produção tradicionais.

Já os alimentos de base agroecológica, além de não utilizarem agrotóxico, são produzidos com base na justiça social, valorizando os pequenos produtores e agricultores familiares, promovendo condições de trabalho mais justas, além de zelar pelo meio ambiente e pelos recursos naturais, incluindo cuidado do solo, das plantas, dos animais, da água, do ar e da biodiversidade.

O Brasil é um país ainda em processo de iniciação de consumo de produtos orgânicos. A grande marca da nossa agricultura é o consumo excessivo de agrotóxicos e aditivos alimentares. Com isso, aumentamos a chance de intoxicação alimentar, câncer, problemas neurológicos e genéticos. Segundo a ONU, os agrotóxicos contaminam três milhões de pessoas todos os anos no Brasil.

Ranking de alimentos que apresentam mais irregularidades no uso de agrotóxicos

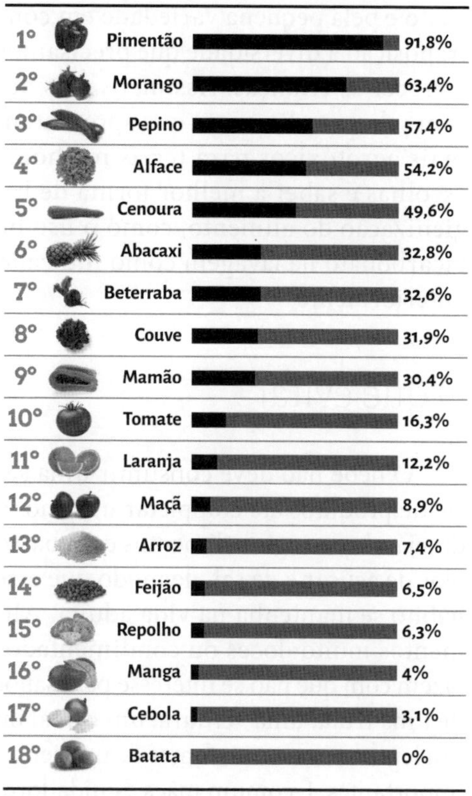

Fonte: Programa de Análise de Resíduos de Agrotóxicos de Alimentos (Para) da Agência Nacional de Vigilância Sanitária (Anvisa)

Acima apresenta-se um raking dos alimentos ricos em agrotóxicos. Esses alimentos devem ser consumidos em menor quantidade fora de época, dando-se preferência aos orgânicos.

No Brasil é possível encontrar alimentos orgânicos em feiras livres, lojas especializadas, em alguns restaurantes, lojas virtuais e em supermercados. Preste atenção aos selos de certificação que garantem que você, de fato, está comprando um alimento orgânico.

Infelizmente, o consumo de 100% de alimentos orgânicos é inviável pelo custo e pela pequena variedade em contraposição à diversidade que precisamos oferecer às crianças. Assim, os pais devem saber os alimentos que apresentam mais agrotóxicos para ter as melhores escolhas e saber a melhor forma de higienização do alimento, como o uso de bicarbonato na lavagem como indicado anteriormente.

O que evitar

O bebê não deve consumir uma série de produtos até completar um ano. É desejável que ingira alimentos com baixo teor de açúcar e de sal, de modo que esse hábito se mantenha na vida adulta. Alimentos muito doces ou condimentados fazem com que não se interesse pelo sabor de uma fruta, uma verdura, um cereal ou um legume *in natura*, fontes de nutrientes importantes. É comum mães e cuidadores oferecerem alimentos que apreciam pessoalmente, mas são desaconselhados para crianças menores de 2 anos.

Os hábitos alimentares se formam nos primeiros dois a três anos de vida. Açúcar, café, enlatados, frituras, refrigerantes, balas, salgadinhos, biscoitos recheados e outros alimentos com grandes quantidades de açúcar, gordura e corantes devem ser evitados. O consumo desse tipo de alimento está comprovadamente associado ao sobrepeso e à obesidade na infância, condições que podem perdurar até a idade adulta e provocar colesterol alto, pressão alta, anemia e alergia.

Bebidas e líquidos açucarados devem ser descartados da dieta da criança, já que acarretam sobrepeso e aparecimento precoce de cáries. Crianças devem tomar suco de fruta natural depois das principais refeições e, durante o dia, apenas água. Oferecer água de coco em lugar de água, uma prática antigamente encorajada, não é mais aconselhado: ela tem valor calórico alto, sódio e potássio em excesso.

Não dê mel ao seu filho no primeiro ano. Apesar de suas excelentes propriedades medicinais e do alto valor calórico, contém não raras vezes esporos de *Clostridium botulinum*, altamente resistentes ao calor e, portanto, aos métodos usuais de processamento do produto. O consumo do mel contaminado pode levar ao botulismo de origem alimentar, já que o intestino da criança apresenta condições apropriadas para a germinação e o desenvolvimento da toxina. Alimentos em conserva, tais como palmito e picles, e alimentos embutidos – salsichas, salames, presuntos e patês – também são fontes potenciais de contaminação por esporos de *Clostridium botulinum* e devem ser evitados.

O leite de vaca ou de cabra *in natura* e seus derivados, como iogurtes e queijos, bem como o chocolate, não devem ser oferecidos às crianças pequenas.

Principais erros

Com o início da alimentação, muita coisa começa a mudar na vida da criança. Quando o bebê é desmamado, não raras vezes familiares, irmãos e até mesmo pais

TOME NOTA

Após o início da alimentação complementar, uma grande pergunta de todas as mães é: posso dar água para o bebê? Se sim, qual a quantidade? A introdução da água já foi bastante discutida pelos os especialistas nos últimos tempos, inclusive seu uso antes da introdução alimentar.

Mas é protocolado que, com a introdução alimentar, a água tem um papel essencial para a manutenção das capacidades vitais do corpo, devendo ser oferecida logo no início da alimentação complementar. Com a introdução dos alimentos, haverá uma sobrecarga de eletrólitos (principalmente o sódio) e excesso de proteínas vegetais, lácteas e animais. Assim, a água torna-se um item essencial para o bom funcionamento de todo o organismo.

O seio materno vai manter o grande aporte hídrico da criança inicialmente, porém o início gradativo é preconizado. Uma criança entre 6 meses em média deverá tomar entre 600 e 900 ml de líquidos por dia. Quase 90% desse total será proporcionado pela manutenção do seio materno em livre demanda ou pela fórmula infantil; o restante será a água oferecida para a criança.

Assim, inicialmente, a criança sentirá pouquíssima sede, o que pode gerar muita angústia familiar e fazer com que muitas famílias acabem associando que a criança não gosta de água, passando a oferecer outros tipos de líquidos, como sucos ou água de coco, o que não é recomendado.

A água não deve ser oferecida na mamadeira ou em bicos artificiais, principalmente para não introduzir um hábito e para evitar o conflito de bicos. Os pais devem oferecer após as refeições e sempre que a criança expressar vontade. Canudos, copos normais, copos 360 e até copos de transição são excelentes formas de administrar a água.

têm dificuldade em gerenciar o desejo e a curiosidade de ele experimentar novos sabores. Se por um lado é falsa a ideia de que uma dieta que inclua todo tipo de alimento daria um aporte maior de vitaminas e aumentaria a imunidade da criança, por outro sabe-se que a introdução de alimentos cientificamente banidos da primeira infância atrapalha o desenvolvimento sadio e pode ter drásticas consequências na vida adulta. Veja os principais erros alimentares que você e sua família devem evitar em casa.

- ***Dar qualquer alimento antes do quarto mês de vida:*** a introdução precoce de sucos ou papinhas favorece a obesidade e outros problemas de saúde como alergias. O ideal é entrar com a alimentação complementar apenas no sexto mês. Em casos excepcionais, os pediatras podem reportá-la para o quarto mês, mas nunca antes de 120 dias. Mesmo em relação às crianças que não podem mamar no seio, os benefícios de oferecer mais tardiamente a comida salgada são bem claros e comprovados pela literatura científica. Sucos ou chás para cólica ou para prisão de ventre não devem ser usados: existem outras fórmulas mais eficazes e com menos efeitos colaterais.

- ***Introduzir tardiamente a comida salgada, especialmente a carne:*** era prática comum, no passado, iniciar a alimentação com sucos e frutas e, passado um mês, oferecer comida salgada sem carne. Desde 2010, um novo protocolo preconiza que as papinhas salgadas podem ser iniciadas junto com as doces ou logo depois delas. As carnes (frango ou vaca) devem ser incluídas na dieta desde o início da alimentação complementar, por causa da queda na absorção de ferro que acontece nessa idade e pode provocar anemia. A partir dos 180 dias, as crianças devem fazer várias refeições ao dia. O ideal é que as que mamam no peito façam três refeições diárias (duas papinhas de fruta e uma salgada), além da amamentação – se possível, até os 2 anos, ou até mais. Já os bebês que não mamam devem comer pelo menos cinco vezes por dia (três papinhas de frutas e duas salgadas).

- ***Usar peneira ou liquidificador na hora de preparar os alimentos salgados:*** a criança saudável precisa aprender a mastigar para estimular o desenvolvimento da musculatura da boca e da face, mesmo que não tenha dentes. Por isso, o melhor é apenas amassar os alimentos cozidos com o garfo ou triturar as carnes com um mixer, até que eles fiquem com uma consistência de purê. Uma dica: para saber o ponto certo da papinha, coloque um pouco numa colher de sopa e vire-a de cabeça para baixo. Se a mistura escorrer imediatamente, está muito mole. Se ficar grudada do talher, está muito dura.

- ***Usar mamadeiras:*** embora prática, a mamadeira não é transição necessária. Se seu filho já tem mais de 6 meses, ele pode e deve passar do peito para o copo. Pode perfeitamente ser alimentado com canecas de plástico, copos de transição e até colheres. Mamadeiras atrapalham a dentição infantil e são mais difíceis de higienizar que o copo.

- ***Oferecer papinhas só com legumes e verduras:*** um prato saudável é o que reúne todos os grupos de alimentos: cereais, leguminosas, carne, legumes e hortaliças. Algumas mães acham que oferecer apenas legumes e verduras é acostumar corretamente o bebê, porém ele precisa da proteína encontrada na carne e da gordura boa presente nos cereais e nas leguminosas.

- ***Temperar a comida:*** isso não significa colocar sal ou açúcar em excesso. A comida da criança deve ser gostosa e bem temperada com alho, cebola, tomate e alho-poró; eles dão gosto e salgam o prato sem prejudicar a criança.

- ***Evitar a alimentação monótona:*** procure ir além das frutas tradicionais. Quanto mais alimentos permitir que seu filho descubra nessa fase, mais apurado será o paladar dele. Uma alimentação monótona pode dar origem a uma ingestão deficiente de nutrientes essenciais, em especial vitaminas, fibras e minerais.

- ***Incentivar o consumo de frutas e vegetais:*** são ricos em fibras, vitaminas e minerais. Estimulam o crescimento e o funcionamento dos órgãos e tecidos e previnem diversas doenças, em especial as metabólicas, do coração e do aparelho digestivo. Esses alimentos devem ser adquiridos e oferecidos sempre frescos.

- ***Usar gratificações ou castigos para conseguir que a criança coma:*** a alimentação deve ser um momento de prazer, de encontro e de convívio entre os familiares, não um momento de confronto e discussões. Exigir que a criança coma, lançando mão de castigos, ameaças ou brindes em troca, não é um bom caminho. Permita que seu filho se divirta à mesa, pegue a comida com as mãos e explore seus sabores. Ele vai desenvolver gosto por esse momento. Acostume-o desde cedo a ter bons hábitos à mesa e não abra mão de construir o caminho para uma alimentação saudável.

- ***Dar comida para a criança fora da mesa ou enquanto ela brinca:*** nem sempre o que parece ser uma solução mágica para você será bom para seu filho a longo prazo. Por mais que exija tempo, paciência e treino, dar a papinha à mesa sempre é a melhor opção. Evite obrigar a criança a comer a qualquer custo. Se ela não estiver com fome, respeite e, em seguida, avalie se há algo de errado com ela.

- ***"Bate que vai comer melhor":*** Os movimentos de GAG e o reflexo de protusão da língua são os principais responsáveis pelos principais erros alimentares. Os pais sentem-se frustados por colocar a comida na boquinha da criança e elas colocarem para fora, o que oferece a falsa sensação de que a criança não quer ou está desinteressada ou até mesmo tem alguma coisa errada com o alimento que está sendo oferecido.

- ***Mistura que ele não percebe:*** É outro mito e muito mais comum do que imaginamos. Muitos pais transmitem suas experiências gustativas para os seus filhos, seja através de suas falas ou até mesmo de suas reações faciais. Não é raro ouvir dos pais frases como "ele não comerá nada gostoso" ou "não pode colocar uma coisa gostosa nesta comida" ou "nossa, ele vai gostar disso? Isso é muito ruim". Essas experiências adultas levam os pais a pensar que a criança não comerá um alimento que eles não toleram ou com o qual não estão acostumados. Com isso muitos deles fazem misturas para que o bebê coma o alimento. Quando misturamos, o objetivo é que a criança não perceba um alimento que ela não quer comer ou que achamos que ela não está gostando. Ao misturarmos o alimento, perdemos a oportunidade de que a criança aprenda a textura e o sabor, assim como tenha uma nova experiencia gustativa. E os pais devem se policiar para não fazerem comentários e expressões faciais que inibam a criança a provar e comer. Pelo contrário, os alimentos saudáveis devem ser sempre nutridos e encorajados.

- ***Coloca uma tela que ele não vê o que está comendo:*** As telas são consideradas o mal da nova geração. Sejam computadores, celulares, tablets e até mesmo a televisão, elas entraram em nossas vidas de forma avassaladora e tornaram-se itens essencias no nosso dia a dia. Nossas crianças cada vez mais estão adaptadas e "viciadas" nesses dispositivos. No momento da refeição, elas se tornam, infelizmente, um artifício usado por muitos pais para distrair ou até mesmo deixar a criança sentada e menos agitada. Mas por que a tela é tão danosa para a criança e para nós adultos também? Quando comemos sem tela, observamos o alimento, conversamos com os nossos familiares, socializamos, comemos com calma, saboreando a comida e mastigando adequadamente o alimento. Fazemos pausas para conversar e até mesmo para rir ou fazer uma brincadeira. Numa alimentação com tela, vemos a criança fissurada no desenho, sem prestar atenção nos alimentos, nos sabores e nos sinais de saciedade. Existem inúmeros estudos mostrando que a alimentação à mesa sem telas e com socialização diminui a chance de obesidade e todas as suas complicações por permitir que as crianças observem seus alimentos.

- ***Faz uma vitamina:*** A criança não comeu? O que fazer? Claro que alguém vai oferecer uma vitamina. Pensa-se que, ao misturar muitas frutas, adicionar farinha, colocar açúcar e até mesmo o famoso achocolatado, a criança terá todos os nutrientes e isso matará sua fome. Essa solução costuma acalmar os pais e deixá-los confortáveis. No entanto, entre as desvantagens dessa prática, citam-se o aumento do risco de obesidade infantil, o desestímulo à mastigação, a manipulação da alimentação (uma vez que a criança aprende que consegue tudo que quer) e a ausência de fome na próxima refeição.

- ***"Só de vez em quando":*** Muitos acreditam que o oferecimento eventual de doces não causa nenhum mal. "É só um bolinho, que mal tem?", "Só um biscoito, eu dava para você e você está viva". Muitas famílias associam doces a eventos positivos e acreditam que a introdução alimentar consiste em oferecer todos os alimentos à criança, sem exceção. Porém, o paladar infantil é muito mutável nesse período e, ao se adicionar açúcar, a criança aceitará cada vez menos frutas e solicitará cada vez mais o doce.

Bons sinais

Uma das principais dúvidas é em relação à quantidade de comida que se deve oferecer à criança: será suficiente para nutri-la e permitir que cresça saudável? Algumas medidas podem ser aferidas para checar se o bebê está se alimentando bem. Mas lembre-se: o início é um período de adaptação mais difícil. Assim como na amamentação, seu filho passará por um período de descoberta e poderá rejeitar os novos alimentos, comer em pouca quantidade ou dar preferência a um único tipo de refeição. Com o tempo e muito empenho, você vai conseguir adaptar seu filho à alimentação complementar correta.

O primeiro indício de que a alimentação está satisfatória é o bom humor da criança. Se ela estiver com fome, vai chorar. Mesmo que você julgue que ela está comendo pouco, se estiver nutrida, seu bem-estar vai ser um bom sinal. O segundo critério a observar é o número de fraldas de urina: elas não devem mudar de quantidade com o início da alimentação. O bebê manterá seu desenvolvimento, ficará sentado e começará a ter curiosidade para se movimentar, ficar em pé ou rastejar. Essas atividades requerem energia. Se ele conseguir desempenhá-la regularmente, isso quer dizer que está alimentado. Caso contrário, ficará dormindo o dia inteiro.

Uma consulta pediátrica deve ser agendada um mês depois do início da alimentação complementar. Na oportunidade, você poderá discutir suas dúvidas e traçar alternativas para todas as dificuldades que vem encontrando. A criança será pesada e medida. Esses novos parâmetros vão espelhar se houve ganho de peso ou eventual interrupção do crescimento.

Quantidades adequadas

Há muita controvérsia em relação à quantidade de alimentos que um bebê deve ingerir. A maioria das mães acredita que os filhos comem pouco. Crenças e dogmas culturais influenciam significativamente a questão. O brasileiro assimilou duas culturas – a italiana e a portuguesa – aos seus hábitos alimentares, o que modelou seu gosto por mesas fartas.

A pirâmide alimentar ao lado permite visualizar as porções de cada grupo de alimentos que o bebê deve comer diariamente.

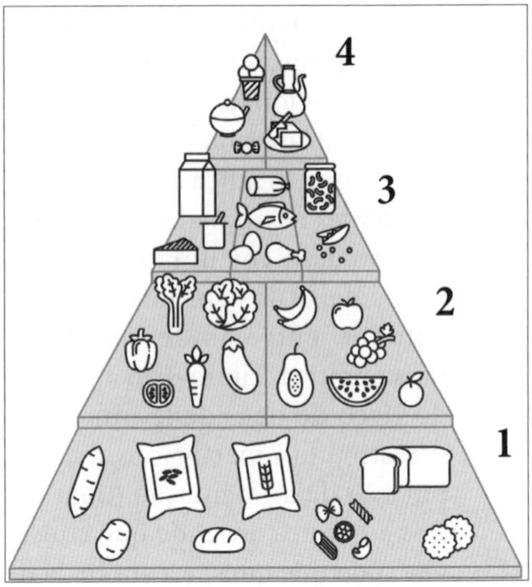

Departamento de Nutrologia
SOCIEDADE BRASILEIRA DE PEDIATRIA

	Nível pirâmide	Grupo alimentar	Idade 6 a 11 meses	Idade 1 a 3 anos	Idade pré-escolar e escolar	Adolescentes e adultos
Número de porções diárias recomendadas, de acordo com a faixa etária, por grupo da Pirâmide Alimentar	1	Cereais, pães, tubérculos e raízes	3	5	5	5 a 9
	2	Verduras e legumes	3	3	3	4 a 5
		Frutas	3	4	3	4 a 5
	3	Leites, queijos e iogurtes	Leite materno*	3	3	3
		Carnes e ovos	2	2	2	1 a 2
		Feijões	1	1	1	1
	4	Óleos e gorduras	2	2	1	1 a 2
		Açúcar e doces	0	1	1	1 a 2

* Na impossibilidade do leite materno, oferecer uma fórmula infantil adequada para a idade.

O que significa uma porção de...

Pães, cereais, tubérculos e raízes: (ideal: 3 porções/dia)

- 1 ½ colher (sopa) de aipim cozido, macaxeira ou mandioca, 2 colheres (sopa) de arroz branco
- 1 unidade de batata cozida
- ½ unidade de pão francês
- 2 unidades *cream cracker*

Verduras, legumes e hortaliças: (ideal: 3 porções/dia)

- 1 colher (sopa) de beterraba, cenoura crua ralada, chuchu cozido, ervilha fresca ou couve cozida
- 2 colheres (sopa) de abobrinha ou brócolis cozido
- 2 fatias de beterraba cozida
- 1 unidade de vagem
- 8 folhas de alface

Frutas (ideal: 3 porções/dia)

- ½ unidade de banana-nanica, caqui ou fruta-do-conde
- 1 unidade de caju, carambola, kiwi, laranja, pera, laranja-lima, nectarina ou pêssego
- 2 unidades de ameixa preta ou vermelha
- 4 gomos de laranja-baia ou seleta
- 9 unidades de morango

Leguminosas (ideal: 1 porção/dia)

- 1 colher (sopa) de feijão cozido, ervilha seca cozida ou grão-de-bico cozido
- ½ colher (sopa) de feijão-branco, lentilha ou soja cozida

Carne de vaca, frango, peixes, ovos (ideal: 2 porções/dia)

- ½ unidade de bife ou filé de frango grelhado, omelete simples, ovo frito, sobrecoxa de frango cozida ou hambúrguer
- 1 unidade de espetinho de frango, ovo cozido ou moela
- 2 unidades de coração de frango
- ½ unidade de peito de frango assado, sobrecoxa ou coxa
- ½ fatia de carne bovina cozida ou assada
- 2 colheres (sopa) de carne bovina moída refogada

Observação: Leites, queijos, iogurtes e derivados do leite não devem ser consumidos. No lugar deles, dê o seio ou fórmulas infantis.

Óleos e gorduras (ideal: 2 porções/dia)

- 1 colher (sobremesa) de azeite de oliva, óleo de soja, milho ou girassol
- 1 colher (sobremesa) de manteiga ou margarina

Bochechas salientes

O excesso de comida deve ser evitado a todo custo. Ele acontece quando há uma leve dilatação do estômago, que vai progredir lentamente, aumentando cada vez mais seu volume.

É cada vez mais comum deparar com

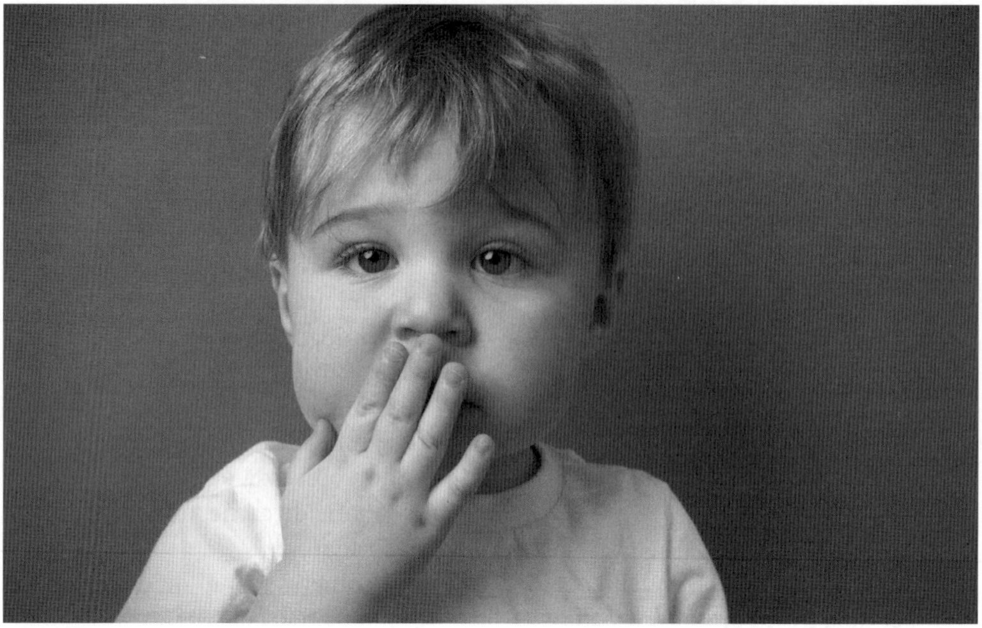

crianças de pouca idade comendo prato de gente grande. Por mais que o aumento das doenças crônicas, pressão alta e diabetes, aponte os malefícios da obesidade, está surgindo uma geração inteira com sobrepeso por conta da má alimentação e da preferência dos pais pela quantidade em detrimento da qualidade. Mas uma coisa é certa: bebês gordinhos e bochechudos não espelham necessariamente saúde e qualidade de vida.

Durante a primeira infância, quem escolhe o que a criança vai comer e em que quantidades é você. Então, evite excessos. Algumas comem tudo o que lhes for oferecido, mesmo quando não estão mais com fome. Comece oferecendo um prato com pouca comida e, se ela chorar porque quer mais, aumente progressivamente a quantidade até achar o meio-termo ideal.

Sal e açúcar

O sal é tradicionalmente o tempero mais lembrado e utilizado no preparo das refeições para crianças e adultos. Seu valor histórico e cultural é inquestionável: foi durante anos usado para conservação do alimento antes do advento da geladeira e dos congeladores. Sabe-se que o bebê nos primeiros três meses demonstra maior predileção por alimentos doces, em virtude da familiaridade com o leite materno, ligeiramente adocicado – é por isso que se introduz inicialmente a papinha doce na dieta do bebê. Do 6º mês de vida em diante, a criança começa a desenvolver interesse por alimentos salgados, por causa da modificação da composição do leite humano, gradativamente mais salgado em função de quantidades maiores de cloretos.

Todos os alimentos oferecidos nesse período representam um aprendizado. O sal não deve ser acrescentado às papinhas, sendo suficiente a quantidade de sódio contida nos alimentos *in natura*. A quantidade inicialmente oferecida tende a ser memorizada e induz a criança a aceitar, no mínimo, a mesma quantidade na próxima refeição. O consumo precoce de sal está associado ao aparecimento de hipertensão arterial, inclusive na infância, e representa maior risco cardiovascular na vida adulta. Há diversas opções de ervas e vegetais que podem ser utilizados para temperar as refeições, o que corrige a falta de sal e evita a adição de condimentos prontos, industrializados, cuja composição inclui elevado teor de sal e de gorduras, conservantes, corantes, adoçantes e outros aditivos que deveriam ser evitados.

Alguns dos temperos naturais que podem ser utilizados nos pratos preparados para o bebê: alho, cebola, tomate, pimentão, limão, laranja, salsa, cebolinha, hortelã, alecrim, orégano, manjericão, coentro, noz-moscada, canela, cominho, manjericão, gergelim, páprica, louro.

O açúcar e os doces não devem ser usados na dieta de crianças com menos de 1 ano. Ele está diretamente relacionado à obesidade e ao diabetes, além de ser a principal causa de cáries, sobretudo se for ingerido entre as refeições.

É comum oferecer sobremesa – gelatinas, pudim de leite e geleias – às crianças depois da comida salgada. Mas são calorias vazias, que só desequilibram a alimentação.

VOCÊ SABIA?

Durante os primeiros meses de vida e até a criança iniciar uma alimentação complementar, a higiene da boca deverá ser realizada apenas com gaze e água. Em seguida, a nova dieta pode gerar cáries. Será necessário, então, escovar os dentes. Compre uma escova compatível com a boca do bebê e, se puder, consulte um odontopediatra para que ele lhe dê as orientações necessárias. Você deve fazer a higiene bucal do bebê sempre depois das grandes refeições e antes de ele ir para a cama.

Capítulo 21

Importância do seio materno

O leite materno é único e inigualável e a amamentação promove saúde e afeto para a mãe e para a criança. As melhores práticas para a alimentação adequada e saudável da criança entre 6 meses e 2 anos de idade é a manutenção do leite materno em livre demanda. Logo no início, os novos alimentos podem ser oferecidos depois das mamadas no peito ou o seio materno ser oferecido após as mamadas sempre que a criança solicitar.

Se a criança estiver agitada ou chorosa, amamentar pode ser uma forma de acalmá-la antes de oferecer outros alimentos. Pode ser que o bebê durma após a mamada. Não há problema. Quando ele acordar, ofereça a refeição adequada ao horário. À medida que a criança cresce e aceita melhor o almoço e jantar, o leite materno deve ser oferecido somente se a criança demonstrar que deseja mamar. Esse é um período de transição, por isso a família deve observar qual a melhor estratégia a ser utilizada para que a criança continue mamando no peito e também aceite novos alimentos.

Não existe recomendação para que pediatras suspendam o aleitamento materno com objetivo de melhorar a alimentação ou até mesmo pedir para que a mãe não ofereça o seio materno antes ou depois da amamentação. São raros os casos em que efetivamente o aleitamento materno dificulta a introdução alimentar. Esses casos devem ser avaliados individualmente, traçando-se metas para que seja realizado um desmame gradativo em momentos específicos do dia. Além disso, quando isso se faz necessário muitas vezes um acompanhamento multidisciplinar deve ser iniciado com fonoaudióloga para melhora da mastigação, psicóloga para avaliação da rotina dessa família e nutricionista infantil.

Deve-se estimular a amamentação sempre e em todos os momentos. Apesar da recomendação de amamentar até 2 anos ou mais, muitas pessoas se espantam ao ver crianças dessa idade no peito das mães por achar que são "grandes" demais para mamar. Entretanto, não há tempo máximo estabelecido para o fim da amamentação. Ela pode durar enquanto for desejada pela mulher e pela criança, desde que não haja nenhum prejuízo para ambas.

Algumas mulheres associam a fase da introdução alimentar à parada da amamentação e à "liberdade". Contudo, é preciso cultivar a importância da amamentação, a qual só deve ser finalizada quando não estiver sendo positiva e prazerosa para o binômio mãe-bebê.

E a fórmula infantil

Muitas vezes, os pais de crianças que consomem fórmula infantil perguntam sobre a administração da fórmula durante o processo de introdução alimentar. Idealmente, a fórmula será mantida em livre demanda, não sendo proibido seu uso antes ou após a alimentação. Porém, um volume alto de fórmula pode levar a um ganho excessivo de peso, o que poderá causar consequências no futuro. Recomenda-se manter o consumo em livre demanda, principalmente se a ingesta alimentar estiver baixa, e a cada consulta reduzir até uma mínima quantidade diária associada à rotina familiar (2-4 mamadeiras diárias).

Leite de vaca no primeiro ano

Houve um tempo em que o leite de vaca integral era culturalmente introduzido bem cedo na vida do bebê. Era comum ver recém-nascidos sendo alimentados com leite em pó engrossado, na maioria das vezes, com farinhas. Essa dieta fazia com que as crianças crescessem gordinhas e com saúde, segundo os pais. Não se sabia muita coisa a respeito dos benefícios do leite materno e havia até quem o considerasse pouco nutritivo, já que o bebê que mamava exclusivamente no seio não ganhava peso a olhos vistos. Assim, durante anos, o sobrepeso foi sinal de saúde.

Atualmente, as pesquisas apontam que o desenvolvimento de crianças alimentadas com leite em pó não se compara com o daquelas que mamam no peito. E não se deve fazer uso do leite de vaca antes de a criança completar 1 ano. Na impossibilidade de leite materno a recomendação da Sociedade Brasileira de Pediatria é que seja oferecida fórmula infantil até 3 anos de idade. Estas são as características do leite de vaca:

- ***Gorduras:*** baixos teores de ácidos graxos essenciais – isso quer dizer que as gorduras importantes para o crescimento do bebê não estão presentes (e são dez vezes inferiores às fórmulas infantis). Em vez disso, encontram-se gorduras que só fazem aumentar o peso da criança.

- ***Carboidratos:*** encontrados em quantidade insuficiente quando o leite é diluído a 2/3 – prática recomendada antigamente, motivo pelo qual era necessário acrescentar açúcar para impedir que o bebê tivesse hipoglicemia. Esses açúcares acabam fazendo mal para os dentes da criança, estimulando cáries, e oferecem maior risco de obesidade, hipertensão e diabetes no futuro.
- ***Proteínas:*** Eles possuem uma grande quantidade de proteína (leite de vaca – 5,3 g/dl, leite materno – 1,3 g/dl e as fórmulas infantis de seguimento entre 1,4 a 1,7 g/dl), o que aumenta o ganho de peso da criança (o bezerro ganha 23 quilos em seu primeiro ano) e causa uma grande sobrecarga renal. Existem inúmeros estudos que comprovam que esse excesso de proteína tem muitos efeitos maléficos a curto prazo e, mais do que isso, aumenta a chance de obesidade infantil e obesidade mórbida adulta, pressão alta e diabetes. Infelizmente, os piores efeitos serão a longo prazo, o que dificulta nosso trabalho de conscientização familiar.
- ***Minerais e eletrólitos:*** o leite de vaca concentra altas taxas de sódio, contribuindo para a elevação da carga renal, junto com o excesso de proteínas. O sódio em excesso é um dos vilões da pressão alta na vida adulta.
- ***Vitaminas:*** esse tipo de leite contém baixos níveis de vitaminas. Crianças alimentadas com o produto devem fazer complementação de vitaminas por via medicamentosa.
- ***Oligoelementos:*** encontrados em quantidades insuficientes e com baixa biodisponibilidade, em especial ferro e zinco. Essa é uma das causas da alta incidência de anemia ferropriva em crianças menores de 2 anos no Brasil. Cada mês de uso do leite de vaca, a partir do 4º mês de vida, corresponde a uma queda de 0,2 g/dl nos níveis de hemoglobina.

Derivados do leite

Os derivados do leite também não devem ser consumidos antes de 1 ano. Os motivos são exatamente os mesmos, com um adicional: grande parte dos derivados do leite contém açúcares embutidos na sua formulação, além de inúmeros outros ingredientes.

Um questionamento bem comum é quanto ao uso de derivados do leite durante a janela imunológica. Alguns profissionais defendem o consumo entre 6 meses e 11 meses de derivados para prevenção de alergia alimentar por possuir uma menor quantidade de proteína láctea e ter menos possibilidade de indução de obesidade pelo excesso de proteínas. Porém os grandes especialistas garantem que o bebê recebe as proteínas do leite de forma intensa através do aleitamento materno ou do uso de fórmula infantil, não havendo a necessidade de expor a criança aos malefícios do excesso de proteína do leite.

Fórmulas infantis

Diante da impossibilidade de amamentar seu filho, você deve usar uma fórmula infantil que satisfaça às necessidades dele, conforme recomendação da Sociedade Brasileira de Pediatria, Academia Americana de Pediatria e Academia Europeia de Pediatria. Todas as fórmulas infantis para lactentes e de seguimento para lactentes disponíveis no Brasil são consideradas seguras, pois seguem as resoluções da Agência Nacional de Vigilância Sanitária (Anvisa; RDC n. 43 e 44/2011).

Antes do 6º mês, você deve oferecer uma fórmula infantil para lactentes,[1] identificadas com o número UM. A partir do sexto mês, recomenda-se uma fórmula infantil de seguimento para lactentes que são identificadas no comércio com o número DOIS. Para as crianças que usam fórmulas infantis, a introdução de alimentos não lácteos deverá seguir o mesmo padrão sugerido para aquelas que estão em aleitamento materno exclusivo – a partir dos 6 meses de idade.[2]

VOCÊ SABIA?

O leite de soja ganhou destaque nos últimos anos, porém, ele não é inócuo à saúde infantil e também pode causar efeitos colaterais. Sua principal indicação é para crianças ou adultos com alergia ao leite de vaca. Mas ele não deve ser oferecido ao bebê com menos de 6 meses de vida. Também não convém alimentar crianças maiores por um período muito longo, por conta do desencadeamento da produção de um hormônio que induz a um quadro de puberdade precoce. Use, portanto, o leite de soja com cautela e apenas se houver indicação médica.

Uso de ferro

A Organização Mundial da Saúde propõe que a suplementação com ferro medicamentoso para lactentes seja realizada de maneira universal, em regiões com alta prevalência de anemia ferropriva, a partir do sexto mês de vida. A recomendação da Sociedade Brasileira de Pediatria é um aporte de ferro nos seguintes casos:

- Recém-nascidos a termo, peso adequado para a idade gestacional, em aleitamento materno exclusivo até o 6º mês SEM fatores de risco para anemia ferropriva (anemia na gestação, ausência de clampeamento tardio de cordão, anemia durante a

1 Para as do primeiro semestre, veja http://portal.anvisa.gov.br

2 Leia mais a respeito no Capítulo 10.

lactação, má nutrição materna, alterações nutricionais ou placentárias durante a gestação) – 1 mg de ferro elementar/kg/dia, iniciando aos 180 dias de vida até o 24º mês de vida.

- Recém-nascidos a termo, peso adequado para a idade gestacional, em aleitamento materno exclusivo (COM FATOR DE RISCO) – 1 mg de ferro elementar/kg/dia, iniciando aos 90 dias de vida até o 24º mês de vida.

- Recém-nascidos a termo, peso adequado para a idade gestacional, independentemente do tipo de alimentação – 1 mg de ferro elementar/kg/dia, iniciando aos 90 dias de vida até o 24º mês de vida.

- Recém-nascidos a termo com peso inferior a 2.500 g – 2 mg de ferro elementar/kg/dia, iniciando com 30 dias de vida, durante um ano. Após este prazo, 1 mg/kg/dia mais um ano.

- Recém-nascidos prematuros com peso superior a 1.500 g – 2 mg de ferro elementar/kg/dia, iniciando com 30 dias de vida, durante um ano. Após este prazo, 1 mg/kg/dia mais um ano.

- Recém-nascidos prematuros com peso entre 1.500 e 1.000 g – 3 mg de ferro elementar/kg/dia, iniciando com 30 dias de vida, durante um ano. Após este prazo, 1 mg/kg/dia mais um ano.

Nessa faixa etária, o organismo necessita de muito ferro para se desenvolver adequadamente. O ferro é mais bem absorvido no leite materno e nas fórmulas infantis do que nos alimentos, e pode ser encontrado sob duas formas: heme (boa disponibilidade em carnes e vísceras) e não heme (baixa disponibilidade em leguminosas e verduras de folhas verde-escuras).

Todos os bebês devem receber um aporte adequado de ferro para prevenir a anemia, uma das complicações mais comuns nessa faixa etária. Ele deve ser dado por via medicamentosa, sob orientação médica, pelo menos 30 minutos antes ou depois das refeições. Algumas vezes, para aumentar a absorção de ferro, o pediatra pode recomendar associá-lo a um suco de frutas cítricas (laranja ou limão).

Dieta vegetariana

As razões para escolher uma dieta vegetariana são diversas e incluem possíveis benefícios para a saúde, ou, mais frequentemente, ideais sociopolíticos, ecológicos e étnicos. Os tipos e composições das dietas vegetarianas variam muito e têm importantes implicações no crescimento e no desenvolvimento da criança.

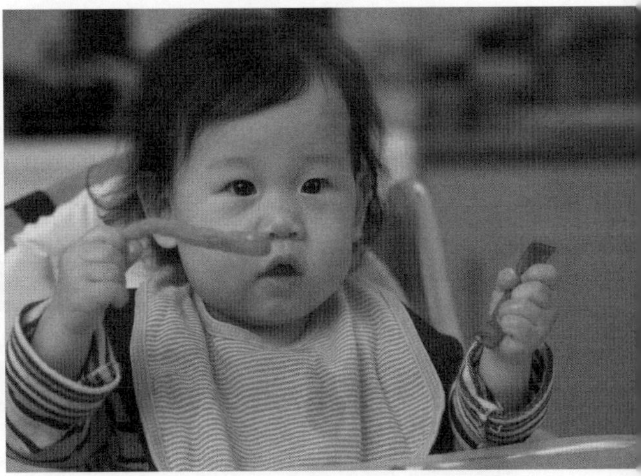

A dieta vegetariana pressupõe excluir a carne de vaca, mas pode incluir o peixe e o frango. A lactovegetariana admite ovo, leite e seus derivados, mas não carne de origem animal. A vegana proíbe todos os alimentos de origem animal, bem como o mel e os produtos oriundos de animais, como o couro e a lã e as comidas conservadas e processadas de forma não orgânica.

Pais que seguem dietas restritivas submetem seus filhos aos mesmos princípios quando iniciam a alimentação complementar. Apesar de seus aspectos positivos, elas podem causar deficiências alimentares em um organismo ainda em formação estrutural, como é o caso do bebê. Nessas dietas, a quantidade de carboidratos, proteínas, ferro, zinco e cálcio é reduzida, apesar de haver um claro esforço para suprir a deficiência de carne. Se você segue uma dieta vegetariana, converse com um nutricionista e o pediatra para encontrar alternativas de adequação nutricional que garantam o crescimento saudável do bebê.

Vitaminas

A maioria das vitaminas não é sintetizada pelo organismo e precisa ser ingerida na comida. Crianças que não têm uma alimentação saudável acabam com deficiência vitamínica. Em casos de alimentação desequilibrada, as vitaminas devem ser ministradas em forma medicamentosa, principalmente nos primeiros anos de vida.

São importantes para o crescimento e desenvolvimento do bebê. Veja a função de cada uma delas:

- ***Vitamina K:*** é dada no nascimento, na dose de 1 mg por via intramuscular, para prevenir doença hemorrágica. É encontrada em vegetais verdes folhosos, tomate, espinafre, couve-flor, repolho e batata.

- ***Vitamina D:*** não é encontrada em nenhum alimento e só pode ser produzida pelo corpo quando exposto aos raios solares. Se seu filho não puder tomar banho de sol, o melhor é que a vitamina D seja reposta na forma medicamentosa.

- ***Vitamina A:*** a concentração no leite materno varia de acordo com a dieta da mãe. Ela é encontrada na gema de ovo, no fígado e no óleo de fígado de bacalhau, na margarina, na abóbora, na batata-doce, no mamão, no caju, na ervilha, no agrião, no almeirão, na mostarda, na couve e em alguns óleos de origem vegetal (dendê, pequi e buriti). Em regiões com alta prevalência de deficiência de vitamina A, a OMS, o Ministério da Saúde e a Sociedade Brasileira de Pediatria orientam o seguinte esquema de suplementação medicamentosa por via oral, em caso de risco de carência:

Alimento	Quantidade (100 g)	Vitamina A (μg)
Abóbora cozida	4 colheres das de sopa	108
Mamão papaia	½ unidade média	31,22
Manga	½ unidade média	402,12
Cenoura crua	1 unidade média	2.813,7
Cenoura cozida	1 unidade média	2.455,25
Brócolis	3 ramos médios	139
Couve	4 colheres das de sopa	72
Espinafre	4 colheres das de sopa	819
Batata-doce cozida	3 colheres das de sopa	1.790,25
Fígado bovino cru	1 bife médio	10.318,75

VOCÊ SABIA?

Por muito tempo se pensou que o leite de cabra era nutritivo o bastante para estimular o desenvolvimento do bebê. Em função dessas pretensas qualidades, foi dado a prematuros e aos bebês que tinham dificuldade de ganhar peso ou eram suscetíveis a alergias. Mas, assim como o leite de vaca, o de cabra tem quantidade excessiva de proteínas e sem qualidade. Ele contém baixa concentração de vitaminas, de folato e de ferro, indispensáveis para a formação de glóbulos vermelhos do sangue, sem os quais pode surgir um tipo de anemia grave, a megaloblástica.

- ***Complexo B***: a vitamina B1 é encontrada em carnes, vísceras e farinhas integrais, e germe de trigo. A B2 está no leite e seus derivados, no fígado, nos vegetais folhosos (alface, brócolis, almeirão, repolho, espinafre, couve), nas carnes, frutas, ovos, leguminosas e cereais integrais. A B3 tem maior concentração em carnes vermelhas, miúdos, peixes, crustáceos, aves, grãos de cereais, leguminosas e castanha-do-pará. São ricos em vitamina B5 as vísceras, as carnes vermelhas, os peixes, a batata, o tomate, o germe de trigo, o brócolis, a cou-

ISSO É NORMAL

A compulsão materna em alimentar o bebê a toda hora é uma realidade inegável: é comum ouvir por parte das mães que seus filhos não se alimentam corretamente. Elas associam a ingestão de grandes quantidades de comida a um crescimento saudável – o que a ciência comprova, hoje, ser uma inverdade. Apesar de cultural, essa crença pode causar inúmeros problemas no futuro. Os estudos revelam que a compulsão por comida na idade adulta está diretamente ligada ao vínculo mãe-filho. Ela atrapalha a boa relação da criança com a comida, aumenta a ingestão de petiscos e faz com que ela perca sua seletividade (qualquer alimento é melhor do que não comer). Pesquisas de comportamento apontam, por outro lado, que é frequente a oferta exagerada de alimentos por parte das mães. Mais ainda: elas acrescentam sal e açúcar nas receitas, oferecem mais de uma sobremesa e mais de cinco refeições por dia. Assim, a obesidade surge como consequência da superalimentação associada a perturbações na relação mãe-filho. Do lado da criança, o excesso de atenção ao que come ou deixa de comer acaba sendo usado para chamar a atenção sobre si ou até mesmo para expressar raiva. A necessidade da criança de agradar à mãe pode também desencadear um processo de obesidade precoce.

ve-flor e as leveduras. A B6 está no milho, no germe de trigo, na soja, no melão, na batata, na carne e nos miúdos (fígado, rim e coração). A B7 está presente nas vísceras, na soja, na gema de ovo, nos cogumelos e, em menor quantidade, em peixes, nozes, amendoim e aveia. A B9 (ácido fólico) está presente no feijão, nas vísceras, nas folhas verde-escuras (brócolis, espinafre), na batata, no trigo, nas leveduras e, em menor quantidade, no leite, nos ovos e nas frutas. A B12 está na carne (bovina, suína, de aves e de peixes), no fígado, rins e coração, na gema de ovo, nos frutos do mar, e, em menor quantidade, no leite e seus derivados.

- ***Vitamina C:*** todas as frutas (caju, laranja, acerola) e hortaliças de folhas verdes.

- ***Vitamina E:*** azeite de oliva, óleos vegetais (soja, girassol, milho, algodão), amêndoas, avelãs, cereais, gordura animal, gema de ovo, manteiga, folhas verdes e legumes.

- ***Cálcio:*** leite e seus derivados (sempre presente nas fórmulas infantis e no leite materno), em todas as frutas, peixes, carnes, verduras, feijão.

- ***Ferro***: carnes vermelhas, fígado de boi, vegetais verde-escuros, leguminosas.

- ***Zinco***: carne de vaca, frango, peixes, leguminosas, cereais integrais, nozes.

Capítulo 22

Crescimento

Do 1º ao 6º mês de vida, o bebê se desenvolve a olhos vistos. Esse crescimento se espelha em suas feições, cada vez mais definidas, e também no peso e na altura. Do maior fio de cabelo ao dedão do pé, tudo passa por transformações perceptíveis, que correspondem ao monitoramento das condições de saúde e nutrição. Os chamados índices antropométricos – peso, altura e tamanho da cabeça – são utilizados como principal critério desse acompanhamento.

Ganho de peso

Esse é o principal sinal de que a amamentação está sendo satisfatória e que o desenvolvimento do bebê segue como esperado. O ganho de peso é exponencial: permanecerá entre 15 e 30 g (ou 100 a 200 g por semana) até o 3º ou 4º mês. Em termos práticos, no final do 3º mês, seu filho deverá ter entre 1,5-2,5 kg a mais em relação ao peso que nasceu.

Após o 4º mês, a tendência é ele diminuir um pouco o ganho ponderal – porque gasta mais calorias permanecendo em vigília por mais tempo e desenvolvendo mais atividades; e depois porque o metabolismo começará a exigir mais calorias. Ele vai ganhar entre 10 g e 25 g por dia, o que representa um aumento mensal de 300 a 750 g (70 a 175 g por semana), e já no fim do 5º mês, seu peso terá duplicado em relação ao momento do parto.

Para pesar o bebê, é preciso observar algumas regras: mantenha-o deitado ou sentado em uma balança do tipo pesa-bebê, mecânica ou eletrônica, com divisões de 10 g e capacidade para 16 kg. Para aferir corretamente o peso, a criança deve estar despida e descalça. Acompanhe periodicamente a alteração de peso e, para tanto, escolha uma balança credenciada pelo Instituto Nacional de Metrologia, Normalização e Qualidade Industrial (Inmetro), que confere ao produto mais confiabilidade.

No consultório, o pediatra também vai pesar o bebê. Feito isso, ele vai montar a curva de crescimento de seu filho, que se encontra na caderneta de vacinação e segue recomendação da Organização Mundial da Saúde.

Em relação às crianças menores de cinco anos, a orientação é utilizar as referências internacionais da OMS, lançadas em 2006 e incluídas na caderneta de saúde do bebê. As curvas indicam o crescimento de crianças que vivem em ambientes socioeconômicos adequados e foram submetidas a cuidados de saúde e alimentação compatíveis com um desenvolvimento sadio. Com isso, elas pretendem descrever como deve crescer uma criança sadia.

Altura

Em seu primeiro ano de vida, o bebê dá um estirão. Cresce rapidamente – 25 cm/ano, sobretudo nos primeiros seis meses. Em seguida, diminui o ritmo a partir do segundo ano, quando cresce em torno de 15 cm/ano. Nessa fase, os principais fatores implicados no crescimento da criança são de ordem nutricional e ambiental; os fatores genéticos e o hormônio de crescimento têm menos influência. Nesse período, o padrão familiar de estatura tem pouca interferência no crescimento, e é possível que o bebê esteja bem nutrido, mas não ganhe altura.

Até o sexto mês, o bebê cresce mensalmente de 1,5 a 2,5 cm. Mês a mês, o pediatra afere a evolução, deitando o bebê numa maca, descalço e com a cabeça livre de enfeites. Em seguida, encaixa firmemente a cabeça da criança na parte fixa do antropômetro, o pescoço reto, o

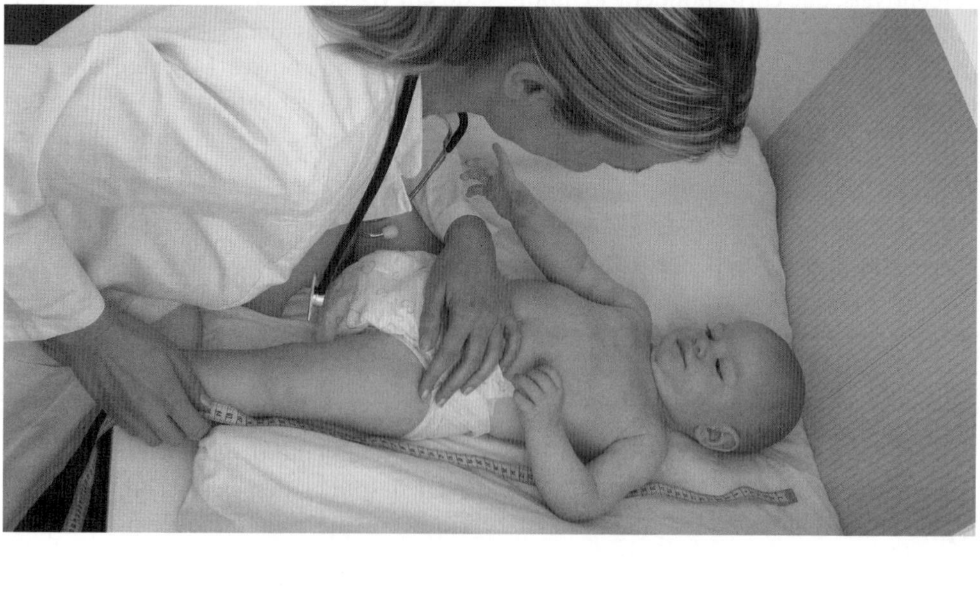

Bebê com 2 meses: altura e peso

Altura	Peso
Menina de 50,8 cm a 63,4 cm média: 57,1 cm	**Menina** de 3,4 kg a 7,6 kg média: 5,1 kg
Menino de 52,2 cm a 64,6 cm média: 58,4 cm	**Menino** de 3,7 kg a 8,1 kg média: 5,6 kg

Bebê com 3 meses: altura e peso

Altura	Peso
Menina de 53,3 cm a 66,3 cm média: 59,8 cm	**Menina** de 3,9 kg a 8,6 kg média: 5,8 kg
Menino de 55,1 cm a 67,7 cm média: 61,4 cm	**Menino** de 4,4 kg a 9,1 kg média: 6,4 kg

Bebê com 4 meses: altura e peso

Altura	Peso
Menina de 55,4 cm a 68,8 cm média: 62,1 cm	**Menina** de 4,4 kg a 9,4 kg média: 6,4 kg
Menino de 57,5 cm a 70,3 cm média: 63,9 cm	**Menino** de 4,9 kg a 9,8 kg média: 7,0 kg

Bebê com 5 meses: altura e peso

Altura	Peso
Menina de 57,2 cm a 70,9 cm média: 64,0 cm	**Menina** de 4,7 kg a 10,1 kg média: 6,9 kg
Menino de 59,4 cm a 72,4 cm média: 65,9 cm	**Menino** de 5,3 kg a 10,5 kg média: 7,5 kg

Bebê com 6 meses: altura e peso

Altura	Peso
Menina de 58,7 cm a 72,7 cm média: 65,7 cm	**Menina** de 5,0 kg a 10,7 kg média: 6,4 kg
Menino de 61,0 cm a 74,2 cm média: 67,6 cm	**Menino** de 4,9 kg a 9,8 kg média: 7,0 kg

queixo afastado do peito e os ombros totalmente em contato com a superfície de apoio. O bumbum e os calcanhares também devem estar apoiados na superfície plana. O pediatra pressiona os joelhos da criança para baixo com uma das mãos, de modo que fiquem estendidos, e junta os pés para formar um ângulo reto com as pernas. Em seguida, desliza a parte móvel do antropômetro até a planta dos pés, cuidando para que não se mexam. Dessa forma, fará a leitura do comprimento do bebê, em centímetros.

Medida a estatura, o pediatra avalia o crescimento por meio da curva impressa na carteira de vacinação. O ideal é que o bebê cresça em sua linha, ou seja, ganhe mais ou menos sempre a mesma medida. Mas isso nem sempre acontece: o crescimento não se dá de forma contínua; há picos de desenvolvimento intercalados com fases de abrandamento, sendo essas oscilações mais frequentes nos primeiros anos de vida. Ademais, cada criança tem o seu próprio ritmo – umas crescem mais rapidamente, outras menos.

Aumento do perímetro cefálico

O aumento do diâmetro da cabeça reflete de forma indireta o crescimento cerebral nos dois primeiros anos de vida. Nesse período, a circunferência craniana sofre influência da condição nutricional e deve ser avaliada de forma conjunta com o desenvolvimento neuropsicomotor.

Ela deve ser aferida em todas as consultas com o pediatra. Será realizada com

Sexo	Meninas	Meninos
Idade	Medida em centímetros	Medida em centímetros
2 meses	35,8 a 40,7	36,8 a 41,5
3 meses	37,1 a 42	38,1 a 42,9
4 meses	38,1 a 43,1	39,2 a 44
5 meses	38,9 a 44	40,1 a 45
6 meses	39,6 a 44,8	40,9 a 45,8

uma fita métrica em volta da porção posterior mais proeminente do crânio (occipício) e da parte frontal da cabeça (glabela). Após a aferição, o pediatra repassa os dados para a curva de crescimento da caderneta de vacinação. O ganho mensal é de 2 cm/mês no primeiro trimestre e de 1 cm/mês até o sexto mês.

Assim como a estatura, o perímetro cefálico sofre influência genética. Uma criança que tenha cabeça pequena tem um pai ou uma mãe com percentil craniano baixo.

A tabela acima aponta a média do perímetro cefálico do segundo ao sexto mês de vida do bebê.

O formato da cabeça

Algumas crianças nascem com a cabeça deformada (em formato longitudinal ou com os ossos uns sobre os outros). Outras vêm ao mundo com o que se chama de bossa serossanguinolenta – uma série de hematomas pequenos ou grandes localizados na parte superior do crânio. Essas alterações se devem ao fato de os ossos do crânio terem adquirido um formato característico para permitir a passagem pela bacia da mãe, durante o parto normal. Com o tempo, a cabeça do bebê ganhará a forma normal.

Por causa de fatores genéticos ou em decorrência da posição na barriga da mãe, alguns bebês acabam desenvolvendo nos primeiros meses alterações no crânio, chamadas de assimetria craniana posicional.

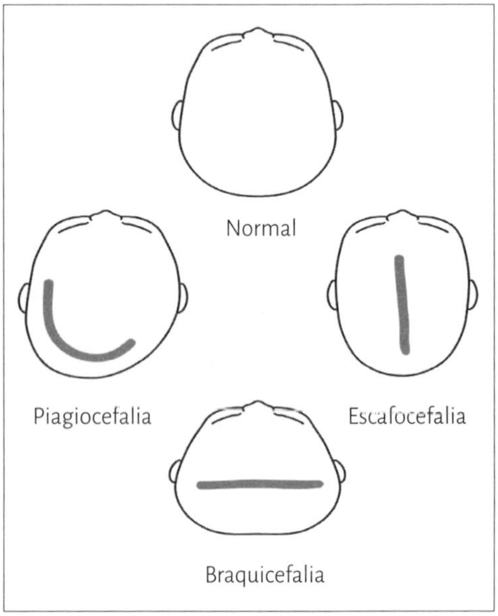

A grande maioria dessas assimetrias regride antes de o bebê completar dezoito meses, assim que ele adotar a posição sentada e em pé. Alguns estudos apontam que mudar a posição da cabeça da criança enquanto ela dorme, à noite, ou quando está deitada, pode acelerar o processo. Tente fazer isso se a assimetria a incomoda emocionalmente.

Causas de ganho ponderal excessivo

Especialistas do mundo inteiro garantem: estar acima do peso prejudica a saúde. No caso de um bebê, a questão se torna ainda mais séria, pois é de jovem que alimentação e metabolismo precisam de harmonia. Crianças rechonchudinhas na infância serão adultos obesos, e, portanto, mais suscetíveis a problemas de saúde. Por isso, nunca é demais lembrar: a principal causa de ganho ponderal excessivo em bebês é a hiperalimentação. Raríssimas são as doenças que causam esse problema.

Quando o bebê está em aleitamento materno exclusivo, não engorda além do normal. Se, por ventura, a balança oscilar um pouco mais do que o esperado, tão-logo a criança comece a ter atividades, como sentar e rolar, seu peso vai cair um pouco, diminuindo a discrepância em relação à altura dela. O ganho de peso em excesso em bebês que estejam em aleitamento materno exclusivo pode se dar devido uma dieta hipercalórica da mãe, sendo importante o ajuste da alimentação materna, se possível com o auxílio de uma nutricionista.

Porém, quando uma criança é alimentada com fórmulas infantis ou leite de vaca, é preciso ter mais cuidado. Será necessário adequar o que ela ingere ao seu gasto energético, em função da sua faixa etária. Pode ser necessário diminuir o tempo ou a frequência das mamadas e monitorar regularmente o ganho de peso. Além disso, nesses casos, estão proibidos doces e alimentos hipercalóricos.

Um aspecto importante que deve ser ressaltado é que a variável 'peso' só faz sentido em comparação com a altura – ou seja, um bebê pode ser mais pesado por ser mais alto. Ou, quem sabe, essa mesma criança não cresceu muito mas já nasceu grande. De todos os modos, se você esti-

VOCÊ SABIA?

É normal ter receio de tocar a fontanela do bebê. Algumas mães hesitam até mesmo em lavar o local. Embora se pareça com um buraco, a fontanela não é oca: existem várias camadas musculares e outras estruturas na cabeça que protegem o cérebro da criança. Você deve saber o local da fontanela do seu filho e avaliá-la principalmente em dias quentes ou se a criança estiver com febre e diarreia, porque a fontanela poderá estar depressiva ou abaulada, respectivamente.

Média não quer dizer normalidade

Quando se fala em crescimento e desenvolvimento infantil, recorre-se a um conjunto de regras e curvas para nortear o acompanhamento da criança. Existem parâmetros para avaliar a altura, o peso e o tamanho da cabeça do bebê, fornecidos pela Organização Mundial da Saúde, e existem marcos de desenvolvimento – sustentar a cabeça, andar, sentar, falar – que são aferidos a cada consulta com o pediatra.

Todavia, cada criança tem seu tempo e seu desenvolvimento próprio. Umas demoram mais para sentar, outras falam ou andam antes da hora. Quando um bebê tem um desenvolvimento um pouco mais lerdo, mas mantém uma evolução no seu próprio ritmo, o pediatra espaça menos as consultas próximas para acompanhá-lo mais de perto e descartar uma efetiva falha de crescimento.

Peso e altura são influenciados por uma série de fatores, particularmente a genética. Tampouco se pode esperar que uma criança que nasceu com poucos gramas chegue a pesar 4 kg dois meses depois. Cada qual tem seu canal de crescimento. Desvios podem ocorrer, mas eles só podem ser confirmados depois de levar em conta a própria realidade da criança.

ver achando que o seu filho está além do padrão mediano, peça ao pediatra para que calcule o IMC dele.[1]

Causas de baixo crescimento estatural

Até o sexto mês de vida, a genética pouco influenciará no crescimento do bebê. Nesse momento, ele será definido pelo ganho de peso e pelas vitaminas que está recebendo da mãe através do leite dela. Portanto, a principal causa de uma criança não crescer no primeiro semestre de vida são os problemas com a amamentação. É importante também destacar que uma amamentação deficiente pode inibir a estatura no futuro: mesmo depois de adequada, podem se passar até dois meses antes que o crescimento da criança se regule, ao passo que em relação ao peso, a correção é imediata.

Nessa fase, é raro um bebê não crescer mas engordar. Geralmente, estatura e peso seguem em paralelo. Se o pediatra perceber um crescimento insatisfatório do bebê e descartar problemas com a alimentação dele, solicitará alguns exames mais apurados para investigar doenças sistêmicas: cardiopatias, pneumopatias e a síndrome de má absorção, entre outros. Também o uso de medicações, como os corticoides, pode comprometer o crescimento.

1 Leia mais a respeito de IMC no Capítulo 2.

Capítulo 23

Desenvolvimento

É totalmente inesperado: de uma hora para outra, o bebê começa a gesticular, bate as mãos, sorri, aprende a dar gritinhos e a gargalhar. Mais algumas semanas e já está sentando, andando, falando. Prepare-se para um turbilhão de emoções: cada progresso que seu filho fizer – quando ficar mais tempo acordado, sustentar sozinho a cabeça ou reconhecer os irmãos – será como se fosse uma vitória sua.

As pessoas mais velhas acreditam que as crianças de hoje já nascem sabendo tudo – ou quase. Dizem até que as de antigamente não abriam os olhos na primeira semana. É verdade: as escalas de desenvolvimento infantil mudaram. Os bebês se desenvolvem mais rapidamente, até porque têm mais estímulos externos. No passado, não brincavam com brinquedos estimulantes, não tinham televisão e mal saíam de casa antes de completar 6 meses.

Se você acha que é muita informação para um recém-nascido, engana-se: crianças de tenra idade aprendem muito mais rápido que os adultos. O cérebro delas está em constante desenvolvimento e quanto mais estímulos receber, mais vai se sofisticar.

Novas competências

Como os tempos mudaram, as crianças também evoluíram muito. Transformam estímulos externos em aprendizado facilmente e dominam novas expertises num piscar de olhos. O desenvolvimento do bebê é dividido em quatro frentes: o desenvolvimento motor, o motor fino, a linguagem e o social. A maioria dos bebês avança em todas as áreas, mas há um campo no qual expressa mais facilidade. Isso quer dizer que algumas crianças dominam a fala mais rapidamente enquanto outras começam a andar logo. O importante é que sigam o padrão de normalidade.

O pediatra faz uso de uma escala de desenvolvimento, que lhe permite avaliar globalmente o bebê. A escala em uso na medicina foi reformulada em 2010 e tem o nome de Denver II. Ela está inclusa no seu calendário de vacina e você poderá acompanhar o desenvolvimento do seu bebê.

A seguir, um detalhamento de cada período e as medidas necessárias para estimular o bebê:

Primeiro mês

O recém-nascido começa a reconhecer o dia e a noite, principalmente a partir do 20º dia de vida. Aos poucos, passa a reservar mais tempo de sono para o período noturno e permanece um pouco mais acordado durante o dia.

Na maior parte do tempo, suas mãos continuarão fechadas e seu pescoço ainda estará bem mole, pendendo para o lado. Mas se você o colocar de bruços, verá que ele já é capaz de movimentá-la para o lado, de modo a liberar o nariz para respirar.

Do ponto de vista social, ele consegue se concentrar em objetos coloridos e já reconhece o som da sua voz. Também pode acompanhar com os olhos objetos que seguem uma trajetória de 90º. Faça a experiência com um chocalho colorido. O chamado reflexo de Moro continuará. Para estimular seu filho, deixe-o de bruços por um curto período: ele vai tentar erguer a cabeça. Isso fortalece a região do pescoço e fará com que tenha controle sobre seus músculos mais rapidamente.

Segundo mês

O desenvolvimento continua bastante intenso. Do ponto de vista motor e postural, o bebê já consegue sustentar um pouco mais a cabeça e levantar o queixo quando está de bruços. No final do 2º mês, já será capaz de virar a cabeça na direção da voz da mãe ou de algo que lhe agrade.

No âmbito da linguagem, poderá vocalizar alguns sons, como "o" e "a", e dará os primeiros sorrisos intencionais. Quem sabe já dê uma ou outra gargalhada em meio aos gritinhos de excitação. Também começa a levar a mão à boca, o que é uma grande descoberta, pois vai passar a sugar os dedos e a brincar com a língua.

Socialmente, o bebê de dois meses mostra interesse por brinquedos e móbiles. Esse é o momento certo de enfeitar o berço com alguns objetos coloridos, que o estimulem visualmente. As cores que mais atraem atenção são o vermelho e o amarelo.

Dormir de bruços continua sendo proibido à noite, mas você deverá deixá-lo nessa posição durante alguns instantes para que exercite os músculos do pescoço. Converse com o bebê, cante canções de ninar, leia livros, conte histórias.

Terceiro mês

Ao completar essa fase, o bebê já consegue reconhecê-la. Ele fica a maior parte do dia acordado e dá dois ou três cochilos ao longo do período.

Do ponto de vista motor, é capaz de sustentar o pescoço e, por vezes, até o peso do próprio tronco, permanecendo sentado em assento com apoio ou no colo. Alguns bebês mais desenvolvidos são capazes de mudar de posição: de costas para de bruços.

Em termos de linguagem, são crianças agora mais risonhas, que fazem e apreciam gracinhas. Há uma grande tentativa de comunicação com os pais por meio de gritinhos. Viram a cabeça prontamente ao ouvir a voz da mãe ou o chocalho, e seus reflexos antes automáticos dão lugar à intenção, revelando maior controle cerebral.

Outro marco importante é poder agarrar com as mãos. O bebê vai tentar segurar o lençol, os brinquedos do carrinho,

VOCÊ SABIA?

O ato de ninar e embalar o bebê merece cuidado: como a cabeça ainda é muito sensível aos movimentos, evite fazer gestos bruscos. O bebê de 1 mês não chora por birra, e, sim, para expressar desconforto, mal-estar ou necessidade de aconchego. O colo é um momento de prazer e satisfação: estimula seu desenvolvimento sensorial e afetivo. Procure acalentar seu bebê no primeiro mês.

os cabelos e os dedos que estiverem na sua frente. Sua mão não sairá da boca – e esse é mais um marco do desenvolvimento, pois está tentando descobrir quão grande ela é. Alguns bebês vão juntar as duas mãos, o que é extremamente importante pois marca a comunicação entre os dois lados do cérebro.

Para estimular o bebê,continue a colocar de bruços por tempo cada vez maior para fortalecer a musculatura do pescoço. De costas, você também pode esboçar o movimento de rolá-lo pelo quadril e esperar que ele faça o mesmo movimento com o tórax e a cintura. Mostre-lhe como tirar o braço debaixo do corpo. Faça isso várias vezes ao dia, até que aprenda. E não deixe de seguir cantando e contando histórias para estimulá-lo socialmente.

Quarto mês

O bebê já está mais ereto. De bruços, consegue levantar a cabeça e também os ombros, apoiando-se nos braços. Sentado e com apoio, é capaz de se manter por alguns segundos nessa posição. Ele também já será capaz de rolar, mudando de posição, embora com alguma dificuldade. Está cada vez mais interessado na própria mão e a coloca na boca cada vez por mais tempo e mais fundo.

Sua concentração é pouca ainda: mantém o foco numa atividade que lhe dá prazer por cinco a dez minutos, no máximo. Mas do ponto de vista da linguagem, está cada vez mais expressivo: junto de "ó" e "a", que já domina perfeitamente, manifesta-se por gargalhadas, gritinhos e imitação de pequenos sons que ouve.

Do ponto de vista da socialização, ele se mostra cada vez mais inteligente: reconhece o próprio nome, demonstra preferência por determinados brinquedos, que tenta agarrar e alcançar, para de chorar quando vê a mãe ou o seio materno e tosse para chamar atenção. Para estimulá-lo, coloque-o sentado com um apoio e espalhe em volta dele móbiles e chocalhos coloridos. Brincar com tapetes e espelhos pode ser divertido.

Quinto mês

A postura do bebê está cada vez mais firme e ele já consegue manter as costas retas e sentar com apoio. Levanta as pernas e alcança os pés; mantém a cabeça estável; rola na cama quando de bruços e se apoia na palma das mãos para tentar levantar.

É a fase da explosão de atividades: agarra tudo o que está ao seu alcance. Consegue pegar um objeto com uma mão e passá-lo para a outra. Nessa fase, o bebê coloca tudo na boca. É dessa maneira que experimenta as coisas e assim vai descobrir o mundo. Ele chupa e lambe brinquedos, coloca o pé na boca, tenta morder a mão da mãe. Inicia-se a chamada fase oral.

Do ponto de vista motor, se for bem esperto, já é capaz de sentar sem apoio. Em termos de linguagem, começa a pronunciar algumas sílabas como da-da-da ou blá-blá-blá e tem seu próprio vocabulário. Ele ri alto, e seu rosto expressa sentimentos de medo, surpresa, alegria e excitação. Brinca cada vez mais e por mais tempo, mas com um brinquedo de cada vez.

Para estimulá-lo nessa fase, mantenha-o sentado: isso vai ajudá-lo a desenvolver um senso de profundidade. Leia livros, cante e ensine-lhe a dar tchau, a mandar beijo e a bater palma. Converse bastante com seu filho: é assim que ele vai ampliar o vocabulário.

Sexto mês

Nessa fase, a principal atividade do bebê é sentar, coisa que consegue fazer por um curto período. Faz uso das mãos e da boca com destreza, principalmente para agarrar brinquedos e outros objetos que chamam sua atenção e colocá-los na boca. Seus movimentos estão cada vez mais rápidos e seguros. Ele também poderá ficar em pé sozinho, apoiando-se nos objetos.

Do ponto de vista da linguagem, já emite as primeiras sílabas e as associa às palavras "mama" e "papa", se for precoce. Ele não gosta de ficar sozinho e requer cada vez mais atenção. Tem concentração para brincar por 10 a 15 minutos e seu interesse pela televisão e por objetos coloridos e musicais é cada vez maior.

O sorriso

Os primeiros sorrisos surgem logo que o bebê nasce, mas são involuntários. Aparecem durante o sono, e as pessoas mais velhas costumam dizer que ele está sonhando com os anjos. São movimentos discretos e de canto de boca apenas.

No final do primeiro mês ou início do segundo, há uma grande mudança: os sorrisos se tornam voluntários e ocorrem no final das mamadas, quando os bebês se sentem mais confortáveis. Você vai notar que seu filho vai realmente abrir a boca para sorrir. Nesse momento, talvez dê sua primeira gargalhada.

Os sorrisos são excelentes sinais de desenvolvimento, pois aumentam de frequência e de intensidade. Eles podem ser acompanhados de gritinhos ou não. Expressam felicidade e desenvolvimento cerebral. No final do sexto mês, os sorrisos querem dizer alegria e ansiedade. O bebê vai sorrir ao ver a mãe se aproximar ou quando alguém brincar com ele de esconder seu brinquedo predileto.

VOCÊ SABIA?

Tenha atenção aos brinquedos que você vai apresentar para seu filho. Observe se ele tem peças que podem se soltar na sua boca e se a tinta é própria para brinquedos. Cuidado com brinquedos sem selos de qualidade; eles podem ter tinta com cobre em excesso e causar diarreia em seu bebê.

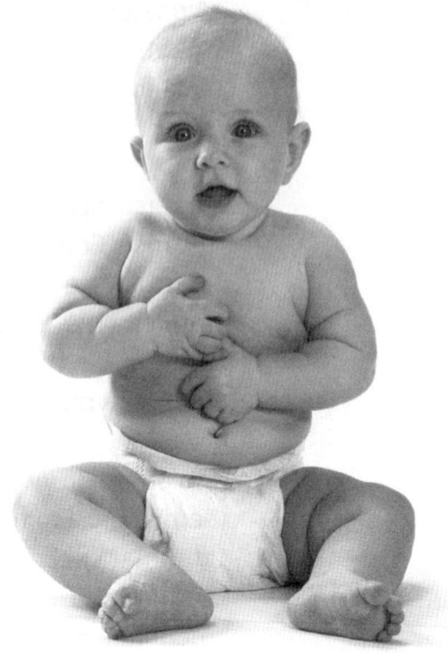

Sentar sozinho

Manter-se na posição sentada é o principal marcador motor do primeiro semestre. Para fazer isso, seu filho precisa aprender a sustentar o pescoço e ter força para tanto. Também precisa suportar o peso do tórax e ter equilíbrio no abdômen. Parece simples, mas não é.

A criança consegue se sentar com apoio do quarto ao sexto mês, e sem apoio a partir do quinto e até o sétimo mês. Se seu filho tiver dificuldade para sentar até o sétimo mês, convém procurar auxílio médico para investigar o desenvolvimento.

Você pode lançar mão de alguns estímulos para ajudá-lo a dar conta da tarefa mais rapidamente. Desde o primeiro mês, coloque-o de bruços por alguns instantes (de preferência longe das mamadas). Isso fortalecerá o pescoço. Repita o gesto até ele completar seis meses. No começo,

O bebê vai sorrir ao ver a mãe se aproximar ou quando alguém brincar com ele de esconder seu brinquedo predileto

VOCÊ SABIA?

As glândulas salivares começam a funcionar por volta do final do segundo mês, o que causará um aumento progressivo da salivação. A sialorreia – nome que se dá à saliva excessiva – é provocada pelo fato de o bebê ainda não ter aprendido a engoli-la. Antigamente, atribuía-se à salivação o aparecimento de dentes, o que é verdade apenas em parte. Quando os primeiros dentes nascerem, ela vai aumentar mais um pouco.

vai perceber que ele fica irritado e coloca a cabeça de lado, e nada mais. Mas, com o tempo, ele vai aprender a sustentar o pescoço e, por fim, usará o braço para se apoiar e levantar o tronco.

Outro exercício útil é ensiná-lo a virar sobre si mesmo. Segure o bebê pela cintura, mantendo-o deitado de costas, e gire-o vagarosamente, para que faça força com o tronco e a cintura. Você poderá fazer esse exercício completados dois meses de vida, quando o pescoço da criança já está mais firme.

O bebê pode ser colocado na posição sentado a partir do momento em que ele sustenta o tronco. Mantenha-o sempre apoiado em uma superfície rígida. Cadeiras com o encosto inclinado também ajudam a despertar curiosidade pela posição.

Esse marco é importante não só para a parte motora, mas também para futuras aquisições, como ficar em pé e engatinhar, e consequentemente andar. Além disso, a posição sentada é importante para o bebê iniciar a alimentação complementar.

Aprender a mastigar

O início da alimentação complementar é um grande marco, principalmente para o convívio familiar. É muito esperado por todos e acredita-se que seja também o começo da vida social do bebê.

No entanto, há que fazer algumas observações a esse respeito: a mais importante de todas as etapas ligadas à alimentação do bebê é o reflexo de mastigar, que começa a aparecer no quarto ou quinto mês de vida, independentemente de a criança ter dentes ou não. Você vai notar que, além de levar o brinquedo à boca, ele vai chupá-lo e fazer movimentos mastigatórios.

Outro marco é a sustentação do pescoço e do corpo: o bebê precisa estar sentado para comer. Caso não tenha adquirido esse marco, talvez não seja hora de iniciar a alimentação complementar.

Você também vai ver que aos poucos seu filho vai demonstrar curiosidade pelos alimentos que seus pais e irmãos estão comendo e os levará à boca sozinho, quando os tiver na mão. Lembre-se: alimentar-se deve ser um momento de prazer, e não uma atividade cheia de restrições e regras. O prato deve ser atraente e bonito para estimular a curiosidade do bebê e ele deve ter liberdade para tudo descobrir.

Capítulo 24

Na banheira

O banho é um dos momentos mais prazerosos para o bebê e um dos mais tensos para os pais. Todo cuidado é pouco para que a criança não se afogue na banheira.

O primeiro banho do bebê é cheio de superstições e fará parte da história da criança. Muitas vezes, os pais ficam inseguros e compartilham esse momento com pessoas mais experientes, como avós, tios ou até mesmo técnicos de enfermagem. Mais do que um ritual cultural, o banho deve ser seguro e um momento de prazer para toda a família.

Para evitar acidentes, siga alguns passos importantes.

O primeiro é instalar a banheira em superfície plana e rígida. Deve estar bem firme, para que não haja risco de virar ou escorregar com os eventuais movimentos que o bebê fizer. Segunda providência importantíssima: tudo que será usado no banho deve estar à mão. Xampu, sabonete,

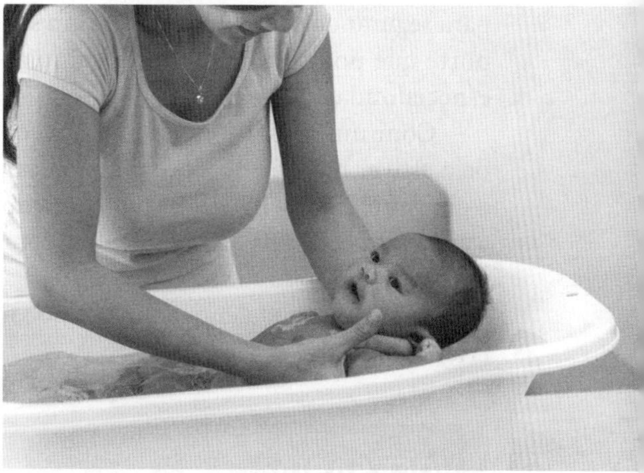

fralda, creme para assadura, toalha, roupa de troca, brinquedo, pente. Você não pode deixar seu filho sozinho na banheira nem por um minuto sequer.

A água não pode ser nem quente nem fria. Idealmente, deve estar entre 35 e 37° C. Procure descobrir aos poucos quais são as preferências da criança em relação à temperatura do banho: diminua ou aumente um pouco até perceber que o bebê está tranquilo e contente.

Mantenha a cabeça dele sempre apoiada sobre seu braço. Aos poucos, verá que ela pende menos para o lado – a criança consegue erguê-la sozinha –, mas mesmo assim você deve mantê-la sustentada para evitar acidentes. Comece o banho pela cabeça e prepare-se para reclamações: ele pode se agitar e até mesmo chorar e gritar, mas, resolvido isso, tudo será mais fácil.

Com o tempo, o bebê vai aprender a fazer muita bagunça no banho. Vai bater as mãos e os pés na água, eventualmente urinar na banheira e molhar você um bocado. Se você não se sentir confortável para segurar o bebê, coloque-o em um suporte que pode ser encontrado em lojas especializadas.

Com um mês, ou quando a cabeça dele estiver mais firme, você poderá usar o chuveiro. É mais higiênico por conta de a água ser corrente e não se misturar com o sabonete durante o banho. Mas saiba que o risco de queda enquanto ensaboa a criança é maior.

VOCÊ SABIA?

Em crianças, as cáries são provocadas por uma dieta rica em glicose e a presença de bactérias. O açúcar é o principal causador de cárie, e não os antibióticos e outras substâncias, como se pregou por anos a fio. O açúcar estabelece um ambiente favorável para a proliferação de bactérias na boca, que formam a cárie. O único meio de prevenir o problema é escovar bem os dentes.

Medo do banho

Não desanime se o bebê chorar muito nos primeiros banhos. Até ele se familiarizar com o ritual, continuará assustado. Com o tempo, vai se acostumar e desfrutar desse momento de prazer. Nos primeiros banhos, o bebê não gosta de ficar sem roupa nem de lavar a cabeça, e sente-se mais confortável de bruços.

VOCÊ SABIA?

Água na orelha não provoca otite. A otite média é causada por catarro no nariz e alteração da tuba auditiva, e se deve à ação de vírus e bactérias. O fato de você cuidar para que não caia água em excesso na orelha do bebê é mais pelo desconforto que isso causa – e a reação exacerbada que pode produzir na criança. Mais cedo ou mais tarde, a água vai sair espontaneamente, sem causar problemas ao bebê. Se algumas gotas escorreram para dentro da orelha, tudo o que tem a fazer é secar a parte externa com uma toalha e esquecer o assunto.

No chuveiro

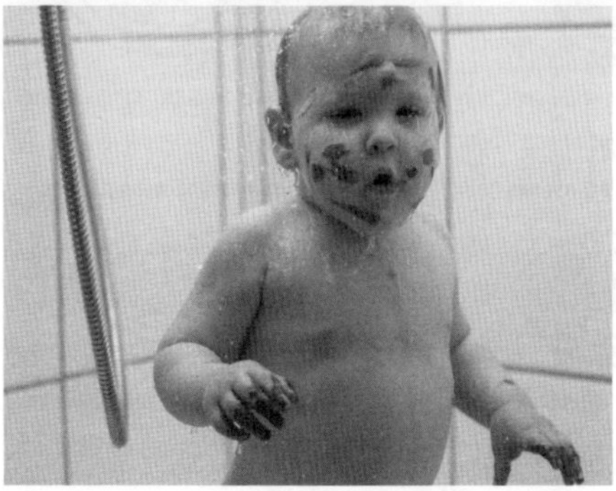

Uma chuveirada pode ser extremamente prática, principalmente após o terceiro mês, quando o bebê se torna mais ativo e o banho de banheira acaba sendo uma dor de cabeça. Mas ela pode ser realizada desde o primeiro dia de vida.

Há vantagem em não ter de passar por todo o ritual de montar a banheira, limpá-la e enchê-la de água e, quando tudo estiver pronto para começar a ensaboar a criança, ela decide fazer xixi na água e você tem de começar tudo de novo. Além disso, uma chuveirada é uma alternativa mais rápida quando se está viajando ou a passeio: não é preciso carregar a banheira e os demais acessórios.

O banho de chuveiro pode ser um momento de grande interação e afeto entre mãe ou pai e filho. O corpo a corpo transmite carinho e relaxa o bebê. Mas é importante ter alguém do lado de fora da ducha que possa pegar o bebê quando ele já estiver de banho tomado, para que você termine o seu com calma. Não tente sair ensaboada ou molhada: há risco de escorregar. E, por último, lembre-se de ensaboar a criança aos poucos.

Com a rotina e a maturidade do bebê, esse medo cede lugar ao bem-estar e ele aprende a relaxar. Para tornar o momento melhor ainda, crie uma rotina agradável: coloque música, converse com seu filho, cante e atraia a atenção dele para você. Isso vai diminuir o medo do desconhecido.

Os dentes

É por volta da 12ª semana de gestação que as lâminas dentárias começam a ser formadas. Responsáveis pelos dentes de leite, seu desenvolvimento se conclui até o sexto mês de gravidez. Com cerca de 30 meses (2 anos e 6 meses), seu filho já terá vinte dentes de leite.

O primeiro dente

O tempo que o primeiro dente toma para despontar na gengiva da criança depende, por exemplo, de ordem genética. Pais que tiveram dentes mais tarde terão filhos com o mesmo perfil.

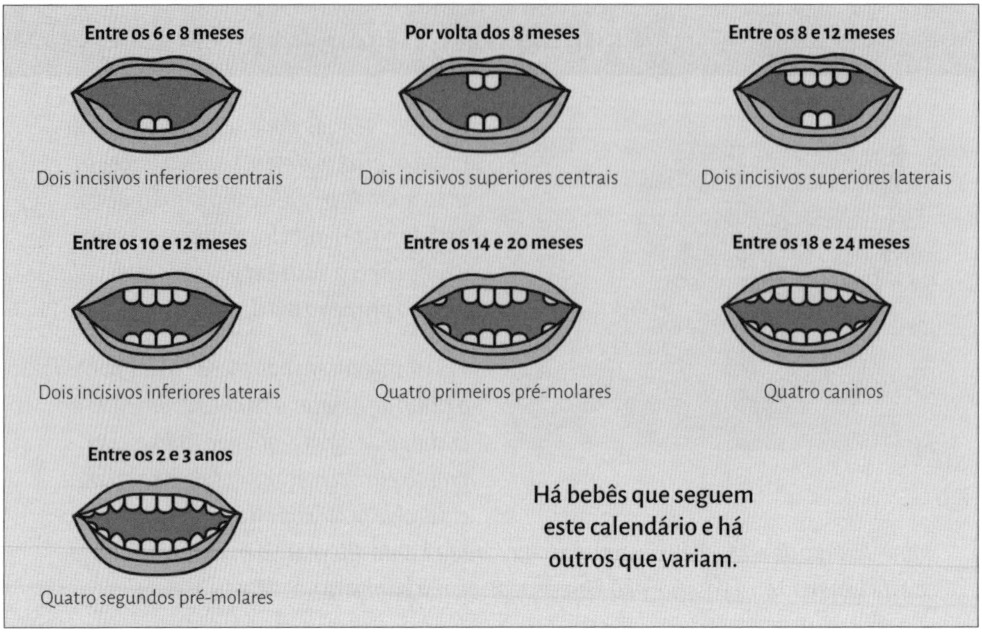

Os primeiros dentes a nascer são os incisivos centrais; os inferiores costumam eclodir primeiro. Eles podem aparecer entre o 3º e o 4º mês e até perto de um ano. Em geral, os inferiores irrompem aos 6 meses e os superiores, um mês depois. O segundo grupo de dentes são os incisivos laterais. Os superiores nascem por volta do 7º mês e os inferiores, um mês depois. Uma vez que os dentes começam a nascer, aparecem um ou dois por mês até completar os vinte dentes de leite.

Depois dos incisivos laterais, é a vez dos caninos. Isso pode acontecer entre o 9º e o 18º mês, tanto para os inferiores como para os superiores. Os últimos que vão despontar são os primeiros e os segundos molares. Eles nascem geralmente após 1 ano e 6 meses de vida.

Os dentes de leite vão cair por volta de 6 anos, e os permanentes seguem a mesma ordem de eclosão.

Sintomas do crescimento

O nascimento dos dentes é um marco no desenvolvimento da criança, a exemplo das primeiras palavras e dos primeiros passos. A sabedoria popular acumulou ao longo do tempo várias crenças para diminuir os sintomas da erupção dos dentes de leite. O primeiro sintoma, e o mais comum, é o aumento de salivação durante a eclosão dos dentes. Essa produção excessiva de saliva não se deve exclusivamente à dentição, mas sempre que houver dentes nascendo, ela será maior. A sialorreia aumenta cerca de duas semanas antes do nascimento dos dentes e vai diminuindo progressivamente.

Outro sinal é a irritação da gengiva. Ela coça, incha e torna-se irritada. O bebê passa a colocar mais frequentemente objetos na boca e os morde, como se estivesse coçando a gengiva. Esse é um indício claro de que os dentes vão despontar logo. Ofereça um mordedor gelado ao bebê: alivia a coceira e a irritação.

A diarreia é outro indício associado à dentição. Não se sabe se é provocada pela formação dos dentes ou pelo fato de o bebê levar vários objetos eventualmente contaminados à boca. Não é grave e não está associada a sangramento ou muco. Caracteriza-se apenas por um aumento do número de evacuações e amolecimento das fezes. Raramente a dentição provocará uma diarreia que gera desidratação.

A chamada "febre do dente" não é comum. Pode ocorrer um leve aumento de temperatura, fazendo com que o bebê fique febril (entre 37,3 e 38,3º C). O que ocorre é que, nessa fase, o bebê acaba tendo infecções de repetição, o que ocasiona uma confusão entre uma virose e a febre pelo dente.

O importante é que, se for apenas pelo dente, a febre não durará muito tempo (1-2 dias) nem será alta (maior que 38,4° C).

Primeira consulta ao odontopediatra

O ideal é que todo bebê passe por uma consulta anual com o dentista. Ele vai indicar o melhor método de escovação para cada faixa etária, orientar a compra da escova e da pasta de dente e mostrar como se deve proceder para manter a boca do bebê limpa. Na consulta, vai investigar se a formação dos dentes está dentro do esperado e, nos mais crescidinhos, se há alguma cárie em formação.

A suplementação de flúor

Esta é uma questão amplamente polêmica entre dentistas. Durante anos, se fez uso do flúor para conter o número de cáries. As pesquisas mostravam que a suplementação de flúor diminui em 60% a incidência do problema. É por esse motivo que a água corrente recebe uma pequena dose de flúor no Brasil.

No entanto, a alta concentração de flúor pode causar fluorose. A doença, mais comum nos dentes de leite do que nos permanentes, se apresenta na forma de manchas esbranquiçadas, e, em casos mais graves, provoca uma coloração acastanhada ou marrom no esmalte do dente. Pode também haver perda da estrutura dental, tornando-o mais friável e obrigando a um tratamento de restauração.

As pastas

Elas precisam começar a ser usadas quando os primeiros molares aparecerem: a partir desse momento, a simples lavagem com água não será suficiente; haverá acúmulo de resíduos das papinhas doces e salgadas que vão compor a dieta.

Existem dois tipos de pasta de dente: com flúor e sem flúor. Em quantidade adequada, o flúor diminui a incidência de cáries. É recomendação dos odontopediatras que crianças com menos de 4 anos façam uso de pasta de dente sem flúor. Mas a questão é polêmica: em 2015, a Academia Americana de Pediatria voltou a tratar do assunto, orientando o uso de pasta com flúor na quantidade de um grão de ervilha durante duas escovações diárias.

Se você está na dúvida, o melhor a fazer é conversar com o pediatra ou o odontopediatra que cuida de seu filho e pedir uma opinião.

A escovação

Procure estimular a escovação de maneira lúdica, recorrendo a músicas e brincadeiras, se for necessário. Você também pode escovar os seus dentes ao mesmo tempo, para que seu filho perceba que todo mundo faz a mesma coisa.

É preciso escovar os dentes pelo menos duas vezes ao dia. Até completar 4 anos, a criança não tem discernimento para dar conta da tarefa sem a supervisão de um adulto. Você pode deixá-la manusear a escova de dentes no começo ou no fim da escovação, mas cabe a você limpar dente por dente. Não se esqueça de escovar todos os dentes e principalmente a língua. Faça isso com muito cuidado para não machucar a gengiva e criar um trauma. No começo, a criança vai chupar a escova e empurrá-la com a língua, mas as pastas com sabores agradáveis facilitarão seu trabalho.

Chupar o dedo ou a chupeta

A boca representa para os bebês muito mais do que o lugar por onde entra o alimento. É através dela que o bebê começa a conhecer o mundo, mantém contato

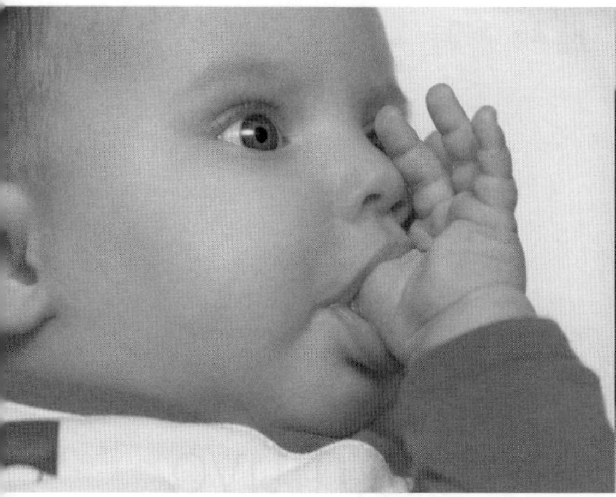

com sensações de prazer e descobre texturas, sabores e profundidades.

Deixe seu filho usar a boca para conhecer as coisas. Reprimi-lo ou impedir que a use como forma de reconhecer o mundo pode causar efeito contrário, prolongando a fase de experimentação oral. Esse período desaparece até os 2 anos.

A chupeta tem por função acalmar o bebê ao usar o reflexo de sucção e explorar a sensação de prazer. Apesar desse efeito calmante, tem aspectos negativos. Ortodontistas constataram que 60% dos adultos que usam aparelho chuparam chupeta e 20%, o dedo. Esses hábitos deformam a arcada dentária e entortam os dentes quando se prolongam além dos primeiros dois anos.

Do ponto de vista da ortodontia e da psicologia, é melhor chupar a chupeta que o dedo. A chupeta tem formato ortodôntico e, portanto, exige do bebê menos força para sugar. E pode ser retirada e acabar sendo esquecida, o que não acontece com o dedo.

O bebê em aleitamento materno exclusivo tem muita dificuldade para pegar a chupeta. O ato de chupá-la é bastante diferente de mamar no peito. Já a criança que está em aleitamento complementar com fórmula infantil oferecida em mamadeira está acostumada com os bicos e tem maior facilidade para usar a chupeta. Mama mais rapidamente, o que diminui a sensação de bem-estar, e, portanto, precisa da chupeta.

Capítulo 25

Desenvolvimento cognitivo

Os estímulos visuais, auditivos, táteis e olfativos são a base do desenvolvimento cognitivo do bebê. O processo de aquisição de conhecimento no ser humano se dá através da percepção, da atenção, da associação, da memória, do raciocínio, do juízo, da imaginação, do pensamento e da linguagem: tudo o que você puder fazer para que o seu filho tenha uma visão mais ampla do mundo o transformará em um adulto mais completo.

Até os 2 meses, os principais estímulos para o desenvolvimento cognitivo são os instantes de amamentação, banho e acalento. Como as interações ainda são poucas, já que o recém-nascido dorme a maior parte do tempo, esses momentos são cruciais para a troca de afeto com ele.

Com o desenvolvimento motor e da linguagem, a interação da criança com o mundo aumenta, principalmente depois do 2º mês de vida: a observação dos objetos começa a interessá-la e ela inspeciona tudo à sua volta. Além disso, o tempo de vigília aumenta, o que permite uma maior exploração do mundo e do próprio corpo. Ela vai descobrir que tem mãos e que elas se movimentam. E vai perceber que, se tossir ou chorar, terá atenção dos pais. São associações importantíssimas para o desenvolvimento do seu cérebro.

Com 6 meses, o bebê já tem um conhecimento cognitivo bastante apurado. Ele interage não só com você, mas com o mundo. A irritação, a alegria e o medo são sentimentos que consegue expressar através de sorrisos, choro, palmas e gritos. A cada dia, ele aprende uma novidade, o que é estimulante tanto para ele como para os pais.

Psicologia e desenvolvimento

Emoções são ingredientes vitais para o desenvolvimento da criança. Estudos mostram que bebês internados em hospitais sofrem um atraso no desenvolvimento físico e emocional e, às vezes, até mesmo uma regressão momentânea por conta da situação.

Pais irritados ou excessivamente cansados ou estressados correm maior risco de ter bebês chorões. O inverso também é verdadeiro: sabe-se que mães que conseguem manter a calma quando o bebê chora conseguem reverter o quadro mais rapidamente.

É importante que você se dê conta das emoções que está transmitindo ao seu filho. Ele deve se sentir amado, amparado e acolhido. Até ele completar 4 meses, evite deixá-lo chorando muito tempo sem tomá-lo nos braços. Isso não vai fazer dele uma criança mais ou menos mimada. Ao contrário, mostrará que ele é amado e criará um ambiente favorável ao seu crescimento e desenvolvimento.

Brinquedos e exercícios

A escolha dos brinquedos certos é fundamental para o desenvolvimento infantil. Não é necessário comprar brinquedos caros; mais vale que sejam criativos. Muitos podem ser fabricados com materiais reciclados. É com eles que o bebê vai se ocupar e se divertir e, principalmente, aprender. Os brinquedos ensinam a assimilar noções de peso, textura, cor, tamanho e forma.

Além de ser estimulante, o brinquedo deve ter o aval do Inmetro (Instituto Nacional de Metrologia, Qualidade e Tecnologia). Precisa, portanto, ter passado por testes que aferiram os riscos que oferecem. Todos os brinquedos se prestam a uma determinada faixa etária. E a definição de um público-alvo para determinado brinquedo não é fortuita. Tem como função evitar acidentes, como a criança engolir uma peça pequena ou se machucar com uma ponta mais afiada. Lembre-se: brinquedos que não têm selo do Inmetro podem ser produzidos com tintas tóxicas e materiais nocivos à saúde do bebê.

Vejamos quais brinquedos e brincadeiras são indicados para cada faixa etária:

- ***Primeiro mês*** – Sua atenção ainda é pouca e as atividades não devem durar mais que cinco minutos. Você pode brincar com pequenos chocalhos coloridos, colocando-os a cerca de 30 cm do rosto do bebê, de um lado para o outro, de maneira a estimular a movimentação da cabeça. Nessa fase, as crianças gostam de objetos com cores fortes, como o vermelho e o azul, e que façam barulho. Coloque o bebê de bruços e deixe o objeto na frente dele, para estimulá-lo a levantar a cabeça. Cantar e contar histórias também são atividades indicadas nesta fase.

- ***Segundo mês*** – Já há maior interação entre o bebê e os pais. Os móbiles e demais brinquedos de pendurar no berço ou no carrinho são muito bem-vindos e atraem o olhar do bebê, estimulando sua visão e interação com o meio. Outro brinquedo que já pode ser usado são as cadeiras que fazem movimentos vibratórios e têm móbiles, bem como os tapetes de atividades. Neles, coloque o bebê tanto de bruços como de costas, para estimulá-lo em ambas as posições.

- ***Terceiro mês*** – Nessa fase, os móbiles passam a ser muito importantes. As brincadeiras são as mesmas do segundo mês, mas passam a ser mais divertidas e mais demoradas. Ele vai gostar muito do tapete e vai tentar pegar os objetos, apesar de não conseguir. A tendência é ele ficar mais sentado no colo e reclamar quando colocado para dormir. Estimule-o a firmar a cabeça e depois o tronco. Em breve ele vai sentar. Uma brincadeira divertida é usar espelhos para estimulá-lo visualmente: ele vai rir às gargalhadas para si mesmo.

- ***Quarto mês*** – Um *boom* de emoções. Ele já tem os brinquedos favoritos, gosta de tê-los por perto e ri com eles. Como está cada mês mais ereto, é fácil manter a posição sentada, o que permite dar conta de várias atividades. O tapete é cada vez mais divertido e as brincadeiras no chão devem ser priorizadas sobre superfícies emborrachadas e rígidas. Na falta dele, use uma colcha aberta no chão e instale seu filho e os brinquedos. Evite brincar na cama e no sofá: há grande risco de queda, já que o bebê se mexe muito nesta fase. O espelho ainda trará muita diversão, bem como os brinquedos que fazem barulho.

- ***Quinto mês*** – O bebê já reconhece os próprios brinquedos e reage quando os tiramos de sua mão. Começa a fazer imitações aos poucos. Divirta-o fazendo caretas, abrindo bem a boca, colocando a língua para fora; emita sons parecidos com os que ele faz para que ele a imite; sente-o e ofereça pequenos objetos para que ele segure. Seu filho vai começar a gostar de ficar de bruços e até querer dormir nessa posição. Rolar é algo que já domina com desenvoltura e que dá prazer.

- ***Sexto mês*** – Período marcado pela sustentação do tronco e, consequentemente, a habilidade de ficar sentado. É com imensa alegria que você constatará que ele ficou sentado sem apoio por poucos segundos. E cada dia ele vai ficar mais tempo sentado, a ponto de não querer mais deitar. Deixe-o desfrutar de suas novas capacidades, sem prejuízo algum para sua coluna. Apresente-lhe brinquedos de apertar ou que tocam música, bem como os de encaixe. Evite a televisão por períodos maiores que 30 a 40 minutos. Coloque música para tocar e cante junto, bata palmas e veja a reação dele.

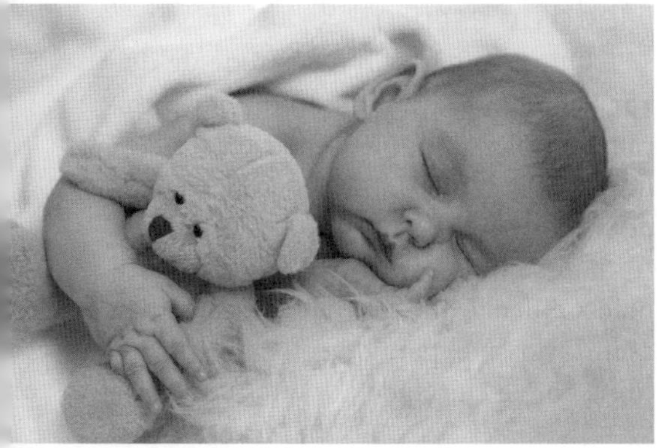

O sono

Com o fim do primeiro mês de vida, os hormônios que controlam o sono e o chamado ciclo circadiano (dia e noite) começam a ser produzidos. Nessa faixa etária, a mamada da noite começa a ser espaçada e o tempo de sono durante o dia é menor. O recém-nascido dorme em torno de dezessete horas por dia e vai diminuindo progressivamente. Um bebê com dois anos dorme, em média, 13 horas diárias. Ao escassear, o sono diuturno é fragmentado em duas a três sonecas de uma hora até o 6º mês de vida.

Atente para criar uma boa rotina e ritmos de sono/vigília que possam atender também às necessidades dos pais do bebê.

Ritmos e horários

Após o primeiro mês de vida, as coisas começam a entrar nos eixos. Há um ritmo que se estabelece e cria-se uma rotina que tranquiliza a criança e reduz seu medo e ansiedade, tão comuns nessa faixa etária.

O ritmo deve ser criado à luz dos costumes da família. Não existem regras. Os horários devem ser estabelecidos de acordo com o convívio familiar, e não preestabelecidos. Se os pais dormem tarde, o ideal é que o bebê adormeça mais tarde também.

Para criar uma rotina, há que pontuar eventos simples, que mostrarão ao bebê que está na hora de dormir, tomar banho ou comer. O ritual do banho antes de deitar, acompanhado de uma massagem ou de uma cantiga de ninar, pode predispor a criança ao sono. Mas há crianças que ficam mais excitadas após o banho, havendo necessidade de evitá-lo à noite. Cada família tem de encontrar sua rotina.

VOCÊ SABIA?

Na sexta semana, é normal haver um pico de choro, que coincide com episódios de cólicas repetidas. Uma criança sadia chora cerca de três horas por dia, em ondas de 30 a 40 minutos. No final do segundo para o terceiro mês, as crises diminuem para uma hora por dia e permanecem assim até o final do primeiro ano. Acredita-se que esse declínio se deve ao amadurecimento do sistema nervoso e à manifestação de outras emoções, como a alegria através do sorriso ou a frustração através das caretas.

Dormir sozinho

Não raras vezes o recém-nascido dorme no peito, durante a mamada, e depois tem alguma dificuldade para pegar no sono quando colocado no berço.

À medida que for crescendo, o ideal é que ele aprenda a dormir sozinho. Com 6 a 8 semanas, tente deixá-lo adormecer por conta própria, colocando-o no berço quando parecer cansado.

A partir do momento em que essa rotina estiver bem consolidada, a criança vai lutar menos contra o sono e até dará sinais de que quer ir para o berço.

Para conseguir isso, você deve estabelecer um padrão de sono e, para tanto, precisa seguir sempre a mesma rotina, diariamente. Procure substituir hábitos que dependam exclusivamente da sua presença. Exemplo: um paninho especial ou um bonequinho em lugar do seio, que sinalize que está na hora de dormir.

Medo do escuro

Quem é mãe tem o costume de deixar uma luz acesa ao lado do bebê, durante a noite, com medo de ele acordar e ficar assustado. Os bebês não têm medo do escuro, até porque não estavam acostumados com a claridade na barriga da mãe. O ideal é que o ambiente seja o mais escuro possível para que ele não se acostume com a claridade durante a noite.

Choro no meio da noite

Poucos bebês dormem a noite toda antes de completar 6 meses. Muitos deles ainda têm necessidade de se alimentar a cada três horas ou pelo menos uma vez na madrugada. Após o 3º mês, o mais provável é que ele tenha um intervalo de 4 a 5 horas de sono e desperte apenas uma vez durante a madrugada.

Muitos estudos apontam o aspecto familiar do ritmo de sono: pais que dormem bem têm filhos que dormem da mesma forma. Isso tem uma explicação: quando o bebê dorme, seu cérebro continua trabalhando e, portanto, precisa de glicose. No final do 1º mês, ele começa a acumular glicose no fígado para usar durante a noite, e existem enzimas que fazem essa função. Nos pais que dormem bem, as enzimas parecem ser ativadas mais rapidamente em função de fatores genéticos.

Capítulo 26

As doenças do período

Imunidade

O sistema imunológico é constituído por numerosas células de defesa, cada qual com suas tarefas a executar. Cada uma delas toma um tempo determinado para se formar e depende de alguns fatores, entre eles a genética. Mês a mês, o bebê estará mais forte, mas só terá imunidade próxima à de um adulto com sete anos.

Não existe medicação ou vitamina que potencialize a imunidade do bebê, evitando que adoeça. Ele vai ficar – e deve ficar – doente para ganhar resistência, como todo mundo. Mas existem algumas medidas importantes que podem ajudar a consolidar o sistema imunológico de seu filho.

A primeira e mais simples é amamentá-lo unicamente com seu leite. Esse alimento é a principal fonte de anticorpos e vai fornecer ao bebê a principal vacina. Durante seis meses, estará protegido da maioria das infecções mais comuns, como resfriados e diarreias. A segunda iniciativa é vacinar a criança. As vacinas criam as células necessárias para combater doenças graves, como a hepatite B, por exemplo.

Imunização

Vacinar o bebê de acordo com o calendário oficial é extremamente importante nos primeiros seis meses. Durante esse período, ele terá de tomar vacina mensalmente, e na maioria das vezes levará duas picadas – uma em cada perna. A maioria das doses ministradas nesse período dará imunidade para o resto da vida. Estas são as principais vacinas:

- ***Hepatite B*** – A primeira dose deve ser aplicada nas primeiras 12 horas de vida. A segunda dose é indicada

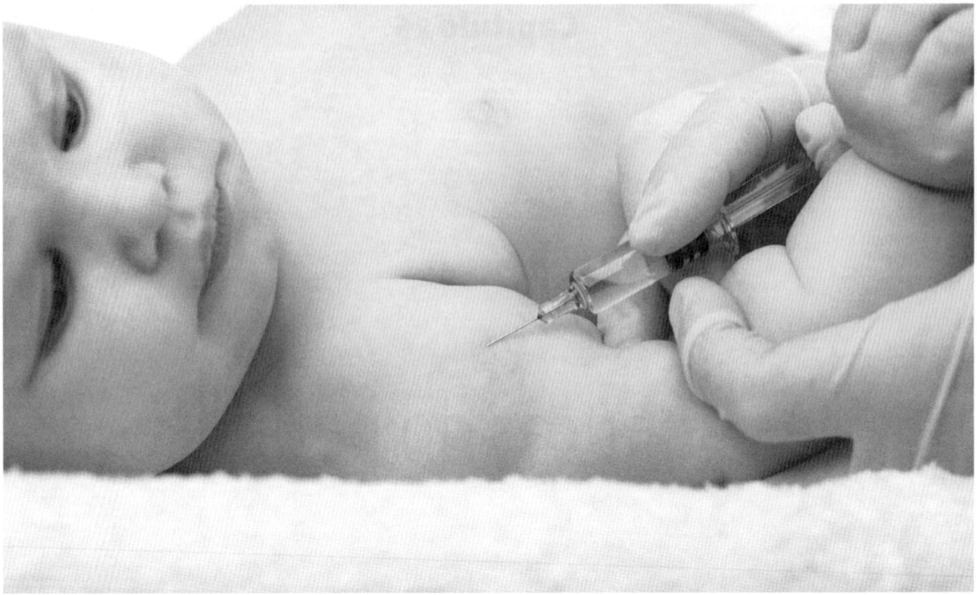

com 2 meses e a terceira dose, com 6 meses. Desde 2012, o Ministério da Saúde incorporou a vacina combinada, denominada Penta, aos 2, 4 e 6 meses, no âmbito do Programa Nacional de Imunizações (PNI). Dessa forma, os bebês que fizerem uso dessa vacina recebem quatro doses contra a hepatite B. Aqueles que forem vacinados em clínicas privadas podem manter o esquema de três doses. Crianças com peso ao nascer igual ou inferior a 2 kg ou idade gestacional inferior a 33 semanas devem receber, além da dose inicial logo depois do parto, mais três vacinas, num total de quatro doses (0, 2, 4 e 6 meses). Esta vacina garante imunidade contra a doença para o resto da vida. Ela causa efeitos adversos em raríssimas ocasiões.

- ***Difteria, tétano e coqueluche (Tríplice bacteriana)*** – É também chamada DTP e existe sob duas formas – a DTPw e a DTP acelular (dTpa). Previne contra três doenças: a difteria, o tétano e a coqueluche. Deve ser aplicada com 2, 4 e 6 meses, e aos 15-18 meses e 4-6 anos. Depois disso, deve ser reforçada a cada 10 anos. Atualmente, é aplicada nos postos de saúde na forma de pentavalente associada à vacina da hepatite B e do *Haemophilus influenzae* tipo B. Nas clínicas particulares, a DTP acelular é feita na forma hexavalente: além das já citadas, incorpora também a imunização contra a poliomielite na forma inativada. Esta é a vacina que causa mais reações no bebê, principalmente no 4º mês. No sexto mês, os efeitos colate-

IDADE	TIPO DE VACINA VACINA POLIO	VOLUME	AGULHA	LOCAL DE ADMINISTRAÇÃO
2 meses	PÓLIO INATIVADA (VIP)	0,5 ML	20x5,5	VASTO LATERAL DA COXA DIREITA
4 meses	PÓLIO INATIVADA (VIP)	0,5 ML	20x5,5	VASTO LATERAL DA COXA DIREITA
6 meses	PÓLIO INATIVADA (VIP)	0,5 ML	20x5,5	VASTO LATERAL DA COXA DIREITA
15 meses	PÓLIO ORAL (VOP)	2 GOTAS	–	CAVIDADE ORAL

*Fonte: Informes Técnicos – MS/SVS/CGPNI e bulas dos imunobiológicos.

rais acabam sendo mais brandos. A hexavalente aplicada em centros de saúde particulares oferece menos reações adversas uma vez que é inativada. Os bebês ficam irritados e podem ter febre baixa ou moderada (38,5º C) e dor localizada na perna. Use compressas geladas no lugar onde foi aplicada a vacina e tenha um antitérmico à mão nas primeiras 48 horas.

- ***Haemophilus tipo B*** – É uma bactéria associada a doenças graves como a pneumonia, a meningite e infecções generalizadas. A vacina Penta, encontrada em todos os postos de saúde, protege contra a difteria, o tétano, a coqueluche, a hepatite B e a *Haemophilus influenzae* b (conjugada). A vacina é recomendada em três doses: aos 2, 4 e 6 meses. Quando utilizadas as vacinas combinadas com componente pertússis acelular (DTPa/Hib/IPV, DTPa/Hib, DTPa/Hib/IPV, HB), disponíveis em clínicas privadas, uma quarta dose da Hib deve ser aplicada aos 15 meses de vida. Essa dose suplementar contribui para diminuir o risco de doenças invasivas, principalmente meningites, causadas pelo Hib a longo prazo.

- ***Vacina contra poliomielite*** – Ela pode ser via oral (VOP) ou injetável (VIP). A primeira é mais imunogênica, ou seja, contém parte do causador da pólio, embora de forma atenuada. Na pólio injetável, o causador está inativado. A vacina na forma de gotinhas oferece mais efeitos colaterais e maior risco de pólio vacinal. Atualmente, está disponível na rede pública de saúde nas duas formas e deve ser ministrada aos 2, 4 e aos 6 meses, na forma injetável, e com 15 meses e 4 anos, durante as campanhas. Na rede particular, a VIP é aplicada junto com a Penta, formando a Hexavalente.

- ***Rotavírus*** – É uma vacina oral, ministrada em frasco contendo uma solução agradável ao paladar do bebê, que ele vai sugar. Ainda

Grupo-alvo	Idade	BCG	Hepatite B	Penta/DTP	VIP/VOP	Pneumocócica 10v (conjugada)	Rotavírus Humano
Crianças	Ao nascer	Dose única	Dose ao nascer				
	2 meses			1ª dose	1ª dose (com VIP)	1ª dose	1ª dose
	3 meses						
	4 meses			2ª dose	2ª dose (com VIP)	2ª dose	2ª dose
	5 meses						
	6 meses			3ª dose	3ª dose (com VIP)		
	9 meses						
	12 meses					Reforço	
	15 meses			1º reforço (com DTP)	1º reforço (com VOP)		
	4 anos			2º reforço (com DTP)	2º reforço (com VOP)		
	9 anos						

que parte do líquido seja perdida enquanto a criança suga, isso não causa problema algum, pois a embalagem contém uma quantidade maior que a necessária. Existem duas vacinas contra o rotavírus: a monovalente e a pentavalente. Ambas protegem contra o vírus que causa importante diarreia em crianças. A diferença entre as vacinas é que a segunda oferece proteção contra mais sorotipos que a primeira. A vacina monovalente é a que está disponível em todos os postos de saúde do país. Ela é aplicada com 2 meses, e uma dose adicional é dada aos 4 meses. Ela não deve ser feita depois dos 6 meses porque potencializa os efeitos colaterais. A vacina pentavalente só está disponível em clínicas de vacinação. Deve ser ministrada com 2, 4 e 6 meses e não pode ultrapassar os 8 meses. Geralmente não causa febre, mas está associada a um amolecimento das fezes e, em casos raros, a uma diarreia sanguinolenta. O ideal é que você comece e termine na mesma vacina.

- ***Pneumocócica conjugada*** – É dada aos 2, 4 e 12 meses e pode ser atualmente encontrada nos postos de saúde. Esta foi uma das alterações realizadas pelo Ministério da Saúde, porque antes era feita uma

Grupo-alvo	Idade	Meningocócica C (conjugada)	Febre Amarela	Hepatite A	Tríplice Viral	Tetra Viral	HPV	Dupla Adulto	dTpa
Crianças	Ao nascer								
	2 meses								
	3 meses	1ª dose							
	4 meses								
	5 meses	2ª dose							
	6 meses								
	9 meses		Uma dose						
	12 meses	Reforço			1ª dose				
	15 meses			Uma dose		Uma dose			
	4 anos		Reforço						
	9 anos								

dose a mais – aos 6 meses. Previne contra um tipo de bactéria muito comum, o pneumococo, que pode causar um sem-número de doenças, como pneumonia, meningite e infecção generalizada. A vacina disponível nos postos de saúde é a pneumococo 10-valente, que previne contra dez subtipos da bactéria. Em clínicas particulares, ministra-se a 13-valente, e mantém-se no esquema anterior com 2, 4, 6 meses e 12 meses.

- ***Meningocócica C conjugada*** – Implementada no calendário vacinal brasileiro em 2012, previne contra a bactéria meningococo, que tem como principal manifestação a meningite meningocócica. A vacina é dada aos 3 e aos 5 meses, e uma dose de reforço é ministrada aos 1 ano.

- ***Meningocócica B recombinante*** – é uma vacina nova, introduzida em 2015 no Brasil, e ainda não está disponível na rede pública. Promete proteção contra um tipo grave de pneumonia. É recomendada para lactentes a partir de 2 meses, crianças e adolescentes. Para os lactentes que iniciam a vacinação entre 3 e 5 meses, são ministradas duas doses e uma dose de reforço aos 12-15 meses. Não se conhece a duração de imunização da vacina, mas sabe-se que seus efeitos colaterais são importantes – entre eles, febre alta. Por conta disso, a orientação é dar a vacina junto com um antitérmico.

ISSO É NORMAL

Qualquer vacina que for dada nos primeiros seis meses pode cursar com efeitos adversos. O principal, e mais preocupante, é a febre. Ela pode ser alta e persistente e durar de 24 a 48 horas. Siga as orientações do pediatra em relação à administração do antitérmico e do analgésico. Não se recomenda dar medicação antitérmica antes da vacina.

Alterações dermatológicas

Algumas doenças de pele ficaram para trás, mas, até completar 4 anos, a criança continua suscetível a alterações cutâneas, de forma que você precisa manter os mesmos cuidados de meses atrás. Com a maturação da pele do recém-nascido, as mudanças benignas tendem a diminuir, mas outras, provocadas por contato, fungo ou bactéria, aparecem com mais frequência. As principais são descritas a seguir.

Eczemas

É um processo inflamatório da pele com características clínicas e histopatológicas bem definidas. No bebê, as dermatites eczematosas mais frequentes são o eczema tópico – também chamado *dermatite atópica* – e o eczema de contato. A dermatite atópica, de caráter alérgico hereditário, quase sempre associada a manifestações de asma e rinite, ocorre em 80% dos casos no primeiro ano de vida. Há irrupção de lesões vermelhas nas dobras de braços e pernas, na face ou no couro cabeludo do bebê. O prurido pode ser moderado ou intenso. De modo geral, evolui alternando períodos de melhora e de piora, até regredir definitivamente ou quase, com o tempo. Há uma relação com processos alérgicos e história familiar. O tratamento consiste em manter a pele do bebê hidratada. Além disso, a criança deve evitar tomar vários banhos seguidos e sempre com pouco sabonete. Um tratamento com corticoides tópicos poderá ser necessário, se as feridas forem muito dolorosas. Evitar lãs e tecidos sintéticos em contato com a pele é outra recomendação. Você deve ter em mente que essa doença é crônica, recorrente, e que será preciso adaptar seu modo de vida a ela, num primeiro momento. A *dermatite de contato* é uma reação de pele inflamatória, desencadeada por agentes externos – por exemplo, um tecido ou um perfume. A área cutânea que esteve em contato com o causador da inflamação fica avermelhada e se cobre de uma crosta, deixando a pele de baixo mais grossa. O tratamento é muito mais simples do que no caso da dermatite atópica e consiste em afastar o agente que a provocou.

Impetigo

É uma das principais doenças infecciosas que podem atingir a pele da criança. É causada por bactérias, em especial a *Staphylococcus* ou a *Streptococcus*, e é altamente transmissível. Na maioria das vezes, essas bactérias já estão presentes no organismo do bebê e, quando encontram um ambiente favorável – uma pequena ferida ou um simples arranhão –, se instalam, provocando uma infecção. Apesar de ser ativas já nas primeiras semanas de vida, são mais comuns com o desenvolvimento da criança. O impetigo caracteriza-se por bolhas de pus em qualquer área do corpo, formando em seguida uma crosta amarelada bem característica. Quando não tratada, tende a disseminar, porque a criança vai se coçar e transportar pele contaminada de uma parte para outra do corpo. A partir do momento que se faz o diagnóstico, é preciso aparar bem as unhas do bebê e manter suas mãos sempre limpas para evitar a transmissão. O tratamento das lesões depende da idade e da gravidade do caso e consiste na aplicação de pomadas antibióticas. Nos casos mais graves, é preciso internar a criança para ministrar antibióticos venosos.

Furúnculo

Provocado por infecção do folículo piloso (bolsa onde nasce o pelo) ou de uma glândula sebácea (glândula que produz o suor), caracteriza-se pelo aparecimento de um nódulo vermelho com conteúdo de pus, quente e dolorido, que acaba por se romper, eliminando o conteúdo necrótico (carnegão) e purulento. É mais frequente na face, no pescoço, nas axilas, nas coxas e nas nádegas – áreas mais quentes e sujeitas a intensa sudorese. Essa infecção é provocada por uma bactéria que coloniza a pele do bebê, a *Staphylococcus aureus*, e o meio de transmissão mais comum são as mãos. O tratamento inicial consiste em fazer compressas mornas, para facilitar a drenagem espontânea do pus. Eventualmente será necessário usar pomadas antibióticas. Quando a furunculose se instala em mais de uma área, ou em crianças com menos de 2 meses, é recomendável o uso de antibióticos orais. Durante o tratamento, alguns cuidados são imprescindíveis: roupas e objetos de uso pessoal do bebê devem ser mantidos limpos e separados e, se possível, fazer troca de roupa várias vezes ao dia. As mãos e o rosto devem ser mantidos

VOCÊ SABIA?

O uso de repelentes não é recomendado em bebês com menos de 2 meses. Atualmente existem formulações baby que possuem a metade da substância icaridina que garante uma proteção de 6 horas e podem ser administradas na pele do bebê uma vez ao dia. Após 6 meses, o uso de repelentes infantis é recomendado com duração de proteção bem maior de 10h. A orientação é usar em crianças de 2 a 7 anos até duas vezes ao dia e em crianças entre 7 e 12 anos, até três vezes ao dia. Em bebês com mais de 6 meses pode-se aplicar loções. Em 2013, a Anvisa regulamentou os repelentes tópicos (RDC 19/2013) determinando normas de segurança que proíbem imagens e ilustrações nos rótulos que possam confundir as crianças, ocasionando a ingestão acidental do produto e possível envenenamento.

muito limpos – para lavá-los é melhor usar um sabão desinfetante, como a clorexidina. É conveniente manter secas as regiões do corpo habitualmente úmidas.

Escabiose

A sarna é uma parasitose da pele causada por um ácaro cuja penetração deixa lesões em forma de vesículas, pápulas ou pequenos sulcos, nos quais ele deposita seus ovos. As áreas preferenciais da pele onde se visualizam essas lesões são entre os dedos, os punhos (face anterior), as axilas, a região abaixo do umbigo, parte interna das coxas e as nádegas. A coceira é intensa e um marcador da doença. A coceira aumenta à noite, por ser o período de reprodução e deposição de ovos. A transmissão sempre foi creditada aos cães, mas isso não procede: ela se dá pelo contato direto com doentes e roupa de cama contaminada. O ácaro pode perfurar e penetrar na pele em 2,5 minutos. O período de incubação gira em torno de um dia a seis semanas. O tratamento depende da idade do bebê, mas o mais importante é descobrir se mais alguém da família está infectado. É recomendado que todas as pessoas que morem com o bebê ou que tenham um contato próximo regular sejam submetidas ao tratamento. Alguns cuidados com a higiene devem ser tomados. Exemplo: lavar as roupas de banho e de cama com água quente (pelo menos a 55° C). No bebê, o tratamento é tópico: o permetrima a 5% creme deve ser aplicado uma vez à noite, durante seis dias. A deltametrina, encontrada em loções e xampus, é outra alternativa e deverá ser usada de sete a dez dias. Mulheres grávidas e crianças com menos de 2 anos devem ser tratados com enxofre a 10% diluído em petrolatum.

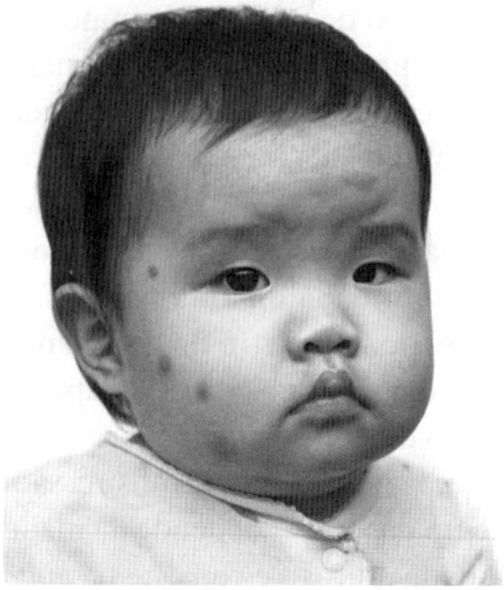

Picada de inseto (prurigo estrófulo)

A reação à picada de inseto é de hipersensibilidade a antígenos existentes na saliva deles, também conhecida por prurigo estrófulo. Caracteriza-se por uma pápula vermelha de 3 a 10 mm, mais frequente em bebê e crianças. Com o tempo, a reação à picada evolui até que ocorra tolerância, por volta dos 10 anos. Qualquer tipo de inseto pode provocar a lesão, mas os mais comuns são os mosquitos, as pulgas e os carrapatos. As áreas expostas são as mais acometidas. A reação pode ser localizada, embora possa disseminar pelo restante do corpo. As roupas podem ser uma barreira física contra a picada: mangas e calças compridas em locais de maior exposição aos insetos, como no campo e em fazendas, ajudam. Além disso, convém instalar nas janelas e portas das casas telas que impeçam a entrada de

“

Quando o sol nascer ou se pôr, as janelas devem ficar fechadas, pois é nesse momento que os insetos voadores do gênero *Anopheles* procuram alimento

”

insetos voadores. A utilização de mosquiteiros nas camas é bastante eficaz. Uma opção é aplicar permetrina no mosquiteiro, aumentando a eficácia, sendo uma medida segura e comprovada. Quando o sol nascer ou se pôr, as janelas devem ficar fechadas, pois é nesse momento em que os insetos voadores do gênero *Anopheles* procuram alimento. Os mosquitos do gênero *Aedes* têm maior atividade diurna e em áreas abertas, sendo, portanto, necessário proteger a criança durante esse período, quando estiver brincando fora de casa. Ambientes climatizados com ar-condicionado são outra forma eficaz de afastar os mosquitos. Muito cuidado com a proliferação de mosquitos em locais que acumulam água. Os repelentes tópicos infantis podem ser usados nas áreas expostas do corpo durante passeios ao ar livre, como praias, fazendas e chácaras, mas não devem ser aplicados antes de a criança dormir ou por períodos prolongados. Quando a reação local à picada for intensa, é possível lançar mão de um corticoide de média potência ou mesmo de um antialérgico oral, para diminuir a coceira.

Capítulo 27

Doenças do aparelho digestório

Refluxo gastroesofágico

É muito comum no bebê até ele completar dois anos e, principalmente, nos seis primeiros meses. Toda criança terá em algum momento refluxo. Na maioria das vezes, ele é fisiológico: deve-se a uma imaturidade do sistema digestório. Caracteriza-se por uma volta do leite do estômago para o esôfago. Entre os dois existe um músculo chamado esfíncter, que abre para dar passagem ao alimento e depois permanece fechado, de maneira a não permitir que o conteúdo do estômago volte. Mas algumas vezes, em função da própria imaturidade do sistema, o esfíncter se abre, deixando o leite voltar. Durante os primeiros meses, o bebê mama com muita frequência e seu estômago é bem pequeno, o que faz com que o que consumiu retorne mais facilmente. Com o tempo, o esfíncter começa a trabalhar melhor e o número de episódios diminui.

O refluxo pode se manifestar de diferentes maneiras: a criança vomita ou golfa frequentemente, embora mantenha bom ganho de peso, sono tranquilo e bom humor. Esse bebê tem o nome de "vomitador feliz". Entre os sintomas, citam-se uma pequena irritação após a mamada e até o primeiro arroto e o choro sistemático quando é deitado logo depois de mamar.

Se o bebê começar a ter vômitos mais intensos, as primeiras medidas serão posturais, visando minimizar o refluxo: deixe o bebê entre 25 e 30 minutos na posição ereta após a mamada, mesmo que ele arrote rapidamente. Deixe-o dormir inclinado a cerca de 30º. Se não puder fazer isso no berço, transfira-o para o bebê-conforto. Se os vômitos aumentarem, fracione as mamadas: após dez minutos, tire-o do peito e deixe-o arrotar, e em seguida ofereça o seio novamente.

Na maioria das vezes, essas medidas diminuem os sintomas e melhoram a qualidade de vida tanto da mãe quanto do bebê. Em outros casos, porém, o refluxo se torna doença crônica. A criança se torna excessivamente irritada, as náuseas e os vômitos se arrastam muito depois da mamada (cerca de duas horas), os engasgos se repetem excessivamente e não há ganho de peso. Notam-se também movimentos mastigatórios durante o dia, como se a criança quisesse engolir, tosse noturna e falha no crescimento. O diagnóstico é feito clinicamente. Quando há atraso no crescimento e os medicamentos não melhoram os sintomas, a endoscopia e a pHmetria esofágica podem ser necessárias. O tratamento vai depender do quadro clínico e das complicações apresentadas pelo bebê. Se ele estiver em uso de fórmula infantil, a simples mudança para uma antirrefluxo pode eventualmente melhorar os sintomas. E existem medicações antirrefluxo que podem ser prescritas.

Mudanças à vista

Essa é uma fase de grandes modificações. As fezes se tornam gradativamente mais pastosas e menos líquidas e, com o início da alimentação complementar, passam a ter consistência sólida, similar à dos adultos. É comum haver resíduos de alimentos que não foram digeridos nas fezes, uma característica que vai desaparecendo à medida que o funcionamento do intestino se altera.

A coloração também muda, passando de amarelo-ovo, característico dos bebês, para o verde e, gradativamente, para o castanho dos adultos. A coloração ainda vai variar muito nesse período: em certos dias, as fezes serão amarronzadas e, no dia seguinte, amareladas. Com o tempo, o cheiro de leite vai dar lugar ao odor peculiar das fezes dos adultos, com a introdução de alimentos sólidos.

Esteja sempre atenta às fezes de seu filho: pontos vermelhos, que lembram sangue, ou a presença de sangue vivo, ainda que em pequena quantidade, ou fezes esbranquiçadas ou negras e secreção que lembra muco ou catarro, são sinais de algum problema. Entre em contato imediatamente com o pediatra.

Constipação intestinal

É a eliminação de fezes endurecidas, com esforço, dor ou dificuldade associada ou não ao aumento do intervalo de evacuações, escape fecal e sangramento em torno das fezes. Grande parte das crianças apresenta prisão de ventre funcional, que pode estar relacionada com alterações da motilidade em algumas circunstâncias – até os seis meses, a grande maioria dos bebês pode ficar dias sem evacuar em função da imaturidade do sistema digestório. Apenas 5% das constipações são causadas por uma doença orgânica.

Antes do início da alimentação complementar, há pouco a fazer: massagens e leite materno são opções naturais que auxiliam a criança. Na maioria das vezes, ela não apresenta nenhum sintoma adicional – dor ou alteração do humor, quando

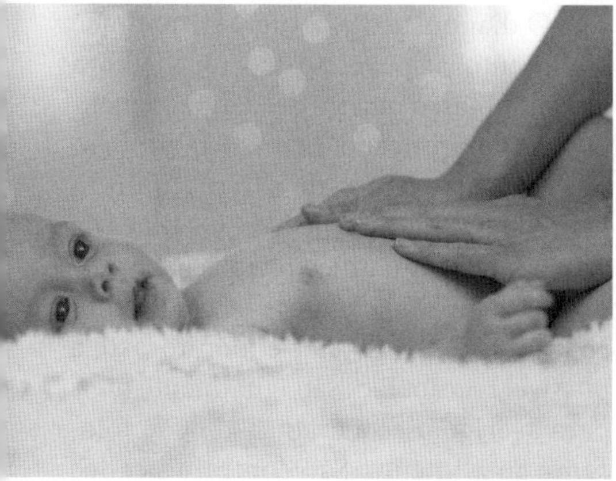

está há alguns dias sem evacuar. Aliás, é normal ficar entre sete e dez dias constipado. Converse com o pediatra se esses episódios se tornarem frequentes, pois a maturação do intestino vai criar um ritmo próprio, que pode imprimir evacuação diária ou a cada dois ou três dias, a partir do terceiro mês.

Após o sexto mês, com a introdução dos alimentos, você ganha um arsenal terapêutico maior, porque pode usar frutas e legumes, e até mesmo sucos e água, para melhorar o funcionamento do intestino de seu filho e amolecer as fezes.

Invaginação intestinal

O intestino é uma espécie de mola comprida, com vários anéis. Quando há invaginação intestinal, um anel entra no outro, causando dor intensa no bebê e obstrução na passagem dos alimentos. Esta é uma doença grave que requer intervenção rápida.

É a causa de obstrução intestinal mais frequente no segundo semestre. Em 65% dos casos, a criança tem menos de um ano e em 40% deles, de quatro a dez meses. O padrão clássico é de o bebê saudável começar a gritar de repente, dobrando as pernas em direção ao abdômen, e vomitar. A dor se repete e os episódios se tornam frequentes. Nos intervalos de dor, a criança fica quieta, eventualmente apática, pálida e sonolenta. As fezes ganham coloração vermelho-escura, com muco transparente, parecendo gelatinosas – esse é o principal sinal para o médico.

O bebê tem de ser avaliado logo para que o pediatra possa apalpar a alça. O bebê vai passar por uma ultrassonografia do abdômen e um exame chamado enema baritado. Esse exame pode ser usado como procedimento terapêutico: é uma radiografia com contraste que confirma a doença e trata a obstrução em 80% dos casos. Quando o enema não consegue desobstruir a área, é necessário operar o bebê o mais rapidamente possível.

Alergia alimentar

Não é um problema frequente: apenas 3% das crianças têm alergia por alimento. Qualquer proteína introduzida na dieta habitual pode desencadear as reações, em especial, o leite de vaca, em função de seu alto poder alergênico e precocidade com que é oferecido aos bebês.

O desenvolvimento da alergia alimentar depende da quantidade ingerida, da idade da criança, do nível de tolerância acumulada, do tempo e da frequência de exposição às proteínas alergênicas e também da genética. A amamentação é um dos meios mais eficientes e simples de prevenção de alergia ao leite de vaca e desenvolvimento da tolerância oral aos alimentos.

Os alimentos que mais desencadeiam reações alérgicas são o ovo, o leite de vaca, o trigo e a soja. Juntos, respondem por quase 90% dos casos. A maioria dos efeitos colaterais decorre da sensibilidade a apenas um ou dois alimentos.

Os sintomas da alergia por alimento podem ser bem diversos e ocorrer poucos minutos após a alimentação ou mesmo tardiamente, horas depois. Eles são de ordem gastrointestinal – diarreia crônica, náuseas, vômitos e dor abdominal, sangramento nas fezes e atraso no crescimento – ou reações agudas, como urticária e coceira, inchaço nos olhos e na boca e alterações respiratórias, como falta de ar e rouquidão.

O diagnóstico é obtido retirando-se o alimento suspeito. Se ocorrer melhora dos sintomas, o quadro de alergia alimentar fica comprovado. O médico também pode pedir exames de sangue, porém nem sempre são conclusivos. Os testes de provocação são o único meio de comprovação diagnóstica: oferece-se o alimento em ambiente hospitalar e monitora-se a possível reação. Eles são igualmente úteis para averiguar se a criança já ficou tolerante ao alimento. São contraindicados quando houver história de anafilaxia. Em casos mais graves, em que as reações são agudas, a criança deve ser levada a um serviço de emergência e muitas vezes é preciso ministrar adrenalina.

O alimento causador de reação alérgica deve ser reintroduzido de seis em seis meses ou após um ano de exclusão, para avaliar se a criança já desenvolveu

VOCÊ SABIA?

Existem duas formas de preparar o soro caseiro, e em ambos os casos é preciso ter muito cuidado, pois um simples erro pode provocar convulsões na criança desidratada. Basta escolher uma das fórmulas e seguir rigorosamente as orientações.

Receita de soro caseiro usando colher de sopa: 1 litro de água filtrada, fervida ou mineral engarrafada; 1 colher (sopa) bem cheia ou 2 colheres (rasas) de açúcar (20 g); 1 colher (café) de sal (3,5 g).

Receita para um copo de 200 ml de soro caseiro: 1 copo (200 ml) de água filtrada, fervida ou mineral engarrafada; 2 medidas (rasas) de açúcar (do lado maior da colher padrão); 1 medida (rasa) de sal (do lado menor da colher padrão).

tolerância. Uma das características da alergia alimentar é a consolidação de uma tolerância ao alimento que gera reações.

Doenças infecciosas

Provocadas por vírus, bactérias e fungos, têm um marco principal: a febre. Definida por uma temperatura axilar ou corporal acima de 37,8º C, a infecção pode ocorrer em qualquer órgão. No ouvido, caracteriza a otite; no pulmão, a pneumonia; na pele, a celulite; e no intestino, a diarreia aguda.

Celulite

Esta é uma infecção na pele. Pode ser provocada por uma série de bactérias, mas a principal delas é a *Staphyloccocus aureus*. Crianças com doença de pele, como a dermatite atópica, têm maior propensão à doença. Picadas de insetos ou pequenos arranhões também podem ser porta de entrada para as bactérias que causam esse tipo de infecção.

Inicialmente, surge uma vermelhidão na pele do bebê, em qualquer parte de seu corpo, e evolui rapidamente. É quente ao toque e causa dor. Um quadro febril quase sempre se instala a partir do segundo dia. O tratamento vai depender da idade e do local acometido. Quando tiver menos de um ano, e se a lesão for no rosto, o bebê será tratado com antibióticos venosos, para garantir que a bactéria não se espalhe.

Gastroenterite aguda

A diarreia aguda quase sempre é provocada por bactérias e vírus, principalmente em menores de seis meses. No entanto, ela pode ser causada por vermes e até mesmo por alergia a alimentos. No Brasil, ela já foi uma das principais causas de morte de bebês menores de seis meses, situação que a vacinação com o rotavírus, acrescida de orientações divulgadas em caso de desidratação, conseguiu reverter.

A diarreia é muito comum após o início da alimentação complementar e raramente ocorre em crianças que são amamentadas no seio materno e não usam chupeta. O modo de transmissão ocorre por via oral, através da ingestão de água e alimentos contaminados e contato com objetos contaminados (utensílios de cozinha, acessórios de banheiros, chupetas e mamadeiras), ou de pessoa a pessoa, por mãos contaminadas.

A gastroenterite é caracterizada por um quadro de febre, vômitos e diarreia, que pode ser leve ou grave. Pode haver irritação excessiva da criança, atribuída à dor abdominal e à ocorrência de gases (flatulência). A diarreia vem ou não acompanhada de sangue, mas o maior problema é que tende a levar à desidratação.

A desidratação é a falta de água no corpo do bebê, já que ele passa a perder líquidos pelo vômito e pela diarreia. Os principais sinais de desidratação são a ausência de lágrimas e saliva (secura da boca), olhos fundos e encovados, fontanela (moleira) funda e diminuição da urina. Havendo qualquer um desses sinais, não hesite em procurar imediatamente um serviço de emergência.

A maioria das crianças portadoras de gastroenterite aguda será tratada em casa, apenas com soro de reidratação oral e líquidos que evitam a desidratação. Eventualmente, o pediatra pode receitar medicações para tentar diminuir a incidência de vômitos. Se o bebê estiver em aleitamento materno, ofereça-lhe o seio várias vezes ao dia e depois de algum episódio de vômito ou diarreia. Se ele já recebe alimentação complementar, dê água e sucos. A melhor forma de reidratar a criança em casa é através do soro de reidratação oral, que pode ser obtido no posto de saúde ou comprado em farmácia, mas também pode ser feito com o soro caseiro. A recuperação total ocorre em cerca de dez dias.

Estomatites

São infecções na boca do bebê causadas por vírus. São lesões brancas, dolorosas, com base vermelha na mucosa da boca, semelhantes a aftas. São acompanhadas de febre alta e aumento de linfonodos. Crianças com estomatite não querem se alimentar por conta da dor, gerando a possibilidade de desidratação. Junto com a estomatite, podem surgir pintas pelo corpo, assim como lesões e descamações em mãos e pés. Tratam-se os sintomas, aumentando a oferta de líquidos, e receitam-se remédios para dor e febre. Mamadeiras e chupetas do bebê devem ser esterilizadas, para tentar diminuir a retransmissão do vírus.

Sopro cardíaco

São ruídos encontrados quando o pediatra faz a ausculta cardíaca com o auxílio do estetoscópio. Ele vai ouvir um barulho produzido pelo fluxo turbulento de sangue que passa pelo coração. O sopro cardíaco não representa, por si só, uma doença, mas apenas um sinal físico, que pode ou não refletir um mal. Quando há sopro sem doença, é chamado sopro inocente ou fisiológico.

Um sopro auscultado nos primeiros meses de vida, sem outros sintomas, como cianose (arroxeamento da pele), falta de ar e suor excessivo, mamadas intercortadas e falha no ganho de peso, caracteriza um quadro benigno, que deve, porém, ser investigado. Algumas alterações cardíacas podem ser sutis, mas o ideal é que sejam acompanhadas de exames específicos.

Sempre que um sopro for auscultado, é preciso consultar um cardiopediatra, que irá solicitar um ecocardiograma, se

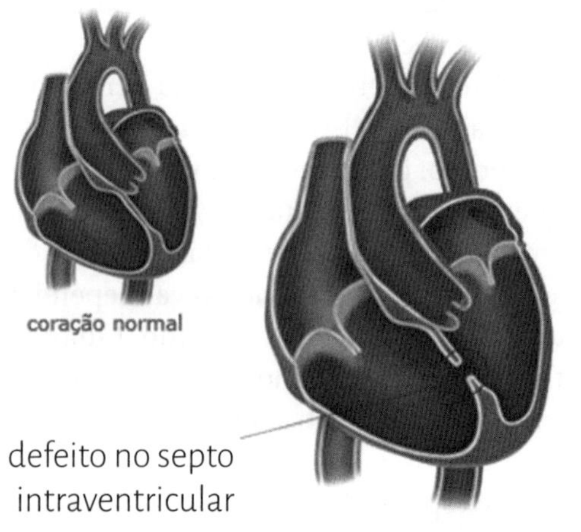

TOME NOTA

Respiração difícil

Quais os sinais da limitação respiratória?

É muito normal confundir uma ronqueira do nariz com uma dificuldade respiratória. Caracterizam o esforço para respirar sinais como:

1 – Mudança no padrão de batimento das asas do nariz: elas se movimentam mais rapidamente que de costume.

2 – Ao respirar, a barriga despida do bebê afunda a ponto de as costelas ficarem sobressalentes.

Nesses casos, há necessidade de a criança ser avaliada o quanto antes por um médico.

necessário. Na presença de sintomas, o exame deve ser feito o quanto antes.

- ***Sopro inocente:*** sua incidência é bastante alta, ocorrendo em cerca de 50% das crianças normais. Tem características clássicas: sintomas leves, que podem mudar de intensidade conforme a criança se movimenta. É mais fácil de ser observado quando o coração está mais acelerado, como quando há febre ou após uma simples corrida. Também é mais auscultado em crianças magras. Assim que for registrado, deve-se submeter a criança a um ecocardiograma. Se o resultado desse exame for normal, consolida-se o diagnóstico de sopro inocente. Com o tempo, o sopro vai diminuir de intensidade, até não ser mais ouvido.

Emergências respiratórias

São as principais causas de internação no primeiro ano, muitas vezes em UTI. Em geral, são infecciosas e decorrem da ação de vírus e bactérias. Nessa fase, as infecções virais adquirem maior gravidade, por conta da baixa imunidade do bebê. Um simples resfriado pode gerar a internação da criança que apresenta dificuldade de respirar.

Bronquiolite

Infecção respiratória aguda que se caracteriza por obstrução das vias aéreas inferiores, provocando um processo inflamatório com acúmulo de secreções nas vias aéreas. Em 75% dos casos, o vírus sincicial respiratório é o responsável pela

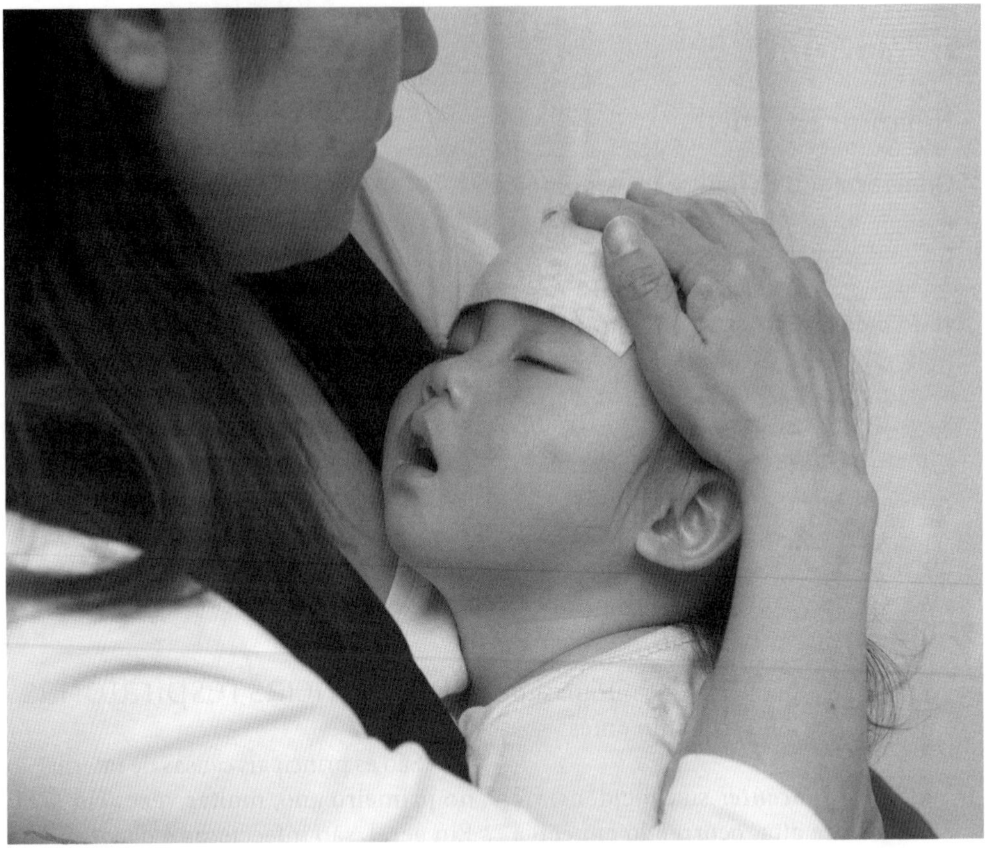

doença, mas o *Adenovírus*, o *Mycoplasma pneumoniae* e o *Parainfluenza tipo-3* são outros patógenos que estão relacionados com os casos de bronquiolite. A doença afeta crianças com menos de dois anos.

Estudos recentes apontam maior circulação do vírus nos meses de abril a maio nas regiões Sudeste, Nordeste e Centro-Oeste. No Sul, o pico da bronquiolite ocorre mais tardiamente, entre junho e julho, junto com a estação do vírus *influenza*. De modo geral, ela é mais comum entre prematuros, bebês que nasceram com problemas cardíacos e portadores de doenças pulmonares.

A bronquiolite caracteriza-se por febre, dificuldade para respirar, chiado no peito. Coriza e tosse muitas vezes precedem o quadro. O bebê se torna irritadiço e recusa a alimentação. Ao avaliar o bebê, o pediatra nota na ausculta pulmonar uma expiração prolongada, sibilos e roncos. O quadro clínico se arrasta até três semanas.

O diagnóstico é feito por meio do quadro clínico e da ausculta pulmonar do bebê. O diagnóstico específico do *vírus sincicial respiratório* e de outros vírus respiratórios é obtido pela coleta de secreção respiratória. O melhor material para coleta é a secreção do nariz. Entretanto, pode ser utilizado o swab (cotonete) nasal ou de orofaringe.

O tratamento nos casos leves e moderados tende a ser domiciliar e se baseia em medidas de suporte, como hidratação (seio materno) e controle da febre. Nos casos graves, quando há comprometimento da capacidade respiratória, é preciso internar o bebê. Então, o tratamento inclui monitorização, aspiração de secreção, hidratação e oxigenoterapia.

Gripe

A *influenza* é uma infecção viral aguda do sistema respiratório, de elevada transmissibilidade e distribuição global. Altamente contagiosa, ocorre no Brasil no final do outono, no inverno e no início da primavera.

O modo de transmissão mais comum é por via direta (de pessoa a pessoa), por meio de pequenas gotículas de aerossol, expelidas pelo infectado com o vírus *influenza* na direção de pessoas suscetíveis, ao falar, espirrar e tossir. Também há evidências de transmissão pelo modo indireto, por meio do contato com as secreções do doente. Nesse caso, as mãos são o principal agente de transmissão, permitindo a introdução de partículas virais diretamente nas mucosas oral, nasal e ocular.

O quadro clínico da *influenza* sazonal tem início abrupto, com febre acima de 38º C, tosse seca, dor de garganta, de cabeça e no corpo, prostração e congestão nasal. O quadro tem evolução autolimitada e em poucos dias regride. Diarreias, vômitos e fadiga podem estar associados.

VOCÊ SABIA?

Existe uma vacina que combate a bronquiolite, denominada *Palivizumabe*. Ela não se mostra eficaz em todos os bebês – e por isso é indicada somente para a população de risco. Nessa amostragem incluem-se os prematuros com idade gestacional menor de 28 semanas e seis dias; bebês com menos de doze meses de vida; pré-termos entre 29 e 31 semanas e seis dias, com menos de seis meses; crianças com alguns tipos de cardiopatias e portadoras de doença pulmonar com menos de dois anos, que necessitaram de tratamento nos seis primeiros meses.

A principal complicação são as pneumonias, responsáveis por um grande número de internações hospitalares.

O diagnóstico é feito clinicamente. Em casos de internação, faz-se um painel viral para identificar o vírus responsável pela gripe. A radiografia de tórax deve sempre ser realizada quando houver suspeita de complicações, como pneumonia.

O tratamento inicial visa combater os sintomas da gripe e inclui repouso, líquidos em abundância e antitérmicos. Havendo sinais de dificuldade respiratória, é preciso levar a criança ao médico para descartar complicações como a otite e a pneumonia. Em casos graves, o antiviral oseltamivir pode ser usado.

Pneumonia bacteriana

É uma infecção no parênquima pulmonar causada por agentes microbiológicos como o *S. pneumoniae* e o *Mycoplasma pneumoniae*. Os sintomas podem variar bastante, assemelhando-se a uma gripe comum e podendo evoluir a ponto de exigir uma internação. O quadro se inicia com formação de catarro e depois inclui febre persistente, tosse produtiva e mal-estar.

O diagnóstico é feito pela ausculta do pulmão do bebê, quando se notam alterações sugestivas de pneumonia. Em caso de suspeita, vale fazer uma radiografia de tórax para confirmar ou descartar a doença.

O tratamento inclui sempre antibióticos. Em não havendo dificuldade para respirar, pode ser ministrado oralmente e o tratamento feito em casa. Mas se o bebê tiver menos de dois meses ou estiver com falta de ar, o ideal é que o início do tratamento seja feito no hospital. A previsão é de que dure dez dias, mas será preciso reavaliar a criança em um par de dias.

Coqueluche

Doença infecciosa aguda que compromete especificamente o aparelho respiratório (a traqueia e os brônquios) e se caracteriza por paroxismos de tosse seca. Em bebês, pode resultar em um sem-número de complicações e até provocar a morte. É causada pela bactéria *Bordetella pertussis*, cuja transmissão ocorre pelo contato direto entre pessoas, através de gotículas de secreção da orofaringe eliminadas por tosse, espirro ou ao falar. O período de incubação é de cinco a dez dias e até três semanas.

A coqueluche havia se retraído durante anos, por conta da vacinação em massa com a tríplice bacteriana. Mas com a falha vacinal em adultos e a opção pela não vacinação das crianças por alguns pais, registrou-se um crescente aumento do número de casos nos últimos cinco anos.

A coqueluche evolui em três fases sucessivas. Uma primeira, chamada fase catarral – com duração de uma a duas semanas –, se inicia com manifestações respiratórias e sintomas leves: febre pouco intensa, mal-estar geral, coriza e tosse seca, seguidos pela instalação gradual de surtos de tosse cada vez mais intensos e frequentes, até que passam a ocorrer as crises de tosses paroxísticas. Essas tosses são crises súbitas, incontroláveis e curtas (cinco a dez tossidas, em uma única expiração) em que o bebê não consegue inspirar, tem protrusão da língua, congestão facial e, eventualmente, cianose, que pode ser seguida de apneia, vômitos e guinchos de tosse. A frequência e a intensidade dos episódios de tosse paroxística aumentam nas duas primeiras semanas. Duram entre duas e seis semanas. Na última fase, chamada convalescença, os paroxismos de tosse desaparecem e dão lugar a episódios de tosse comum. Persiste por um longo período e pode dar lugar a um reaparecimento transitório dos paroxismos.

Bebês com menos de seis meses constituem o grupo particularmente propenso a apresentar formas graves, muitas vezes letais, de coqueluche. Nessas crianças, a doença manifesta-se por paroxismos clássicos, algumas vezes associados à cianose, sudorese e vômitos. Não há aumento de temperatura ou febre baixa. Também podem ocorrer episódios de parada respiratória, convulsões e desidratação decorrente dos vômitos. Crianças em tal situação precisam de hospitalização, isolamento, vigilância permanente e cuidados especializados.

O diagnóstico é realizado mediante o isolamento da *B. pertussis* por meio de cultura de material colhido da orofaringe, com técnica adequada. Uma radiografia de tórax deverá ser feita para avaliar o comprometimento pulmonar.

O tratamento à base de antibiótico dura duas semanas. Muitas vezes, o comprometimento respiratório atrapalha o bebê. Nesses casos, convém lançar mão de um tratamento com oxigênio em ambiente hospitalar. O bebê deverá permanecer isolado para impedir a transmissão da doença. Nos episódios de tosse paroxística, a criança deve ser colocada de lado, para evitar a aspiração de vômitos e de secreção respiratória. As pessoas mais próximas da criança devem fazer uma profilaxia com antibióticos também.

Capítulo 28

Alterações hematológicas e urinárias

Crianças que não são amamentadas exclusivamente no seio ou que são alimentadas com fórmulas infantis próprias para sua faixa etária ou, ainda, bebês prematuros que não receberam os nutrientes transferidos na fase final da gestação podem sofrer alterações no sangue e deficiências nutritivas. Nos primeiros seis meses de vida, algumas são mais recorrentes.

Anemia ferropriva

O ferro é um dos componentes que forma as hemácias, as principais células do sangue. O bebê que nasce a termo e é amamentado exclusivamente no seio ou faz uso de fórmulas infantis tem estoque de ferro suficiente até os 6 meses. Depois do primeiro semestre, o risco de anemia por deficiência de ferro é maior para todas as crianças. Por conta disso, devem receber uma complementação de ferro profilática a partir dessa idade.

Nenhum bebê precisa colher sangue para comprovar a anemia. Esse exame só será realizado se houver alterações características, observadas em consultório médico, tais como palidez (em especial, na parte inferior dos olhos), sono excessivo, doenças cutâneas e déficit de crescimento e desenvolvimento.

O diagnóstico é obtido a partir da coleta de sangue, quando se observa uma diminuição das hemácias do sangue e da concentração de ferro. Mas nem sempre o médico pede para colher sangue do bebê, principalmente quando ele é muito pequeno, preferindo tratá-lo com medicamentos a partir de constatações clínicas.

O tratamento se baseia em uma alimentação mais nutritiva e aporte de ferro medicamentoso. Os principais alimentos ricos em ferro são as carnes (vaca, porco, aves, peixes) e as frutas cítricas (laranja, limão, acerola, maracujá). Além disso, é preciso evitar oferecer à criança com anemia chá-preto, mate, café e refrigerante, bem como leite muito perto das refeições, já que ele diminui a absorção de ferro.

O ferro pode gerar alguns efeitos colaterais. O principal são alterações intestinais, em especial o intestino preso. Se o bebê ficar constipado, aumente a quantidade de fibras. Se não houver melhora, às vezes pode ser necessário reduzir a dose por um algum tempo, para que o organismo possa se adaptar à nova medicação.

Deficiência de ácido fólico

Apesar de muito mais rara do que a anemia por deficiência de ferro, essa doença, que acomete crianças alimentadas com leite de cabra em lugar de leite materno ou fórmulas infantis próprias, gera os mesmos sintomas, em especial a palidez. Outros efeitos de ordem gastrointestinal – diarreia, constipação, vômitos persistentes, falta de apetite – também podem ser observados.

O tratamento é realizado com ácido fólico e alimentação mais rica. A suspensão do leite de cabra é importante. Além disso, será preciso redobrar o consumo de verduras de folha escura (brócolis, espinafre, couve), gema de ovo, fígado, leguminosas (feijão, feijão branco, ervilha, lentilha, grão-de-bico), peixes, laranja, melão, maçã, soja e seus derivados.

Alterações genitais

Nos seis primeiros meses de vida, todas as alterações já enunciadas[1] persistem e outras podem surgir: a área genital de meninos e meninas continua atravessando importantes transformações. Os meninos ainda podem ter fimose e a maior parte das doenças é provocada pelo uso de fralda.

Hematúria

O bebê recém-nascido pode ter uma urina de coloração alaranjada,[2] mas se ela se mantiver alterada depois do primeiro mês de vida, isso é motivo de preocupa-

1 Leia mais nas páginas 334-337.

2 Leia mais na página 220.

VOCÊ SABIA?

De acordo com a resolução RDC n. 344, de 13 de dezembro de 2002, da Agência Nacional de Vigilância Sanitária (Anvisa), toda farinha de trigo ou de milho produzida no Brasil deve ser fortificada com ferro e ácido fólico. A determinação buscou reduzir a incidência de anemia por ferro. A medida passou a valer a partir de junho de 2004, data-limite para que as empresas regularizassem a suplementação. Atualmente, cada 100 g de farinha contém uma quantidade mínima de 4,2 mg de ferro e 150 mcg de ácido fólico.

ção, pois pode ser sinal de sangue na urina. Apesar de pouco frequente, você deve estar sempre atenta a cada troca de fraldas à cor da urina. Se notar qualquer coisa de diferente, deve consultar o médico o quanto antes.

Para descartar a presença de sangue na urina, é preciso fazer um exame de urina e investigar a quantidade de hemácias e a existência de infecção urinária. A presença de hemácias no exame de urina, também chamado de EAS (urina 1, EQU, dependendo da região do país), caracteriza uma hematúria.

Várias causas podem levar à hematúria. Na verdade, ela é um sintoma, não uma causa. A principal delas é a infecção urinária. Outras eventuais causas: alterações renais congênitas ou até mesmo um cálculo renal. Nessas crianças, é preciso aferir a pressão arterial frequentemente. A primeira providência a tomar é excluir a possibilidade de infecção urinária. Outros exames – como a ultrassonografia das vias urinárias – podem ajudar a identificar o problema.

VOCÊ SABIA?

O exame de urina pode ser colhido de duas maneiras: 1) instalar um saco coletor na região genital, para quando o bebê urinar. O saco deve ser trocado a cada 30 minutos para evitar a colonização de bactérias; 2) caso o primeiro método não dê certo, será preciso usar uma sonda na uretra do bebê, para recolher urina diretamente da bexiga.

Infecção urinária

Ela pode muitas vezes passar desapercebida na criança pequena, até porque alguns sintomas característicos, como a dor ao urinar, não são observados. Muitas vezes, os primeiros sintomas são o próprio sangue na urina ou uma febre súbita. A criança também pode ter vômitos, irritabilidade, urina malcheirosa e perda de peso. Todos os bebês que têm febre sem motivo aparente devem ser submetidos a um exame de urina. A infecção urinária nessa idade é mais comum em meninos por conta da fimose. Após um ano, as meninas começam a ter o problema mais que os meninos.

O diagnóstico é fechado graças ao exame de urina, que também permite identificar a bactéria em ação. Nesse caso, um tratamento à base de antibióticos deve ser iniciado. Algumas vezes, o tratamento é feito em hospital. Sempre que houver infecção urinária com febre, será preciso passar a criança por uma ultrassonografia, uma vez terminada a medicação. Existem algumas doenças, como o refluxo de urina para os rins, que devem ser cuidadosamente descartadas.

Capítulo 29

Vida em família e sociabilização

Com o crescimento do bebê, surgem inúmeras dúvidas acerca do comportamento infantil. Quando levá-lo para passear? Para a praia? Para uma festinha? Essas e outras são questões que comumente mobilizam os pais de primeira viagem. Assim como o desenvolvimento motor, o emocional é muito importante, e ajudar a criança a ganhar experiência é fundamental. Mas atenção: mais que nunca, nessa fase, você terá de arrumar a casa para que o seu filho não sofra nenhum acidente.

O desenvolvimento emocional do bebê

Alguns traços já estão presentes no bebê desde o seu nascimento. Uns são mais chorões e emburrados do que outros, que vivem dando risada e são mais comunicativos. Uns bebês estranham as pessoas que não conhecem, outros adoram ficar de bruços e há aqueles que têm especialmente medo de ruídos altos. A cada mês, você notará mais claramente esses traços na personalidade do seu filho.

O bebê com dois meses já sabe quem é a mãe dele e reconhece algumas pessoas mais próximas. Ao vê-las, abre um sorriso, o que comprova que já enxerga e é capaz de reconhecer gente. Ele demonstra cada vez mais alegria ao ouvir a voz do pai e alguns chegam a ficar mais excitados quando estão prestes a fazer algo de que gostam: por exemplo, diante dos preparativos para um banho.

Estudos mostram que, entre o 1º e o 5º mês de idade, o bebê se relaciona simbioticamente com a mãe: ele está intimamente ligado a ela numa matriz única e indistinta, de complementação recíproca, e por isso o aspecto emocional tanto chama a atenção. A mãe reconhece o choro do seu filho a distância e entende o que o aflige: fome, frio, fralda suja ou dor. De seu lado, o bebê depende visceralmente dela.

Nesses primeiros meses, a criança ainda pensa ter um cordão umbilical que a vincula à mãe. Por isso, precisa do aconchego dela. Por volta dos cinco meses, tem início um processo no qual ela começa a perceber o mundo à volta, as pessoas e seus próprios limites corporais. Algumas mudanças de comportamento fazem parte desse desenvolvimento, quando a criança por fim começa a ser uno, indivíduo. É quando retomar suas atividades de rotina é mais indicado.

Seu bebê e o mundo à volta

O primeiro mês é de reclusão. Geralmente, por recomendação médica e por conta da baixa imunidade do bebê, o ideal é mantê-lo longe dos ambientes fechados e cheios de gente. Esta reclusão também é importante para o fortalecimento do vínculo entre a mãe e seu filho e permite superar problemas com a amamentação e a privação de sono.

Nas semanas seguintes, o bebê cresce e sua adaptação à rotina social dos pais já é possível. Vale a pena lhe mostrar o mundo. Isso acontece desde o segundo mês de vida, embora alguns pediatras prefiram postergar esse *début* para o terceiro mês. O mais importante é que você se sinta segura diante desse novo desafio, e o pediatra, em relação à imunidade da criança.

De todos os modos, trata-se de uma evolução gradativa: você não irá ao shopping com um bebê pequeno para ficar seis horas seguidas. No começo, fará um breve passeio e, aos poucos, vai aumentar o tempo na rua e o número de eventos sociais, até que seu filho se acostume. Inicialmente, dê uma volta ao ar livre, depois estenda os passeios por duas ou três horas e, por fim, comece a frequentar festas em ambientes fechados e cheios de gente.

Atenção: passear com uma criança de colo não será mais como era antigamente. Não basta sair de casa. Há todo um ritual e preparativos. Você deve estar preparada para imprevistos: choro, troca de fraldas, frio, fome, sono e mal-estar. Sair com um bebê pequeno é quase preparar uma mala de viagem. Você deve levar no mínimo quatro fraldas, duas mudas de roupa, um casaco - no caso de esfriar ou haver ar-condicionado ligado, toca e manta. No quesito alimentação, separe o que for necessário para uma ou duas refeições (se o bebê estiver ainda no

seio, tudo fica muito mais fácil), lenços umedecidos e de tecido para a hipótese de ele golfar. Não se esqueça das mamadeiras, colheres e chupetas previamente higienizadas – se utilizá-las, claro.

A piscina

Não existe idade certa para o bebê brincar na piscina. A Sociedade Brasileira de Pediatria recomenda que a prática da natação pode ser iniciada a partir do 6º mês, mas não dá orientações quanto ao uso da piscina como recreação.

O grande problema em relação aos bebês pequenos é o cloro. Ele tanto pode irritar a pele, causando desidratação e formação de bolinhas vermelhas, como a mucosa respiratória, desencadeando tosse e espirros. Crianças com o conduto auditivo mais reto estão mais predispostas à otite externa.

É preciso tomar alguns cuidados ao levar o bebê à piscina. Veja quais são:

- Dê preferência a piscinas salinizadas em lugar das cloradas; atente sempre para a quantidade de cloro;
- Não deixe seu filho na piscina por mais de trinta minutos seguidos;
- Depois de sair da piscina, o bebê deve tomar banho com água e sabonete. Em seguida, você precisa aplicar um hidratante na pele dele, para diminuir os efeitos do cloro.

VOCÊ SABIA?

Há pais que acham que as vacinas do segundo mês oferecem uma proteção irrestrita e de longo prazo à criança. Engano. As vacinas protegem contra certas doenças específicas, e não contra o vírus da gripe, por exemplo. Elas imunizam o bebê contra a difteria, o tétato, a coqueluche e a *Haemophilus B*, que causa pneumonia. Em outras palavras, os cuidados para prevenir um resfriado ou uma gripe por vírus ou bactéria devem continuar. Por isso, não permita que pessoas doentes se aproximem muito do seu filho.

A praia

A água do mar é benéfica para a pele da criança, e as atividades ao ar livre são ótimas para estímulos externos. Lembre-se de que crianças com menos de um ano devem ficar expostas ao sol por pouco tempo, o necessário somente para produzir vitamina D.

A permanência na praia é o tempo em que o bebê estiver confortável. O ideal é que ele não fique sob o sol entre 10 e 16h (11 e 17h, durante o horário de verão) por causa da ação nociva dos raios ultravioleta.

Outro cuidado importante: atente para as condições de balneabilidade da praia. Se não for própria para uso e se houver risco de contaminação na água, não arrisque: o bebê ainda é muito pequeno, pode pegar uma doença.

Ao sair da água do mar, dê um banho com água doce e sabonete e trate de hidratar a pele de seu filho.

Tenha um cuidado especial com o risco de desidratação. O calor faz o bebê suar muito. Dê o seio enquanto estiver na praia. Se ele tiver mais de 6 meses, ofereça apenas água. Depois da praia, se notar alguma queimadura de pele importante ou se ele estiver febril, procure imediatamente o médico.

As viagens

A partir de 40 dias de vida, o bebê, em teoria, já está apto para viajar. Mas se não for estritamente necessário, convém esperar um pouco mais. Os primeiros dois meses são um período de adaptação muito importante para a mãe e para a criança, e qualquer mudança na rotina pode gerar estresse.

O deslocamento pode se revelar difícil em função do volume de coisas a carregar: malas, fraldas, roupas, utensílios. O ideal é que você converse com o pediatra para avaliar os cuidados que a viagem exige (lugares frios ou quentes, isolados ou não etc.) e os eventuais medicamentos que deve levar por precaução.

Se for viajar de avião, siga as orientações do Departamento de Segurança da Sociedade Brasileira de Pediatria: crianças de qualquer idade devem ocupar um assento individual, acomodadas em cadeirinha usada em automóvel. Assim, bebês menores de um ano e 10 kg devem ir num assento de segurança do tipo bebê-conforto, voltado para trás; crianças com peso entre 10 e 20 kg devem sentar em assento de segurança voltado para frente; crianças com mais de 20 kg e 5 anos já podem usar o cinto de segurança regulável da aeronave. Assegure-se de que seu filho tenha direito a um assento próprio e, se preciso, pague um bilhete pleno, embora algumas companhias ofereçam preços especiais para crianças com menos de 12 anos. Elas também oferecem comida diferenciada para crianças, se forem notificadas com antecedência.

Prevenção de acidentes

Com o desenvolvimento do bebê e as novas atividades de que é capaz, é preciso ter muita atenção com os acidentes domésticos. Sem aviso prévio, ele começa a girar sobre si mesmo, engatinhar, mexer e colocar na boca tudo o que encontra pela frente. Isso é encantador, mas pode ser perigoso.

Aos 6 meses, os acidentes passam a ser a maior ameaça à saúde e bem-estar do bebê. Quedas e ferimentos são a maior causa de morte e deficiência em crianças pequenas.

Mas há um aspecto a considerar: crianças precisam ter condições ambientais para explorar o mundo. Isso aviva a inteligência e a imaginação delas. Portanto, junto da segurança deve haver tolerância e liberdade. Uma equação difícil. As medidas que forem tomadas para evitar acidentes domésticos não devem interferir na autonomia de movimentos do bebê.

Veja como adequar as situações em cada faixa etária.

- **Dois meses** – Mesmo sem se virar sozinho ainda, o bebê pode rolar. Assim, para evitar quedas, mantenha sempre uma mão em cima dele enquanto troca a fralda e não o deixe sozinho em cima de sofás, camas ou trocadores sem que esteja por perto. No carrinho de passeio ou no cadeirão, prenda-o com o cinto e acione as travas.

  Em relação às queimaduras solares, não se esqueça de que os bebês são extremamente sensíveis aos raios do sol. Use protetor solar com elevado fator de proteção ou bloqueador solar.

- **Quatro meses** – Nessa idade, o banho passa a ser um perigo: a criança se mexe muito e, uma vez ensaboada, pode cair e se machucar. Você pode se prevenir usando um tapete antiderrapante no chão da banheira ou um suporte para que ela permaneça sentada. Também convém ensaboar o corpo aos poucos, parte por parte, para poder segurá-la pelo braço, o tronco ou a perna, caso precise. Nunca deixe o bebê sozinho na banheira: basta uma quantidade muito pequena de água para que ele se afogue!

Nessa idade, é importante prestar atenção aos botões, laços, apliques e adereços na roupa do bebê, assim como a pulseiras, brincos, correntes e brinquedos incompatíveis com a faixa etária. O bebê está cada vez mais ativo, põe tudo na boca, e um simples descuido é a porta aberta para que ele engula o que não deve.

- **Seis meses** – O bebê já começa a consumir papinhas e purês. Antes de dar de comer, certifique-se de que estão a uma temperatura razoável. Atenção ao forno de micro-ondas: os alimentos ficam mais quentes do que seus recipientes e podem provocar queimaduras na boca da criança. Mude de prato, mexa muito bem e verifique a temperatura antes de dar de comer.

Embora o bebê ainda não se desloque sozinho, é hora de você começar a adaptar a casa para quando ele engatinhar.[1] Cuidado especial com as tomadas: elas oferecem perigo nessa faixa etária.

Se você tem escada e lajes em casa, proteja com grades que impeçam o acesso da criança. Janelas e portas que dão para varandas, piscinas ou terraços também vão precisar de uma rede de proteção. Cuidado com o cadeirão: seu filho pode dar um impulso, apoiando-se na mesa, e cair para trás de uma altura razoável. Por precaução, deixe o cadeirão a uma distância segura da mesa.

1 Veja as medidas necessárias para tornar a sua casa mais segura nas páginas 627-630.

VOCÊ SABIA?

Os mais velhos dizem que não se deve deixar uma criança dormir após uma queda. Isso é correto, de certo modo. Se o bebê caiu, ele deve ser observado durante algumas horas.
Se não houver jeito e ele cair no sono (depois de chorar muito, por exemplo), deixe-o dormir um pouco e observe-o de perto. Depois, brinque com ele e preste atenção em eventuais alterações.

Os perigos dos brinquedos

Você deve escolher brinquedos apropriados à faixa etária, interesse e nível de habilidade. Crianças com menos de 3 anos têm tendência a colocar pequenas peças na boca e engoli-las. Como resultado, engasgam e podem sufocar. Por isso, os brinquedos não devem ser pequenos ou ter partes destacáveis.

Os materiais utilizados devem ser resistentes, não tóxicos e não inflamáveis. Evite brinquedos com pontas ou bordas afiadas, pistolas com projéteis, dardos e flechas, pois podem causar ferimentos. Brinquedos que produzem ruídos acima de 100 decibéis são nocivos ao ouvido do bebê. Produtos com tiras, cordas e correntes com mais de 15 cm devem ser evitados, em função do risco de estrangulamento. Vidros só quando a criança tiver mais de 5 anos.

Estas são algumas dicas da Sociedade Brasileira de Pediatria:

- Guie-se pela faixa etária recomendada pelo fabricante;
- Verifique a identificação do fabricante (nome, CNPJ, endereço);
- As instruções devem ser claras e objetivas e com ilustrações. Produtos importados devem trazer as mesmas informações exigidas para os nacionais, em língua portuguesa, bem como o aval do Inmetro e do organismo de certificação;
- Observe com cuidado o número de peças ou regras de montagem, quando for o caso;
- O selo do Inmetro que acompanha o brinquedo garante que ele passou por testes que comprovam sua segurança e qualidade;
- Apesar dos preços mais baixos, os brinquedos comercializados por ambulantes geralmente não estão de acordo com as normas de qualidade e segurança, expondo a criança a riscos. Também não têm nota fiscal ou qualquer informação sobre sua origem, o que dificulta a troca e as reclamações. Na dúvida, ou se notar ausência do selo, denuncie. A ouvidoria do Inmetro atende pelo telefone 0800-285-1818.

Brinquedos usados também devem ser sempre inspecionados pelos pais. Conserte ou descarte aqueles que apresentam riscos. Em casa, você pode testar se um brinquedo ou peça do brinquedo é muito pequeno e oferece riscos de engasgo e sufocação para uma criança menor de 3 anos. Se a peça couber em uma xícara de café ou tiver menos de 5 cm, não deve ser oferecida para menores dessa idade.

Ensine seu filho a guardar os brinquedos depois de brincar para prevenir quedas e outros acidentes.

Brinquedos para crianças maiores podem ser perigosos para as menores e, por isso, precisam ser guardados separadamente. A melhor maneira de evitar acidentes é supervisionar as brincadeiras e até mesmo participar delas. Aproveite esse momento para interagir com seu filho e ensinar a dividir e a respeitar regras.

Como evitar quedas

As quedas são a principal causa de emergência com crianças e bebês. Na maioria das vezes, são causadas por adultos que subestimaram o controle motor da criança. Todo cuidado é pouco!

Os bebês se mexem muito, por mais que não rolem, e isso pode gerar quedas. Trocadores e camas são os locais mais reportados quando há acidente. Tome cuidado com eles. Não deixe seu filho sem alguém por perto, nem que seja para pegar uma fralda ou um pedaço de algodão no quarto ao lado. Nesse caso, leve-o consigo.

Se o bebê cair, deve passar por avaliação médica ainda que não tenha aparentemente se machucado. Ele pode ter batido a cabeça, e convém descartar eventuais problemas em consequência disso. Crianças com menos de 6 meses têm ossos cranianos muito mais densos – o que predispõe a lesões que precisam ser avaliadas. Muitas vezes, é preciso fazer exames para averiguar se houve algum dano cerebral.

Alguns sinais servem de alerta e assinalam que algo mais sério pode ter acontecido em consequência de uma queda: vômitos, perda da consciência, irritação acentuada e sonolência. Nesses casos, a tomografia de crânio é obrigatória e o regime de observação por 24 a 48 horas, em hospital, é indicado.

Afogamento

Dentre as causas externas, o acidente por afogamento é uma das principais causas de óbito de crianças menores de 4 anos no Brasil. Nessa faixa etária, a maioria das ocorrências se dá em casa. Ao contrário do que se imagina, o acidente ocorre de forma silenciosa. A cena da vítima debatendo-se na água e gritando por socorro é pouco relatada por testemunhas de afogamentos, até porque, nessa faixa etária, elas não têm reflexo de choro forte e a sensação de estar em perigo.

Crianças menores de 4 anos devem ser mantidas a distância de qualquer reservatório de água (baldes, banheiras, vasos sanitários, tanques e piscinas de lona) e eles devem ser esvaziados após o uso: basta uma camada líquida de 5 cm para que elas se afoguem. O bebê também deve ficar longe do banheiro e da cozinha. Nessa idade, a criança tampouco pode ficar sozinha na banheira.

Ao levá-la para a piscina ou praia, coloque-lhe um colete salva-vidas ou flutuadores (boias de braço ou câmaras de pneu). Na água, a presença de um adulto é fundamental para o bem-estar dela. Embora não se comprove a eficácia das aulas de natação na prevenção de afogamentos, todo esporte é saudável e deve ser incentivado a partir do 6º mês de vida.

Asfixia

A morte por falta de ar ocorre mais frequentemente no primeiro ano de vida, é mais comum entre meninos e está associada a alimentos ou objetos pequenos, em proporções muito parecidas. A asfixia pode ocorrer em locais seguros, como os berços, nos quais o espaço entre as barras é inadequado, permitindo que nesse nicho se enfurnem protetores, travesseiros, fraldas, lençóis e cobertores soltos. A sufocação também pode ocorrer a crianças que têm acesso a sacos plásticos, principalmente aqueles nos quais vem um brinquedo ou uma roupa nova.

Os sintomas dependem essencialmente do tamanho da peça que foi ingerida pela criança. Pode haver uma simples tosse persistente bem como um quadro grave de falta de ar. Na sufocação, os sintomas leves às vezes passam despercebidos e, ao se dar conta, os pais deparam com um cenário em que o bebê já apresenta elevado grau de sufocação, com falta de ar e, em casos mais graves, apneia e parada respiratória. Nesse caso, encaminhe-o imediatamente ao serviço de emergência ou chame uma ambulância.

Eis algumas dicas da Sociedade Brasileira de Pediatria:

- Alimentos e objetos pequenos devem ficar longe do alcance de crianças até quatro anos;
- As refeições devem ser feitas com a criança sentada no cadeirão ou à mesa, e não ficar andando, correndo ou brincando com comida na boca;
- O alimento oferecido deve ser cortado cuidadosamente em pedaços pequenos.

Transporte em automóveis

Andar de carro com uma criança no colo, mesmo no banco de trás, é absolutamente errado. De acordo com as leis de trânsito, é obrigatório transportar o bebê numa cadeirinha própria, desde a saída da maternidade. Você não deve levar a criança junto ao corpo nem mesmo para amamentá-la. Se for preciso, pare o automóvel, ofereça o seio e só depois volte a transportá-la na cadeirinha.

A cadeirinha deve ser adequada ao peso e à idade do bebê. Convém, de tempos em tempos, checar se continua bem encaixada no banco de trás do carro. Antes de comprar, verifique se tem o selo de qualidade e siga rigorosamente as instruções do fabricante. O cinto de segurança deve estar sempre afivelado.

É recomendável observar alguns cuidados práticos: uma criança deve entrar ou sair do automóvel pelo lado da calçada e as portas do carro devem sempre estar trancadas.

O bebê e a babá

Em casa com a babá ou numa creche? Ao analisar a possibilidade de trazer uma babá para dentro de casa, você se confrontará com a necessidade de encontrar alguém de confiança, que esteja familiarizada com crianças de pouca idade. Ela não precisa ser necessariamente técnica em enfermagem diplomada, mas é bom que tenha feito um curso de primeiros socorros.

Essa profissional deverá tratar seu filho com carinho e paciência – e a aceitação por parte da criança será um precioso sinal de que a sinergia entre elas é boa. O simples fato de rir ou gritar de excitação ao vê-la demonstra que a relação é satisfatória; ao contrário, se o bebê começar a chorar quando ela chega, desconfie da forma como seu filho está sendo tratado. Fique atenta também a eventuais sinais de maus-tratos ou se, em vez disso, ele está sempre cheiroso, ganhando peso e com a fralda limpa.

Tenha cuidado com a saúde da babá. Entreviste-a e questione-a sobre cuidados com o bebê e iniciativas em relação ao ambiente, visando prevenir acidentes. Dê uma olhada no cartão de vacina dela. Se possível, arque com uma vacinação contra a gripe, anualmente. Em havendo outras vacinas em falta, oriente-a a procurar o posto de saúde o quanto antes.

Procure estabelecer uma relação de confiança e ouça o que ela tem a dizer, no fim do dia, em relação às mamadas, à troca de fraldas e à higiene. Mais que tudo, deixe muito claro como deseja educar seu filho.

A babá deve ter seu telefone em mãos, bem como o dos avós ou de algum parente mais próximo. Da mesma forma, deve conhecer o telefone dos bombeiros, do serviço de ambulância, e saber chegar ao hospital rapidamente, se houver necessidade. Procure deixar todas as coordenadas por escrito e certifique-se de que ela tem um roteiro já mentalizado em caso de urgência.

Os avós podem ser de grande auxílio junto com a babá, supervisionando os cuidados para com o bebê e sua educação.

O bebê na creche

Outra opção para os cuidados com as crianças são as creches, ambientes profissionais especializados em cuidar do bebê enquanto os pais trabalham. O serviço prestado inclui atividades com psicomotricidade, música e, às vezes, línguas estrangeiras. É uma alternativa útil para o desenvolvimento motor e linguístico do bebê.

As creches colaboram para a socialização e a independência da criança. O contato com outros bebês e a necessidade de se virar sozinha são excelentes para isso. Ela aprende mais rapidamente a dividir e a acatar ordens e regras.

Mas esses lugares têm um aspecto negativo: o elevado número de crianças aglomeradas num mesmo ambiente predispõe a inúmeras infecções, principalmente resfriados. É muito comum o bebê pegar entre três e sete infecções em seus primeiros três meses de creche – o que dá uma a cada quinze dias, em média. Isso acontece porque há intercâmbio de vírus, e todas as crianças vão pegar as viroses umas das outras.

Se você decidiu deixar seu filho numa creche, deve fazer uma ou até mais de uma visita e observar atentamente tudo à sua volta: a quantidade de crianças por profissional, a cozinha, a comida, a higiene local, os brinquedos, as instalações elétricas e a segurança. Quanto menos alunos por sala e por profissional, tanto melhor: menores as chances de erros e acidentes e menos vírus circulante.

A segurança do local é outro aspecto a avaliar. Deve ser gradeado, com janelas com telas.

A creche deve contar com uma nutricionista. Ela será responsável por montar um cardápio saudável, com nutrientes em quantidade adequada para o desenvolvimento do bebê. Peça para ver o prato do dia, quando de sua visita ao local, e perceba se ele está colorido e reúne todos os alimentos da pirâmide alimentar.

É recomendável que a creche não seja muito distante de casa ou do local de trabalho dos pais da criança, ou, em rigor, de um parente próximo. Sempre pode haver uma emergência, e é melhor ter alguém por perto para pegar o bebê.

Levar o bebê para o trabalho

Muitas mães optam inicialmente por levar o seu bebê junto com ela para o trabalho. Todavia, nem sempre essa é uma boa opção. Algumas poucas empresas disponibilizam espaços para que as mães possam trabalhar e ter um contato próximo com a criança nos primeiros meses após o retorno ao trabalho, o que resulta ser antiprodutivo tanto no que diz respeito à relação com o bebê quanto com o trabalho em si.

Se o local onde você trabalha não conta com uma creche ou um ambiente similar, levar seu bebê para a jornada de trabalho pode ser um grande erro. Você provavelmente não vai conseguir se concentrar, e seu bebê não vai ficar confortável e ter uma infraestrutura para brincar e crescer. O ideal nesses casos seria estar com o bebê na hora do almoço ou duas vezes por dia para amamentá-lo.

O laço afetivo entre avós e netos

Os avós representam um pilar muito importante para as famílias. Além de oferecer uma ajuda inestimável aos pais, nutrem um vínculo afetivo forte com os netos. Dizem que os avós são pais duas vezes, ou pais com açúcar, e é deles que saem valiosas lições de vida para oferecer às crianças.

Sem as obrigações educacionais de pai e mãe, e sem se preocupar com broncas e estabelecimento de limites, os avós, especialmente as avós, assumem o melhor lado da relação com as crianças e podem conviver com elas de forma mais permissiva e prazerosa. Por isso, o relacionamento entre eles costuma ser mais leve e divertido. São elas que dedicam mais tempo, amizade e carinho aos netos.

Não bastassem essas características, as circunstâncias sociais vêm redesenhando o lugar que as avós ocupam na família. A mulher está no mercado de trabalho e, na maioria das vezes, não conta com uma estrutura doméstica para cuidar de seus filhos, precisando recorrer, então, à própria mãe para ajudá-la nessa tarefa.

Muitas avós têm hoje a tarefa de criar e educar os netos. Ficam com o bebê em tempo integral, se responsabilizam por levá-lo e buscá-lo na escola e pelas atividades extracurriculares. Com isso, a relação pode acabar trazendo à tona um aspecto negativo: as avós costumam mimar demais seus netinhos, criando pequenos ditadores. Se isso acontecer na sua casa, você deve estabelecer limites e reorientar a educação de seu filho, sob risco de perder o controle definitivamente.

BENEFÍCIOS DESTA RELAÇÃO:
AS VANTAGENS PARA AS CRIANÇAS
Aumenta o amor-próprio Uma das melhores estratégias para fazer uma criança gostar de si mesma é enchê-la de mimos e elogios, certo? **Dá sensação de proteção** O amor incondicional dos avós, sem as obrigações da maternidade, aconchega meninos e meninas. **Fortalece os vínculos familiares** Dar e receber carinho ajuda no desenvolvimento afetivo e na formação da personalidade dos pequenos. **Estimula a cumplicidade** Longe das cobranças comuns na relação entre pais e filhos, a criança e o adolescente às vezes ficam mais à vontade para se abrir com os avós. Só é preciso estar atenta para que a natural diferença de idade entre eles não renda conselhos antiquados e fora da realidade dos jovens de hoje. **Ensina a respeitar os idosos** A companhia de pessoas mais velhas é uma ótima maneira de a criança aprender a aceitar as diferenças e a respeitar as limitações dos outros.
AS VANTAGENS PARA OS PAIS
Proporciona segurança Eles sabem que a criança está com gente de confiança, podendo trabalhar ou se divertir em paz. **Permite compartilhar a educação dos filhos** A oportunidade de trocar experiências com quem viveu mais do que a gente diminui boa parte das angústias maternas e paternas.
AS VANTAGENS PARA OS AVÓS
Afasta a depressão O contato com a molecada distrai e pode devolver a alegria da juventude. **Melhora a autoestima** Com o objetivo de cuidar dos pequenos (ajudando os próprios filhos), eles podem se sentir mais úteis. **Turbina a saúde** O carinho e a atenção dos netos aumentam a sensação de bem-estar.

4

7º ao 12º mês

Capítulo 30

A alimentação

O período que vai do 7º ao 12º mês é marcado por uma desaceleração do crescimento do bebê. Peso e altura atenuam-se, ao contrário do desenvolvimento, que continua bastante acelerado. Os marcos estão cada vez mais claros, e o bebê, mais ativo. Agora, passa a ser mais fácil cuidar dele: a comunicação não é apenas intuitiva, mas inclui gestos e algumas palavras que a criança já decodificou. O tempo passa rápido e, num piscar de olhos, você já estará às voltas com os preparativos para o primeiro aniversário de seu filho.

Com o desenrolar da nutrição infantil, geralmente com 9 meses são raras as crianças que não apresentam a alimentação consolidada, ou seja, estão fazendo pelo menos uma refeição por dia, aceitando todos os grupos alimentares numa quantidade adequada e seio materno em livre demanda.

A fase entre 6 meses e 9 meses é quando a criança evolui mais rapidamente. Ela passa da posição de decúbito para sentada, rapidamente para quatro apoios e, quando menos se espera, começa a escalar. As conquistas acontecem de forma acelerada, de modo que os pais sintam cada dia mais segurança quanto à alimentação e a evolução de pedaços.

A relação da criança com a comida começa a melhorar. Ela começa a entender o que é se alimentar e já mostra muita curiosidade pelo ato de comer, segurar os alimentos e levar à boca. Oferecer comida para a criança passa a ser um momento agradável e prazeroso, na grande maioria dos casos.

O prato deve ser colorido e ter um integrante de cada grupo alimentar. Você deve estimular a criatividade e a espontaneidade da criança, permitindo que ela coma com as mãos, e não misturar os alimentos, para que ela possa sentir a textura e o sabor de cada um deles. Siga apresentando cada dia mais alimentos, aproveitando as frutas e os legumes de estação.

Aos 7 meses, a criança já precisa jantar. Essa refeição deverá ser semelhante ao almoço. As carnes e o frango devem ser cada vez menos desfiados e a consistência em torno de 10 meses deve ser de pedaços pequenos semelhantes a um grão de ervilha. O arroz não precisa nem ser mais amassado.

Os pais continuam sendo os responsáveis pela alimentação infantil. Eles ainda têm muitos afazeres. O planejamento e a importância da alimentação saudável devem ser reforçados a cada conquista.

A nova etapa da alimentação deve ser comemorada pela família e pelos profissionais de saúde. Os pais devem compreender que cada passo é sinal de que tudo está dando certo e devem ser encorajados a manter a dinâmica familiar positiva, buscando sempre uma alimentação saudável.

Planejamento das refeições

Nessa fase, as crianças deverão receber duas refeições com comida, o almoço e o jantar, contendo todos os principais grupos de nutrientes. Além disso, deverão fazer um lanche pela manhã e outro pela tarde com frutas.

O seio materno continuará sendo realizado em livre demanda, assim como a água potável. O leite materno continua sendo um dos principais nutrientes que será oferecido a criança. Ele não fica fraco e não perde sua função.

Uma dúvida de muitas mães é: se o leite materno continua sendo bom para a criança, por que adicionamos os alimentos? Após o sexto mês, o leite materno não será capaz de garantir "101% dos nutrientes" que a criança precisa para fazer

tantas atividade. Para ser capaz disso, a criança teria que ficar quase o dia inteiro no seio materno, o que não seria suportável para a mãe. A principal função do leite materno na alimentação é garantir os nutrientes mais importantes para o funcionamento metabólico e funcional do corpo da criança, mesmo que ela não consuma a quantidade de comida suficiente para tal.

Costumamos dizer que a rotina alimentar básica deverá consistir em seio materno ao acordar, depois fruta, o almoço, posteriormente mais uma fruta, jantar marcando o início da noite e a ceia, apenas com leite materno em livre demanda. Os horários devem ser respeitados. Não é necessário ter um relógio para despertar, mas uma rotina adequada com horários predeterminados faz com que o cérebro da criança sinta necessidade de receber os alimentos naquele horário do dia, melhorando a aceitação e a curiosidade da criança pelo alimento.

ISSO É NORMAL

São comuns as queixas de que a criança cospe comida, especialmente nas primeiras semanas em que começa a ingerir alimentos. Isso se justifica: ao mamar, o bebê usa o chamado reflexo de protrusão, colocando a língua à frente da boca e fazendo uma leve pressão sobre o mamilo, para que o leite jorre. Quando ele começa a se alimentar, continua agindo da mesma maneira, e por isso a comida é jogada para fora. É preciso ter um pouco de paciência para que ele aprenda a mastigar e engolir o alimento. A boa notícia é que esse aprendizado é muito rápido: em pouco tempo, o reflexo mastigatório vai se sobrepor à protrusão da língua.

Consistência dos alimentos

Os bebês irão demostrar cada vez mais curiosidade pelo alimento, assim como estarão cada vez mais atraídos pelas cores e texturas. Eles já fazem o movimento de pinça pegando até mesmo alimentos bem pequenos. Mais do que nunca os alimentos inteiros devem ser oferecidos e recomendados. O visual nessa fase é de extrema importância para a manutenção da educação alimentar. Gosto de falar para as mães que já estão mais desestimuladas com a sujeira: como eles saberão o que é uma maçã se não as visualizarem e entenderem seu gosto e sua textura?

As duas consistências devem continuar sendo oferecidas, porém a amassada passará a ser na consistência de pequenos pedaços. Evitar nessa fase o triturado e o pastoso. Eles já aprenderam facilmente a mastigar e já são capazes de evitar engasgos e fazem cada vez menos o movimento de gag, deixando a família mais tranquila para oferecer cada vez mais pedaços.

Quantidade oferecida

Nessa idade, a criança pode aceitar de quatro a cinco colheres de sopa no total. Essa quantidade serve apenas para a família ter alguma referência e não deve ser seguida de forma rígida, uma vez que as características individuais da criança devem ser respeitadas.

Muitas crianças nessa fase ainda não estão com a alimentação consolidada, e o seio materno continua sendo a principal fonte de alimento. Elas vão comer uma quantidade menor tanto dos lanches como da comida. Você deve transmitir confiança aos pais porque, nessa fase, a ingesta de poucos alimentos gera ansiedade e faz com que eles comecem a se render aos erros e aos conselhos antigos, como bater, misturar ou até mesmo usar táticas para forçar que a criança coma.

Sim. Existem crianças que comem. Muito mesmo. Os pais ficam com muito medo de dar excesso de comida e até mesmo dilatar o estômago do bebê diante da fome da criança. Porém, lembre-se: não existe quantidade mínima ou máxima. Os sinais de saciedade da criança devem ser respeitados, tanto para mais quanto para menos. Contudo, existem algumas táticas para a criança não "exagerar":

1. Não colocar muita quantidade no prato, porque isso faz com que a criança coma tudo mesmo sem ter vontade;
2 Aumentar a consistência dos alimentos (cada vez mais picados em vez de amassados);
3. Sempre que a criança chorar ao acabar, indicando que ainda está com fome, o segundo prato deve ser com alimentos inteiros ou em pedaços maiores que o primeiro.
4. A comida deve sempre obedecer a seguinte ordem: dobrar quantidade de legumes e verduras, depois carboidratos e leguminosas e, por último, proteínas.

Deve-se encorajar a criança para que ela pegue os alimentos com as mãos, estimulando o movimento de pinça e, também, ensiná-la a cortar os alimentos com os dentes da frente para estimular o crescimento e desenvolvimento da mandíbula (queixo).

Os alimentos

Não ocorrem muitas mudanças entre os seis e os nove meses. A alimentação deve se manter equilibrada, com alimentos *in natura* e sem o consumo de ultraprocessados. Nessa fase, se a criança estiver comendo bem, novas receitas ou ingredientes podem ser iniciados, mantendo a alimentação saudá-

VOCÊ SABIA?

São sinais de fome nessa idade quando eles apontam ou pegam alimentos, ficam excitados quando vêm o alimento. São sinais de saciedade quando passam a comer mais devagar, fecham a boca, empurram o alimento ou ficam com a comida parada na boca sem engolir.

vel. Lembre-se de que, se a criança já tiver restritiva ou seletiva, não se deve introduzir nenhum novo ingrediente ou receita.

Frutas

As frutas são mantidas nos lanches da manhã e da tarde. Deve-se manter uma grande variedade, evitando a monotonia das frutas mais comuns. Procure oferecer pelo menos uma ou duas vezes na semana frutas diferentes ou não habituais. A uva continua sendo uma fruta a ser evitada e o morango pode ser iniciado principalmente em receitas cozidas.

A fruta inteira na mão da criança deve passar a ser uma rotina e o hábito de a criança pegar a fruta na fruteira e identificá-la com o seu nome estimulado. Deve-se falar os nomes todos os dias, mesmo que a fruta seja oferecida picada. A curiosidade da criança fará com que ela aprenda os nomes e identifique-as cada vez mais no cérebro.

Frutas da época

Janeiro: abacaxi, carambola, coco verde, figo, framboesa, fruta-do-conde, laranja-pera, mamão, maracujá, melancia, nectarina e uva;

Fevereiro: abacate, ameixa, carambola, coco verde, figo, fruta-do-conde, goiaba, jaca, maçã, pera, pêssego, seriguela e uva;

Março: abacate, abacaxi, ameixa, banana-maçã, banana-nanica, coco verde, figo, fruta-do-conde, goiaba, jaca, limão, maçã, mamão, mangostão, nectarina, pera, uva, pêssego, seriguela e tangerina;

Abril: abacate, ameixa, banana-maçã, caqui, cidra, jaca, kiwi, maçã, mamão, pera, tangerina e uva;

Maio: abacate, banana-maçã, caqui, jaca, kiwi, maçã, pera, tangerina e uva;
Junho: carambola, kiwi, laranja-lima, mangostão, marmelo, mexerica e tangerina;
Julho: carambola, kiwi, laranja-lima, mexerica e tangerina;
Agosto: banana-nanica, caju, carambola, kiwi, laranja-pera, lima, maçã, mamão, mexerica, morango e tangerina;
Setembro: abacaxi, banana-nanica, caju, jabuticaba, laranja-lima, laranja-pera, maçã, mexerica, nêspera, tamarindo e tangerina;
Outubro: abacaxi, acerola, banana-nanica, banana-prata, caju, manga, coco-verde, jabuticaba, laranja-pera, lima, maçã, mamão, nêspera e tangerina;
Novembro: abacaxi, acerola, banana-nanica, banana-prata, caju, coco verde, framboesa, jaca, laranja-pera, maçã, mamão, manga, maracujá, melancia, melão, nectarina, pêssego e tangerina;
Dezembro: abacaxi, ameixa, banana-prata, cereja, coco verde, damasco, figo, framboesa, graviola, kiwi, laranja-pera, limão, lichia, maçã, manga, maracujá, melancia, melão, nectarina, pêssego, romã e uva.

VOCÊ SABIA?

As frutas secas podem agora ser oferecidas. Ao se retirar toda a água das frutas, concentram-se as frutoses, deixando-as mais doces e saborosas ao paladar. Aumenta-se também a sua durabilidade. Embora se perca um pouco das vitaminas, principalmente a vitamina C, as fibras são preservadas. Elas podem ser oferecidas como lanches eventuais. Evitar o uso até 9 meses. As frutas secas têm um risco maior de engasgo e apresentam concentração de açúcar maior do que as frutas normais. Cuidado com a quantidade que as crianças acabam consumindo um pouco mais do que as frutas normais. Preste atenção porque algumas marcas adicionam xarope de glicose, que não pode ser consumido antes de 2 anos de idade. Limite a uma vez por semana.

Muitas mães consideram a produção de receitas com frutas uma boa forma de oferecê-las, associando cuidado, alimentação e zelo pela nutrição. Isso não é 100% correto. Sim, as receitas podem ser realizadas, porém, não com frequência alta. Quando se faz receitas, as frutas passam a ser coadjuvantes e, infelizmente, muitas crianças passam a recusar as frutas puras, aceitando-as apenas em receitas e misturas, como com aveia e granola.

Essas receitas devem ser restritas a uma vez por semana e, quando a criança começar o período de seleção de alimentos, as frutas *in natura* devem ser preconizadas. Quanto mais ingredientes acrescentarmos, mais aumentaremos as seleções das crianças. São ingredientes liberados para receitas o inhame (o novo queridinho das mães – "danoninho de inhame"), aveia, granola sem açúcar, farinhas de trigo, fermento, linhaça, chia e outros ingredientes naturais, como hortelã e canela.

Outros lanches

E sempre vem a dúvida: além da fruta, o que eu posso adicionar no lanche? Cabe relembrar que as frutas continuam sendo a base dos lanches; as demais opções serão exceções.

Amendoim

Por muitos anos, foi proibido até os 2 anos de idade por ser um alimento muito alérgeno. Porém, é muito popular nos Estados Unidos (o amendoim em pasta é consumido no café da manhã por lá), o que sempre causou problemas na introdução alimentar americana. Em novembro de 2019, a Academia Americana de Pediatria divulgou um estudo com a introdução precoce entre 4 meses (introdução alimentar americana) e antes do primeiro ano de vida. A reunião dos artigos evidenciou a famosa "janela imunológica" na qual, ao se apresentar esses alimentos, nós diminuímos o risco de alergia.

Sendo assim, amendoim pode ser introduzido na alimentação infantil. Não recomendo ser junto com a introdução alimentar e sim, posterior, geralmente nesse segundo momento. Pode-se usar as pastas de amendoim sem açúcar ou amendoim puro (sem sal e sem condimentos).

Nuts (castanhas e nozes)

Este grupo é composto por alimentos como amêndoas, avelã, castanhas de caju, castanha do Pará/do Brasil, castanha de baru, noz-pecã, pistache. Esses alimentos são ricos em minerais, vitaminas, fibras, gorduras saudáveis e substâncias antioxidantes que previnem doenças. Por sua consistência dura, podem causar engasgo e sufocamento; no entanto, triturados ou bem picados, podem ser ofertados à criança.

Pães

Os pães sempre são um questionamento dos pais. Eles fazem parte do cardápio do brasileiro e são reconhecidos por propiciar saciedade no lanche infantil. Os pães são um grupo muito variado, sendo alguns liberados para o consumo infantil e outros considerados ultraprocessados.

Em geral, os pães industrializados são ultraprocessados, como pães de forma, pães sovados e bisnaguinha. Os pães ultraprocessados possuem mais de cinco ingredientes, como gordura vegetal hidrogenada, amido, soro de leite, emulsificantes e/ou outros aditivos, e não devem ser oferecidos para a criança antes de 2 anos de idade. Atenção principalmente para a "famosa" bisnaguinha, muito associada à alimentação infantil.

Por outro lado, os pães com poucos ingredientes, como farinha de trigo, água, sal e leveduras, são processados e podem ser consumidos em pequenas quantidades pelas crianças. A melhor opção para se oferecer às crianças são os pães feitos em casa. Pães simples, sem recheios, feitos nas padarias ou armazéns, como o pão careca e o pão francês, que em algumas regiões é chamado de pão de sal ou cacetinho, também podem ser oferecidos para a criança em pequenas quantidades.

TOME NOTA

Tapioca

Tapioca ou goma é a fécula extraída da mandioca, usualmente preparada em forma granulada. Trata-se do ingrediente principal de algumas iguarias típicas do Brasil, como o beiju, quitute indígena descoberto pelos portugueses em Pernambuco no século 16. Tornou-se um ingrediente tradicional em toda a gastronomia brasileira, principalmente aquela voltada às dietas funcionais, por conseguir se adaptar a qualquer tipo de receitas, doces ou salgadas, sempre em composições mais leves e saudáveis. Por ser um alimento "neutro" - sem cheiro, sabor ou acidez, o valor nutricional da tapioca fica à mercê de seus recheios. Quanto mais saudável for o acompanhamento, mais benéfico será o seu consumo. Por isso, para potencializar os seus benefícios, utilize-a com ingredientes mais leves e ricos como frutas, tomate, milhos e ervas.

Farinhas

Existem vários tipos de farinhas que podem ser usadas na introdução infantil. Farinhas de trigo, aveia, centeio e linhaça podem ser introduzidas na alimentação infantil. Elas são fonte de energia e apresentam nutrientes como minerais, vitaminas e fibras que podem ajudar no crescimento infantil. O grande problema é o seu excesso. Lembre-se que as farinhas integrais não devem ser introduzidas antes de 1 ano de idade. O consumo de farinhas não deve passar de uma vez por semana antes de 1 ano de idade.

O que se mantém proibido

Derivados do leite, receitas fritas ou produtos ultraprocessados continuam não podendo fazer parte da dieta da criança. Lembre-se de que o principal lanche infantil é fruta. Os aditivos devem ser incrementados principalmente nos lanches da tarde e sempre após ou associados à fruta.

Comida

Com 9 meses, todas as crianças já devem estar almoçando e jantando diariamente. Mesmo que em pouca quantidade, as duas refeições devem ser oferecidas.

Os alimentados devem ser saudáveis, realçados com temperos naturais; continuam proibidos todos os temperos em pó ou condimentados, como os molhos de tomate. Sal continua um item a ser evitado.

Os alimentos podem ser cozidos e assados, assim como agora podem ser consumidos os alimentos crus (principalmente hortaliças e legumes). Deve-se continuar evitando os alimentos fritos, pelo excesso de gordura e pela diferença de palatabilidade.

Verduras e legumes

Verduras e legumes devem cada vez mais fazer parte do cardápio infantil. Pense que agora eles podem ser oferecidos na forma de salada crua, cozidos ou assados. Deve-se modificar o cardápio também, senão ficam monótonos e acabam pouco atrativos. Manter o consumo diário de legumes e verduras costuma dar mais trabalho que o básico feijão com arroz, pois eles devem ser adquiridos frescos, exigem idas mais frequentes ao mercado e requerem preparo, como lavagem correta e técnicas de congelamento. Além disso, talvez haja ainda a falta de costume familiar. No entanto, sua importância é tal que garantirá a saúde do seu filho desde a infância até ele ser mais velho.

Legumes e verduras da época

Janeiro

Verduras: alface, cebolinha, couve e salsa;
Legumes: abóbora, abobrinha, beterraba, pepino, pimentão, quiabo e tomate.

Fevereiro

Verduras: escarola, hortelã e repolho;
Legumes: abóbora, gengibre, milho verde, pepino, pimentão, quiabo e tomate.

Março

Verduras: acelga, alface, alho-poró, coentro, endívia, escarola, repolho, rúcula e salsa;
Legumes: abóbora, abobrinha, berinjela, beterraba, cará, chuchu, gengibre, inhame, jiló, milho-verde, nabo, pepino, quiabo e tomate.

Abril

Verduras: alface, alho-poró, almeirão, catalonha, escarola e repolho;
Legumes: abóbora, abrobrinha, berinjela, beterraba, cará, chuchu, gengibre, inhame, nabo, pepino e tomate.

Maio

Verduras: alho-poró, almeirão, erva-doce, louro, nabo;
Legumes: abóbora, abobrinha, batata-doce, berinjela, beterraba, cará, cenoura, chuchu, inhame, mandioca, mandioquinha, nabo e rabanete.

Junho

Verduras: agrião, alho-poró, almeirão, brócolis e erva-doce;
Legumes: abóbora, batata-doce, berinjela, cará, cenoura, ervilha, gengibre, inhame, mandioca, mandioquinha, milho-verde e palmito.

Julho

Verduras: agrião, alho-poró, chicória, coentro, couve, erva-doce, espinafre, mostarda e salsão;
Legumes: cenoura, abóbora, batata-doce, cará, cogumelo, ervilha, inhame, mandioca, mandioquinha, milho-verde, nabo, palmito, pepino e rabanete.

Agosto

Verduras: agrião, alho-poró, brócolis, chicória, coentro, couve, couve-flor, erva-

-doce, escarola, espinafre, mostarda e rúcula;
Legumes: abóbora, abobrinha, cará, cenoura, ervilha, fava, inhame, mandioca, mandioquinha, nabo, pimentão e rabanete.

Setembro

Verduras: alho-poró, almeirão, brócolis, chicória, couve, couve-flor, erva-doce, espinafre, louro e orégano;
Legumes: abóbora, abobrinha, cará, cogumelo, ervilha, fava, inhame, pimentão e rabanete.

Outubro

Verduras: alho-poró, almeirão, brócolis, catalonha, cebolinha, chicória, coentro, couve-flor, erva-doce, espinafre, folha de uva, hortelã, mostarda e orégano;
Legumes: abóbora, abobrinha, alcachofra, aspargos, batata-doce, berinjela, beterraba, cenoura, cogumelo, ervilha, fava, inhame, pepino, pimentão, rabanete, tomate e tomate-caqui.

Novembro

Verduras: alho-poró, almeirão, brócolis, cebolinha, endívia, erva-doce, espinafre e folha de uva;
Legumes: abobrinha, aspargos, berinjela, beterraba, cenoura, inhame, maxixe, nabo, pepino, pimentão e tomate.

Dezembro

Verduras: almeirão, cebolinha, endívias, erva-doce, folha de uva, hortelã, orégano, rúcula, salsa e salsão;
Legumes: abobrinha, beterraba, cenoura, cogumelo, pimentão, tomate e vagem macarrão.

Proteínas animais

As proteínas animais, muitas vezes, são as últimas a serem introduzidas pelos pais na alimentação infantil. Muitos acreditam que a criança não será capaz de mastigá-las e digeri-las. Quanto mais tarde a família introduzir este alimento, mais difícil será a aceitação dele. As carnes apresentam uma quantidade de fibras diferenciada, requerem uma mastigação diferente e exigem uma digestão específica (enzimas, por exemplo). Nessa fase, deve-se oferecer à criança maior variedade de carnes desfiadas, picadas e inteiras. As carnes moídas podem ser mantidas, mas não devem ser a única opção.

Cereais e tubérculos

"Os cereais engordam e não devem ser oferecidos para crianças." Quantas vezes já ouvimos isso? De fato, se forem consumidos na quantidade errada, cereais e tubérculos podem levar ao ganho de peso. Contudo, na quantidade adequada, são excelentes fontes não só de carboidratos, mas também de vitaminas e minerais, devendo fazer parte de 12,5% do prato infantil. Você pode variar bastante com panquecas, cozidos, assados e bolinhos.

Leguminosas

Lembre-se de que as leguminosas incluem todos os tipos de feijão (branco, carioca, feijão-de-corda, feijão-fava, fradinho, jalo roxo, mulatinho, preto, rajado, roxinho, vermelho) e também ervilha, grão-de-bico, soja e lentilha.

Modificações estimuladas

Não podemos nos descuidar da alimentação. Muitas vezes achamos que, após a introdução alimentar, não precisamos mais falar sobre isso nem fazer modificações. Ledo engano. Manter uma alimentação saudável e evoluir degrau por degrau é tão importante quanto promover uma introdução alimentar adequada.

Pedaços cada vez maiores

Manter uma alimentação saudável dá trabalho e consome o tempo, muitas vezes escasso, de cada mãe e pai. Com isso, muitas vezes, os pais vão levando do jeito que está dando certo, com receio de fazer alguma modificação e atrapalhar a alimentação. Uma das coisas que a família tem dificuldade de mudar é a consistência do alimento. Os alimentos costumam ser mantidos na consistência amassada, não progredindo de acordo com a aceitação das crianças.

Quando a criança manifesta problemas com texturas, você deve deixar a metade do prato na textura tolerada e a outra metade em pedaços. Desta forma, a criança não deixará de se alimentar, mas aprenderá no seu tempo a "nova alimentação". Idealmente, os alimentos oferecidos em pedaços devem ser os mais moles, por exemplo, frutas como o mamão e legumes bem cozidos, como abóbora e batata.

Individualidade

Nenhuma criança é igual. Começamos a introdução alimentar de todas as crianças da mesma forma, mas cada uma terá suas dificuldades e seus acertos individuais. Cabe ao seu pediatra analisar caso a caso para prestar a melhor orientação. Individualizar e observar é preciso. Algumas crianças têm uma pré-seleção por sabores e cores, ou até mesmo por texturas.

Alimentos não indicados

É muito importante que todos que convivem com a criança entendam a importância de não oferecer tipos de alimentos que não são recomendados para alimentação infantil, principalmente porque muitos deles fazem parte da cultura popular e provavelmente da dieta familiar. Com o tempo, as famílias vão "amolecendo" o coração e oferecendo alimentos que antes não eram recomendados. Além disso, muitas crianças nessa fase começam a ficar de olho na comida dos pais e curiosos com todos os adultos que se alimentam próximos a eles, fazendo com que muitos cedam ou fiquem com "pena" da criança. Lembre-se sempre da importância da alimentação saudável.

Leite de vaca

Este alimento é objeto de muita divergência entre especialistas, principalmente nutricionistas, nutrólogos e pediatras. Em uma coisa todos concordam: o leite materno é o melhor alimento para o bebê, mesmo depois da introdução alimentar, e deve ser estimulado pelo máximo de tempo possível.

Na impossibilidade de leite materno, a recomendação da Sociedade Brasileira de Pediatria é que seja oferecida fórmula infantil até 3 anos de idade. O leite de vaca possui uma grande quantidade de proteína (leite de vaca – 5,3 g/dl, leite materno - 1,3 g/dl e as fórmulas infantis de seguimento entre 1,4 a 1,7 g/dl), o que aumenta o ganho de peso da criança (o bezerro ganha 23 quilos em seu primeiro ano) e causa uma grande sobrecarga renal. Existem inúmeros estudos que comprovam que esse excesso de proteína tem muitos efeitos maléficos a curto prazo, além de aumentar a chance de obesidade infantil e obesidade mórbida adulta, pressão alta e diabetes. Infelizmente, os piores efeitos serão a longo prazo, o que dificulta a conscientização familiar.

O leite de vaca é pobre na concentração de gordura boa para fornecer energia para a criança e apresenta baixa concentração de micronutrientes. Além disso, dificulta a absorção de alguns nutrientes, como o ferro, aumentando a chance de anemia ferropriva. Devemos lembrar que nosso índice de anemia ferropriva gira em torno de 63% da população. Assim, o leite torna-se um alimento epidemiologicamente perigoso.

Derivados do leite

Os derivados do leite também não devem ser consumidos antes de 1 ano. Os motivos são exatamente os mesmos, com o adicional de que grande parte dos derivados do leite possuem açúcares embutidos na sua formulação, além de inúmeros outros ingredientes.

Sucos

De novo esse assunto? SIM. Porque infelizmente a cultura de dar suquinho é enraizada. Esqueça os sucos antes de 1 ano de idade e água de coco também.

Pipoca

As pipocas de micro-ondas, bem como aquelas que são feitas à base gordura, não devem ser oferecidas antes dos 2 anos de idade. Porém, a pipoca feita com o milho, sem adicionar açúcares ou outros ingredientes não naturais, pode ser um alimento saudável. Porém, como envolve grande risco de engasgo, não deve ser oferecido antes dos 12 meses.

Alimentos crus ou mal passados

Ao cozinhar os alimentos, mata-se muitas bactérias e vírus que podem causar doenças ao bebê e inflamações. Além disso, quando cozemos o alimento, desnaturamos as proteínas e quebramos alguns nutrientes que têm seus vários aspectos positivos nesse intestino que está recebendo pela primeira vez o alimento e ainda não sabe como digeri-lo. E quando iniciar os alimentos crus? Tão logo a introdução alimentar estiver consolidada. Geralmente entre o nono mês e o primeiro ano de vida. A introdução precoce de alimentos crus não causará mal nenhum para a grande maioria dos bebês, porém em raras crianças ela poderá causar infecções intestinais, alergias alimentares e síndrome desabsortivas.

Mel

O mel, tão presente na culinária brasileira e muito relacionado ao uso, por exemplo, em gripes e resfriados, não deve ser consumido antes de 1 ano de idade por poder causar botulismo. Identificou-se que o mel contribui com 15% das causas de botulismo intestinal em crianças menores de 1 ano. Além disso, estudos mostram que 25% das amostras analisadas de mel apresentam esporos do *C. botulinum*, daí a importância de não oferecê-lo.

Açúcares e doces

O açúcar, muito recomendado anos atrás, foi, por muito tempo, a base da alimentação infantil. Era muito comum, no início da introdução alimentar, oferecer o famoso biscoitinho de maisena ou, na sobremesa, uma gelatina, um pudim de leite ou uma geleia de mocotó com banana. Nas últimas décadas, porém, inúmeros estudos abordaram os prejuízos relacionados a ele e a importância da alimentação nos dois primeiros anos de vida.

Os estudos mostram que a formação do paladar doce a partir do açúcar induz inúmeras mudanças no hábito alimentar e até mesmo da genética da criança, fazendo com que ela goste mais do paladar doce e aumentando a chance de obesidade infantil e diabetes. Sendo assim, todos os protocolos internacionais (ESPGHAN/2017), a Sociedade Brasileira de Pediatria e o Guia Alimentar do Ministério da Saúde orientam que a criança não deve receber nenhum tipo de alimento com adição de açúcares.

Muitas vezes, os alimentos escondem o açúcares: sacarose, frutose, glicose, glucose, dextrose, maltodextrina, xarope de milho, açúcar mascavo, açúcar demerara, açúcar orgânico, açúcar invertido, açúcar magro, açúcar moreno, açúcar light e açúcar de confeiteiro.

Vale lembrar os alimentos que possuem muito açúcar e são proibidos na alimentação infantil:

- Achocolatados;
- Bebidas açucaradas e gaseificadas, refrigerantes, refrescos em pó, bebidas à base de frutas com ou sem soja (suco, néctar, refrescos), outras bebidas vegetais, xaropes com sabor (groselha, guaraná, uva etc.), bebidas com sabor de chocolate e sabor de frutas e bebidas "energéticas". Os refrigerantes à base de cola e as bebidas à base de mate, chá preto ou guaraná "natural" possuem substâncias que dificultam o aproveitamento do ferro e do cálcio pelo organismo, além de

conterem cafeína, uma substância estimulante que pode deixar a criança agitada;

- Cereais matinais açucarados;
- Farinhas de cereais instantâneas com açúcar - mucilon e sustagen (de arroz, milho e outros);
- Gelatina em pó com sabor. As versões comuns muitas vezes também têm adoçantes artificiais;
- Geleia de mocotó industrializada;
- Guloseimas, como balas, chicletes, pirulitos e chocolates;
- Iogurte com sabores e tipo *petit suisse* - famosos danoninhos;
- Leite fermentado - Yakult.

Chocolates

O chocolate é feito à base de cacau, uma fruta com muitos nutrientes que é extremamente saudável. No entanto, para que o processo de produção seja rentável, os chocolates industrializados apresentam pouquíssima concentração do fruto e são acrescidos de ingredientes prejudiciais à saúde infantil, como leite de vaca e açúcares; por isso, eles não são recomendados para menores de 2 anos. Depois dos 2 anos, deve-se dar preferência aos chocolates mais puros, como aqueles que contêm mais de 55% de cacau.

Alimentos ultraprocessados

Os produtos industrializados ou ultraprocessados são os grandes vilões da nutrição atual, tanto dos adultos quanto das crianças. Como caracterizamos antes, são os alimentos que sofreram modificações que são prejudiciais a nossa saúde, como gorduras, sal, açúcares e condimentos.

Tudo que vem pronto não é legal e provavelmente contém esses aditivos que não são ideais e saudáveis. Nada pronto deve ser utilizado: molhos de tomates prontos, caldos em tablete, ervas em pó, macarrão instantâneo (massa e tempero), bolinhos industrializados, batatinhas de pacote, empanado de frango tipo nugget, pão de forma, bisnaguinha e pão de queijo pronto para assar, salgadinhos de pacote, sorvete industrializado, linguiças, salsichas, presunto não devem fazer parte da alimentação infantil.

O desmame

Não há nenhuma associação entre a introdução da alimentação complementar e a interrupção do aleitamento. As duas coisas podem e devem andar juntas, principalmente no primeiro ano de vida. É certo que o volume de leite materno ingerido vai paulatinamente diminuir, restringindo-se, pouco a pouco, à refeição da manhã ou da noite, principalmente se você já voltou ao trabalho. Mas nada impede que o bebê mame no seio pelo menos uma vez por dia.

Nessa fase, o aleitamento materno lhe garante anticorpos que o protegem. Já não sustenta o seu crescimento nem fornece todas as vitaminas essenciais necessárias – essas serão garantidas nas refeições –, mas diminui o risco de resfriados e diarreias.

Fórmulas infantis de seguimento

Na impossibilidade de dar o seio, você deve escolher uma fórmula infantil de seguimento. Esse produto tem a exata quantidade de proteínas e gorduras necessárias aos bebês com 6 a 10 meses de vida (fórmula n. 2) e para crianças com mais de 10 meses (fórmula n. 3). Assim como as fórmulas infantis iniciais, devem ser prescritas por médico.

Lembre-se de que seu bebê não deve tomar leite de vaca e seus derivados até 1 ano de idade. Uma vez introduzida a alimentação complementar, ele deverá consumir diariamente cerca de 400-600 ml em fórmulas infantis. A seguir, elaboramos uma tabela relacionando o volume de leite necessário para o bebê de acordo com a sua idade.

Idade	Volume (ml)	Número de refeições/dia
Nascimento até 30 dias	60–120	6 a 8
30 a 60 dias	120–150	6 a 8
2 a 3 meses	150–180	5 a 6
3 a 4 meses	180–200	4 a 5
>4 meses	180–200	2 a 3

LISTA DE SUBSTITUIÇÕES		
Alimento	**Quantidade**	**Grupo alimentar**
Arroz branco	2 c. sopa	Cereais, pães, tubérculos e raízes
Macarrão	2 c. sopa	
Pão francês	½ unidade	
Legumes cozidos	1 c. sopa	Verduras e legumes
Folhas cruas	3 folhas	
Folhas refogadas	1 c. sopa	
Banana-nanica	½ unidade	Frutas
Mamão papaia	½ unid. peq.	
Maçã média	½ unidade	
Suco de frutas natural	100 ml	
Feijão cozido (grãos)	1 c. sopa	Feijões
Lentilha cozida	1 c. sopa	
Carne de vaca moída	2 c. sopa	Carnes e ovos
Carne de vaca (bife)	½ bife (50 g)	
Frango pedaços	½ sobrecoxa	
Frango filé	½ filé (50 g)	
Ovo cozido	½ unidade	

Capítulo 31

Crescimento

No segundo semestre de vida, o peso e a altura do bebê são atenuados. Tal como mostra a curva da Organização Mundial da Saúde, que aponta esse decréscimo, ele não vai mais ganhar um quilo por mês, nem dois centímetros, como nos primeiros meses, e isso acontece por vários motivos. O primeiro e mais importante é que, agora, as calorias que consome não são usadas apenas para engordar e, sim, em benefício do seu aprendizado: sentar, engatinhar, andar e falar, por exemplo. Apesar dessa curva menos ascendente, você não vai perceber o ritmo ponderal menor por conta do grande salto em desenvolvimento.

Ganho ponderal no período

Aquele bebê gordinho começa a mudar: ele passará a ganhar entre 10 e 20 g

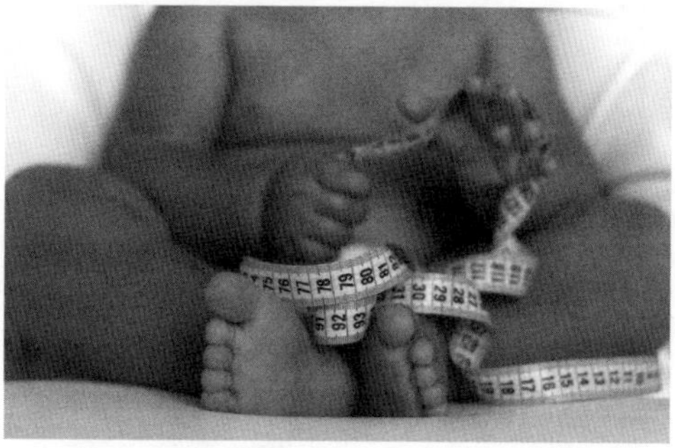

por dia, sendo algo como 15 g o ideal e quase 300 a 600 g por mês.

Algumas explicações para essa diminuição do ganho ponderal: o gasto calórico é maior. No primeiro semestre de vida, o bebê usava tudo o que consumia para engordar; vivia grande parte do dia dormindo ou tendo poucas atividades. Com os novos marcos do desenvolvimento, ele passa a consumir muito mais calorias na tentativa de se superar, e isso diminui o ganho calórico.

Além disso, a introdução da alimentação complementar tem obstáculos pela frente. No início, a criança talvez rejeite a comida, até se acostumar a ela, e isso pode fazer com que pule várias refeições e coma pouca quantidade de alimentos. Essa adaptação não deve preocupá-la pois, quanto menos esperar, seu bebê estará comendo o suficiente para o tanto que precisa crescer.

Outra explicação para um ganho ponderal menor é que, se o bebê continuasse ganhando o mesmo peso que no passado, ele chegaria aos 12 meses de vida com cerca de 12 quilos, o que dificultaria seu tônus muscular e a flexibilidade para se manter ereto.

Crescimento em centímetros

O ganho em altura também vai diminuir: os 3 cm do passado dão lugar a um crescimento de cerca de 1,5 cm por

Bebê com 7 meses: altura e peso

Menina
de 60,1 cm a 74,1 cm
média: 67,3 cm

Menino
de 62,5 cm a 75,9 cm
média: 69,2 cm

Menina
de 5,3 kg a 11,2 kg
média: 7,6 kg

Menino
de 5,9 kg a 11,5 kg
média: 8,3 kg

Bebê com 8 meses: altura e peso

Menina
de 61,4 cm a 76,1 cm
média: 68,7 cm

Menino
de 63,8 cm a 77,4 cm
média: 70,6 cm

Menina
de 5,5 kg a 11,7 kg
média: 7,9 kg

Menino
de 6,1 kg a 12 kg
média: 8,6 kg

Bebê com 9 meses: altura e peso

Menina
de 62,7 cm a 77,6 cm
média: 70,1 cm

Menino
de 65,0 cm a 78,9 cm
média: 72,0 cm

Menina
de 5,7 kg a 12,1 kg
média: 8,2 kg

Menino
de 6,3 kg a 12,4 kg
média: 8,9 kg

Bebê com 10 meses: altura e peso

Menina
de 63,9 cm a 79,1 cm
média: 71,5 cm

Menino
de 66,2 cm a 80,3 cm
média: 73,3 cm

Menina
de 5,9 kg a 12,5 kg
média: 8,5 kg

Menino
de 6,5 kg a 12,8 kg
média: 9,2 kg

Bebê com 11 meses: altura e peso

Menina
de 65,0 cm a 80,6 cm
média: 72,8 cm

Menino
de 67,3 cm a 81,7 cm
média: 74,5 cm

Menina
de 6,0 kg a 12,9 kg
média: 8,7 kg

Menino
de 6,7 kg a 13,1 kg
média: 9,4 kg

Bebê com 1 ano: altura e peso

Menina
de 66,1 cm a 82,0 cm
média: 74,0 cm
Menino
de 68,4 cm a 83,1 cm
média: 75,7 cm

Menina
de 6,2 kg a 13,3 kg
média: 8,9 kg
Menino
de 6,9 kg a 13,5 kg
média: 9,6 kg

mês. A estatura do seu filho começa a obedecer um padrão mais genético do que nutricional e, sendo assim, se você e seu companheiro não são altos, não esperem que o seu filho o seja. A partir de agora, cada criança tem uma curva de crescimento compatível com o seu alvo genético.[1]

Crescimento do perímetro cefálico

O cérebro do bebê continua crescendo velozmente, mas o tamanho da cabeça começa a ganhar estabilidade. O crescimento das crianças não ocorre de uma forma contínua: registam-se surtos de desenvolvimento intercalados com fases de abrandamento, sendo essas oscilações mais frequentes nos primeiros anos de vida. Contudo, cada criança cresce no seu próprio ritmo: umas mais rapidamente, outras de forma mais lenta, e algumas podem ter um grande crescimento nos primeiros seis meses de vida e posteriormente parar de crescer.

O crescimento da cabeça é medido pelo perímetro cefálico. Tal como a altura, ele também sofre influência genética a partir de agora. Uma criança com perímetro cefálico menor também tem pais com cabeça pequena, e vice-versa.

O pediatra vai continuar aferindo o perímetro cefálico do seu filho em todas as consultas; se ele aumentar muito ou não crescer o suficiente entre duas visitas médicas, ele deverá ser reavaliado proximamente. Neste segundo semestre, o normal é que ele cresça 1,0 cm a cada dois meses. Como ocorre em surtos, uma medição alterada não evidencia nenhum problema; apenas requer o agendamento de uma consulta para mais breve.

Existem algumas causas possíveis para o fato de uma criança ter um perímetro cefálico acima ou abaixo da média. Importante ressaltar que o padrão familiar

VOCÊ SABIA?

Por conta dessa diminuição do crescimento, não é mais preciso levar o seu filho ao consultório do pediatra todos os meses. Nessa fase, o ideal é que ele seja avaliado a cada dois meses, se estiver tudo correndo bem. O médico poderá solicitar visitas mensais se a criança estiver acima ou abaixo do peso ou se estiver com dificuldades de aderir à alimentação complementar.

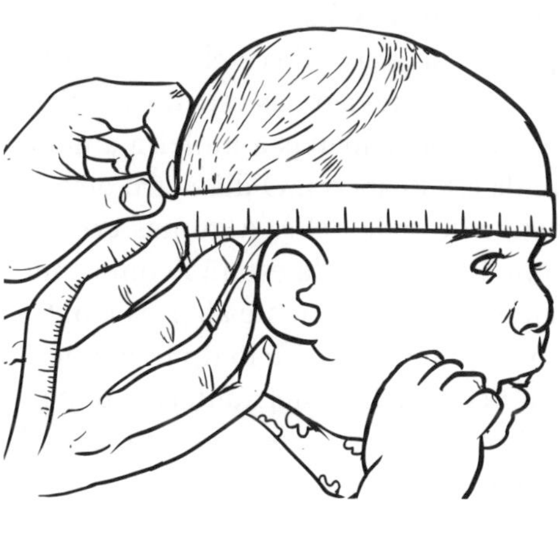

1 Leia mais a respeito na página 408.

Sexo	Meninas	Meninos
Idade	Medida em centímetros	Medida em centímetros
7 meses	40,2 a 45,4	41,5 a 46,4
8 meses	40,7 a 46	42 a 47
9 meses	41,2 a 46,5	42,5 a 47,5
10 meses	41,5 a 46,9	42,9 a 47,9
11 meses	41,9 a 47,3	43,2 a 48,3
1 ano	42,2 a 47,6	43,5 a 48,6

acaba por nortear o da criança, mais cedo ou mais tarde. Porém, algumas doenças podem ser sinalizadas pelo tamanho da cabeça – daí a grande preocupação com os parâmetros e a necessidade de aferi-los a cada dois a três meses, em média. Lembre-se de que existe uma curva de anormalidade que deve ser preenchida pelo pediatra na caderneta de vacinação do bebê.

Fechamento da moleira

As fontanelas ou moleiras são espaços abertos entre os ossos que irão permitir que o crescimento do cérebro ocorra sem haver compressão das estruturas. Nessa fase da vida, apenas a moleira anterior ainda estará aberta. O diâmetro dela depende de cada bebê. Algumas crianças com 7 meses ainda estarão com as moleiras quase totalmente abertas e outras poderão ter um orifício do tamanho de um dedo. A fontanela anterior pode se fechar com nove meses ou só no segundo ano de idade.

A avaliação das fontanelas faz parte do exame pediátrico de rotina. Ao serem apalpadas, pode-se inferir a saúde do bebê e a presença de alguma patologia. Exemplo: numa criança que vomita ou tem diarreia, se a fontanela estiver muito deprimida, isso pode ser sinal de desidratação. Quando a fontanela está tensa ou mais elevada, esse é um possível indício de infecção; em especial, meningite ou uma lesão intracraniana ocupando espaço. No entanto, é importante salientar que uma fontanela deprimida ou elevada, só por si, sem outros sinais, não tem significado patológico algum.

Qual o problema de a moleira fechar antes do tempo?

É admissível um perímetro encefálico reduzido numa criança que seja globalmente pequena, isto é, de baixo peso e pequena estatura. A craniossinostose, que corresponde ao encerramento precoce das fontanelas com a junção dos ossos do crânio antes do sexto mês de vida, não está, na maioria dos casos, associada a alterações no cérebro, mas essas devem sempre ser rastreadas por um neurocirurgião para garantir que ele tenha espaço para crescer.

O fechamento precoce das moleiras pode ter várias causas, mas é acima de tudo aleatório. Poderá ser causado por alterações do metabolismo, infecção ou fatores genéticos. O perímetro cefálico dessa criança deve sempre ser acompanhado quando há alguma doença associada.

O tratamento da craniossinostose é cirúrgico e está indicado tão-logo se chegue ao diagnóstico, pois os melhores resultados são obtidos quando a operação é feita até o primeiro ano de vida. A cirurgia é necessária por três motivos, basicamente: risco de pressão excessiva na cabeça e sofrimento cerebral por falta de espaço, o que pode levar a falha do desenvolvimento neuropsicomotor.

A criança que não ganha peso

Alguns bebês têm muita dificuldade para ganhar peso, e isso, na maioria das vezes, é uma questão de genética. Há os mais gordinhos e os menos. É função do pediatra acompanhar essa evolução e, a qualquer sinal de distanciamento da curva de normalidade, investigar as causas.

A primeira e mais importante coisa a aferir é se o bebê está se alimentando de maneira adequada, ingerindo todos os nutrientes de que precisa para crescer convenientemente. A dieta da criança nessa idade deve incluir cereais e carnes, que são os componentes essenciais para o aumento ponderal. O leite materno ou o uso de fórmula infantil também são importantes nessa fase.

Se o bebê estiver se alimentando bem, o pediatra começará a pesquisar alterações que podem cursar com um baixo peso: má absorção dos alimentos no nível do intesti-

VOCÊ SABIA?

Era comum pais usarem estimulantes de apetite para bebês com baixo peso ou com dificuldade de alimentar. Tais medicações, hoje, não são recomendadas. Elas contêm grandes quantidades de açúcares, que predispõem ao costume pelo doce e, mais tarde, na vida adulta, aumentam a chance da ocorrência de diabetes.

no, doenças metabólicas e eventualmente cardiopatias que estejam limitando o ganho de peso.

Se todos os exames tiverem resultado negativo, relaxe e mantenha a alimentação que vem dando, acrescentando um pouco mais de calorias.

O ganho de peso excessivo

Assim como alguns bebês podem ter dificuldade para ganhar peso, outros têm extrema facilidade em adquirir uns quilos a mais. E o que era considerado positivo em bebês menores de seis meses, hoje passa a preocupar, uma vez que existem, atualmente, muito mais obesos do que desnutridos.

É preciso muito cuidado com a alimentação dos bebês, principalmente se os seus pais já têm sobrepeso, diabetes ou colesterol alto, pois o padrão genético acabará se impondo, mais cedo ou mais tarde. Crianças não amamentadas no seio ou que não usaram fórmulas infantis apropriadas e estão acima do peso são potenciais obesos amanhã.

Não se deve impor uma dieta alimentar ao bebê, nessa faixa etária, porque ele está em fase de crescimento. Você deve voltar a atenção preferencialmente para os erros – isto é, a quantidade e a qualidade dos alimentos que oferece ao seu filho: excesso de açúcar e de gordura. Se for necessário, peça ajuda a profissional nutricionista que seja especializado em alimentação infantil.

A criança que não cresce

A partir do sexto mês de vida, o componente genético começa a marcar presença, o que faz com que o crescimento de alguns bebês perca velocidade. Lembre-se de que todo mundo tem seus marcadores genéticos, que influenciam peso e estatura.

Todavia, quando o bebê fica mais de quatro meses sem crescer, pode haver alguma coisa errada. Doenças genéticas, problemas hormonais e cardiopatias são as alterações mais comuns que podem comprometer a estatura da criança.

Desenvolvimento

O desenvolvimento do bebê está a todo vapor. Agora, ele já é capaz de sentar, sustentar a própria cabeça e tronco, e tem mais mobilidade com os pés e as mãos. Essas novas habilidades o ajudam a explorar cada vez mais o mundo à sua volta, permitindo que progrida no conhecimento cognitivo e na competência de se comunicar.

A capacidade de sentar sem apoio é geralmente adquirida entre o 5º e o 7º mês, bem como a de segurar objetos com mais segurança. Muitos bebês começam a engatinhar entre o 7º e o 9º mês. Rapidamente, estarão em pé e darão seus primeiros passos. A linguagem também se desenvolve com enorme rapidez: nessa idade, uma criança já consegue expressar suas emoções e balbucia uma porção de sílabas.

O desenvolvimento, passo a passo

Sete meses – É hora de o bebê aprender a ficar sentado. A coluna já está mais firme e ele consegue ficar na posição sozinho, às vezes inclinado para frente e com as mãos apoiadas no chão para não desequilibrar. Com o tempo, vai ganhar confiança e passar a permanecer sentado, com a coluna ereta, sem apoio algum. Esse é o principal marco do mês. Se seu filho não for capaz de sentar até então, é hora de marcar uma consulta com o pediatra para avaliar o desenvolvimento dele. Alguns bebês mais espertos já começam a engatinhar nesse período, e outros conseguem até mesmo ficar em pé por alguns segundos.

Em termos de linguagem, o progresso é evidente, e a criança começa a usar sílabas como *da-da*, *pa-pa*, *ga-ga*. Ela parece ter prazer ao emitir sons e pode soltar um primeiro *mama* ou um *papa* sem aviso prévio. Do ponto de vista social, já aponta o que quer, tanto com o dedo como com o rosto: demonstra expressão de alegria ou tristeza. Outras habilidades são dar tchau e bater palmas. Entre suas atividades prediletas está brincar de esconde-esconde com panos, o que rende muita excitação e francas gargalhadas.

Para estimular o bebê, promova brincadeiras animadas e verá que ele participa ativamente, pedindo mais aos gritos. Ele consegue estabelecer contato com as pessoas, balbuciando e até mesmo tentando imitá-las. Apresente cada vez mais brinquedos, espelhos, sons e cores. Mantenha-o a maior parte do tempo sentado e incentive-o a engatinhar. Você também pode deixá-lo em pé por curto tempo para reforçar a musculatura das pernas.

ISTO É NORMAL

Alguns bebês passam por uma fase de estranhamento: aqueles risonhos, que aceitavam o colo de qualquer pessoa, dão lugar a uma criança que se recusa e chora quando é abraçada por pessoas que não conhece bem. Como já sabe demonstrar seus sentimentos, chora e se zanga. Essa fase costuma acontecer entre o oitavo e o 18º mês. Se for o caso de seu filho, prepare-se: até mesmo a consulta com o pediatra pode ser um transtorno.

Oito meses – Engatinhar é o grande marco desse período e representa um importante progresso cerebral, tanto no que diz respeito às funções motoras como ao equilíbrio, à coordenação e ao desenvolvimento mental. A criança tem agora habilidade de engatinhar e logo dispara pela casa em todas as direções, inclusive em marcha a ré. Com isso, ganha independência para se locomover sozinha, buscar o brinquedo que está longe, procurar a mãe pela casa e ir atrás de ruídos que chamam atenção. Por meio dessa nova conquista, demonstra vontade, inteligência e personalidade. Engatinhar é o único marco que não é obrigatório, mas raros são os bebês que não o fazem e passam diretamente da posição sentada para a em pé.

Algumas crianças mais desenvolvidas já começam a escalar móveis e objetos. É hora de abaixar o estrado do berço. Atente também para não deixar o bebê sozinho nem que seja por alguns segundos. Ele está cada vez mais esperto e, de uma hora para a outra, você vai perceber que já entende o que você diz e sabe o seu nome. A linguagem continuará evoluindo e o emprego de sílabas, notadamente *mama* e *papa*, vai se aperfeiçoar.

Estimule seu filho colocando-o em pé, no chão, o máximo possível. Converse bastante com ele para que adquira vocabulário. Você pode lhe ensinar a mandar beijos. Continue cantando e contando histórias: é uma maneira lúdica e divertida de ensinar.

Nove meses – Andar e se mover: é tudo o que o bebê quer e faz nesse período. Cativado pela capacidade de se manter em pé, ele vai usar todos os recursos de que dispõe para se esmerar na tarefa, a ponto de recusar até mesmo o colo. Cheio de energia, ele engatinha pela casa inteira, o dia todo, e só para na hora de dormir. Já aprendeu a bater palmas e o faz sempre que ouve música. Sua linguagem está cada vez mais apurada, e ele entende os vocábulos de ordem, em especial o *não pode*. Para pontuar que estão captando o significado, alguns já começam a fazer o *não* com a cabeça.

Aproveite para introduzir o conceito de limite com palavras de ordem como *não pode* ou *isso, não*. E continue desenvolvendo brincadeiras e ensinamentos porque nessa idade o bebê está muito receptivo. Converse com ele e explique-lhe tudo o que está fazendo, seja no banho, durante a refeição ou ao trocar a roupa. Formule frases simples e claras: *abra a boca*, *vamos lavar as mãos*, *vamos pentear o cabelo*. E lembre-se de pronunciar as palavras corretamente. Para fortalecer a musculatura, ajude seu filho a se manter em pé. Esse estímulo vai ser importante para quando ele efetivamente andar.

Dez meses – Esse período é muito similar ao anterior. Alguns bebês já começam a dar seus primeiros passos sozinhos, mas essa habilidade ainda pode demorar alguns meses em bebês mais preguiçosos ou medrosos. Ainda que ele não consiga fazê-lo, estimule-o, colocando-o em pé e segurando-o pelas mãos para dar equilíbrio e firmeza. Mostre que ele pode confiar em você: não o solte, se perceber que está com medo, e espere que ele esteja mais preparado. Nessa fase, ele já é capaz de segurar firmemente objetos, usando o polegar em oposição aos outros dedos – um movimento chamado pinça. Ele também começa a ter destreza para balançar a mão para dar tchau e consegue andar de lado, apoiado numa mesa.

Do ponto de vista social, é possível que ele já saiba beber no copo e consiga imitá-la em pequenos gestos. Como monta pequenos blocos, os brinquedos de encaixar com música, cores e formas diferentes são um grande estímulo para seu aprendizado. Brincadeiras no espelho, de fazer cócegas, pega-pega e esconde-esconde são uma farra.

Onze meses – A criança passa a maior parte do tempo em pé. Se for segurada pelas mãos, consegue dar alguns passinhos. Engatinhando, dá até para subir escada. Continue estimulando seu filho, e faça alguns passos com ele, para que aprenda a ter equilíbrio e segurança.

Quanto ao desenvolvimento da fala, ele consegue pronunciar cinco palavras. Sua dicção não é clara ainda e muitas vezes só a mãe consegue decifrar o que quer dizer. Uma característica curiosa: ele vai repetir a mesma palavra dezenas de vezes seguidas. Exemplo: *dá, dá, dá, dá, dá*. Mas já consegue segurar sozinho a mamadeira, e suas brincadeiras são mais coerentes. Continue estimulando-o com brinquedos e contando histórias cada vez mais interessantes.

Doze meses – Ao completar 1 ano, o bebê está pronto para aprender a andar, explorar e experimentar tudo o que está à volta: pessoas, objetos, lugares. Ele está apto a dar os primeiros passos e a balbuciar as primeiras palavras. Sabe mandar beijo e bater palmas na hora do "parabéns a você". Sua principal tarefa consiste em aprender a coordenar a musculatura do corpo para poder andar. Isso é o que ele mais gosta de fazer e nunca se cansa. No início, anda com os braços para cima, para buscar equilíbrio, e com o tempo, os abaixa.

A linguagem está se aperfeiçoando. Com 1 ano completo, a criança fala em média seis palavras e consegue imitar alguns sons que os pais ensinam, como o au-au do cachorro. As brincadeiras chamam cada vez mais atenção, e ele consegue se concentrar mais tempo em cada uma. Sua inteligência aumenta diariamente, assim como suas habilidades.

Mão direita ou esquerda?

A predisposição para escrever ou apanhar objetos preferencialmente com a mão direita ou esquerda não aparece nesse momento. Se seu filho já tiver alguma inclinação clara nessa fase, talvez isso indique um problema neurológico. As chances de ser canhoto são de apenas 10%, mas se um dos pais usar o lado esquerdo do corpo, essa hipótese aumenta para 35%.

Entre o 6º mês e o 1º ano, o bebê pegará objetos com ambas as mãos e os trocará de uma para a outra várias vezes. Entre o primeiro e o segundo ano, começará a manifestar uma preferência. Pode ser que ele apanhe objetos preferencialmente com uma mão ou chute a bola somente com um dos pés. A condição de canhoto só será totalmente definida quando ele tiver 3 ou 4 anos e começar a escrever e a desenhar.

Não obrigue a criança a usar apenas um lado do corpo. Deixe-o decidir espontaneamente como se sente melhor. Lembre-se de que algumas crianças são ambidestras, usam ambos os lados com igual facilidade.

Afeto com os irmãos

Os irmãos mais velhos são grandes incentivadores do desenvolvimento do

bebê. Assim, uma criança que tem um irmão mais velho aprende a engatinhar e a andar mais rápido, porque quer acompanhá-lo por todo lugar.

Os laços formados na infância são importantes para toda a vida. O mais velho sentirá ciúme do mais novo, mas será uma fonte de carinho e incentivo. Ele deve ser estimulado pelos pais a cuidar do irmãozinho, escolhendo, por exemplo, a roupa que ele vai usar ou, ainda, brincando com ele.

Ao participar das brincadeiras, o irmão mais velho dá um caráter coletivo e naturalmente estabelece conceitos de limite e competição sadia. Mas duas crianças querem dizer atenção redobrada. Elas devem estar sempre sob supervisão de um adulto porque, apesar dos laços de amor que as une, o mais velho pode machucar o mais novo, deixando-o cair, ou simplesmente dando um brinquedo que ele vai engolir.

O choro na separação

Quando você volta ao trabalho, depois do parto, um segundo cordão umbilical, dessa vez simbólico, é cortado. Isso pode acontecer quando o bebê tem 4 meses, 6, ou quando ele completa 1 ano. Não importa: o fato é que cada mãe vive esse momento, que, por sinal, é saudável tanto para ela como para o bebê, que é obrigado a conhecer uma nova dinâmica do mundo.

Quer a criança fique em casa com a babá, com a vovó ou, ainda, em alguma creche, o dia a dia da família se transforma. Você deve se preparar emocionalmente para esse fato. Serão dias difíceis, em que a saudade e a preocupação vão atormentá-la, mas, com o tempo, você vai conseguir administrar muito bem a sua nova jornada e até gostar de ter um tempo para si mesma.

Para o bebê, o ideal é que haja um período de adaptação. Independentemente de ele ficar em casa, sua rotina vai mudar. Por isso, uma semana antes, comece a deixá-lo por um curto período com a cuidadora e vá aumentando gradativamente esse tempo até perceber que ele se adaptou totalmente. A primeira reação será de choro. Normal: o bebê sente que perdeu a mãe. Com o tempo, porém, e em não mais de 15 dias, ele estará mais confortável em relação à sua nova rotina.

Alguns bebês têm um choro inconsolável quando a mãe se despede, e eles parecem até adivinhar que ela está saindo. Não se preocupe: logo, ele vai se acalmar e gradativamente perceberá que a mãe vai voltar.

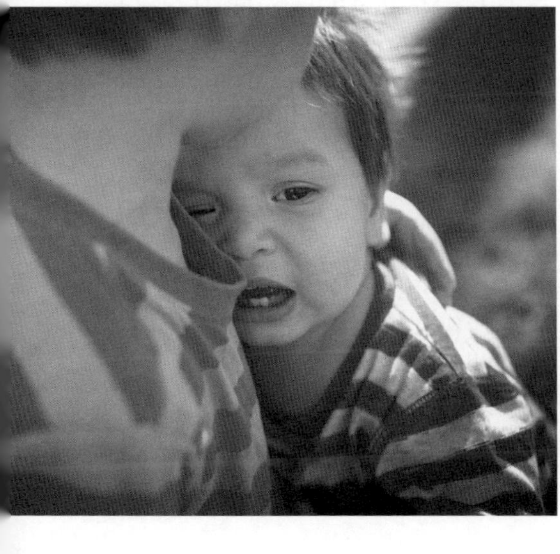

Cuidados com o bebê que engatinha

A criança que engatinha vive em perigo. Tem curiosidade exacerbada e quer pegar tudo o que encontra pela frente. É hora de preparar sua casa para esse vendaval de energia.[2]

Mas isso não basta: a partir de agora, o bebê não deve mais ficar sozinho nem um minuto sequer. Ele ainda não sabe o que pode e o que não pode fazer; gosta de escalar alturas e explorar buracos, o que faz com que uma simples cadeira ou uma tomada elétrica seja potencialmente perigosa.

Atenção com os cômodos. O ideal é que ele nunca circule pela cozinha e pelo banheiro. São ambientes cheios de perigos para um bebê: fogão quente, vaso sanitário, produtos de limpeza, talheres e pratos de vidro podem dar origem a queimaduras, ferimentos e afogamentos. Mantenha as portas fechadas ou coloque grades que impeçam a passagem.

Na sala e nos quartos, você deve isolar todas as tomadas, impedindo que ele coloque os dedos e leve um choque. Bebês têm muita curiosidade e não hesitam em se esforçar para saciá-la. Você também deve tirar bibelôs e mesas de vidro da frente, principalmente as mesinhas de centro.

2 Leia mais a respeito na página 495.

Lembre-se de que seu bebê ainda precisa de ensinamentos a respeito do que é certo e errado. Ele já sabe pela entonação da sua voz o que é um *não*. Seja firme e deixe claro o que são limites e ordens.

Cuidados com o bebê que anda

Ele começou a andar? Redobre os cuidados! Você deve ter mais atenção ainda do que quando ele simplesmente engatinhava. Quinas de móveis e tapetes escorregadios são potencialmente perigosos. Lembre-se de que seu filho vai precisar se apoiar em todos os objetos que vir para dar seus pequenos passos. Cuidado com o que é muito leve, instável ou deslizante.

Pequenos objetos continuam indo para a boca, via de regra. Com isso, o bebê pode engasgar e até sufocar: muita atenção. Cozinhas e banheiros continuam sendo áreas proibidas. Os riscos aumentam à medida que seu filho se movimenta com mais facilidade e ganha autonomia. Fique sempre atrás dele.

Nessa fase, escadas e lajes devem estar gradeadas, de maneira a impedir quedas

de grandes alturas, que podem ter consequências graves. Mantenha a criança sob vigilância constante: poucos minutos bastam para provocar um acidente.

O andador

Em 2013, a Sociedade Brasileira de Pediatria lançou uma campanha de educação para pais, visando coibir o uso do andador. No Brasil, esse tipo de produto não atende normas de segurança do Inmetro e não há uma legislação que normatize sua comercialização.

ISSO É NORMAL

Nessa idade, a queda é muito frequente, pois o bebê ainda não tem equilíbrio e quer andar mais rápido do que consegue. O ideal é que você esteja sempre atrás dele, para ampará-lo, caso se desequilibre. Se o seu filho cair, mesmo de uma pequena altura, fique atenta à eventualidade de ele vomitar, perder a consciência ou ter sono excessivo nas primeiras 24 horas após o acidente. A qualquer sinal, você deve procurar uma emergência.

Durante anos, os andadores foram indicados por pediatras e utilizados pelos pais e avós para dar agilidade ao bebê e auxiliá-lo em seus primeiros passos. As facilidades que oferece geraram uma grande aceitação e uma febre mundial. Hoje, são mais bonitos e acoplam brinquedos que não existiam no passado. Mas as pesquisas da Academia Americana de Pediatria apontam que ele não é bom para a saúde das crianças.

Os andadores são, hoje, o produto infantil mais perigoso, seguido pelos equipamentos de playground, adverte a Academia Americana de Pediatria. A cada ano, dez atendimentos para cada mil crianças com menos de 1 ano são feitos nos serviços de emergência, em decorrência de acidentes com o andador. Em um terço dos casos, as lesões são graves, geralmente fraturas ou traumas cranianos, necessitando de hospitalização.

Diferentemente do que se pregava no passado, o andador atrasa o desenvolvimento psicomotor da criança. Isso ocorre porque o uso retarda a atividade muscular e desenvolve menos as articulações. Bebês que utilizam andadores levam mais tempo para ficar em pé e caminhar sem apoio. Além disso, engatinham menos e têm escores inferiores nos testes de desenvolvimento. O exercício físico também é menor e mais prejudicado pelo uso do andador.

Desde 2007, é proibido vender, importar e até mesmo fazer propaganda de andadores de bebês no Canadá. Na Europa e nos Estados Unidos, existe um movimento muito intenso visando implantar uma lei semelhante à canadense, uma vez que todas as estratégias educativas têm falhado na prevenção dos traumatismos por andadores.

VOCÊ SABIA?

Andar descalço não provoca resfriado. Ele é causado por vírus, e não pelo fato de a criança estar descalça. Alguns bebês não gostam de pisar no chão frio, e logo manifestam esse incômodo. Mas se esse não for o caso de seu bebê, deixe-o sem sapatos até que consiga encontrar o próprio equilíbrio e andar com mais estabilidade.

No Brasil, o uso do andador não é recomendado. Existem outros brinquedos e maneiras de ajudar a criança a adquirir confiança e se locomover. A melhor delas é segurá-la pela mão e acompanhá-la. O aprendizado é rápido e suscita muita alegria ao bebê, além de fortalecer a confiança nos pais.

Mudanças no berço

Nessa fase, seu filho fica em pé no berço, apoiando-se nas grades, e quando você menos espera, começa a escalá-lo. Mais um bom motivo para não deixar nada sobre a cama dele, nem protetor, nem almofada, nem bichinho de pelúcia, nem mesmo travesseiro. Todos esses acessórios serão fatalmente usados como base para subir mais alto. O risco de uma queda importante é, portanto, ainda maior.

Por isso, é absolutamente imperioso que você retire tudo o que pode servir de escada ou trampolim e trate de regular a altura do berço para essa nova etapa do desenvolvimento do bebê. Em geral, são três alturas. Quando ele começar a sentar no berço, ajuste a grade na última posição, a mais baixa possível.

As primeiras palavras

Assim como os primeiros passos, as primeiras palavras do bebê também causam excitação em pais e avós. Geralmente, com 1 mês de vida, ele começa a balbuciar as vogais "a" e "o" e, em seguida, evolui para pequenas sílabas, aparecendo o "dada" e o "papa" ou "mama". Um "mamãe" e um "papai" sonoros e bem articulados só virão entre o 8º mês e o 1º ano de vida da criança, dependendo da sua habilidade.

Geralmente, com 15 meses, seu filho já vai ter um vocabulário constituído de seis palavras e você entenderá o que ele quer através de gestos e mímica.

Freio da língua

É uma pequena pele que liga a língua à parte inferior da boca e provoca uma situação conhecida popularmente como língua presa. Muitos bebês nascem com este distúrbio, mas poucos terão realmente problemas no futuro. Isso ocorre por conta da amamentação: com a fisioterapia que a língua faz durante o processo, ela sofre um remodelamento.

A língua presa só será um problema se, durante o processo da fala, houver troca dos fonemas, dificultando o entendimento do que o bebê está falando. Nesses casos, uma microcirurgia é realizada para diminuir esse freio.

VOCÊ SABIA?

Passou a vigorar a partir de 2014 a Lei Federal n. 13.002/14, que institui a obrigatoriedade de aplicação do "Protocolo de Avaliação do Frênulo da Língua em Bebês" (teste da linguinha) em todas as crianças nascidas em maternidades públicas no país. A realização do teste gerou, no entanto, muitas críticas dos pediatras e em especial da Sociedade Brasileira de Pediatria, uma vez que a anquiloglossia (a língua presa) apresenta mortalidade e morbidade próximas de zero. Por outro lado, a ocorrência de anquiloglossia em seu grau mais severo não representa em hipótese alguma um quadro de urgência ou de emergência clínica ou cirúrgica, em que a vida do recém-nascido depende do "teste da linguinha". Assim sendo, não há justificativa médica para a pesquisa e muito menos para a criação de uma lei federal a esse respeito. Além disso, grande parte dos bebês que têm língua presa vai se livrar do problema com o tempo.

Assim como os primeiros passos, as primeiras palavras do bebê também causam excitação em pais e avós

A arte de conversar com o bebê

Conversar com o bebê é o melhor estímulo para que ele comece a falar. Tenha atenção à sua entonação e teor da conversa: nada de infantilizar a voz ou tentar imitar a forma como ele mesmo se expressa. Ao contrário: converse com o seu filho normalmente, aponte o nome dos objetos e procure ampliar o vocabulário dele ao máximo.

Ele não só vai saber como reter as novas palavras que ouvir. Outro incentivo são as demonstrações de carinho que você pode lhe dar, cantando músicas e contando histórias.

Medos

Toda criança tem medo. O tipo de receio é que vai mudando à medida que o bebê cresce e de acordo com sua educação. Em geral, ele tem medo do desconhecido. E vai representar esse sentimento pelo espanto ou buscando o colo da mãe. É muito possível também que recorra ao choro, inconsolável.

Até o 6º mês, os bebês têm medo de ruídos altos ou que lhes causem surpresa. Até mesmo uma voz que atravessou o quarto sem que ele dê conta disso pode assustá-lo. Nessa hora, você deve tomá-lo no colo e mostrar que vai protegê-lo.

Com a idade, os medos mudam: os ruídos passam a ser mais familiares e não causam tanta estranheza. Entre 7 e 12 meses, o bebê pode sentir medo ao deparar com estranhos ou se ver em situações que não conhece. Um lugar diferente, gente desconhecida ou até mesmo situações que nunca vivenciou podem colocá-lo em estado de alerta. Ele poderá estranhar a creche ou o centro de vacinação.

Crianças entre 2 e 3 anos são as que têm mais medos. Tudo parece desconhecido. Animais, lugares escuros, a separação dos pais, estímulos intensos como sirenes e trovões, assim como máscaras, caretas e fantasias muito coloridas, como as de palhaço e Papai Noel, despertam desconforto emocional. Muitos medos vão se perder pelo caminho com o tempo e a maturidade. À medida que a criança se acostuma e passa a confiar no ambiente que a cerca, se sente mais capaz e com mais recursos internos para superar certos temores. Você deve mostrar que está sempre por perto e não pode menosprezar os sentimentos de seu filho.

Capítulo 32

Doença e saúde

O sistema imunológico do bebê está cada vez mais forte em seu segundo semestre de vida. Ele já consegue produzir anticorpos, o que lhe dá maior autonomia para combater vírus e bactérias. As infecções não são mais tão graves e os cuidados com a higiene já podem ser menos rigorosos.

Uma infecção raramente precisará de internação e antibióticos via venosa: a grande maioria será combatida com medicamentos ministrados por via oral ou com uma postura expectante, para permitir que o próprio organismo a combata. Entretanto, a criança ficará doente com mais frequência, especialmente se frequentar uma creche. Apesar de ter seu sistema imunológico mais evoluído, ela terá bem mais contato com agentes infecciosos. É comum que o bebê tenha até cinco a doze infeccões virais por ano.

O bebê que engole coisas

O seu filho está descobrindo o mundo e essa descoberta se dá inicialmente pela boca, o período chamado de fase oral. Tudo o que ele pega, leva à boca para ver qual o tamanho e profundidade e porque a boca lhe proporciona uma sensação de prazer.

Esse gesto deve ser exaustivamente supervisionado, uma vez que ele corre o risco de engolir pequenas coisas e, em especial, ingerir substâncias perigosas à saúde.

Mais que supervisionar, você deve tentar prevenir acidentes. Por isso, nunca é demais repetir que não se deve deixar ao alcance do bebê nada que possa representar perigo, e isso também quer dizer observar sempre se algum adereço da roupa está solto. Um simples botão prestes a cair pode causar grandes transtornos.

Se um objeto for engolido, ou se você ficar na dúvida se foi mesmo engolido, procure imediatamente uma emergência. Seu bebê deverá passar por um *check-up* médico para avaliar se há meios de o objeto ser eliminado pelas fezes. Provavelmente, ele vai passar por uma radiografia para verificar onde a peça parou ou se há necessidade de intervenção. Alguns objetos podem causar obstrução intestinal e, nesses casos, o bebê terá de ser submetido a uma cirurgia.

Ingestão de substâncias tóxicas

A exposição a produtos tóxicos é comum quando se trata de crianças pequenas. A grande maioria dos casos ocorre em casa, com crianças com menos de 6 anos. Por isso, a recomendação é prevenir. Mantenha produtos domésticos e medicamentos em locais fechados, numa altura que seu filho não alcance e, se necessário, use cadeados, chaves ou trancas.

Os principais grupos de agentes tóxicos são: medicamentos, produtos de uso domiciliar, pesticidas agrícolas, raticidas e plantas. Os produtos domésticos podem provocar intoxicações por ingestão, inalação e contato com pele e olhos, o que pode ser facilmente evitado mediante adoção de medidas simples dentro de casa. Atenção especial para a soda cáustica e o hipoclorito de sódio manipulado, que fazem muito mal à criança e não deveriam ser trazidos para dentro de casa quando há crianças pequenas. Os solventes e os derivados de petróleo provocam danos ao sistema respiratório da criança, pois são voláteis e atingem facilmente o pulmão.

Outros produtos domésticos potencialmente tóxicos e que devem ser mantidos longe do alcance da criança são acetona, álcool, amônia, antisséptico bucal, naftalina, cloro, detergentes, desodorantes, esmalte de unha, éter, flúor, inseticidas, limpadores de vasos sanitários e perfumes.

Se por acaso uma criança ingerir uma substância tóxica, você deve tomar estas atitudes:

- Não provoque o vômito, a não ser que seja recomendado por um médico, no caso de ingestão de determinadas substâncias. O vômito pode ser prejudicial porque causa mais danos ainda ao retornar para a boca. Não provoque o vômito se a criança desmaiou ou está tendo convulsão, ou quando o produto ingerido for soda cáustica, inseticida, detergente, querosene, gasolina, ácido ou qualquer produto corrosivo que possa provocar queimaduras.

- Não dê leite ou outra substância qualquer sem orientação médica.

- Lave abundantemente com água corrente a pele e/ou os olhos, caso um desses produtos tenha entrado em contato com eles.

- Procure imediatamente um serviço de emergência e leve com você a embalagem do produto que foi ingerido pela criança.

O perigo dos medicamentos

Os remédios – em especial, os líquidos que têm sabor agradável – também são grandes chamarizes – e se tornam vilões – da curiosidade infantil, principalmente quando o bebê tem menos de 1 ano. Entre eles, destaque para os antitérmicos, as soluções nasais, os antigripais, os antialérgicos, os sedativos, os antidepressivos, os antieméticos, os medicamentos para asma, diabetes e hipertensão arterial.

Todos os medicamentos devem ser mantidos fora do alcance da criança o tempo todo: qualquer descuido pode ser fatal ou causar graves problemas para os pais e para a saúde da criança.

Se você notar que seu filho ingeriu um medicamento, procure imediatamente um serviço de emergência com a embalagem do produto à mão, para que o pediatra possa saber como agir. Muitas vezes, o medicamento tem uma dose de segurança, para a qual os sintomas são brandos (enjoo e vômitos), e uma dose

VOCÊ SABIA?

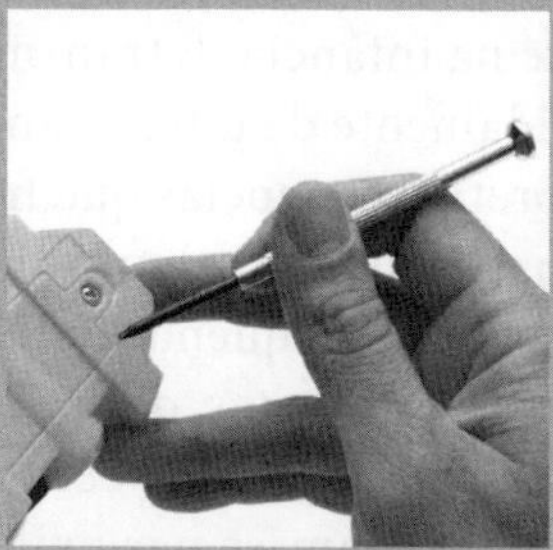

Antes de comprar um brinquedo eletrônico, verifique se há alguma trava.

Nos últimos anos têm sido registrados casos graves decorrentes da ingestão de baterias em formato de disco, comumente usadas em brinquedos eletrônicos. A lesão intestinal provocada por esse tipo de bateria se dá em função da geração de corrente elétrica local. Ela pode causar sangramento e até perfuração, com potencial de óbito. Se parar no esôfago, aparecem queimaduras menos de duas horas depois da ingestão, e as perfurações podem ocorrer cerca de cinco horas após o acidente. O diâmetro aumentado da maioria das baterias de lítio (20 mm) causa maior dano ainda no esôfago das crianças. Ela deve, portanto, ser conduzida a uma unidade de emergência, em hospital de referência, para que a bateria seja retirada imediatamente. Por conta do número de incidentes provocados, o local onde fica a bateria na maioria dos brinquedos é, hoje, parafusado. Essa medida impede que a bateria se solte com facilidade. Portanto, antes de comprar um brinquedo eletrônico, verifique se há alguma trava.

de intoxicação, que pode ser fatal para um bebê.

Tudo vai depender da quantidade e do tipo de medicamento que foi ingerido. Em princípio, o bebê deve ficar em observação. Em casos mais graves, serão feitas lavagens intestinais ou o uso de carvão mineral poderá ser ministrado para o tratamento da intoxicação. A possibilidade de uma internação em UTI será aventada para monitorar batimentos cardíacos.

Anemia

A anemia por deficiência de ferro continua sendo um grande problema até a idade de 2 anos. Nessa fase, a alimentação não consegue suprir a quantidade de ferro que o organismo precisa para crescer de maneira saudável. Por esse motivo, todos os bebês a partir da introdução da dieta complementar, normalmente a partir dos 6 meses, até os dois anos de idade, devem receber uma quantidade de ferro por via medicamentosa, como forma de evitar uma anemia ferropriva.

São sinais de que o bebê pode estar anêmico: palidez nas palmas das mãos e nos olhos e baixo ganho de peso e altura. Nesse caso, você deve procurar um pediatra para avaliação e confirmação da necessidade de reposição de ferro. Recomenda-se aumentar o consumo de carne (boi, porco, aves, peixes) e a oferta de frutas cítricas (laranja, limão, acerola, maracujá) e não oferecer chá-preto, mate, café ou refrigerante perto das refeições, uma vez que a ingestão destes produtos diminui a absorção de ferro.

Doenças dermatológicas

A pele continua sofrendo modificações. Ela só estará completamente madura quando a criança completar 4 anos. Continue usando produtos próprios para a faixa etária de seu filho. Saiba que as doenças dermatológicas dos recém-nascidos darão lugar a novas moléstias, a maioria delas transmitida por vírus, bactérias e até mesmo fungos.

Molusco contagioso

É uma infecção provocada por um vírus chamado poxvírus, que ocorre frequentemente na infância. É transmitida muito rapidamente de uma criança para outra, sobretudo naquelas que frequentam creches e que têm algum tipo de alergia de pele. São pequenas bolhas minúsculas, lisas e brilhantes, de cor rósea, que apresentam depressão central característica. Localizam-se nas axilas, na face, na lateral do tronco e nas áreas genitais e perianal.

Após o contato, o vírus pode incubar de sete dias até seis meses. Enquanto não houver tratamento, ele será transmitido para outras crianças. O tratamento é simples, apesar de poder ser doloroso: consiste em limpar a superfície lesionada para que entre em contato com a pele sã. Apesar de tudo, essa infecção tem caráter benigno. Alguns pediatras e dermatologistas fazem a limpeza da área afetada em consultório, com pomada anestésica.

Escabiose

Conhecida popularmente como sarna, é causada por um ácaro, parasita de pele, chamado *Sarcoptes scabiei*. Ele penetra na pele e deixa lesões em forma de minibolhas vermelhas e pequenos sulcos, nos quais deposita seus ovos. As áreas da pele mais suscetíveis são as regiões entre os dedos, a face anterior dos punhos, as axilas, a região periumbilical, o sulco interglúteo, parte interna das coxas e os órgãos genitais externos nos meninos. A coceira é intensa, maior durante a noite, por ser o período de reprodução e deposição de ovos.

A escabiose é transmitida pelo contato direto com doentes e seus objetos pessoais, como roupa de cama e toalhas. O ácaro pode perfurar e penetrar na pele em aproximadamente 2,5 minutos. Depois do contato com o ácaro, as lesões se manifestam entre um dia e seis semanas. Se for diagnosticado o problema, o ideal é que a criança seja isolada por uma semana para se tratar.

O tratamento depende da idade da criança. Se ela tiver mais de 15 kg, vai tomar um remédio por via oral. Se pesar menos de 15 kg, vai usar cremes à base de permetrina a 5% ou deltametrina. Enxofre a 10% deve ser usado em crianças com menos de 2 anos. Antialérgicos também podem ser prescritos para aliviar a coceira.

Além de tratar o bebê, é preciso lavar as roupas de banho e de cama com água quente, a pelo menos 55° C. Procure saber de onde o bebê contraiu a doença, de um primo ou irmão, e, caso frequente uma creche, avise a diretoria para que as outras crianças sejam avaliadas.

A escabiose pode ser muito incômoda, principalmente por causa da coceira. E pode afetar o sono do bebê e gerar infecções bacterianas secundárias, exigindo tratamento com antibióticos. Em algumas vezes, pode requerer também o tratamento dos familiares próximos.

Capítulo 33

Doenças respiratórias

Nessa idade, o sistema respiratório continua sendo a grande causa de doenças e internações. Com o tempo, o bebê passa a respirar melhor, os soluços e os engasgos se tornam mais raros, mas os pulmões ainda se mantêm muito vulneráveis às infecções, embora os quadros sejam menos graves.

Bronquiolite

A bronquiolite[1] continua sendo uma preocupação, apesar de a criança correr menos risco de contrair uma forma mais agressiva da doença. A infecção respiratória aguda ainda causa obstrução das vias aéreas inferiores e provoca um processo inflamatório decorrente do acúmulo de secreções nas vias aéreas, mas, cada vez menos, o bebê precisa ser internado. Em 75% dos casos, o vírus sincicial respiratório é responsável pelo quadro. A bronquiolite caracteriza-se por febre, falta de ar, retrações e sibilos. Coriza e tosse muitas vezes são os sintomas iniciais. O bebê se mostra irritado e recusa-se a comer em função da dificuldade respiratória. Na grande maioria das vezes, nesta faixa etária, o tratamento é domiciliar e consiste apenas em lavar regularmente o nariz e hidratar bem a criança. Se você notar que seu filho está com dificuldades para respirar, procure imediatamente uma emergência.

1 Leia mais a respeito na página 449.

Chiado

A síndrome do bebê chiador (lactente chiador) representa um desafio para os pediatras em função dos episódios recor-

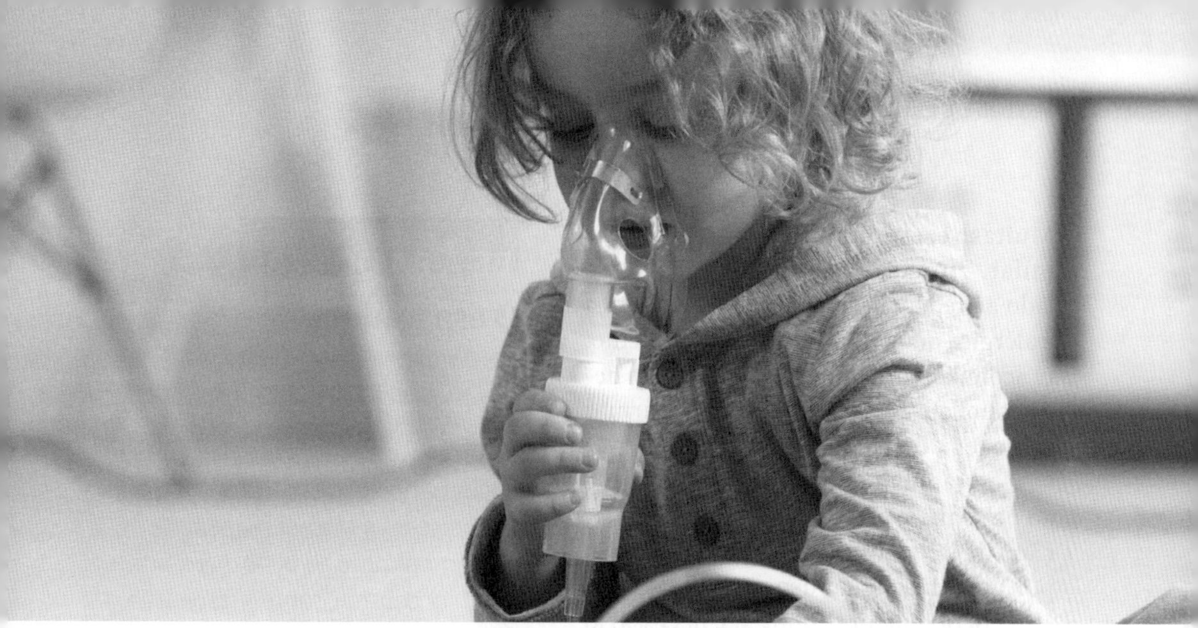

rentes de sibilância, sem etiologia bem definida, na faixa etária de 0 a 2 anos. Considera-se bebê chiador aquele que apresenta três episódios recorrentes de chiado de curta duração, no período de dois meses, ou que tem chiado contínuo de, no mínimo, um mês de duração.

São fatores de risco para o desenvolvimento do chiado recorrente, além da idade, o baixo peso ao nascer, a desnutrição, problemas imunológicos, o desmame precoce e a fumaça de cigarro. Existe uma grande associação com um quadro prévio de bronquiolite viral aguda. Os estudos mostram que o vírus da bronquiolite causa a inflamação nos pulmões, provocando os episódios de sibilância.

Pesquisas sugerem que a criança que sibila nos primeiros meses de vida não deve, a princípio, ser considerada asmática, pois cerca de 70% delas perdem essa característica até os 3 ou 4 anos. À medida que o pulmão se desenvolve e aumenta a capacidade de aspirar ar, a criança para de sibilar.

Cabe ao pediatra ou alergista estabelecer o diagnóstico diferencial com outros quadros de alergia respiratória.

VOCÊ SABIA?

O Berotec é um beta-agonista que dilata os pulmões. Anos atrás, circularam informações de que ele acelerava o coração e chegava a causar parada cardíaca. Mas todas as medicações que estimulam os pulmões provocam dilatação dos vasos e conduzem a um quadro temporário de aceleração dos batimentos cardíacos. Em doses normais, e em pacientes que não apresentam alterações no coração, essa aceleração se equipara à decorrente de exercícios físicos: o medicamento faz o coração bater mais rápido e, depois, voltar ao normal. Assim, o uso do Berotec, ou medicação similar, pode ser feito com segurança.

Muitas vezes, o tratamento é muito similar – o que faz com que se deixe de lado a preocupação em saber se a criança é alérgica ou não e se inicie o tratamento. O acompanhamento se dará até que o bebê complete 2 anos, de modo a confirmar se ele tem, de fato, alergia.

O tratamento da crise é semelhante ao de asma: é preciso usar uma medicação capaz de ampliar os pulmões, seja por nebulização ou uso com espaçador. Um corticoide oral pode ser necessário durante um curto período para obter uma melhora mais rápida.

Além da medicação própria para os quadros agudos, é preciso providenciar um tratamento para as fases entre as crises. Ele tem por base um corticoide inalatório com o uso de espaçador. Essa medicação deve ser usada pelo menos por 30 dias e, em alguns casos, por um tempo ainda maior, dependendo do número de crises e da gravidade delas.

BÊ-Á-BÁ DO BEBÊ

O espaçador

Para administrar um remédio inalável com uma bombinha convém recorrer a um espaçador. Ele pode ser encontrado em qualquer farmácia e representa a melhor maneira de dar a medicação ao bebê que ainda não tem controle sobre a respiração. O espaçador serve para nebulizar a droga de maneira que chegue aos pulmões na dose correta. Não lave por dentro nem esfregue a peça. Coloque-a sob água corrente apenas a cada duas semanas ou uma vez por mês. Após o uso da medicação você deve escovar o dente da criança ou higienizar a cavidade oral com uma gaze com água para retirar resíduos da medicação inalada.

Capítulo 34

Vida em família e sociabilização

Com seis meses de idade, o bebê passa a ter entendimento de tudo que está à sua volta. Compreende palavras de ordem e frequenta cada vez mais lugares. Teoricamente, não existe mais nenhum obstáculo ao seu aprendizado e sua adaptação ao mundo se faz a passos largos.

Cercadinho e brinquedos

Os brinquedos são de grande valia nesta faixa etária. Não limite a vida do seu filho aos cercadinhos. Permita que ele fique no chão e brinque livremente em um espaço predeterminado. Isso fará com que ele conheça mais o mundo e se capacite do ponto de vista motor. Cercadinhos são importantes apenas para curtos momentos em que você precisa deixá-lo em segurança, enquanto cuida de outra coisa. Não pode ser o espaço de referência de uma criança.

O chão poderá ser coberto por material emborrachado ou tapete para proteger a criança da umidade e de eventuais quedas.

A cada faixa etária, novos brinquedos adquirem importância e permitem explorar habilidades. Use-os sem restrição, mas lembre-se de sempre respeitar a faixa etária a que se destinam e de checar se têm selo de conformidade do Inmetro.

- *7 meses* – O seu bebê senta com segurança e agarra pequenos objetos. Dê-lhe brinquedos coloridos, que façam barulho, para que ele possa manuseá-los e diferenciar os sons. Espalhe-os no chão e deixe que ele escolha o que mais chamou a sua atenção. Meninos começam a gostar de carrinhos nessa idade, mas também apreciam os brinquedos de empilhar, por mais que exijam empenho no começo.

- *8 meses* – Incentive o bebê a engatinhar: ele vai gostar de ficar em pé cada vez mais. Não use andador, mas providencie brinquedos que ajudam a dar firmeza em pé. Caixas musicais e jogos de empilhar são uma tentação. Não deixe de ler livros: eles estimulam a imaginação do seu filho.

- *9 meses* – A curiosidade por ficar em pé está no auge. Abuse dos brinquedos musicais e de botões para que ele aprenda o conceito de causa e efeito. Brinquedos de encaixe, com suas cores e formas, começam a ser atraentes nessa idade.

- *10 meses* – Livros, bichos de pelúcia que pronunciam algumas palavras e brinquedos de encaixe são os que mais estimulam o aprendizado nesse período. Mesas de atividades e brinquedos que estimulam a andar são excelentes opções.

- *11 meses* – Os brinquedos, aqui, são os mesmos da fase anterior, mas a destreza da criança é nitidamente maior. Além disso, ela agora já está apta a entender a brincadeira e interagir. Lembre-se de não fazer uso de andador.

Birras

Birras são uma simples forma de expressão. Seu filho agora já tem o raciocínio mais desenvolvido e uma inteligência mais apurada. Sabe se expressar e comunicar que está irritado ou com fome. Em lugar de palavras, ele vai usar a birra ou o choro copioso. Eventualmente, pode se jogar para trás e dar pequenos tapas e mordidas.

Embora tudo isso seja normal, não se deve estimular esse tipo de reação na criança. Explique o que é certo e errado. Dar exemplos também é muito importante. Evite gritar e brigar. Recorra sempre à conversa após a criança se acalmar.

Timidez e retração

Cada bebê tem uma personalidade, e os traços de seu perfil são transmitidos pela genética. Uns são mais extrovertidos: aceitam bem o colo de estranhos e gostam de ser o centro das atenções. Outros são mais introvertidos e apresentam sinais de timidez desde os primeiros meses de vida. Interagem apenas com pessoas conhecidas e não sorriem para quem não lhes é familiar. Isso deve ser trabalhado desde cedo. Apesar de ser um traço de personalidade, ele pode ser prejudicial no futuro. Por isso, tente ajudar seu filho a superar o medo e se socializar.

Nesse sentido, a escola ou creche e as atividades extracurriculares, como a natação, podem ser de grande auxílio, pois permitem uma interação com outras crianças e adultos. O teatro e a música, bem como o balé ou a capoeira, também podem ser interessantes, mais para frente.

Fique atenta à timidez de seu filho. Se interferir na relação dele com outras crianças ou se o impedir de fixar o olhar nas outras pessoas, converse com o pediatra e providencie uma avaliação do quadro.

A arte de educar

Preparar uma criança para a vida é uma tarefa difícil, cheia de obstáculos, mas muito gratificante. Educar não é simplesmente oferecer bens materiais; é transmitir valores, modelar o caráter, perpetuar cultura, ensinar o que é certo e errado e estar presente ao longo do crescimento do bebê.

Não existe um manual a seguir. Depende de sua forma de ver o mundo e de sua própria concepção de educação, aquilo que foi passado de geração em geração. Você seguirá os preceitos que adquiriu com seus pais e os transmitirá a seus filhos.

Alguns erros decorrem do fato de a mulher trabalhar excessivamente, cumprindo uma dupla jornada. Cita-se, em especial, o fato de delegar a educação dos filhos a terceiros, como avós e pessoal da creche. Quem educa um filho são os pais, ainda que tenham pouco tempo para isso durante a semana. A ausência deve ser compensada em forma de qualidade do tempo juntos, transformando-o em momentos agradáveis para ambos.

A noção de limite é adquirida principalmente através da palavra "não". Seu filho deve entendê-la e respeitá-la. Deve compreender que não terá sempre tudo o que quer. Essa é a chave do aprendizado. Se você não sabe dizer "não", está na hora de procurar auxílio especializado, pois fatalmente os problemas vão se apresentar.

Nesse caso, uma visita à psicóloga infantil pode ser útil. Procure perceber se é você quem tem dificuldade de impor limites ao seu filho, ou se é ele que não lida bem com as regras. Isso não significa efetivamente brigar, e sim, com calma e tranquilidade, explicar as regras que serão seguidas por todos. Quanto mais cedo resolver essa questão, mais fácil será a adaptação dele.

A personalidade do bebê

Uns são mais calmos, outros mais irritados. Esses traços de personalidade já aparecem muito cedo e influenciam o sono, as reações e até mesmo o peso do bebê. Com o tempo, ficam ainda mais evidentes.

Fortemente marcada por fatores genéticos, a personalidade do bebê também é definida pela educação que lhe é dada. Fatores como o tom de voz, a maneira de agir ou de expressar o descontentamento são comumente associados à imitação de membros da família, em geral o pai ou a mãe.

Todavia, a infância é uma fase que ainda permite lapidar excessos e corrigir rumos. Você não conseguirá mudar o jeito do seu filho, mas poderá fazer com que ele aprenda formas de reagir diante de determinadas situações, o que será de grande valia no futuro, quando ele se relacionar com outras pessoas, tanto pessoal como profissionalmente.

Tapas

No Brasil, a cultura de bater para educar foi abertamente defendida nas décadas de 1970 a 1990. Quem nunca ouviu dizer que dar tapinhas em uma criança faria com que aprendesse rapidamente? Longe se ser educativo, porém, agredir fisicamente uma criança pode causar traumas e deixá-la emocionalmente abalada. Além disso, ensina e perpetua a violência e a coloca no lugar do diálogo.

A Lei da Palmada (Lei n. 2.654/03, sancionada pela presidente Dilma Rousseff) foi publicada no *Diário Oficial da União* em 27 de junho de 2014, definindo, a partir dessa data, toda "ação de natureza disciplinar ou punitiva com o uso da força física que resulte em dor ou lesão à criança ou ao adolescente" como "castigo corporal". Considera-se também como tratamento degradante a conduta ou forma cruel de tratamento que humilhe, ameace gravemente ou ridicularize a criança ou o adolescente.

Aos infratores impugnam-se penas que vão da advertência ao encaminhamento a programas de proteção à família e orientação pedagógica.

No art. 18, a lei determina que "a criança e o adolescente tenham o direito de ser educados e cuidados sem o uso de castigo físico ou de tratamento cruel ou degradante, como formas de correção, disciplina, educação ou qualquer outro pretexto, pelos pais, pelos integrantes da família ampliada, pelos responsáveis, pelos agentes públicos executores de medidas socioeducativas ou por qualquer pessoa encarregada de cuidar deles, tratá-los, educá-los ou protegê-los".

Essa lei, em vigor, também preconiza que os pais devem ser orientados a educar recorrendo, se necessário, ao castigo e ao diálogo, para impor suas regras. E defende que o ato de não bater não representa que os genitores não vão impor regras e que elas não serão respeitadas e, sim, que existem outras formas de educar sem ser pela violência.

Creche e infecções virais

Ao colocar seu filho na creche, tenha em mente uma verdade incontestável: ele vai ficar doente. E isso acontecerá muitas vezes até que adquira imunidade a todos os vírus e bactérias existentes naquele ambiente. Essas doenças de repetição se manifestarão se você o matricular na escola aos 4 meses de idade ou com 3 anos. Tanto faz. Ele terá pelo menos sete a dez episódios no primeiro ano de atividades escolares.

Isso acontece porque os vírus familiares são diferentes dos colegas da escolinha. Além disso, ali, o ambiente é fechado e os brinquedos, compartilhados. Essa proximidade garante a transmissão mais rápida de vírus e bactérias. Nenhuma medicação prévia pode evitar a contaminação; somente com o tempo e a criação de uma memória imunológica, seu filho poderá se livrar das infecções.

Um cuidado: quando ele estiver doente, não o mande para a escola. Isso evitará disseminar o vírus ou a bactéria, embora se saiba que ele já o estará transmitindo pelo menos dois dias antes de os sintomas se manifestarem. Só retorne as

atividades quando tiver certeza da total recuperação do seu filho.

Atividades lúdicas

Os brinquedos são muito importantes para o desenvolvimento do bebê. Com eles, você consegue ensinar o que é dia e quando é noite, diferenciar cores e formas e comparar o que é pequeno e o que é maior ou menor. Muitos brinquedos da atualidade são educativos. Aproveite tudo o que eles podem proporcionar.

Outra brincadeira simples consiste em colocar o bebê no chão e deixá-lo livre para escolher seus brinquedos: isso estimula a sua habilidade motora.

A contação de histórias é uma forma de estimular o vocabulário da criança e o faz de conta. Transmite calma, diminui a ansiedade da criança, que aprende a esperar, e exercita a imaginação. Existem livros para todas as faixas etárias que ensinam os conceitos mais elementares e os mais complexos, explorando os cinco sentidos do bebê.

O estímulo da música

A música é uma grande ferramenta para o aprendizado do bebê. Acalma e ao mesmo tempo transmite alegria. Crianças gostam de barulho desde o tempo em que viviam na barriga da mãe e respondem precocemente aos diferentes estímulos sonoros. É comum se mostrarem excitadas diante de uma música que você ouvia durante a gravidez.

Com seis meses, elas já apontam as músicas de que mais gostam e ficam eufóricas ao ouvir o início da melodia. Também costumam acompanhar com alguns passinhos. Músicas infantis com vídeos coloridos são bem-vindas, e também música clássica. Aproveite e apresente diversos gêneros ao seu filho.

Cante para ele quando for colocá-lo no berço e repita a mesma melodia sempre que puder até que ele a memorize. Com o tempo, a repetição o induzirá ao sono. Você pode criar musiquinhas para o banho e para a hora de comer e, a partir disso, ele saberá automaticamente o que o espera.

TOME NOTA

A primeira viagem do bebê

E se o bebê...

- tiver uma insolação?
Tome muito cuidado com o sol, principalmente em se tratando de crianças menores de um ano ou bebês com menos de 3 meses. A temperatura corporal deles se modifica muito com a do ambiente e eles são mais vulneráveis à insolação. Além do aumento da temperatura corporal que causa febre, o bebê pode ter vômitos e mal-estar generalizado. Dependendo do tempo em que ficou no sol, poderá ter queimaduras de primeiro grau, o que é muito doloroso. Para não ter problemas, não deixe o bebê tomar banho de sol por mais de 30 a 40 minutos e use protetor solar próprio para a idade dele. Passada a meia-hora, mantenha-o longe dos raios solares (na barraca ou em outro ambiente onde não bate sol). Outro cuidado importante é oferecer bastante líquido para evitar desidratação. Se o seu bebê mostrar sintomas de insolação, procure imediatamente um serviço de emergência.

- for mordido ou picado por insetos?
Procure sempre se informar se o local para onde vai viajar tem insetos ou não. Em caso positivo, leve repelentes. No Brasil, eles só são aprovados para crianças maiores de seis meses e todos eles têm recomendações especiais que devem ser discutidas com o pediatra. Lembre-se de não passar repelente na mão do bebê pois ele costuma colocá-la na boca. Se ele for picado, use uma pomada à base de corticoide apenas se ele tiver alergia.

- beber água do mar?
Não se preocupe. Seu filho vai beber muita água até se acostumar com o mar. Dê-lhe apenas alguma bebida saborosa para tirar o gosto ruim de sal. Fique atenta às condições sanitárias da praia: o maior risco é de ele engolir água contaminada.

- se afogar?
Mantenha seu filho longe das praias que têm ondas fortes ou que estejam impróprias para crianças. Na praia ou em qualquer lugar com água em quantidade, não desvie a atenção do seu filho nem por um segundo. Cuidado com piscinas sem grades e, para todos os efeitos, acostume-se a usar boias ou coletes. Se, apesar de todos esses cuidados, ele se afogar, tire o neném da água

TOME NOTA

e cheque se está respirando. Em caso positivo, deite-o sobre o lado esquerdo do corpo para que possa expelir a água que bebeu. Se não estiver respirando, faça uma respiração boca a boca e massageie o tórax dele . É muito importante que a respiração do pequeno seja recuperada o quanto antes, para evitar que sofra alguma lesão cerebral. Em seguida, procure atendimento médico com urgência.

- tiver uma alergia alimentar?
Se o seu bebê tem alergia a alimentos, leve de casa tudo o que ele precisa para as suas refeições. Você também pode checar a forma de preparação dos alimentos no restaurante ou no hotel onde estiver hospedada. Lembre-se de levar por precaução a medicação que seu médico indicar para o caso de ocorrer alergia.

- tiver uma ulceração por causa do frio?
Ela costuma ser provocada por causa da exposição prolongada a temperaturas baixas. Consiste no congelamento dos tecidos e, nos bebês, atinge em especial orelhas, nariz e dedos das mãos e dos pés. Os sintomas incluem uma alteração da cor da pele, que fica esbranquiçada, dor e formação de bolhas. Você deve procurar imediatamente um lugar mais quente e aquecer a área afetada com um cobertor ou água quente. Não massageie a região atingida para não danificar ainda mais o tecido e não exponha à chama do fogão ou ao fogo da lareira para não provocar queimadura numa pele que já sofreu agressão. Se não houver melhora em poucos minutos, consulte um serviço de emergência.

- tiver um hematoma?
Hematomas em bebês são lesões frequentes por conta da fragilidade capilar e dos traumas, comuns nessa idade. Apenas observe a evolução da lesão. Em geral, ela deve sumir em dez dias.

- sofrer envenenamento?
Durante uma viagem, nem sempre o local onde você vai se hospedar tem os devidos cuidados com produtos de limpeza e medicamentos. Em caso de intoxicação, telefone para o pediatra ou para o Centro de Informações Toxicológicas do Estado com a embalagem do produto que o bebê ingeriu e peça instruções de como agir. Faça isso rapidamente. Não force o vômito nem dê nada para a criança beber. Leve-a ao hospital, onde talvez será realizada uma lavagem gástrica.

BÊ-Á-BÁ DO BEBÊ

Asfixia

Por distração, ao brincar e colocar na boca um pequeno objeto, a criança pode aspirá-lo ou enfiá-lo nas narinas. Se isso acontecer, faça com que ela respire pela boca e ajude-a a assoar o nariz delicadamente. Crianças muito pequenas, que ainda não conseguem assoar o nariz, devem ser levadas a um pronto-socorro. Não tente retirar o corpo estranho com algum instrumento.

Por volta do sétimo mês, a criança começa a descobrir o mundo pela boca. Até os três anos, o risco de ela engolir objetos pequenos é enorme, causando ferimentos internos e até asfixia. Deixe fora do alcance dela botões, alfinetes, moedas, tampas de caneta e alimentos impróprios para a idade, como amendoim e milho.

Nunca tente retirar com a mão o objeto que o bebê engoliu. Além de ser muito difícil, você corre o risco de machucá-lo ainda mais. Pode acontecer de ele engolir um pequeno objeto e logo evacuar, sem maiores consequências. De todo modo, a recomendação é levá-lo ao médico ou a um pronto-socorro.

Se a criança estiver sufocada, proceda conforme está descrito na imagem ao lado.

Técnicas de reanimação para bebês com menos de um ano

A reanimação do bebê se baseia na respiração boca a boca e compressões no peito (massagem cardíaca) e pode salvar a vida dele enquanto o socorro médico não chega. Essas medidas permitem que o sangue circule pelo corpo, levando algum oxigênio aos órgãos. O primeiro passo é avisar imediatamente o serviço de emergência e manter a calma.

Você deve verificar se o bebê está precisando de fato de uma reanimação. Se o encontrou desacordado, tente despertá-lo. Cutuque-o ou gere uma sensação dolorosa, pressionando a metade do peito com força, ou tente abrir os olhos dele. Se não responder, peça para alguém chamar uma ambulância ou providenciar o transporte até o hospital. Se você estiver sozinha com o bebê, faça a ressuscitação por um minuto, inicialmente, e só depois peça ajuda.

Se ele despertar minimamente, tente mantê-lo acordado e leve-o o quanto antes para um hospital.

BÊ-Á-BÁ DO BEBÊ (continuação)

Boca a boca

Coloque o bebê de barriga para cima numa superfície firme. Abra as vias aéreas inclinando a cabeça levemente para trás e levantando um pouco o queixo dele.

Procure sinais de movimento ou de respiração, mas não demore mais de dez segundos fazendo isso. Coloque o ouvido perto da boca da criança, buscando o som da respiração, e veja se o peito dela sobe e desce.

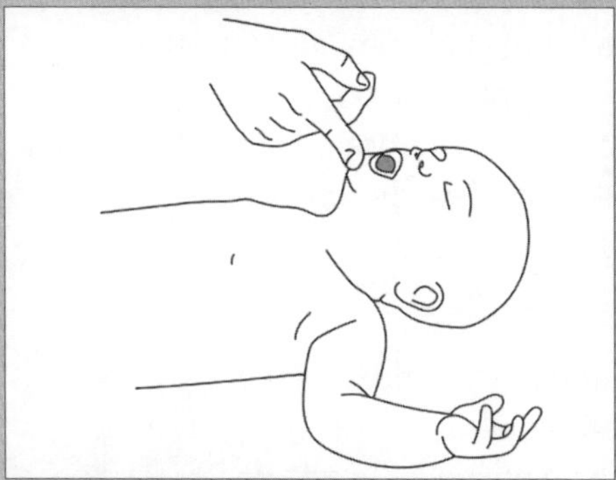

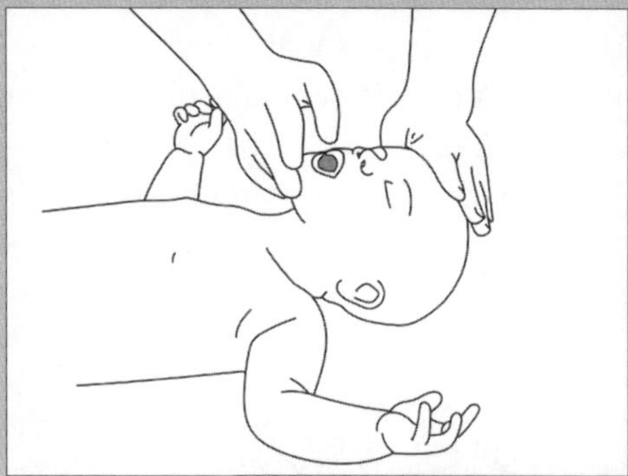

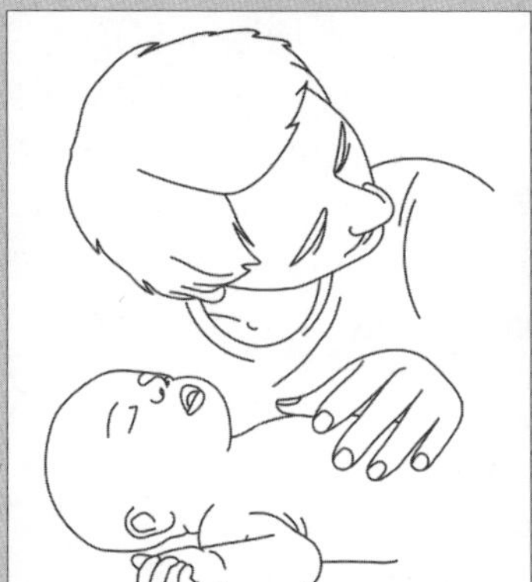

Se o bebê não estiver respirando, inspire, guarde o ar e cubra a boca e o nariz dele com a sua boca.

Caso a criança seja maior, você pode cobrir só a boca e tampar o nariz dela com o polegar e o indicador, vedando as narinas. Sopre devagar o ar, tomando cuidado para ele não escapar, até observar que o peito dela sobe.

BÊ-Á-BÁ DO BEBÊ (continuação)

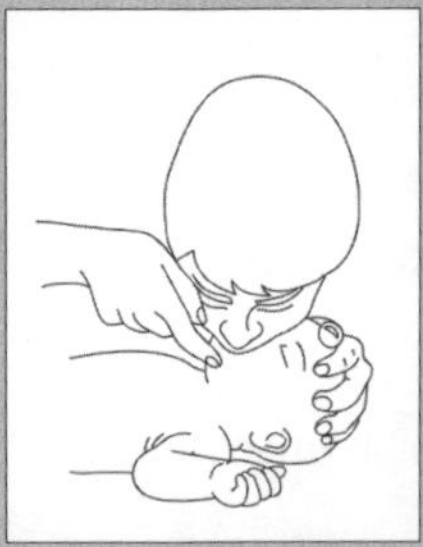

Se o peito não subir, isso quer dizer que as vias aéreas estão obstruídas e a criança está engasgada.[1] Se o peito subir, faça cinco respirações seguidas, dando uma pausa entre elas para deixar o ar sair. Se não houver resposta do bebê, passe para o segundo passo.

Massagem cardíaca

O próximo passo é a reanimação com massagem cardíaca, concomitante à respiração boca a boca. Trace uma linha imaginária entre os mamilos do bebê e coloque dois ou três dedos juntos um pouco abaixo dela. Faça pressão firme para baixo, afundando o peito da criança por 2 cm. Faça trinta compressões rápidas, mas não bruscas (cada uma deve durar menos de um segundo). Quando completar as trinta, faça mais duas respirações boca a boca.

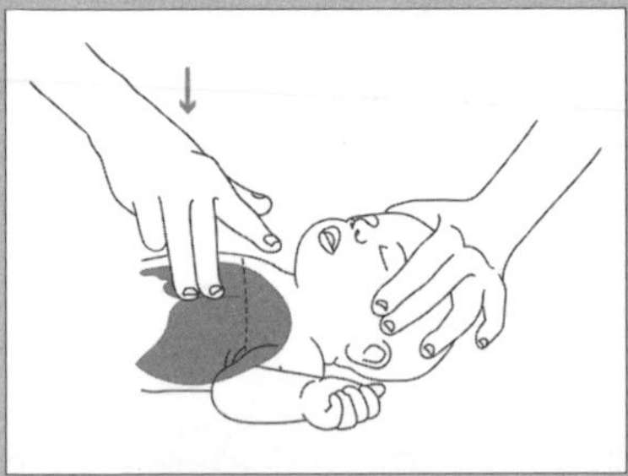

O próximo passo é aferir o pulso do bebê. Veja se tem pulsação principalmente no pescoço ou no braço. Se a pulsação voltar, pare de massagear e mantenha apenas a respiração boca a boca. Caso contrário, siga com a massagem. Repita o ciclo de trinta compressões e duas respirações, até conseguir ajuda. Se estiver sendo levada ao pronto-socorro, prossiga com as manobras durante o transporte. Ainda que o bebê acorde e pareça bem, leve-o ao hospital.

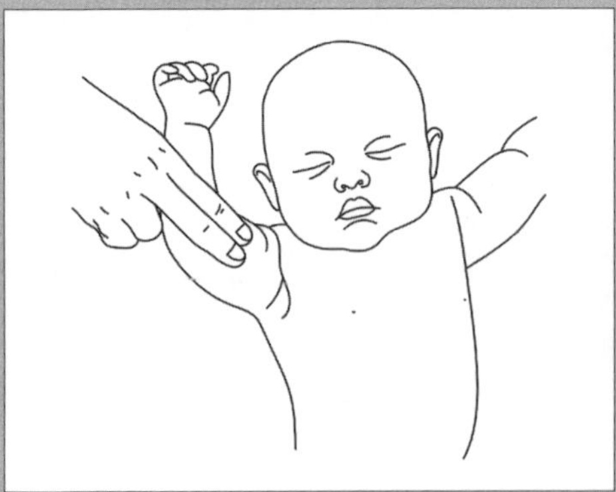

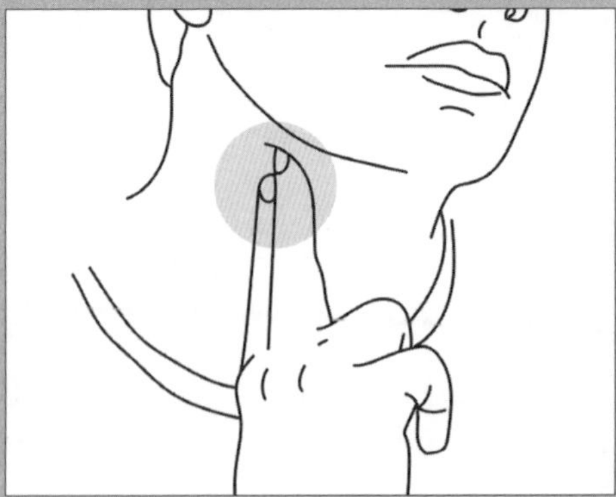

1 Veja o que fazer para desengasgar uma criança na página 226.

BÊ-Á-BÁ DO BEBÊ (continuação)

Conheça o **ABC** da vida, constituído de três passos:

A ➤ Ar – Abra as vias aéreas e verifique se ele está respirando.

B ➤ Respiração (*breathing*) – Feche o nariz da criança, incline a cabeça para trás e faça duas insuflações.

C ➤ Circulação – Verifique se o bebê tem pulso. Se não, faça trinta compressões peitorais.

5

13º ao 24º mês

Capítulo 35

Como fica a alimentação

Nesta fase, o bebê cresce e se desenvolve bastante. Você já não tem tantas dúvidas de como cuidar dele, conhece melhor seu filho e já se comunica muito bem. O bebê também já consegue transmitir o que quer e demonstrar como se sente. Cada um tem o seu tempo de agir. Mas, no final do segundo ano, todos já falam algumas palavras e correm pela casa inteira.

O peso e a altura começam a obedecer critérios genéticos e fatores ambientais. É então que os grandes erros alimentares têm início. Mantenha-se sempre vigilante em relação ao peso, altura, desenvolvimento e alimentação de seu filho, apesar de as consultas ao pediatra serem agora mais espaçadas: elas poderão ocorrer a cada três ou quatro meses, dependendo das intercorrências e do ritmo de crescimento da criança.

A partir de agora muita coisa irá mudar. A criança já estará curiosa pela comida dos pais e prestará atenção em tudo. A dinâmica familiar também já está instituída. Quando lemos todos os protocolos alimentares, como o Guia do Ministério da Saúde ou o Manual da Sociedade Brasileira de Pediatria, veremos que a partir de 1 ano a criança deve se alimentar da comida da família. Porém, uma questão muito importante é: como é a alimentação da família? Não adianta fazermos uma alimentação ultrassaudável até 1 ano de idade e, depois, a família começar a oferecer alimentos ultraprocessados. Nessa fase, a alimentação de toda a família é extremamente importante porque as crianças vão seguir o exemplo dos pais.

O grande desafio continua sendo o planejamento das refeições e das rotinas. Pensar em continuar esse planejamento pode ser desgastante e dar trabalho para o dia a dia familiar. Nessa fase, a criança deverá receber, em média, 5 refeições por dia: no mínimo, 2-3 porções de frutas e duas grandes refeições (almoço e jantar). Idealmente, as alimentações devem ser ofertadas no mesmo horário (em média) e evitar trocas por lanches ou leites, como no exemplo abaixo:

- Café da manhã (6h-8h30): leite materno ou fórmula infantil + alimento (fruta/cereal/proteína láctea ou animal);
- Colação (9-10h): frutas;
- Almoço (11-14h): almoço com cinco ingredientes;
- Lanche (15-16h): frutas + cereais;
- Jantar (17-19h30): jantar com cinco ingredientes;
- Ceia (20-21h): leite materno ou fórmula infantil.

Consistência do alimento

Não existe mais nessa fase espaço para comidas amassadas ou trituradas.

A mastigação da criança deve estar funcionando e ela já deve ser capaz de selecionar os alimentos, colocar na boca, mastigar, triturar e engolir. Então, com 1 ano, a criança tem que ter individualidade para segurar uma fruta ou um alimento e ter capacidade para tirar pedaços satisfatórios, fazer o processo mastigatório, triturar o alimento em sua boca e engolir.

Se a consistência não tiver evoluído e a criança ainda tiver dificuldade com os pedaços, os pais devem procurar auxílio de um pediatra ou nutricionista pediátrico para avaliar e orientar a transição dos alimentos.

FIQUE LIGADO

E o sal?

O sal é um produto objeto de inúmeras divergências na dieta infantil. Os consensos diferenciam, mas todos eles são taxativos com a comprovação de que o sal pode causar muito mal à saúde infantil a curto, médio e longo prazo. Então, fica fácil entender o quanto é importante que a alimentação infantil não tenha base nos temperos à base de sal. A partir de 1 ano, a família pode iniciar a colocar sal na comida da criança, porém em quantidade mínima, idealmente deixando o salgor natural do alimento. Um exemplo é usar aqueles saquinhos com 1 g de sal que a família pode adquirir e não se deve usar mais de 2 por dia nos alimentos infantis.
Se for adquirido o sal de 1 kg, ele deve durar entre 2 a 3 meses, na comida da família inteira.

Os temperos e o sal

Esta nova etapa da alimentação não pode ser desregrada, com a liberação completa dos alimentos, senão todas as conquistas de uma introdução alimentar adequada podem ser perdidas.

Os temperos naturais continuam sendo amplamente recomendados e cada dia mais utilizados, e as receitas podem ser cada vez mais elaboradas. Temperos como azeite, alho, cebola, pimentão, tomate, cheiro verde, coentro entre outros, assim como temperos regionais do Brasil, devem ser estimulados. Pimenta e outros temperos mais "fortes" e mais marcantes podem ser oferecidos a cada refeição, respeitando o paladar infantil e a rotina familiar.

Os temperos ultraprocessados como temperos em pó, molho de tomate comprado, caldos de carne ou legumes continuam não devendo fazer parte da alimentação infantil. Não há por que a criança ter acesso a um molho de tomate rico em açúcares e condimento em detrimento de um tempero de tomate feito pela família que irá contribuir com todos os nutrientes dos temperos naturais.

Alimentação em restaurante

Após o aniversário de 1 ano, as saídas com a criança tornam-se cada vez mais frequentes, abrangendo idas a restaurantes e passeios que incluam comidas e lanches. Quando falamos em comida da família, isso compreende participar de todos os momentos, sejam eles dentro ou fora de casa. Na prática, continue com o pote térmico e levando as frutas para os passeios. As comidas de restaurantes não são confiáveis e infelizmente muitas delas contêm uma enormidade de ultraprocessados, como molhos prontos, além de excesso de frituras e óleos. Então os pais só estão liberados da "marmita" se conhecerem o cardápio e tiverem certeza de que a alimentação do local é saudável.

VOCÊ SABIA?

Os alimentos

Ao falar de dieta infantil temos sempre que ter em mente a classificação dos alimentos em *in natura*, minimamente processados, processados e ultraprocessados. Os pais devem entender que, apesar de estarmos evoluindo na alimentação infantil, não vamos expor a criança a alimentos que não fazem bem e que podem inclusive causar inúmeras consequências na vida adulta, como hipertensão, diabetes e obesidade.

Os alimentos *in natura* são obtidos de plantas ou de animais e não passam por muitas alterações. Os alimentos minimamente processados passam por alguma modificação: limpeza, remoção de partes indesejáveis, divisão, moagem, secagem, fermentação, pasteurização, refrigeração, congelamento, mas não são adicionados de sal, açúcar, óleos, gorduras ou outras substâncias. Eles incluem variedades de grãos, tubérculos e raízes, legumes e verduras, frutas, leite, ovos, peixes, carnes e, também, a água. Essa deve ser a base da alimentação da criança. Eles garantem uma alimentação saudável; poucos alimentos desse grupo não são recomendados para crianças, como café, erva-mate, chá verde e chá preto.

Os alimentos processados são elaborados a partir de alimentos *in natura*, porém geralmente adicionados de sal ou de açúcar [ou outra substância de uso culinário] para durarem mais ou para permitir outras formas de consumo. São exemplos de alimentos processados: conservas de legumes, de verduras, de cereais ou de leguminosas; extrato ou concentrado de tomate (com açúcar e sal); castanhas com sal ou açúcar; carnes salgadas; peixe/atum/sardinha conservado em óleo ou água e sal; frutas em calda ou cristalizadas; queijos (minas, prato, mussarela, ricota, brie, coalho, canastra, provolone e cottage) e pães (feitos de farinha de trigo refinada ou integral, leveduras, água e sal). Após 1 ano de idade, somente alguns alimentos processados podem fazer parte da alimentação; mesmo estando liberados, eles devem ser restritos e não fazer parte da rotina alimentar da criança. Dessa forma, os alimentos processados podem ser consumidos em pequenas quantidades e eventualmente, como ingredientes de preparações culinárias ou como parte de refeições baseadas em alimentos *in natura* ou minimamente processados.

Os alimentos ultraprocessados são produzidos pela indústria por meio de várias técnicas e etapas de processamento e levam muitos ingredientes, como sal, açúcar (maltodextrina, dextrose, xarope de milho, xarope de malte e açúcar invertido), óleos, gorduras e aditivos alimentares (corantes artificiais,

VOCÊ SABIA?

conservantes, adoçantes, aromatizantes, realçadores de sabor, entre outros, não utilizados em casa). Geralmente são embalados de uma forma atrativa e muitas vezes recebem nomes infantis para atrair mais ainda os olhares das crianças. São alimentos proibidos antes de 2 anos de idade e mesmo após essa idade, não devem ser estimulados. Nunca devem ser a base da alimentação da criança. Inúmeros estudos mostram suas consequências danosas para a saúde infantil já na primeira infância, além de doenças do coração, hipertensão, diabetes, obesidade e câncer, na fase adulta.

Frutas

As frutas são de grande importância a alimentação. Elas serão a base do açúcar que será consumido pela criança. E toda a criança deve ter em torno de 10% da sua nutrição infantil proveniente de açúcares. Todas as crianças nessa idade devem consumir entre 2-5 porções de frutas por dia.

Deve-se manter uma grande variedade, evitando a monotonia das frutas mais comuns. Estimule os pais a buscarem as frutas da época para variar as opções.

É importante lembrar que, nessa idade, terá início o processo de seletividade alimentar. A criança fará suas escolhas com base no universo de frutas que lhe forem oferecidas; assim, quanto menos frutas forem oferecidas, menor será o universo de escolha. Ao se oferecer apenas frutas básicas, como maçã, banana, laranja e outras mais comuns, as seleções gradativamente começarão a surgir e a quantidade de frutas será cada vez menor. Por exemplo, se a criança comer, em média, cinco frutas, gradativamente comerá quatro, três, até eventualmente parar de comer. Temos de estar atentos a esse processo e intervir o mais rápido possível.

A fruta inteira na mão da criança deve passar a ser uma rotina e o hábito de a criança pegar a fruta na fruteira e identificá-la com o seu nome estimulado. Deve-se falar os nomes todos os dias mesmo que a fruta seja oferecida picada. A curiosidade da criança fará com que ela aprenda os nomes e identifique-as cada vez mais no cérebro.

As frutas secas continuam sendo uma boa opção principalmente para os lanches rápidos. Ao se retirar toda a água das frutas, concentram-se as frutoses, deixando-as mais doces e saborosas ao paladar. Aumenta-se também a sua durabilidade. Embora se perca um pouco das vitaminas, principalmente a vitamina C, as fibras são preservadas. As frutas secas têm um maior risco de engasgo e apresentam concentração de açúcar maior do que as frutas normais. Cuidado com a quantidade que as crianças acabam consumindo um pouco mais do que as frutas normais. Limite a uma vez por semana.

Muitas mães consideram a produção de receitas com frutas uma boa forma de oferecê-las, associando cuidado, alimentação e zelo pela nutrição. Isso não é 100% correto. Sim, as receitas podem ser realizadas, porém, não com frequência alta. Quando se faz receitas, as frutas passam a ser coadjuvantes e, infelizmente, muitas crianças passam a recusar as frutas puras, aceitando-as apenas em receitas e misturas, como com aveia e granola, principalmente após 1 ano de vida. Essas receitas também devem ser restritas a 1 vez por semana. São ingredientes liberados para receitas o inhame (o novo queridinho das mães – "danoninho de inhame"), aveia, granola sem açúcar, farinhas de trigo, fermento, linhaça, leite integral, iogurte natural, chia e outros ingredientes naturais como hortelã e canela. As receitas não devem incluir adição de adoçantes, açúcares, gorduras e ingredientes que levam açúcar, como mucilons e farinha láctea.

Sucos: de queridinhos a odiados pelo pediatra

Entre 1 ano e 3 anos de idade, o consumo máximo de suco permitido é de 120 ml/dia. Deve-se oferecer em copos normais, sem colocar em mamadeiras.

Outros lanches

Com 1 ano de idade, geralmente introduzimos os lanches. Desta forma, fornecemos mais calorias para a criança que está começando a andar e gastar mais energia. Assim, alimentos mais hipercalóricos começam a fazer parte da dieta da criança. Eles podem ser introduzidos no café da manhã, por exemplo, ou adicionados à fruta no lanche da tarde, ou até mesmo nos dois momentos. É importante que as porções de frutas sejam mantidas e divididas de acordo com o costume da família. Monte uma rotina para a família, de modo que a criança entenda quando será a hora do lanche e a hora das frutas, levando em consideração os horários da família.

- ***Amendoim*** – Por muitos anos, foi proibido até os 2 anos de idade por ser um alimento muito alérgeno. Em novembro de 2019, a Academia Americana de Pediatria divulgou um estudo com a introdução precoce entre 4 meses (introdução alimentar americana) e antes do primeiro ano de vida. A reunião dos artigos evidenciou a famosa "janela imunológica", na qual, ao se apresentar esses alimentos, nós diminuímos o risco de alergia. Sendo assim, amendoim pode ser introduzido na alimentação infantil. Pode-se usar as pastas de amendoim sem açúcar ou amendoim puro (sem sal e sem condimentos).

- ***Nuts (castanhas e nozes)*** – Este grupo é composto por alimentos como amêndoas, avelã, castanhas de caju, castanha do Pará/do Brasil, castanha de baru, noz-pecã, pistache. Esses alimentos são ricos em minerais, vitaminas, fibras, gorduras saudáveis e substâncias antioxidantes que previnem doenças. Por sua consistência dura, podem causar engasgo e sufocamento. Triturados ou bem picados, podem ser ofertados à criança. Um cuidado importante que temos que ter é explicar para os responsáveis: as castanhas com coberturas açucaradas ou salgadas não devem ser dadas, por causa da adição de açúcar e do excesso de sal. Elas podem ser adicionadas às frutas para acrescentar mais calorias ao lanche da tarde. São também ótimas opções para lanches rápidos em passeios.

- ***Pães*** – Fazem parte do cardápio do brasileiro e são reconhecidos por propiciar saciedade no lanche infantil. Os pães são um grupo muito variado, sendo alguns liberados para o consumo infantil e outros considerados ultraprocessados. Em geral, os pães industrializados são ultraprocessados, como pães de forma, pães sovados e bisnaguinha. Os pães ultraprocessados possuem mais de cinco ingredientes, como gordura vegetal hidrogenada, amido, soro de leite, emulsificantes e/ou outros aditivos, e não devem ser oferecidos para a criança antes de 2 anos de idade. Atenção principalmente para a "famosa" bisnaguinha, muito associada à alimentação infantil. Por outro lado, os pães com poucos ingredientes, como farinha de trigo, água, sal e leveduras, são processados e podem ser consumidos em pequenas quantidades pelas crianças. A melhor opção para se oferecer às crianças são os pães feitos em casa. Pães simples, sem recheios, feitos nas padarias ou armazéns, como o pão careca e o pão francês, que em algumas regiões é chamado de pão de sal, também podem ser oferecidos para a criança em pequenas quantidades.

- ***Farinhas*** – Existem vários tipos de farinhas que podem ser usadas na introdução infantil. Farinhas de trigo, aveia, centeio e linhaça podem ser introduzidas na alimentação infantil. Elas fornecem energia e apresentam nutrientes como minerais, vitaminas e fibras que podem ajudar no crescimento infantil. O grande problema é o seu excesso. Após 1 ano de idade, as farinhas integrais podem ser inseridas na alimentação infantil gradativamente e não devem ser a única forma de farinha a ser ofertada para criança. Exemplifique para a mãe que, uma vez por semana, os alimentos integrais podem ser oferecidos tanto em lanches como em cereais da comida em si. Sugira utilizações das farinhas em lanches, panquecas e receitas com bolos de frutas ou muffins salgados.

- ***Tapiocas*** – Tapioca ou goma é a fécula extraída da mandioca, usualmente preparada em forma granulada. Trata-se do ingrediente principal de algumas iguarias típicas do Brasil, como o beiju, quitute indígena descoberto pelos portugueses em Pernambuco no século 16.

Tornou-se um ingrediente tradicional em toda a gastronomia brasileira, principalmente aquela voltada às dietas funcionais, por conseguir se adaptar a qualquer tipo de receitas, doces ou salgadas, sempre em composições mais leves e saudáveis. Por ser um alimento "neutro", sem cheiro, sabor ou acidez, o valor nutricional da tapioca fica à mercê de seus recheios. Quanto mais saudável for o acompanhamento, mais benéfico será o seu consumo. Por isso, para potencializar os seus benefícios, utilize-a com ingredientes mais leves e ricos como frutas, tomate, milhos e ervas.

- ***Outros lanches*** - Muitas vezes os pais ficam sem ideias para os lanches, tendo em suas mentes geralmente os ultraprocessados que fazem parte do dia a dia da alimentação da família - geralmente lanches prontos, com excesso de sal e açúcares. Então, outros alimentos podem ser grandes opções para a família: cenoura crua, brócolis, ovo de codorna, ovos mexidos, milho cozido e ervilhas.

Derivados do leite

A introdução do leite é um importante marco para a família. Sabemos o quanto é importante a não utilização do leite de vaca antes do primeiro ano de vida por vários motivos, como aumento da incidência de anemia ferropriva, excesso de proteínas e baixa concentração de gorduras boas. O uso precoce do leite de vaca na alimentação infantil aumenta o risco de obesidade e todas as outras doenças associadas.

Após 1 ano de idade, o leite integral pode fazer parte da nutrição infantil, porém não deve ser a base da alimentação. Ele não poderá ser oferecido em excesso e não deve fazer parte de todas as refeições. Ele não deve ultrapassar 600 ml nessa fase.

De acordo com a Sociedade Brasileira de Pediatria, ele não deve ser oferecido puro em substituição ao leite materno, e sim como aditivos de receitas.

São exemplos de derivados do leite liberados após 1 ano de idade: queijos processados (minas, prato, mussarela, ricota, gouda, brie, coalho, canastra,

provolone e cottage), manteiga, requeijão (com exceção dos polenguinhos), iogurtes de dois elementos (e não os famosos danoninhos e yakults, que por muito tempo foi considerado parte de uma alimentação saudável), além de pães de queijos naturais.

As receitas que levam leites, como panquecas, crepiocas, muffins e purês, são exemplos de alimentos que podem ser elaborados pela família tanto nas grandes refeições quanto no café da manhã e lanches.

Comidas

Com 1 ano, todas as crianças devem estar almoçando e jantando diariamente. Mesmo que em pouca quantidade, as duas refeições devem ser oferecidas; não devem ser trocadas nem por leite, nem por outras opções como lanches e frutas.

Os alimentos devem ser saudáveis e realçados, preferencialmente, com temperos naturais. O sal continua sendo um item a ser evitado, adicionado em quantidade mínima, de forma gradativa, na alimentação infantil. Temperos artificiais, como pimenta e condimentos em pó, podem ser introduzidos eventualmente.

Os alimentos podem ser cozidos, assados ou consumidos crus (principalmente as hortaliças e legumes). Deve-se continuar evitando os alimentos fritos, pelo excesso de gordura e pela diferença de palatabilidade. Os alimentos fritos continuam não sendo recomendados. Algumas mães optam pelos alimentos grelhados, porém não deve ser a opção para a alimentação diária.

Vale a pena relembrar a tabela a seguir.

Cereal ou tubérculo	Leguminosa	Proteína animal	Legumes	Hortaliça
Arroz	Feijão preto	Carne bovina	Cenoura	Nabo
Macarrão	Feijão branco	Frango	Abóbora	Rabanete
Milho	Feijão vermelho	Vísceras	Abobrinha	Couve-flor
Batata-inglesa	Feijão carioca	Ovos	Chuchu	Brócolis
Batata-baroa	Feijão manteiga	Carne suína	Beterraba	Couve
Batata-doce	Feijão fradinho	Salmão	Quiabo	Acelga
Aipim	Soja	Peixe	Tomate cozido	Taioba
Inhame	Ervilha	Frutos do mar	Aspargo	Almeirão
Cará	Grão-de-bico	Carnes exóticas	Berinjela	Agrião
Quinoa	Lentilha		Jiló	Espinafre
Chia			Vagem	Bertalha
Trigo			Aipo	Chicória
Farinhas			Cebola	Repolho

Verduras e legumes

Eles continuam sendo a base da alimentação infantil e deverão constituir a metade do prato infantil. Verduras e legumes são plantas ou partes de plantas que servem para o consumo humano, como folhas, flores, frutos, caules, sementes, tubérculos e raízes. A denominação verdura é utilizada quando as partes comestíveis do vegetal são folhas, flores e hastes. Já o nome legume é dado quando as partes comestíveis são os frutos, as sementes ou as partes que se desenvolvem na terra.

Assim como as frutas, os legumes e as verduras são boas fontes de vitaminas, sais minerais, fibras e água, auxiliando na promoção da saúde e prevenção de doenças. Graças a Deus temos muitas opções de legumes e verduras no Brasil. Lembre-se de que, do ponto de vista nutricional, eles são apresentados juntos; porém, para os pais, convém separá-los, a fim de que entendam as quantidades adequadas e ofereçam verduras que, muitas vezes, são esquecidas ou consideradas alimentos não infantis.

Legumes e verduras também contêm fibras, que ajudam a prevenir constipação intestinal (prisão de ventre ou intestino preso) e algumas doenças. Pessoas que têm uma alimentação com boa quantidade dos alimentos desse grupo têm menor chance de apresentar doenças, como obesidade, diabetes, doenças do coração e alguns tipos de câncer.

A aceitação de legumes e verduras pela criança tem relação direta com o consumo desses alimentos pela família. Muitas vezes, eles são comprados somente para a criança, não sendo consumidos por irmãs e irmãos mais velhos ou adultos. Com o tempo, a criança percebe que o restante da família não os consome e começa a rejeitá-los. Há, ainda, famílias que não comem legumes e verduras por não saberem como prepará-los de forma saborosa. As verduras cruas, principalmente pela sua textura diferente, se não forem oferecidas com regularidade, serão as primeiras a serem descartadas.

Tanto legumes quanto verduras, nas mais diversas formas de preparo, sem exceção, devem ser oferecidos às crianças. Os legumes serão cozidos ou assados, temperados ou feitos no vapor. Idealmente deverão ser feitos separadamente. Procure sempre legumes que estejam esteticamente bonitos. Abuse da criatividade nessa fase. Apresente-os em assadeiras, em cortes bonitos. Use temperos diferentes. Faça receitas variadas. Não se limite a legumes cozidos, como purês.

As hortaliças devem estar sempre cozidas, refogadas com temperos e cruas na forma de saladas. Você pode cozinhá-las no vapor, refogá-las ou prepará-las em associação com outros legumes.

Leguminosas

O famoso feijão não deve ser o único do grupo a ser oferecido. Existem outras leguminosas superimportante que devem ser sempre ofertadas. Incluem-se neste grupo todos os tipos de feijão (branco, carioca, feijão-de-corda, feijão-fava, fradinho, jalo roxo, mulatinho, preto, rajado, roxinho, vermelho) e também ervilha, grão-de-bico, soja e lentilha. São boas fontes de proteínas, fibras, ferro, zinco e vitaminas do complexo B.

O alimento pode ser oferecido cozido. Não deve ser mais amassado. A criança deve consumir os caroços sem problemas. Tanto o grão-de-bico quanto os feijões podem ser oferecidos também na forma de bolinhos, que são mais fáceis para a criança pegar com a mão.

A quantidade de leguminosas deve corresponder a 12,5% do prato, ou seja, não é um mar de feijões como antigamente. Geralmente a quantidade é meia concha de feijão ou um cubo de gelo congelado. Seria, em média, 1 colher de sopa de feijão cozido (26 g) ou ervilha seca cozida em forma de creme (24 g) ou grão-de-bico cozido (12 g).

Uma prática que muitos pais acreditam ser benéfica para as crianças é colocar legumes, principalmente beterraba, para cozer junto com o feijão, com o objetivo de aumentar a concentração de ferro. Isso, no entanto, não acontece. A beterraba tem alguns componentes, como o ácido oxálico, que dificultam a absorção do ferro proveniente do feijão. Assim, o consumo de beterraba (bem como outros legumes) deve ser realizado separadamente do feijão.

Cereais

Os cereais incluem o arroz, arroz integral, aveia, centeio, milho, trigo, triguilho (trigo para quibe), e os diferentes tipos de farinha nas mais diversas texturas e refinos, como fubá, flocão, amido de milho, farinha de trigo, entre outros. As massas, tanto frescas como secas, refinadas ou integrais, são feitas de cereais. Os tubérculos são compostos pelas batatas – baroa (também chamada de mandioquinha, batata-salsa ou cenourinha-amarela), doce e inglesa, entre outras; cará; inhame e mandioca – conhecida também como aipim ou macaxeira.

Os dois grupos são extremamente parecidos em quantidade e qualidade de nutrientes, por isso são adicionados na mesma tabela, e não devem ser duplicados (arroz + um tipo de batata, por exemplo). Eles darão energia para que a criança faça todas as atividades diárias – o nutriente que dá energia para ela brincar, crescer e se desenvolver. Errado dizer que são vilões da alimentação. Eles devem estar presentes e equivaler a 25% do prato. Eles também têm fibras, minerais e vitaminas.

Os alimentos integrais são associados a melhor nutrição e fazem mais bem à saúde do que as farinhas tradicionais. Porém para crianças nem sempre isso é uma verdade. Alimentos integrais, como arroz e macarrão, diminuem a absorção de ferro de outros alimentos. Por isso, não são oferecidos todos os dias, e sim iniciados gradualmente na dieta infantil. Em geral, orientamos o consumo de uma vez por semana, aumentando-se progressivamente.

Proteínas animais

Este grupo inclui carnes bovina, de suíno (porco), cabrito, cordeiro, búfalo, aves, coelho, pescados, frutos do mar, ovos de galinha e de outras aves. Também inclui vísceras ou miúdos de animais (fígado bovino e de aves, estômago ou bucho, tripa, moela de frango) e outras partes internas de animais. Outra fonte importante de proteína (apesar de não ser animal) são os cogumelos. Esses alimentos contêm proteína, gordura, ferro, zinco e vitamina B12 e, no caso do fígado, também muita vitamina A.

Todos esses nutrientes são muito importantes para o crescimento e desenvolvimento da criança. As proteínas são essenciais para o crescimento das crianças e nas renovações das células, e as carnes são as principais fontes. Claro que existem outras formas mais, como as verduras, porém as carnes são as formas mais ricas. Assim, durante a infância, quando as crianças ainda comem em pequena quantidade, essas proteínas se tornam essenciais.

Todos os alimentos desse grupo podem ser oferecidos às crianças, devendo-se variar, sempre que possível. Durante muito tempo foi recomendado evitar carne de porco, peixe e clara de ovo na alimentação no primeiro ano de vida. Acreditava-se que os alimentos previamente introduzidos acabariam aumentando a chance de a criança apresentar alergia alimentar. No entanto, a Academia Americana de Pediatria demonstrou, em 2019, por meio de algumas meta-análises, que a introdução precoce de nutrientes não só não aumentaria a chance de alergia ao alimento como diminuiria sua probabilidade, o que foi chamado de janela imunológica para introdução de alimentos que aconteceria entre 4 meses e 11 meses. Essas meta-análises foram realizadas com amendoim e ovo, porém seu resultado indica que a mesma coisa deve acontecer com os outros alimentos. Assim, eles não só podem como devem ser introduzidos na dieta infantil a partir de 6 meses.

- ***Carne bovina*** – As carnes podem ser cozidas ou assadas. Podem ser feitas como quibe assado, almôndegas ou hamburguinho para que a criança pegue com a mão. Como sempre, a variedade é extremamente importante. Qualquer tipo de carne pode ser oferecida, não necessariamente só músculo, como se dizia anteriormente. Porém, o músculo tem uma boa quantidade de fibras e ferro e baixa concentração de gordura. As carnes de segunda são mais fáceis de triturar e de cozinhar, mas não existe restrição às carnes de primeira, como filé mignon ou alcatra. Nessa etapa, as carnes devem ser oferecidas picadas.

- ***Aves*** – A carne das aves é também excelente fonte de proteínas. Qualquer parte do frango pode ser fornecida, não somente o peito, podendo ser cozida ou assada, oferecida bem macia, triturada ou picada. Como é mais macia, pode ficar um pouco maior que a carne bovina. Pode-se fazer almôndegas ou hamburguinhos, ou usá-la em receitas.

- ***Suína*** – O único cuidado que todos os pais devem ter é não oferecer essa proteína sem ser bem cozida ou assada. Carnes suínas são excelentes opções de proteínas, algumas com baixa concentração de gordura. Podem ser picadas ou desfiadas.

- ***Vísceras*** - As vísceras são ótimas fontes de proteína. São baratas e fáceis de ser adquiridas. Elas não fazem parte da dieta de grande parte das famílias de classes superiores no dia a dia, o que leva os pais a questionarem se devem, realmente, oferecer esse tipo de alimento aos filhos. Não existe nenhuma obrigatoriedade em oferecer um tipo de carne específica. Porém, quanto mais diversificada a alimentação, melhor a formação do paladar infantil.

- ***Ovo*** - O ovo é um dos alimentos mais práticos para uma dieta infantil. Além de barato e fácil de ser feito, tem pouca quantidade de gordura e alta concentração de proteína. Ele pode ser oferecido cozido, mexido, frito e em forma de omeletes.

- ***Peixe*** - São alimentos ricos em vitamina A e ômega 3, que estimulam o desenvolvimento do cérebro infantil. Podem ser usados peixes de qualquer espécie do tipo tilápia, pescado, salmão, atum e sardinha. Os peixes podem ser cozidos como uma moqueca ou assados em forno. Não deve ser oferecido frito ou cru. Deve-se ter muito cuidado com as espinhas, que podem causar transtornos importantes; por isso, nunca triture a carne de peixe, pois isso pode fazer com que as espinhas sejam quebradas e passem despercebidas. Idealmente amasse com as mãos para sentir as espinhas. Dê preferência para os peixes com menos espinhas e naturais (que não sejam congelados), como tilápia e pescado.

- ***Frutos do mar*** - Podem ser cozidos ou assados e, assim como os peixes, não devem ser fritos nem crus. Podem ser ofertados bacalhau, camarão, siri, lula, entres outros. Os pais devem ser alertados quanto à procedência e não consumir os industrializados.

- ***Cogumelos*** - Simples, delicados e muito poderosos, os cogumelos são alimentos versáteis, funcionais e que podem equivaler a uma proteína animal. Em seus mais variados tipos (que se diferenciam por formatos, tamanhos, cores, sabores e aromas) eles também se destacam pelos benefícios que trazem à saúde. Os cogumelos comestíveis possuem baixo teor de gordura e poucas calorias; além disso, têm grande concentração de vitaminas do complexo B e minerais como potássio, iodo, cálcio e fósforo, que agem a favor de um organismo saudável. Podemos destacar para consumo o champignon, shitake, shimeji, portobello, porcini e trufas.

Óleos

Os óleos vegetais, como óleo de soja, de girassol, de milho ou azeite de oliva, são fontes de energia importantes para o desenvolvimento infantil. Podem ser usados em pequenas quantidades no preparo da comida da família. Não se recomenda o seu uso em excesso, pois isso pode aumentar muito a quantidade de calorias da preparação; por isso, preparações fritas devem ser evitadas. Eles devem ser usados para temperar ou apenas para refogar os alimentos.

Recomenda-se o uso de óleo de oliva (azeite) como o principal para se utilizar na alimentação infantil, principalmente se não for levado ao forno, mantendo todas as suas características naturais. Comidas refogadas com manteiga, banha e óleos de coco ou palma não são recomendadas para o uso infantil. Os outros tipos de óleos podem ser usados, mas em pequena quantidade, e não devem fazer parte da alimentação infantil de rotina, como canola, girassol, soja ou amendoim.

Os óleos de coco valem um destaque porque ficaram muito famosos. Muitas pessoas pensam que, por ser derivado de uma fruta, o óleo de coco é mais saudável. Trata-se, no entanto, de uma importante fonte de gordura saturada, principalmente de ácido láurico, um ácido graxo de cadeia média que apresenta maior potencial de elevação do LDL-C e HDL-C em relação a outros ácidos graxos saturados (como os ácidos miristico e palmítico). Assim, não é uma opção melhor que o azeite.

Modificações estimuladas

A alimentação deve sempre ser estimulada a mudanças: texturas, consistência e sabores. Essas mudanças fazem com que as crianças aprendam a provar e diminuem a chance de seletividade alimentar. Todas essas alterações devem ser estimuladas durante todo o processo alimentar e não só nos primeiros anos de vida. Algumas delas, contudo, são "obrigatórias" para que novos processos cerebrais sejam ativados e a evolução alimentar seja completa.

Alimentos não indicados

É muito importante que a família entenda a importância de não oferecer tipos de alimentos que não são recomendados para alimentação infantil, principalmente porque muitos deles fazem parte da cultura popular e provavelmente da dieta familiar. Muitas vezes ouvimos frases do tipo "se comer uma vez teria algum problema" ou "eu comi e estou aqui", e saber que os pais "compram" suas orientações são a chave de uma introdução alimentar adequada.

Leite de vaca

Este alimento é objeto de muita divergência entre especialistas, principalmente nutricionistas, nutrólogos e pediatras. Em uma coisa todos concordam: o leite materno é o melhor alimento para o bebê, mesmo depois da introdução alimentar, e deve ser estimulado pelo máximo de tempo possível.

Na impossibilidade de leite materno, a recomendação da Sociedade Brasileira de Pediatria é que seja oferecida fórmula infantil até 3 anos de idade.

FIQUE LIGADO

Comer sozinho

Claro que uma criança com 1 ano não irá fazer toda uma refeição sozinha. Mas ela só começará a fazer em breve se for estimulada para tal. Não dá para cobrar de uma criança de 3 anos que ela coma sozinha se ela não for estimulada para isso. O primeiro passo foi dado aos 6 meses com a introdução dos alimentos inteiros para que a criança aprenda a tocar e sentir as consistências diferentes. O segundo será o aumento da consistência e oferecer os alimentos mais inteiros a partir do nono mês. E por último, estimular a criança a comer sozinha.

A Organização Mundial da Saúde orienta que todas as mães devem manter o aleitamento materno exclusivo até o sexto mês e o aleitamento materno até 2 anos de idade, principalmente porque até 2 anos o sistema imune não está preparado e o aleitamento ajuda bastante no desenvolvimento e maturação desde sistema.

Ela pode comer na mão dela principalmente as frutas. Frutas podem ser oferecidas nas mãos descascadas. Nas grandes refeições, pode-se estimular que a criança pegue alimentos grandes e os coloque na boca, como brócolis e couve-flor.

Lembre-se de que comer sozinho não é só um processo alimentar. O desenvolvimento cerebral também é importante. Envolve-se a associação entre textura, cores e mastigação, formação dos músculos faciais, sensação de prazer provocado pelo ato de alimentar, movimento de pinça e levar o objeto a boca, além de tantos outros sistemas neurossensoriais implicados.

Mel

O mel, tão presente na culinária brasileira e muito relacionado ao uso, por exemplo, em gripes e resfriados, não deve ser consumido antes de 1 ano de idade por poder causar botulismo. Identificou-se que o mel contribui com 15% das causas de botulismo intestinal em crianças menores de 1 ano. Além disso, estudos mostram que 25% das amostras analisadas de mel apresentam esporos do *C. botulinum*, daí a importância de não oferecê-lo.

Alguns especialistas vão além e proíbem o consumo de mel até 24 meses. Essa proibição se justifica porque atualmente a grande maioria do mel consumido no Brasil apresenta ingredientes como açúcar e conservantes, não sendo mais o mel realmente puro como consumido anteriormente. Assim, se o mel não for puro ou se os pais não conhecerem sua procedência, seu consumo deve ser adiado até 2 anos de idade.

Por que manter a amamentação

A amamentação prolongada é recomendada pela Organização Mundial da Saúde (OMS). O leite materno é riquíssimo em vários nutrientes que não são presentes em nenhum outro alimento, como anticorpos e oligossacarídeos.

A OMS orienta que todas as mães devem manter o aleitamento materno exclusivo até o sexto mês e o aleitamento materno até 2 anos de idade, principalmente porque até 2 anos o sistema imune não está preparado e o aleitamento ajuda bastante no desenvolvimento e maturação desse sistema.

A amamentação prolongada inclui todos os benefícios da amamentação, como:

- ***Protege contra infecções*** *– Dados da OMS mostram que crianças não amamentadas por mais de dois anos têm duas vezes mais chance de morrer devido a doenças infecciosas se comparadas a crianças submetidas à amamentação prolongada. Por isso, é importante ter em mente que os benefícios da amamentação prolongada podem refletir até mesmo na vida adulta e também na qualidade de vida do indivíduo.*
- ***Promove uma nutrição mais completa*** *– Após os dois anos de vida, a amamentação prolongada funciona como importante alimento (para não dizer indispensável), pois complementa as necessidades diárias de vitaminas e outros nutrientes fundamentais durante essa etapa de crescimento e amadurecimento.*
- ***Melhora o desenvolvimento da cavidade bucal*** *– Os mamilos, anatomicamente falando, ajudam no desenvolvimento de todas as estruturas bucais da criança. Isso acontece porque, ao fazer o movimento de sucção durante a mamada, o mamilo se adapta à boca do bebê e ajuda a expandir as estruturas bucais conforme o pequeno cresce. Quando a criança completa 2 anos, o desenvolvimento da cavidade bucal está acontecendo de maneira acelerada. Além disso, a amamentação tardia é fundamental para evitar problemas como o mal desenvolvimento dos ossos da face, dentes, gengiva, língua e mais.*

- *Auxilia no desenvolvimento cognitivo* – *Existem diferentes estudos que associam a amamentação prolongada a um desenvolvimento cognitivo pleno. E ainda, já foi detectada também a relação entre o aleitamento após os 2 anos de idade e adultos com maior nível de QI e maior sensação de segurança para lidar com os desafios impostos pela vida adulta. O desenvolvimento cognitivo vai muito além das estruturas fisiológicas do cérebro; engloba também o amadurecimento dos aspectos psicológicos da criança e a formação da sua personalidade.*

Amamentar é um ato de amor e, mesmo com tantos benefícios já comprovados, muitas mães ainda sofrem preconceito ao optarem por amamentar seus bebês com mais de 2 anos. Vale lembrar que não existem malefícios comprovados cientificamente na amamentação prolongada, ao contrário.

Açúcares e doces

O açúcar, muito recomendado anos atrás, foi, por muito tempo, a base da alimentação infantil. Era muito comum, no início da introdução alimentar, oferecer o famoso biscoitinho de maisena ou, na sobremesa, uma gelatina, um pudim de leite ou uma geleia de mocotó com banana. Nas últimas décadas, porém, inúmeros estudos abordaram os prejuízos relacionados a ele e a importância da alimentação nos dois primeiros anos de vida.

Os estudos mostram que a formação do paladar doce a partir do açúcar induz inúmeras mudanças no hábito alimentar e até mesmo da genética da criança, fazendo com que ela goste mais do paladar doce e aumentando a chance de obesidade infantil e diabetes. Sendo assim, todos os protocolos internacionais (ESPGHAN/2017), a Sociedade Brasileira de Pediatria e o Guia Alimentar do Ministério da Saúde orientam que a criança não deve receber nenhum tipo de alimento com adição de açúcares.

Muitas vezes, os alimentos escondem açúcares: sacarose, frutose, glicose, glucose, dextrose, maltodextrina, xarope de milho ou glicose, açúcar mascavo, açúcar demerara, açúcar orgânico, açúcar invertido, açúcar magro, açúcar moreno, açúcar light e açúcar de confeiteiro.

Para mamães e papais que não vivem sem os famosos biscoitos, as opções são biscoito de arroz ou os feitos em casa com frutas, sem leite e açúcares.

Alimentos que contêm muito açúcar e são proibidos na alimentação infantil

São exemplos de alimentos ricos em açúcares que muitos pais não sabem e oferecem:

- Achocolatados;
- Bebidas açucaradas e gaseificadas, refrigerantes, refrescos em pó, bebidas à base de frutas com ou sem soja (suco, néctar, refrescos), outras bebidas vegetais, xaropes com sabor

(groselha, guaraná, uva etc.), bebidas com sabor de chocolate e sabor de frutas e bebidas "energéticas". Os refrigerantes à base de cola e as bebidas à base de mate, chá preto ou guaraná "natural" possuem substâncias que dificultam o aproveitamento do ferro e do cálcio pelo organismo, além de conterem cafeína, uma substância estimulante que pode deixar a criança agitada;

- Cereais matinais açucarados;
- Farinhas de cereais instantâneas com açúcar – mucilon e sustagen (de arroz, milho e outros);
- Gelatina em pó com sabor. As versões comuns muitas vezes também têm adoçantes artificiais;
- Geleia de mocotó industrializada;
- Guloseimas, como balas, chicletes, pirulitos e chocolates;
- Iogurte com sabores e tipo petit suisse – famosos danoninhos;
- Leite fermentado – Yakult.

Chocolates

O chocolate é feito à base de cacau, uma fruta com muitos nutrientes que é extremamente saudável. No entanto, para que o processo de produção seja rentável, os chocolates industrializados apresentam pouquíssima concentração do fruto e são acrescidos de ingredientes prejudiciais à saúde infantil, como leite de vaca e açúcares; por isso, eles não são recomendados para menores de 2 anos. Depois dos 2 anos, deve-se dar preferência aos chocolates mais puros, como aqueles que contêm mais de 55% de cacau.

Alimentos ultraprocessados

Os produtos industrializados ou ultraprocessados são os grandes vilões da nutrição atual, tanto dos adultos quanto das crianças. São produzidos pela indústria por meio de várias técnicas e etapas de processamento e levam muitos ingredientes, como sal, açúcar, óleos, gorduras e aditivos alimentares (corantes artificiais, conservantes, adoçantes, aromatizantes, realçadores de sabor, entre outros, não utilizados em casa). Nesses alimentos, o açúcar pode estar presente de diferentes formas. Nada pronto deve ser utilizado: molhos de tomates prontos, caldo em tablete, ervas em pó, macarrão instantâneo (massa e tempero), bolinhos industrializados, batatinhas de pacote, empanado de frango tipo nugget, pão de forma, bisnaguinha e pão de queijo pronto para assar, salgadinhos de pacote, sorvete industrializado, linguiças, salsichas, presunto não devem fazer parte da alimentação infantil.

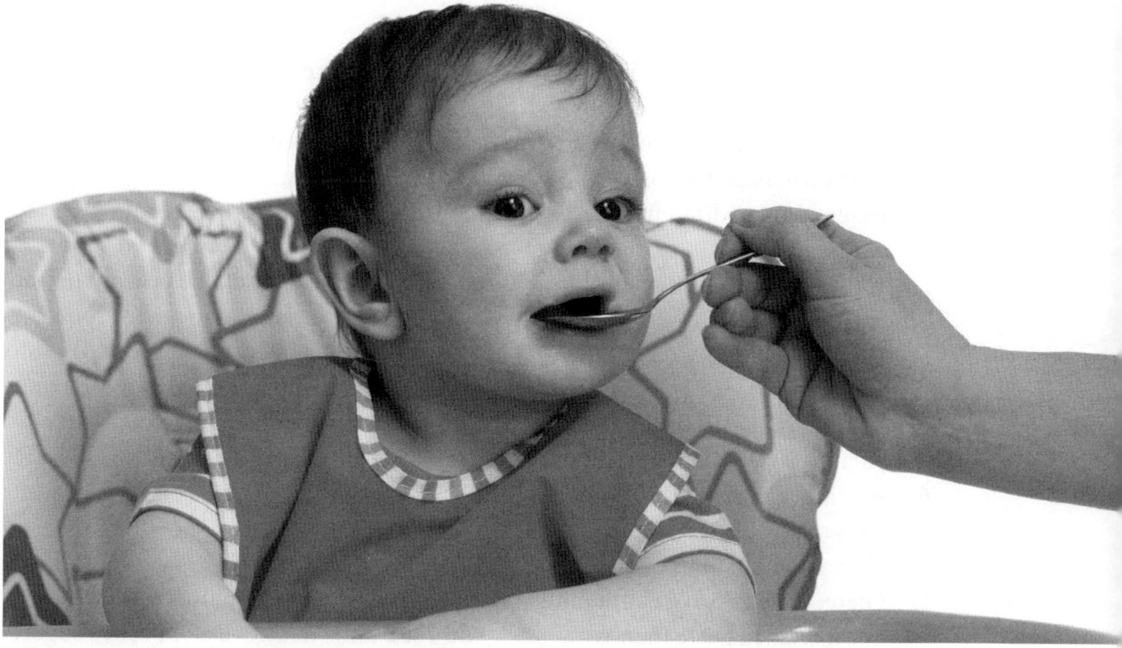

Alimentação mais seletiva

A alimentação passa por substanciais mudanças durante este período. Rapidamente, seu bebê vai ficar mais seletivo e fazer suas próprias escolhas, principalmente quando começar a frequentar a creche ou a escolinha. Muito cuidado com os alimentos que são oferecidos: quanto melhor a alimentação da família, mais chance de a criança se adaptar a uma dieta equilibrada.

Seletividade alimentar faz parte de um desenvolvimento cerebral infantil, ou seja, todas as crianças irão apresentar, umas mais, outras menos. Porém, o que fará mais diferença será a forma de condução da seletividade alimentar. O cérebro infantil está em franco crescimento e uma das coisas que ele irá aprender nos primeiros anos de vida são as escolhas. Eles vão escolher suas roupas, seus brinquedos favoritos e sim, os alimentos ingeridos.

Por isso é tão importante que os pais estejam atentos a todos os sinais de seletividade alimentar, tais como parar de comer alimentos que antes aceitava, dificuldade com texturas diferentes, ter que misturar alimentos para a criança comer, só aceitar o alimento realizado de uma única maneiro (por exemplo, só aceitar banana amassada e não aceitar em pedaços).

Os pais devem estar seguros das ações que devem tomar diante da rejeição da criança em relação à alimentação:

1. Nunca obrigar a criança a se alimentar. Se ela não quiser o alimento, obrigar não vai adiantar.
2. Nunca oferecer recompensa do tipo "coma o verde para poder ganhar o preferível".
3. Transformar a alimentação em um momento lúdico: contar a

história da panqueca do Hulk, do arroz da flor rosa, fazer desenhos com os alimentos, usar formas de bichos.
4. Fazer receitas diferentes – panquecas, batata palha de couve, rocambole de carne, entre outros.
5. Não oferecer troca de comida, por exemplo, por leite, ou alimentos que sejam mais palatáveis para a criança.
6. A criança começará a comer com a família vendo os alimentos dos pais.
7. Oferecer primeiro os alimentos que a criança goste menos e depois os preferidos dela. Por exemplo, crianças que gostam muito de proteína, oferecer primeiro os cereais e leguminosas, verduras e legumes, e depois do desinteresse oferecer a proteína.
8. Deixar a criança pegar nos alimentos e conhecer o sabor.
9. Estimular o ato de provar, mesmo que a criança não queira comer.
10. Nunca deixar de oferecer o prato completo, mesmo que saiba que a criança não vai comer tudo.

O cardápio ideal

A pirâmide alimentar para crianças de 1 a 2 anos descreve as porções sugeridas para cada grupo de alimentos ao longo do dia e deve ser a base do cardápio. A ausência de um grupo de alimentos ou o

VOCÊ SABIA?

A recusa alimentar é muito frequente no segundo ano de vida, quando a velocidade de crescimento diminui em relação ao primeiro ano e, consequentemente, decrescem as necessidades nutricionais e o apetite da criança. Além disso, ela está naturalmente no processo de neofobia alimentar, ou seja, tende a rejeitar sistematicamente qualquer novidade à mesa. Ainda assim, deve ser estimulada a comer vários alimentos, com diferentes gostos, cores, consistências, temperaturas e texturas, para que sejam exploradas sua curiosidade e fantasia. Paciência, criatividade e persistência são ferramentas importantes nesse momento. Erros muito comuns são forçar, ameaçar ou associar eventos negativos ao ato de comer. Evite isso a todo custo. Também não associe prêmios ou privilégios ao ato de se alimentar. O ideal é deixar a criança comer o que quiser e tentar criar um ambiente agradável durante as refeições. Novos alimentos devem ser introduzidos aos poucos e sem cobranças, de preferência de forma lúdica.

excesso de outro gera um quadro de desnutrição ou sobrepeso.

Veja um exemplo de cardápio para crianças nessa faixa etária:

Café da manhã

- Leite próprio para a idade: 1 copo médio – 200 ml (1 porção – grupo dos leites)
- Cereal infantil: 3 colheres de sopa (1 porção – grupo dos cereais)
- Pão francês: ½ unidade (1 porção – grupo dos pães e cereais)
- Margarina: 1 colher de chá (1 porção – grupo dos óleos)
- Mamão papaia: ½ unidade pequena (1 porção – grupo das frutas)

Lanche da manhã

- Suco de laranja natural: 1 copo pequeno – 150 ml – (1 porção – grupo das frutas)

Almoço

- Arroz: 2 colheres de sopa (1 porção – grupo dos pães e cereais)
- Feijão: 1 colher de sopa (1 porção – grupo das leguminosas)
- Músculo cozido: 2 colheres de sopa – 40 g (1 porção – grupo das carnes e ovos)
- Abobrinha: 1 colher de sopa cheia (1 porção – grupo das hortaliças)
- Salada de alface: 1 pires (1 porção – grupo das hortaliças)
- Óleo de soja: 1 colher de sobremesa (½ porção – grupo das gorduras)
- Banana: ½ unidade pequena (1 porção – grupo das frutas)

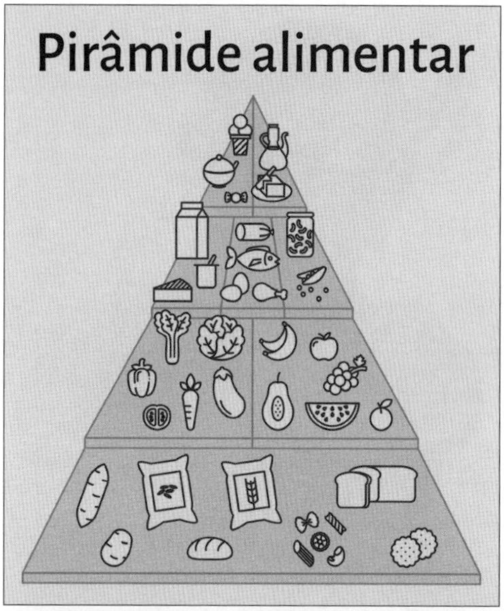

De 12 a 24 meses (1.300 Kcal)	
Pães e cereais	5 porções
Verduras e legumes	3 porções
Frutas	4 porções
Leguminosas	1 porção
Carnes e ovos	2 porções
Leite e produtos lácteos	3 porções
Açúcar e doces	1 porção
Óleo e gorduras	2 porções

Lanche da tarde

- Leite próprio para a idade: 1 copo médio – 200 ml (1 porção – grupo dos leites)
- Bolacha tipo Maria: 4 unidades (1 porção – grupo dos pães e cereais)

Jantar

- Macarrão ao sugo: 2 colheres de sopa cheias (1 porção – grupo dos pães e cereais)

- Frango cozido: ½ sobrecoxa sem pele (1 porção – grupo das carnes e ovos)
- Cenoura cozida: 1 colher de sopa cheia (1 porção – grupo das hortaliças)
- Salada de tomate: 5 fatias (1 porção – grupo das hortaliças)
- Óleo de soja: 1 colher de sobremesa (½ porção – grupo das gorduras)
- Maçã: ½ unidade média (1 porção – grupo das frutas)

Lanche da noite

- Leite próprio para a idade: 1 copo médio – 200 ml (1 porção – grupo dos leites)
- Açúcar: 1 colher de sopa (1 porção – grupo do açúcar e doces)

Outro exemplo de refeição

- Arroz: 2 colheres de sopa (1 porção – grupo dos pães e cereais)
- Feijão: 1 colher de sopa cheia (1 porção – leguminosas)
- Músculo cozido com tomate: 35 g (1 porção – grupo das carnes e ovos)
- Mandioquinha: 1 colher de sopa cheia (½ porção – grupo dos pães e cereais)
- Abobrinha paulista: 1 colher de sopa cheia (1 porção – grupo das hortaliças)
- Espinafre refogado: 1 colher de sopa (1 porção – grupo das hortaliças)
- Óleo de soja: 1 colher de sopa rasa (1 porção – grupo das gorduras)
- Laranja: 1 unidade pequena (1 porção – grupo das frutas)

O uso da mamadeira

Não estimule seu filho a tomar mamadeira. É uma fonte de contaminação, uma vez que é bastante difícil limpar corretamente o bico, atrapalha a formação da arcada dentária e prejudica a dentição. Apesar de ser muito mais fácil alimentar a criança com a mamadeira, principalmente à noite, você deve fazer um esforço para deixá-la de lado tão logo perceba que seu bebê já consegue ingerir líquidos no copo.

A mamadeira pode provocar alterações da fala pela anteriorização da língua entre as gengivas ou entre os dentes. Resultado: alguns sons, como T, D, S, Z e N, podem ficar comprometidos em função da projeção inadequada da língua, prejudicando a fala.

Os dentistas desaconselham o uso da mamadeira por um período longo, apesar de os bicos serem hoje ortodônticos – o que ameniza sua influência sobre a arcada dentária. Ainda assim, ela deixa o palato duro, estreito e profundo e pode provocar um mau alinhamento dos dentes e eventual sobreposição dentária, criando desequilíbrio da musculatura oral, alterações no movimento de deglutição e, consequentemente, problemas ortodônticos e de motricidade orofacial.

Outro efeito negativo é a infantilização da criança, que passa a depender da mamadeira para poder encontrar o sono. Alguns bebês chegam a precisar dormir com uma mamadeira mesmo que não estejam com fome. Além de não conseguir se acalmar e dormir por si mesmos quando estão com sono, eles não escovam os dentes antes de ir para a cama, o que favorece o aparecimento de cáries.

Assim, tire a mamadeira antes de seu filho completar 2 anos. Comece pela mamada do café da manhã e depois passe para a da noite. Essa iniciativa pode desencadear muito choro e algumas noites maldormidas, mas é importante você explicar à criança por que está agindo dessa forma.

Sujidades nos alimentos

Xenobiótico é a denominação dada ao conjunto de produtos estranhos à composição normal de um alimento ou da água, como medicamentos veterinários, antibióticos, aditivos sintéticos utilizados em materiais de embalagens, agrotóxicos, aromatizantes, produtos de cloração da água e metais pesados, como chumbo, cádmio e mercúrio, que integram uma longa lista de contaminantes.

Os xenobióticos podem causar graves efeitos no sistema neurológico e imunológico, para além de afetar o comportamento da criança. Podem, ainda, produzir alterações irreversíveis em seu desenvolvimento.

- ***Agrotóxicos*** – O Brasil ocupa o quarto lugar no *ranking* dos consumidores de praguicidas na América Latina, com 50% do consumo. O ambiente é contaminado pela dispersão desses produtos no solo, nos lençóis freáticos e na atmosfera. A população pode ser afetada pelo consumo de água, frutas, verduras, legumes, carne, ovos, leite e derivados contaminados. Em estudos, verificou-se que eles comprometem o crescimento e o desenvolvimento das crianças, mas ainda é preciso aprofundar as pesquisas para comprovar esses danos e definir quais seriam as doses seguras. O ideal é que a criança pequena não tenha contato com produtos cultivados com agrotóxicos, principalmente água de poço, e que os alimentos que ingerir crus sejam sempre bem limpos.

- ***Metais pesados*** – Os resíduos de metais pesados, como o chumbo e o alumínio, são encontrados em enlatados e frutos do mar contaminados. Seu acúmulo no organismo pode causar problemas neurológicos e alterações no sangue.

- ***Aditivos de plásticos*** – São encontrados nas embalagens e em rolos de PVC utilizados para cobrir alimentos. As moléculas desses produtos não estáveis migram das embalagens para os alimentos, principalmente quando aquecidos ou congelados. Também estão presentes nas mamadeiras e garrafas plásticas já usadas há algum tempo. Por isso, você deve dar preferência aos produtos livres desse aditivo – os chamados BPA *free* (ou livre de bisfenol A). Em grande quantidade, esse aditivo pode causar problemas na fase adulta: distúrbios hormonais, diabetes e obesidade. No Brasil, a Agência Nacional de Vigilância Sanitária (Anvisa) permite o uso da substância desde que dentro do limite de 0,6 mg para cada litro de embalagem. Os plásticos com maior teor de bisfenol A são aqueles com numeração 7 contida no interior do triângulo impresso no recipiente e na embalagem. Como muitos utensílios não são identificados pela numeração de segurança e até que novos estudos sejam feitos, sugere-se a utilização de utensílios de vidro.

Obesidade e sobrepeso

Um ponto relevante em relação à prevalência de gordura corporal excessiva na infância refere-se à precocidade com que podem surgir danos à saúde, além das relações estabelecidas entre a obesidade infantil e sua persistência na vida adulta.

Sabe-se que o excesso de peso na infância é um importante fator de risco para o desenvolvimento da obesidade na vida adulta. E os maiores vilões que empurram seu filho para o excesso de peso são o desmame precoce e a introdução de alimentos complementares não apropriados, como frituras e açúcares além da conta.

Na faixa etária pediátrica, estudos nacionais demonstram prevalência de excesso de peso que varia entre 10,8% e 33,8% em diferentes regiões. Dados do IBGE mostram que o excesso de peso e a obesidade são encontrados com grande frequência a partir de 5 anos, em todos os grupos de renda e em todas as regiões brasileiras.

A obesidade é uma doença crônica, complexa, de etiologia multifatorial e resultante de balanço energético positivo. O seu desenvolvimento ocorre, na grande maioria dos casos, por causa de fatores genéticos, ambientais e comportamentais. Estudos mostram que os genes têm papel fundamental na obesidade e parecem ser codificados durante a gestação e nos dois primeiros anos de vida. Existem mais de quatrocentos genes já isolados, que codificam componentes participantes da regulação do peso corporal. Entre eles, figuram alguns que agem na ingestão alimentar, outros no gasto energético e outros ainda que atuam nos dois mecanismos ou modulam essas ações.

Apesar de pouco relevante no primeiro ano, o ganho de peso excessivo passa a exigir mais atenção no segundo ano de vida do bebê. A dieta baseada em

“

A mamadeira pode provocar alterações da fala pela anteriorização da língua entre as gengivas ou entre os dentes

”

produtos com alta densidade calórica, como bebidas açucaradas e bolachas recheadas, é a principal causa do problema. Não se deve fazer uma dieta exclusiva para a criança, uma vez que ela está em constante crescimento e desenvolvimento, mas os excessos – em especial, de gordura e açúcar – devem ser cortados. E não basta cortar, há que melhorar a qualidade da alimentação.

Obesidade, pais e filhos

A obesidade tem forte ligação com aspectos emocionais de vivências psíquicas anteriores ao nascimento. As experiências que o seu pequeno experimentar, desde o útero, serão determinantes para a formação de sua personalidade, de seu caráter, e como ele vai lidar com as emoções. A mãe é a primeira pessoa com a qual ele vai interagir, apreender o ambiente, ou seja, a qualidade do vínculo que ela desenvolve com o seu filho é de fundamental importância para o desenvolvimento saudável dele.

Sabe-se que a obesidade infantil e a hiperalimentação têm forte componente emocional e familiar. Pais calmos, que transmitem tranquilidade e fazem refeições sem ansiedade, têm mais chance de construir uma boa relação entre o filho e a comida. O contrário também é verdadeiro: pais estressados têm bebês mais nervosos, e tendem a desenvolver uma relação de dependência alimentar.

Um dos desdobramentos mais comuns do estresse é a mãe superalimentar o filho – oferecendo-lhe comida sem ele pedir ou ter fome –, apenas para saciar sua inquietação ou a da criança. Outro exemplo comum é das mães que trabalham e "compensam" a ausência com guloseimas, uma maneira de adoçar o desconsolo causado pela separação do filho. Com o tempo, a criança vai aprender que existem maneiras de anestesiar a dor do desamparo.

Procure auxílio psicológico se notar que seu filho está se tornando obeso. O problema pode extrapolar a simples dieta e se concentrar nos exemplos que a criança tem em casa e na atitude dos pais. Somente uma nutricionista pode alinhar uma dieta balanceada. Algumas vezes, um psicólogo precisará avaliar as relações entre pais e filhos.

Capítulo 36

Crescimento

O segundo ano começa com grandes marcos de desenvolvimento, mas os dados antropométricos (peso, altura e perímetro cefálico) passam por mudanças bem menos acentuadas e visíveis.

Você notará bem poucas diferenças em comparação com o que estava acostumada a registrar no primeiro ano de vida de seu filho. Mas a fisionomia dele vai mudar, tendendo mais para o lado materno ou paterno; o cabelo começa a crescer e os olhos ganham sua coloração definitiva. Com atenção, você pode até se reconhecer em alguns traços marcantes.

A mudança de peso

O ganho de peso continuará diminuindo. O gasto calórico vai aumentar progressivamente com o desenvolvimento, próprio da fase, como andar e correr. O ganho ponderal passa daqueles 20 g por dia para apenas 8 g diários. Com isso, seu filho não vai mais engordar aproximadamente 1 kg por mês, mas apenas 200 a 400 g. Ele encerra o segundo ano de vida com um aumento de dois a quatro quilos, pesando entre oito e treze quilos.

Frequência de pesagem

Como seu bebê ganhará menos peso, as consultas ao pediatra, que eram mensais ou bimensais, serão mais espaçadas. O médico pode optar por pesá-lo a cada três ou quatro meses. Após o segundo ano, essa frequência cai em geral para cada seis meses.

Durante as consultas, você deve tirar dúvidas sobre o ganho de peso, principalmente os excessos. Às vezes, é necessário voltar antes da data marcada ao consultório, principalmente se o bebê engordou demais.

Mais ou menos centímetros

O crescimento vai ser mais lento e a curva será influenciada pela genética. O ganho é de 1 cm por mês, dependendo da herança familiar. Os meninos ganham mais altura que as meninas, e isso vai se tornar mais evidente nessa faixa etária. Considere que a diferença pode chegar a 3 ou 4 cm.

Bebê com 1 ano: altura e peso

Altura	Peso
Menina de 66,1 cm a 82,0 cm; média: 74,0 cm	**Menina** de 6,2 kg a 13,3 kg; média: 8,9 kg
Menino de 68,4 cm a 83,1 cm; média: 75,7 cm	**Menino** de 6,9 kg a 13,5 kg; média: 9,6 kg

Bebê com 1 ano e meio: altura e peso

Altura	Peso
Menina de 71,7 cm a 89,7 cm; média: 80,7 cm	**Menina** de 7,1 kg a 15,3 kg; média: 10,2 kg
Menino de 73,9 cm a 90,6 cm; média: 82,3 cm	**Menino** de 7,7 kg a 15,4 kg; média: 10,9 kg

Bebê com 2 anos: altura e peso

Altura	Peso
Menina de 76,4 cm a 96,4 cm; média: 86,4 cm	**Menina** de 8,0 kg a 17,2 kg; média: 11,5 kg
Menino de 78,4 cm a 97,3 cm; média: 87,8 cm	**Menino** de 8,5 kg a 17,3 kg; média: 12,2 kg

Nenhum médico poderá afirmar que seu filho não está crescendo a partir da simples comparação entre duas medidas tomadas de um mês para outro. A partir de agora, o crescimento da criança se dá por estirões. Assim, poderá acontecer de ele não crescer nada em um mês e no seguinte ganhar bastante altura. Serão necessários ao menos seis meses para dizer que não houve crescimento.

Cálculo do alvo genético

Agora, o cálculo do alvo genético[1] é diferente entre meninos e meninas porque eles tendem a crescer mais. Mesmo entre irmãos, a diferença entre uma menina e um menino pode chegar a 20 cm.

Meninos:
(estatura paterna) + (estatura materna + 13) dividido por 2

Meninas:
(estatura paterna) + (estatura materna – 13) dividido por 2

Para saber a variação, você deve somar e diminuir 8,5 cm desse valor obtido. Se houver uma discrepância no canal de crescimento da criança, será preciso encaminhá-la a um endocrinologista. Exemplo: Ana é mãe de uma adolescente de 12 anos e tem 1,55 m. Jorge, o pai, tem 1,77 m. Para saber a altura máxima e a altura mínima da adolescente, faça a seguinte conta:

1 Leia mais na página 408.

177 + 155 – 13 : 2 = 159,5 cm, ou seja, a altura final fica entre 1,51 e 1,68 m

O perímetro cefálico

O que era muito importante no primeiro ano de vida perde agora importância. A cabeça do bebê cresce grande parte de seu tamanho definitivo no primeiro ano e, por isso, alguns têm uma cabeça desproporcional em relação ao corpo nessa fase. O crescimento, que era de 2 cm por mês, vai dar lugar a 3 cm ao ano, enquanto as moleiras estiverem abertas. Mas é necessário continuar aferindo o tamanho da cabeça do bebê – duas vezes por ano é mais que suficiente.

A criança que não engorda...

Alguns bebês têm muita dificuldade para ganhar peso, para desespero dos pais. Nesse período da vida, algumas coisas podem atrapalhar o ganho de peso: a alimentação, a genética e uma ou outra doença.

A genética tem grande influência nessa idade. O tamanho do estômago, o apetite, a pré-seleção de alimentos calóricos e até mesmo quantas calorias o organismo de seu filho gasta para fazer uma atividade, tudo isso é determinado pelos genes. Algumas crianças podem se alimentar bem, abusando de alimentos calóricos, e não ganhar peso. Outros engordam comendo menos. O pediatra deve estar atento, para evitar uma hiperalimentação, exames desnecessários e ansiedade por partes dos pais.

VOCÊ SABIA?

No segundo ano, as fontanelas se fecham completamente. É por esse motivo que a cabeça da criança não cresce mais na mesma velocidade. Após o fechamento da moleira, a cabeça do bebê crescerá apenas um centímetro por ano, tornando a relação entre o corpo e a cabeça mais harmoniosa.

Quando a criança não ganha peso, a dieta deve ser checada pelo pediatra. É preciso fazer a contagem calórica de todas as refeições para avaliar se a criança está se alimentando com o mínimo necessário ao gasto energético de seu organismo. O erro mais comum é o consumo de proteínas (carne) aquém do necessário, por conta de os pais acharem que a criança vai engasgar.

Algumas doenças podem surgir com o déficit de ganho ponderal. Provocam sintomas como diarreia ou prisão de ventre excessiva, vômitos e até mesmo fraqueza e tontura. Nesses casos, será recomendável investigar doenças do metabolismo e intestinais. Um exame de sangue é necessário para afastar o risco de anemia e de outros distúrbios.

...e a que engorda demais

Da mesma forma que o peso deficiente, o ganho exagerado reflete erros alimentares, peculiaridades genéticas e problemas de saúde. Algumas crianças têm um metabolismo menos acelerado e propensão a recusar alimentos saudáveis e, com isso, passam a engordar mais que o necessário.

Com a orientação do pediatra, você deve acompanhar atentamente o ganho ponderal progressivo e corrigir eventuais erros na dieta de seu filho. Lembre-se de que o bebê não pode ter uma alimentação restritiva por causa dos imperativos de seu crescimento, mas a dieta pode ser balanceada e saudável.

Crianças que ganham peso em excesso devem ser acompanhadas de perto pelo pediatra, comparecendo a consultas mensais, durante as quais o médico vai aferir consequências da obesidade, como pressão alta e elevação dos níveis de glicose e colesterol. Descartar problemas metabólicos é desejável já nessa fase.

A que não cresce

É comum entre pais – amigos ou da família – comparar a altura dos filhos com a mesma idade. Pais altos têm filhos altos, mas o contrário também é verdadeiro. Não se pode esperar que genitores de baixa estatura tenham crianças muito acima da altura deles.

Existem fatores que podem frear o estirão da criança. Alimentação, anemia, deficiência de cálcio e de vitamina D e alterações ósseas são alguns deles, que devem ser descartados sempre que a criança estiver muito distante de seu alvo genético.

Todas as doenças crônicas podem vir acompanhadas de um déficit de crescimento – em especial, a anemia facilforme, a talassemia, as doenças do aparelho digestivo e do coração. Em certos casos, um crescimento aquém do normal é o único sintoma de anormalidade.

Problemas nos olhos

Ao completar 1 ano, todo bebê deve passar por uma consulta com o oftalmologista. Algumas alterações oculares, como o estrabismo, que são normais nessa fase, já não devem mais existir no segundo ano. Existem exames que avaliam o interior dos olhos e fazem um mapeamento da retina para descartar problemas.

No consultório, o oftalmologista checa a possibilidade de a criança não enxergar direito ou ser portadora de algum distúrbio que comprometa sua visão. Algumas alterações exigem uso de óculos corretivos e outras, fisioterapia ocular ou até mesmo uma microcirurgia. Depois da primeira consulta, é recomendável a criança passar por avaliações anuais.

Recusa da medicação

Ao crescer, muitas crianças passam a rejeitar alguns alimentos e cospem medicações, o que acaba sendo um problema na presença de alguma infecção. Por conta disso, às vezes é preciso fazer um tratamento injetável.

Tente algumas alternativas antes de recorrer à picada de uma injeção: inicialmente, não coloque as pílulas nos alimen-

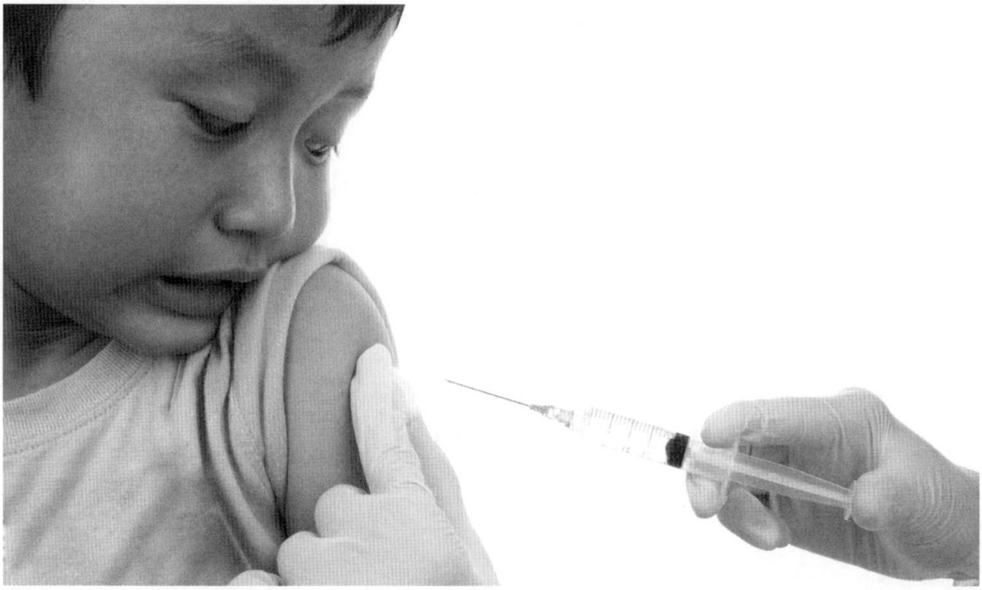

tos. A criança pode acabar associando-o ao gosto ruim do remédio e passar a rejeitar o alimento utilizado. Tente pingar a medicação diretamente na boca. Em seguida, ofereça água ou suco ou outro tipo de alimento. Se ela ainda estiver mamando, ofereça o seio. Se já tiver entendimento suficiente, converse com ela sobre a necessidade de sarar da doença e diga-lhe que o gosto ruim do remédio vai passar logo.

Algumas medicações próprias para a primeira infância têm um sabor mais agradável, justamente por conta da dificuldade de administrá-las. De todo modo, nunca deixe de medicar nem interrompa um tratamento por causa da recusa de seu filho. Se não conseguir dar o remédio de forma adequada, converse imediatamente com o pediatra sobre novas possibilidades terapêuticas.

Capítulo 37

Desenvolvimento

O principal marco do segundo ano de vida do bebê é ganhar independência. Ao aprender a andar e a correr, ele se torna muito mais livre e vai querer conhecer o mundo à sua maneira. O desenvolvimento da fala também vai estar cada vez mais apurado, e ele já saberá se expressar e indicar o que quer e o que não quer. Nessa fase, a criança está mais propensa a acidentes e a situações de perigo.

Seu filho, mês a mês

As mudanças ocorrerão muito rapidamente e em surtos: um dia, você tem a impressão de que ele ainda vai demorar para andar e, no dia seguinte, o vê dando seus primeiros passinhos. O mesmo pode acontecer em relação à linguagem: o bebê que até ontem não pronunciava nenhuma sílaba de repente se torna um grande falante.

- ***12 a 15 meses*** – Com um 1 ano e 3 meses, a grande maioria dos bebês já está andando. A maior parte deles tem um bom equilíbrio e até consegue correr. Engatinhar é quase coisa do passado e subir escadas é o melhor dos desafios.

O caráter motor fino está cada vez mais apurado, e você já pode constatar que seu filho gosta de tintas, consegue segurar um lápis e fazer alguns riscos numa folha de papel. Estimule a criatividade dele e incentive-o a desenhar. Da mesma forma, ele vai apreciar brincar com blocos de montar coloridos e montar castelos.

Do ponto de vista da linguagem, bebês mais espertos já falam algumas palavras como água, bola, papai e mamãe. Outros não falam, mas já sabem se expressar claramente por meio de gestos, indicando o que querem, e batem palmas quando são atendidos. Para estimular a fala, atribua um nome a cada objeto que der ao seu filho e encoraje-o a repetir se quiser para si. Como ele já sabe obedecer ordens, ficará mais fácil que cumpra o que é pedido.

Emocionalmente, o bebê já consegue demonstrar seus sentimentos: abraça e beija os pais, faz bicos e birra quando contrariado. Reconhece todos os familiares mais próximos e adora estar cercado de adultos que lhe dão atenção.

- ***15 a 18 meses*** – Nesta idade, todas as crianças já deram seus primeiros passos. Se o seu filho ainda não tem coordenação motora para isso, você deve conversar sem mais demora com um pediatra para avaliar o quadro. Alguns bebês já estão com equilíbrio tão apurado que dão pequenas corridas e já sobem e descem escadas em pé com auxílio de um adulto. Adoram sentar em pequenas cadeiras sozinhos e levantar sem ajuda de ninguém. Também gostam de abrir e fechar gavetas e portas, movidos pela curiosidade do movimento e para descobrir o que tem dentro. Cuidado para manter longe do alcance objetos que possam vir a ser perigosos para a criança. Brinquedos que os estimulam a ganhar equilíbrio para andar podem ser usados cada vez mais, bem como os de encaixe. Pequenos instrumentos musicais, como pianos e baterias, podem ser igualmente atraentes. Os pequenos parquinhos e escorregadores estimularão a criatividade e o equilíbrio motor.

Em termos de linguagem, a maioria dos bebês já fala pelo menos dez palavras, e alguns já constroem pequenas frases. Você pode começar a ensinar as cores e a designar as diferentes partes do corpo, para que ele as aponte. Do ponto de vista social, seu filho tentará comer sozinho (e você deve deixar) e vai procurar ajuda quando não conseguir fazer uma atividade que lhe foi solicitada.

- ***18 a 24 meses*** – O desenvolvimento motor aumenta com a melhoria do equilíbrio e da agilidade e o aprendizado de correr e subir escadas. Poucos são os bebês que ainda não têm essa habilidade. Eles gostam de brincar de roda, de pega-pega e de esconde-esconde. Pulam e saltam com destreza. As atividades ao ar livre devem ser estimuladas em detrimento de filmes e televisão.

Nessa idade, as crianças também já gostam de atividades com papel. Pintar, desenhar e fazer dobraduras estão entre as preferidas. As cores se revelam fascinantes, e os desenhos começam a ganhar formas. Conseguem montar um castelo ou uma torre com blocos e acham muita graça quando as peças vêm abaixo.

No campo da linguagem, a grande maioria das crianças está falando pelo menos dez palavras. Se isso ainda não aconteceu, está na hora de procurar um pediatra e talvez um fonoaudiólogo para avaliação. Algumas crianças já formam grandes frases – com sujeito, verbo e predicado. Usam o vocabulário da família e sabem palavras que ninguém lhes ensinou. Adoram cantar músicas, ouvir e depois contar histórias.

Medo de estranhos e outros

A partir dos 8 meses é comum o bebê desenvolver um súbito medo de pessoas desconhecidas. Passa a estranhar quem não é de seu convívio diário e chega a cair no choro quando precisa interagir. Esse estranhamento vai diminuir com o tempo: seu filho vai aprender a conviver com pessoas que não conhece, mas demonstrará sempre mais alegria quando estiver com gente que lhe é familiar.

Os medos vão mudar aos poucos: ele vai passar a aceitar melhor os estranhos, mas começará a ter receio do desconhecido. No segundo ano de vida, o medo de animais, lugares escuros, máscaras, fantasias muito coloridas – palhaço, Papai Noel – e estímulos intensos, como sirenes e trovões, que não fazem parte do seu dia a dia, despertarão reações de pavor.

Ajude seu filho a superar seus medos, incentivando-o a expressar seus sentimentos e demonstrando confiança no mundo. O diálogo é sempre uma boa opção. Vale ressaltar que, para o sucesso da empreitada, você e seu companheiro também devem lidar com as próprias fobias e controlá-las. Procure evitar transferir mais medos ao bebê e não lhe conte histórias macabras, com animais que comem gente, bruxas e personagens maldosos. Muitos pais acham que os monstros dos livros infantis só intensificam o medo da criança. Sim e não: os contos de fadas também lhe oferecem alternativas para lidar com o que é desconhecido e assustador, pois as fadas e os príncipes sempre aparecem na hora certa para destruir o mal.

Não esqueça que o medo tem um aspecto benéfico: afasta o perigo real. A criança pequena, que tem entre 1 e 3 anos, vive num mundo todo seu, mágico, onde tudo é possível e não há diferença entre a realidade e a fantasia. Dessa forma, fique sempre alerta para que ela não fantasie ao extremo e não se machuque, porque a curiosidade própria da idade pode levá-la a situações de risco.

Muitos medos vão se perder pelo caminho, com o tempo e o amadurecimento. Conforme a criança se acostuma e passa a confiar no ambiente que a cerca, vai se sentir mais capaz e com mais recursos internos para superar temores. Lembre-se: não queira apressar o seu desenvolvimento natural. Tirar foto ao lado do Papai

Noel, quando ela tem medo dele e está em prantos, não vai ajudar em nada.

Dormir na cama

Com o tempo, o berço passa a não ser seguro. Seu filho vai conseguir escalar a grade, e acabará participando de uma situação de perigo real. Fique atenta à altura da grade à qual o bebê chega quando está em pé e vá baixando o estrado do berço aos poucos. Quando perceber que ele já é capaz de superar o último obstáculo, saiba que é hora de acostumá-lo à cama.

O ideal é que ele tenha seu próprio quarto e cama. A cama dos pais não é o melhor lugar para que a criança durma. Apesar de ser aconchegante, ele fica sem espaço e individualidade. Inicialmente, a cama pode ser rente ao chão, para evitar surpresas, e sobre ela você colocará um simples colchão.

Um bichinho como melhor amigo

Ter ou não ter um animal de estimação em casa? Cães e gatos podem trazer algum mal à saúde de seu filho? Quais benefícios – psicológicos e de socialização, entre outros – podem proporcionar a uma criança em desenvolvimento?

Durante muitos anos, os animais domésticos foram considerados nocivos à saúde pelos médicos. Sujos e cheios de pelo, poderiam desencadear quadros alérgicos e infecções nos bebês. Há algum tempo, porém, a própria Sociedade Brasileira de Pediatria mudou seus conceitos e passou a incentivar a adoção de bichos de estimação.

Um cão ou um gato estimulam a criança a desenvolver hábitos de responsabilidade, ajudam a entender a normalidade das necessidades fisiológicas (urinar e defecar) e preparam a criança a lidar com a morte. Mais que tudo, são grandes companheiros e atualizam conceitos de lealdade e amizade.

Os animais domésticos podem ser acompanhantes em processos terapêuticos hospitalares e instituições afins e no desenvolvimento de crianças com dificuldade de aprendizado e retardo metal (síndrome de Down).

Mas não se esqueça: ainda que seja um animal domesticado, ele pode morder e arranhar, causando lesões na pele da criança, que corre o risco de infecções, pois a boca do animal é altamente contaminada. Tente sempre estabelecer regras de convívio (e contato) entre seu filho e o bichinho.

Por segurança

Estas são as orientações da Sociedade Brasileira de Pediatria:

- Se houver criança pequena em casa, não a deixe sozinha com o cão, porque ela pode correr perigo – nunca se sabe qual será a reação do animal, que pode passar de amistosa para agressiva.
- Antes de adquirir um cão, informe-se com um veterinário sobre as raças mais mansas. Cães de raça reconhecidamente agressiva (Pit bull, Rottweiler, Pastor alemão, Doberman) não são recomendados em casas onde houver bebê. Tome cuidado com os animais nascidos de cruzamento de raças: em geral, são mais perigosos.
- Antes de levar o cachorro para casa, observe bem o comportamento dele.
- Cães mais agressivos, independentemente da raça, não devem ser mantidos dentro de casa. Animais castrados são, geralmente, menos agressivos.
- O cão precisa de treinamento, socialização e educação, transmitidos por pessoa habilitada. Nunca se deve estimular a agressividade do cão e, sim, o comportamento submisso.
- As brincadeiras entre crianças e cães devem ser supervisionadas por adultos.
- Não se deve importunar o cão, principalmente durante a alimentação e o sono, ou se ele tiver filhote novo ou estiver com aparência de doente.
- Não se deve puxar as orelhas, as patas e o rabo do animal. Nunca coloque o dedo no olho do bicho, nem arranque um ossinho ou um brinquedo que houver em sua boca.
- Não é recomendado beijar ou ficar com o rosto colado no animal, principalmente na região da boca.
- Não tente apartar cães que estão brigando; mantenha-se à distância dos que são agressivos.
- As vacinas devem estar em dia. Unhas, orelhas e rabo devem receber cuidados continuamente.
- As crianças não devem se aproximar ou brincar com animais estranhos.
- O cão não vai dormir com seu filho nem fazer as refeições com a família – combine antecipadamente essas regras com a criança.

- Crianças devem ser orientadas quanto ao jeito de tratar e lidar com um animal doméstico. Ele não é brinquedo nem gente. Não deve ser provocado nem agredido. Mesmo o cão de raça dócil pode morder.

Desenvolvimento lento

Cada criança tem um ritmo de crescimento. Umas são muito espertas e ganham rapidamente marcos de desenvolvimento, outras demoram um pouco mais para adquiri-los. Isso angustia muito aqueles pais propensos a fazer comparação entre familiares e conhecidos. Algumas atividades podem estimulá-lo e até mesmo um auxílio especializado de aulas de psicomotricidade ou fisioterapia podem fazer que ele se desenvolva mais rapidamente. Nesta fase de desenvolvimento, os estímulos externos com brincadeiras próprias e atenção dos pais são essenciais para o seu desenvolvimento na medida certa. Mantenha sempre a atenção com o desenvolvimento e se achá-lo mais lento, procure imediatamente o pediatra.

Se o pediatra achar que o desenvolvimento de seu filho está mais lento que o previsto, ele vai prescrever exames e talvez encaminhar a criança para um neurologista ou outro especialista, como o ortopedista.

O bebê provocador

É aquela criança mais birrenta que o normal, que responde mal às ordens, ignora as regras e não gosta de ouvir "não". Em geral, recorre ao choro, aos tapas e às mordidas para fazer valer sua vontade.

Diante de tamanha desobediência, muitas vezes os pais se sentem impotentes e acabam cedendo aos desejos do bebê. Atitude errada. Você deve recorrer ao diálogo sempre claro e focado. Você precisa explicar ao seu filho o que é certo e errado, e lembrá-lo de que a liberdade de um termina quando a do outro começa. Se encontrar dificuldade para lidar com isso, deve pedir ajuda a um psicólogo. Punições com castigos físicos e agressões verbais não melhoram; ao contrário, tornam-nos mais agressivos e desafiadores.

A linguagem não verbal

Ela inclui tudo o que são gestos que expressam algum significado na comunicação entre pais e filhos. Nos primeiros meses, os pais entendem que o bebê está com fome, com medo ou frio, e se está confortável ou não, graças a esse recurso visual.

Com o tempo, a linguagem não verbal vai mudando. A maturidade cerebral da criança faz com que comece a se expressar com palavras. Porém, formular frases inteiras, com sujeito, verbo e predicado, ainda é difícil para ela. Por isso, é recomendável que você se mantenha atenta aos pequenos gestos e manifestações não verbais de seu filho. Eles darão indícios de descontentamento, medo ou até dor. O choro continuará sendo a linguagem verbal mais utilizada, muito embora seu estilo, duração e intensidade tendam a mudar.

VOCÊ SABIA?

Crianças em creche ou escola falam mais rápido do que as que são mantidas em casa. Isso se deve ao fato de as crianças terem de se comunicar mais na escolinha, para obter o que querem. Além disso, o contato com outras crianças representa um estímulo social importante.

Os pais também têm de fazer um grande exercício de comunicação. Muitas emoções serão passadas para o bebê de maneira não verbal. A criança maior será sensível à expressão de desagrado do pai ou da mãe, notará se aprovam ou não sua atitude, acompanha a reação deles de esguelha, para checar reações. Essa linguagem é muito importante, mas o olho no olho fortalece vínculos e nutre a confiança mútua.

O bebê que não fala

Alguns bebês têm dificuldades com a fala. Até 2 anos, pode acontecer de eles não conseguirem usar a palavra. Uns balbuciam dialetos próprios, mas não conseguem formar sílabas, palavras ou frases. Falar parece simples, mas exige muito da criança. Para isso, ela precisa ouvir, pensar o que vai responder, dominar o vocabulário, ter os movimentos de boca necessários e escutar o que disse. Não é simples. Entram em jogo o desenvolvimento dos ouvidos, os movimentos de boca, as sinapses cerebrais e até mesmo a visão. Os pediatras aguardam até que a criança dê algum sinal de curiosidade em falar e ser compreendida, e se isso não ocorrer, será preciso submetê-la a um leque de avaliações.

Após o segundo ano de vida, caso não apareça nenhum sinal de que seu filho está evoluindo no campo a linguagem, será preciso consultar um pediatra. A primeira avaliação visa checar a audição do bebê. Crianças que escutam mal têm mais dificuldade para falar, por conta da falta de aprendizado sonoro. Esse exame deve ser feito o mais rapidamente possível e, diante de alguma anormalidade, um otorrinolaringologista deverá ser acionado.

A segunda avaliação será a de um fonoaudiólogo. Ele vai checar se existe algum problema de dicção ou dos movimentos necessários para a fala. E ajudará com exercícios que estimulam a linguagem. Independentemente da causa que está inibindo a fala, o fonoaudiólogo é um dos pilares do tratamento do bebê que não consegue se expressar.

A terceira avaliação será do neurologista pediátrico, que vai aferir uma possível imaturidade do cérebro como distúrbios de comportamento ou outras alterações mais graves. Algumas vezes, pode ser preciso fazer exames para investigar o funcionamento cerebral.

A quarta e última intervenção é do psicólogo, para avaliar marcos da personalidade e do comportamento que estejam coibindo a fala. Ele vai trabalhar em parceria com o fonoaudiólogo e o neurologista, para tentar achar uma causa.

Estas são algumas iniciativas que podem ajudar seu filho a dominar a fala mais rapidamente:

- Use frases curtas e palavras de fácil compreensão. Garanta uma plena compreensão para só depois exigir uma expressão oral.
- Aguarde e observe as intenções da criança. Dê oportunidade e tempo para que ela se manifeste e procure não interceder antes.
- Mantenha proximidade física e contato direto. Mostre os movimentos orais para que o bebê a observe falando.
- Dê nome aos objetos e ao que está fazendo. Não dê apelidos às pessoas ou aos objetos para facilitar a tarefa.
- Dê valor às brincadeiras de imitação e faz de conta. Leia livros e coloque música.
- Crie pequenos problemas cujas soluções são atos comunicativos. Dê o copo, mas não coloque o suco. Espere que a criança peça. Ou, se a criança apontar para a bola, dê a boneca. Observe a reação dela.

O bebê que não anda

Assim como para falar, alguns bebês podem demorar para andar. Mas diferentemente da linguagem, o problema é observado desde cedo – eles têm dificuldade de sustentar a cabeça, sentar e engatinhar. Os pediatras costumam esperar até que completem 18 meses para começar a intervir na questão motora. Isso se estiverem dando sinais de que os outros marcos de desenvolvimento seguem normais – isto é, se já estiverem sentando e ficando em pé.

Se algum problema motor for detectado, a investigação deve começar imediatamente. Assim como no caso da linguagem, para o bebê adquirir os marcos motores, ele deve ter uma evolução cerebral, equilíbrio e força. Alguns exames são necessários para apontar deficiências: uma radiografia da coluna

VOCÊ SABIA?

Depois de uma queda da própria altura, não é preciso procurar um serviço de emergência – a não ser que tenha havido corte com grande perda de sangue, sonolência demasiada, vômitos ou perda de consciência. Se houver sangramento em grande quantidade, pegue uma toalha molhada e coloque-a sobre a ferida, pressionando com força até parar de sangrar. Lave com água e sabão em abundância e procure a emergência para checar se é preciso dar pontos. Se houver perda de consciência ou vômitos, procure imediatamente uma emergência.
Em caso de trauma leve, observe por 48 horas. O uso de gelo previne e alivia hematomas.

ISSO É NORMAL

O desejo de conhecer leva a criança a ficar atenta a tudo. Olha com atenção as características dos outros quando estão nus e quer tocar para sentir a diferença. Da mesma forma, ela explora o próprio corpo e toca os seus órgãos genitais, encontrando prazer nessa manipulação. Mas essa masturbação pode se tornar um vício. Portanto, é preciso saber lidar com a situação: tire com delicadeza a mão da criança de seus genitais, explicando-lhe que pode se machucar, e reafirme a função desse órgão. Mais importante: faça isso de forma natural e sem punições, que geram constrangimento e traumas ou curiosidade maior ainda pelo ato. Se a masturbação se transformar em vício, procure a ajuda de um psicólogo.

vertebral, uma ultrassonografia transfontanela para avaliar eventuais danos cerebrais e a avaliação de um fisioterapeuta para medir força e equilíbrio.

Se os resultados forem normais e o bebê estiver apenas com medo de caminhar, ou não tiver ainda o equilíbrio necessário, você poderá pedir ajuda a um fisioterapeuta. Alguns exercícios práticos são de grande valia: coloque-o para andar segurando um apoio. Mais que tudo, não caia no erro de usar o andador, pois isso dificultará mais ainda a aquisição da habilidade.

O bebê que cai frequentemente

Todo bebê cai muito. E por vários motivos. O primeiro deles é que a sua noção de equilíbrio ainda não é completa, e ele se desequilibra quando faz movimentos rápidos.

O segundo fator, não menos importante, é que o seu campo de visão só se completa com 3 ou 4 anos. Os campos que oferecem visão lateral são os últimos a serem criados – o que faz com que o bebê tenha dificuldade de mudar de direção. Com o tempo, tanto um como outro se desenvolvem.

Lidando com o medo de cair

As crianças caem muito quando começam a andar e a correr. Mas se recuperam rapidamente de um tombo. Deixe a natureza cuidar de tudo. O mais importante é checar se seu filho já aprendeu a colocar a mão na frente, na hora da queda, para proteger o rosto e a cabeça.

Algumas crianças acabam assimilando o medo dos pais e eventualmente, após um grande tombo, manifestam medo de caminhar. Não queira alimentar esse medo. Ao contrário, estimule seu filho a continuar tentando, no começo de mãos dadas com ele, dando-lhe o apoio e a confiança necessários. Verá que num piscar de olhos ele já estará correndo novamente.

“

Se algum problema motor for detectado, a investigação deve começar imediatamente

”

A interação com outras crianças

A socialização com outras crianças é um estímulo muito importante para o desenvolvimento do bebê. Nessa fase, a interação já começa a existir e ele já consegue se comunicar com os outros, ainda que não fale nenhuma palavra.

É normal, durante essa interação, haver disputa por brinquedos, por conta do grande sentimento de posse inerente à faixa etária. Na ausência de uma linguagem mais desenvolvida, sobram reações intempestivas, como o choro, as mordidas e os tapas. Entenda que esse repertório é normal, mas mostre ao seu filho que não é prudente agir dessa forma.

A fala enrolada

É comum crianças terem a fala enrolada até os 3 anos, pelo menos. E é frequente que acabem trocando fonemas, o "s" pelo "r", por exemplo. Isso é normal e não deve despertar preocupação. Cuide apenas para não falar com seu filho de maneira infantilizada ou errada, omitindo verbos, para que ele não imite o erro.

Como qualquer outro marco de desenvolvimento, falar exige movimentos como inflar as bochechas, projetar rapidamente a língua e fazer mímicas orais. Até mesmo os movimentos mastigatórios são importantes para uma boa dicção – o que requer muita habilidade e, portanto, tempo.

A descoberta dos órgãos genitais

A sexualidade está impressa no ser humano desde sua concepção. Aos poucos, a criança toma consciência das diferenças entre os sexos e aprende o que são meninos e meninas. Isso ocorre por volta do segundo ano. É quando ela começa a descobrir as peculiaridades anatômicas de cada sexo, bem como as diferenças de comportamento entre eles.

Esse despertar suscita na criança a curiosidade de saber por que e para que servem essas diferenças sexuais e, assim sendo, começam as perguntas que desconcertam a maioria dos pais: de onde viemos? Por que eu sou menina? Como os meninos fazem xixi? Responda às perguntas de seu filho naturalmente e em tom de brincadeira. Se sentir dificuldade, recorra aos livros e a filmes.

Começando o desfralde

Por volta dos 2 anos, as crianças começam a dar sinais de que já conseguem controlar a eliminação de urina e fezes. Elas avisam que a fralda está suja e, muitas vezes, já querem se livrar delas por conta própria. Nesse momento, você pode começar o desfralde.

Algumas crianças demoram um pouco mais para chegar a isso. Você tem de esperar o sinal antes de começar o processo.

Já faz tempo que não se usa mais penico. Seu uso implicaria duas etapas na evolução da criança: uma para o penico e outra para o vaso sanitário. O que existe são redutores de vasos que dissipam o eventual medo de altura que a criança possa ter. Alguns até vêm dotados de uma escadinha.

Aja com muita naturalidade nessa etapa. Compre uma grande quantidade de calcinhas e cuecas e lide da melhor forma possível com os xixis no chão. Ensine sem cobranças e sem gerar traumas.

Você pode usar a cueca/calcinha durante o dia e manter a fralda noturna até que seu filho acorde limpinho. Isso evitará o trauma de fazer xixi na cama. Isso vai acontecer até ele completar 5 anos.

Capítulo 38

Doenças e saúde

O segundo ano de vida do bebê é marcado por um sistema imunológico cada vez mais potente: ele já consegue produzir seus anticorpos, o que lhe dá maior autonomia para combater vírus e bactérias. As infecções não são tão graves quanto no primeiro ano, muito embora seu filho pegue mais cada vez mais viroses por conta da exposição ao mundo. Raramente, uma infecção precisa de internação e de antibióticos via venosa. A grande maioria é combatida com medicação oral ou com uma postura expectante por parte do pediatra. É comum que os bebês tenham de cinco a dez resfriados por ano.

A vacinação do período

As vacinas são, em sua maioria, reforços das aplicadas no primeiro ano de vida. Entretanto, algumas serão dadas pela primeira vez, como a da varicela (catapora), hepatite A e tríplice viral (contra sarampo, rubéola e caxumba).

O calendário de imunização inclui as vacinas descritas a seguir.

Pneumocócica conjugada 10-valente

É a vacina que foi implementada mais recentemente, no calendário de 2012 no Brasil. Ela é dada com 2, 4 e 12/15 meses. Previne contra um tipo de bactéria muito comum, o pneumococo, que pode causar inúmeras doenças, entre as quais pneumonia, meningite e infecção generalizada. Existem vários subtipos de pneumococo. A vacina que está disponível nos postos de saúde é a pneumocócica 10-valente, que previne contra dez subtipos. Em âmbito particular, existe a 13-valente.

Nos postos de saúde, ela passou a ser administrada, a partir de 2016, ape-

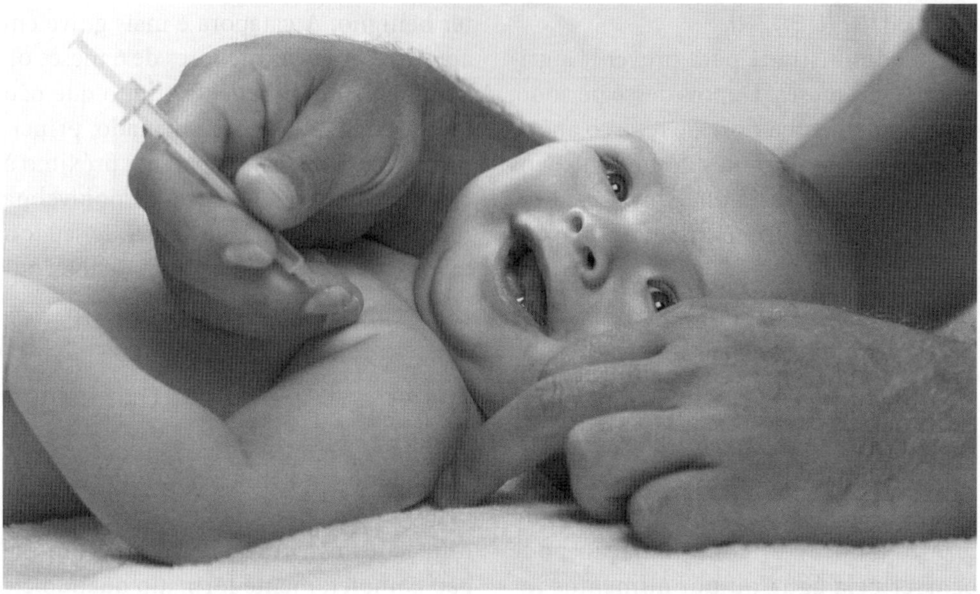

nas aos 2 e 4 meses, havendo um reforço com 1 ano.

Pneumocócica conjugada 13-valente

É a substituta da 10-valente nas clínicas de vacinação particulares. Ela engloba 3 sorotipos a mais do que a vacina anterior. Ela é realizada em 3 doses com 2, 4 e 6 meses e 1 dose de reforço com 12-15 meses.

Meningocócica C conjugada

Também foi implementada no calendário brasileiro em 2012. Previne contra a bactéria meningococo, que tem como principal manifestação a meningite meningocócica. A vacina é dada com 3 e 5 meses, e o bebê recebe mais uma dose de reforço aos 12 meses e aos 6 anos. Ela está disponível tanto na rede pública quanto na privada.

Meningocócica ACWY conjugada

Está disponível apenas na rede particular de vacinação. Além de proteger contra o sorotipo C, ela também protege contra A, W e Y, que também apresentam casos em nosso país. Ela substitui a vacina C, caso os pais optem por fazê-la na rede particular. Ela é feita no mesmo esquema da vacina do posto, aos 3-5 meses, e uma dose de reforço com 12-15 meses. No Brasil, existem três marcas da vacina: Menveo, Nimerix e Menquadfi.

Meningocócica B conjugada

É a mais nova vacina disponível na rede privada de vacinas. Ela protege contra a tão temida meningite B que hoje, infelizmente, é muito comum no Brasil. Ela também é aplicada aos 3-5 meses, com uma dose de reforço aos 12-15 meses.

Gripe (*Influenza*)

É administrada para prevenir a gripe aos 6 e 7 meses. Depois desse período, deve ser dada uma dose de reforço anual, entre abril e maio, antes do inverno. Nos postos de saúde, está disponível para todas as crianças entre 6 meses e 5 anos.

Hepatite A

O bebê toma essa vacina com 1 ano e recebe mais uma dose de reforço aos 18 meses. Ela previne contra a hepatite A, uma forma de hepatite aguda cuja principal via de transmissão é fecal-oral (contato de material contaminado com fezes e a boca). A contaminação pode ocorrer pela água ou por alimentos infectados. Está disponível na rede pública de saúde. É recomendada a quem teve contato com outras crianças que sofrem de hepatite.

Tríplice viral

É dada ao bebê quando completa 1 ano e, aos 15 meses, recebe mais uma dose de reforço. Previne contra a caxumba, a rubéola e o sarampo. Foi colocada no calendário brasileiro cerca de três décadas atrás como medida preventiva contra o sarampo; com o tempo, ganhou um espectro maior com o surgimento de novas doenças. É por isso que se faz campanhas de vacinação contra a rubéola para mulheres não vacinadas.

Varicela (catapora)

É ministrada ao bebê de 1 ano e 3 meses e depois acrescida uma dose de reforço aos 2-4 anos. Previne contra a catapora, que, na maioria das vezes, tem caráter benigno. A catapora é mais grave em adultos e crianças menores de 6 meses ou com baixa imunidade. O adulto que não teve a doença deve ser vacinado, principalmente se for pai ou parente próximo à criança. A vacina não está disponível na rede pública. A rede particular de saúde a oferece em associação com a vacina contra a varicela.

Alterações dermatológicas

Como no primeiro ano de vida do bebê, a pele continua passando por modificações estruturais e só será um órgão completamente formado quando ele completar 4 anos.

As doenças dermatológicas podem ser transmitidas por vírus, bactérias e até mesmo fungos.

- ***Larva migrans*** – São erupções lineares, sinuosas, avermelhadas, discretamente elevadas, que provocam coceira intensa e deslocamento da larva na pele. As áreas mais afetadas são os pés, as pernas e as nádegas. É causada por parasitas: vermes como o *Ancylostoma caninum*, o *Ancylostoma brasiliensis* e o *Strongyloides stercoralis*, que cães e gatos hospedam. É transmitida pelo contato da pele com o solo contaminado por fezes de animais, principalmente em parquinhos de areia e praias. O tratamento consiste em uso de pomada e, nos casos mais graves, medicação antiparasitária oral.

O calendário para a criança de 2 anos

CALENDÁRIO DE VACINAÇÃO 2016 – RECOMENDAÇÃO DA SOCIEDADE BRASILEIRA DE PEDIATRIA	IDADE												
	Ao nascer	2 meses	3 meses	4 meses	5 meses	6 meses	7 meses	12 meses	15 meses	18 meses	4 anos	11 anos	14 anos
BCG ID	•												
Hepatite B	•	•		•		•							
DTP/DTPa		•		•		•			•		•		
dT/dTpa													•
Hib		•		•		•			•				
VIP/VOP		•		•		•			•		•		
Pneumocócica conjugada		•		•		•		•					
Meningocócica C A,C,W,Y conjugadas			•		•			•			•	•	
Meningocócica B recombinante			•		•		•	•					
Rotavírus		•		•		•							
Influenza						•	•						
SCR/Varicela/ SCRV								•	•				
Hepatite A								•		•			
Febre amarela	A partir dos 9 meses de idade												
HPV	Meninos e meninas a partir dos 9 anos de idade												

Grupo-alvo	Idade	BCG	Hepatite B	Penta/DTP	VIP/VOP	Pneumocócica 10V (conjugada)	Rotavírus Humano	Meningocócica C (conjugada)
Crianças	Ao nascer	Dose única	Dose ao nascer					
	2 meses			1ª dose	1ª dose (com VIP)	1ª dose	1ª dose	
	3 meses							1ª dose
	4 meses			2ª dose	2ª dose (com VIP)	2ª dose	2ª dose	
	5 meses							2ª dose
	6 meses			3ª dose	3ª dose (com VIP)			
	9 meses							
	12 meses					Reforço		Reforço
	15 meses			1º reforço (com DTP)	1º reforço (com VOP)			
	4 anos			2º reforço (com DTP)	2º reforço (com VOP)			
	9 anos							

- ***Pitiríase versicolor*** – É uma micose superficial extremamente comum, mais frequente em regiões quentes e úmidas. Caracteriza-se por manchas brancas ou acastanhadas, com descamação fina. Aparece no pescoço, no tórax e nos membros superiores. Também chamada de pano branco, é causada pelo fungo *Malassezia* spp. Não está comprovada a transmissão entre pessoas contaminadas e sãs. O tratamento da pele e do couro cabeludo é feito com um xampu à base de sulfeto de selênio.

Grupo-alvo	Febre Amarela	Hepatite A	Tríplice Viral	Tetra Viral	HPV	Dupla Adulto	dTpa
Crianças							
	Uma dose						
			1ª dose				
		Uma dose		Uma dose			
	Reforço						

Acuidade visual

A visão é a responsável pela maior parte da informação e percepção sensorial que recebemos do meio externo, principalmente nos primeiros anos de vida. A saúde dos olhos é primordial no processo de aprendizagem e desenvolvimento do bebê. No nascimento, o olho tem aproximadamente ¾ do tamanho do olho de um adulto. O crescimento pós-natal é máximo durante o primeiro ano, prosseguindo em um ritmo mais lento até o terceiro ano, quando se completa praticamente seu desenvolvimento.

Qualquer obstáculo à formação de imagens nítidas em cada olho, até que a acuidade visual esteja totalmente estabelecida, leva ao mau desenvolvimento visual de caráter irreversível. Daí a importância de eliminar o quanto antes qualquer determinante de deficiência na criança. É indispensável que ela passe por consultas anuais periódicas até os seis anos.

A acuidade visual refere-se à distância a que um determinado objeto pode ser visto. A mácula, ponto central do olho, é uma região da retina que apresenta os cones, células especializadas para a percepção de detalhes e cores. É importante testar a acuidade visual por ser a principal função ocular.

Quando se encontram alguns distúrbios nessa fase, o tratamento é feito com o uso de óculos corretivos.

São sinais de que seu filho pode não estar enxergando bem: estrabismo, quedas frequentes, percepção errônea de que as coisas estão muito próximas, falta de interesse por objetos distantes, desatenção à televisão, não fixação em atividades sabidamente interessantes.

Acuidade auditiva

A audição é importante para o desenvolvimento adequado da fala e da linguagem. Alterações auditivas, mesmo pequenas e transitórias, podem estar associadas a distúrbios da fala e do aprendizado e à adequada interação dela com o meio logo nos primeiros dois anos de vida.

A criança já nasce capaz de escutar. É nesse momento que sua linguagem começa a se desenvolver, e a estimulação auditiva é importante para isso. Quanto mais cedo for identificado o tipo de perda auditiva e iniciado o tratamento ou a adaptação, menores serão as sequelas para a linguagem.

A perda auditiva desde o nascimento não é incomum. Aproximadamente uma em cada mil crianças nasce com deficiência auditiva (DA), cuja intensidade varia de moderada a grave. Recém-nascidos nessa condição representam 80% dos portadores de DA permanente. Apenas 20% dos deficientes têm DA adquirida. Grande parte das crianças com deficiência auditiva neurossensorial pode ser identificada ao nascer. É por isso que o exame da orelhinha na maternidade é tão importante. Se houver diagnóstico de deficiência auditiva, a estimulação pode começar imediatamente – depois, o prognóstico vai melhorando.

As manifestações de deficiência auditiva serão diferentes conforme a idade em que o diagnóstico for feito. Antes dos 3 anos, as queixas estão relacionadas principalmente ao atraso no aparecimento da fala.

Alguns fatores de risco estão claramente associados a uma maior incidência de deficiência auditiva. São eles:

- ***História familiar*** – Inclui casos de surdez ou presença de doença hereditária associada a surdez, mesmo sem a existência de membros com DA na família.

- ***Malformações congênitas*** – Diretamente ligadas ao aparelho auditivo (orelha externa, média e interna) ou outras síndromes envolvendo

VOCÊ SABIA?

Após o nascimento, as causas mais comuns de deficiência auditiva são de origem infecciosa. A meningite é a mais comum. Nas otites médias, a perda de audição, mesmo transitória, está situada entre 25 e 35 dBnHL. A diminuição não é suficiente para que a criança deixe de escutar, mas pode dificultar a discriminação de determinados fonemas. Dependendo da idade e do tempo que o problema persistir, pode ocasionar maior dificuldade na aquisição da linguagem ou mesmo prejuízo no aprendizado. Porém, raramente causa deficiência auditiva definitiva quando tratada.

malformações da face ou do sistema nervoso.

- ***Infecções congênitas*** – Rubéola, citomegalovírus, toxoplasmose, sífilis e herpes. A história de qualquer infecção materna na gestação é considerada fator de risco, mesmo na ausência de sinais de doença fetal.

- ***Doenças perinatais*** – Prematuridade (inferior a 32 semanas), baixo peso (inferior a 1.500 g), Apgar baixo (no quinto minuto inferior a 3), comprometimento do SNC (hemorragia intraventricular, convulsão ou meningite), parada cardiorrespiratória e utilização de antibióticos que agridem os ouvidos são causas comprovadas do problema.

Na presença de algum desses fatores, a criança precisa ser avaliada e, posteriormente, passar por consultas anuais.

As DA podem ser classificadas conforme a intensidade da perda auditiva, correlacionada com a qualidade da perda da discriminação. Desta forma, nas perdas leves (até 30 dB), as alterações teriam relação com a dificuldade de entender a palavra em distâncias maiores que 1 metro. Nas perdas moderadas (até 60 dB), haveria dificuldade em entender uma conversação em voz normal, mesmo a distâncias menores que 1 metro. Nas perdas graves (até 90 dB), a conversação não seria entendida nem em voz alta.

São sinais para os pais que alguma alteração auditiva pode estar presente: atraso na fala, fala enrolada, dificuldade de executar e entender ordens, agitação, dificuldade de concentração em atividades comuns e falta de atenção.

Quando qualquer distúrbio é encontrado, é preciso tratá-lo imediatamente. Aparelhos auditivos podem ser necessários.

Todo bebê passa por uma triagem auditiva quando nasce, teste da orelhinha, após isso, uma nova entre 9 meses e 1 ano de idade e uma terceira aos 4 anos de idade. Ao se observar qualquer anormalidade ou alteração, uma nova avaliação pode ser necessária, assim como se houver otite de repetição ou meningite. Bebês prematuros ou que tomaram certos antibióticos devem fazer uma triagem adicional com 6 meses.

Doenças infecciosas virais

Ocorrem com muita frequência – a previsão é que as mais leves aconteçam de sete a dez vezes por ano – se o bebê estiver em creche ou escola, e um pouco menos se estiver em casa sem contato com outras crianças. As infecções mais comuns são os resfriados que se apresentam na forma de congestão nasal, febre, mal-estar generalizado e tosse persistente. Outra infecção bem comum é a gastroenterite, com episódios repetidos de vômitos, diarreia e febre.

Outras infecções virais mais graves podem acontecer. Elas estão descritas a seguir.

Sarampo

A vacinação, instituída em 1986, conseguiu reduzir drasticamente a frequência da doença, cujo meio de transmissão é de pessoa para pessoa, diretamente, por meio de secreções nasofaríngeas, expelidas ao tossir, espirrar, falar ou respirar. A doença é provocada por um vírus transmissível e extremamente contagioso e se caracteriza por três fases bem distintas:

a) período prodrômico ou catarral: tem duração de seis dias. No início da doença, aparece uma febre acompanhada de tosse produtiva, congestão nasal e dor nos olhos, conjuntivite e fotofobia. Os linfonodos da região cervical estão um pouco aumentados.

b) período exantemático: os sintomas se acentuam, a criança fica totalmente prostrada e surge o característico *rash* de pele. Ele é de cor avermelhada, com distribuição em sentido cefalocaudal. No primeiro dia, surge na região retroauricular e na face. No segundo dia, é a vez do tronco. No terceiro dia, as extremidades são atingidas. O quadro persiste por cinco ou seis dias.

c) período de convalescença ou de descamação furfurácea: as manchas tornam-se escuras e há uma descamação fina, lembrando farinha.

O período de incubação geralmente dura dez dias (variando entre sete e dezoito dias), desde a data da exposição até o aparecimento da febre. O paciente transmite a doença quatro a seis dias antes do surgimento do exantema e até quatro dias depois dele. O período de maior transmissibilidade se dá dois dias antes e depois do início do exantema.

O diagnóstico pode ser feito através de sorologia (IgM e IgG), passados cerca de quatro dias do início da doença, e iso-

VOCÊ SABIA?

Pensava-se antigamente que o melhor era pegar catapora na infância, de modo a não tê-la na idade adulta, uma vez que essa é uma forma mais grave da doença. Isso é verdade. A forma adulta é mais agressiva e quem teve catapora uma vez na vida não pega nunca mais. Se o seu filho for vacinado e tiver contato com uma criança com catapora, suas chances de contrair a doença são de apenas 1%.

lamento do vírus em cultura de células, a partir de material colhido na orofaringe (até o terceiro dia), sangue e urina (até o sétimo dia), a partir do início do exantema. Algumas complicações podem ocorrer: pneumonia, encefalite, otite média, laringite, laringotraqueobronquite e diarreia.

O tratamento é sintomático, podendo-se utilizar antitérmicos, hidratação e higiene adequada dos olhos, da pele e das vias aéreas superiores. As complicações bacterianas do sarampo são tratadas especificamente com antibióticos adequados. A prevenção é o melhor remédio: a vacina protege em 99% dos casos e, no Brasil, o calendário de vacinação do sarampo conseguiu mantê-lo quase erradicado.

Rubéola

Essa é outra doença viral caracterizada por *rash* maculopapular, que se inicia na face, no couro cabeludo e no pescoço e se espalha para o tronco e os membros. Ela causa febre baixa e íngua, principalmente no pescoço e atrás das orelhas, que costuma preceder o exantema em cinco a dez dias. Pode haver dor nas articulações, conjuntivite, coriza e tosse. A transmissão ocorre pelo contato com secreções nasofaríngeas de pessoas infectadas. Após o contato com o vírus, a criança demora 14 a 21 dias para apresentar os sintomas. A doença se torna transmissível cinco a sete dias antes e depois do início do exantema.

O diagnóstico é sorológico e se obtém pela detecção de anticorpos IgM específicos para rubéola, desde o início e até o 28º dia depois do exantema. A sua presença indica infecção recente. A detecção de anticorpos IgG ocorre após o desaparecimento do exantema, e alcança pico máximo entre dez e vinte dias, permanecendo presente o resto da vida.

O tratamento é sintomático, ou seja, usam-se antitérmicos e hidratação. A doença raramente cursa com outras infecções bacterianas. A prevenção é o melhor tratamento: a vacina é fornecida junto com a da caxumba e do sarampo.

Caxumba

Também conhecida como papeira ou parotidite infecciosa, é uma doença altamente contagiosa, transmitida pelo ar por meio de gotículas de saliva. Causada pelo vírus *Paramyxovirus*, tem como principal sintoma o inchaço das glândulas salivares, o que gera um aumento da região localizada entre a orelha e a mandíbula. A caxumba surge na primavera ou no inverno e o

VOCÊ SABIA?

As velhas gerações colocavam lenços de pano em volta da cabeça dos meninos com caxumba, para evitar que ela descesse para os testículos. Essa iniciativa não tem serventia alguma, já que a inflamação dos testículos é uma evolução da doença, uma complicação. O que os doentes de caxumba precisam é de repouso para ajudar o corpo a combater o vírus.

tempo de incubação do vírus varia de 14 a 25 dias. O período de transmissibilidade da caxumba começa uma semana antes do aparecimento dos sintomas e vai até nove dias depois que desapareceram.

Quando a criança pega a doença, tem febre e aumento de volume de uma ou mais glândulas salivares, geralmente a parótida e, às vezes, as glândulas sublinguais ou submandibulares, o que gera um aumento da região do pescoço. Qualquer glândula pode inflamar, inclusive os testículos (20-30%) e os ovários (apenas 5%), gerando até mesmo esterilidade.

O tratamento para a caxumba é feito de forma a controlar os sintomas da doença. Indicam-se antitérmicos para diminuir as dores e a febre, repouso, hidratação e alimentação pastosa para facilitar a deglutição.

A prevenção da caxumba é feita por meio da vacina tríplice viral, que protege contra o sarampo, a caxumba e a rubéola. Incluída no calendário brasileiro, a vacina está disponível em todos os postos de saúde para crianças a partir de um ano.

Varicela

Também conhecida como catapora, é uma infecção viral primária, aguda, caracterizada por surgimento de *rash* de evolução rápida. Começa como uma picada de inseto e se transforma rapidamente em uma bola de pus que aumenta de tamanho e vira crosta em três a quatro dias. Essas lesões provocam intensa coceira e muita irritação na criança. Pode haver febre moderada durante dois dias.

Em crianças, ela é geralmente benigna e autolimitada. Sua transmissão se dá de pessoa para pessoa, pelo contato direto ou de secreções respiratórias. Uma vez infectada, o doente desenvolve sintomas de dez a vinte dias depois. A doença é transmissível um ou dois dias antes da erupção e do aparecimento dos sintomas e até cinco dias depois do surgimento do primeiro grupo de vesículas. Enquanto houver lesões com pus, a infecção é possível.

A catapora gera muita coceira e pode ocasionar infecções bacterianas. Por isso, é importante ficar atento à manutenção da febre alta ou ao retorno dela, vermelhidão nas feridas e formação de pus em lesões que já estavam cicatrizadas. Além da lesão na pele, pode haver complicações como pneumonia e meningite. A criança que não melhora da febre em quatro dias deve ser reavaliada.

O tratamento é sintomático. Banhos de permanganato de potássio na diluição de 1:40.000 estão em desuso por conta do risco de queimadura na pele. Mas pode-se dar medicação para diminuir a coceira, como antialérgicos. Havendo infecção secundária, recomenda-se o uso de antibióticos sistêmicos. Em crianças menores de seis meses ou que apresentam outras doenças associadas, será necessário dar medicações que inibem a replicação do vírus – muitas vezes, a internação é necessária.

A vacinação disponível nos postos de saúde previne a doença. Ela é aplicada junto com a tríplice viral com quinze meses na rede pública de vacinação. A Sociedade Brasileira de Pediatria recomenda que seja realizada mais uma dose para que sua eficácia gire em torno de 99%.

Exantema súbito

É uma doença causada por vírus, que se apresenta repentinamente, com febre alta, de 39 a 40° C, e diagnóstico difícil, pois é confundida com gripe, pneumonia, otite e nefrite. Três dias depois, aparecem manchas vermelhas generalizadas na pele, chamadas de maculoeritematosas. Às vezes, são salientes e se transformam em papulosas, o que leva à comparação com a rubéola. O exantema ocorre na primavera e tem incubação de sete a dezessete dias. Atinge crianças entre seis meses e três anos e caracteriza-se por uma redução da febre imediatamente antes do aparecimento das erupções, do terceiro para o quarto dia. O exantema súbito não tem tratamento. Dá-se apenas um antitérmico, uma vez que rarissimamente provoca maiores complicações.

Infecções bacterianas

Escarlatina

É uma doença infecciosa aguda, produzida por uma bactéria chamada *estreptococo beta-hemolítico do grupo A*. Os estreptococos são, também, agentes causadores de infecções da garganta (amigdalites) e da pele (impetigo, erisipela). O aparecimento da escarlatina não depende de uma ação direta do estreptococo, mas de uma reação de hipersensibilidade (alergia) às substâncias que a bactéria produz (toxinas).

A transmissão da escarlatina se faz de pessoa para pessoa, por meio de gotículas de saliva ou de secreções infectadas provenientes de doentes ou de portadores saudáveis que transportam a bactéria na garganta ou no nariz mas não têm sintomas. Uma vez infectada, a criança desenvolve a sintomatologia característica entre um e sete dias.

Febre repentina, mal-estar, dores de garganta, vômitos ocasionais, dor de barriga e prostração são algumas reações. A febre, muito alta nos dois ou três primeiros dias, diminui progressivamente. A erupção da escarlatina aparece por volta do segundo dia, começando pelo pescoço e pelo tronco e avançando em direção à face e aos membros. É constituída por pequenas manchas do tamanho de uma cabeça de alfinete, de cor vermelho vivo, mais intensa na face, nas axilas e nas virilhas. A área em volta da boca é poupada e fica pálida, assim como as palmas das mãos e as plantas dos pés. Estas alterações atingem também a língua, que fica branca e saburrosa no início e, depois, com aspecto de framboesa (língua em framboesa), devido ao aumento das papilas. Elas adquirem um tom vermelho arroxeado nos bordos e na ponta da língua. A erupção da escarlatina, que confere à pele um toque áspero, desaparece ao fim de seis dias, acompanhando-se de uma descamação fina durante alguns dias. Nas mãos e nos pés, a descamação pode ser em lâminas.

Como qualquer infecção bacteriana, a escarlatina pode ter complicações. Mas, a exemplo de outras infecções estreptocócicas, cede facilmente ao tratamento – essas complicações são raras, embora graves. A criança pode voltar à escola 24 horas depois de iniciar o tratamento com antibiótico adequado, se estiver sem sintomas.

Embora o diagnóstico da escarlatina seja feito com base na observação clínica, deve ser confirmado por pesquisa do estreptococo num esfregaço colhido por swab (cotonete próprio para uso laboratorial) da garganta.

O tratamento para a escarlatina é a penicilina – antibiótico que elimina os estreptococos e evita as complicações.

Meningite

Dá-se o nome de meningite à inflamação das meninges, membranas que envolvem o cérebro, separando-o dos ossos da cabeça. Os sintomas da doença são variados. Podem começar insidiosamente, com uma simples mudança de humor (sonolência alternada com irritação), dor de cabeça, vômitos ou febre. Essas reações podem se arrastar por um ou dois dias, para a doença evoluir em pouquíssimas horas.

A rigidez na nuca e o abaulamento intenso da fontanela (moleira) são os sintomas que devem ser checados sempre que se suspeitar de meningite.

As mais frequentes são as provocadas por *Haemophilus influenzae* tipo B, meningite meningocócica, meningite pneumocócica, meningite estreptocócica e meningite tuberculosa. A meningite bacteriana é uma das doenças mais perigosas em bebês e crianças, podendo provocar complicações no sistema nervoso central (convulsões e paralisia). Outra forma mais simples de meningite é a viral, causada por diversos tipos de vírus. A evolução clínica é geralmente benigna. Esses vírus não são sensíveis ao uso de antibióticos, com exceção dos de etiologia herpética (vírus do herpes), contra os quais se usa o aciclovir.

O diagnóstico é feito por meio de punção lombar, para colher o líquido da espinha. A obtenção desse líquido é de extrema importância para o diagnóstico correto e a cura completa. Somente depois dessa punção é possível conhecer o germe responsável pela meningite e estabelecer um tratamento adequado. Quanto mais cedo se fechar o diagnóstico, maiores as probabilidades de cura, sem sequelas para a criança.

VOCÊ SABIA?

Diante de um caso de meningite meningocócica ou por *Haemophilus*, quem tiver tido contato íntimo com o infectado também corre o risco de adquirir a doença. Isto pode acontecer na escola, numa festa, na vizinhança ou no clube. Essas pessoas deverão tomar antibiótico oral e a vacina meningocócica, se não estiverem com o seu cartão de vacinas em dia.

O tratamento da meningite depende do agente que a causou, mas consiste em internação hospitalar, hidratação por via venosa e antibióticos. A vacina é a melhor forma de prevenção. Na rede pública encontram-se as vacinas contra *Haemophilus* (dada com a pentavalente), pneumocócica e meningocócica C. Na rede particular, além dessas, estão disponíveis a meningocócica B e a ACWY, contra os quatro tipos de vírus.

Septicemia

Também conhecida como sepse, é uma infecção que se espalha por todo o corpo, causando sintomas como febre e respiração rápida, podendo colocar em risco a vida do paciente em poucas horas. A septicemia é a complicação de uma infecção localizada nos pulmões, na pele ou em qualquer outro órgão e que se espalha para o sangue.

Caracteriza-se por febre acima de 38º C, calafrios, aumento dos batimentos cardíacos e da respiração e perda de consciência ou confusão mental. Os sintomas de septicemia desenvolvem-se rapidamente e, por isso, o doente deve ser encaminhado logo ao pronto-socorro.

O tratamento deve ser feito no hospital, com antibióticos na veia. Quando a septicemia não é tratada a tempo, pode haver um choque séptico, que inclui desmaio, diarreia, vômitos, dores musculares, diminuição da quantidade de urina e até coma.

Desnutrição

Um quadro de desnutrição pode ser aventado sempre que a criança tem dificuldade para ganhar peso. Ela pode ser leve, com perda de peso em apenas uma consulta, ou grave – e nesses casos os sintomas são numerosos: a pele fica frouxa e enrugada, há atrofia e hipotonia muscular, a temperatura é mais baixa que a normal, a frequência cardíaca é diminuída, há apatia e falta de apetite, retardo de crescimento, suscetibilidade a infecções, e os cabelos se tornam finos e quebradiços.

A maior causa da desnutrição é a alimentação inadequada. É mais comum entre as populações carentes, quando a dieta tem por base somente carboidratos. Embora cada vez menos frequente, a desnutrição deve ser averiguada pela aferição de um quadro de anemia, falta de vitaminas, infecções urinárias e verminose.

O tratamento consiste em aumentar o aporte calórico, acrescentar farinhas ou óleo vegetal às refeições salgadas, tratar as doenças coexistentes e acompanhar mensalmente a criança até que ela se recupere.

Hipovitaminose A

A falta de vitamina A causa lesões oculares com ressecamento dos olhos e da pele. O sintoma que os pais mais observam é a falta de visão em ambientes escuros, a chamada cegueira noturna. A fotofobia, a diminuição da atividade física, o retardo do crescimento e do desenvolvimento neurológico são outras reações possíveis. A hipovitaminose A provoca também uma deficiência da imunidade e está associada a um aumento da prevalência de diarreia infecciosa e infecções respiratórias.

A doença incide particularmente entre dois e seis anos, em crianças precocemente desmamadas, com dietas deficientes em carotenos e que vivem em locais com saneamento básico precário. São alimentos ricos em caroteno: a carne bovina, o fígado de boi, as aves, os pescados, os ovos, o leite e seus derivados, o milho, a abóbora, a batata-doce, a cenoura, a manga, o mamão, o melão, a pitanga, o alface, o agrião, a couve-manteiga, a chicória, o espinafre e a salsa.

O tratamento deverá ser feito com a vitamina A na forma oral, por um período predeterminado pelo pediatra.

Parasitose intestinal

Alguns vermes são mais nocivos do que outros e, quando em grande número, podem provocar obstrução no intestino, como acontece com as lombrigas.

A contaminação pode se dar de várias maneiras: através de alimentos mal lavados ou crus, terra ou água contaminada e higiene pessoal deficiente. A criança ingere os vermes ou eles penetram em seu corpo pela pele. Ela também pode ser infectada pelas fezes e pela urina de animais domésticos.

Os sinais vão depender do verme e variam de uma simples coceira anal e palidez até anemia, mal-estar, dor abdominal, apatia e diarreia com sangue.

O diagnóstico e o tratamento são direcionados a partir do exame de fezes. Ele não é exato e tem uma margem de erro – muitas vezes, dá resultado negativo ainda que a criança tenha a doença. Quando houver, então, sintomatologia sugestiva de parasitose, é válido fazer o tratamento de prova, mesmo diante de exames negativos. E a criança que vive em lugares desprovidos de recursos antiparasitários polivalentes também deve ser tratada uma ou duas vezes por ano.

O tratamento é feito, hoje, com medicamentos fáceis de administrar, bem tolerados e eficazes contra a maioria dos vermes. Raramente, apresentam efeitos colaterais, mas é possível notar vermes mortos nas fezes de seu filho após o uso da medicação. Talvez seja necessário repetir o remédio uma ou duas semanas após o primeiro tratamento.

Para tentar evitar que seu filho tenha uma verminose, tome os seguintes cuidados:

a) conserve as unhas da criança cortadas rentes e limpas;
b) mantenha os brinquedos que a criança leva à boca bem limpos;
c) ofereça somente água filtrada ou fervida;
d) use xícaras, pratos, copos e talheres bem lavados;
e) lave bem as verduras e frutas que oferecer ao seu filho;
f) cozinhe bem as carnes antes de consumi-las;
h) desestimule o hábito de chupar o dedo ou roer as unhas;
i) evite deixar a criança brincar com terra, principalmente em lugares sem rede de esgoto;
j) mantenha rigorosa higiene após ir ao banheiro, não só do local como das mãos, que devem ser lavadas e escovadas.

Lombriga (*Ascaris lumbricoides*)

É um verme que pode ter o tamanho de um lápis. A fêmea chega a eliminar, por dia, 200 mil ovos, que saem com as fezes. A criança se infecta levando à boca alimentos e/ou objetos contaminados pelos ovos. Os sintomas são vômitos, cólica, enjoo, colite, diarreia, irritabilidade e urticária. Raramente os vermes emigram para o fígado, o estômago ou os pulmões.

Oxiúros (*Enterobius vermiculares*)

Pequenos e finos como uma linha, são os mais frequentes de todos. Os ovos são depositados ao redor do ânus, e a coceira que provocam contamina os dedos da criança. São raramente eliminados nas fezes. Os sintomas mais comuns são perda de apetite e de sono. Nas meninas há possibilidade de os vermes migrarem para a vagina, causando prurido intenso e, às vezes, dor ao urinar. O vermífugo deverá ser dado às outras pessoas da casa, pois possivelmente também estarão infestadas. Cuidados a serem tomados quando uma criança está com oxiuríase: mantenha sempre as unhas cortadas e escovadas; faça-a usar pijamas de uma só peça para evitar que ela coce o ânus à noite; limpe frequentemente os brinquedos; lave e ferva as roupas de cama e pessoais diariamente; evite dar banho de banheira.

Giárdia

A infestação pela giárdia tem se mostrado cada vez mais frequente entre crianças. O confinamento passou a constituir o maior fator de disseminação do parasita, sobretudo nas comunidades infantis, como creches, colégios, grupos escolares e enfermarias. Nesses locais, a contaminação de criança para criança se faz onde há maior contato: salas de brinquedos, refeitórios e em pequenos quadrados onde as crianças trocam entre si os parasitas. A *Giardia lamblia* é um protozoário que vive no duodeno (parte alta do intestino, próximo ao estômago). Às vezes permanece inofensivo durante anos; outras vezes pode provocar distúrbios intestinais e dores abdominais com surtos diarreicos. Chega a perturbar a assimilação dos alimentos, enfraquecendo a criança e fazendo com que perca peso, mesmo que ela coma bem. É transmitido por alimentos, água e moscas.

Estrongiloides

Esses vermes causam a doença chamada estrongiloidíase. São vermes pequeníssimos, de até 2 mm, que uma vez localizados na parede do intestino, particularmente nas partes altas, perto do estômago, colocam ovos embrionados e se transformam em larvas. A via de penetração é a pele, assim como as mucosas do aparelho digestivo, a boca, o estômago e o reto (parte final do intestino). As manifestações clínicas são mal-estar durante as refeições, dor de estômago, vômitos repetidos e surtos diarreicos (as fezes têm aspecto de alimentos mal digeridos, cheias de gordura), alternando com períodos de prisão de ventre. É rara antes dos dois anos, mas comum dos cinco em diante.

Necator americanus

Denominado ancilóstomo duodenal, acarreta a doença conhecida por necatoríase, ancilostomíase ou uncinaríase. As larvas do verme, menor e mais fino que o oxiúro, penetram no organismo pela pele, geralmente dos pés, em crianças que andam descalças na terra úmida. São vermes perigosos, porque surgem em grande número, sugando progressiva e constantemente muito sangue e provocando anemia severa. De modo geral, os sintomas são os mesmos da anemia: pele e mucosa descoradas, desânimo físico e mental, abdômen proeminente, falta de apetite e tendência a comer barro e terra.

Trichuris trichiura

Também conhecido por tricocéfalo, provoca a tricuríase ou tricocefalíase. Quando a infestação é pequena, o *trichuris* é inofensivo. Em grande número, porém, pode provocar eliminação de fezes com catarro, muco e sangue.

Solitária (*Taenia*)

Existem três tipos: a *Taenia saginata*, transmitida pela carne de vaca; a *Taenia solium*, pela carne de porco, e a *Hymenolepis nana*, pelo cão. A *Taenia saginata* é a que atinge maior tamanho, podendo medir até cinco metros e ter dois mil anéis. A *Taenia solium* tem, geralmente, dois ou três metros. Os sintomas são vagos: dores abdominais, periódicas e rápidas, e fome, sobretudo à noite.

Esquistossomo

Provoca a esquistossomose (doença do caramujo), altamente difundida nos estados de Pernambuco, Paraíba, Rio Grande do Norte, Alagoas, Sergipe, Minas Gerais e Bahia. Os ovos, expelidos pelas fezes do infestado, rompem-se e soltam larvas que atacam caracóis (caramujos). A larva, depois de se desenvolver durante trinta dias, abandona-o e nada para atacar, pela pele, os mamíferos e o homem. Em quinze minutos atravessa a pele, provocando coceira intensa, e ganha as veias, indo alojar-se, finalmente, nas veias dos intestinos e do fígado. É aconselhado evitar os banhos de rio e em lagoas, principalmente durante sol alto, entre 10h e 14h, pois com o calor os vermes atacam com mais vigor. O diagnóstico na fase aguda é feito pelo prurido (coceira) muito forte, generalizado, depois de a criança ter tomado banho em lago ou riacho de águas poluídas. Ela também poderá apresentar, horas depois, náuseas, vômitos, dor de cabeça e febre. Mais tarde, uma ou duas semanas depois, urticária, prostração, vômitos e aumento do baço e do fígado.

Choque elétrico

Em casa, atente para que todas as tomadas estejam cobertas com um protetor, pois criança adora colocar os dedos nos buracos e isso pode provocar um choque elétrico. Esse choque coloca a vida dela em risco, uma vez que acelera o coração e chega a causar parada cardíaca.

Caso esse tipo de acidente aconteça, a primeira providência é afrouxar a roupa da criança. Em seguida, pegue panos e faça compressas de água fria na testa. Leve seu filho imediatamente a uma emergência para uma avaliação mais precisa. Se perceber que o caso é muito grave e o choque foi intenso, faça respiração boca a boca e ligue sem demora para um serviço médico de emergência.

Se o seu filho tomou um choque e ainda está preso à corrente elétrica, desligue imediatamente o disjuntor e pegue um pedaço de madeira, luvas isolantes, plástico ou borracha para puxar a criança – desta forma, você garante a segurança dele e a sua. Em seguida, leve-o para um pronto-socorro.

“

Em casa, atente para que todas as tomadas estejam cobertas com um protetor, pois criança adora colocar os dedos nos buracos e isso pode provocar um choque elétrico

”

BÊ-Á-BÁ DO BEBÊ

Técnicas de reanimação

A reanimação em crianças é muito semelhante à do bebê. É constituída de uma respiração boca a boca e de compressões no peito (massagem cardíaca), que podem salvar a vida enquanto o socorro médico não chega. Ambas fazem com que o sangue circule pelo corpo, levando algum oxigênio aos órgãos, enquanto a criança não é atendida por médicos com equipamentos específicos.

Se você encontrou seu filho desacordado, tente despertá-lo. Gere uma sensação dolorosa, pressionando a metade do peito com força. Tente abrir os olhos dele, cutuque seus pés ou pergunte seu nome. Se ele não responder, peça para alguém chamar uma ambulância ou providenciar um transporte até o hospital. Se você estiver sozinha com o bebê, faça a ressuscitação por um minuto primeiro e só depois peça ajuda.

Se ele despertar minimamente, converse com ele e faça perguntas para estimular o seu raciocínio. E, claro, siga para o hospital.

Boca a boca – Coloque a criança de barriga para cima numa superfície firme. Abra as vias aéreas dela com uma leve inclinação da cabeça para trás, de modo a levantar um pouco o queixo.

Procure sinais de movimento ou de respiração, mas não demore mais de dez segundos fazendo isso. Coloque o ouvido perto da boca da criança, buscando o som da respiração, e veja se o peito dela sobe e desce.

Se ela não estiver respirando, inspire, guarde o ar e cubra com a sua boca a boca da criança, tampando o nariz com o seu polegar e o indicador. Sopre devagar o ar, tomando cuidado para ele não escapar, até perceber que o peito dela sobe.

Se o peito não subir, isso quer dizer que as vias aéreas estão obstruídas: a criança está engasgada.

Se o peito subir, faça cinco respirações seguidas, com uma pausa entre elas para deixar o ar sair. Se não houver resposta, inicie o segundo passo.

Massagem Cardíaca (RCP) – São trinta massagens intercaladas com respiração boca a boca.

BÊ-Á-BÁ DO BEBÊ (continuação)

Trace uma linha imaginária entre os mamilos da criança e coloque dois ou três dedos juntos um pouco abaixo dessa linha. Faça uma forte pressão para baixo, afundando o peito cerca de 2 cm. Faça trinta compressões rápidas, mas não bruscas (cada uma deve durar menos de um segundo). Quando completá-las, faça mais duas respirações boca a boca, como explicado acima.

O segundo passo é aferir o pulso da criança. Você deve ver se ela tem pulsação principalmente no pescoço ou no braço. Se ela voltou, pare de massagear e mantenha apenas a respiração. Se não voltou, não continue com as massagens. Repita o ciclo de trinta compressões e duas respirações, até conseguir ajuda.

Se alguém estiver levando você e a criança ao pronto-socorro, prossiga com as manobras durante o transporte. Mesmo que a criança desperte e pareça bem, leve-a ainda assim ao hospital.

Capítulo 39

Vida em família e socialização

No segundo ano de vida, a criança está cada vez mais apta ao convívio familiar, sabe quem são seus pais, já fala "mamãe" e "papai" e reconhece os avós e parentes mais próximos, com quem tem uma relação de carinho. Ergue os braços quando quer ganhar colo, abraça e manda beijo para expressar afeto.

Nessa faixa etária, seus sentimentos estão mais definidos, e ela sabe manifestar agrado, ansiedade, surpresa, admiração e amor. Esse período será de muitas descobertas e imenso aprendizado para ela e também para os pais.

A disciplina

Não é fácil educar uma criança. Requer tempo, experiência anterior, sabedoria, amor e muito diálogo. Dizem que, quando uma criança nasce, nascem uma mãe e um pai, uma família, mas nem sempre só o amor é capaz de educar uma criança.

Diz o dicionário que educar é promover a perpetuação de todos os processos, institucionalizados ou não, que visam transmitir determinados conhecimentos e padrões de comportamento, a fim de garantir a continuidade da cultura de uma sociedade. É tarefa tão importante que foi incluída na Constituição brasileira: "*A educação, direito de todos e dever do Estado e da família, será promovida e incentivada com a colaboração da sociedade, visando ao pleno desenvolvimento da pessoa para o exercício da cidadania e sua qualificação para o trabalho*". Assim, educar é dever da família e do Estado e deve ser incentivado pela sociedade.

No sentido mais amplo, educar é socializar, transmitir os hábitos que capacitam a criança a viver numa sociedade, hábitos que começam na primeira infância e implicam o ajuste a determinados padrões culturais. Educar é estimular, desenvolver e orientar as aptidões de acordo com os ideais de uma sociedade. É aperfeiçoar e desenvolver as faculdades físicas, intelectuais e morais, é preparar para a vida. Para educar, muitas vezes é necessário impor a disciplina.

A disciplina é um conjunto de regras ou ordens que regem o comportamento de uma pessoa ou coletividade. Toda casa deve ter suas regras de convívio para que todos desfrutem harmoniosamente o espaço. Nem sempre a disciplina tem de ser impositiva: ela pode ser apresentada de forma simples, lúdica e firme.

Quanto antes forem apresentados os protocolos e as regras à criança, melhor será a sua adaptação às normas. Ela sempre vai tentar impor sua vontade, mas rapidamente se adequará aos padrões, principalmente se sofreu alguma punição no momento certo e na hora certa.

O bebê fora de casa o dia todo

Com a mulher no mercado de trabalho, muitos bebês têm ficado fora de casa o dia todo, sendo educados pelos avós, pela creche ou pela escolinha onde estão matriculados. Eles fazem refeições e tomam banho diariamente na escola e aprendem com suas atividades diárias. Quando os pais chegam em casa, têm de compensar o tempo que não compartilharam durante o dia.

É quando ocorrem muitos erros – seja por inexperiência dos pais ou por causa de um sentimento de culpa e desejo de compensar a ausência. É comum deixar, então, a criança fazer tudo o que quer sem lhe impor regras e disciplina.

Educar é um gesto de amor que deve estar presente em casa, mesmo que você tenha pouco tempo para isso. Transfira ao seu filho valores, experiências e muito afeto.

Outro erro comum é os pais permitirem que a criança durma na cama deles, para manter uma proximidade durante o sono. Errado. Isso impede que ela tenha seu espaço e individualidade e aprenda a se acalmar e a acordar sozinha.

Você deve tornar o tempo disponível, que não é quantitativamente suficiente, em um momento qualitativamente perfeito. Como? Dando atenção e amor ao seu filho. Brinque com ele, torne as atividades diárias dinâmicas e divertidas, coloque-o na cama para dormir. Crie rotinas para que ele se sinta amado. Pode ser uma música para escovar os dentes, uma dança para fazer xixi antes de deitar ou uma brincadeira diária de pega-pega com muitos beijos. Converse com ele e procure saber como foi o seu dia e o que lhe trouxe prazer ou incômodo. Mas não esqueça que brigar e ter regras também são gestos de amor.

Estímulo à leitura

A leitura deve estar presente no dia a dia do bebê. É um hábito que terá importância no futuro, desde que estimulado logo cedo. Os primeiros anos da vida de uma criança são fundamentais para o seu desenvolvimento. É nesse período que a formação de conexões cerebrais é mais propícia ao aprendizado. Há cada vez mais evidências de que a arquitetura do

cérebro é construída a partir das experiências vivenciadas. Por isso, é muito importante oferecer cuidado, afeto e estímulos até mesmo durante a gestação, para que a criança possa desenvolver plenamente habilidades como pensar, falar e aprender, além de um bom vocabulário.

Um dos principais estímulos que pais e cuidadores podem oferecer à criança desde a gestação e até os seis anos de idade é a leitura. Ela é tão importante que se tornou uma recomendação médica no Brasil e no exterior. Tanto que a Sociedade Brasileira de Pediatria lançou a campanha "Receite um Livro" para mobilizar os pediatras a recomendar a leitura parental a crianças de 0 a 6 anos como forma de promover o desenvolvimento integral.

Leia para seu filho para que ele adquira vocabulário, procure os livros que tenham a ver com a faixa etária dele. Alguns vêm com cores, desenhos e botões para apertar, e assim estimulam a criatividade. Se você tiver dificuldades para escolher livros, procure uma pedagoga ou peça auxílio a uma pessoa com mais experiência.

Jogos educativos

A partir de 6 meses, é possível inventar jogos para estimular a criatividade da criança, inicialmente explorando formas e cores. Use os próprios brinquedos dela ou invente brincadeiras com papel, tinta e outras estruturas. Às vezes, inventar um jogo é tão divertido quanto a brincadeira em si.

Com o desenvolvimento da criança, os jogos podem evoluir também, explorando a aquisição de vocabulário, o desenvolvimento da memória e a concentração. Os jogos educativos são uma excelente maneira de consolidar vínculos entre pais e filhos. Procure estimular a criança de acordo com sua faixa etária e maturidade. Vá aumentando a dificuldade das brincadeiras aos poucos, conforme observa o grau de atenção e concentração de seu filho.

O conceito de liderança

Algumas crianças já mostram a personalidade que têm desde cedo, exercendo um

papel de liderança diante dos outros. Quando em grupo, na escolinha ou na creche, comandam ou chamam atenção de seus amiguinhos facilmente. Esse traço de personalidade pode ser positivo, no caso de a criança ser carismática, e ajudá-la na vida adulta, principalmente no campo profissional, ou negativo, moldando uma personalidade autoritária, que não respeita regras sociais.

Crianças com esse perfil devem ser supervisionadas para que não ultrapassem limites. A rigor, um bom psicólogo pode ajudá-las a usar esse traço de caráter em proveito próprio.

Brinquedos e brincadeiras em grupo

As brincadeiras em grupo devem ser estimuladas. A socialização é um marco importante do desenvolvimento infantil. As crianças devem ser incentivadas a interagir com outras da mesma idade e até de idades diferentes. A integração social é importante para o crescimento psicológico e, posteriormente, para o relacionamento escolar e a ascensão profissional.

As brincadeiras podem ser organizadas na escola ou na creche ou em alguma atividade extra, como natação ou outro esporte qualquer. Se seu filho não tem contato no dia a dia com outras crianças, seria importante que desenvolvesse atividades em parques, praias ou ao lar livre, para que tenha oportunidade de se socializar.

Quando a criança não tem uma boa socialização e demonstra timidez ou aversão aos outros, deve ser avaliada pelo pediatra para descartar algum comprometimento afetivo ou outro distúrbio de comportamento.

Preparando-se para a natação

A maioria das escolas de natação aceita matricular crianças a partir do 6º mês. Quanto antes for iniciado o contato com a água, melhor. A criança vai aprender a ser mais independente e a evitar se afogar no mar ou na piscina.

VOCÊ SABIA?

Algumas consequências do uso indiscriminado de aparelhos eletroeletrônicos devem ser monitoradas de perto. É o caso da miopia, de surgimento cada vez mais precoce e frequente em nosso meio. A miopia tende a surgir na fase de crescimento, quando o olho também está se desenvolvendo e pode se tornar mais alongado. Isso explica por que a maioria dos casos de miopia costuma estacionar por volta dos 21 anos, quando a curva de crescimento praticamente estanca. A miopia dificulta a visão a longa distância, provocando uma imagem embaçada. Ela muitas vezes resulta do fato de a criança focalizar de muito perto *tablets* e celulares. O organismo tende então a se acomodar, desfocando a vista de longe.

A criança e a tela

Não existe um assunto mais pertinente nos dias atuais. O uso de tela passou a ser o dia a dia de todos e o que isso pode gerar de problemas para a faixa pediátrica passou a ser estudado. Os estudos ainda são iniciais, considerando-se que as telas passaram a ser usadas diariamente há pouco tempo. Como qualquer tecnologia, existem benefícios e malefícios envolvidos. O bom senso dos pais e responsáveis é essencial para que o uso seja benéfico, evitando excessos.

O que é considerado tela na infância? Cada dia mais telas são incorporadas na nossa rotina, mais produtos são lançados para auxiliar nosso dia a dia, gerando facilidades e diversão para todos. Atualmente as principais telas são celulares do tipo smartphone, tablets, televisões, computadores e videogames.

E por que se fala tanto, atualmente, sobre o uso de telas? As telas são ótimas formas de adquirir conhecimento, diversão e informação. Podem ser ferramentas educativas de qualidade, estimulam a coordenação motora, a alfabetização e a criatividade. Porém, quando nossos olhos entram em contato com elas, são enviados estímulos nervosos para o cérebro. Enquanto estiverem ligadas, as telas enviam estímulos visuais e cerebrais constantes. Tais estímulos em excesso podem gerar problemas comportamentais e até alterações alimentares e de sono.

A importância desse tema é tanta nos dias de hoje que a Sociedade Brasileira de Pediatria e a Academia Americana de Pediatria lançaram consensos buscando que a tecnologia seja muito mais aliada do que tenha efeitos maléficos.

O primeiro diz respeito à idade. A Sociedade Brasileira pede que as crianças fiquem até 2 anos longe de toda e qualquer tela.

O segundo tem relação com o tempo. Ele deverá ser limitado e relacionado à idade. Até 2 anos o tempo ideal de tela é zero. Entre essa idade e 5 anos, em média uma hora por dia. E até 10 anos não se deve ultrapassar 2 horas por dia.

Não se deve permitir que a criança use as mídias sozinha em seu próprio quarto nem sem supervisão de um adulto, sob risco de ter acesso a um conteúdo que não seja próprio para a sua idade.

Nos horários de alimentação, não deve ser oferecido nenhum equipamento eletrônico. Isso faz com que a criança não observe o que está comendo e, muitas vezes, coma em excesso, por estar mais interessada no equipamento.

Outro horário no qual o uso de telas não deve ser estimulado é de 1 a 2 horas antes do sono da criança. A hiperexcitação cerebral faz com que o sono demore a ser instaurado, podendo gerar até despertar e terror noturno.

Estabelecer limites de horários e estar sempre atento ao que a criança está vendo, além de equilibrar as horas de tela com outras atividades, como atividades esportivas, brincadeiras, exercícios ao ar livre ou em contato direto com a natureza, é essencial para curtir todos os benefícios da tecnologia.

Alguns malefícios já estão sendo estudados; outros, anteriormente atribuídos à tecnologia, foram afastados. De qualquer forma, muitos ainda estão em investigação. Alguns aspectos devem ser conhecidos pelos pais e, a qualquer sinal de que estejam presentes no cotidiano dos filhos, a tecnologia deverá ser limitada.

1. ***Alterações de comportamento*** – Alguns comportamentos podem ser copiados dos desenhos ou jogos, assim como sinais de irritação ou violência ao serem privados da tela, mostrando uma sensação de dependência da tecnologia.
2. ***Alteração do sono*** – É um dos mais observáveis. A criança que usa telas 1-2 horas antes de dormir, pode demorar para pegar no sono, ter despertar noturno inúmeras vezes e apresentar terror noturno – acordar com choro excessivo e como se tivesse pesadelos.
3. ***Alterações alimentares*** – Deixar a criança ver desenhos enquanto come pode gerar compulsão alimentar no futuro. Ao não prestar atenção na alimentação, a criança come desenfreadamente, além de desenvolver o hábito de não mastigar a comida da forma adequada.
4. ***Obesidade*** – A obesidade é observada mais à frente, por conta da compulsão alimentar associada à falta de exercício físico, em decorrência do tempo demasiado diante da tela. A falta de estímulo a atividades livres, com maior gasto de energia, contribui para o aumento da incidência de obesidade.

Atrás do bichinho

A interação com o animal de estimação muda de acordo com a faixa etária: se antes era o animal que procurava o bebê para cheirá-lo e lambê-lo, agora é a criança que vai atrás dele para brincar. Você pode deixar seu filho agarrar, correr atrás do cachorro ou do gato, mas não deve deixá-lo encostar na boca da criança nem mordiscá-la.

O animal tem de ser dócil, estar vacinado, limpo e em dia com as consultas ao veterinário. Cuidado: algumas brincadeiras podem estressar o cão. Se você notar que ele está rosnando, tire a criança de perto e oriente-a a não fazer mais aquele tipo de brincadeira.

ISSO É NORMAL

A otite externa é comum em crianças que fazem natação, mas de pouca gravidade. Provoca apenas dor local e, às vezes, prurido. Na maioria dos casos, não há febre. O tratamento é simples e consiste em pingar gotas otológicas na orelha. O principal cuidado a tomar é evitar piscinas com água não muito bem tratada e o uso de cotonete. Além de causar trauma na orelha, serve como porta de entrada para bactérias.

Turbulência à vista

Depois de completar 1 ano, os meninos, em particular, começam a ter brincadeiras mais violentas. Batem, chutam, socam, para ver quem é o mais forte. Além de provocar traumas e lesões, trazem à tona uma agressividade que pode ser prejudicial para a convivência com outras crianças.

Quando você notar que as brincadeiras estão passando dos limites, trate de substituí-las por outras sem que a criança perceba. Proponha uma corrida, um esconde-esconde ou até mesmo um jogo educativo. Use a imaginação em proveito de seu filho.

Agressividade

O segundo ano de vida da criança é marcado pelo início da agressividade. Na grande maioria dos casos, ela vem à tona por causa de um simples fato: a criança ainda não consegue expressar tudo o que sente. Assim, é comum demonstrar suas frustações, incômodos e ansiedade com mordidas e tapas.

Apesar de fazer parte do desenvolvimento infantil, esse tipo de comportamento deve ser desestimulado. Quando você notar que seu filho está agressivo, repreenda-o. Mas só brigar ou castigar não vai resolver o problema. Você deve apontar outras formas de expressão, com paciência e muito amor. Mostre que as palavras ou outros modos de se comportar são suficientes para que as pessoas em volta entendam o que está acontecendo.

A criança não deve ganhar o *status* de agressiva. Nem os pais nem a escola devem associá-la a uma índole violenta. Essa é uma fase que deve ser relativizada, para que a criança passe por ela sem guardar marcas.

“

O segundo ano de vida da criança é marcado pelo início da agressividade

”

O que levar?

Os passeios são muito frequentes nessa faixa etária. Leve sempre fraldas a mais do que você achar necessário. O aconselhável é calcular uma fralda por hora que ficar fora de casa. É melhor sobrar do que faltar.

Roupas extras também devem fazer parte da malinha da criança. Acidentes como regurgitação, vômito, xixi ou simplesmente sujeira são comuns. O melhor é ter pelo menos duas mudas de roupa e um casaco sobrando, em caso de o tempo esfriar.

Não se esqueça de levar o carrinho ou o bebê-conforto, para a eventualidade de seu filho querer tirar um cochilo. Muitas vezes, ele precisa de um soninho quando você menos espera. Se o passeio for durante o dia, não esqueça o protetor solar próprio para a idade dele e, se tiver mosquitos, o repelente indicado pelo pediatra. Se o passeio for noturno, leve um agasalho adicional, no caso de ventar.

Quanto à alimentação, você pode prepará-la em pote ou mala térmica ou optar por dar de comer à criança no local. Nesse caso, não dê comida crua ou malpassada à criança. Se preferir levar alimentos preparados em casa, tome os devidos cuidados para conservá-los. Os potes de comida infantil industrializada também podem ser usados. Não se esqueça de sempre dar bastante água à criança, principalmente em dias de calor.

A primeira festa

Para comemorar o primeiro ano de vida de seu filho, é natural que você queira dar uma festa. Procure marcar o evento em um horário bom para a criança, em que ela não esteja com sono ou cansada. É previsível que fique agitada em função do grande número de pessoas presentes.

Lembre-se de que esse tipo de evento – principalmente por ser o primeiro – consome muita energia da criança. Por isso, trate de poupá-la ao máximo. O ideal é que o encontro não se arraste por mais de quatro horas. Durante todo o tempo, cuide de hidratá-la. E procure alimentá-la bem antes e depois da festa. Não a obrigue a ir para o colo de ninguém se ela não quiser.

TOME NOTA

Nos primeiros dois anos de vida. Quando meu bebê vai...

- Segurar a cabeça sozinho?
Ele começará a fazer isso quando estiver com aproximadamente 1 mês. Porém, o domínio total da musculatura do pescoço só acontece com 12 semanas.

- Sorrir?
O sorriso espontâneo, de boca aberta, ocorre durante o 2º mês de vida, ao ver a mãe ou mamar. Mas os sorrisos de canto de boca, mais precoces, são involuntários e vazios de emoção.

- Sentar sem apoio?
O bebê será capaz de assumir essa posição a partir do 5º mês de vida. Tudo depende de sua capacidade muscular e dos estímulos dos pais.

- Abandonar a fralda?
O desfralde costuma acontecer com aproximadamente 2 anos de vida. Durante esse período o bebê avisa que fez suas necessidades na fralda ou a tira porque o está incomodando.

- Comer sozinho?
Depende da criação do bebê e da cultura dos pais. Algumas crianças se alimentam sozinhas com 18 meses; outras ainda não adquiriram o hábito com 3 anos.

- Dar seus primeiros passos?
O bebê começa a andar entre o 10º mês e 1 ano e 3 meses. Antes disso, ele se torna hábil em ficar em pé no berço e escalar móveis. A partir do 9º mês, é necessário abaixar o estrado do berço para evitar quedas.

- Balbuciar as primeiras palavras?
As primeiras sílabas podem aparecer a partir do 7º mês. No entanto, o bebê só vai formular as primeiras palavras entre o 10º e o 16º mês.

- Quais serão as primeiras palavras?
São aquelas que ele mais ouve: mamãe, papai e suas variações: mamá, papá; vovó e água – ou aua.

- Formular frases?
Formar frases requer maturação da conexão cerebral. O bebê pode começar a formular sentenças entre 15 meses e 2 anos, mas depende do estímulo dos pais, que precisam lhe ensinar o vocabulário.

6

O bebê adotado

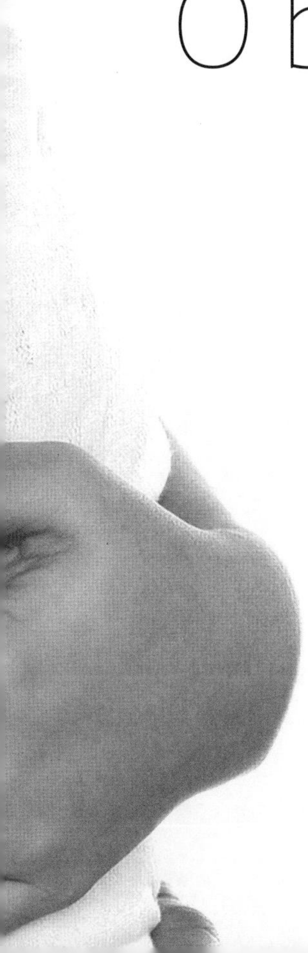

Capítulo 40

O desafio da adoção

Para adotar um bebê no Brasil é preciso ser muito persistente. São dezenas de documentos, entrevistas, anos de espera para, por fim, receber uma ligação dizendo que seu filho – finalmente! – chegou. Você não terá nove meses para preparar o enxoval. De uma hora para outra, estará envolvida com fraldas, chupetas e mamadeiras – e um turbilhão de emoções. Você deve se preparar para esse dia durante todo o processo e, de preferência, procurar ajuda psicológica.

Depressão pós-adoção

Todo mundo já ouviu falar em depressão pós-parto. Parece mentira, mas a depressão pós-adoção existe e pode ser frequente. A mãe vive um conflito importante, depois de muito lutar para conseguir adotar uma criança. Depois, com a criança já em casa, vem um vendaval de emoções, angústias e inseguranças.

Na depressão pós-adoção, não há mudanças hormonais como acontece no pós-parto, mas pode ocorrer de os pais terem depositado tantas expectativas na chegada da criança que acabam se sentindo desanimados ou derrotados diante dos desafios diários de criar o recém-chegado. Na depressão pós-adoção, o problema é causado por cansaço extremo, expectativas não correspondidas, dificuldades e respostas negativas do entorno.

Independentemente de o filho ser biológico ou não, é fato que uma criança nova em casa muda completamente a rotina doméstica, e isso inclui noites maldormidas e uma dupla ou tripla jornada de trabalho. A mãe passa a não ter mais vida própria e tudo gira em torno do bebê. Isso já seria suficiente para abalar uma pessoa. Além disso, quem adota tem que dar conta de todas as questões emocionais que envolvem uma adoção. É muita coisa para processar internamente.

Às vezes, devido à espera e à ansiedade em receber o bebê, os pais se exacerbam no papel de pais, querem ser "super", mas, por um motivo ou outro, o vínculo entre eles e o filho não acontece da forma esperada e gera um sentimento de culpa. Acontece, também, de perceberem algum tipo de preconceito ou dificuldade de aceitação de conhecidos ou até mesmo por parte da família, e isso, obviamente, abala quem está passando por um momento de profunda adaptação.

Quem adota um bebê deve ter auxílio psicológico nos primeiros meses para se adaptar à nova rotina, se identificar com o recém-chegado e assumir plenamente a criança como filho.

Incapacidade de amamentar

Está aí uma grande diferença entre a mãe biológica e a adotiva, e isto muitas vezes gera sentimentos negativos, por conta do desejo íntimo de toda mulher: amamentar. Algumas delas chegam a usar um medicamento – como a ocitocina – para induzir a amamentação, atitude desaconselhada pelos pediatras em função dos resultados decepcionantes que pode acarretar.

Assim que receber o bebê, a mãe deve procurar o médico para traçar a melhor alimentação de acordo com a idade. A dieta será à base de fórmulas infantis[1] se a criança for menor de 6 meses ou de fórmulas infantis acrescidas de alimentação complementar, se for mais velha.

VOCÊ SABIA?

Você terá direito à licença-maternidade da mesma forma que uma mãe biológica. Ela é de quatro meses para as mães e de cinco dias para os pais. Esse período serve para consolidar o vínculo com o bebê e organizar o dia a dia.

Laços de amor

O provérbio popular diz "mãe é quem cria e não quem dá à luz". E isso deve estar presente na mente de toda mãe adotiva. Você deve se concentrar na criação dos vínculos que existirão para sempre com o bebê. Eles não vão surgir de uma hora para outra, mas com o tempo.

Depois dos primeiros três meses, tanto a criança como os pais já estão adaptados à nova rotina: sono, alimentação e brincadeiras têm seus ritmos bem organizados. Esse dia a dia é importante para a consolidação do afeto, que será tão forte quanto é o de um filho biológico.

Abuse das manifestações de carinho e lembre-se de que esse bebê já foi rejeitado um dia. Talvez ele se mostre mais reticente, tímido ou até mesmo avesso a provas de amor no começo da relação. Você deve procurar entender e lidar com isso, provando que não está preocupada com a rejeição, e,

1 Leia mais a respeito nas páginas 257 e 487.

O provérbio popular diz “mãe é quem cria e não quem dá à luz”

sim, em ampará-lo sempre. Procure a ajuda de um especialista se estiver com dificuldades para criar vínculos afetivos, principalmente com crianças maiores de um ano.

Os vínculos com os avós

Quando se decide adotar uma criança, a questão deve ser amplamente discutida com todos os membros da família, principalmente os avós. Os familiares mais próximos também devem ser informados. Durante o período de espera, pais e avós devem ser bem acolhidos pelos demais integrantes da família para que tenham condições psicológicas de receber o bebê com amor e carinho.

Após a adoção, os avós devem ser os primeiros familiares a ter contato com a criança. Os vínculos que estabelecem são de grande importância para o desenvolvimento do bebê e para a aceitação no contexto familiar.

Quando os avós são contra a adoção, os pais têm mais dificuldade de estabelecer relações afetivas com o filho e há maior risco de depressão pós-adoção. A aprovação da família é uma liga importante para o sucesso do processo de adoção.

Como contar à criança

Toda criança tem o direito de saber que foi adotada. A hora certa de contar deve ser quando os pais sentem-se mais confiantes e seguros para isso. Não é tarefa fácil. Muitas vezes, a ajuda de um psicólogo ou de um familiar pode ser essencial nessa fase.

Conte ao seu filho a verdade de forma leve, descontraída, para evitar que ele se sinta rejeitado. Existem maneiras lúdicas de abordar o assunto, e alguns livros especializados facilitam bastante o trabalho.

Ao tratar da adoção, conte ao seu filho como tudo aconteceu – desde que começou a alimentar a ideia de ter um filho, os preparativos, a longa espera, os requisitos legais, até a chegada dele em casa, a emoção de recebê-lo e a consolidação do amor por ele. Crianças que conhecem sua história de vida tendem a aceitá-la melhor, sem grandes questionamentos, e driblam bem o sentimento de rejeição. Prepare-se, porém, para a possibilidade de seu filho querer conhecer e manter contato com a família biológica quando for adolescente. Esse é um desejo compreensível e um direito que você não deve reprimir.

Investigação genética

Quando se adota uma criança, assume-se também a história genética da família dela. Logo que chegar em casa, ela deve ser levada ao pediatra. Além de examiná-la, ele vai solicitar exames para avaliar a saúde e traçar um histórico genético.

Exames de sangue e de fezes serão necessários. A carteira de vacinas e o teste do pezinho também são medidas importantes. Se não as tiver, providencie.

Os exames solicitados dependem da idade da criança, da história da mãe biológica (doenças específicas, uso de drogas na gestação, doenças gestacionais) e dos problemas pregressos da criança: se já foi internada e por quê. Eventualmente, um exame genético mais apurado e um exame do coração podem ser pedidos.

Tenha em mente que algumas doenças transmissíveis devem ser checadas: aids, sífilis e outras DSTs (doenças sexualmente transmissíveis) estão na relação de moléstias que podem ter sido transmitidas durante a gestação. Quanto mais dados você tiver sobre os pais biológicos da criança que acaba de adotar, melhor para as observações de doenças genéticas que ela pode apresentar.

Depois dessa bateria de exames, com resultados normais, o acompanhamento da criança será igual aos das outras. Consultas periódicas para aferir o crescimento e o desenvolvimento do bebê devem ser agendadas, respeitando uma periodicidade que vai depender da idade dele.

Provavelmente, um aporte de vitaminas e ferro será necessário para compensar a falta de leite materno e eventuais intercorrências durante a gestação, principalmente se não houver informações sobre esse período.

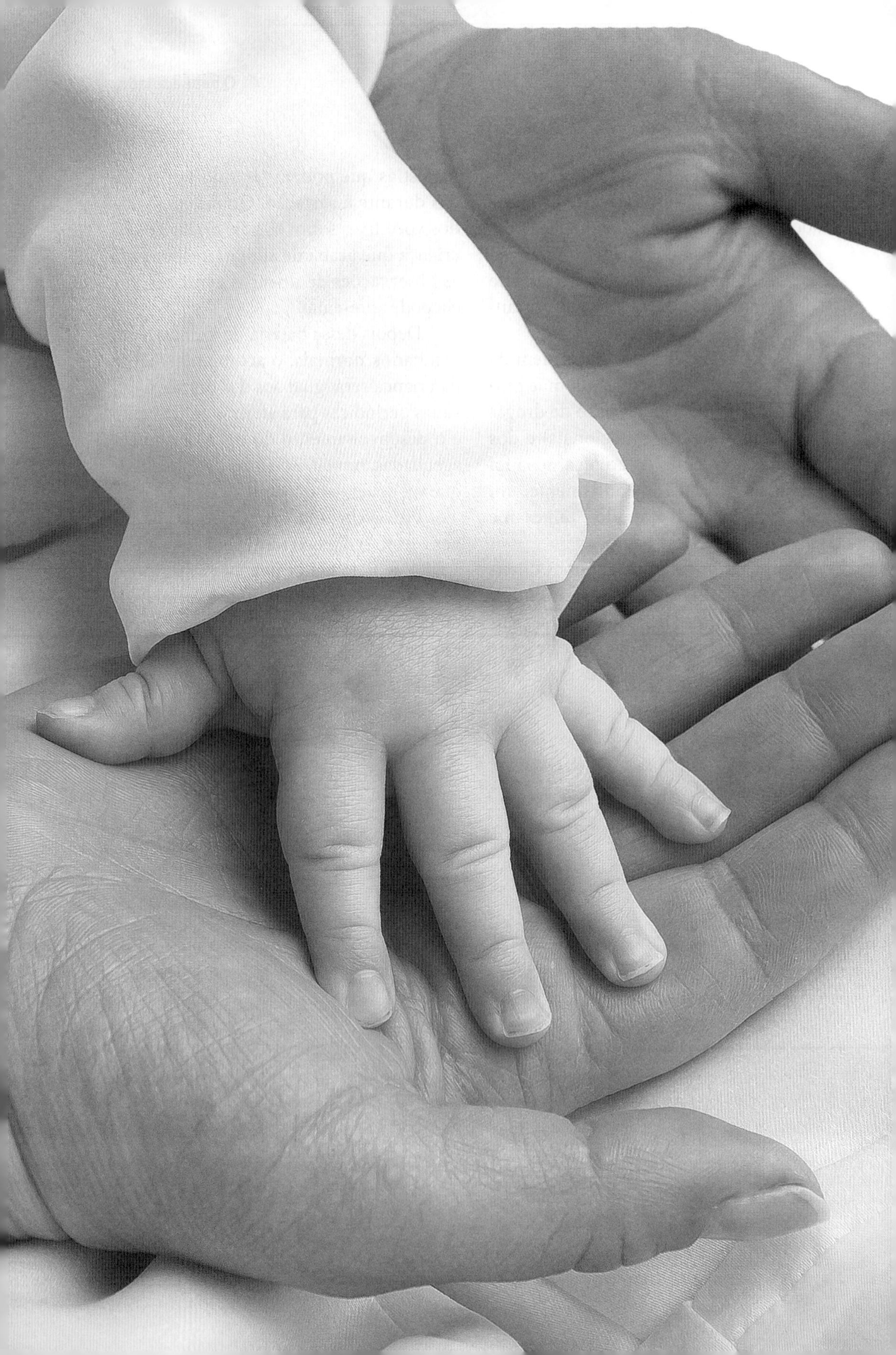

7

O bebê especial

Capítulo 41

Vivendo com um bebê especial

Aproximadamente 1% dos bebês tem algum problema de saúde ao nascer. Parece pouco, mas este é um número bastante significativo. Em alguns casos, a doença é suficientemente grave para virar a rotina familiar de cabeça para baixo, gerar angústia e revolta e drenar grandes quantias em dinheiro, gasto em tratamentos especiais. Mais grave: essas alterações são para a vida toda.

As emoções

O diagnóstico de algumas doenças não significa tão somente investigar o funcionamento de órgãos e aferir parâmetros físicos: resvala na rotina, altera o humor, o ânimo e a própria estrutura familiar. É recomendável a ajuda e o acompanhamento de um psicólogo, até que a adaptação de todos esteja completada.

Sentindo-se responsável

Quando uma criança nasce com algum problema – às vezes já apresenta até durante a gestação –, a primeira pergunta da mãe é: "O que eu poderia ter feito para mudar essa situação?". Por que alguns bebês nascem com problemas? As causas na gestação podem ser divididas em dois grupos: as adquiridas e as genéticas.

Quando a causa é adquirida, o feto foi formado para ser perfeito, mas fatores estranhos o agridem enquanto ele ainda se encontra no útero, principalmente nos três primeiros meses de gestação. Esses fatores que danificam o embrião variam na intensidade e, principalmente, na ocasião em que atinge o ovo. Obedecendo a essa determinação de tempo, acredita-se que haja um tempo de malformações: o horário embriopático.

Admite-se que diferentes agentes possam provocar um mesmo tipo de lesão no período embrionário correspondente ao horário embriopático. Vírus e medicamentos podem originar alterações no feto, provocando malformações congênitas. Alguns exemplos são a rubéola,[1] a toxoplasmose, o citomegalovírus e a sífilis. Um pré-natal cuidadoso, uma gestante com a vacinação em dia e orientação médica adequada são requisitos para tentar evitar alguns desses quadros.

Quanto às doenças do segundo grupo, de ordem genética, são transmitidas de pai para filho por mecanismos biológicos. Assim, tanto como a transmissão dos traços fisionômicos – o jeito de andar, falar, gesticular, a tonalidade da voz –, os pais podem passar aos seus descendentes doenças que têm ou que tiveram seus antepassados.

No ato sexual, por ocasião da fecundação – união da célula feminina (o óvulo) com a masculina (o espermatozoide) –, forma-se uma célula única, o ovo (ou zigoto). Esse ovo adere à parede interna do útero e começa a passar por uma série de modificações, transformando-se em embrião e, posteriormente, em feto. Logo no início da gravidez, formam-se nesse ovo os cromossomos, cujo número total é o resultado da soma dos do pai com os da mãe, ou 46 cromossomos ao todo. Cada um deles apresenta aspecto quantitativo e qualitativo que o individualiza e torna possível identificá-lo. Por isso, cada indivíduo é único e tem sua própria carga genética.

As anomalias genéticas não podem ser previstas antes da formação do embrião, apesar de existirem alguns fatores de risco, como as doenças de família, a idade materna avançada (mais de 35 anos) e uma história pessoal de alguma doença, por exemplo.

Muitos pais, sabendo que a doença foi adquirida durante a gestação ou que se trata de um mal genético, se sentem culpados por ter transmitido ou ocasionado uma doença ao filho. Muitos a atribuem a forças superiores (ligadas à religião) ou a um castigo divino. Toda família às voltas com um recém-nascido com problemas genéticos deve receber ajuda de uma equipe multidisciplinar, tanto durante a gestação quanto depois do nascimento do bebê, para que possa lidar melhor com suas emoções e se livrar da culpa.

1 Leia mais na página 78.

VOCÊ SABIA?

Muitos medicamentos ingeridos durante a gestação podem provocar malformação no bebê. São as chamadas drogas teratogênicas. Seus efeitos se fazem sentir de maneira variável, tendo extraordinária importância o momento da gestação. Algumas dessas substâncias podem provocar aborto. Aconselha-se de modo geral, portanto, não tomar nenhum medicamento sem autorização e acompanhamento médico durante a gravidez.

Raiva e falta de amor

A raiva é um sentimento negativo que pode estar presente no momento do diagnóstico da doença. Os pais podem sentir rancor de si mesmos ou dos outros, quando confrontados, por exemplo, com um bebê saudável.

Esse sentimento acaba sendo transmitido para o bebê, e é muito comum que o vínculo afetivo entre pais e filhos não seja formado nesse caso. O quadro é mais frequente quando a criança tem algum problema cerebral, que inibe a interação com os pais.

As fases da aceitação

A primeira fase é de **negação**. Ela ocorre no momento em que o médico apresenta o diagnóstico, que pode ser durante a gestação ou no momento do nascimento. A dor é tão grande que induz à negação do fato. Na maioria das vezes, os pais buscam fazer novos exames ou consultar outros médicos para confirmar a informação. É comum que se isolem e até que recusem ajuda. Muitas famílias chegam a se afundar na revolta. Não querem compartilhar a dor e tomam muito tempo para destilar a raiva.

O sentimento de **raiva** surge logo depois da negação. Mesmo depois de o diagnóstico ter sido confirmado por mais de uma fonte, a família se nega a acreditar no fato. Perguntas inevitáveis – "Por que eu?", "Por que meu filho?" – surgem nessa fase, bem como sentimentos de inveja de pais que tiveram seus bebês saudáveis. Qualquer palavra de conforto parece falsa, e o isolamento social parece ser o único remédio para amainar a dor.

A **negociação** é o período em que a família se confronta com a hipótese da perda e tenta negociá-la, na maioria das vezes com Deus. As negociações envolvem promessas, sacrifícios e superações. Muitas vezes, procuram tratamentos milagreiros nessa etapa. Com a internet e o Google, os pais gastam horas fazendo pesquisas, estudando diagnósticos e tratamentos experimentais em outros lugares do mundo, sempre em busca de uma solução.

A **depressão** ou a fase de tristeza é uma etapa pela qual todos os pais de crianças com problemas ao nascer vão passar. A espera por notícias boas, a angústia das consultas com médicos e especialistas, o

VOCÊ SABIA?

Durante muito tempo, o casamento entre primos foi alvo de polêmica por poder gerar descendentes com graves doenças. Existe um porquê para essa crença: alguns genes defeituosos ficam "escondidos" em uma mesma família. Quando portadores desses genes se casam, há uma probabilidade um pouco maior de que ocorram doenças genéticas. Mas se os primos não portarem genes anormais, não haverá perigo para os filhos deles. Ainda assim, é indispensável consultar um geneticista antes de planejar uma gravidez.

VOCÊ SABIA?

Se você e seu companheiro têm um filho que nasceu com uma doença genética e estão pensando em ter outro bebê, devem agendar uma consulta com um geneticista. Ele vai estudar a árvore genealógica do casal e apontar os riscos de a mesma doença se manifestar novamente na família. Essa gravidez será de risco para o bebê, e vários exames genéticos deverão ser realizados durante a gestação para o acompanhamento do feto. A decisão sempre será dos pais, levando em consideração o risco de nova doença.

medo constante de que algo pior aconteça: tudo isso faz com que eles entrem em um processo depressivo. Nessa fase, a ajuda de um psicólogo ou psiquiatra será primordial para estabelecer um nível de aceitação dos fatos.

A última fase é aquela em que os pais **aceitam** sua missão, a de cuidar de um filho especial. Quando os sentimentos são bem elaborados, a família passa a não poupar esforços para amparar a criança que necessita de cuidados e lhe dá tanto amor tanto quanto aos demais filhos.

As consequências sobre o casamento

Um bebê especial requer atenção e disponibilidade de tempo, e muitos casais não estão preparados para passar por esse turbilhão de emoções. O diagnóstico de um bebê com problemas crônicos se faz acompanhar de numerosas consultas médicas, internações, exames laboratoriais e sessões de fisioterapia, que consomem tempo e corroem o relacionamento do casal. Se não houver muita cumplicidade e companheirismo, as brigas fatalmente vão separar os pais.

Estudos mostram que os homens têm mais dificuldade que as mulheres para aceitar a doença crônica do bebê. Acredita-se que os hormônios femininos auxiliem as mães nessa difícil tarefa. Não raro, o pai rejeita o filho e delega à mulher a tarefa de cuidar de tudo sozinha. Ele também se mostra mais preconceituoso ao procurar ajuda psicológica para lidar com o quadro, o que pode atrapalhar ainda mais o relacionamento familiar.

É recomendável procurar ajuda especializada e ainda traçar planos para contemplar as necessidades da criança especial e as dos demais filhos.

Os desdobramentos na família

O diagnóstico de uma doença genética influi na harmonia de toda a família. Avós, tios e tias terão de se mobilizar para ajudar nessa hora. Muitas vezes, os avós terão de se desdobrar tão logo a mãe volte ao trabalho, e a presença deles se torne imprescindível para o desenvolvimento da criança.

A união da família é essencial para o processo de aceitação do diagnóstico. Os

pais devem se sentir amparados e amados para transmitir esse sentimento ao filho.

O bebê especial e os irmãos

Muitas vezes, o bebê especial é o segundo filho – o que pode gerar dúvidas em relação ao futuro do primogênito. Um bebê especial gera um trabalho extra aos pais, e é natural que deem mais atenção a ele, o que pode gerar ciúme nos demais filhos.

O mais velho pode se tornar agressivo, não aceitar o irmão, ou até mesmo querer ficar doente para chamar atenção dos pais. Pode começar a se queixar de dores abdominais e de cabeça e, se for pequeno, recorrer ao choro excessivo.

Se você perceber que seu filho está com ciúmes, procure o auxílio de um profissional capacitado para avaliá-lo e orientá-la nessa difícil tarefa de educar duas crianças com necessidades distintas.

Doenças congênitas mais comuns

Algumas doenças podem ser diagnosticadas na gravidez, outras no momento do parto e outras ainda um pouco depois do nascimento do bebê. O pediatra é responsável por avaliá-lo assim que vem ao mundo, até 48 horas após o parto e entre sete e dez dias depois. Durante as consultas, vai checar doenças hereditárias.

Aids perinatal

A síndrome (conjunto de sintomas de uma doença) de deficiência imunológica adquirida, conhecida pelas iniciais de sua definição em inglês (aids), pode acometer o bebê por meio da mãe, durante a gravidez e a amamentação. É uma doença provocada pelo vírus HIV (vírus da imunodeficiência humana), que, uma vez no organismo, se refugia em algumas células

VOCÊ SABIA?

Todas as gestantes têm de fazer o exame de anti-HIV durante a gestação, de preferência três meses antes do parto. Se você não se submeteu a esse exame, pode fazer o teste rápido em qualquer maternidade do país. Antes disso, não deve amamentar o bebê.

de defesa (anticorpos), destruindo-as e deixando o bebê vulnerável a infecções.

É necessário que o vírus penetre na corrente sanguínea, e isso não acontece através da pele ou de mucosas perfeitas. A infecção só vai se caracterizar quando um número de vírus determinado atingir o sangue, seja por transfusão ou, ainda, no útero, por intermédio do cordão umbilical ou da placenta, ou ainda por contaminação no canal vaginal, durante o parto. A aids também pode surgir pela aplicação de injeções com agulha contaminada – um fato bastante excepcional quando se usa agulhas descartáveis.

O parto, nos casos de mulheres portadoras de vírus HIV, acaba sendo por cesárea na maioria das vezes. O médico poderá optar pelo parto normal apenas se a grávida apresentar carga viral indetectável e a bolsa não tiver rompido. Outra forma de contágio é através do leite materno: assim, uma mãe portadora do vírus não deve amamentar.

A aids é uma doença que despertou intenso preconceito nos anos 1980 e 1990, quando chegou a ser uma sentença de morte. Alguns modos de transmissão não existem e são mitos inventados pelo medo: picadas de insetos, abraços, apertos de mão, beijos (o vírus em contato com a saliva é inativado por uma enzima contida nela), piscinas cloradas (o vírus contido na saliva e na urina é destruído pelo cloro), objetos e alimentos levados à boca (colheres, garfos, copos, xícaras e pratos), máquina de lavar roupa, desinfetantes, sabão, detergentes e álcool não transmitem a doença. As crianças portadoras do vírus podem frequentar normalmente creches e escolas, desde que não estejam doentes.

No período inicial da doença, quando o vírus se multiplica, a pessoa infectada não tem nenhum sintoma. Existem indivíduos com boa imunidade contra a doença e, mesmo contaminados, não adoecem, mas podem transmiti-la.

Para as crianças, o perigo está em brigas, quando podem ocorrer ferimentos com sangramento. Mordidas não são meios de transmissão, mas tatuagens, *piercings* e alianças de sangue devem ser evitadas.

O bebê nascido de mãe contaminada não desenvolve sintomas inicialmente. Os problemas clínicos surgirão nos meses seguintes. O período de sobrevivência, graças aos medicamentos antirretrovirais, está cada vez maior. É de se prever que o bebê contaminado apresente frequentes infecções respiratórias, bronquite, pneumonia, doenças de pele e das mucosas, herpes, candidíase, otites e diarreias repetidas e resistentes ao tratamento.

O diagnóstico sorológico da aids é difícil no bebê, pois o exame clássico é feito por meio da dosagem de anticorpos IgG. Ocorre que os anticorpos dosados poderão ser os da mãe, estando o bebê livre da doença. O teste poderá ser considerado positivo após os 18 meses, quando já houver eliminação dos anticorpos maternos. Antes disso, deve-se manter acompanhamento com um infectologista pediátrico. A partir de então, um resultado positivo significará que o organismo do bebê produz anticorpos ao vírus e está, portanto, infectado.

“A aids é uma doença que despertou intenso preconceito nos anos 1980 e 1990, quando chegou a ser uma sentença de morte”

VOCÊ SABIA?

Atualmente, o teste do pezinho inclui o teste de anemia falciforme em todos os estados do Brasil. O traço falciforme existe em muitas crianças sem provocar a doença ou causar anemia. Pais portadores do traço transferem aos filhos 25% de risco de ter a doença. Se você possui traço falciforme, antes de ter um filho procure um geneticista.

O tratamento inclui medicamentos que conseguem controlar a doença. Todo bebê cuja mãe está contaminada recebe um xarope nas primeiras semanas de vida para tentar impedir a passagem da doença para ele.

Anemia falciforme

É uma anemia hereditária, causada pela presença de uma hemoglobina anormal designada hemoglobina S, mais frequentemente observada em indivíduos negros. As hemácias que contêm essa hemoglobina tendem a se deformar e assumir forma de foice, sendo retiradas da circulação e destruídas, o que gera a anemia.

Os portadores da doença sofrem de anemia crônica, do tipo hemolítica, icterícia - pele amarelada - e crises de dor causadas pela obstrução dos pequenos vasos sanguíneos. O diagnóstico é feito por exames de sangue que identificam a presença da hemoglobina S, inclusive na triagem neonatal (teste do pezinho). Eles devem ser acompanhados por equipes multidisciplinares que incluam profissionais da área de pediatria, hematologia e psicologia. O tratamento consiste no uso de ácido fólico, terapia profilática com antibióticos desde o diagnóstico, vacinação especial (além das vacinas do calendário habitual) e transfusão de hemácias, quando necessário.

Talassemia

Este tipo de anemia genética é mais comum em descendentes de populações dos países mediterrâneos (italianos, gregos, turcos, libaneses). Também é conhecida como anemia de Cooley ou anemia do Mediterrâneo. É um tipo hereditário, que envolve defeito na produção de uma porção da hemoglobina denominada globina.

A criança desenvolve anemia hemolítica crônica, icterícia (pele amarelada) e aumento de volume do fígado e do baço. O diagnóstico é confirmado por exames de sangue. As manifestações da doença podem ser mais ou menos intensas, de acordo com o tipo de defeito herdado. O tratamento varia de acordo com a forma clínica da doença.

Cardiopatias congênitas

O coração da criança já começa, nos dias de hoje, a ser monitorado no ecocardiograma fetal, durante a gestação, quando a maioria das doenças graves cardíacas é detectada.

O coração da criança só está completamente formado no momento do nascimento, quando os pulmões começam a funcionar.[2] As doenças do coração podem ocorrer nas vias de entrada ou de saída, nas válvulas, nas paredes que dividem as cavidades, nas artérias que nutrem o coração (coronárias), no músculo cardíaco ou no sistema de condução elétrica. A incidência de cardiopatia congênita é de 8 para cada 1.000 nascidos vivos.

A cardiopatia congênita talvez não produza sintomas, a não ser um sopro ouvido pelo pediatra, embora possa provocar um quadro grave, com coloração azulada da pele ou palidez, respiração rápida, suor intenso durante a amamentação e batimento cardíaco acelerado, lento ou irregular.

A grande maioria das cardiopatias congênitas pode ser corrigida cirurgicamente. Há possibilidade de realizar cirurgia paliativa para malformações mais complexas, tendo como objetivo fornecer à criança qualidade e expectativa de vida melhor, até que ela seja encaminhada para a cirurgia definitiva. Outras cardiopatias só necessitam de observação.

Incompatibilidade de Rh

A incompatibilidade do fator Rh, também chamada doença hemolítica do recém-nascido, é a expressão clínica de incompatibilidade do sangue da mãe e do filho, herdado do pai. Aproximadamente 85% das mães têm nos glóbulos vermelhos um elemento que se aglutina – são, portanto, Rh positivo – e em outros 15% os glóbulos vermelhos não contam com esse elemento, sendo classificados de Rh negativo.

Se a mãe é Rh negativo e o filho Rh positivo por herança paterna, e se esse elemento aglutinógeno – por motivos ainda desconhecidos – do feto atravessar a placenta e circular no sangue materno, para se defender desse elemento indesejável, o

2 Leia mais a respeito no Capítulo 15.

VOCÊ SABIA?

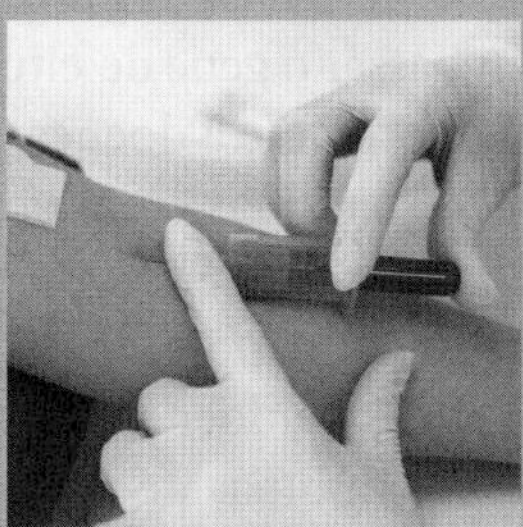

Se seu sangue for negativo e o do seu filho positivo, saiba que existe uma vacina para evitar que a doença ocorra numa próxima gestação: é a Rogan (imunoglobulina anti-D). Mas atenção: a proteção só acontece quando a vacina é aplicada até três dias (72 horas) após o parto, enquanto os fatores (antígenos) do feto ainda podem ser bloqueados antes de provocar em seu organismo a formação de anticorpos que afetarão o bebê. A finalidade é evitar que você tenha problemas numa futura gravidez. Para o bebê que já nasceu com a doença hemolítica, não serve de nada, e tampouco ajuda a mãe que já teve um filho com doença hemolítica.

sangue produz outro elemento, denominado anticorpo, para destruí-lo. Este, uma vez formado no sangue materno, volta ao feto pela circulação placentária. Na circulação do feto, ataca os glóbulos vermelhos que têm Rh, provocando então a doença hemolítica.

Essa doença pode se apresentar de três formas: anêmica, ictérica e hidrópica (inchaço generalizado). Nas duas primeiras formas, é mais facilmente resolvida, quando tratada a tempo; no terceiro caso, geralmente o feto nasce morto. Atualmente, as gestações são acompanhadas pela ultrassonografia e, quando o feto hidrópico se apresenta, se faz a troca do sangue fetal ainda dentro do útero com uma agulha especial. Com esse procedimento tem-se evitado a morte de muitos bebês.

Não é regra que toda mãe Rh negativo casada com pai Rh positivo tenha um filho com doença hemolítica. É bastante raro que o sangue da mãe prejudique o feto durante a primeira gravidez; os problemas costumam acontecer nas gestações seguintes. O diagnóstico é fácil e pode ser feito pelo exame do sangue materno, ainda durante a gravidez, e por exames de sangue do recém-nascido, a começar com o do cordão umbilical, coletado por ocasião do nascimento. Casos menos graves poderão ser tratados pela fototerapia, que consiste em expor a criança a banhos de luz especiais, com proteção dos olhos. Caso a incompatibilidade seja grave (mãe muito sensibilizada), o tratamento consistirá na substituição do sangue da criança. A passagem do sangue do feto para a mãe e posterior doença hemolítica no bebê é bem mais rara do que se poderia esperar, dado o número de mães Rh negativo que dão à luz filhos Rh positivos.

A correção de rumo entre mãe e filho pode ser feita a partir do terceiro mês de gravidez, por meio de pesquisa do sangue materno dos denominados anticorpos anti-Rh. Nas mulheres Rh negativo, quando nessa época o exame ainda se mostra negativo, é obrigatório repetir o exame no quinto mês de gravidez e nos meses subsequentes, pois pode haver alguma demora na formação desses anticorpos.

Fenilcetonúria

Esta é uma doença rara e congênita, que consiste na incapacidade de quebrar adequadamente moléculas de um aminoácido chamado fenilalanina, presente em alguns alimentos. Sem as moléculas que têm essa função, os níveis de fenilalanina e de duas substâncias associadas a ela automaticamente crescem no organismo. São prejudiciais ao sistema nervoso central e podem causar dano cerebral.

A fenilcetonúria é causada por uma mutação genética. É uma doença hereditária, ou seja, passa de pai para filho. O pai e a mãe devem passar o gene defeituoso para que o bebê apresente a doença.

Crianças recém-nascidas com fenilcetonúria inicialmente não apresentam sintomas. Sem tratamento, porém, os bebês desenvolvem sinais da doença dentro de alguns meses. Os sintomas podem ser leves ou graves e incluir: problemas comportamentais ou sociais, convulsões, tremores ou movimentos espasmódicos nos braços e nas pernas, hiperatividade, baixo crescimento, microcefalia e cheiro estranho na respiração da criança, pele ou urina, por causa do excesso de fenilalanina no organismo.

O diagnóstico é feito pelo teste do pezinho, aplicado a todos os recém-nascidos. Se o teste apontar que o bebê pode ter fenilcetonúria, o médico começa o tratamento de imediato, para evitar problemas em longo prazo. Aos recém-nascidos doentes é dada uma fórmula especial para impedir o acúmulo da substância. A criança precisará ter uma alimentação especial ao longo da vida e ser acompanhada por pediatras e nutricionistas para garantir o bom crescimento. Por lei, alimentos com fenilalanina devem conter a informação no rótulo.

Doença de Tay-Sachs

Doença metabólica, rara e genética, é causada por uma deficiência de hexosaminidase A, essencial para a formação do sistema nervoso da criança. A falta de desenvolvimento do bebê levanta a suspeita da doença, e então é necessário repor a enzima o mais rapidamente possível. A criança deve ter acompanhamento de pediatra, nutrólogo e neurologista.

Síndrome alcoólica fetal (SAF)

A ingestão de álcool pela mãe, durante a gravidez, atinge a corrente sanguínea, passando, em seguida, para o feto através das trocas de nutrientes na placenta. Não se sabe, ao certo, qual a quantidade segura de álcool que pode ser ingerida sem causar a doença durante a gestação. Entretanto, a quantidade e a fase da gravidez podem aumentar o risco de surgimento da síndrome.[3]

3 Leia mais a respeito na página 131.

VOCÊ SABIA?

É especialmente importante que mulheres com histórico de fenilcetonúria ou algum caso familiar se façam acompanhar por um especialista antes de engravidar. Mesmo casos leves da doença podem representar um sério risco para bebês que ainda não nasceram. Grávidas e portadoras de fenilcetonúria que não estão seguindo a dieta especial correm risco maior de aborto espontâneo.

O feto pode sofrer lesões leves ou graves: comprometimento dos movimentos das mãos e dos braços, problemas de comportamento e falta de crescimento. Um dos efeitos mais graves da toxicidade do álcool na gravidez chega a desfigurar o rosto da criança e causar retardo mental.

Não se deve consumir nenhuma dose de álcool durante os nove meses de gestação e durante a amamentação, porque o álcool passa para o leite e causa consequências após o nascimento, como baixo rendimento escolar.

Doença celíaca

É uma desordem intestinal genética, caracterizada por fezes volumosas e gordurosas, em que a criança tem aumento do volume abdominal e palidez. Ela também para de crescer e de engordar. É provocada pela má digestão do glúten, proteína do trigo e farinhas de aveia, cevada e centeio, usados na fabricação de pães, bolos, biscoitos e massas. O diagnóstico é feito por meio de um exame de sangue, e o tratamento consiste em uma dieta sem trigo, aveia, cevada e centeio. Esta doença não é triada pelo teste do pezinho convencional.

Fibrose cística

Doença congênita e hereditária, altera as secreções do corpo, principalmente dos pulmões e do pâncreas. Com poucos meses de vida, a criança pode apresentar tosse crônica, associada a um quadro de chiado no peito, pneumonias repetidas, perda de sódio e cloro pelo suor (o que poderá ser notado ao beijar a criança, apresenta um suor salgado), diarreia e deficiência de peso e altura. Qualquer criança com pneumonia de repetição deve fazer um exame que avalia a quantidade de cloro no suor. O tratamento melhora o quadro.

Imunodeficiência

Algumas doenças causam queda na imunidade da criança. Geralmente, são genéticas e hereditárias. Devem ser pesquisadas quando o bebê passa por um grande número de infecções. A Associação Brasileira de Imunodeficiência lançou uma cartilha com os dez sinais de que um bebê pode ter alterações na imunidade. São eles:

1. Duas ou mais pneumonias no último ano;
2. Oito ou mais novas otites no último ano;
3. Estomatites de repetição ou monilíase por mais de dois meses;
4. Abscessos de repetição ou ectima (infecção bacteriana na pele);
5. Um episódio de infecção sistêmica grave (meningite, osteoartrite, septicemia);
6. Infecções intestinais de repetição/diarreia crônica;
7. Asma grave, doença do colágeno ou doença autoimune;
8. Efeito adverso à vacina BCG e/ou infecção por microbactéria;
9. Fenótipo clínico sugestivo de síndrome associada a imunodeficiência;
10. História familiar de imunodeficiência.

Em caso de suspeita, devem-se fazer exames de sangue para avaliação do quadro e marcar uma consulta com um imunologista. Quando a doença é diagnosticada, o bebê passa a receber mensalmente anticorpos de forma exógena, em alguns casos.

Estenose de piloro

Há uma diminuição da luz do piloro, porção final do estômago, condição que causa vômitos nas primeiras semanas ou meses de vida do bebê, com perda progressiva de peso. A estenose hipertrófica congênita do piloro é a forma mais comum da doença e se manifesta semanas após o nascimento. Bebês do sexo masculino são mais afetados, numa taxa de 4:1; existe uma predisposição genética para a doença.

O estreitamento (estenose) da abertura do estômago para o intestino (piloro) se dá em função de um aumento do piloro. A causa ainda é desconhecida. O diagnóstico é feito por meio de exame físico e de imagem (ultrassom de abdômen).

O risco da estenose pilórica advém da desidratação provocada pelos vômitos.

A estenose pilórica infantil é, em geral, tratada com cirurgia.

Câncer infantil

A leucemia é a forma de câncer mais comum na criança. Surge a partir da transformação de algumas células produtoras de sangue – que compõem o tecido hematopoiético, encontrado na medula óssea. Em geral, o câncer não é hereditário, mas componentes genéticos tornam a criança predisposta à doença.

Existem diversos tipos de leucemia. A classificação se baseia nas características da célula envolvida: linhagem, grau de maturação, características genéticas. Na criança, o tipo mais frequente é a leucemia linfoblástica aguda.

Os pais começam a notar algumas alterações no bebê, como febre, dores nas pernas, palidez, aumento de volume do fígado e do baço, bem como dos linfonodos, além de sangramentos, principalmente na pele e nas mucosas.

A confirmação do diagnóstico é feita por exames de sangue e medula óssea. O tratamento varia conforme o tipo de leucemia e inclui quimioterapia. Os protocolos de tratamento utilizados possibilitam a cura em quase 90% dos casos.

Autismo

O bebê ou a criança revelam-se extremamente introspectivos, voltados para si mesmos e autossuficientes. Insistem em ficar sozinhos e não se relacionam de forma alguma com ninguém ou interagem em determinadas situações. Têm comportamento de autômato: suas ações não

VOCÊ SABIA?

Uma criança pode ter hidrocefalia mesmo depois dos 2 anos de idade. As manifestações clínicas da doença variam, dependendo da causa. Se for aguda, haverá aumento abrupto da pressão intracraniana, com sintomas como dor de cabeça, náuseas, vômitos e distúrbios visuais. As causas mais frequentes dos quadros agudos são a hipertensão intracraniana e tumores na fossa posterior. Em casos crônicos, a doença decorre de um bloqueio incompleto da circulação do líquor. Os fenômenos de compensação permitem uma evolução mais lenta dos sintomas.

têm finalidade nem emoção, e eles repetem constantemente os mesmos gestos. Os adultos percebem que a criança não consegue prestar atenção a eles ou ao que está em volta. Os sintomas tornam-se mais evidentes após o 1º ano de vida, e a partir do 6º mês ganham importância.

A medicina leva em conta um espectro autista, ou seja, há variações no grau da doença: casos leves passam despercebidos nos primeiros anos de vida e se evidenciam mais tarde pela ausência de fala ou por leves alterações de comportamento, e casos mais graves em que o diagnóstico é evidente.

Sempre que você perceber dificuldade de comunicação em seu filho, seja pela fala ou pelo gestual, alterações de comportamento, movimentos repetitivos e dificuldades de socialização, consulte um pediatra para investigar a possibilidade de um leve espectro autista.

Malformações congênitas

Elas podem ser definidas como todo defeito na constituição de algum órgão ou conjunto de órgãos que determina uma anomalia provocada por influência genética, ambiental ou mista. Incluem o formato, o número e o tamanho do órgão – podem estar relacionadas também aos membros, como mãos e pés.

As malformações congênitas têm suas variáveis tanto no tipo quanto no mecanismo causal, mas todas surgem de um transtorno do desenvolvimento durante a vida no útero. Algumas malformações graves podem ser incompatíveis com a vida – como a anencefalia; outras não causam problemas, a exemplo de um dedo extranumerário – seis dedos no pé, por exemplo. As malformações são diagnosticadas durante a gestação por meio de ultrassonografia, ou no momento do nascimento, ou podem até passar despercebidas e só ser detectadas durante a infância. Crianças com malformações devem ser avaliadas por um pediatra, bem como por um neurologista e às vezes por um psiquiatra infantil.

A seguir, são descritas algumas das malformações mais comuns.

Lábio leporino

Fenda (ou brecha) congênita uni ou bilateral, que varia desde um simples rasgo na mucosa e na pele do lábio superior até uma grande abertura atingindo as fossas do nariz.[4] O lábio fendido é um problema estético que não compromete a alimentação; as aberturas amplas excepcionalmente

4 Leia mais a respeito na página 324.

VOCÊ SABIA?

Existem leis especiais para mães de crianças especiais. Se uma doença incapacitante, como a paralisia cerebral, for diagnosticada, os pais do bebê passam a ter direito a transporte para tratamento hospitalar e fisioterápico regular, para além de, muitas vezes, uma aposentadoria para custear o cotidiano da criança.

dificultam a sucção por muito tempo, uma vez que a criança acaba se adaptando a elas. O tratamento é exclusivamente cirúrgico. Quando as condições físicas são favoráveis, pode-se fazer a cirurgia entre 1 mês e meio e 2 meses de vida. Caso contrário, é preciso esperar até os 3 meses, até que a curva de peso tenha um curso favorável.

Fenda palatina

Conhecida popularmente como goela de lobo, consiste numa abertura (ou brecha) que pode variar desde uma simples fenda na "campainha" (úvula bífida) até um grande rasgo que divide em dois o céu da boca, permitindo a comunicação entre a cavidade bucal e nasal.

Geralmente, a alimentação é feita por meio de sonda, sob forma de gota a gota; em seguida, passa-se ao uso da colher e, dentro de uma ou duas semanas, podem ser feitas as primeiras tentativas com a mamadeira.

A intervenção cirúrgica não deve ser realizada antes de a criança completar 1 ano, em função da dificuldade técnica. Se a brecha for muito grande e o estado geral da criança não for bom, pode-se esperar mais tempo para fazer a cirurgia. O ideal é que a criança tenha 18 meses.

Espinha bífida

A forma oculta é a menos grave e se caracteriza quando a parte exterior de algumas vértebras não se fecha completamente. O espaço entre elas é tão pequeno que a medula espinal não se projeta, como nos demais casos. No entanto, no local da lesão, a pele pode ser totalmente normal, com cabelos crescendo em volta, ou apresentar uma pequena cova na pele e até um sinal de nascença. Muitos portadores de espinha bífida sequer sabem que a têm, porque a doença é assintomática na maioria dos casos.

Anencefalia

Quadro que se caracteriza pela falta de formação do cérebro. Incompatível com a vida, é uma doença diagnosticada durante a gestação; alguns países autorizam o aborto imediatamente depois de detectada. Após o nascimento, a criança pode continuar viva por algum tempo, se houver formação do centro respiratório, mas a sobrevida é curta.

Hidrocefalia

Envolve acúmulo anormal de líquido nos espaços (ventrículos) cerebrais. Neste caso, a fontanela (moleira) se apresenta muito aberta e tensa e nota-se um abaulamento da área. A medição do perímetro cefálico deve ser feita rotineiramente nos primeiros dois anos de vida, pois, havendo hidrocefalia, ele aumentará mais que o normal. Quando houver suspeita, a medida da circunferência craniana deve ser aferida semanalmente.

Alterações no sistema nervoso central, infecções tais como a toxoplasmose ou a meningite, uma intercorrência na hora do parto ou até mesmo um tumor podem causar hidrocefalia. Quando não diagnosticada a tempo, tende a gerar anormalidade no movimento ocular: a criança fica com os olhos voltados para baixo ("olhar de sol poente").

O tratamento varia conforme o caso. Enquanto a hidrocefalia for estável, isto é, sem progressão, e se o estado geral da criança for satisfatório, ele será medicamentoso ou por meio de punções lombares repetidas. Estando em progressão, a intervenção cirúrgica é recomendada, tanto para o tratamento da causa básica como para a colocação de válvula de drenagem do líquor em excesso.

Paralisia cerebral

Tecnicamente denominada de encefalopatia crônica da infância, é uma alteração definitiva dos movimentos e da postura (aspecto físico, atitudes), que aparece nos primeiros anos de vida e é provocada pela desorganização não progressiva das células cerebrais, durante o desenvolvimento da criança.

A alteração nos movimentos de braços, pernas, pescoço e tronco pode variar, caracterizando desde uma hipotonia, uma flacidez ou uma fraqueza até uma contratura e rigidez muscular. Não há cura para essa desorganização funcional do cérebro.

As causas são classificadas em função da etapa em que a agressão ocorre. No período pré-natal, são devidas a fatores genéticos: infecções intrauterinas (rubéola), efeitos de alguns tóxicos próprios ou exógenos (diabetes materno e álcool) e traumatismos. A lesão cerebral dependerá do estágio de maturação em que se encontra o sistema nervoso, isto é, quanto mais precoce, mais grave. Entre as causas perinatais, as mais conhecidas são os trabalhos de parto demorados, com sofrimento fetal, podendo gerar hipóxia – Apgar baixo, acidose e hipoglicemia (diminuição da taxa de açúcar no sangue). Outra grande causa perinatal é a prematuridade e o baixo peso ao nascimento. Bebês com menos de 1.500 g têm maiores possibilidades de ser atingidos. Entre as causas pós-natais, as infecções, principalmente as meningites, as intoxicações e os traumatismos, são as mais importantes geradoras de sequelas irreversíveis.

A doença pode se manifestar de forma leve, com dificuldade de aprendizado, atraso psicomotor, ou em sua forma mais grave: desde o nascimento, o bebê não se desenvolve e não consegue se movimentar (sentar e andar) nem se comunicar (falar).

O tratamento, antes de tudo, é fisioterápico, educacional e ocupacional. Quanto antes for iniciado, maior a chance de alguma evolução, com melhora do tônus e da interação. No entanto, não há cura para a paralisia cerebral.

Não há medicação específica para o tratamento da causa básica. Algumas drogas, como miorrelaxantes e a toxina botulínica, podem melhorar a espasticidade (rigidez), os refluxos gástricos e as alterações nos esfíncteres. Convulsões associadas às lesões cerebrais podem estar presentes e também serão tratadas com anticonvulsivantes.

Capítulo 42

Lista de checagem da casa segura

A Sociedade Brasileira de Pediatria lançou em junho de 2015 uma lista de recomendações para manter a casa livre de acidentes. Lembre-se de que são a principal causa de mortes e internações na infância. Cheque se a sua residência atende a todas as orientações a seguir.

Princípios gerais

- Todas as escadas são acarpetadas e protegidas por portões nas duas extremidades?

- Todos os cômodos da casa estão livres de objetos com partes pequenas (menores de 2 cm de diâmetro) de brinquedos, balões e sacos plásticos que podem trazer risco de sufocação?

- A família tem um plano definido de fuga em caso de incêndio? Está treinada para uma situação de emergência?

- O andador foi banido da casa?

- Todos os produtos tóxicos (medicamentos, produtos de limpeza, tintas, detergentes) estão guardados em seus recipientes originais e em armários preferencialmente altos e trancados?

- Os números dos telefones do Samu (192) e do Centro de Informações Toxicológicas - CIT (0800-721-3000) estão afixados em todos os telefones da casa e na porta da geladeira?

- Se o bebê tem um cercado, a malha é bem apertada, com buracos menores que 2 cm?

- Os sacos plásticos não estão acessíveis às crianças?

- Nenhuma janela apresenta vidros quebrados ou rachados?

- As janelas basculantes deixam espaço suficiente para a passagem de uma criança?

- As janelas dispõem de grades ou redes de proteção?

- Os pisos têm áreas defeituosas, como tacos quebrados, soltos ou empenados?

- O piso é escorregadio?

- Há tapetes enrugados ou com bordas reviradas?

- Há fios elétricos com revestimento descascado ou rachado?

- A chave elétrica geral está em local de fácil acesso? É fácil de desligar?

- As tomadas elétricas dispõem de alguma forma de proteção?

- Os fios dos aparelhos eletroeletrônicos têm dimensões apenas suficientes para alcançar as tomadas e são de difícil acesso?

- Não há nenhuma tomada com dois ou mais aparelhos conectados?

- Não há nenhum móvel (mesa, cadeira, sofá, banco) encostado embaixo de uma janela?

- As escadas têm corrimão? E iluminação suficiente?

- Não há na casa nenhum tipo de arma de fogo?

- Existe um extintor de incêndio sempre pronto para ser usado e em local acessível?

Cozinha

- O fogão está firmemente preso e numa posição estável?

- O forno de micro-ondas desliga automaticamente quando se abre a porta?

- Os fios dos equipamentos de cozinha, da geladeira e do freezer têm dimensões apenas suficientes para alcançar a tomada e são de difícil acesso?

- Os botões de gás do fogão estão funcionando bem?

- Os talheres, copos e pratos estão guardados em armários altos e fechados?

- Objetos cortantes (facas, tesouras, garfos) ficam em gavetas trancadas ou com trava?

- Há toalhas grandes na mesa, que podem ser puxadas pelas crianças?

- Existe um armário na cozinha para guardar o recipiente de lixo, com tampa correspondente?

- A porta da máquina de lavar louças está sempre fechada quando em funcionamento?

■ A cadeira alta do bebê é firme? Tem cinto de segurança e tira entre as pernas? Fica encostada na parede, longe do fogão e da mesa?

■ Todos os produtos tóxicos (sabão em pó, produtos de limpeza, medicamentos) estão guardados em seus recipientes originais, em armários trancados?

■ Todos os utensílios elétricos estão desligados da tomada quando não em uso?

■ As tomadas estão cobertas com protetor adequado e firme?

Banheiro

■ O chão do boxe tem superfície de material antiderrapante?

■ Todos os produtos tóxicos (cosméticos, enxaguatórios bucais, medicamentos) estão guardados em recipientes originais, em armários trancados?

■ Todos os utensílios elétricos, como secador de cabelo, estão desligados da tomada quando não estão em uso?

■ As tomadas estão cobertas com protetor adequado e firme?

■ A água do banho nunca ultrapassa a temperatura superior a 50° C? Isso é verificado com termômetro?

■ O bebê jamais é deixado sozinho brincando na banheira?

■ O material do banho está à mão?

■ O piso do banheiro é escorregadio quando molhado?

■ Há fósforos ou isqueiros no banheiro? Ficam guardados em local inacessível às crianças?

■ A tampa do vaso sanitário contém trava?

■ A chave da porta do banheiro é removida para evitar que as crianças se tranquem?

Quarto do bebê

■ Todos os materiais e utensílios necessários para as trocas do bebê estão à mão?

■ O trocador tem um cinto de segurança?

■ Não há qualquer tipo de talco no quarto ou ao alcance do bebê?

■ Há um tapete antiderrapante sob o trocador?

■ Existem cortinas ou cadarços pendentes que podem ser alcançados pelo bebê?

■ Foram removidos protetores de berço, travesseiros, almofadas ou qualquer objeto que possa servir de apoio para pular a grade assim que o bebê começar a ficar em pé?

- Não há móbiles e outros brinquedos pendurados no berço?
- O colchão se encaixa perfeitamente no berço e não deixa espaços livres entre as paredes do berço?
- O berço é verificado periodicamente para detectar parafusos ou peças mal encaixadas?
- O colchão e o estrado do berço estão com altura apropriada para a idade do bebê?
- Há uma lâmpada para a noite, do tipo que não sofre aquecimento?
- Há protetores em todas as tomadas elétricas do quarto, mesmo as escondidas?
- Há grades ou redes devidamente instaladas nas janelas do quarto?
- As caixas de brinquedos contêm tampa?
- Os equipamentos destinados a crianças pequenas têm elementos desmontáveis ou peças pequenas?
- As barras do berço estão suficientemente juntas (menos de 6 cm) para o bebê não passar a cabeça, o braço ou a perna entre elas?
- Há brinquedos, quebrados ou não, com partes pontiagudas ou cortantes?
- Há algum tipo de saco plástico no quarto do bebê?
- O bebê só tem lençóis, cobertores e edredons de tecidos leves? Ficam firmemente presos ao colchão?

Sala

- Os móveis têm arestas pontiagudas?
- As plantas ornamentais estão fora do alcance do bebê?
- Os aparelhos eletrônicos estão equilibrados sobre móveis sólidos, estáveis e resistentes? Estão fora do alcance das crianças?
- Todos os fios de utensílios elétricos estão presos? Nenhum deles está pendente?
- Há protetores em todas as tomadas elétricas?
- Se há lareira na sala, está protegida por grade?
- Há cortinas ou cadarços pendentes?
- As cadeiras são estáveis, com seus pés perfeitamente nivelados?
- Bebidas alcoólicas, copos e garrafas estão guardados em armários altos e trancados?
- A varanda da casa tem proteção (grade, rede)? Está bem conservada?

Índice

A

B

C

D

H

I

L

Q

R

S

T

Sobre a autora

Thatiane Mahet é médica formada pela Universidade Federal do Rio de Janeiro e pós-graduada em Alergia e Imunologia pela mesma universidade. Possui pós-graduação em Nutrição Infantil pela Boston University School of Medicine, especialização em Nutrição na Primeira Infância pela Ludwig-Maximilians University Munich e é mestre em Science in HealthCare Management pela Must Univerty-Flórida.

U

V

Z